国家重点档案保护与开发项目资助

省情与施政

广东省政府会议录

（1925—1949）

第五册

广东省档案馆　编

SPM 南方出版传媒　广东人民出版社

·广州·

目　　录

广东省政府第九届委员会会议录

（1939 年 1 月 4 日—时间不详）

广东省政府第九届委员会会议录

（1939 年 1 月 4 日—时间不详）

广东省政府第九届委员会
第九十五次议事录

日　期　一月十九日

地　点　韶关本府

出席者　李汉魂　胡铭藻　何　彤（公差）　顾翊群　黄麟书
　　　　朱晖日　刘佐人　许崇清

列席者　何剑甫（民厅）　杜之英（会计处毛松年代）
　　　　吴迺宪（保安处）　高　信（地政局）　郑　丰（党部）
　　　　李云良（财厅）　卓振雄（振济会）

主　席　李汉魂

纪　录　（秘书）熊公福　（参议）陆冠裳

报告事项

一、奉行政院令，关于国民参政会建议请政府重申前令切实保障人民权利一案，仰遵照并转饬所属一体遵照等因，经饬各区行政专员及保安处遵照。

二、据民政厅签呈，据广东省卫生处转呈，请发给全体救护队员棉衣，共需国币四百九十五元，此项费用拟由该处卫生事业费节余项下拨支。查核所称尚属需要，似可照准等情。饬据会计处核签，似可照准等语，应如拟办理。

三、据建设厅签呈，据农林局呈缴二十八年度血清制造所仪器搬运连县旅运临时费支付预算书，计列九百二十元，查与原案数额相符等情。饬据会计处核复，拟予分别存转等语，应如拟办理。

四、据建设厅签呈，据卸狗牙洞八字岭煤矿办事处委员朱景辉呈缴二十八年三月至五月临时旅费支付预算书，列支毫券二百五十一元一角一分，经核明似可照支等情。饬据会计处签称尚属核实，经代更正折合国币一百七十四元三角八分，所请准在该处经费节余项下开支亦属可行，似可准予照办等语，应如拟办理。

五、据保安处签呈，揭阳县第二区蕉山乡壮丁队伙食费原呈准自二十八年八月二十日起发至二十八年十一月底止，预算共支国币七百九十元零四角。现因该乡仍属沦陷区域，是项壮丁势须继续收容，经发至二十八年十二月底止照计增发一个月，合共国币九百九十五元六角等情。饬据会计处核签，似可准予照办，该款拟并在该处二十八年度保安经费节余项下开支等语，应如拟办理。

六、据第一区行政专员呈，据赤溪县呈报，奉令成立情报股，拟依照标准的减经费为月支国币一百四十元，并请自本年十一月份至十二月份止由省库按月拨助等情。饬据会计处核签，拟予照准，款在二十八年度省预备费项下拨支等语，应如拟办理。

七、据新会县呈缴更正周如润等请恤事实表，请予给恤一案，经遵照行政院令核定周如润一次恤金三百二十元，年抚金二百元；周亚惠、周亚秋、周亚宁、周亚立等一次恤金一百六十元，年抚金一百元，给恤期均以十年为止。填发抚恤令暨分别电请备案。

八、据四会县编缴征集电杆费预订算书类，计共国币一百一十四元五角八分。饬据会计处核签，似可准在二十九年度建设事业支出项下开支援还归垫等情，应如拟办理。

九、据会计处签呈，请准予将本处二十八年度经常费及临时费预算科目在同门内各自流用等情，经照准。

密十、据秘书处拟具紧急救济东江米荒具体办法两项，请察核等情，应准如拟办理。

讨论事项

密一、据暂编第二军邹军长呈，请发给该军军、师部经临费及侦探费等并请饬财厅给领等情，请公决案。

（决议）照案通过。除战临费及米津已由军政部发给外，侦探费应将该军原列教育费移支，不足由军事特支费动支，余款在未奉准中央发给以前暂由省库垫支。

密二、据财政厅报告，丰顺县修复县属水口至径心及畲坑至径心公路工料费经在二十八年度建设事业费项下拨支国币一千五百元，请提会追认等情，请公决案。

（决议）照案追认。

密三、准广东全省防空司令部函送设置各县补助防空监视队县名番号表、各通讯所需通讯器材种类数量预算表及临时费预算表，合共约需国币一万三千二百四十八元一角一分，请查照核办等由，请公【决】案。

（决议）（一）购置器材费及运费函复请由防空协会专款开支。（二）补助防空监视队经费，准列入二十九年度县地方预算内开支。（三）增设通讯所经费每月共国币一千五百七十八元，由省预备费项下开支。

密四、据建设厅签呈，据公路处呈复，关于狮马公路新建木桥不敷之款拟请在省库拨发，转请饬拨应用等情，请公决案。

（会计处签拟）查该路改善工程费预算，计列五千六百零四元九角六分，既经技术室核明尚属核实，该改善工程费除在前期流用一千六百六十二元六角六分，尚需款国币三千九百四十二元三角支，据请由省库拨支，似可照准，并拟在本年度建设事业费项下拨支，请提会核定。

（决议）照会计处签拟通过。

五、据建设厅签呈，编具本厅二十八年购置汽车临时费支付预算书，计共国币一万七千八百五十三元六角七分，请察核备案等情，请公决案。

（决议）照案通过。

六、据建设厅签呈，编具二十八年度八月一日起至十二月三十一日止考验汽车驾驶人发给互通执照收支预算书表规则，计列收入九千一百八十元，支出五千二百二十五元等情，请公决案。

（会计处签拟）查所缴预算书，所列收入执照报告等费单位数额核与各省市汽车驾驶人考验规则规定相符，各项支出数目亦属核实，计由二十八年八月份起至十二月底止五个月列收九千一百八十元（月收一千八百三十六元），列支五千二百二十五元（月支一千零四十五元），似可准予照列，并补入追加二十八年度省概算案内，仍请提会核定。

（决议）照会计处签拟通过。

密七、据建设厅签呈，关于建筑韶州西河浮桥一案，准二区专员转送支付预算书，计不敷毫券一千七百五十元七毫五仙，请予追加补发等情。呈奉第四战区司令长官司令部电复，由本府自行审核办理等因，请公决案。

（会计处签拟）查本案经送准技术室核复，该桥工料预算审核尚属核实，本处复核书列数目尚属相符，该项超出预算数额国币一千二百一十五元八角似可准在二十九年度建设事业费支出项下开支，并请提会核定。

（决议）照会计处签拟通过。

八、据广东省战时贸易管理处筹备处呈，请先行拨付筹备费国币五千元等情，请公决案。

（会计处签拟）查据呈称筹备费数额为国币五千元，而据缴预算表所列合计数亦为五千元，但将预算表所列各散数合计则为五千五百元，未知是何错误。兹拟照呈称数额饬由财政厅在应拨该处营业资金项下先拨国币五千元俾充筹备费之用，请提会核定。

（决议）照会计处签拟通过。

九、据卸深圳警察局长电，为奉令裁撤，编缴恩饷预算书名册请拨发恩饷共九百三十二元四角等情，请公决案。

（会计处签拟）（一）据报该局奉令结束移交宝安县政府。莫县长以警局系奉令裁撤，而非裁并，仅允接收文卷、公物、枪械，至全部员警均于交卸时遣散。嗣深圳复于本年八月十六日再次沦陷，莫县长潜逃，县政府无人主持凡两月有余，该局长又于交卸后回韶候命。奉饬会同宝安县政府列册报核，请准予变通办理，核尚可行，拟准照核减经费后所定员警数额列报，并准免予会同造报。（二）查该局经费减定为每月国币一千元，除办公费及特别办公费不属恩饷范围外，请领数额应共为国币九百三十二元四角。现查所缴预算书开列应领恩饷数额共九百三十四元二角，超出一元八角，经查明系局员多列一员巡官，少列一员之误。为免公文往返稽延时日起见，拟将超出之一元八角剔减并代更正，计实发恩饷共九百三十二元四角，款在二十八年度省预备费项下拨支，并请提会核定。

（决议）照会计处签拟通过。

密十、本府现增编高要、四会、广宁、三水、花县、德庆、郁南、封川、罗定、云浮等十县自卫队，计每月共需支经常费国币一万五千八百一十二元零四分，又一次过开办费共支一千二百七十八元六角。饬据会计处签拟，由各该队编成日起在二十九年度省地方预算保安支出科目内自卫经费项下拨支等情，请公决案。

（会计处签拟）查高要县增编自卫队一大队；四会、广宁、三水、花县各增编两中队；德庆、郁南、封川、罗定、云浮等县各增编一中队，业经本府二十八年十二月陷（三十日）政秘三兵电饬上述各县遵办具报在案。其编制按本府电令规定系照军管区昌寒军编一代电新颁修正自卫队编制给与表办理。计高要县增编一大队，预算每月共需支经常费国币三千四百六十八元八角，又开办费共二百六十九元八角；四会、广宁、三水、花县各增编两中队预算，各月支经常费一千八百九十八元九角六分，又开办费各支一百五十五元二角；德庆、郁南、封川、罗定、云浮等县各增编一中队，各月支经常费九百四十九元四角八分，又开办费各支七十七元六角。以上十县综计每月共需支经常费国币一万五千八百一十二元零四分，又一次过开办费（铜鼓帽等代金在内）共支一千二百七十八元六角，该款拟由各该队编成日起在二十九年度省地方预算保安支出科目内自卫经费项下拨支，仍请提会核定。

（决议）照会计处签拟通过。

密十一、委员兼财政厅长提议，本省实施战时管理桐油运销以防走私资敌，拟具管理桐油运销章程及实施纲要，请公决案。

（决议）照案修正通过。

十二、委员兼财政厅长提议，拟将本省沙田改征沙田税，订定调整大纲理由书、征收章程暨整理费概算，请公决施行案。

（决议）交胡、刘两委员，会计处审查，由胡委员召集。

十三、据财政厅、秘书处、会计处会呈，奉发下二十九年度省地方普通概算，遵经会同审查，兹将修正概算书表呈缴察核，提会核定等情，请公决案。

（决议）照审查意见通过。

密十四、据秘书处案呈，修正广东省游击区县政府组织及经费支付暂行办法，请提会核定等情，请公决。

（决议）照案通过。

密十五、据秘书处签呈，拟具本省接近战区或沦陷一部分县份增加人员及经费办法，请提会核定等情，请公决。

（决议）照案修正通过。

十六、据秘书处案呈，拟具广东省政府战区各县调查团组织规程，请提会核定施行等情，请公决案。

（决议）照案通过。

十七、委员兼财政厅长提议，兹为贯彻废除苛杂政策起见，拟具本省营业税拨补各县办法，请公决案。

（决议）照案通过。

十八、据地政局呈，为奉令将整理南雄、始兴土地计划案征收书状费及酌减经临各费缘由连同岁入预算书及经常费临时费支出预算书呈请察核等情，请公决案。

（决议）照案通过。款在预备费项下开支。

广东省政府第九届委员会
第九十六次议事录

日　　期　　一月二十三日

地　　点　　韶关本府

出席者　　李汉魂　胡铭藻　何　彤（公差）　顾翊群　黄麟书
　　　　　　朱晖日　许崇清　刘佐人

列席者　　杜之英（毛松年代）　何剑甫（民厅）
　　　　　　卓振雄（振济会）　吴遒宪（刘时亮代）
　　　　　　高　信（地政局）

主　　席　　李汉魂

纪　　录　　（秘书）熊公福　（参议）陆冠裳

报告事项

一、据秘书处签呈，缴黄岗消防队二十八年度岁出预算书及开办费支付预算书，计开办费国币二千一百五十九元七角二分，经常费月支国币三百四十二元三角六分。饬据会计处签拟，核案尚符，惟查开办费预算表据将购置双喉电动小型救火机款项移支营缮、服装等费之用，变更原定开办费预算项目，拟姑予照准等情，应如拟办理。

二、据开建县电报，本县被敌机轰炸，请念职县穷困及灾情奇重，准予由省款项下指拨国币二千元，其不敷之款在县地方款项下筹拨等情。饬据会计处核签，拟饬由县地方款项下筹拨，如无法筹足，并拟准由该县在征存省款项下挪支国币五百元等语，应如拟办理。

三、据秘书处签称，此次由韶迁连以本府对于运输未有统筹办法，以致各机关车辆无法集中运输，各自为政，秩序不免凌乱。嗣奉令回韶，为期整齐划一起见，曾拟具本府各机关统一运输办法，集中车辆统一运输，奉准实行，颇收成效，嗣后尚倘有特别事故时，拟请仍照该办法统一运输，以免纷歧等情，应如拟办理。

讨论事项

一、据财政厅签呈，奉第四战区司令长官司令部电，以惠河淤浅，雇工疏浚，即拨国币八百元径交香主任办理等因。此项疏浚惠河用费事属切要，拟即照拨款在二十八年度建设事业费开支，仍请提会核定等情，请公决案。

（决议）照案通过。

密二、据财政厅报告，清远、龙门、新丰县政府加强破坏公路工食经在二十八年度建设事业费项下拨支国币三万元，请提会追认等情，请公决案。

（决议）照案追认。

密三、据财政厅报告，奉饬借支乳源县政府临时抗战准备费一万元及自卫团经费国币六千元，经遵照拨付。除自卫团经费将来遵在拨军管区团费项下扣还外，抗战准备费国币一万元应由何款开支，请核定等情，请公决案。

（会计处签拟）该项借支乳源县府临时抗战准备费一万元拟在本年度省预备费项下开支，仍请提会核定。

（决议）照会计处签拟通过。

密四、据财政厅报告，东莞县政府破坏公路工食经在二十八年度建设事业费项下拨支国币一万元，请提会追认等情，请公决案。

（决议）照案追认。

五、准广东高等法院函，请令饬财政厅拨给各区联合看守所四所修建开办费共国币四千元等由，请公决案。

（决议）照案通过。

六、据教育厅签呈，缴省立韩山师范学校迁校搬迁费预算书，计共国币一千五百元，拟准在该校节余经费项下拨交等情，请公决案。

（决议）照案通过。

七、据教育厅签呈，缴本厅二十八年度临时费交付预算书，计共国币四千四百一十元四角九分，拟在本厅本年度追加临时费项下拨支，请饬财政厅照数划拨归垫等情，请公决案。

（决议）照案通过。

密八、据教育厅签呈，缴省立韩山师范学校收容战区中学生增班设备费临时预算书，计共国币一千六百元，拟在该校本年度经费节存项下开支等情，经遵照办，提会补请追认案。

（决议）照案追认。

九、据保安处签呈，本处呈缴交通工具购置费超出预算二千七百二十二元七角一分，拟并案于二十八年度保安经费节余项下开支等情，请公决案。

（决议）照案追认。

十、据保安处签呈，缴保安机关部队官兵二十九年元旦犒赏费支付预算书表，共需国币二千一百六十二元二角，款暂由二十九年度保安经费项下匀支等情，请公决案。

（决议）照案通过。

密十一、据第三防空区指挥部呈缴第三防空情报分所监视哨队士兵米津及哨所公费支付预算书，请准补助每兵每月米津国币二元，每所办公费二元五角，计合共月需国币七百零一元五角，由二十八年十二月份起给发等情，请公决案。

（决议）照案通过，由本年一月份起在本年度预备费项下开支。

十二、据民政厅案呈，据卫生处呈送卫生试验所试验品物暂行规则及收受病源诊断检验检材暂行办法，经分别修正并将原附各项收费表原定价格核减等情。经饬据秘书处法制室将暂行规则修正，请公决案。

（决议）照修正通过。

十三、据秘书处签呈，拟定广东省各县出征抗敌军人家属优待委员会组织通则，请察核公布施行等情，请公决案。

（决议）照案修正通过。

密十四、据暂编第二军邹军长呈缴暂编第二军师旅司令部暨所属医院二十八年十二月份下半月经费数目表，合计二万八千六百九十九元三角，又一次过开办费七千二百二十元，两共三万五千九百一十九元三角，请饬厅拨付等情，请公决案。

（会计处签拟）（一）该军军司令部一，月支经常费国币一万六千九百元三角六分。（二）该军师司令部二，各月支经常费国币一千四百零四元九角一分。（三）该军旅司令部四，各月支经常费国币一千三百五十二元。（四）军属野战医院一，月支经常费国币三千八百九十七元八角。（五）师属军医院二，各月支经常费国币一千五百五十五元三角。（六）军司令部一，开办费三千元；师司令部二，开办费各一千五百元；旅司令部四，开办费各二百元；军属辎重营开办费共四百二十元，合共七千二百二十元。上列该军军、师、旅各司令部及野战医院、军医院经常费总共月支国币五万七千三百九十八元五角八分。查该军系自二十八年十二月十六日成立，以半个月计算合共需支国币二万八千六百九十九元二角九分，又开办费合共国币七千二百二十元，该款拟在二十八年度省预备费项下拨付，仍请提会核定。

（决议）照会计处签拟通过。

十五、据秘书处签呈，准民政厅片，为广东省银行拟具农仓业务计划一案，请提会核定等情，请公决案。

（决议）照案修正通过。

十六、据民政厅案呈，据卫生处呈缴省立临时医院组织规程草案、办事细则草案、门诊规则草案、留医规则草案，经分别核拟更正等情，请公决案。

（决议）照案通过。

十七、据财政厅签呈，查谢镇南一员才具干练，资历亦优，堪以充任本厅缉私处副处长，请察核委派等情，请公决案。

（决议）照案通过。

十八、据会计处签呈，拟具民国二十九年度本省文职公务员各级官俸减支数额表，请提会核定施行等情，请公决案。

（决议）照案通过。

十九、胡委员、刘委员、会计处会查财厅所拟将本省沙田改征沙田税订定调整大纲章程及概算一案意见，请公决案。

（决议）照会查意见通过。

二十、据秘书处签呈，修正广东省政府设计委员会组织规程及办事细则，请提会议决公布施行等情，请公决案。

（决议）照案修正通过。

广东省政府第九届委员会
第九十七次议事录

日　期　一月二十六日

地　点　韶关本府

出席者　李汉魂　胡铭藻　何　彤　顾翊群　黄麟书　朱晖日
　　　　许崇清　刘佐人

列席者　吴迺宪　杜之英　桂竞秋（财厅）　郑　丰（党部）

主　席　李汉魂

纪　录　（秘书）熊公福　（参议）陆冠裳

报告事项

一、准国民政府主计处函，据本处岁计局签呈，为广东省政府会计处所请划分该处经费办法一案，经主计会议决议，所有该处经费应在省府预算内独立一项等语，请查照。

二、据民政厅签呈，据卫生处呈缴左前任移送医疗救护队预算书，计月列国币一千五百元。饬据会计处核签，所列各数尚属符合，经准存转。

密三、据保安处签呈，遵令补编战时各部队谍报费月份支付预算书，并报各区保安司令部谍报费起支日期。饬据会计处核签，拟准备案等情，经准如拟办理。

密四、据会计处签呈，准财政厅片送花县拆城费支付预计算书类，

12

查原书列工资及活支费似不应在此项补助费内开支，该县拆城费用只准开支工食国币四千四百四十三元四角，前拨国币一万元已请提会在二十八年度建设事业费项下列支，所余五千五百五十六元六角拟饬如数返纳解库。至已开支之工资及活支费两共国币四百二十八元似可准在该县地方款预备费项下开支等情，应准如拟办理。

讨论事项

密一、奉第四战区司令长官司令部电发两阳游击纵队编制预算书等因，饬据会计处核签，总共每月共支经常费国币一万六千六百五十八元六角，开办费共计八百一十五元，铜鼓帽、胸章等代金共三百九十二元四角，款由该两阳游击纵队组成日期起算，并在本年度省预备费项下开支等情，请公决案。

（决议）电站经费应予剔除，余照会计处签拟通过。

二、准广东高等法院函送本院二十七年度临时费支出计算书表，请查照办理等由，请公决案。

（会计处签拟）查此项临时费以前既经财厅核拨，又经审计处驻审员审核认为相符，似可姑照原列开支国币二千九百零四元八角，补提会议追认。又此项临时费据称已动支国币二千九百零四元八角外，尚余国币六千三百二十六元七角三分之款。据该院前致本处函内所称依照预算法六十四条规定转入下年度继续支用一节，似有误会。查该院是项防空设备费系属临时性质，似与预算法六十四条所规定建筑制造或其他工事之继续经费性质不同，此项未动用之节余经费应按照预算法第六十一条规定函请高等法院照数返纳省库接收。

（决议）照会计处签拟通过。

三、据财政厅签呈，据前缉私总处呈报去年缉存私货因暴敌南侵搬运沉船遗失及留在广州未及移出之私货各情形，可否准予注销之处，转请察核等情，请公决案。

（决议）交财政厅查明报核。

四、据财政厅签呈，关于长官部政治部李前主任任内借过省款二万元奉准拨充青年书店等经费案，应请另定开支科目以便补入收支等情。请公决案。

（决议）在二十八年度省预备费项下开支。

密五、据财政厅签呈，遵批谨就上年九月十五日起至十二月二十四日止已拨支各县拆城补助费共国币一十八万一千四百元开列清表，请核办等情，请公决案。

（决议）照案追认。款在二十八年度建设事业费项下列支。

六、准陆军第六十四军部电复，查明汉奸陈××系三水县第四区白坭七堡伪维持会长。陆××系三水县第四区镇南乡伪维持会长，暨捕获日期，请照章给奖等由，请公决案。

（会计处签拟）查三水县游击队陆兰培部捕杀伪乡长陆×（即陆××）、陆××、陈××、陆××等一案前经核给捕杀陆×暨陆××二名奖金共国币四百元，由本府先行垫付在案。现复由秘书处签拟，拟照案酌给捕获陈××一名奖金二百元。如奉核准，拟连同前次由本府垫付之奖金计共国币六百元援照成案在二十八年度省预备费项下开支，提会核定后饬财厅分别拨汇归垫给领。其陆××一名拟照秘书处签拟俟判决执行后请奖。

（决议）照会计处签拟通过。

七、查本府前准第三十五集团军总部电，以税警总团捕获三水县伪白沙乡维持会长严×一名，经核给奖金国币六百元垫汇在案。现据会计处签拟，前项垫款拟援案在二十八年度省预备费项下拨支归垫等情。请公决案。

（决议）照会计处签拟通过。

八、准第三十五集团军邓副总司令电报，捕获三水惇庸乡伪维持会副会长李×、委员潘×二名，经拟判，电奉第四战区长官部核准执行。请照章给奖等由，请公决案。

（会计处签拟）查捕获三水县惇庸乡伪维持会副会长李×、委员潘×一案，秘书处签拟，各给奖金国币六百元共一千二百元，由二十九年度省预备费项下拨支系援照成案办理，尚无不合，拟请提会核定。

（决议）照会计处签拟通过。

九、准第三十五集团军邓副总司令电报，捕获南海县鳌杏市伪维持会长陈××一名，经审明呈奉长官部核准枪决，请照章给奖等由，请公决案。

（会计处签拟）查南海县捕获该县鳌杏市伪维持会会长陈××一

名，经秘书处签拟，给奖国币六百元，似无不合。该项奖金拟援照成案在二十八年度省预备费项下拨支。仍请提会核定。

（决议）照会计处签拟通过。

十、准陆军第一五四师司令部函，为捕获福和伪治安维持委员会凤池乡分会委员曾×一名，经予枪决，请照章给奖等由。请公决案。

（会计处签拟）查一五四师九二团捕获福和伪治安维持委员会凤池乡分会委员曾×一案，秘书处签拟，给奖国币六百元，在二十八年度省预备费项下拨支系属援照成案办理，尚无不合，拟请提会核定。

（决议）照会计处签拟通过。

密十一、据第一区行政专员呈，据恩平县呈，奉令构筑防御工事，垫支工料费国币五百六十二元五角，转请准予核销拨款归垫等情，请公决案。

（决议）照案通过。款在二十八年度建设事业费项下拨还。

十二、据秘书处案呈，编具本府警卫营及政训室米津暨卫士排等二十九年度经费支付预算书，请提会核定等情，请公决案。

（会计处签拟）查本府警卫营经费月支国币八千零九十四元四角，又政训室经费月支国币九十四元一角，又米津月支国币一千五百五十元，又卫士排经费月支国币八百三十七元四角六分，合共每月应支国币一万零五百七十一元九角六分，该款拟请准自二十九年度一月份起在预备费项下开支，仍请提会核定。

（决议）照会计处签拟通过。

密十三、据保安处签呈，编具保安团队二十九年度月份战时临时费支付预算书，请察核备案等情，请公决案。

（决议）保安团每团战时临时费预算数照列，其起止日期据实报核。

密十四、据乐昌县长兼国民兵团长李国伦电，请发给增编自卫大队部开办费一百元，每中队三百元等情。经准给大队部二十五元，每中队五十元，分队长以下铜鼓帽等每名给代金三角，并饬据会计处签拟，该款拟并案在本年度省预算保安团队项目内自卫经费项下开支，提会补请追认案。

（决议）照会计处签拟通过。

密十五、行营白主任令，饬发给钦县灵山破坏公路费。经饬由韶州分行汇国币四万交邓专员世增转发，提会请追认案。

（决议）照案追认，款在本年度建设事业费项下开支。

十六、主席提议，此次粤北战役英德、翁源等县兵灾奇重，除由中央振济会拨给款二十余万元，第四战区拨款三万元办理振济外，并由本府拨国币二万元，派员会同前往灾区施振，该款经饬由韶州分行垫支，提会请追认并补手续归垫案。

（会计处签拟）查此次英德、翁源等县兵灾系属非常灾害，依照救灾准备金法第六条之规定该项振款国币二万元似可由省救灾准备金项下拨还归垫。拟请提会核定，令饬广东省救灾准备金保管委员会遵照办理。

（决议）照会计处签拟通过。

密十七、据南路行署罗主任电，请于保安团未编拨前准廉江县增加自卫集结队二中队等情，请公决案。

（决议）暂准增编。

十八、据建设厅签呈，拟调钧府技正黄干桥兼充农林局稻作改进所所长等情，请公决案。

（决议）照案通过。

十九、据建设厅签呈，拟将刘荣基升充农林局局长，并免去技正本职等情，请公决案。

（决议）照案通过。

临时动议

密二十、主席提议，查本省各机关经费除专员公署以下照二十七年度十二月份实支致发给外，本府所属各厅处及省党部高等法院经费在二十八年度时均照八折支付有案。兹因工作开展，经费不敷，除高等法院经费已由院重新支配外，所有本府所属各厅处及省党部经常费拟自本年度一月份起仍照二十七年度十二月实支数支付，以资应用案。

（决议）照案通过。

广东省政府第九届委员会
第九十八次议事录

日　期　一月三十日

地　点　韶关本府

出席者　李汉魂（出巡）　胡铭藻　何　彤　顾翊群　黄麟书
　　　　朱晖日　许崇清　刘佐人（假）

列席者　杜之英　吴迺宪（刘时亮代）　郑　丰

主　席　胡铭藻（代）

纪　录　（秘书）熊公福　（参议）陆冠裳

报告事项

一、据第八区行政督察专员电并据防城县长寒电报，捕获敌一等兵冈田悟一名，请照例给赏等情。饬据会计处核签，秘书处拟援案在二十九年度省预备费项下拨发国币二十元奖给各得力人员，尚无不合等语，应准照办。

二、据民政厅案呈，据卫生处签呈，为公共卫生人员训练所护士学员黄景新、叶秀贞、高慕贞三员既已结业，拟每人发给返程旅费国币一百元回省服务，并补回医师杨松簇旅费国币一百元，合共国币四百元，款在该处二十八年度事业费节余项下开支等情。饬据会计处核尚可行，拟请照准等语，应如拟办理。

三、据秘书处编造二十八年度购置南路行署无线电石油机费支付预算书，列支国币四千一百四十元。饬据会计处查核尚无不合，拟分别存转等情，应如拟办理。

讨论事项

一、据民政厅签呈，据卫生处呈拟接办卫生署医防队第五防疫医院编就预算书，计月支经费国币六百七十三元，二十八年十二月份经费由该处事业费节余项下拨支，似可照准等情。

（决议）照案通过。

二、据教育厅许前厅长呈，为支过购置药品费国币七百三十元二角八分，此款拟在二十八年度奉准追加教育文化临时费二万五千元项下拨支，请核准备案等情，请公决案。

（决议）照案通过。

三、据教育厅许前厅长呈，拟给予钦州师范学校学生补助膳费，由二十八年十二月下半月起至二十九年六月份止，共给二千八百零八元，又一次过服装费二千一百六十元，合计四千九百六十八元，统拟在二十八年度补助学生膳费项下开支等情，请公决案。

（会计处签拟）查钦州师范学校学生七十二名因钦州沦陷来韶，拟每名每月补助膳费六元，另一次过给予服装费每人三十元，以救济沦陷区青年学生，似属需要。惟所拟自二十八年十二月下半月起至二十九年六月止共给膳费二千八百八十元似有未合，盖二十九年一月至五六月系属二九年度，应在二十九年度补助学生膳费项下拨支。兹拟准给二十八年十二月下半月学生膳费各三元，共二百一十六元，又服装费二千一百六十元，合共二千三百七十六元，在二十八年度补助学生膳费项下拨支，二十九年一月至六月份膳费二千五百九十二元并准在本年度补助学生膳费项下拨付，仍请提会核定。

（决议）照会计处签拟通过。

密四、据会计处签呈，关于本府所属各机关迁连往返费用，拟饬编具预算呈核。款在二十九年度省预备费项下动支，仍请提会核定等情，请公决案。

（决议）照案通过。

五、准第三十五集团军邓副总司令电报，捕获南海璜玑乡伪维持会长程××及南海百和村伪维持会长邝××、顺德鹭洲伪维持会长梁××等三名，经呈奉长官部核准枪决，请照章给奖等由，请公决案。

（会计处签拟）本案秘书处签拟，捕获南海璜玑乡伪维持会长程××及顺德鹭洲伪维持会长梁××二名，各给奖国币六百元；捕获南海百和村伪维持会长邝××一名，给奖国币二百元，尚无不合，该项奖金共国币一千四百元拟援照捕杀敌伪组织官员给奖成案在二十九年度省预备费项下拨支，仍请提会核定。

（决议）照秘书、会计两处签拟通过。

六、主席提议，据第三区行政督察专员李磊夫篠电称，据德庆县县长张百川报称，疟疾缠绵体力日敝，恳准其辞职，转请核示等情。应予照准，调府任用，所遗德庆县县长缺拟委张绍琨代理，请公决案。

（决议）照案通过。

七、主席提议，查连连阳乳建设委员会组织前经本府九届委员会六十五次会议决议通过，旋复改称连连阳乳四属建设办事处，负责办理四属建设事宜。惟自成立迄今已逾数月，因种种关系对于建设工作未能有所表现，兹为实事求是计，拟将该办事处撤销，所有该处经费自三月份起停发，以节虚糜，至关于四属建设事，宜另行妥筹办理，请公决案。

（决议）照案通过。

八、主席提议，查有县政人员训练所财政系主任林习经资历尚优，堪以派充本省战时贸易管理处副处长。检同履历，提请公决案。

（决议）照案通过。

九、主席提议，拟筹拨英、翁等九县及曾经受敌蹂躏灾情较重各属被灾民众救济费国币二百万元，请公决案。

（决议）照案通过。

广东省政府第九届委员会
第九十九次议事录

日　　期　二月二日
地　　点　韶关本府
出席者　　李汉魂（出巡）　胡铭藻　何　彤　顾翙群（假）
　　　　　黄麟书　朱晖日（假）　许崇清　刘佐人（出差）
列席者　　杜之英（会计处）　吴迺宪（保安处）　郑　丰（省党部）
　　　　　桂竞秋（财厅）　李仲仁（建厅）　卓振雄（振济会）
主　　席　胡铭藻（代）
纪　　录　（秘书）熊公福　（参议）陆冠裳

报告事项

一、奉行政院电知，本院第四四六次会议决议，任命黄麟书为该省政府委员兼教育厅长，并免许崇清原兼厅〈厅〉长职等因，遵经分行暨令各区行政督察专员转饬所属知照。

二、查东江各县米荒严重，经电饬财厅随时拨款，由省行克速办运粤北米粮，交由东江米粮运销会接收，分配接济。

三、据本府驻桂林通讯处主任呈，请准将汽油费在各月办公费节余项下流用，并在办公费消耗支出内列报等情。饬据会计处签拟，依法似可照准，惟截至二十八年度底止，办公费如仍有节余，应返纳省库，不得再流用为二十九年度汽油费等语，应如拟办理。

四、准内政部咨，各省烟民提前于二十九年六月底以前完全戒绝等由。应电饬民政厅遵照，及电广东禁烟督察分处，并函省禁烟委员会查照。

讨论事项

一、据省振济会呈缴难民移垦实施办法，请察核饬遵等情，请公决案。

（决议）照原草案及秘书处签拟修正通过。

二、据教育厅许前厅长呈，拟在二十八年度教育文化临时费项下划拨省立汕尾水产职业学校及省立东江临时中学补课经费国币共一千六百七十六元二角九分等情，请公决案。

（决议）照案通过。

密三、据建设厅签呈，据全省长途电话管理委员会呈缴改编架设连贺长途话线计划书表，请察核存转备案拨款办理等情，请公决案。

（会计处签拟）查架设连贺长途话线一案前据建设厅转缴全省长途电话管委会所拟计划书到府。饬据本府技术室签复四点，经着转饬照拟改编呈核，暨分行财政厅尽先酌拨应支在案。现据呈缴前项改编计划书，请核转饬拨等情。本案经送准秘书处技术室核复，以四公厘镀锌铁线仍应照前核减数改为一方七千一百一十公斤，查核相符应将原列四公厘镀锌铁线价款减为一万五千三百九十九元（每公斤价九角，以一万七千一百一十公斤计），全部预算（原财六万二千九百零二元五角）应照减为六万零三百零一元五角，似可准在本年度建设事业费项下开支，仍请提会核定。

（决议）照会计处签拟通过。

密四、第八区行政督察专员呈缴防城县奉令架设防城至广西上思县段话线临时费追加支出概算书，计共国币二千四百五十元，请准予存转备案等情。请公决案。

（会计处签拟）案查防城县架设至上思话线工料连杂费国币三千三百九十四元六角经提付九届六十二次会议通过，暨代电审计处、防空司令部查照，财政厅遵照拨付，并电复八区专员与防城林县长在案。嗣据该县长十月有建电，以汇价暴涨，请增拨线价国币二千四百五十元。当经电复，准在特别备用金垫支在案。既据八区专员转缴该县前项追加预算书，请察核存转备案等情。查本案前经送准秘书处核复，以所报线价每斤涨至国币一元，尚不过昂，复查现缴预算书追加数目两案相符，似可准在本年度建设事业费项下开支，请提会核定。

（决议）照会计处签拟通过。

密五、奉第四战区令，赶速筹办补助医院及收容所以为收容伤病兵之用。经饬由省银行韶州分行垫支国币二万元，交民政厅转发筹备，提会请追认在救灾准备金项下开支案。

（决议）照案通过。

六、据教育厅许前厅长呈，拟在二十八年度战区退出员生经费及教育文化临时费项下分别拨支庚戌中学迁校设备费五千元等情，请公决案。

（会计处签拟）据呈拟拨省立庚戌中学迁运设备修缮等费五千元核尚需要，所拟在二十八年度收容战区退出员生经费结余项下拨支三千元追加教育文化临时费项下拨支二千元，似属可行，拟请照准。提会核定。

（决议）照会计处签拟通过。

七、据教育厅长签呈，本厅秘书陈肇燊辞职，拟予照准，遗缺以谢群彬代理；第一科长黎时雍辞职，拟予照准，遗缺并以谢群彬暂兼代；第四科长黄中廑辞职，拟予照准，遗缺以邓尧佐代理；督学张资模拟饬另候差委，遗缺以霍广河代理。连同履历表，请核示等情，请公决案。

（决议）照案通过。

八、委员兼教育厅长提议，拟调省立南雄中学校长梁劲为本厅义务教育视导员，遗缺拟以省立老隆师范学校校长黄培才接充；递遗省立老隆师范学校校长缺，拟以叶青天接充。检同履历，请分别任用案。

（决议）照案通过。

九、委员兼教育厅长提议，省立琼崖联合中学校长陈传栋拟调充本厅义务教育视导员，遗缺拟以蔡士亮接充，请公决案。

（决议）照案通过。

十、委员兼财【政】厅长提议，拟具广东省税务局及稽征所经办契税办法，连同收据切结注册簿格式，请公决施行案。

（决议）交民政厅、秘书处、会计处会同审查，由民政厅召集。

广东省政府第九届委员会
第一百次议事录

日　期　二月六日

地　点　韶关本府

出席者　李汉魂（出巡）　胡铭藻　何　彤　顾翊群（假）
　　　　黄麟书　朱晖日（假）　许崇清　刘佐人（出差）

列席者　李仲仁（建厅）　吴迺宪（保安处）　杜之英（会计处）
　　　　桂竞秋（财厅）

主　席　胡铭藻（代）

纪　录　（秘书）熊公福　（参议）陆冠裳

报告事项

一、据教育厅许前厅长签呈，据省立民教馆呈，拟在本馆二十七年度结存项下拨支派员赴云浮起运书籍所用旅运费共国币二百一十八元，请备案等情。饬据会计处核签，似属可行，拟请照准等语，应准如拟办理。

密二、据会计处案呈，准秘书处片，为本府无线电台直属第四分台已于二十八年十二月十一日组织成立，所有该台十二月份二十天经费一

22

百八十一元二角八分及一次过开办费四十元经由吴前任移交交通网开办费节余项下拨支。至二十九年度经常费应由何款项下拨支，请签拟，提会核定等由。查该电台派往第三十五集团军总司令部服务，该台经费似应由总部拨发，至二十八年份经常费及开办费，拟报会并由秘书处分别编具预算书呈府存转等情，应如拟办理。

讨论事项

一、准军管区司令部函，请将特务营新兵一百名召集费国币二百元及借用担架团服装如数径汇寄岭南师管区转发备用等由，请公决案。

（会计处签拟）（一）现查本府警卫营前向军管区担架团选列兵一百名，所需征集费每兵二元，计共二百元。该款既经本府秘书处垫支，似可提会追认，款由二十八年度省预备金项下开支，饬厅拨还本府秘书处归垫，编具预算书呈府核转。（二）本府警卫营增编第五连士兵服装费，既经本府九届九四次会议核定拨款购制，其前向军管区担架团借用之服装一百套，应饬该营照数拨还岭南师管区接收，具报本府备查。以上所拟（一）点拟请提会，（二）点饬本府警卫营遵办。当否，候示。

（决议）照会计处签拟通过。

密二、军管区司令部电，将灵浦钦防各县各新增编自卫大队之经费按月移拨过部转发等由，请公决案。

（会计处签拟）奉钧座哿政秘三兵代电，以灵浦钦防各县各增编自卫队一大队饬核办具报等因。遵查灵浦钦防等县增编自卫队经费按照军管区昌寒军编一代电修正自卫队整编办法及编制给与规定，计灵山、合浦、钦县、防城等县各增编自卫队一大队，经常费预算每月各应支国币三千一百四十元二角四分，开办费及分队长以下铜鼓帽胸章等每名应给代金三角，各（一次过）共国币二百六十元五角。该款拟并自各该队编成日期起款在本年度省地方岁出预算保安支出内增编自卫队经费项下拨文，仍请提会核定后饬财厅将款拨交军管区司令部转发。

（决议）照会计处签拟通过。

密三、据陆军暂编第二军军长签呈，造具全军无线电排每月追加通讯材料费支付预算书，计月支共国币三千四百零七元，请核准并饬财厅自二十九年一月份起照案拨付等情，请公决案。

（会计处签拟）查暂编第二军现编呈该军无线电排通讯材料费预

算，计列军属无线电排一班，每月通讯材料费国币八百二十九元；师属无线电排一班，每月通讯材料费国币一千二百八十九元，两师合共国币二千五百七十八元；全军每月共需通讯材料费国币三千四百七十元，尚属需要，该项预算内所列器材数量业经本处送请秘书处电讯组核复尚无过多。现查此项费用该军本年度经临费总预算内尚无列支，似可准予照数追加，自本年一月份起支。该款在未奉准中央拨发以前，似可暂由省库垫付，仍请会核定。

（决议）照会计处签拟通过。

四、据教育厅许前厅长签呈，拟在二十八年度追加教育文化临时费二万五千元项下拨支中区临时中学增班开办费四千二百元等情，请公决案。

（决议）照案通过。

密五、据财政厅报告，龙川县政府拆除城垣补助费经在二十九年度建设事业支出项下拨支国币五千元，请提会追认等情，请公决案。

（决议）照案追认。

密六、据财政厅报告，茂名县政府架设茂名至阳春电话线费经在二十八年度建设事业费项下拨支国币三千元，请提会追认等情，请公决案。

（决议）照案追认。

密七、据财政厅报告，博罗、河源两县政府加强破坏公路工食经在二十八年度建设事业费项下拨支国币每县各一万元，共二万元，请提会追认等情，请公决案。

（决议）照案追认。

八、据建设厅签呈，据北江船务管理所呈缴改编二十八年度岁入岁出预算书表，计岁入年列一万元，经常费月支三百三十七元，请核示等情，请公决案。

（会计处签拟）查核原书编列岁入数年列国币一万元（船税牌照费），岁出数年计国币四千零四十四元（该所经常费），核案相符，数目亦合。至岁入数国币一万元，准予追列二十八年度省地方岁入预算，并请提会核定。

（决议）照会计处签呈通过。

密九、奉广东绥靖主任公署函复，南雄县府架设南雄县城至坪脑段防空情报电话线，查该县长所称改用十四号铅线及超出原费用预算数目六百三十一元二角四分尚属核实，似应准予追加等因，请公决案。

（决议）照案追认。款在二十九年度建设事业支出项下开支。

十、据会计长签呈，奉令赴渝出席全国主计会议，所有垫支飞机、火车各费合计国币一千六百八十三元零八分，请准提会由本年度省预备金项下拨支归垫等情，请公决案。

（决议）照案通过。

十一、据会计处签，奉饬拟办新会县三江乡抗敌守土伤亡人民赵宇等抚恤一案，计赵宇、赵任、赵忠、赵福桃四名各给其遗族八十元，共给三百二十元；又赵平、赵中、赵武等三名各给四十元，共给一百二十元；又赵佐一名给七十元，合计共给国币五百一十元。既经在本年度省地方预备费项下开支，拟请补提会追认等情，请公决案。

（决议）照案追认。

密十二、奉第四战区司令长官司令部电，着第二、第五两游击区各增编两个自卫大队，其经费由广东省府发给等因，请公决案。

（会计处签拟）查第二、五两游击区各增编自卫队两个大队之经费依照四战区长官部歌仁代电颁发之游击大队部暨中队部（或自卫大队、中队）编制表预算书，规定每区每月各需支经费国币七千五百四十一元五角二分（大队部一，支三百九十三元，各中队支一千一百二十五元九角二分），又开办费及分队长以下铜鼓帽等代金各国币五百二十四元二角（大队部二十五元，每中队五十元；每大队部代金三元九角，每中队代金二十九元四角），该款似可准自本年一月十日各该队成立日起在本年度省地方岁出预算保安支出项目内增编自卫队经费项下开支，拟请提会核定。

（决议）照会计处签拟通过。

十三、据保安处签呈，拟成立军士队一队，以备补充各团队下级干部之需，月支经费八百五十八元四角五分，由各团队节余项下开支等情，请公决案。

（决议）照案通过。

十四、据建设厅签呈，据省营工业管理处请委陈国柱为该处技正，转请给委等情，请公决案。

（决议）照案通过。

广东省政府第九届委员会
第一百零一次议事录

日　期　二月九日
地　点　韶关本府
出席者　李汉魂　胡铭藻　何　彤　顾翊群　黄麟书　朱晖日
　　　　许崇清　刘佐人
列席者　吴迺宪（保安处）　杜之英（会计处）
　　　　桂竞秋（财政厅）　郑　丰（省党部）
主　席　李汉魂
纪　录　（秘书）熊公福　（参议）陆冠裳

报告事项

密一、奉第四战区司令长官张函，谕拟将鹤山县改隶第一行政区管辖，南海县改隶第三行政区管辖，饬酌办具报等因。经饬据民政厅签拟，鹤山县似无改隶第一行政区之必要，至南海似可暂划第三行政区管辖等情。拟准如厅拟，分别呈咨函行。

二、据财政厅报告，经在二十八年度预备费项下拨支番禺县国民自卫总队俘获敌人奖金国币四十元，请提会追认等情。饬据会计处签查核与案相符，拟请报告会议追认后分别通知等语，应如拟办理。

密三、据卸保卫处长邹洪签呈，以任内因垫支保安团队输卒等经费，透支甚巨，请先拨国币八万元以便请发经费饷项等情。经准饬财厅先行垫借国币五万元，该款俟该处将二十八年度保安经费支出实数报核后再行拨还归垫。

讨论事项

密一、准广东全省防空司令部函送本部所属各区补助士兵米津费及哨所公费支付预算书，请准予核拨补助等由，请公决案。

（会计处签拟）查所请补助各防空区指挥部及情报分所监视队哨士兵每名发给米津二元，每哨所补助办公费二元五角一节，核尚需要。原预算所列第二防空区部队士兵共一百一十八名，哨所共十一所，每月共支二百六十三元五角；第三防空区部队士兵共三百四十八名，哨所共三十五所，每月共支七百八十三元五角，除本府九届九十六次委员会议核定拨支七百零一元五角外，现实应每月增支八十二元；第四防空区部队士兵共一百四十四名，哨所共一十四所，每月共支三百二十三元；以上三防空区每月共增拨国币六百六十八元五角，该款似可准予照拨，拟由本年二月份起援案在本年度省预备金项下开支，仍请提会核定。

（决议）照会计处签拟通过。

二、据财政厅报告，遵谕照拨英德李故县长辉南治丧费二千元，请察核备案，并请核定开支科目，俾资转账等情，请公决案。

（决议）准在本年度预算恤金项下开支。

三、据教育厅许前厅长签呈，据省立长沙师范学校呈缴接收省立教育学院附中临时费预算书，核案相符。该项购置营造费国币四千元，并拟准在二十八年度收容由战区退出员生经费内补助各县增校增班经费项下拨支等情，请公决案。

（决议）照案通过。

密四、据教育厅许前厅长签呈，据省立民众教育馆呈，拟在该馆二十七年度结存款项下拨支搬运费及旅费共国币一千七百元，自应照准，请察核备案等情，请公决案。

（决议）照案通过。

五、据教育厅许前厅长签呈，缴具追加购置抗战影片费预算书，计共国币五千元，此款仍拟在二十八年度教育文化费概算收容由战区退出员生经费项下中小学教师服务团生活费内拨支，请核准存转备案等情，请公决案。

（决议）照案通过。

六、据教育厅许前厅长签呈，拟在二十八年度督学出发旅费节余项下拨支本厅二十八年度第二次垫支各项临时费等情，请公决案。

（会计处签拟）现据该厅调任科长一员，科员二员，实共应支三百六十六元，原案多列八十四元，拟予剔除，计实共应支二千四百三十一元四角五分，所请在二十八年督学出发旅费节余项下拨支，尚属可行，拟请照准提会核定。

（决议）照会计处签拟通过。

七、据建设厅签呈，据农林局呈缴二十九年度恢复血清制造所驻东、南、西、北区家畜防疫区开办费支付预算书，计共八百一十二元，仍由该所二十八年九月份经费节存项下照所拟四个防疫区开办费概算数目专案列支，转请核示等情，请公决案。

（决议）照案通过。

八、据建设厅签呈，据农林局呈，拟派黄文恩代理该局农艺课技正，转请给委等情，请公决案。

（决议）照案通过。

九、据会计处签呈，为在港、肇考取合格计政系二期学员拟每名酌予补助旅费，计香港拟取八十名，需补助费三千二百元；肇庆拟取六十名，需补助费九百元，共约需补助费国币四千一百元，请准由本年度省预备金项下拨支等情，请公决案。

（决议）照案通过。

十、据财政厅签呈，关于清理各县市局长交代，在原办法所未规定特殊情形应如何处理，谨胪列拟议意见请示等情，请公决案。

（会计处签拟）查财厅所拟第一、二、三、四、六、七等项办法，尚属妥洽，似可如拟办理。至第五项该厅二十五年以前账册虽未全部携带，惟各县档卷当不致完全散失，所有各前任县市局长册列现解各款，已未清解坐拨扣支各款，已、未清办抵解手续，似仍应先饬各该县市局查明具复。如某一交案之全部或一部确属无法查核，始准按其部分依据原呈交代清册分别核办，以资缜密而重公币，仍请核示后将财厅原签呈及本处签拟意见一并提会决定。

（决议）照原拟意见及会计处签拟通过。

十一、准广东省动员委员会函，请核拨该会秘书马景曾、组长陈睨任往渝受训旅费国币合共一千二百元，并将陆秘书长宗骐往渝受训旅费六百元送会归垫等由，请公决案。

（决议）照案通过，在本年度预备金项下开支。

十二、据本府印刷所呈，请将所增加流动金国币一万元核定等情，请公决案。

（会计处签拟）查前呈扩充计划书内乙项内列流动资金国币一万元系作增补原料之用，现呈增拨一节似可照准。拟请援案在二十九年度建设事业支出项下开支，连同前拨之款概以营业投资及维持支出科目列账，并请提会核定。

（决议）照会计处签拟通过。

十三、据广宁地方法院院长电，请发给广宁监狱迁移费国币六百元等情。该项搬迁费经电准高等法院在二十八年度各监囚粮余款拨付，补提会请追认案。

（决议）照案通过。

十四、主席提议，东莞县长张我东另有任用，遗缺派李鹤龄代理，请公决案。

（决议）照案通过。

十五、委员兼教育厅长提议，省立高州中学校长曾绍洙拟饬另候任用，遗缺查有陈智乾堪以接充，检同该员履历表，请公决案。

（决议）照案通过。

十六、委员兼教育厅长提议，二十九年度教育文化经临各费除经奉核定概数外，在紧缩预算原则之下仍须请追加一百一十九万一千二百三十一元方敷维持，而稍足应付战时及实际需要。理合编具追加概算，附具理由，请公决案。

（决议）交财政厅、会计处审查，由财厅召集。

临时动议

密十七、据秘书、会计两处签称，查本府所属各机关迁连回韶所有各员役沿途膳宿等费多由自备，前为略示体恤，曾经与各厅处临时酌定统一拨给膳宿费办法，拟给各职员每员每日国币一元；兵夫每名每日国币五角，以二十日为限。其运输费用准实报实销。是否可行，请核示前来，请公决案。

（决议）照案通过。

广东省政府第九届委员会
第一百零二次议事录

日　　期　二月十三日

地　　点　韶关本府

出席者　李汉魂　胡铭藻　何　彤（公假）　顾翊群　黄麟书
　　　　　朱晖日（公假）　许崇清　刘佐人

列席者　吴酒宪（保安处）　杜之英（会计处）　李仲仁（建设厅）
　　　　　何剑甫（民政厅）　桂竞秋（财政厅）

主　　席　李汉魂

纪　　录　（参议）陆冠裳

报告事项

密一、准军令部函复，以测量总局经费确属困难，前航测第三队结余经费国币一万一千四百六十二元二角一分拟请准予缓缴等由。饬据会计处签拟，似可照办，拟请报会后函复于可能范围内仍请尽先分期拨回归垫，以清手续等语，应如拟办理。

密二、据本府广播电台呈缴二十八年购置乐器临时费支出计算书，计共支出国币四百二十一元四角。因物价略涨，故与原预算比对超出国币二十一元四角，此项超出数拟请准予在职台经费节余项下开支等情。饬据会计处核签，拟予照准，报告会议后将计算书类转送审计处审核等语，应如拟办理。

三、据教育厅签呈，据省立老隆师范学校呈缴二十七年添置教具校具暨操场修理费预算书，计列支国币二百二十二元六角二分，请察核等情。饬据会计处签拟，查核各数尚属核实，所请在该校开办设备费项下拨支，似属可行，拟请照准报会备案等语，应如拟办理。

讨论事项

密一、准第十二集团军总司令部函，请将第四期欠付车辆价款港币七万八千元赓续跟案照数清拨等由，请公决案。

（决议）本府正拟拨款买车，应即照函请数目清拨，并请十二集团军酌拨车辆与本府应用。又该款准由二十九年度建设事业支出项下开支。

二、民政厅长、财政厅长会复，奉交审查广东省候用公务员招待所组织章程等件一案，拟具意见，请察核等情，请公决案。

（决议）照案修正通过。

三、秘书长、财政厅长、会计长会复，奉交审查高等法院编送二十九年度司法经费总概算一案，拟具意见，请提会核定等情，请公决案。

（决议）照审查意见通过。

密四、据建设厅签呈，奉令审核丰顺县呈缴修复丰梅、丰兴两路段桥梁工料费各支付预算一案，查各桥梁材料数量依照备注所列略有不符，请分别修正存转指遵等情，请公决案。

（会计处签拟）查本案经建设厅核复，工料费计核减为国币二千三百九十九元零八分，其余工食费折合国币四百五十九元九角七分，尚属符合。两共国币二千八百五十九元零五分，复核数目相符，除已拨过国币一千五百元外（在九届九十五次会议追认），尚需国币一千三百五十九元零五分，该款似可准在二十九年度建设事业支出项下开支，并请提会核定。

（决议）照会计处签拟通过。

密五、据建设厅签呈，据公路处转缴建筑曲江县河西木桥图则预算书表，并陈明增加预算缘由，查核书表略有不符，经代更正。该桥工料费总价为国币二万六千五百九十五元八角四分，除奉拨过国币一万三千九百六十二元八角三分外，尚应补发国币一万二千六百三十三元零一分，请饬财厅从速拨付等情，请公决案。

（决议）照案通过。款在二十八年度建设事业费项下开支。

六、据保安处签呈，以本处前编二十九年度保安经费概算一案，奉饬按照本府核定原则，另编预算呈核等因。谨拟意见六项，并附缴二十九年士兵服装费追加预算表，请察核等情，请公决案。

（会计处签拟）（一）、（三）两点增给经费拟饬在该处预备费项下支付；（二）点拟请饬该处酌加调整另编预算呈核，所需经费拟遵照钧批饬在保安经费节余项下匀支；（四）点拟照本府前次核定案办理；

（五）、（六）两点经费每月总共增加国币一万四千零五十元六角，似可准予追加。

（决议）照会计处签拟通过。运输费如不足，准照原签七千元数目在该处节余项下开支。

七、据民政厅案呈，据广东省卫生处呈报该处防疫科长及卫生试验所长更替情形，请核示前来，似可准予照办。所请委刘伯枝为卫生试验所细菌室主任兼代所长一节拟予加委，至该处所遗防疫科科长一职，拟并饬迅即遴选专任人员接充等情，请公决案。

（决议）照案通过。

密八、据财政厅报告，奉饬先拨顺德县政府国币五千元，经遵照拨付。仍请核定开支款目等情，请公决案。

（决议）照案追认，并饬迅将用途报核。

密九、据财政厅报告，遵照拨发花县发动民众伙食国币七千元，请提会追认，指定开支科目俾资转账等情，请公决案。

（会计处签拟）查本案关于花县前县长崔广秀请拨发动民众伙食费国币七千元，遵即签发支令，以暂付款照拨，请核备等情，自可准予备案，款在二十九年度省预备金项下开支，拟请提会追认。

（决议）照会计处签拟通过。

十、主席提议，揭阳县长陈友云另有任用，遗缺拟派林先立代理，请公决案。

（决议）照案通过。

十一、主席提议，琼山县县长杨永仁另有任用，遗缺拟以儋县县长陈哲调充，递遗儋县县长缺，拟以感恩县县长钱开新调充，递遗感恩县县长缺，拟派麦邦垣代理，请公决案。

（决议）照案通过。

十二、主席提议，派张景人为广东省战时贸易管理【处】处长，调建设厅秘书刘寅为该处秘书兼总务组组长，并派区觉孟为该处营业组组长，请公决案。

（决议）照案通过。

十三、据财政厅、会计处签呈，省动员委员会原拟各县市局动员会、新运会等机关联合办公处经费预算一案意见请裁夺等情，请公决案。

（决议）照案修正通过。

十四、据秘书处拟就广东省政府粤北战地各县振济工作队组织大纲，请提会核定施行等情，请公决案。

（决议）照案通过。

密十五、据教育厅签呈，据广东省立文理学院呈，拟遵令派员接收前广州市立中山图书馆寄存桂省石龙图书运连保存，请暂先拨发运输费国币五千元，实报实销等情，请公决案。

（决议）照案通过，款在二十九年度预备金项下开支。

广东省政府第九届委员会
第一百零三次议事录

日　期　二月十六日

地　点　韶关本府

出席者　李汉魂　胡铭藻　何　彤　顾翊群（公假）　黄麟书
　　　　　朱晖日（公假）　许崇清　刘佐人

列席者　吴迺宪（保安处）　杜之英（会计处）　李仲仁（建设厅）
　　　　　桂竞秋（财政厅）　郑　丰（省党部）

主　席　李汉魂

纪　录　（参议）陆冠裳

报告事项

一、据民政厅签呈，据省警总队编造二十八年度临时迁移修缮费概算书，列支国币三百一十元五角六分，请准在本队本年度节余经费项下开支，查属需要等情。饬据会计处签称，复查总散数目亦符，似可准如所请在该队二十八年度节余经费项下开支等语，应如拟办理。

二、据民政厅签呈，据卫生处呈，拟将鼠疫苗款五百五十九元二角六分改购脑膜炎疫苗，查核所拟尚属可行，请核示等情。饬据会计处签称，核尚可行，似可照准等语，应准如拟办理。

三、据建设厅签呈，据韶连路车务主任呈缴该路办事处每月经常费支付预算书，转请饬库将该项经费国币二百四十八元拨付等情。饬据会计处签称，尚属需要，所请将一月份经费饬库拨付，似可照准，并由本年度预备金项下拨支等语，应如拟办理。

四、据卸建设厅长徐景唐、前兼建设厅长李汉魂、监盘会计长杜之英会呈，移接广东建设厅各经管印信数目、册据、卷宗、公物、家私、结存现金等，业经核算清楚，造具清册，请察核备案等情。饬据会计处签称，移交各项数目，经核尚符，拟准予备案。关于经费方面，并饬徐任从速清结造报，将节余款项解库等语，应如拟办理。

五、据广东省救护委员会呈报，雇夫将公物药品迁运南雄，共支工资国币九十八元，请核准在本会办公费节余项下核销等情。饬据会计处签称，核尚属实，所请似可照准等语，应如拟办理。

六、据第一区行政督察专员呈，奉令筹购无线电收音机，计用去国币九百一十二元七角四分，附缴书表，请核销归垫等情。饬据会计处签称，似应照第八区专署设置收音机案饬由该署先在节余经费项下开支等语，应如拟办理。

七、据县政人员训练所呈，为通讯班学员八十人拟自二十八年十一月起每名月给津贴费国币九元、伙食国币六元，共十五元，请察核备案等情，应如呈办理。

八、据财政厅签呈，奉令饬拨饶平、大埔、海丰、陆丰、潮阳等县增编自卫队经费，是否在二十九年度一月份自卫团队经费项下开支，请核示等情。饬据会计处签拟，并在二十九年度一月份自卫团队经费项下开支等语，经准如拟办理。

讨论事项

一、准广东高等法院函，以南雄、始兴、仁化、连山、阳山、蕉岭、平远、五华、兴宁、丰顺、云浮、罗定、广宁、新兴、德庆、开建、封川、郁南、龙川、河源、新丰、紫金、连平、和平、恩平、阳春、信宜等二十七监狱人犯骤增，原设看守不敷分配，经准由二十八年八月份起增加看守，计二十七监狱共增加看守七十名，每名每月支工饷国币七元，共支国币四百九十元。此款在全省额余囚粮项下开支，请查照等由，请公决案。

（决议）照案通过。款在二十八年度各县额囤粮项下开支。

二、据财政、建设两厅签呈，会核五华县呈缴修复五紫公路桥梁十七座工料费预计算书额及估价表一案。饬据呈复更正估价表，核已根据实价列报，较原减少三百四十元一角二分，所缴预算书及计钱□表列支国币七千一百五十元，尚属核实，似可照准等情，请公决案。

（会计处签拟）查五华县原缴预算书类，经建设厅会同财政厅核明尚属核实，本处复核无异。至此项工料费，计共国币七千一百五十元，除关于由潮嘉惠区守备指挥部拨付三千元，已先由财政厅在二十八年建设事业费项下拨还归垫外（本府九届委员会七一次议决），尚余前经令准该县在征存省款挪垫国币三千元，又由该县垫支国币一千一百五十元，两共国币四千一百五十元，似可准由二十九年度建设事业支出项下拨还归垫，拟请提会核定。

（决议）照会计处签拟通过。

三、据建设厅签呈，据公路处遵令改编行车总段二十八年度四月至十二月份营业概算书，查现列每月支出概算数二万六千三百五十五元五角四分经比前列每月概算数六万四千二百五十一元一角八分核减一倍以上，请核示等情，请公决案。

（会计处签拟）查所呈概算书现列收入支出各数核与实际情况尚符，计自二十八年四月起至十二月底止九个月营业岁入列国币二十八万九千三百一十元四角，营业岁出列国币二十三万七千一百九十九元八角六分，盈余解库数列五万二千一百一十元五角四分，复核数目相符，似可准予补列二十八年度概算，仍请提会核定。

（决议）照会计处签拟通过。

四、据建设厅签呈，据农林局呈缴稻作改进所二十九年度种物、农具、布袋、图书、仪器临时购置费概算书，计共需国币七千五百元，查核各数尚属适当，拟请准予在该所二十八年度经常费节余项下拨支等情，请公决案。

（决议）照案通过。

密五、据建设厅签呈，据省营工业管理处呈缴租赁富国煤矿公司机器厂合约，查核尚无不合，请察核备案等情，请公决案。

（决议）照案修正通过。

密六、据保安处签呈，为拟发驻琼保安第十一、第十五两团械弹，需运费九千余元，本处难以负担，请准由钧府预备费项下拨发等情，请公决案。

（会计处签拟）查本年度保安经费前经本府核定每月共支国币二十六万九千三百八十一元八角四分，嗣又核准增加保安一团，经费月支三万元，战时临时费月支三万三千一百四十元三角四分，最近又经本处签请提会核议准予每月再增列服装费、预备费两项共一万四千零五十元六角（已呈核尚未奉批准提会），总计本年度保安经费月达三十四万六千五百七十二元七角八分，数额颇巨，预计自有相当节余可资挹注。现该处呈请增拨驻琼保安第十一、第十五两团械弹运费共国币九千元，此款应否饬在该处本年度一月份保安经费节余项下拨支，不足再由省库拨付之处，仍请鉴核后提会核定。

（决议）照会计处签拟通过。

密七、准第四战区游击纵队指挥所香主任二十八年十二月艳电，请准博罗县增编集结队两大队充实该县防守力量，该项经费拟由地税解库项内留支等由。

（会计处签拟）查博罗县增编自卫队两大队业经本府于本年一月五日政秘三江电核定在案，其经费预算按照军管区昌寒军编一代电须订自卫队编制给与表规定，计每大队月需支经常费国币三千一百四十元二角四分，两大队月共支国币六千二百八十元四角八分；又开办费及分队长以下铜鼓帽等代金等每大队共一次过发给国币二百六十元五角，两大队合共五百二十一元。该款似可准由该队编成日起在本年度省地方岁出概算保安支出科目内增编自卫队经费项下开支，仍请提会核定。

（决议）照会计处签拟通过。

八、据民政厅案呈，据卫生处呈缴成立可收容伤病军民千人及五百人之临时补助医院，暨可收容三百人之临时收容所各二所编制表，暨开办费及经常费预算书，所需经费共一十四万一千四百八十八元四角拟在本省救灾准备金项下一次过拨付，至各院所经常费拟仍俟每院所成立之日起分别核发等情，请公决案。

（会计处签拟）查上列补助医院四所、收容所两所，其开办费合共列支国币六万七千零一十四元八角，经常费合共月支国币五万六千七百九十八元，两共国币一十二万三千八百一十二元八角，除上述所拟由本府拨支之该院开办费共国币一万八千三百七十四元八角，经常费（一个月）共国币一万零九百九十八元，两共国币二万九千三百七十二元八角，该款拟在本年度省救灾准备金科目项下开支。其前次本府饬由韶州省分行垫支国币二万元应由财厅扣还归垫，其余应由四战区兵站总监部及省振济会领支之该院开办费、给养、殓埋、旅运、卫生、材料等费共国币九万四千四百四十元之款似可准由省库先行垫付，将来应由卫生处分别请领返纳省库归垫。以上所拟是否有当，仍请提会核定。

（决议）照会计处签拟通过。

九、据第×战区广东存粮管理委员会呈，为本会前以定期结束，所有办事员役经援例权宜发给恩饷一个月，请准照发，俾免赔累等情，请公决案。

（决议）遣散费应照实支，薪额发给一月，但调差者不发，仍将名册呈核。

十、据中央警官学校第五期粤籍学生李国英等四十九名及黎钦文等七名呈请返回本省服务，并援照旧例酌予资助等情，请公决案。

（决议）援案每员补助一百元，款在本年度预备金项下支给。

十一、据会计处签称，查曲江等十一县增编自卫队经常费及服装费经提会核定在案。至开办费一项，兹拟援照开平等县成案每中队发给国币五十元，一大队部发给国币二十五元，分队长以下铜鼓帽等给代金三角办理，该款拟并案在省预算内增列保安团队经费项下开支等情，请公决案。

（决议）照案通过。

十二、据建设厅签呈，据省营工业管理处呈，拟派李达钦为该处技正，请察核给委等情，请公决案。

（决议）照案通过。

十三、据建设厅签呈，据省营工业管理处呈，以该处秘书丁尔幢业奉另派任务，拟派黎庆霖为该处秘书，请察核给委等情，请公决案。

（决议）照案通过。丁尔幢薪水在东江粮运会预算费追加支给。

十四、据民政厅签呈，查省立临时医院经筹备葳事，该院院长一职拟请派委卫生处处长黄雯兼任等情，请公决案。

（决议）照案通过。

十五、据建设厅签呈，据工业管理处呈缴林岳等三十七员履历，请分别给委等情。查该处技正兼工务组组长林岳，总务组组长朱伯舆，技正黎廷献、谭海夫，财务组组长詹玉甫，技士莫朝豪等六员系荐任职，提会请公决案。

（决议）照案通过。

密十六、据秘书处、会计处签呈，关于拨发各机关员役迁连回韶膳宿费办法一案，所需膳宿费拟由各机关经费节余项下开支，请提会核定等情，请公决案。

（决议）照案通过。

十七、委员兼民政厅长提议，查本省县各级组织纲要实施要点一案，经邀各厅处暨有关机关会商，拟定全省普遍实施，并先完成台山、梅县、曲江、南雄、乐昌、始兴、仁化、乳源、连山、阳山、连县、开平、高要、惠阳、丰顺、普宁、兴宁、茂名、合浦等十九县，当否，请公决案。

（决议）照案通过。

十八、据广东省战时政治工作队总队长呈，拟广东省战时政治工作队组织大纲及编制预算表，暨二十九年度支付预算书，请察核等情，请公决案。

（决议）照案通过。款在县政人员训练所经费节余项下支给。

广东省政府第九届委员会
第一百零四次议事录

日　期　二月二十日

地　点　韶关本府

出席者　李汉魂（公假）　胡铭藻　何　彤　顾翊群（公假）
　　　　黄麟书　朱晖日（公假）　许崇清　刘佐人

列席者　吴迺宪（保安处）　杜之英（会计处）　李仲仁（建设厅）

38

桂竞秋（财政厅）

主　席　胡铭藻（代）

纪　录　（参议）陆冠裳

报告事项

一、据财政厅报告，广播电台器材追加费港币二千零八十二元四毫一仙经在预备费项下照当日市价伸合国币支付等情。饬据会计处签称，查该款前经本府九届八十四次会议议决通过，现据报拨付数目，核案相符，并经请秘书处查明该项港币照当日市价伸合国币七千一百八十四元三角二分，拟请报告会议，以完法案手续等语，应如拟办理。

二、据卸建设厅长徐景唐呈，本厅前由广州迁云浮办公，所有支过迁运各费共国币五百八十元九角四分，拟由本任内经费节余项下支拨，请准备案等情。饬据会计处拟称，核尚可行，请报会备案等语，应如拟办理。

三、据建设厅签呈，据公路处呈缴第二工务总段二十八年五、六、七三个月旅费支付预算书，列支职员旅费国币一百八十六元七角六分，尚属需要，似可准予在该总段二十八年五、六、七月份经常费节存项下专案报销等情。饬据会计处签称，查核尚属可行，似可准予照办等语，经准如拟办理。

四、据秘书处案呈，前据永行公司请发还二十七年十月间由曲江县府代省府征用车辆租金。经函准前秘书长复称，任内各项收支款项已分别报销，无从拨付，仍请酌量办理等由。查该项车租省券五百二十元似可在吴前任移交临时费节余款一万七千零九十八元二角六分（前经核定拨支本府二十八年度不敷办公费）项下代为支付等情。饬据会计处签称，似属可行，拟请核定报会等语，应如拟办理。

密五、查龙门县增编自卫队三中队案，前经本府核准经费月支国币二千八百四十八元四角四分；开办费共发国币二百三十二元八角，该款并在省预备费项下开支在案。现查该县集结三中队，应连该县原编一中队，计实增加两中队，前案核定数额自应更正为开办费共支国币一百五十五元二角，经常费月支国币一千八百九十八元九角六分，经分别电军管区、审计处查照并饬秘书处、财政厅、龙门县政府知照。

讨论事项

一、奉广东绥靖主任公署函，据拿获番禺竹料村伪治安维持会长冯××一名，经饬讯明属实，判决执行，希依例核定给奖等因，请公决案。

（会计处签拟）本案捕获番禺竹料村伪维持会长冯××（即冯××）一名，秘书处签拟奖给国币二百元尚无不合。该项奖金拟援照本省捕杀敌伪组织官员给奖成案在二十九年度省预备金项下动支，仍请提会核定。

（决议）照会计处签拟通过。

二、奉广东绥靖主任公署函，据先后拿解充任伪广州自警团沙河特殊支部户籍股事务王××、伪东增番绥靖军东莞第一中队分队长湛××暨嫌疑汉奸林××等，经饬讯明，分别判决，希依例核给奖金等因，请公决案。

（会计处签拟）本案捕获充任伪广州自警团沙河特殊支部户籍股事务王××及伪东增番绥靖军东莞第一中队分队长湛××两名。秘书处签拟，各奖国币四百元，经奉核定提会。该项奖金共国币八百元拟援照本省捕杀敌伪组织官员给奖成案在二十九年省预备金项下开支，仍请提会核定。

（决议）照会计处签拟通过。

三、据民政厅签呈，据省警总队呈缴二十八年度增设第三股经常费概算书，每月实支国币四百一十四元二角五分等情，请公决案。

（会计处签拟）查原书编列二十八年度三个月共一千二百四十二元七角五分，每月实支四百一十四元二角五分，其说明栏内列事务员二员，月各支省毫券六十元，折实各支国币三十七元五角，核与规定实支四十元稍有不符，但事已过去，拟姑准照办。其余各数尚无不合，所请在该总队二十八年度经费结余项下支给尚属可行，拟请照准提会核定。

（决议）照会计处签拟通过。

四、据财政厅签呈，据德庆县请拟发二十七年七月至二十八年十二月份，拨补行政囚粮一案，签请核示等情，请公决案。

（会计处签拟）查德庆县囚粮，既经该厅核准增拨有案，自可照案拨付。惟查由二十七年七月至二十八年十二月补拨之囚粮费计共国币二千五百元，其二十七年七月至十二月止六个月之数本应在该年度省款预算内支付，惟二十七年度业已过去，该项补拨之款已难拨支，似可准照财政厅所拟并在二十八年度拨补行政人犯不敷口粮项下支付。至由二十九年度一月份起应否照案按月拨发一节，既经呈准在前，并拟照拨。以上各项均请提会核定。

（决议）照财政厅、会计处签拟通过。

密五、据建设厅签呈，本厅经垫借工管处国币十万元，并饬该处在营业收入项下自行提拨国币十万元，凑共国币二十万元汇港为购贮各工厂所需器材原料之用，请察核备案等情，请公决案。

（决议）准照备案。

六、据秘书处拟订广东省防止盗窃交通器材暂行办法，附同表式，请提会核定等情，请公决案。

（决议）交民、建两厅审查，由建厅召集。

七、据省振济会呈缴救济总队二十八年度临时费支付预算书，计全年度列支一千五百元，请准在该队二十八年度经常费节余项下拨支等情，请公决案。

（决议）照案通过。

八、据省振济会救济总队垦，为职队长员工薪过低，难维生活，暨办公费短绌，影响工作，拟请将二十九年度经费略为提高，缴同薪饷公费增减比较表，请察核存转等情，请公决案。

（会计处签拟）现查该总队增加经费表，二十九年度办公费及薪饷合计每月列四千四百零二元，比较核定该总队本年度月支经费二千零七十一元之数计每月增加二千三百三十一元，即比较二十八年十月至十二月份月支数每月亦增加一千七百一十二元七角，为数未免过巨。如有准予追加经费之必要，似亦应以本年度业已停止之每月增加数六百一十七元八角六分准予恢复领支为限。

（决议）照会计处签拟通过。

九、据乐昌县政府呈，请发还奉命购制铁钉价款及押运费国币一千九百六十七元九角七分归垫等情，请公决案。

（会计处签拟）核案相符，似可准在二十九年度建设事业支出项下开支发还归垫，请提会核定。

（决议）照会计处签拟通过。

十、据乐昌县政府呈，请发还奉命采购木材价款及押运费国币一千二百八十九元四角归垫等情，请公决案。

（会计处签拟）查附呈清单暨各单据数目尚属相符，该款似可准在二十九年度建设事业支出项下开支拨还归垫，请提会核定。

（决议）照会计处签拟通过。

密十一、据保安处签呈，奉交第四战区司令长官司令部电令，须订战区部队实行粮饷划分主食供给等因，自应遵照办理，造具各级士兵饷项现行给与额与奉颁改订给与额比较表暨月支预算统计比较表，请提会核议办理等情，请公决案。

（决议）照签拟案通过款由一月份起支。

十二、据民政厅、会计处、秘书处会呈，审查财政厅所拟广东省税务局及稽征所经办税契办法、收据切结注册簿格式等件一案，拟议意见，请察核等情，请公决案。

（决议）照审查案修正通过。

密十三、据会计处签称，查廉江县增编自卫队两中队案，该中队经费依照军管区自卫队修正整编办法内附表规定每中队月需支国币九百四十九元四角八分，两中队合共一千八百九十八元九角六分；另开办费及分队长以下铜鼓帽等代金等每中队共一次过国币七十七元六角，两中队共一百五十五元二角。该款似可准自各该队编成日期起并在省地方岁出预算内增编自卫团队经费项下开支，请提会核定等情，请公决案。

（决议）照案通过。

十四、据第八区行政督察专员电复，本署前奉令购置收音机，垫支一千四百六十二元七角；又前奉派职员赴四战区干训团受训，垫支旅费六百七十一元一角，共国币二千一百三十三元八角，均先后呈奉核准在本署节余项下开支等因。惟本署经费无法节余，恳准将上项垫款如数发还等情，请公决案。

（决议）照案通过。款在本年度预备金及建设事业支出项下开支。

密十五、据丰顺县电复，县属汤坑集训队四大队伙食费由潮嘉惠区守备指挥部垫发等情，请公决案。

（会计处签拟）查丰顺县汤坑集训四大队伙食费四千零九十三元四

角既经潮嘉惠区守备指挥官垫支，自应拨还归垫。惟查二十八年度保安经费据报已无节余，此项伙食费应否先由本府秘书处经管之本省自卫团队二十八年十月底止经费节余项下拨支，不足再由本年度省预备金项下支付之处，拟请提会核定。

（秘书处签拟）查自卫团队经费节余款项大部分已移交军管区司命部接管，本案如提会决定在各县返纳自己团队，经费旷饷项下拨支似可照办，仍请提会核定。

（决议）照会计、秘书俩处签拟通过。

十六、据秘书处拟订广东省小灌溉工程贷款暂行办法大纲草案，提请会核定公布施行等情，请公决案。

（决议）照案修正通过。

密十七、据本府无线电总台呈，以职台原配电机四部不敷应用，各号机通讯人员也异常缺乏，故电报常有积压，请设法补救等情，请公决案。

（秘书处签拟）该台呈报近来积压电报经过情形与里因，该台长于责任上固难辞其咎，但查该台现仅配有电机四部，增辖已成立各县分台七十余个，而通讯直接联络单位则有行署各区专署港澳坎渝桂湘行营战区绥署各游击区各集团军总部及有关军政等机关连各县分台（指必须与总台直接通讯者）合计不下五十余个，每日除收发本府暨各厅处会局等机关电报外，并须代收发中央及本省驻韶各党政军机关电报及按时拍发国内外新闻电讯（大光报社交发）报务繁忙，颇感艰于应付，预测此后报务将更增加，为适应环境急需起见，该台机构实有从速调整及立即增设电机二部之必要（机已运到）。又以技术人员不易罗致，各员现支薪水较之其他机关为微薄，似应酌予增加（拟增加职员薪水以不超过毫券二十元，公役薪工以不超过毫券五元为准则），以示优待而资维系。附呈总后台调整编制俸额表一份，所以调整编制增设电机（人员配置照成案办理）及酌增员役薪工各节如奉核准，拟饬总台刻即遵照新制办理，并编造追加预算书呈核，至增加经费每月尚未达一千元（连增设两部机经费在内），此款应由何款项下拨支，拟交会计处签拟，补行提会追认。

（会计处签拟）查无线电总台经费原核定月支二千一百九十元七角

八分系在本府各无线台经费项下拨支，此项经费业已划拨无余，现据电讯组所拟调整该总台编制总额表每月列支三千零六十一元，如准予照办，则每月计应增加经费八百七十元零二角二分。此款似应自本年二月份起按月在本年度省预备金项下开支，拟请提会核定。

（决议）照秘书、会计两处签拟通过。

十八、据本府警卫营报告，缴该营卫士兵二十九年度月份官兵米津预算表，计列月支国币一百三十四元，请核准备案等情，请公决案。

（决议）照案通过。

十九、据教育厅签呈，缴钦州师范学校迁连县临时费预算书，列支一千零七十七元二角，拟在二十八年度教育文化临时费二万五千元项下拨支等情，查属可行，经准照办补提会请追认案。

（决议）照案追认。

二十、据建设厅报告，据公路处呈缴连贺公路改建木桥等工程数量决算表图说，及建涵工料费决算细数表，请察核备案等情。查改建木桥工程计划，尚属可行，表列数目，亦复相符，该项工程费国币六百三十六元四角六分，所请由该路工程费节余项下开支，经准予备案，补提会请追认案。

（决议）照案追认。

二十一、据民政厅案呈，转据卫生处呈缴二十八年度追加药物运输临时费支付预算书，计列支国币三千六百一十元，请准追加发还等情，经准照数列支。该款仍在二十八年度省预算救灾准备金科目余款项下拨支，补提会请追认案。

（决议）照案追认。

二十二、据财政厅签呈，据曲江、英德、高要、郁南、蕉岭、和平、灵山等七县呈缴二十八年度追加概算书，均经逐县审查完竣，请核定公布施行等情，请公决案。

（会计处签拟）（一）查高要县结存款一万四千余元，据称系于二十八年四月接前任王县长移交之款，究竟该款是否全数系二十七年度结余款，抑有若干系二十八年度税款，未据明白声叙。若系二十八年度税款，则已列入概算，仅属移交接管，不能作为追加岁入。（二）上年度结欠款在核定该县二十八年度总概算经于岁出临时门第六项第二目列支四千八百三十九元，并于备考栏内注明暂予照列，惟应专案呈准方得动支等语。该项概算既经核定饬遵，自不宜再将该目注销致影响全部。似应将该项移交结存款一万四千五百四十四元九角二分查明究有若干确系上年度结余款，再就结余款额全数列入二十八年度追加概算。至原核定概算内所列上年度结欠四千八百三十九元，如经拨还，仍应专案补呈核办。以上两点，拟饬厅查明具复，再行审核。其余各县追加概算尚无不合，总数亦符，似可提会核定。

（决议）照会计处签拟通过。

广东省政府第九届委员会
第一百零五次议事录

日　期　二月二十三日

地　点　韶关本府

出席者　李汉魂（公假）　胡铭藻　何　彤　顾翊群　黄麟书
　　　　朱晖日（公假）　许崇清　刘佐人

列席者　杜之英（会计处）　郑　丰（省党部）　吴遒宪（保安处）
　　　　李仲仁（建设厅）　桂竞秋（财政厅）

主　席　胡铭藻（代）

纪　录　（参议）陆冠裳

报告事项

一、准审计部广东省审计处函，以各机关此次因时局影响，再事往返迁移，为使实际支出符合预算起见，决定审核迁移费办法四项，请转饬所属各机关知照等由，经转饬知照。

二、财政厅、会计处、秘书处会复，审查教育厅呈，拟增设省立东南西三区民众教育馆三所，每所筹备开办费国币五千五百元，三所共一万六千五百元；又自二十九年二月份起每所月支经费国币二千三百元，全年度十一个月共七万五千九百元，请准列入二十九年度岁出概算案。依照编制办法，似未便列入二十九年度岁出概算，拟将原缴计划大纲及概算书发还等情，应如拟办理。

三、据教育厅呈，据省立南雄中学呈缴二十八年度上学期修缮费支付预算书及估价单，查核列支各数尚属核实，所需修缮费国币一百七十四元，据拟在该校二十八年度预备费修缮项下拨支，似可照准等情。饬据会计处签称，拟请照准，报会备案等语，应如拟办理。

四、据建设厅签呈，据公路处呈缴南路省道行车管理处二十七年七、八两月份修理合山河、购鱼头河渡车船工料费支付预算书，计共列国币四百一十六元零八分，拟请准予在该处车利收入项下拨付等情，经准如拟办理。

五、据省救护委员会呈缴二十八年七月份由二十一日起至三十日止十天，及八月份支出经常费计算书表，合共支出四百四十九元七角二分，请备案，并准在张前任移交事业费国币八百二十一元九角项下核销等情。饬据会计处签称，似可姑准照支等语，应如拟办理。

六、据龙门县政府电，请发给壮丁谢杰服役毙命恤金二百元等情。饬据秘书处查核，与国民兵役法施行细则尚无不合，拟予照准，并据会计处签拟，该项恤金拟在二十九年度救济抚育费恤金科目项下开支，各等语，应如拟办理。

七、据秘书、会计两处会签，佛冈县政府电，请照国民工役法施行细则规定，发给被难民工赖宽、赖宋氏二名遗族恤金，每名国币一百五十元等情。经准如拟每名照给省券一百五十元，饬财厅在本年度省预备金项下照拨，并咨请内政部及审计处备案。

八、据阳春县政府电缴该县增发散放电报线杆木经费预算书，计国币一百三十八元三角。饬据会计处签拟，准在本年度建设事业支出项下开支等情，应如拟办理。

九、查行政督察专员责在辅助本府就近督导及考核各县市局之行政，藉资增进效率，自应时常出巡所属，实地考察，俾收实效。经由府订定广东省各区行政督察专员巡视所辖各县办法六项及报告表式颁发各区专员遵照切实奉行。

讨论事项

一、奉第×战区司令长官司令部令，据编纂委员会呈，请每月追加该会经费二千六百二十元，连原定合共月支国币四千零九十元等情，应予照准，仰照拨具复等因，请公决案。

（会计处签拟）查长官部令，准月拨该会经费四千零九十元似未明定应自何月份起照拨。复查该会呈请变更经费款所持理由，系为该会主任委员交卸教育厅长兼职后会内职员亦多卸去教育厅职务，是该会主任委员未交卸教育厅长之前，似无须月拨四千零九十元。兹拟二十八年十一、十二月份每月拨足三千元，除原核定月支一千四百七十元外，每月尚差一千五百三十元（两个月共三千零六十元）之款在二十八年度预备费项下开支。本年度拟自一月份起每月拨足四千零九十元。除原核定月支一千四百七十元外，每月尚差二千六百二十元之款在本年度预备金项下开支，仍请提会核定。

（决议）照会计处签拟通过。

二、准第×××集团军代总司令电，据捕获南海狮山伪乡长徐××一名，业经讯明判刑执行，请照章给奖等由。请公决案。

（会计处签拟）本案捕获南海狮山伪乡长徐××一名。秘书处签拟，依修正本省捕杀敌伪组织官员奖励办法第三条第四款规定，奖国币四百元，在省预备费项下拨支，提会通过后汇送邓总司令转给抵领等情。该项奖金似可援照成案在二十九年度省预备金项下开支，仍请提会核定。

（决议）照会计处签拟通过。

三、据第三区行政督察专员电，据三水县呈报捕获汉奸林×、江×、陆×等三名，经电奉广东绥靖主任核准枪决，转请照章分别给奖等情，请公决案。

（秘书处签拟）查该县所获汉奸林×（混名济××）一名，系充当西南伪警察局侦缉长，拟依修正本省捕杀敌伪组织官员奖励办法第三条第五款之规定，酌给捕获者以奖金国币四百元，提会通过后汇发转给抵领。至其余汉奸陆×、江×二名均系在三水县西南伪绥靖军干部受训毕业，由敌分别派赴镇南乡及芦苞镇刺探军情，核与上开修正奖励办法第二条规定不符，似难视同敌伪组织官员依照该项办法给奖，拟并饬知照。

（会计处签拟）查三水县捕获西南伪警察局侦缉长林×（混名济××）一名，秘书处签拟，依照修正本省捕杀敌伪组织官员奖励办法第三条第五项之规定酌给奖金国币四百元似无不合。该项奖金拟援照成案准在二十九年度省预备金项下拨付，仍请提会核定。至其余捕获汉奸陆×、江×二名，经秘书处签明，与修正奖励法规定不符，拟不给奖。

（决议）照秘书、会计两处签拟通过。

四、据财政厅签呈，先后奉饬拨付始兴、英德、阳山、乳源、曲江、翁源、清远、南雄、乐昌、仁化等县破路费用，计共国币九万三千元，经遵照拨支，拟照案在本年度建设事业支出项下开支，恳准予提会追认等情，请公决案。

（决议）照案追认。

五、据建设厅签呈，据连山县政府呈缴该县农林蕃殖场计划书、开办费及经常费预算书，查核大致尚无不合。所请先行拨发开办费国币五千七百元，拟请照拨等情，请公决案。

（会计处签拟）查据缴开办费预算书，共列开办费五千七百元，内列房屋八百元，田地九百元，用具一百元，家具一百五十元，为数似属过多，应酌予核减。兹拟将房屋准列四百元，田地每亩准列二十元，三十亩共六百元，用具准列二十元，家具准列五十元，其余各目准照原列照此计算共准列支四千八百二十元，此款拟在本年度省建设事业支出科目项下开支，仍饬照核定数额编具开办费预算书三份呈核。至经常费预算书列年支七千八百元，据原缴计划拟将此项经常费请由建设厅每年补助三千六百元，余由县地方各款拨给等情，似应饬需要开支经常费时再行呈候核办。再本案事关动支省款，拟请提会核定。

（决议）照会计处签拟通过。

六、据秘书处案呈，编造二十八年度派员接收前西江行署公物临时费支付预算书，计支出一万零二百一十六元六角五分，请提会指款拨支等情。请公决案。

（会计处签拟）查本府陈参议无涯奉派前往接收西江行署公物，报支旅运薪工膳杂各费共一万零一百一十六元六角五分。现据秘书处会计室拟具预算，连同出差旅费报告表，工作日记簿及单据具缴前来，查核各数总散，尚属相符，但查陈参议等出差时期，系自二十八年二月一日起至五月二十日止，为时不过三月余，支出旅运各费一万余元，为数似属过巨，且事前未据编造预算呈奉核定，事后又延搁半载，始行报核，均有未合。惟此款既属已经支出，似可姑予照准，兹拟在二十八年度省预备费项下拨支，仍请提会核定。

（决议）照会计处签拟通过。

密七、据秘书处签呈，关于驻澳湾仔抗援会广播电台迁址一案，经奉核定该台收归本府管辖，由府一次过补助迁址费国币五百元，该款应如何拨支，请示等情，请公决案。

（会计处签拟）驻澳湾仔抗敌后援会广播台一次过迁址费国币五百元既奉核定拨给，似可在本年度预备金项下开支，仍请提会核定。

（决议）照会计处【签拟】通过。

八、据陆军大学校将官班粤籍学员丘卓云等十四名呈，请援案每员拨给治装费国币二百元等情，请公决案。

（会计处签拟）现据陆军大学将官班粤籍学员丘卓云等十七员呈请援案每员发给治装费国币二百元，查巫剑雄、吴文献、华文治三员治装费国币六百元，经该员于二十八年十月间呈请本府核发，当提付本府第九届委员会第七十六次会议通过，并据财政厅二十八年十一月二十八日会岁字第四〇一五号拨款报告书报告核发汇寄在案。其余丘卓云等十四员治装费共国币二千八百元，拟准照发，款在本年度省预备金项下拨支，仍请提会核定。

（决议）照会计处签拟通过。

九、据民政厅签呈，拟派王乃勋为本厅荐任视察，检同履历，请察核等情，请公决案。

（决议）照案通过。

密十、查前奉长官部电，据马司令转赤溪县长电，拟增设自卫队一中队，饬核办径复等因。经核准该县增编一中队，编制给与应照军管区昌寒军编一代电附送自卫队编制给与表规定办理，请公决案。

（会计处签拟）赤溪县增编自卫队一中队经费尚未提会核拨，现拟依照本府本年二月东政秘三兵电核定，应照军管区昌寒军编一代电附送自卫队编制给与表规定办理，计该县增编一中队，经常费预算月支九百四十九元四角八分；另开办费及代金一次过共七十七元六角，该款似可准自该中队成立日起在本年度省地方岁出预算保安支出内增编自卫团队经费项下拨支，仍请提会核定。

（决议）照会计处签拟通过。

十一、据建设厅签呈，据省营工业管理处呈缴该处驻港肥田料签证专员办事处二十八年度开办费预算书，计列国币一千二百元五角七分，查核尚属需要，请核示等情，请公决案。

（会计处签拟）查原呈预算书计列国币一千二百元零五角七分，未将购置爨具文具各节之品名数量及单位价值分别注明，无从审核，原应发还补注，惟现际交通不便，寄递需时，且细译原附抄呈该项费用实已支出，并曾将支出计算书表单据呈请工管处核转，为免时日迁延起见，似可姑准照数编列，款在该处肥田料签证费收入项下开支，仍请提会核定。

（决议）照会计处签拟通过。

十二、据建设厅签呈，本厅整理旧有档案一案，编具临时经费预算书，计共国币三千一百九十九元八角，拟请准由本厅二十八年度解库款船税收入三万零一百三十元四角二分项下开支等情，请公决案。

（会计处签拟）现据呈明该厅二十八年度收入船税共三万零一百三十元四角二分，复查前据缴预算书四个半月共列支三千一百九十九元八角亦尚需要。该款拟准在本年度预备金科目开支。并准予照数在前项船税收入项下拨支抵解，余款饬迅即解库具报。仍拟请提会核定。将来以"上年度收入科目追列本年度岁入概算，并照数以预备金科目追列岁出概算"再查前缴预算，所列办事员、雇员薪水核与本府最近规定薪俸额微有不符。又该清理旧案工作，系于何时开始办理，亦未据呈明。本案如奉提会核定后拟将原预算书发还，饬就核定预算总额内将薪水照本府最近规定数额重新分配，并饬查明如清理旧案工作跨两个年度，应按照年度分列编造预算书呈府存转。

（决议）照会计处签拟修正通过。

十三、据省警总队部呈，拟追加驻东江护侨之第八中队及驻韶开连各队薪饷，由二十九年一月份起暂编三个月份，计需国币三千四百八十元，在二十八年度第四大队九、十两月份节余及十一月份经费项下开支等情，请公决案。

（会计处签拟）据省警总队呈，拟追加该总队驻东江护侨事务所第八中队警夫役薪饷国币每月各二元，驻韶服务及开赴连山剿匪之省警亦已月各追加国币一元，自本年一月份起至三月份止三个月共需国币二千四百八十元，既经民政厅核议可行，拟准照办。此项追加薪饷所请在该总队第四大队二十八年九、十两月份节余及十一月经费项下开支一节核尚可行，拟请照准，提会核定。

（决议）照会计处签拟通过。

十四、据秘书、会计两处签呈，省地政局请追加本年度该局行政经费及连县地政处经费一案，拟准予照数追加，并拟在本度省预备金项下开支。请提会核定等情，请公决案。

（决议）照案通过。款在本年度省预备金项下开支。

十五、据省地政局呈，编造本局二十九年度迁韶临时费支付预算书，列支国币六千五百元，请察核照准等情，请公决案。

（会计处签拟）现据缴二十九年度迁韶临时费预算书，列支国币六千五百元，比较前据呈缴列支七千元之预算业已减去五百元（购置费减去二百元，杂支费减去三百元）。既据遵令节减，似可俟二十九年度开始时，在二十九年度省预备费项下照数拨给，仍请提会核定。

（决议）照会计处签拟通过。

密十六、准余兼总司令寒严电，请先拨国币一十万元过部，交由政治部发动民工彻底破坏交通等由，请公决案。

（决议）照案通过。款在本年度建设事业支出项下开支。

广东省政府第九届委员会
第一百零六次议事录

日　　期　二月二十七日

地　　点　韶关本府

出席者　李汉魂（公假）　胡铭藻　何　彤　顾翊群　黄麟书
　　　　　朱晖日（假）　许崇清　刘佐人

列席者　吴洄宪（保安处）　杜之英（会计处）　桂竞秋（财厅）
　　　　　李仲仁（建厅）　高　信（粤北视察团）

郑　丰（省党部）

主　席　胡铭藻（代）

纪　录　（秘书）熊公福　（参议）陆冠裳

报告事项

一、据教育厅签呈，拟将补助鹤山县立简易师范及宝安县立初级中学二十八年度战时后方服务训练设备补助费各国币一百元移拨为台山县立师范学校及茂名县立师范学校补助费等情。饬据会计处签称，核尚可行，拟请照准等语，经准照办。

二、据建设厅签呈，据农林局编缴二十八年度九月份起至十二月底止追加岁出经常费预算书表，列月支九千九百四十四元；及二十八年八月份经费增加薪俸专款支付预算书，列支九百五十三元四角四分，请核示等情。饬据会计处签称，核案相符，惟原书表系将原有经费及增加经费合并编造，追加二字拟代删去。又二十八年八月份增加薪俸，系准在该局二十八年度节余项下开支，拟请报告会议等语，应如拟办理。

三、据建设厅签呈，关于第一区行政督察专员公署转饬开平县呈缴奉令架设水井通宅梧电话线计划及预算案，查核所列各项尚属适当，预算书所列数目相符，似可准照列支等情。饬据会计处签称，复核书列各数尚无不合，该款国币一百四十六元三角拟请准在二十九年度建设事业支出项下开支拨还归垫等语，应如拟办理。

四、据第九区行政督察专员呈，拟暂裁技士一员，增设视察一员，即以裁减技士余存经费拨为增加视察之薪俸等情，应暂准照办。

五、据省振济会呈缴第六难民救济区二十八年度经常费支付预算书，请准由八月份起拨发经费等情。饬据会计处签拟，查核每月列支国币一百五十元，由二十八年八月份起至十二月止，全年度五个月共国币七百五十元，核与规定尚无不合，拟照案饬财政厅在二十八年度救灾准备金科目余款项下拨支等语，经如拟办理。

六、据本府警卫营部呈报，购置旗帜、印信、胸章等项支出国币一百一十八元八角，请核准发还归垫等情。饬据会计处签拟，查核尚属需要。该款似可准在本年度省预备金项下支付等情，应如拟办理。

讨论事项

一、据民政厅签呈，据省警总队呈报通讯班兵额及缴拟发棉制服衬衣人员概算书，列支国币二万二千四百三十五元九角，拟在该队二十八年度节余经费项下开支，请察核等情，请公决案。

（决议）照案通过。

二、据财政厅签呈，缴普宁、阳山、云浮、龙川、合浦等五县二十七年半年度地方款追加岁入岁出概算书，请核定公布施行等情，请公决案。

（决议）照会计处签拟通过。

密三、据建设厅签呈，拟具广东省救济战区退出船舶失业员工暂行办法，请核示等情，请公决案。

（决议）交省振济会签注意见呈核。

四、据建设厅签呈，关于森林草山防火办法一案，奉经济部令，以该办法第十二条核与行政执行法规定不符，应予修正等因。拟具府稿，请核判等情，请公决案。

（秘书处签拟）现据建设厅呈，以关于森林草山防火办法经奉经济部令，以该办法第十二条第一项"放火烧毁草山者，处二十元以下罚锾；因而烧毁他人之森林者，依前条之规定办理"一节，核与行政执行法第五条第三款之规定不符，应依违警罚法第三十二条之规定修正，具报备查等因。兹将该第十二条第一项遵照修正为"放火烧毁草山者，处十五日以下之拘留，或十五元以下之罚锾"。拟具府稿，请核判前来，查违警罚法第三十二条规定："有左列各款行为之一者，处十五日以下之拘留，或十五元以下之罚金。"同条第六款规定："于人家近旁或山林田野滥行放火者，是该条已规定处拘留或罚金。"建厅原拟修正为"或十五元以下罚锾"，显与违警罚法之规定不符，且查依违警罚法之处【分】得审查违犯者之素行心术及其他情节，酌量加重或减轻本罚四分之一或二分之一（见违警罚法第二十一条），则本办法似不宜明定"处十五日以下拘留或十五元以下罚金"，拟将该项再修正为"放火烧毁草山者，依违警罚法第三十二条第六款处罚。因而烧毁他人之森林者，依前条之规定办理"。当否，仍请提会核定。

（决议）照秘书处签拟通过。

五、据建设厅签呈，前奉第×战区司令长官命令出巡东江，计用过旅费共国币六百八十九元七角七分，现拟在本厅二十八年度经费节余项下列支，请察核备案等情，请公决案。

（决议）照案通过。

六、准广东省军管区司令部函送本区政治部二十九年度增改编制及经费预算书表，计每月增加经费预算国币四千九百九十六元，请在本府每月拨补前国民军训处各费共国币四千九百九十六元项下继续移支，请提会核定等由，请公决案。

（会计处签拟）查原送预算内所列政治部经费预算月支八千二百八十三元一角五分，特务排经费月列四百零四元三角五分，电讯队经费月列三百一十三元七角，各师管区督导员办公室经费月列八百一十元，以上四款经费月共列支九千八百一十一元二角。据称除由中央政治部月发四千八百一十五元二角外，其余四千九百九十六元之款，请在本年度省地方岁出预算内军训支出科目原列之军训处经费月二千七百四十九元，视察员旅费月四百三十五元，女生军事看护班经费月一千八百一十二元等项经费，共四千九百九十六元项下移交，原则上尚无不合，似可照办，仍请提会核定。

（决议）照会计处签拟通过。

七、据民政厅签呈，据卫生处呈缴南路办事处二十九年经常费预算书及开办费支付预算书，计经常费月列国币一千三百九十八元，开办费列支国币五百元，请察核等情，请公决案。

（会计处签拟）查卫生处编呈该南路办事处经费预算，所列各数，除按第三防疫区署原定编制预算及本府九届八十七次核定增加人员经费暨增给办公费，旅运费等部分外，计增列事务员两员，录事二员，工役三名，月计增列经费国币一百六十八元。惟查该防疫区署原有列支之司机一名月支三十四元七角二分，汽车费月支一百元，两款均未据编入办事处预算列支。据预算说明所称，拟将此两款拨入卫生处支用等语，核与本府核定原案不符，似未便照准。现拟饬移充所增列之事务员、录事、工役等薪饷之用比较仍超支三十三元二角八分，但为数无多，为充实该办事处组织起见，拟请照准。核计卫生处编呈该处南路办事处经费预算，月列支国币一千三百九十八元，除原由卫生处第三防疫区署月支经费六百四十九元八角六分移交外，实月需增给国币七百四十八元一角四分，又开办费一次过国币五百元，该两款似可准由本年一月份起在省预备金项下支付，仍请提会核定。

（决议）照会计处签拟通过。

八、据会计处签称：准财政厅片送广东高等法院收支二十六年度额余囚粮清册，请核办等由。签拟请提会追认等情，请公决案。

（会计处签拟）查高等法院所拟将各监狱报解额余囚粮移补逾额囚粮支用办法，既经由财政厅函商审计处核复照准，似可照办。惟原册所列之二十五年度拨支新兴、徐闻两监狱不敷囚粮共一百八十九元零五分，该款照理应由二十五年度额余项下拨支，但二十五年度早已结束，此项未拨支囚粮之款似可姑准与原列之二十六年度拨支各监狱不敷囚粮共二万九千六百五十三元二角七分五厘两款合共二万九千八百四十二元三角二分五厘并在二十六年度各监狱报解额余囚粮三万九千四百七十七元二角八分七厘款内开支。其所余之九千六百三十四元九角六分二厘之款，应请高等法院照数解库核收。至在二十六年度额余囚粮项下原列拨补二十七年度各监狱不敷囚粮五千八百七十三元七角六分，拨补二十八年度各监狱不敷囚粮二千七百六十八元八角四分两款，拟请高等法院分别在二十七年、二十八年两年度各监狱报解额余囚粮项下拨支，仍请提会追认。

（决议）照会计处签拟通过。

九、据会计处签称，据澄海县长呈，请准每月由省库补助职县会计室经费一百元，请核办等情，请公决案。

（决议）照案通过。由二月份起在本年度省预备金项下开支。

十、据建设厅签呈，本厅荐任技士张介人前请辞职，业经照准，遗缺拟派何肇中接充，取具履历，请察核给委等情，请公决案。

（决议）照案通过。

密十一、据建设厅签呈，据公路处转缴修复韶大公路木桥及涵洞标准图预算书表，计共工程费四万一千三百九十五元八角四分，请转饬财政厅从速拨款应支等情，请公决案。

（会计处签拟）查原呈预算书表，经建设厅减定为四万一千三百九十五元八角四分，复经送准本府技术室核明大致尚合，本处复核无异。为迅速办理起见，该款似可先饬财厅酌拨应支，并一面将本案提会核议准由二十九年度建设事业支出项下开支。

（决议）照会计处签拟通过。

十二、准广东省各界举行总理逝世纪念国民精神总动员周年纪念暨植树运动筹备委员会函，请在省金库支拨经费一千元等由，请公决案。

（决议）拨款五百元，在省预备金项下开支。

广东省政府第九届委员会
第一百零七次议事录

日　期　三月一日

地　点　韶关本府

出席者　李汉魂　胡铭藻　何　彤　顾翊群　黄麟书
　　　　朱晖日（病假）　许崇清　刘佐人

列席者　杜之英　郑　丰　李仲仁　桂竞秋　吴廼宪

主　席　李汉魂

纪　录　（秘书）熊公福　（参议）陆冠裳

报告事项

一、奉行政院令，发行政院政务巡视团组织规程等因。遵经通令本府所属各机关知照。

二、据教育厅签呈，据省立体专学校呈缴二十八年迁移中山县属南屏乡继续复课支出临时设备费预算书，计列五百二十三元五角，拟在该校二十六、七、八年度节余经费项下拨支，尚属需要，似应准予开支等情。饬据会计处签拟，核尚可行，拟请照准等语，应如拟办理。

三、据秘书处签呈，照案编造本府二十八年度购置黄岗消防队灭火机筒费支付预算书，请核转会计处办理等情。饬据会计处核签，查现呈预算书系以购灭火机价款港币四千二百元，照当日市价三百元伸合国币一万二千六百元，连同灭火筒价款三百元编列，尚无不合。本案共国币一万二千九百元，拟请报会分别存转以完法案手续等语，应如拟办理。

讨论事项

密一、奉广东绥靖主任公署函，据本署防空处拟具亟待补充各项通

56

讯器材种类数量预算表，计约需港币一万四千九百二十三元一角二分。查所请尚属需要，似应照准，拟请准予在广东省防空协会基金项下先行提用购置等由，请公决案。

（会计处签拟）该款既经绥署核明需要，似可照在广东省防空协会基金项下开支，拟请提会核定，并拟请转饬防空处于派员赴港购办是项器材时应会同审计处驻港佐理员办理。

（决议）照会计处签拟通过。

密二、据财政厅、会计处、秘书处会复，审查中苏文化协会广东分会呈请每月补助国币二百元案，拟由二十九年一月起每月补助国币二百元，款在本年度省预备金项下拨支等情，请公决案。

（决议）一次过补助一千元，款在本年度预备金项下开支。

三、据建设厅签呈，据农林局呈缴二十九年度购买油桐、篦麻种籽临时费支付预算书，计列国币一千六百四十元，查核尚属需要，拟请准予在该局凌任徐闻、琼崖两场经费节存款项下拨支等情，请公决案。

（决议）照案通过。

密四、据建设厅签呈，审核紫金县呈复破坏紫惠公路征集民工伙食费预算一案，查核各数尚属核定，拟可准予核发归垫等情，请公决案。

（决议）照案通过。款在本年度建设事业支出项下拨支。

密五、据民政厅签复，奉交广东省游击区暨接近战区各县增加人员及经费办法一案，饬拟议呈核等因。谨拟具游击区及接近战区贫瘠区县名一览表，请核示等情，请公决案。

（会计处签拟）（一）查民政厅原签，以各县游击区域系因战事演变随时不同，拟照通过原案第二条末段每月由该管专员公署呈候核定，以昭公允一节，似可照原签意见办理。（二）关于不属于接近战区县份及一部分游击区县份之贫瘠县份因准备抗战工作费用自感困难，拟照一部分游击区县份给于半数一节，查属需要。惟民政厅原拟就二十六年度县地方款收入全年不满五万元者别为一类似未尽妥洽，查各县市局二十八年度总概算经核定公布，自宜以校定二十八年度总概算列数为准。又各县财政状况今昔不同，照二十八年度概算全年收入总额不及五万元者仅保亭一县。兹参酌各县二十八年收入数额及财政情形，拟改为全年收入总额不满十五万元者概列为贫瘠区。计有从化、封川、平远、龙门、崖县、连山、万宁、仁化、蕉岭、陵水、新丰、佛冈、琼东、乐会、开建、乳源、赤溪、南澳、昌江、感恩、保亭等二十一县暨南山、梅菉两管理局。其中除照民厅原送一览表列龙门、从化属一部分游击区；佛冈属接近战区；崖县、万宁、陵水、琼东、乐会、昌江、感恩、保亭等八县拟俟专员报到再议；南山、梅菉两管理局范围狭小暂不列入；南澳全境均属游击战区原案亦未列入暂缓置议外，计现应列为贫瘠区者有封川、平远、连山、仁化、蕉岭、新丰、开建、乳源、赤溪等九县，似可比照一部分游击区县份例给与增加经费之半数。至琼属崖县等八县及龙门、从化、佛冈三县回复常态时，仍照此例办理。又此次贫瘠区之增加为原案所无，似可照民政厅所拟提会追认，其余所拟各节，尚无不合。以上拟议当否，候示。

（决议）一部分游击区及接近战区各县份每月每县补助四百元；贫瘠县份每月每县补助二百元，余照会计处签拟修正通过。

六、据省振济会呈缴第一难民救济区二十八年八月至十二月份经常费支付预算书，计月列国币一百五十元，八月至十二月份五个月共七百五十元，请如数拨发等情，请公决案。

（会计处签拟）查据缴预算书，列月支经费一百五十元，核案尚符，各项目节之分配数目，亦属适合，似可准予照发。兹拟将二十八年八月至十二月份五个月经费共七百五十元，饬由广东省振济会在本府拨交该会二十八年度省救灾准备金科目余款项下照数拨给。至本年度每月经费一百五十元，拟自一月份起，在本年度省救灾准备金项下开支，仍请提会核定。

（决议）照会计处签拟通过。

七、据省振济会呈复，第三难民救济区编缴二十八年度经费支付预算分配表，及二十七年【十】一、二月份预计书类，暨二十八年一月至七月份追加预算书件，尚属相符，请准予在省款救灾准备金项下如数拨还归垫，并由八月份起按月拨发经费等情，请公决案。

（会计处签拟）（一）该区于二十七年十一月一日组成办事处，呈奉前救济分会篠电准备案等情，既经组织成立，奉准备案，何以延不编造预算呈转本府核定拨给经费？现二十七年度早经终了，一切收支均经结束，关于该区二十七年十一、十二月份经费共四百六十元二角四分，经无二十七年度省款可资拨给，自未便发还归垫。（二）据转缴该区二十八年一月至七月份追加预算书，注明一月至七月份支出经费二千一百八十六元七角七分，除额定每月一百五十元外，七个月应追加一千一百三十六元七角七分等语。并据注明将办公费流用为薪俸，其流用经费一节于预算法不合，而所有支出经费事前又未经呈奉本府核准，似亦未便照数发给。（三）本府核定设置各难民救济区，每区月支经费一百五十元，在救灾准备金项下拨发一案，查系二十八年六月二十七日九届四二次会议议决通过。惟该区既系提前设置，兹拟姑准由二十八年一月份起照案每月发给经费一百五十元，全年度共一千八百元，饬由省振济会在本府拨交该会二十八年度省救灾准备金科目余款项下开支。本年度自一月份起在本年度省预备金项下开支，并拟请提会核定。

（决议）经费应由二十八年七月份起支，余照会计处签拟通过。

八、据第二区行政督察专员呈缴奉令迁移所需费用支付预算书，共国币二千五百六十元三角八分，均在存署专款项下垫支，请准照数发还归垫等情，请公决案。

（决议）照案通过，款在二十八年度预备费项下拨还归垫。

九、据第二区行政督察专员呈缴迁连修缮费预计算书类，列支国币九百三十九元，均在本署专款项下挪移，请准照数发还归垫等情，请公决案。

（决议）照案通过，款在二十八年度预备费项下拨还归垫。

密十、据第三区行政督察专员电，据高要县呈缴征工构筑阵地民工伙食费支付预算书类，列支国币九千八百九十九元三角一分，请准核销发还归垫等情，请公决案。

（决议）照案通过，款在本年度建设事业支出项下拨还归垫。

密十一、准第四战区司令长官司令部副官处函，为犒慰粤北战役负伤官兵费前由贵府先拨国币二万元，现以该款不敷，请续拨国币一万元等由，请公决案。

（会计处签拟）查本府垫发该项粤北战役负伤官兵犒慰金国币三万元，拟在二十九年度省预备金项下拨支归垫，仍请提会核定。

（决议）照会计处签拟通过。

十二、据省振济会呈缴救济总队增编第十一、十二分队二十八年度支付预算书，计由十月至十二月份三个月共国币一千二百四十二元，请核准如数拨发等情，请公决案。

（会计处签拟）查据缴预算书列月支四百一十四元，二十八年度十月至十二月份三个月共列支一千二百四十二元，其各长、员、队工薪饷定额及办公费数目，均与该总队其他各分队之规定相符，似可准予照发。惟查二十八年度救济总队经费，系在二十八年度省救灾准备金科目余款开支，此项余款现经全数拨交省振济会经管，关于该增编第十一、十二分队二十八年度三个月经费共一千二百四十二元，似应由省振济会在本府拨交该会救灾准备金科目余款下开支。本年度自一月份起因省总概算业经提会核定，此款未经列入，拟由本年度省预备金项下开支，并饬将本年度预算并入救济总队预算编列，仍请提会核定。

（决议）照会计处签拟通过。

密十三、据本府无线电总台呈报，职台见习员黄惠花等四十五员均经见习期满，除调升者外，其余二十九员应如何处理及该员等二月份薪如何拨给，请核示等情，请公决案。

（秘书处签拟）（一）查总台见习员黄惠花等四十三员除经先后调升甘树德等为各电台通讯员外，尚余黄惠花等二十二员。（二）查前派仁化等县分台见习员苏文藏等七员亦因电机未运到暂在总台见习，俟电机运到组台时再行分别令饬赴差。（三）查顺德等分台通讯员马金凤等六员尚未赴差（原总台见习员调升今职）均因各该县分台电机未运到，暂仍在总台候命，俟电机运到组台时再行分别令饬赴差。以上各员俸薪间有在总台三等通讯员缺额节余二十八年度省预备费及吴前任移交交通网开办费节余各项下拨支。惟自本年二月份起总台已无三等通讯员缺额节余，原在省预备费项下拨支者照案已满期限，未能再拨。至交通纲开办费亦无节余可资照拨，所有已调升通讯员（暂未离差仍在总台候命者）及总台暨已派各县分台见习员均属现在与将来之各县分台人员，第因电机不敷分配（前经本组签拟增购三十部，奉批俟二十九年度开始再行办理）及已购经起运在途仍未分发各县领用之关系，该见习员二十九员拟改任助理员，月各支国币三十五元（按该员在见习期内月各支三十元现已期满），暂仍在总台服务。即在总台候命之各县分台通讯员在未离总台赴差以前其薪俸亦拟照助理员待遇支给，均准自本年二月一日起支。以上三十五员俸薪（各支三十五元）每月合计国币一千二百二十五元，此款拟自本年二月份起按月在二十九年度各县无线电台经费节余项下拨支（查各县电台经费月约支二万四千元，除已成立之县份照案拨发外，以一、二两月份计算每月约可节余一万元）。拟交会计处签拟，提会核定。当否，请示。

（会计处签拟）查本年度省地方概算列各县无线电台经费全年二十八万八千元。各县无线电分台现尚未全数成立，尚有余款，该见习期满学员三十五员既系拟派或经委派各县无线电分台任职，因电机未到仍暂在总台候命，其薪水似可如秘书处电讯组签拟每员月给三十五元，三十五员共月支一千二百二十五元，自本年二月份起按月在二十九年度省地方普通岁出概算各县无线电台经费下开支，拟请提会核定。

（决议）照秘书、会计两处签拟通过。

十四、据广东省东海区渔盐业视察团呈缴追加五、六月份不敷公旅费支付预算书，计国币二百一十五元九角九分，及七月份由一日至八日止八天公旅费支付预算书，计国币五百六十七元五角七分，合计共七百八十三元五角六分，请予补拨等情，请公决案。

（决议）照案通过。款在二十八年度预备费项下开支。

十五、据建设厅签呈，据农林局呈缴造林计划拟予修正，请核赐拨款办理等情，请公决案。

（决议）照案通过。款在本年度建设事业支出项下开支。仍分别造具预算呈核。

密十六、据会计处签称，查保安处增加保安部队经费案经先后提会核准，本应并在省预备金项下支付，但省预备金科目支出较繁，前项增援经费拟分别指定科目支付等情，请公决案。

（会计处签拟）（一）增加保安处及保安部队预备费及士兵服装费每月国币一万四千零五十元六角，该款拟自本年一月份起在本年度省地方普通岁出概算岁出特殊门债务支出项下列备偿还债款数目列二万五千五百六十一元项下支付。（二）增援保安部队战时临时费每月国币三万三千一百四十元三角四分，拟将其中一万一千五百一十元四角之款自本年一月份起在本年度省地方普通岁出概算岁出特殊门债务支出项下列备偿还债款项下支付，其余二万一千六百二十九元九角四分拟在本年度省预备金下支付。（三）增拨保安部队士兵饷项每月国币三万七千三百七十六元，该款拟自本年一月份起在本年度省预备金项下支付。以上所拟三点拟请提会核定。

（决议）照会计处签拟通过。

十七、据民政厅签呈，拟调升本厅荐任视察温克威充任本厅秘书等情，请公决案。

（决议）照案通过。

十八、据民政厅案呈，据卫生处呈，以该处防疫科科长陈安良辞职，遗缺拟委王兆霖代理，似可照委等情，请公决案。

（决议）照案通过。

十九、据教育厅签呈，本厅第二科长刘蓉森奉令调充南路行署科长，兹拟调本厅督学凌锡濂代理第二科长，所遗督学缺并拟派陈钟毓代理等情，请公决案。

（决议）照案通过。

二十、据建设厅签呈，本厅秘书刘寅奉调广东省战时贸易管理处，秘书遗缺拟派吴鼎接充等情，请公决案。

（决议）照案通过。

二十一、据教育厅签呈，拟请改派冯肇光代理本厅第四科长等情，请公决案。

（决议）照案通过。

二十二、据民政厅签呈，拟派余葆贞为本厅荐任视察等情，请公决案。

（决议）照案通过。

二十三、准广东省军管区司令部函，请自二十九年一月份起将本省禁烟分处每月拨支之税土附加捐十万元列为省库收入，逐月由库先付垫给国民兵团经费。至各县应提解壮常队及社训二份县款，并请自本年四月份起将县地方款一并改由省库统收统发等由，请公决案。

（会计处签拟）（一）查原由本省禁烟分处按月在税土附加捐项下拨充国民兵团经费国币十万元一案，准军管区函称，准本府敬政秘二禁电转财政部删电，以本年为六年禁烟计划最后一年，各省均将提前禁绝，特税收入锐减，自二十九年一月份起此项提拨附加捐款只能照实征额提拨，不再补凑。则原定由该项附加捐款项下月拨国币十万元势必发生问题。请改由省府统筹拨发等由。查此项税土附加捐数额甚巨，似难遽另筹抵，应否准照民政、财政两厅代表意见，由府电请禁烟督察处核明转饬本省禁烟分处，在未实行禁绝以前按月仍应照数提拨应支。如因土量短销，拟请准其酌量提高捐率，以资弥补。或电请中央转饬财政部补助，并分电军政部转商维持。至此项税土附加之款在未经中央核饬本省禁烟督察分处按月照数提拨，或由财部复准补助以前，应否准由本年一月份起该项国民兵团经费暂由省库垫付，俾资支应。至原由各县提解之款，并电请军管区迅将收入分配数目径送财政厅，以便由本年四月份起按月在应发各该县经费项内如数扣拨，暨分别令饬财厅遵办之处，并请核示。（二）查国民兵团部及后备队等经费，除照规定由原有省县库及禁烟分处税土附加项下提拨移充外，其余各级地区编组所需经费甚巨，现在尚无来源可资筹支，应否准照原决议第二案办法，由府呈请中央核示，然后参酌情形再行筹拟呈核之处。请示。

（决议）照案通过。余照会计处签拟办理。

二十四、准广东各界举行总理逝世纪念国民精神总动员周年纪念暨植树运动筹备委员会函，请增拨本会经费五百四十元等由，请公决案。

（决议）准增拨五百元，连前共一千元，仍在本年度省预备金项下开支。

密二十五、据秘书处签拟，请提会核定自二十九年度起每月增加本府战时工作特别机密费国币三千元等情，请公决案。

（决议）照案通过。

二十六、据会计处签呈，修正本省二十九年度省地方普通岁入岁出概算书，请提会核定后依法分送审查等情，请公决案。

（决议）照案通过。

二十七、据建设厅签呈，据公路处处长陈锦松呈请辞职，拟予照准，并恳派员接充等情，应予照准，遗缺拟以该处第一工务总段长陈正元升充，请公决案。

（决议）照案通过。

广东省政府第九届委员会
第一百零八次议事录

日　期　三月五日

地　点　韶关本府

出席者　李汉魂　胡铭藻　何　彤　顾翊群　黄麟书（公假）

　　　　朱晖日（病假）　许崇清　刘佐人

列席者　杜之英　吴逎宪（林朱梁代）　黄希声　李仲仁

主　席　李汉魂

纪　录　（秘书）熊公福　（参议）陆冠裳

报告事项

一、据会计处案呈，准教育厅函送省立老隆师范学校二十八年八月至十二月民份房租金等费预算书，计国币二百二十八元一角，请准在二十八年八月至十二月份预备费节余项下动支等由。查核似无不合，拟请照准备案等情，应如拟办理。

密二、据建设厅签呈，据农林局呈缴二十九年度盖搭办公厅宿舍篷厂临时费支付预算书，列支一千二百三十七元八角五分，并以二十八年度已过，权改为二十九年度预算，仍请准照在节余经费项下开支原案办理等情。饬据会计处签拟，如拟办理。惟应饬将二十八年度节余经费解库之款，以其他收入科目列收，并照数拨入岁出预算之预备金科目。又拨支之款在预备金项下开支等语，应如拟办理。

三、据建设厅签呈，据公路处呈报，第三工务总段公役梁明因公伤亡，请援照战时公路员工伤亡抚恤暂行规程规定给予丧葬费国币五十元，一次过一年恤金国币一百四十四元，似可照准等情。饬据秘书、会计两处核明，拟在二十九年度救济抚育费恤金科目项下支给等语，应如拟办理。

密四、据阳春县董县长电报，奉拨架设春茂电线款二千元外，仍需五千三百二十四元，前拨两阳线款二千零九十三元拟请暂移架春茂线

64

用，不足仍恳续拨等情。查春茂线款经先后共拨国币六千九百八十九元一角，当饬照核减数额开支。至两阳话线款并饬返纳解库报查。

讨论事项

密一、准广东省军管区司令部函，据岭南师管区呈，请转函核发一等县兵役宣传费每月国币五十元，由地方款拨发；二、三等县兵役宣传费每月国币四十元，由省库发给等情。请查核见复等由。请公决案。

（会计处签拟）查核定各县市局兵役宣传费事属切要，自应照办。惟原拟一等县每月国币五十元由县地方款拨支。二、三等县四十元由省库发给。暨财政厅签拟意见：一、二等县由县地方款开支，三等县及特三等县由省款预备费项下拨支似仍应再酌。现依据省总概算拨发各县办理兵役职员薪俸标准，并为适应事实切合需要起见，除一等县仍照原拟每月国币五十元，二等县四十元均由县地方款项下拨支外，至三等县及特三等县、黎境三县、梅蓂等三管理局拟核定兵役宣传费每县局每月国币三十元，计五十四县局合共国币一千六百二十元，由二十九年三月一日起，款在本年度省预备金项下拨支，并请提会核定。

（决议）照会计处签拟通过。

二、准第×战区游击纵队指挥所香主任电复，宝安辛县长呈，解伪军大队长彭××一名，经电奉第×战区司令长官张删强电核准处以死刑，经执行枪决等由。饬据秘书、会计两处签拟，酌给奖金四百元等情，请公决案。

（决议）照案通过，款在省预备金项下开支。

密三、据会计处、建设厅会呈，奉交佛冈县呈复更正破坏公乡道路工程一案，查核所列伙食费及炸石工资、药料各费合计国币一千八百七十三元六角九分尚无不合，似可准在本年度建设事业支出项下开支拨还归垫等情，请公决案。

（决议）照案通过。

四、据教育厅签呈，据省立两阳中学呈缴春季高中三年级甲乙两组补课经费预算书，请予拨发补课经费，计每月国币五百零一元六角六分，由二十八年八月起至十二月止，共增拨国币二千五百零八元三角，查核尚属需要，该款拟仍在二十八年度追加教育文化临时费项内拨付等情，请公决案。

（决议）照案通过。

五、据建设厅签呈，拟具广东省合作社登记暂行办法，请核定公布施行等情，请公决案。

（决议）交顾、许、刘三委员审查，由刘委员召集。

密六、据南路行署罗主任电，请酌予增发驻广州湾通讯处经费等情，请公决案。

（决议）由三月份起每月准增加经费二百五十九元，款在省预备金项下开支。

七、据南路行署罗主任电，请由本年二月份起将本署警卫营第五连士兵部分米津改为月发三元等情，请公决案。

（决议）照案通过。款在省预备金项下开支。

密八、据建设厅签呈，据公路处呈缴护路队官兵编制表、开办费临时费经常费预算书表，计开办费列国币四百元，临时服装费列国币二千五百一十一元一角，经常费月支国币一千四百六十四元二角，查核尚属适合，请核准预算，并拨给枪枝等情，请公决案。

（会计处签拟）（一）查原呈各项预算书：（1）经常费第一款第二目工饷一项所列士兵饷项核与中央规定现行给奖额尚属相符，其余各项亦属核实，该队经常费月支一千四百六十四元二角似可准予照支；（2）查该处前缴征收汽车养路费各站开办费支付预算书，内各站均已列有购置时钟一个，现缴开办费预算书第一款第一项第一目二节再列时钟一百四十四元显属重列，应予剔除，其余似可准予照列，该项开办费拟核减为二百五十六元；（3）服装费二千五百一十一元一角拟准照列；（4）该队既因征收营业汽车通行费后而需要组设所需费用依照广东省战时公路征收营业汽车通行费暂行办法之规定，原应在收入项下开支，惟查该项收入业经以征收汽车养路费科目列入二十九年度省地方普通岁入概算，上项支出似可准由本年度省普通岁出概算建设事业支出项下开支。（二）查公路处前缴征收汽车养路费预算书，列有兵夫茶水费月支七百二十元。因从前系请求拨用检查兵一百二十名分驻各站检查车辆，故有此项支出。现既自行组设护路队，该项茶水费似应剔除，拟将该公路处征收汽车养路费前经核定（本府九届八十七次议决）之经常费月支四千四百二十四元，追减为月支三千七百零四元，并饬编具本年度减定后岁出经费预算书及预算月份分配表呈缴核办。（三）关于请求拨给员兵枪枝一节，拟请发交本府秘书处签拟，并同提会核定。

（决议）饬保安处借拨七九步枪八十杆、子弹一万六千发，余照会计处签拟通过。

密九、据建设厅签呈，审核英德县呈缴关于阻塞北江黎洞大庙峡、香炉峡等处河道预算，列支工料各费合计国币一千九百七十元零一分；又阻塞小北江下步墟、鲤鱼沙两处河道预算，列支工料各费合计国币六百五十三元八角二分，尚属适当，与预算比较亦无超越，似可准照列支等情，请公决案。

（会计处签拟）查该县奉令阻塞两处河道，垫支各费既据建厅核明以尚属适当，似可照准列支等词，签复前来。惟查原书开列旅费两起计共国币二百九十五元零六分，核与广东省各县市局支领构筑阵地破坏公（铁）路阻塞河道经费办法规定不符，未便由省库拨支（该办法规定旅费不得在此款开支），应予剔除该两项费用，应核减为国币二千三百二十八元七角七分，似可准在二十九年度建设事业支出项下开支拨还归垫。再前项剔除旅费既属开支，为免因公赔累起见，拟饬该县在县地方款预备费项下开支拨还归垫，仍应依照规定请款手续办理，并请提会核定。

（决议）照会计处签拟通过。

密十、据建设厅签呈，据公路处呈缴第二工务总段修筑大坑口至曲塘大小正桥工程费预算表，合共国币十二万九千二百零六元零七分，查核尚属适合，请饬库拨款办理等情，请公决案。

（会计处签拟）查原呈预算表经送准本府技术室核明，所列各项数量大致适合，惟单价不免稍高，但现时二〔工〕料飞涨，似可姑予照准，仍饬尽量撙节，以重公帑等语。本处复核该项工程费用经公路处更正为合共国币十二万九千二百零六元零七分，如奉核准，该款似可准在本年度建设事业支出项下开支，暨饬依式迅编预算书呈府核转，仍请提会核定。

（决议）照会计处签拟通过。

十一、据建设厅签呈，缴本厅临时购买药品支付预算书，计共国币二千零十二元二角六分，此款拟请在本厅经营××山砂价款项下拨支等情，请公决案。

（会计处签拟）查该厅以办公地点僻处山隅，员役每易染病，而卫生处所设立之诊疗所药品又多有未备，故托卫生处黄处长在港购买药品一批，连同竹箩费用共计国币二千零一十二元二角六分，拟在××山钨砂价款项下拨支专案报销。按之事实或属需要，惟所用去之二千余元购买费为数不少，事前本应编具预算呈准动支，始合法定手续。惟该项药品既然切合需用，似可姑准照办，拟请提会核定。

（决议）照会计处签拟通过。

密十二、据秘书处案呈，拟具本府电讯组收报室编制预算表，追加编制预算表，新闻收发室编制预算表，请自本年二月份起按月追加经费国币四百六十元等情，请公决案。

（会计处签拟）查电讯组签拟，自本年二月份起按月追加经费四百六十二元①既奉核定，如拟复查原签所附追加经费编制预算表所列各项数目亦尚需要，似可自本年二月份起在本年度省建设事业支出项下按月照数拨给，仍请提会核定。

（决议）照会计处签拟通过。

十三、据省振济会呈，请准本会二十九年度概算仍照四千四百元编列等情，请公决案。

（决议）由一月份起照增四百元，款在省预备金项下开支。

十四、据第×战区广东存粮管理委员会呈缴由二十八年十二月一日至二十九年二月三十日止结束经费支付概算书，计共五千二百三十六元七角三分，请准备案等情，请公决案。

（会计处签拟）现据缴概算书，计二十八年十二月份列职员二十二人、什役十四人，经费一千九百二十三元一角一分；二十九年一月份列职员一十九人、什役十四人，经费一千七百三十七元四角二分；二月份列职员一十七人、什役十二人，经费一千五百六十六元一角，三个月合计列支经费五千二百三十六元七角三分，比较前缴概算书共核减经费九百五十五元九角三分，其员役及经费既据核减，复查总散数目亦符，似可准予备案，并饬将此项结束经费仍应照经常业务各费案列入成本计

---

① 此处金额与前文不一致。

算。拟请提会核定。

（决议）照会计处签拟通过。

十五、据本府警卫营呈，以该营宿舍及办公室均已破坏，拟将旧料改建，估价约需工料费国币六百四十九元二角二分，请核准改建等情，请公决案。

（会计处签拟）查本府警卫营呈，以该营宿舍及办公室均已破坏不堪，且地方狭窄不敷应用，拟将旧料改建。经估价约需工料费国币六百九十四元二角二分，请核发等情，查尚需要，似可准予在省预备金项下拨付国币六百元，仍请提会核定。

（决议）照会计处签拟通过。

密十六、据广播电台呈，为办公费及燃料费不敷支应，办公费拟请准予由九月份起照案增至国币五十五元五角六分；至燃料费一项，拟请增至国币四百九十七元四角等情，请公决案。

（会计处签拟）现据呈称，办公费一项前经签奉本府二十八年九月十日秘二庶字第二六五一号指令准增为月支毫券八十元，伸合国币五十五元五角六分一节，核相符。至所称需用偈油、柴油数量，经秘书处电讯组核明亦属需要，似应准将办公费每月增加十三元八角九分（原核定四十一元六角七分），燃料费每月增加一百三十六元二角（原核定三百六十一元二角），以符所请将办公费增加至月支五十五元五角六分及燃料费增加至月支四百九十七元四角之数。上两项增加数合计每月一百五十元零九分，拟自本年二月份起在本年度预备金项下开支，仍请提会核定。

（决议）照财政厅、会计处签拟通过。

十七、据秘书处案呈，关于关廷政等因承领荒地事件不服开平县政府所为处分提起诉愿一案，经审查拟就决定书，请提会核定等情，请公决案。

（决议）照决定书通过。

十八、本府刘委员佐人函送汇编本年度施政中心工作实施计划及进度表，业经分交各厅处签注意见，予以修正，提请公决案。

（决议）照案修正通过。

密十九、据建设厅签呈，据电话会签呈，关于架设连茂德高话线一案，请照原计划案施行，免事纷更，致滋窒碍。应如何办理，请示等情，请公决案。

（决议）照案通过。款在本年度建设事业支出项下开支。

二十、主席提议，海丰县县长姚之荣辞职照准，遗缺派庄清沅代理，请公决案。

（决议）照案通过。

广东省政府第九届委员会
第一百零九次议事录

日　　期　　三月八日

地　　点　　韶关本府

出席者　　李汉魂　胡铭藻　何　彤　顾翊群　黄麟书（公假）
　　　　　　朱晖日　许崇清　刘佐人

列席者　　吴迺宪（林朱梁代）　杜之英　黄希声　桂竞秋

主　　席　　李汉魂

纪　　录　　（秘书）熊公福　冯　倬

报告事项

一、据财政厅报告，遵将本省沙田收入数目及整理费支出数目分别开列岁入岁出概算呈核等情。饬据会计处签称，查沙田岁入概算书注明原日提成厅、处款照库款比率约计为十三万零四百三十元，核与原审查意见约计解厅留处款收入数约相适合。至岁出沙田整理费概算书列支十二万元，核与原提案岁出概算数相符。拟请报告会议后，批饬将沙田钱粮、沙田地税、沙捐护耕费各项提成厅处款分别计算明白，补具预算呈府存转等语，应如拟办理。

二、据教育厅签呈，拟在二十八年度教职员养老金结余项下拨支四十二元为曲江小学教员林楚新分娩例假六星期代课薪俸等情。饬据会计处签称，拟请照准，款在本年度省预备金项下拨支。至二十八年度教职员养老金结余款，应解库具报，以便追列本年度岁出入预算，俾符法例等语，应如拟办理。

三、据建设厅签呈，为选送男女学员前赴广西纺织训练所学习纺织以无确期上课，暂缓办理。所发给棉衣费一百六十元拟在本厅二十八年度经费节余项下列支等情。饬据会计处签称，拟准照支。惟应饬将节余经费解库，俾便以其他收入科目列入省岁入概算，并于省岁出概算照数列入预备金科目，该棉衣费即在预备金项下开支等语，应如拟办理。

四、据建设厅签呈，据农林局补编二十九年度印刷肥田料查验证及完费单临时费支付预算书，请核示等情。饬据会计处签称，印刷肥田料查验证及完费单专款四百二十八元，似可准在农林局本年度经常费撙节开支，并饬将二十八年度实收肥田料验证费数目及解库日期报查等语，应如拟办理。

五、据第九区行政督察专员呈缴六、七月份本处后方办事处无线电区分台支出计算书表，计六月份列支一百三十五元九角七分；七月份列支二百七十一元九角三分，请核销发还归垫等情。饬据会计处签称，该分台二十八年六、七月份经费共四百零七元九角，似应在二十八年度省预备费项下开支等语，应如拟办理。

六、据会计处签复，教育厅拟发县训所教育系教官钟自新等旅费国币二百元一案，似属需要。原呈请将此项旅费及汇款七元五角，合共二百零七元五角，统由该厅二十八年度中小学教师服务团生活费节余项下拨支，似有未合，拟改在本年度省预备金项下拨支。原节余经费应饬先行解库具报，追列本年度岁出入预算，并请报会备案等情，应如拟办理。

讨论事项

一、准中央马委员超俊电，为中国文化协进会筹办广东文物展览会专以募款收买吾粤文物图籍，并经电商中央奉拨十数万元，派中央图书馆长赴港洽办，请由省府拨款补助，并饬属协助办理等由，请公决案。

（决议）补助国币二万元，在本年度省预备金项下开支。

密二、据财政厅报告，关于保安处请发还前潮嘉惠区指挥部垫支紫金县修复五紫公路桥梁工料费国币三千二百一十四元一角七分，经在本年度建设事业支出项下拨支，请提会追认等情，请公决案。

（决议）照案追认。

密三、据财政厅报告关于省营工业管理处机器制造修理厂开办费国币十一万元经以二十九年度建设事业支出科目如数开支，请察核备案等情，请公决案。

（决议）照案追认。

密四、准两广刘监察使电，为贵府前指定饶平县在预备费项下按月补助岭东民国日报国币五百元，惟查饶平县无款可拨，请在省库设法拨助等由，请公决案。

（决议）由三月份起每月补助三百元，款在本年度预备金项下开支。

五、据卫生处签呈，拟在本年度调整内部机构及推进卫生事业，谨陈纲要连同拟议改订组织及概算书，请核准办理等情，请公决案。

（秘书处签拟）查民政厅签拟修正广东省卫生处暂行组织规程，似较原拟妥善。又查广东省卫生处长既奉行政院核定为荐任，得简任待遇，似应照规定将组织规程第八条修正为"本处设处长一员，荐任以简任待遇，综理处务，并监督所属职员及机关"，拟请会同民政厅及会计处签拟意见，一并提会决定后发交民政厅办理。

（决议）经常费照民政厅，秘书、会计两处签拟通过，自四月份起支，事业费准增加八万元，均在本年度省预备金项下开支。

六、据建设厅签呈，据农林局呈缴搬迁畬禾种子临时费概算书，计列国币二千八百九十元，查核尚属需要，拟请指拨专款以资办理等情，请公决案。

（决议）照案通过。款在本年度救济费项下开支。

密七、据曾付行长艳电及文电报，饬购无线电台等用之补充器材，关于修理工具部分除由鹤绒绳至三角刮刀计一百二十六项外，余均签约订购，大部已起运，势难退回。前项器材费除汇来国币十万元外，实尚差港币二万七千三百三十二元九角四分，请将差款数汇下等情，请公决案。

（决议）照案通过。款在二十八年度预备费项下开支。

密八、据广播电台签呈，造具迁移台址及增设短波海外播音机各项装设购置临时费支出概算书，约计共需国币一千六百七十四元，请核示等情，请公决案。

（会计处签拟）查该台前缴预算书共列支一千六百七十四元，除第二项购置费二百八十四元，所列均系日常办公用品，似应饬在办公费项下分月撙节拨支外，其余第一项装设费一千三百五十元，第三项搬迁费四十元，合计一千三百九十元尚属需要，似可准予发给，在本年度省款建设事业支出项下开支，仍请提会核定。

（决议）照会计处签拟通过。

密九、据保安处签呈，核议第二、三、六、七、八、九等六区修械所似应暂予保留，继续办理等情，请公决案。

（决议）照案通过，款在本年度建设事业支出项下开支。

密十、据德庆县政府电，奉饬关于六十四军邓军长拟架设怀集分向广宁、德庆、封川等县电话联络线，仰切实修理通话具报等因。合将所需器材及架设费共约国币八百一十二元七角编造预算表，请由省库统筹拨给等情，请公决案。

（决议）照案通过。款在本年度建设事业支出项下开支。

密十一、据乐昌县政府呈，请发还奉命采购木材价款及搬运费国币一千四百九十四元七角，以资归垫等情，请公决案。

（决议）照案通过，款在本年度建设事业支出项下开支。

密十二、据海丰县政府呈缴办理国民兵役调查办公费及应备书簿表册等费预算书洽共国币一千二百九十七元，请饬财厅拨款归垫等情，请公决案。

（决议）照案通过。款在二十八年度预备费项下开支。

密十三、准第三十五集团军总司令部电，据邹军长转缴汀漳区补充团经常及临时费预算书类，计二十八年十二月份经常费列支一万八千零四十六元八角，临时费一千五百零四元九角，共计一万九千五百五十一元五角，请饬厅如数拨还归垫等由，请公决案。

（会计处签拟）查所列官兵人数核与暂二军前报点收名额均有出入，但该项经费既经暂二军核明垫发应支，似可照准。惟查暂二军经常费（省库垫付）、战临费（军政部发给）两项每月共达四十万余元数额颇巨，谅有节余可资挹注，原送该补充团二十八年十二月份经临费一次过共国币一万九千零五十一元五角（内埋葬费多列两角已照改正），该款拟在暂二军本年度一、二两月经费节余项下动支，仍请鉴核，提会核议。

（决议）照会计处签拟通过。

密十四、据建设厅签呈，查核从化县政府呈缴该县破坏县属各公路工程表册，计列毫券二千七百二十四元四毫四仙，折合国币一千八百九十一元九角七分，所列各项大致尚合，请察核等情，请公决案。

（决议）照案通过。款在本年度建设事业支出项下开支。

密十五、据开建县电呈，为地方款绌，无线电分台经费无法垫支，请饬财厅按月补助拨给，并请补给分台二十八年度十月份职员薪金各等情，请公决案。

（会计处签拟）查各县无线电分台经费每分台月支二百七十一元九角三分，由二十九年一月份起按月改由省库拨助。至二十八年度照案系在县地方预备费项下开支，均经规定饬遵各在案。现报地方款困难尚属实情，所请补助二十八年十一、十二两月份经费合共国币五百四十三元八角六分，拟准在二十八年度省预备费项下拨支。至该分台长及见习员薪俸均应自二十八年十一月一日起支，并请提会核定。

（决议）照会计处签拟通过。

十六、据秘书处签拟修正广东省候用公务员招待简章及招待所组织章程暨登记审查办法，请提会核定等情，请公决案。

（决议）照修正案修正通过。

十七、主席提议，秘书处第二科科长关伯平调充贸易管理处香港办事处主任，遗缺调本府参议陆冠裳代理，请公决案。

（决议）照案通过。

广东省政府第九届委员会
第一百一十次议事录

日　　期　三月十三日
地　　点　韶关本府
出席者　李汉魂　胡铭藻　何　彤　朱晖日　刘佐人　许崇清

列席者 杜之英　黄希声　桂竞秋　吴迺宪（林朱梁代）

主　席 李汉魂

纪　录 冯　倬　纪志远

报告事项

一、据建设厅签呈，本厅迁移田螺涌办公，编具临时费预算书，内列第三项装设电灯费一项，因离韶过远，未能架设，业将该费国币五百八十二元七角流入第二项营缮费内加建电话所、卫兵棚、邮政局等棚厂，以应实用，请备案等情。饬据会计处签称，拟准备案等语，应如拟办理。

二、据第一区行政督察专员呈缴番禺县小队长陈业击毙伪科长陈××证件，请照章给奖等情，饬据秘书、会计两处签拟，给奖金国币二百元，援照成案在二十九年度省预备金项下开支等语，应如拟办理。

三、据第八区行政督察专员呈缴本署二十八年十一月份挑运费预算书类，计共支国币九十一元，请准核销，如数汇发归垫等情。饬据会计处签称，拟准照支，饬在该署二十八年度节余经费项下开支等语，应如拟办理。

四、据英德县政府呈复，派员调查英德邮政局于去年十一月三日确为夷烧弹所烧毁，并经本府前王科长亲到监视开启该局铁甲万，见内所存公款、公物尽成灰烬情形。饬据会计处签称，该局收存英德税务局省款三百六十六元五角五分，被炸焚毁系属事实，似可如财政厅所拟，依约由省库负担，照数在本年度预备金项下开支等语，应如拟办理。

五、据本府警卫营呈，请拨给在芙蓉山脚覆车压毙传达兵巫名安一名埋葬费国币二十五元六角，及病故列兵谭成就一名埋葬费国币一十二元等情。饬据秘书处核明，依章兵夫埋葬费每名应给国币一十五元，并据会计处签称，上项埋葬费计共三十七元六角，核与规定超过七元六角，为数既属无多，且经已垫付，拟请特准照实支数三十七元六角拨发归垫，款在本年度省地方概算恤金科目项下开支各等语，应如拟办理。

六、奉行府〔政〕院训令，公务员赴国外、租界及沦陷区或籍隶战区、沦陷区，公务员因父母病重或身故请假事项，应严予限制，分别呈请核准。至详细稽查办法，由各主管机关自行妥订等因，经通饬遵照。

讨论事项

一、据财政厅报告，仁化县政府修复公路工食经在本年度建设事业支出项下拨支国币二千元，请提会追认等情，请公决案。

（决议）照案追认，款在本年度建设事业支出项下开支。

二、据建设厅签呈，本厅二十八年度追加经费，二十九年度势难裁减缘由，请核饬库将该项追加预算二千九百二十三元二角一分按月拨发等情，请公决案。

（决议）照案通过，款在本年度省预备金项下开支。

三、据会计处签呈，为经费不敷，请准自本年二月份起每月增加一千五百元，款在本年度省预备金项下拨支等情，请公决案。

（决议）照案通过，由三月份起支。

四、据建设厅签呈。据公路处呈，奉交通部令，废止原有征收汽车渡河费办法。理合将本厅前饬该处所拟统一管理渡车船暂行办法酌予删改，请察核等情，请公决案。

（秘书处签拟）奉交核签修正统一管理渡车船暂行办法一案，查原拟办法间有文句上应行商榷之处，谨分别修正如左：标题拟改为广东省公路处统一管理渡车船暂行办法。①

（决议）照秘书处签拟通过。

五、据民、财、教、建各厅先后呈缴增设统计股组织系统图表，请察核等情，请公决案。

（秘书处签拟）本案签奉批：（一）各厅统计股可以隶属于各该厅秘书之下，惟照案会计处及保安处亦应增设统计股，该两处并无秘书，统计股设在何处，自应另拟。（二）所拟各厅统计股编制人数可略为减少等因。谨再签拟如左：（1）会计处所设统计股拟隶属于该处第一科，保安处所设统计股拟隶属于处长办公厅，并受本府秘书处统计室之指挥（经与该两处负责人商询）。（2）各厅统计股编制人数拟照初拟者酌减科员二人，兹再表列于左：

---

① 秘书处签拟其余内容略。

机关名称 职级别 / 人数		民政厅	财政厅	建设厅	教育厅
主任科员	委任一级	1	1	1	1
科 员	委任四级	1	1	1	1
	委任六级	1	1	1	1
	委任八级	1	1	1	1
	委任十一级	1	1	1	1
办事员	委任十二级	0	0	2	0
雇 员		2	2	2	2
合 共		7	7	9	7
备 考		较该厅原拟编制减少科员二人公役二人	较该厅原拟编制减少科员一人办事员二人公役二人	较该厅原拟编制减少科员二人调查员二人公役二人增加办事员二人再关于调查事项可由该厅酌派编制内任何职员办理	较该厅原拟编制减少科员二人公役一人

（会计处签拟）本案关于各厅处增设统计股经费预算一项兹谨分别核拟如左：（一）查民政、财政、教育三厅增设统计股员役名额，既经核定减为各厅应设置七人（如上表），其俸给及办公费计每厅月增该项经费为国币五百八十六元。（二）建设厅增设统计股职员名额，既奉核定，比诸民政等三厅多设委任十二级办事员二人，该厅每月增加是项经费为国币六百九十二元。（三）查本处增设统计股既奉核定隶属第一科，保安处增设统计股隶属于处长办公厅，除保安处增设该股经费拟俟该处编造武职公务员额经费预算到府另案办理外，兹拟本处增设该股员额经费预算数目比照民政等三厅核定数目办理。计本处月增该项经费为国币五百八十六元，以上总计民、财、建、教四厅及本处每月共增加统计股经费国币三千零三十六元。查二十九年度省地方普通概算，前经提会核定，似难补列，拟由本年三月份起在本年度预备金项下按月拨支，仍请提会核定。

（决议）照秘书、会计两处签拟修正通过。

六、据秘书处案呈，关于黄耀珍因地产争执事件不服灵山县政府处分，提起诉愿一案，经审查完竣，作成决定书，请公决案。

（决议）照原拟决定书通过。

七、刘委员、许委员、顾委员会复，审查建设厅拟具广东省合作社登记暂行办法一案意见，请公决案。

（决议）照审查意见通过。

广东省政府第九届委员会
第一百一十一次议事录

日　期　三月十五日

地　点　韶关本府

出席者　李汉魂　胡铭藻　何　彤　顾翊群（公假）

　　　　黄麟书（公假）　朱晖日　许崇清　刘佐人

列席者　吴逈宪（林朱梁代）　杜之英　郑　丰　桂竞秋　黄希声

主　席　李汉魂

纪　录　（秘书）熊公福　冯　倬

报告事项

一、准第×××军邓军长电，据捕获顺德县第三区伪付区长兼平步乡伪治安维持会长陈××一名，经呈奉长官部核准执行死刑，请照章给奖等由。并据铁血青年团呈同前情。饬据秘书、会计两处核明签拟给奖国币四百元，援照成案在二十九度省预备金项下开支等语，应如拟办理。

二、据民政、财政厅会呈，为与赣省订购稻米，拟请在省库垫付五十万元开支等情。饬据会计处签拟，准照数垫付等语，应如拟办理。

三、据教育厅签呈，据省立民众教育馆请在二十八年度节余国币二百一十四元九角三分全部拨为装修费之用，请察核等情。饬据会计处签称，查书列各数尚属核实，拟准照支，款在本年度省预备金项下拨支，报会备案，该馆结余二十八年度经费二百一十四元九角三分拟饬先行解库追列本年度岁出入等语，应如拟办理。

四、据教育厅签呈，缴本厅二十八年度留学经费支付预算书，计七万八千二百八十元九角五分，请存转备案等情。饬据会计处签称，核尚可行，拟请照准等语，应如拟办理。

五、据会计处签呈，据建设厅会计室呈，关于支票签发手续，请通饬各机关依法执行，以杜流弊，转请报会后办理等情。饬据秘书处签称，查系依照公库法办理，所报会后照办，似可如拟等语，应如拟办理。

六、据第一区行政督察专员呈缴迁署修缮费预算书，列支国币五百元，请准报销归垫等情。饬据会计处签称，核尚需要，拟准拨还归垫，款在本年度省预备金项下开支等语，应如拟办理。

七、据中央各军事学校毕业生调查处广东分处呈，请将补助本处经费国币二百元改拨中正小学之用等情。饬据会计处签称，拟属可行，拟请照准，惟事关变更原案，拟请报会备案等语，应如拟办理。

讨论事项

一、准第×××集团军总司令部函送广东省会消防景华舰二十九年一月份经费支付预算书，计月列国币五百一十八元三角五分，请按月拨汇转发等由，请公决案。

（决议）照案通过。款在本年度省预备金项下拨付。

二、准广东高等法院函送广东第一、二、三、四等联合监狱二十九年度经费岁出概算书，计每监月支国币八百八十八元，四监共月支国币三千五百五十二元，年支四万二千六百二十四元。此项经费拟每月以三千元由二十九年度本院巡回审判经费内匀支，其不足之五百五十二元，即在本年度尚未开支之琼山等二十二县政府兼理司法经费内拨给等由，请公决案。

（决议）照案通过。

三、据建设厅签呈，准经济部合作事业管理局函，嘱派员赴渝受训。经先派杨贻书、张嘉生两员前赴受训，由厅垫发该员等旅费每员国币六百元，请饬库将该项旅费国币共一千二百元如数拨还等情，请公决案。

（决议）照案通过，款在本年度省预备金项下开支。

四、据财政厅签呈，奉发和平县长呈，为奉饬抽收不动产移转登记费为保甲经费一案，请迅予订定征收章程及收据登记簿式样，俾便遵办。兹谨拟具征收不动产转移保证费章程，请核示等情，请公决案。

（决议）照修正案修正通过。

密五、据第三区行政督察专员呈，据卸云浮县长刘尚需呈缴征集木材采运费支付预算书计共垫支国币五百零五元二角八分请核拨归垫等情，请公决案。

（决议）照案通过，款在本年度建设事业支出项下开支。

六、据本府警卫营呈缴二十九年度月份追加米津预算书，计月列八百七十八元，请察核备案，准予照案列领等情，请公决案。

（会计处签）查本府警卫营官兵米津本年度每名每月列支国币二元。现该营呈请官佐每员增给米津二元，士兵每名增给一元，核与中央新订战时各部队给与规则所定粮饷划分主食公给标准尚属适合，似可照准。该营官佐共计三十六员，士兵八百零六名，除驻南路行署之该营第五连士兵一百四十三名增给米津每名每月一元一案，前已据本府南路行署电请核示，已另案签奉提会核定应予扣除外，现计每月实应增加国币七百三十五元。该款似可准自本年一月份起在本年度省预备金项下支付，拟请提会核定。

（决议）照会计处签拟通过。

七、据广东省候用公务员招待所筹备主任签呈，编造招待所编制表及经常费预算书，请提会核定等情，请公决案。

（决议）照案修正通过。由成立日起，款在本年度省预备金项下开支。

密八、据会计处案呈，以饶平等县增编自卫队开办费及代金尚未提会核定，拟援照开平等县成案办理，计饶平县增编一大队，共需二百六十元零五角；揭阳县增编一大队另两中队，共需一百八十二元九角；潮阳县增编一大队，共需二百六十元零五角；大埔县增编两大队另四中队，共需三百六十五元八角；海丰、陆丰两县各增编一大队另两中队，共各需一百八十二元九角。以上各款拟并在本年度省地方普通岁出预算保安支出科目内增编自卫团队经费项下开支等情，经准照办，补提会请追认案。

（决议）照案通过，但须呈报成立方照发给。

密九、据东江粮运会冬电，本会配销各县湘米水陆途程远近不同，拟分别津补运费，平均每百斤津补国币二元四角一分，暂以一万包为限，请核示等情，请公决案。

（决议）查湘米运销兴宁本府补助运费已巨，碍难再行津补。

十、据广东省候用公务员招待所筹备主任签呈，编缴开办费支付预算书表，约需国币五千七百三十七元一角，请核示等情，请公决案。

（决议）发给开办费五百元，修葺费四百元，款在本年度省预备金项下开支。

密十一、据会计处签称，关于一、二、三等县兵役宣传费经提会核定其等级款额自应照案办理，惟查本省现已沦陷，及一部分沦为游击区之县份，计有南海、番禺、顺德、中山、东莞、增城、三水、花县、从化、新会、澄海、潮安、南澳及琼崖区十六县共二十九县，其兵役事项业已停止，安化管理局则未办兵役。上列各该县局之兵役宣传费均拟暂行停发，并拟暂不发给各该县局之兵役科职员薪俸、旅费等情，请公决案。

（决议）函军管区征询意见再行核办。

十二、主席提议，鹤山县县长欧兼辞职照准，遗缺派温一华代理。请公决案。

（决议）照案通过。

密十三、奉第四战区司令长官司令部电复，北江纵队经费准予照发等因，该队经费拟按每月二万五千元发给，请公决案。

（决议）照案通过从三月份起支。另由长官部垫发之二万元如数拨还，款在增编保安团队科目项下开支。

十四、关于省立临时医院经费案，饬据会计处签拟，提前核定每月发给国币五千元，由该院重新妥为支配，编具预算呈核。款自该院成立日起在本年度省预备金项下拨付等情，请公决案。

（决议）照案通过。

十五、主席提议，新丰县县长黎葛天辞职照准，遗缺派县政研究员黄干英代理，请公决案。

（决议）照案通过。

广东省政府第九届委员会
第一百一十二次议事录

日　期　三月十九日

地　点　韶关本府

出席者　李汉魂　胡铭藻　何　彤　顾翊群（公假）

　　　　黄麟书（公假）　朱晖日　许崇清　刘佐人

列席者　吴迺宪（林朱梁代）　杜之英　黄希声　桂竞秋

　　　　郑　丰

主　席　李汉魂

纪　录　（秘书）熊公福　冯　倬

报告事项

一、准第×××军司令部电，据捕获伪九江公安局特务员岑××判处死刑一案，经呈奉长官部核准，请照章给奖等由。并据××地方游击队指挥高鼎荣呈同前情。饬据秘书、会计两处核明，拟给奖国币二百元，援照成案，在二十九年度省预备金项下开支，应如拟办理。

二、据财政厅报告，查明中国物产公司函报拍存公物在汕被日人抢管损失情形，尚属详晰，请察核办理等情。饬据会计处签拟，准予备案等语，应如拟办理。

三、据救护委员会呈称，干事梁谦等五员此次随同迁移南雄损失，拟请酌予每人津贴国币二十元，该款准由本会经常费节余项下拨支等情。饬据会计处签称，查津贴职员损失与例不合，兹为体察事实需要，拟参照本府核定拨发各机关员役膳宿费办法，每员每天津贴一元，以五天计算，在不超过二十五元限额以内，准在该会办公费项下以职员旅费科目核实开支，仍并入经费计算书内报销等语，应如拟办理。

密四、据遂溪县政府呈，为海岸监视哨员兵伙食费恳准予改支国币等情。饬据会计处签拟，核尚需要，似可照准。至原由省库拨支之饶平、惠来、吴川、陆丰、海丰、宝安、赤溪、电白、茂名、徐闻等十县情形谅亦相同，拟各该县海岸监视哨员兵薪饷及公费等准自本年三月份起一律改为国币支给，而按月由省库拨支之。各该哨经费亦应由财政厅同时改照本年度省地方普通岁出预算所列之各该哨经费预算数额实发等语，经准如拟办理。

密五、据连县政府电报，本县增编自卫队编成日期及月支经费数额请如数发给等情。饬据会计处签拟，本府前核定增拨该队经费自应准由本年一月一日该队成立日报支等语，经准如拟办理。

密六、据灵山县电报，该县增编自卫队一大队于本年三月一日成立，各中队开办、服装各费急待支付，请规定汇发等情。饬据会计处签拟，准备案，该队经费应准自本年三月一日该队成立日起支等语，经准如拟办理。

密七、据阳春县政府呈报，架设春茂话线料款项实支数不敷五百八十三元五角五分，乞准移用别项余款等情。饬据会计处签称，似可照准，仍以不超出全部预算额为限等语，经准如拟办理。

密八、据东江粮食运销委员会寒相电呈报发放救济东江各县米粮情形前来。查湘米运济路远价昂，原在安定人心，平抑米价。经酌定米价应较市价平半斤。例如，当地每元二斤，则售二斤半，但以达到三斤半为限，到此价格即另分配他县。并电复。饬即妥办具报。

讨论事项

一、据民政厅签呈，编缴二十九年度视察经费预算书，月列四千二百五十六元，请核准备案，并饬财政厅自本年度一月份起照数拨发等情，请公决案。

（决议）雇员、公役两项剔除，余照原预算通过。款在本年度省预备金项下开支。

密二、据财政厅报告，德庆县政府第六期破坏公路工食经在二十九年度建设事业支出项下拨支国币三千元，请提会追认等情，请公决案。

（决议）照案追认。

三、据教育厅签呈，本厅督学李伟光辞职，拟予照准，遗缺拟以黄国俊代理等情，请公决案。

（决议）照案通过。

密四、据建设厅签呈，据公路处呈缴第一工务总段连贺公路养路队经常费预算书，计列一千九百八十二元五角，经照原案核减为一千九百六十二元，拟请自接收日起饬库照案拨付等情，请公决案。

（会计处签拟）本案既据建设厅将所缴预算书核减二十元五角以符原案。查前核定该路养路队经费月支国币一千九百六十二元（在连贺公路第一期工程费项下开支经九届八十八次议决），现呈预算数目自建厅核减后与前核定数额相符，似可照准在二十九年度建设事业支出项下开支，按月拨付。该总段养路队经费应自接收之日起领支。仍饬将接收日期及连贺路第二期工程费节余数目及已否解库呈报备核，以便饬库拨付，拟请提会核定。

（决议）照会计处签拟通过。

五、据建设厅签呈，审核五华县呈缴修复乌陂等三度木桥支付预算计算书表一案，计支出国币二千一百八十九元九角四分，核与估价单列及材料各费数目大致尚合，似可准照列支等情，请公决案。

（决议）照案通过。款在本年度建设事业支出项下开支。

密六、准经济部电复，准咨送广东省战时贸易管理大纲，查应增加"本管理处所营业务以不抵触中央法令及不与民争利为原则"及"所营物品之种类应呈报主管部备查"两项等由。经交秘书处签拟修正，请公决案。

（秘书处签拟）依经济部指示，应增加"本管理处所营业务以不抵触中央法令及不与民争利"及"所营物品之种类应呈报主管部备查"二项。谨修正本省战时贸易管理大纲第五条及第六条条文如左：拟修正第五条"管理处所营业务以不抵触中央法令及不与民争利为原则，前项业务得与中央及地方政府有关机关合作并得委托其他机关办理之"。拟修正第六条"管理处经营物品一律依照法令完税。其所营物品之种类应呈报主管部备查"。至该大纲第一条原文"特设立广东省战时贸易管理处"一句之下拟加括弧"以下简称管理处"等字样以臻完备。

（决议）照秘书处签拟通过。

七、据秘书处案呈，关于饶镕光因黄砂乡立小学校开辟运动场事件不服大埔县政府处分，提起诉愿一案，经审查完竣，作成决定书，请提会核定等情，请公决案。

（决议）照原拟决定书通过。

密八、据财政厅报告，紫金县政府继续彻底破坏紫河公路工食经在二十九年度建设事业支出项下拨支国币七千元，请提会追认等情，请公决案。

（决议）照案追认。

密九、据财政厅报告，紫金县政府破坏紫惠公路工食经在二十九年度建设事业支出项下拨支国币一万元，请提会追认等情，请公决案。

（决议）照案追认。

密十、据财政厅报告，四会县政府破坏公路工食经在二十九年度建设事业支出项下拨支国币一万元，请提会追认等情，请公决案。

（决议）照案追认。

密十一、据财政厅报告，新丰县政府拆除城垣补助费经在二十九年度建设事业支出项下拨支国币一万元，请提会追认等情，请公决案。

（决议）照案追认。

密十二、据财政厅报告，信宜县政府拆除县城补助费国币一万元经在二十九年度建设事业支出项下拨支，请提会追认等情，请公决案。

（决议）照案追认。

密十三、据广播电台江台长呈报，赴港购办无线电发射机器材共支过出差旅费国币一千三百九十二元一角九分，请准如数拨还归垫等情，请公决案。

（决议）照案通过。款在本年度省预备金项下开支。

十四、准中国国民党广东省执行委员会函，请于中央核定二十九年度本会经费月支一万六千元外，仍照原案在省库特别补助本会经费每月二千五百元以为补助各团体之经费等由，请公决案。

（会计处签拟）查省党部二十九年度经费，原核定月支一万零一百五十六元，连增回二成经费二千五百三十九元，合共每月实支一万二千六百九十五元；事业费月支二千五百元，现奉主席批示"经费可照中央核定每月支足一万六千元（连新增二成在内），事业费如拟"。又奉交下财政厅签呈，饬核签等因。查财政厅签呈称，现中央党部电请每月拨足一万六千元，即照一、二两项，即经费月支一万零一百五十六元，事业费月支二千五百元计算，每月应增三千三百四十四元，除增加二成二千五百三十九元计入外，仍欠八百零五元等语，系将事业费二千五百元并入经常费计算。现此项事业费奉批照旧拨付，即在经费之外另拨，每月实超出三千三百零五元，全年度共三十九万六千六百元，兹拟并在本年度预备金项下拨支。

（决议）照会计处签拟通过。

密十五、据民政厅签呈，拟就救济本省各属米荒计划草案请察核等情，请公决案。

（决议）交刘委员、顾委员、朱委员审查，由刘委员召集。

密十六、据东江粮食运销委员会灰相电报，二月载来湘米被雨淋湿，为免霉变，便宜处置，公开零售，每国币一元售三斤十二两，请察核备案等情，请公决案。

（决议）确已淋湿者准照办，仍应切实分别整理并查明致湿原因数目及追究负责人。

十七、据建设厅签呈，据农林局呈，拟扩大春耕计划及办法暨概算书，请核示等情，请公决案。

（秘书处签拟）查现在军队多能与民众发生好感，且以往亦间有协助农民收获之事实。原拟办法第十五条似可删去或修正为"……在驻防地内切实协助办理扩大春耕工作"。当否，请裁。

（会计处签拟）查据缴扩大春耕专款概算书，列支一万七千五百元，除宣传费二千五百元经技术室签拟，拟可免则免外，其指导旅费一万二千元内之工作费，三千元据注明为分发每员每天一元以供工作上所需要各种物品用具费，但查原概算经列有卫生药品费一百五十元，邮电费二百元，什支费二百元，工作人员所需各种物品用具费尽可在上列三项费内开支，似无须另给工作费。照上列意见，若仅将宣传费剔除，则应减列为一万五千元。若再将工作费剔除，则应减列为一万二千元。至原缴计划如准照办，其经费自可在本年度省款建设事业支出项下开支，但应否将宣传费及工作费均予剔除，及可否改在农林局造林计划经费十六万元额内先行划拨之处，拟统请提会核议决定。

（决议）核定拨款一万二千元，由该厅造林计划经费内拨支，仍饬另造预算书呈核，余照秘书、会计两处签拟通过。

广东省政府第九届委员会
第一百一十三次议事录

日　期　三月二十二日

地　点　韶关本府

出席者　李汉魂　胡铭藻　何　彤　顾翊群（公假）
　　　　黄麟书（公假）　朱晖日　许崇清　刘佐人

列席者　杜之英　郑　丰　黄希声　桂竞秋　吴迺宪（林朱梁代）

主　席　李汉魂

纪　录　（秘书）熊公福　冯　倬

报告事项

一、本府为充实本省地方基层自卫武力起见，特拟定广东省各乡镇自卫班编组办法，会同广东省军管区司令部颁布施行。

二、据教育厅签呈，送二十八年度省立各校图书仪器费预算书，列支一万四千五百七十六元一角九分系属二十七年度该项支出计算书结余之款等情。饬据会计处签拟，准照办，报会备案等语，应如拟办理。

三、据教育厅签呈，拟在二十七年收容由战区退出员生经费结余款下拨还垫付童军理事会筹备处二十七年十一月、十二月份经费，共国币二百二十二元二角二分等情。饬据会计处签称，核尚可行，拟请照准等语，应如拟办理。

密四、据建设厅签呈，遵将本厅由八字岭运送存煤赴大庚钨业管理处洪处长试炼煤油旅运费编具临时预算书，请分别存转等情。饬据会计处签称，查原呈预算书列支旅运费国币一百四十元四角五分核尚需要，似可准由本年度预备金项下拨支。至该厅原拟由留存八宝山钨砂价款项下拨支之数，应先解库具报以便追列本年度岁入岁出预算，俾符法例等语，应如拟办理。

密五、据建设厅签呈，缴本厅二十八年度调查矿产运输线站旅费临时预算书，计列四百零一元四角三分，请察核备案等情。饬据会计处签称，查所缴预算书列数相符，似可准予存转等语，应如拟办理。

密六、据第八区行政督察专员呈缴二十八年十一、十二两月份侦探费预算书类，请准予拨款归垫等情。饬据会计处签称，据呈二十八年十一月份垫支侦探费一百二十二元四角，十二月份垫支三百零三元八角，合共四百二十六元二角，核尚需要，拟请照准，款在二十八年度省预备费项下拨还并请报会备案等语，应如拟办理。

七、据本府警卫营呈，为卫士排开办费共支国币四十元，连同单表请核准如数发还归垫等情。饬据会计处签拟，准在该营本年度元月份经费节余项下开支等语，应如拟办理。

八、据本府警卫营呈，为第四连二等兵陈少雄病故垫支葬费国币一十九元六角，请拨给归垫等情。饬据会计处签拟，照战时陆军各部队暂行给奖规则规定准发国币一十五元，款拟在该营本年一月份经费节余项下支付等语，应如拟办理。

讨论事项

一、据教育厅签呈，拟自本年三月份在湛江增设短期小学十六校，计经费十个月及临时费共国币五千二百元，又补助湛江区立小学经常费全年一千四百元，临时费五百元等情。饬据会计处签称，短期小学费拟由本年度义教费项下开支，区立小学经常费拟由本年度战区退出员生经费项下补助各县增班费内开支，临时费由各机关学校临时费拨支等语，请公决案。

（决议）照案通过。

二、据教育厅签呈，缴省立文理学院体育专修科建设费预算书列支一千三百五十三元，拟在该院二十八年十月至十二月体专经常费节余项下开支，请察核等情，请公决案。

（会计处签拟）拟请照准。款在本年度省预备金项下开支。至该院体育专修科二十八年十月至十二月结余经费应饬先解库具报以便追列本年度岁出入预算，仍请提会核定。

（决议）照会计处签拟通过。

密三、据建设厅签呈，缴连贺公路工程处修路队支付预算书表，月列一千九百六十二元，请察核备案等情，请公决案。

（会计处签拟）查现呈预算系将原养路队数减少一队移用裁节经费

另编桥梁抢修班，既据该厅暂准照办。所列预算与原核定尚无超越，拟准由本年一月份起按月在该路第一期工程费节存项下开支至公路处接收之日止等词。查该工程处第一期及第二期工程费节余数似应饬先行扫数返纳解库，专案具报以凭追列预算。现呈养路队经费似可准在二十九年度建设事业支出项下开支，以清数目，仍请提会核定。

（决议）照会计处签拟通过。

四、据建设厅签呈，缴本厅特务队二十八年冬季服装及差役制服临时预算书，计共国币九百六十二元八角，拟在本厅×××钨砂价款项下拨支，请察核备案等情，请公决案。

（决议）照案通过。

五、据会计处案呈，准秘书处转民政厅片，据饶平县呈缴国民兵役调查办公费及应备书簿等费概算书表，计共国币一千四百五十元，拟准在本年度省地方预备金项下开支等情，请公决案。

（决议）照案通过。

六、据南路行署罗主任电，为施行本署警五连士兵政训，搭讲堂及发士兵文具共需款二百九十八元，由署在临时费项下垫支，请饬营拨还归垫等情，请公决案。

（决议）准在该营节余项下拨还归垫。

密七、据乐昌县政府呈，奉命购制铁钉杉板，计共价款国币五百七十四元，请汇发归垫等情，请公决案。

（决议）照案通过，款在本年度建设事业支出项下开支。

八、准广东省临时参议会函送正副议长、驻会参议员办公费，参议员出席旅费，第三、第四次大会开幕费，秘书处经常费概算书，请查照提会通过等由，请公决案。

（会计处签拟）现准将改编经临费岁出概算送府，除议长副议长及驻会参议员办公费列支二万二千八百元暨参议员旅费列支六万元与案相符应照备查外，其余第三、四次大会开会费共一万零三百八十元系属临时支出，又未分次编列，似有未合，兹拟暂不核定，应于每次开会前编列预算专案送府核定。拟函复查照。至秘书处经费本年度列支五万零一百八十四元（月支四千一百八十二元）核拟如下：（一）警士：拟减设二名；号兵裁撤，每月应减经费四十六元。（二）办公费：拟仍照二十八年度月支一千元，每月应减六百九十五元。以上二项共七百四十一元拟予剔除，其余各数尚无不合。计省参议会秘书处经费拟准每月追加二百五十七元，本年度共追加三千零八十四元，款在本年度省预备金项下拨支，仍请提会核定。

（决议）办公费每月增加二百元，余照会计处签拟通过。

九、准广东省临时参议会函送第二次大会追加开幕费概算书，计列三千五百五十七元，请查照提会通过归垫等由，请公决案。

（决议）照案通过，款在二十八年度省预备费项下开支。

密十、据财政厅签呈，核议博罗县请增加囚粮案，前经电复照准。至其余各县因抗战时期米价飞涨先后请增加囚粮者有新会等二十九县，均经分别核准列表，请察核等情，请公决案。

（决议）全省囚粮除已呈准增加者外，由四月一日起一律改发国币并函高等法院查照。

密十一、据省振济会签呈，奉饬签拟建设厅拟具广东省救济战区退出船舶失业员工暂行办法一案，拟议意见，请察核等情，请公决案。

（决议）照振济会签拟意见通过。

十二、据曲江区防空指挥部呈，为修理韶州西河浮桥以防春潦，计需国币一千一百九十三元六角，请准予援款修理等情，请公决案。

（决议）交秘书处派员复勘核实发给，款在本年度建设事业支出项下开支。

十三、据潮安县政府呈复，职县地方款入不敷支，拟请准予自二十八年十一月份起，由省库拨发职府会计室经费每月一百三十元等情，请公决案。

（决议）照案通过。款在本年度省预备金项下开支。

密十四、据本府临时运输管理处呈缴运输临时费支付预算书类，列支七万六千六百二十六元四角三分经送由审计处审核完竣，请提会核定，指款拨支归垫等情，请公决案。

（决议）照案通过。款在本年度省预备金项下开支。

密十五、据建设厅签呈，派员勘明云浮县各路破坏未能彻底情形并拟核减土方工程伙食各费，请察核等情，请公决案。

（建设厅签拟）据胡技佐呈复并开具复勘云浮县破路情形报告书前

来，查核所列各项关于（甲）点系已支民工伙食数。据称系当时暂发工数依照各乡所报土方工数核发，查与原计算书备注所称系先行发给民工数额似尚符合。（乙）点系拟扣不合深度土方工程。查该县各公路破坏情形既经复勘不合，现定所拟扣土方数量尚无不合。（丙）点系拟将各路其他部分可能化为水田者再加强破坏，并将石木各桥彻底破坏。既经勘明认为未能彻底，所拟应再加紧破坏各点亦无不合〔据胡技佐所查者系郑前任县长所破坏者，当胡技佐前往会勘时云浮县业已易长。据胡技佐报告呈明……现已加紧继续破坏……迨胡技佐返厅时，云浮又已易长，故关于（丙）点拟饬令现任县长查明刘前县长已否破坏适度然后方可继续破坏〕。综查该县破坏各路段不合规定部分经据勘复有上项各情，似可照拟分别核减。其未彻底破坏之各段点及桥梁等自应彻底破坏，以符规定。

（会计处签拟）本案查前缴预算列数毫券四万二千七百七十六元四毫，现据建厅派员复勘拟减实总数伙食毫券三万七千五百一十八元九毫二仙正。惟查前据卸郑县长呈称以无款可继续挪垫，当时只发给伙食费毫券一万三千四百五十一元八毫，折合国币九千三百四十一元五角三分。现据建厅派员复勘呈复符合，复核卸郑任已发数与所缴单据相符，该款国币九千三百四十一元五角三分似可准在二十九年度建设事业支出项下开支拨还归垫。其未发余额是否实在，拟饬现任县长核明筹垫补发，开编具计算书类再呈核办。所有尚未彻底破坏水田土方桥梁各段并饬该县再行加强破坏，以符规定。仍请提会核定。

（决议）照建设厅、会计处签拟通过。

十六、据秘书处签呈，拟具广东省都市计划委员会组织暂行规程及办事细则，请核定施行等情，请公决案。

（决议）照案通过。

密十七、据建设厅签呈，缴本厅二十八年度办理消防及架设电话总机设置费临时支付预算书，请察核备案等情，请公决案。

（决议）照案通过，款在该厅二十八年度经常费节余项下开支。

密十八、据合浦县政府呈复，本县第一次破坏公路系由防军主持，未能将破坏点之尺寸土石方等呈核，恳予从权照前呈支付计算数目国币五千六百七十七元三角三分核销拨款归垫等情，请公决案。

（决议）照案通过。款在二十八年度建设事业费项下开支。

十九、据建设厅签呈，关于连山县农林蕃殖场经常费拟一次过补助三千六百元，在本厅经营×××钨矿价款项下拨支，请核备案等情，请公决案。

（决议）照案通过。

密二十、据广东省银行呈报派员赴湘购运湘谷经过，请指拨专款四百万元备用，米价损失则由省库负担，并请发给每担管理费六分等情，请公决案。

（财政厅签拟）奉交办省银行呈一件，为订购湘米二十万市石，共价国币一百二十四万元，连同由衡运韶、碾谷、运杂、麻袋等费共约三百八十余万元，再加湘粤各地购买，现米款共约需国币四百万元之谱，请指拨专款交行存贮备支。将来放售所有损益由省库负担，及请发给管理费每担六分等情，谨拟办法如下：（一）购米价款俟行攻院借到后酌拨。目前应由省行与东江粮委会商订售米还款办法。（二）售米损益由省库负担可照办。（三）管理费每担六分准照发。

（决议）照财政厅签拟通过。

密二十一、刘委员、顾委员、朱委员会复审查调节本省各属民仓计划草案意见，请公决案。

（审查意见）（一）米粮运销机构似宜赶速成立。（二）粤北米粮运销委员会毋庸设置，可归并省粮食调节委员会。（三）省粮食调节委员会总干事应予专任以一事权。（四）为节省经费起见，省粮食调节委员会驻港办事处不必设置，其在港业务可由驻港省战时贸易管理处兼办。（五）粮食管理办法事体重大，似应详密研究以昭慎重，拟俟省粮食调节委员会成立后交付核议。（六）县粮食调节委员会组设通则内容有无与地方法令抵触之处，似交法制室核议为宜。

（决议）照审查意见通过。

密二十二、据省银行曾副行长电报，奉饬购买无线电机三十九架，每架港币七百三十五元，比前增九十五元等情，请公决案。

（决议）照案通过，即拨国币二十万元，在本年度建设事业支出项下开支。除购电机外，余款悉数购买电池。

密二十三、据广东省图书杂志审查委员会呈报，本会工作繁重，人员不敷，请由本年三月份起按月拨助国币三百元等情，请公决案。

（决议）照案通过。由四月份起在本年度省预备金项下开支。

广东省政府第九届委员会
第一百一十四次议事录

日　期　三月二十六日
地　点　韶关本府
出席者　李汉魂　胡铭藻　何　彤　顾翊群（公假）
　　　　黄麟书（公假）　朱晖日　许崇清　刘佐人
列席者　吴迺宪（林朱梁代）　郑　丰　杜之英　桂竞秋
　　　　黄希声
主　席　李汉魂
纪　录　（秘书）熊公福　冯　倬

报告事项

一、据民政厅签呈，据省警总队呈复，发给汕警编余人员生活费与张局长嘉斌发给之遣散费绝不相同，查核所称尚属实情等情。饬据会计处签拟，该项生活费国币四百七十八元三角三分似可准予照支，款在本年度省预备金项下拨支，并饬该总队在经费结余项下先行照数提拨解库，请报会备案等语，应准如拟办理。

二、据教育厅签呈，据省立广州女子师范学校编具临时费支付预算书，计二百二十六元一角九分，所请拟在该校结存经费项下支付，似可照准等情。饬据会计处签拟，准照支，款在本年度省预备金项下开支。饬将该校节余经费抵解并追列岁出入预算，仍请报会备案等语，应准如拟办理。

三、据教育厅签呈，关于中小学教师服务团经临各费来源及预算起支日期等情，饬据会计处签称，计共列支三万二千三百四十元，查核各数尚无不合，拟准照列，报会备案等语，应准如拟办理。

四、据教育厅签呈，据省立文理学院转缴该院附中二十八年经常费汇兑损失支付预算书，计四百一十三元五角七分，内除二百四十七元一角二分经在教育学院二十七年节余专案报销外，尚余一百六十六元四角五分拟在附中二十七年九月至十二月节存一百九十六元七角七分项下保留移支等情。饬据会计处签拟，核尚可行，拟请照准报会备案等语，应准如拟办理。

五、据教育厅签呈，拟将补助钦县【县】立初级中学二十八年度战时后方服务训练设备补助费国币一百元移拨为合浦县县立初级农科职业学校补助费等情。饬据会计处签拟，核尚可行，拟请照准。惟事关变更原案，拟请报会备案等语，应准如拟办理。

六、据建设厅签呈，奉批签复并遵将充实乳源等十一县第四科技术人员应发经费列具详表，请察核办理等情。饬据会计处签拟，核案尚符，似可照发依据决议原案连、连、阳、乳四县二十八年十至十二月经费由省预备费项下拨支。其余七县暂由省预备金项下拨发，俟各该县呈报设置技术人员时方行给领。至连、连、阳、乳四县二十九年度技术人员薪俸并援案暂在省预备金项下开支等语，经如拟办理。

密七、据建设厅签呈，据公路处呈转连贺路工程处缴该路员工十一月份薪饷表，拟援案在工程费节余拨支一案，请察核备案等情，经准予备案。

密八、据建设厅呈缴狗牙洞八字岭矿警队二十八年冬季服装临时费预算书，列支国币一百八十七元四角，请准由本厅所存八宝山钨砂价款项下拨支等情。饬据会计处核算各数尚属核实，经准予照办。

密九、据会计处签呈，以高明县自卫队三中队既经本府电饬暂缓增编，其本府第九届委员会第九十一次会议核定自二十八年十二月十六日起增编，该三中队开办费每中队一次过五十元，分队长以下铜鼓帽、胸章等代金每名三角及经常费每中队每月国币九百四十九元四角八分，三中队月共二千八百四十八元四角四分，该款自应饬知财政厅毋庸拨付，并拟分别通知各有关机关后补报会议等情，经如拟办理。

十、据广东省县政人员训练所呈，为通讯班学员前后调所受训者实为九十名，本所二十八年十二月二十六日呈文内列八十名，该八字实系九字之误，请更正备案等情。饬据会计处签拟准予更正，报会备案等语，应准如拟办理。

密十一、据第二区行政督察专员呈，编就驻韶时迁移市郊办公搭盖茅棚及修理费支出计算书，请准移用核销等情。饬据会计处签称，查该署为事实需要，将迁移费一百五十元移作加建职员及卫生宿舍费用尚无不合，拟准照办，报会备案。至该专员垫支九十四元八角八分，拟饬在该署经费内撙节归垫等语，应准照办。

十二、据紫金县政府呈，拟发给死亡壮丁陈进魁一名一次过恤金国币五十元，请准如数发给等情。饬据秘书处签称，核与国民工役法例尚无不合，并据会计处签拟，饬在二十九年度省总概算恤金科目项下开支各等语，应准如拟办理。

密十三、据仁化县政府电报，自卫中队改编成立。原有一小队经费国币三百二十八元五角六分外，实增两小队，应请增发国币六百二十元九角二分等情。伤据会计处签称，查尚符合。除本府前经核定拨付五百三十五元一角二分外，应再拨八十五元八角，该款应由本年一月一日该队编成日起并在原核定之科目内开支。又服装费计应一次过拨二百四十四元除本府前经核定拨一百八十元外，应再增付六十四元，该款应援案请军管区在自卫团经费节余项下支付。至开办费每小队准发一十五元，连同分队长以下铜鼓帽、胸章等每名发给代金三角，核计共一次过拨付国币四十八元三角，该款应并在本年度省地方岁出预算保安支出内增编自卫团队经费项下支付等语。经准如拟办理。

密十四、据开平县政府呈缴征集民工购筑鹤洲一带防御工事支出计算书类，计国币一百九十六元八角一分，请拨发归垫等情。饬据会计处签称，核与原案相符，复核数目尚合，似可准在二十九年度建设事业支出项下开支投还归垫等语，应准如拟办理。

十五、本府前奉行政院世一电开，该省临时参议会任期届满，应否延长其任期或改选，盼复等因。当经电请准予将任期延长一年，并奉马一电复，应予照准在案。

十六、据地政局呈报南雄、始兴两县地政处暨所属分处开办日期，请将本案经临各费签发开支等情。伤据会计处签拟，关于该两县测量费二十八年十一、十二两月份在二十八年度预备费项下开支，二十九年一月至七月份在二十九年预备金项下开支，至登记费按照开办月份在二十九年度预备金项下开支，关于临时部分测量【费】在二十八年度预备金项下开支，登记费在二十九年度预备金项下开支等语，应准如拟办理。

讨论事项

密一、据财政厅报告，兴宁县政府修复水口至径心公路兴宁段工程费，经在本年度建设事业支出项下拨支国币二万元，请提会追认等情，请公决案。

（决议）照案追认。

密二、据财政厅报告，惠来县政府拆除城垣补助费经在二十九年度建设事业支出项下拨支国币五千元，请提会追认等情，请公决案。

（决议）照案追认。

密三、据财敬厅报告，陆丰县政府拆除甲子城补助费经在本年度建设事业费支出项下拨支国币二千元，请提会追认等情，请公决案。

（决议）照案追认。

四、据财政厅报告，英德县李前县长辉南之如夫人赵淑卿女士死节，遵经饬库拨给丧葬费国币一千元，仍请核定开支科目等情，请公决案。

（决议）在本年度省款恤金项下开支。

五、据教育厅签呈，据省立汕尾水产职业学校呈缴购置童军用具预算，共列国币七百七十六元，请准在二十八年度该校经常费节存项下拨支，拟可照准，请核示等情，请公决案。

（会计处签拟）查汕尾水产职校二十八年度童军用具购置临时费预算列支七百七十六元核数尚属核实，拟准照支，款在本年度省预备金项下开支，将该校节余经费抵解以便分别追列岁出入预算，仍请提会核定。

（决议）照会计处签拟通过。

六、据教育厅签呈，据省立岭东商业职业学校编具添置桌椅各项预算，共六百七十二元二角，查属需要。所请在该校二十八年度经费节余项下开支似可照准，请核示等情，请公决案。

（会计处签拟）查岭东商校二十八年度添置校具预算书，列支六百七十二元二角，所列各数尚属核实，拟准照支，款在本年度省预备金项下开支，饬将节余经费抵解追列岁出入预算，仍请提会核定。

（决议）照会计处签拟通过。

七、据教育厅签呈，据省立钦州师范学校呈缴迁校费预算书，计共国币六百三十七元。查该校二十七年度确无结余，似应准予在二十八年度各机关学校临时费项下拨支，请察核照准等情，请公决案。

（决议）照案通过。

八、据建设厅签呈，据农林局呈缴乐昌蚕桑改良场二十九年度蚕桑推广计划及二十九年度蚕桑推广岁出临时费支付预算书，计列二千五百元，查核尚无不合，拟请准予在该局黄任移交凌任徐闻、琼崖两场节余经费项下拨支等情，请公决案。

（决议）照案通过。

九、据建设厅签呈，据农林局呈缴稻作改进所冬作种子优良稻种临时购运费概算书，计列国币六千九百元，查核尚无不合，拟请准予在该所二十八年度经常费节余项下拨支等情，请公决案。

（决议）照案通过。

十、据建设厅签呈，据潮汕船务所呈缴该所临时遣散费支出预算计算书类，计共国币一千零六十七元五角，可否准予支销之处，请核示等情，请公决案。

（决议）准予支销。

十一、据建设厅签呈，缴本厅二十八年度临时增建公寓及道路修缮费预算书，计共国币四千八百五十元，拟在本厅征存肥田料化验费项下拨支，请察核备案等情，请公决案。

（会计处签拟）该项临时增建公寓、防空洞及道路、操场等修缮费四千八百五十元拟准照支。惟应饬将征存肥田料化验费扫数解库具报，以便追列本年度省地方普通岁入概算事业规费科目，并照数追列本年度省地方普通岁出概算预备金项目。前项临时增建公寓及道路修缮等费四千八百五十元即在本年度省预备金项下开支，仍请提会核定。

（决议）照会计处签拟通过。

十二、准第×××军司令部电，为捕获三水县星治乡伪维持会长陆××，天湖乡伪维持会会长李××，本乡伪维持会副会长陆×，委员陆×、陆××等五名一案，经呈奉长官部核准依判执行，请照章给奖等由，请公决案。

（秘书处签拟）拟依照修正广东省捕杀敌伪组织官员奖励办法第三条第四款规定各奖国币四百元，共奖国币二千元，在本年度省预备费项下开支，提会通过后通知财政厅汇送第×××军部转发祗领，并电请×××军部将原案判决书送府备查。

（决议）照秘书处签拟通过。

密十三、据第一区行政督察专员呈复，饬据台山县声复奉令制造雷坠铁锚预算数目不符缘由，请将前项垫款国币九百六十二元五角核发归垫，转请察核等情，请公决案。

（决议）照案通过，款在本年度省预备金项下开支。

十四、准广东省新生活运动促进会函，为本会支过旅运及印刷各费共国币六百一十元，请准将前借支本会国币五百元转账拨支本会临时费外，并请增拨国币一百一十元以资结账等由，请公决案。

（会计处签拟）查该会此次迁连往返旅运费及六周年纪念印刷费共支国币六百一十元，核尚需要，除向本府第二科借用五百元外，尚不敷一百一十元，请予移账增拨等情，拟请照拨国币陆百一十元，款在本年度省预备金项下拨支，提会核定。

（决议）照会计处签拟通过。

密十五、据东江护侨事务所呈，为东江一带百物腾贵，员役生活困难，请准自本年三月份起每月追加八百二十五元等情，请公决案。

（决议）准自四月份起每月增加经费四百元，款在本年度省预备金项下开支，仍饬补编预算呈核。

密十六、据省振济会呈缴第九难民救济区二十八年度八月份至十二月经常费预算书，计共国币四百五十元，请核准由二十八年度十月份起拨发经费等情，请公决案。

（会计处签拟）该第九难民救济区既系于二十八年十月一日组织成立，而据缴预算书所列经费定额核案亦符，似应准予发给，兹拟将二十八年十月至十二月份经费每月一百五十元，三个月共四百五十元饬由广东省振济会在本府拨交该会二十八年度省救灾准备金科目余款项下开支，本年度自一月份起每月经费一百五十元在本年度省救灾准备金项下开支，仍请提会核定。

（决议）照会计处签拟通过。

十七、据财政厅呈缴台山、阳山、乳源、揭阳、化县等五县二十八年度追加概算书，请核定公布施行等情，请公决案。

（决议）照案通过。

十八、据建设厅呈，据农林局补请加委该局荐任人员连同原缴履历，请分别补委等情。查该局技正邓文林系荐任职，请公决案。

（决议）照案通过。

十九、据省营工业清理委员会呈，请加委凌宗汉代理本会第二组组长等情，请公决案。

（决议）照案通过。

密二十、据民政厅签呈，拟购置运输汽车二辆，每辆国币九千元，共国币一万八千元；又年需司机工食、燃料费共国币六千二百一十六元。前项用费拟请饬由省库拨支，请准予备案等情，请公决案。

（决议）拨款七千三百元先购一部，并准每月拨司机工食燃料费二百五十元，款在本年度省预备金项下开支。

二十一、委员兼财政厅长提议，拟定促进清放旧欠地税实施办法，请公决案。

（决议）交胡、何、许三委员审查，由胡委员召集。

二十二、据民政厅签呈，各县局警察薪额未能划一办理，影响施政，现斟酌地方财力拟具各县局警察政警员役薪饷及办公费划一支给标准办法三种，请择一施行等情，请公决案。

（决议）警察人员薪饷数额照本省县各级组织纲要实施计划规定办理。如因地方财政困难，得酌予折支，但警官不得少于七折，警长不得少于八折。

二十三、据复兴剧社呈，该社组织已有端倪，所需开办费及经常费急待应支，请早赐核拨等情。查该社组织对于抗战建国及推行新县制均负有扩大宣传之责，拟一次过补助国币二千元，请公决案。

（决议）照案通过。款在本年度省预备金项下开支。

二十四、据民政厅案呈，谨依照县各级组织纲要及新县制研究会决定原则，会同有关机关拟订县各级组织纲要实施计划，连同各级章程规则，并编制预算等表请核定施行等情，请公决案。

（决议）照案修正通过。

二十五、据民政厅案呈，据卫生处呈，关于筹设本省制药厂一案，拟具制药厂暂行规程及开办费经常费概算表，计开办费需国币五万元，经常费月需国币二千二百八十四元，该项经临费由何款拨支，转请核示等情，请公决案。

（会计处签拟）查制药工业自属急不容缓之要图，且现拟定资本不过五万元，具见原拟亦在从小规模着手尤感稳当。惟：（一）原案既属制造及营业性质，并无计划附呈，似嫌疏略，应请转饬补具，以凭详核。（二）本案既属营业性质，则所需费用无论其为开办费或经常管理费、营业费及流动资金等，在政府立场对于此种款项之拨付均视为投资支出，应由该负责经营之机关用营业会计方法处理。现该厂如决定核准举办，该项投资总额应否暂定为五万元（原呈所谓开办及经常各费均在此致内运用），并应否由本年度救济费项下（救济费原已溢支，惟经会议通过由财政厅负责增加一百零八万元，故尚有余款约四十余万元。至核定增加之数未据财政厅将筹得来源呈报）一次过拨支之处，拟请鉴核后提会决定。（三）该厂既属制造及营业性质，应否指定归由本省主管经营事业之机关管辖，以明系统，并由卫生处【负】技术上指导（或并得监督）之责，拟请核示（似须订定指导或监督办法）。

（秘书处签拟）拟暂定投资总额为五万元，先行提会拨款，在近日着手筹办。仍饬参照会计处签拟，妥拟呈府补行核算书，请公决案。

（决议）照秘书、会计两处签拟通过。

密二十六、据民政厅签呈，遵电核减本省各县局提前禁绝鸦片经费后为四十八万一千三百九十四元二角，除现存禁戒经费及本年一季牌照费收入外，尚差二十四万一千二百六十九元二角，又二十八年度欠发各县局禁戒经费共十二万七千一百四十三元三角三分，又二十七年度欠发各县局禁戒经费共二十三万九千六百三十零六分，请并致拨给等情，请公决案。

（决议）交胡、顾、许三委员审查，由胡委员召集。

二十七、据民政厅案呈，据卫生处签呈，以东、西、北江及台山等各县发生脑膜炎，请在救灾准备金项下拨支国币七千五百元购备脑膜炎疫苗及防治药品，似可照准等情，请公决案。

（决议）照案通过。款在本年度救济费项下开支。

广东省政府第九届委员会
第一百一十五次议事录

日　期　三月二十九日

地　点　韶关本府

出席者　李汉魂　胡铭藻（病假）　何　彤　顾翊群（公假）
　　　　黄麟书　朱晖日　许崇清　刘佐人

列席者　吴迺宪（林朱梁代）　杜之英　桂竞秋　黄希声
　　　　高　信（黄公安代）

主　席　李汉魂

纪　录　（秘书）熊公福　冯　倬

报告事项

一、奉广东绥靖主任公署函，转据捕获增城县大塘尾乡伪治安维持会副会长何××一名，经讯明判决执行，希依例核定给奖等因。饬据秘书处签拟，给奖国币四百元。并据会计处签称，二十九年度省预备金早经溢支，应否酌减为国币二百元，援照成案仍在本年度省预备金项下拨支等情，应准如拟办理。

二、据财政厅报告，拨付二十八年十一月、十二月份国防公债息款一十万元，请察核备案等情。饬据会计处签称，查属无误，拟准备案等语，应准如拟办理。

三、据教育厅签呈，据省立汕尾水产职业学校呈，请准由该校二十八年度经费节余项下拨支汇兑费国币一百六十七元一角七分，似可照准等情。饬据会计处签称，既据教厅查明属实，拟准照支，款在本年度省预备金项下开支，仍以该校二十八年度节余经费抵解具领等语，应准如拟办理。

四、据建设厅签呈，阳江船务管理所第二批印刷牌照费三百二十八元应准在该所二十九年一月份船税收入项下开支。本厅各船务所船舶牌照费二十九年四月起六个月后仍应由本厅制发。在未实行以前送照往专署加印之旅费准在船务收入项下开支等情。饬据会计处签称，阳江船务所印刷牌照费似可准在本年度预备金项下开支，由该所在船税收入项下抵解。该厅所属各船务所船舶牌照在未实行制发前支过印刷旅费准在船务收入项下先行垫支，呈府核定，指款归垫。本年度船税收入应编岁入概算呈府追列本年度省总概算等语，应准如拟办理。

五、据建设厅签呈，请将售油所得余存款国币一十万零二百一十五元拨还省营工业管理处，以为发展工业之用等情。饬据会计处签称，似可照准，拟准备案等语，应准如拟办理。

密六、据建设厅签呈，据紫金县政府呈缴修复紫五公路桥梁及路基经费支出计算书类，合计列支毫券四千六百二十八元四角，似可照准等情。饬据会计处签称，本处复核支过数目与库发数目相符，似可照准，惟嗣后应以国币编列等语，应准如拟办理。

七、据民政厅案呈，据卫生处转据救护队呈，以物价高涨，月薪不足维持，拟由本年一月份起每名增加五元，似可照准。该项增加经费拟并由该处事业费项下拨支等情。饬据会计处签称，该队长员共三十三员，月共增加国币一百六十五元，尚属需要，该款拟在本年度卫生事业费项下支付等语，应准如拟办理。

八、据秘书处案呈，查第一〇九次会议通过之修正广东省候用公务员登记审查办法第四项：凡依前项规定之"前"字经照改正为"第二"两字，分别修正公布通饬施行。

九、据清远县呈报，该县政警朱镜被敌机炸伤毙命，请予给恤等情。饬据会计处签称，查内政部制订非常时期奖恤警察暂行办法规定，该故警士恤金似可酌给国币一百元，款在二十九年度省普通岁出预算恤金项下支给等语，应准如拟办理。

讨论事项

一、据民政厅签称，据省警总队呈缴该总队二十八年度节余经费总数及已未呈准动支数目表暨迁移费概算书，计三千一百五十三元，请准在二十八年度经费节余项下报销等情，请公决案。

（会计处签拟）拟准照支。照案在本年度省预备金项下拨支。至该总队二十八年度节余经费三千一百五十三元应饬先行解库具报，以便追列岁出入预算。又据呈二十八年度节余经费已未呈准动支数目表，内列派赴警校教育班旅费及服装费二百八十二元八角，与本府八十七次会议核定拨支一百二十二元八角不符；又表列迁移修缮费三百一十元五角六分本府无案，拟俟前案提会核定后并案批饬查明具报。现存二十八年度节余经费饬即解库。

（决议）照会计处签拟通过。

密二、据财政厅报告，第七区行政督察专员公署架设茂名至水东及化县至遂溪两电话线费经在本年度建设事业支出项下拨支国币二万元，请提会追认等情，请公决案。

（决议）照案追认。

密三、据财政厅报告，第五区行政督察专员公署拆卸潮汕电车路铁轨运输费经在本年度预备金项下拨支国币一万元，请提会追认等情，请公决案。

（决议）照案追认。

密四、据财政厅签呈，合浦县政府架设合浦县至广西兴业县电话线工料费经在本年度建设事业支出项下拨支国币一千五百元，请提会追认等情，请公决案。

（决议）照案追认。

五、据省地政局呈，拟具连县地政实验区地政处二十九年度中心工作计划及经临费预算书，计共需国币一万一千六百五十元，请察核施行等情，请公决案。

（决议）由该县府增设地政科负责办理，并饬地政局另拟计划呈核。

六、据省地政局呈，据连县地政处呈，请发给第二、三区登记处造册组办理结束临时费共国币二千六百四十一元九角九分，查核尚属可行。此项临时费统拟在原领二十八年度连县土地整理经费节余项下开支，不另请拨经费等情，请公决案。

（会计处签拟）核尚需要，书列各数亦属核实，拟请照准，款在本年度省预备金项下拨支，提会核定。至该局节存二十八年度连县土地整理费应饬解库，以便追列本年度岁出入预算。

（决议）照会计处签拟通过。

密七、据建设厅签呈，编具二十九年度拆运土猪岭矿场机器等件临时支付预算书，计共三千六百二十三元，拟在本厅前任移交八宝山钨矿价款项下拨支，请察核备案等情，请公决案。

（决议）照案通过。

八、据建设厅签呈，据公路处呈缴搬迁费支付预算书，计共一千一百一十元三角四分，转请饬库拨付等情，请公决案。

（会计处签拟）既经建设厅核明尚属需要，本处复核无异，该款似可准由本年度预备金项下开支。至该处留存未解省库范前任移交征存汽车牌照费之款，应饬克日先行悉数解缴省库，并呈报本府以便追列本年度岁入岁出预算，仍请提会核定。

（决议）照会计处签拟通过。

密九、据保安处签呈，奉交核议一区专署拟请准予恢复修械所一案，既经该管专员查属需要，似应准予恢复。至月支经费毫券二百九十九元四角五分及开办费一次过付给四百元并拟援照成例在建设事业费项下开支等情，请公决案。

（会计处签拟）第一区修械所现既经保安处核明，应准予恢复。其每月经常费伸合国币二百零七元九角五分拟自本年四月份起拨给。至该所修械器材经已损失，其一次过开办费伸合国币二百七十七元七角七分并拟准予拨给，统在本年度省款建设事业支出项下开支，仍请提会核定。

（决议）照会计处签拟通过。

密十、准广东全省保安司令片，据兼九区保安司令呈，为办理军法案件所需囚粮费每月共国币三百七十五元，拟请由省预备费项下开支等由，请公决案。

（会计处签拟）查第九区各县多已沦陷，县府移驻乡村，对于监房设备容或未周，案犯移转寄押亦有不便，与其他行政区情形稍有不同，该区所有受理军法案犯囚粮，似可准由该区专员按月据实编具预算呈府核发，款在本年度省地方岁出预算行政支出科目内拨补行政人犯不敷口粮项下支付。

（决议）该区情形特殊，照会计处签拟通过。

十一、据保安处签呈，拟具统计股暂行编制组织系统表经费预算表，请察核等情，请公决案。

（决议）照案通过。款在省预备金项下拨付。

十二、准广东高等法院函送广东省各县监狱二十九年度三月至十二月增加囚粮预算书，共国币七万四千八百八十元，请在二十七、二十八两年度各监狱额余囚粮项下拨支，不足再在二十九年度额余囚粮拨补等由，请公决案。

（决议）照案通过，由四月份起支。其已经三月份起支者准予照支。

十三、据秘书处案呈，关于建设厅呈拟具广东省调整各县建设行政办法草案，经准财政厅、会计处会送审议意见，并由本处签拟意见，请核定施行等情，请公决案。

（秘书处签拟意见）原拟办法（甲）充实各县政府第四科技术人才各条中，关于建设科之组织员额在新县制组织规程及编制表既有规定（按建设厅设置各县建设科意见暨规定于编制表内）。关于设置农业指导所及合作指导员在县各级组织纲要尚无此项组织员额，似应暂缓办理。至关于技术人员之保障之及任用，除法律既有规定外，本府前亦订有县政人员保障办法可资适用，似无另行规定之必要。（乙）、（丙）两节增加各县建设事业费暨加强各县农林建设工作，除（丙）原草案第四条拟改为"各县均须设置农林繁殖场及苗圃、林场，其原有农林场所不得无故停办"。（二）① 原草案第五条各县区署应酌用农林技术人员一节，查各县区署编制经费均有限定，着其应酌用技术人员，对于薪俸如何开支，又未明定，徒令区署无所适从。事实上县府技术人员既规定派驻各区落乡②工作（见原草案第二、第三两条），区署似亦无设置技术人员之必要，不如将原条文删去，改为"区长及乡镇长，对于农林建设事业，务须切实协助推行，不得推诿"。原草案第九条拟改为"各县办理农林建设事业为县长、第四科长、技术人员及各区、乡、镇长重要考成之一，由建设厅按照广东地方行政人员办理农林事项惩奖暂行办法考核"。呈报省政府核定施行。

（财政厅、会计处签拟）查原草案第三项拟修改为"各县政府第四

---

① 原文无"（一）"。
② "落乡"即"下乡"。

科技士、技佐及推广员薪俸暂由省库拨支。省县款划分后由县库支给。其员额及俸给另定之"。又第五项由丁"如地方款确不敷支时"句起拟予删除。

（决议）照秘书处、财政厅、会计处签拟通过。

十四、据秘书处案呈，关于温达周等因陈文轩等筑陂事件不服罗定县政府处分，提起诉愿一案，经审查完竣，作成决定书，请提会核定等情，请公决案。

（决议）照原拟决定书通过。

密十五、据财政厅签呈，关于丰顺县长电请暂准征收草纸捐一案，该项纸捐既与当地人民负担、农村经济绝无影响，且经财委会及地方人士认为切当可行，拟暂准试办一年，请核示等情，请公决案。

（决议）照案通过。

密十六、据卸保安处邹处长呈，遵令补编车辆购置费支付预计算书类，计共国币六万二千二百零一元七角四分，请准照案于二十八年度保安经费节余项下支销等情，请公决案。

（决议）照案通过。

十七、据建设厅签呈，据农林局呈，拟派王世昌代理该局秘书，查核尚无不合，连同履历，请予给委等情，请公决案。

（决议）照案通过。

十八、据建设厅签呈，据卸省营工业管理处兼处长徐景唐呈缴任内二十七年一月至二十八年四月十日交卸止各项经临费、营业费单据，经分别审核，附具审查意见，请核示等情，请公决案。

（建设厅审查意见）（一）二十七年一月至六月管理、临时、经常各费核案相符，拟照转审计处审核。（二）二十七年七月至十二月份管理费经奉省政府准予照上年度经常【费】五成月额实国币一万零七百七十七元二角五分编列。现据报销仍列预算额为二万一千五百五十四元五角实属不合，惟念该项报销册系在核定前编造，且该处长现该〔经〕卸任，实支数亦未超过一万零七百七十七元二角五分之数，姑准免予改编，拟照送审计处审核。（三）二十七年七至十二月份营业费暨临时费均未奉补行核定，惟查支出实数尚未超过上年度预算，拟俟预算法案核定后一并送审。（四）二十八年一月至四月十日止各项预算均未奉核

106

准，但查经常、临时、营业各费支出为数不多，并未超过前年度预算额，拟俟预算法案补行核定后一并送审。（五）除财产增加表目录外，其余书表及单据均属完备。经电话查询，据称该处二十六年度预算系在二十七年九月间始奉核准，旋即退出广州，各项书表均系在退出后编成，是时家具什物均经散失，无从编列等语。查尚属实情，似可免予补编。

（会计处签拟）查原编预算数系照二十六年度预算数编列，与本府二十七年三月三十一日计字第七七三二号训令关于营业概算不能照上年度延长适用，须从新编制之规定不符，惟是二十七年度过去已久，该项预算已失事前审拟及核定效用，至所需款项事实经已开支，而所支之数亦尚未超越原呈预算，所有该处前缴二十七年半年度岁出营业费及临时费预算书拟姑准备案，请提会核定。

（决议）照建设厅、会计处审拟意见通过。

十九至二十、（略）

二十一、据秘书处签呈，关于曲江中山公园装设扩音机一部，计每月需管理及燃料被国币四百七十元，可否自本年一月份起，按月省库开销，请提会核定等情，请公决案。

（决议）照案通过。款在本年度建设事业支出项下开支。

二十二、主席提议，防城县县长林爱民另候任用，遗缺派陈树渠代理，请公决案。

（决议）照案通过。

二十三、据民政厅签呈，拟派张国馨为本厅荐任视察，检同履历，请察核等情，请公决案。

（决议）照案通过。

二十四、胡委员、许委员、何委员会复审查兼财政厅长提议拟定促进清收旧欠地税实施办法一案意见，请公决案。

（决议）照案通过。□实行新县制县份，由县政府办理。

二十五、（略）

广东省政府第九届委员会
第一百一十六次议事录

日　期　四月二日

地　点　韶关本府

出席者　李汉魂　胡铭藻　何　彤（公假）　顾翊群（公假）
　　　　　黄麟书　朱晖日　许崇清　刘佐人

列席者　吴逎宪（麦务之代）　杜之英　史延程　何剑甫
　　　　　黄干桥　桂竞秋　郑　丰

主　席　李汉魂

纪　录　（秘书）熊公福　冯　倬

报告事项

一、奉广东绥靖主任公署函，据捕获鸟石洞乡伪维持会委员陆××一名，经询明判决执行，希依例给奖等因。饬据会计处签称，秘密〔书处〕签拟酌奖国币四百元，原无不合，惟本案奖金似以不超过二百元以上为宜，拟酌减为国币二百元，援照成案仍在本年度预备金项下拨支等语。应准如拟办理。

二、据教育厅签呈，据广州农工职业学校呈，以该校迁移费确属无款可拨，该项迁移费二千六百二十元拟请仍由该校二十八年一月份经费余存项下拨还归垫等情。饬据会计处签称，查核尚属实在，拟请照准等语，应准如拟办理。

三、据教育厅报告，省立南雄中学附属小学本学期全部移交南雄县政府办理，即将县地方协助该校经费每月国币一百五十七元八角一分拨回南雄县政府征收，指定为该校附小经费。至该校因拨出地方协款每月不敷经费七十二元八角拟在本年度教育文化费项下统筹支配拨补，请察核备案等情。饬据会计处签称，核尚可行，拟请照准等语，应准如拟办理。

四、据建设厅签呈，核明高要县政府破坏飞机场工程费书表，支出经费合计国币二千三百九十八元，与备考栏所注工程数量各费尚属适当，似可准照列支等情。饬据会计处签称，该款除前已由二十八年度建设事业费拨过国币二千元外，尚需三百九十八元，似可准在二十八年度建设事业费项下开支等语，应准如拟办理。

五、准外交部电复，关于寸金桥事，现准法使馆文提议组织中法共同委员会，就地会勘界址。兹派两广刁特派员为代表。请贵府另派一人为代表，会同法方所派人员会勘等由。本府经派遂溪县长陆匡文为代表，由熊主任佐协助，并分别电复函行遵办。

六、据增城县呈报，该县昌平乡壮丁队谍查员陈观祐抗战殉职，连同请恤表请援例咨部给恤等情。经查照人民守土伤亡抚恤实施办法，饬厅在本省预算恤金科目项下给与其遗族一次恤金八十元，每年年抚金五十元，给与十年为止。分别函内政部及审计处备案暨饬知。

七、据英德县呈报，民工巫开秀一名因公受伤，拟请给与一次过恤金一百元等情。饬据秘书处查核与规定尚合，拟予照准。并据会计处签拟，在本年度省款保育及救济支出科目恤金项下开支等语，应准如拟办理。

八、据广东省县政人员训练所呈送建设系通讯班原缴迁驻田螺涌设施费支付预算书，计列国币二千四百七十九元，拟在本所临时费项下开支等情。饬据会计处签拟予照准等语，应准如拟办理。

九、奉广东绥靖主任公署函，据捕获饭池岭伪维持会会计员兼书记郭××一名，经讯明判决执行，希依例给奖等因。饬据会计处签称，秘书处签拟给奖国币二百元原无不合，惟该逆地位非高，拟酌减为国币一百元，援例仍在本年省预备金项下拨支等语，应准如拟办理。

十、据会计处签称，本省各界铸〔肃〕奸运动筹备会议决本府负担四百元经费案，似可准予照拨。应否仍在预备金项下拨支，请核示等情，经核定仍由本年度省预备金项下开支。

讨论事项

一、准广东高等法院函送本院第四分院迁移费临时支付预算书，共计支出国币六百九十元，拟在二十八年度额余囚粮项下开支，请查照办理等由，请公决案。

（决议）照案通过。

二、据民政厅签呈，拟定补助中央警官学校第四期粤籍毕业学生分发任用旅费表，计共需国币七百八十元一角六分，拟在省款预备金项下开支等情，请公决案。

（决议）照案通过。

三、据教育厅签呈，据省立梅州中学呈缴迁移校舍临时费预算书，计列国币一千三百三十二元五角，查核尚属核实，仍拟准予在二十八年度教育文化费追加临时费项下拨支等情，请公决案。

（决议）照案通过。

四、据教育厅签呈，据省立文理学院呈，为本院转汇附中经费，计损失汇费共一千一百九十五元八角七分，编造二十七暨二十八年度经常费汇款损失预算书，请准在二十七年度经费节余项下专款报销。查所称属实，似可照准等情，请公决案。

（决议）照案通过。

密五、据建设厅签呈，据农林局呈缴该局由韶迁连往返专款支付预算书，计共六千零八十元五角二分，请核示等情，请公决案。

（决议）照案通过。款在本年度省预备金项下开支。

六、据建设厅签呈，关于农林局筹设堆肥菌培养室计划大纲预算及肥料改良计划一案，饬据该局呈复，请便〔仍〕照原案办理，转请核示等情，请公决案。

（会计处签拟）查本案原缴各项计划及预算，计速成堆肥菌培养室开办费三千一百三十元，经常费全年一万二千八百一十九元，肥料改良指导费全年一万二千元，本年度开办、经常及指导费共列支二万七千九百四十九元，除经常费、委任官薪俸未依照本府新定标准编列外，其余均尚无不合。惟现在三月份亦将过去，其经常及指导费本年度若改由四月份起至十二月份止，则经常费应减为九千六百一十二元；指导费应减为九千元，连同开办费共应需二万一千七百四十二元。前项经临各费应否交财政厅另筹款项拨给，俾资举办，抑或饬该局在造林计划经费内统筹办理之处，拟请提会核定。

（决议）照会计处核定数目通过。款在省预备金项下开支，该厅应解二十八年度以前库款项下拨支。

七、据建设厅签呈，据农林局呈缴开辟连县酒壶岭牧场计划及预算，计开办费四万三千七百六十元，每月经常费一千九百一十六元六角四分，查核大致尚无不合，请核示等情，请公决案。

（会计处签拟）查原缴经常费概算，除职员薪俸未依照本府新规定薪俸标准编列，似应饬再行分配外，关于购置仪器费一节，似可如技术室意见予以剔除，计全年度应减列为二万二千零三十九元六角八分（原列二万二千九百九十九元六角八分）。至开办费概算，经技术室核明，牛舍建筑费似觉浪费，筑池费未免太多，但究应减为若干未据拟具数目，兹仍照原列四万三千七百六十元计算。合计本年度经常（照核减数）及开办费应需六万五千七百九十九元六角八分，而经常费若改由四月份起计，则经常及开办费仍应需六万零二百八十九元七角六分（经常费九个月计一万六千五百二十九元七角六分）。复查原缴收入概算，不过列三百八十元，若改由四月份起举办则其数更少。前项经常、开办各费数额甚巨，势须全数由省库拨支。应如何拨给俾资举办之处，拟请提会核定。

（决议）照会计处核定数目通过。款在省预备金项下开支，由该厅应解二十八年度以前库款项下抵解。

密八、据省振济会呈报该会前设立港澳办事处经过，请援例将该处实支经费一千二百零六元五角一分由省库款如数拨还归垫等情，请公决案。

（会计处签拟）查该项实支经费共一千一百三十二元一角四分（原呈数目错误），拟准照发。饬在本府拨支该会二十八年度救灾准备金科目余款项下开支，仍请提会核定。

（决议）照会计处签拟通过。

密九、据翁源秦县长电，为县属被敌蹂躏之余，地方款收入减少，请设法补救等情。并奉余副司令长官电，同前由。请公决案。

（财政厅签拟）（一）查沦陷县份保安经费业经准免提解。该县情形特殊，似可援例免解。（二）查本省各行政区情报组组织办法第八项规定："情报股经费应在各县、市、局在地方款预备费开支。如地方款确属不敷时，得专案呈报省府核办，其经费标准另定之。"现该县地方款既属不敷，似可由本年一月起由省库拨给，在省预备金开支。（三）各县无线电台经费已奉核定，由本年一月起，由省库支给有案，毋庸再议。（四）兵役科经费系由省库支给。至兵役科长薪，现已另案会同会计处签请，拟仍由省库拨。应另案核饬。（五）补助国民兵团经费案定由县提拨者，似应仍照原案办理。

（会计处签拟）查该厅所拟（一）、（三）、（四）、（五）项均核与通案尚无抵触，拟如该厅所拟办理。惟关于第（二）项由省库拨助该县情报股经费（每月国币二百六十元）一节，在二十九年度原经规定不再由省库补助。现该县情形特殊，并拟如厅拟由本年一月起由省库拨给，款在本年度省预备金项下开支，仍请提会核定。

（决议）照财政厅、会计处签拟通过。

密十、据本府驻渝办事处呈，为渝地生活程度过高，拟恳援照最高国防会议议决案赐予本处员役津贴，计共国币每月一百八十五元等情，请公决案。

（决议）照案通过。款在本年度省预备金项下开支。

十一、据本府印刷所呈缴二十九年度营业计划书，请核转等情，请公决案。

（会计处签拟）本案经送准秘书处技术室核复，原书列各种材料数量尚属需要，复查该所二十九年营业岁入三十一万三千三百八十元，岁出二十九万一千三百八十四元，全年度纯益二万一千九百九十六元，除分配各员役奖励金五千四百五十二元外，尚余未分配盈余一万六千五百四十四元，似可准予照列，拟请提会审定。

（决议）照会计处签拟通过。

密十二、据黄岗消防队长呈，编缴二十九年度经费支付预算书，计年列国币七千八百九十四元四角四分，月列六百五十七元八角七分，及临时服装费支付预算书，计列国币一千零四十四元等情，请公决案。

（会计处签拟）查据缴经常费预算书，列月支六百五十七元八角七分，比较原定月支三百四十二元之数计，每月增加三百一十五元八角七分，此项增加经费似应暂从缓议。至服装费一项，拟准予先行发给，惟原缴服装费预算，系照增加经费编制计算，似不适合，兹拟照原定编制队员二十名，夫役二名计算，发给每名一套（原请求每名发给二套）制服费，共一百九十四元；军毡费二百二十元；蚊帐费八十元，合计五百零二元，在本年度省预备金项下开支，仍请提会核定。

（决议）照会计处签订通过。

密十三、据建设厅签呈，据公路处呈缴修理五紫公路五水段路面、桥涵预算表件，计共预算国币二万六千四百一十三元八角。查核尚无不合，请转饬财厅从速拨款等情，请公决案。

（决议）照案通过。款在本年度建设事业支出项下开支。仍先请示余副长官再行办理。

十四、准陆军第×××军司令部电，为捕获南海县俊云溪乡伪维持会长吴××，副会长徐××，委员兼通译梁××、徐××，收捐员徐××、徐××，录事何×，伙夫张××及徐××等九名一案。经呈奉长官部核准，照判执行，请照章给奖等由，请公决案。

（秘书处签拟）拟依修正本省捕杀敌伪组织官员奖励办法第三条第四款规定，捕获该俊云溪乡伪维持会会长吴××，副会长徐××，委员梁××、徐××各给奖金国币四百元，共国币一千六百元，在本年度省预备费项下开支。提会通过后汇送×××军部转发抵领。至捕获该会收赌饷员、录事伙夫等，上开奖励办法既无明白规定，似无庸给奖。

（决议）照秘书处签拟通过。

密十五、准广东高等法院函复，以该院防空设备及迁移各费除经本府第九届委员会第九十七次会议核定外，尚有二十八年九月、十月份支出，及十一、十二两月份检察处由广宁迁韶费，暨二十八年十二月二十六日至月底本院由韶迁连之一部运输费。以上合计共支出六千二百八十一元三角，均已在二十七年四月底各院报解余款国币六千三百二十六元七角三分额内动支，拟请照准移支，免予返纳等由，请公决案。

（决议）照案通过。

密十六、据第五【区】行政督察专员呈缴二十九年一月份搬迁设备费支付预算书，计共国币四千七百四十八元二角，请准如数发还归垫等情，请公决案。

（决议）照案通过。款在本年度省预备金项下开支。

密十七、据第三区行政督察专员电，为西江水位开始高涨，堤基势难抵御。经派员勘划，约需款十二万元，请援照二十七年成案由省库赐拨，并派员会同监修发放等情，请公决案。

（决议）由救济费项下补助四万元。

临时动议

十八、主席提议，省营工业管理处副处长兼代处长冯加诺拟予升充处长，其该处原有之副处长二员并拟裁去一员，请公决案。

（决议）照案通过。

广东省政府第九届委员会
第一百一十七次议事录

日　期　　四月六日

地　点　　韶关本府

出席者　　李汉魂　胡铭藻　何　彤　顾翊群（公假）　黄麟书
　　　　　朱晖日　许崇清　刘佐人

列席者　　吴逎宪（麦务之代）　杜之英　郑　丰　桂竞秋

主　席　　李汉魂

纪　录　　（秘书）熊公福　　（科长）谢乐文

报告事项

一、据教育厅签呈，请准予在二十九年度追加各机关学校临时费内拨支省立庚戌中学购置图书、仪器费二千元，并令行财政厅，照案划拨过厅转发等情。饬据会计处签称，拟请照准等语，应准如拟办理。

二、准广东省动员委员会函送二十八年度迁移临时费支付预算书，计划一千零四十四元五角，拟由本会二十八年度节余经费项下拨支，不另请款等由。饬据会计处签称，似可照办等语，应准如拟办理。

三、准广东省防空协会电复，高明救护分会救护员刘国雄给恤案，似可【准】予依照防护团干部及团员因公伤亡抚恤暂行办法酌给恤金等由。饬据秘书处签，拟给予一次过恤金省券一百二十元，年抚金省券七十元，给予十年为限。并据会计处签，拟该项一次过恤金拟在二十九年度省地方普通岁出概算第八款第一项第三目恤金科目开支，其年抚金递年仍在省预算恤金科目开支等语，应准如拟办理。

四、据建设厅签呈，据公路处转据第三工务总段呈缴各项改善工程费增减表，请准异项流用，分别核拟，请核示等情。饬据会计处签称，建设厅原签拟议各点尚属妥协，似可准予照办等语，应准如拟办理。

密五、据建设厅签呈，本厅前以连贺公路建筑时损坏徭民蓬屋二十二间，经饬每间补回损失费国币三十元，合共六百六十元，在该路第一期工程费节余项下开支，请察核备案等情。经准予所拟办理，并饬将第一、第二两期工程费节余款扫数解还省库。

密六、据南雄县长电复，本县前奉拨破路费国币五千元均未动支，可否返纳归库，请察核等情，经饬返纳归库。

七、据第四区行政督察专员呈，据增城县呈，职县系属游击县，未能遵照奉发二十九年度本省文职公务员各级官俸减支数额等表实行缘由，转请察核示遵等情。饬据会计处签称，查所报不能奉行缘由自属实情，拟准予免议，暂不奉行。再本省凡属游击县份，拟一律比照办理，及通饬遵照等语，应准如拟办理。

讨论事项

密一、据财政厅报告，高明县政府破坏公路工食，经在本年度建设事业支出项下拨支国币二万元，请提会追认等情，请公决案。

（决议）照案追认。

密二、据建设厅签呈，编缴狗牙洞八字岭保管矿警队二十八年六月至十二月份支付预算书，计列支国币一千三百八十三元零六分；又二十九年度预算书，计列支国币三千六百二十五元七角二分，请核定由本厅钨砂价款项下开支，俾便归垫等情，请公决案。

（会计处签拟）查原呈预算书核尚需要，似可准照建设厅原拟，款在该厅钨砂价款项下开支，拟请提会核定。

（决议）照会计处签拟通过。

三、据建设厅呈缴蔗农贷款办事处二十六年经临费概算书，计列经常费一万一千零五元九角四分，临时费一千八百元；及二十七年度经常费概算书，计列三万三千零一十七元七角。至二十八年，只开支一月份一个月之经费，拟请准照通案延长使用，请察核备案等情，请公决案。

（会计处签拟）查本案前经本府于二十七年九月指复，现事隔一年又半方据再呈查核，殊属不合。惟既经建设厅核明书列数目尚属核实，所称各节亦属实情，本处复核现呈临时费概算书，已将原列旅膳费国币五千元之一项遵照如数删除，暨将经临两费分别依照会计年度划分编列，似可准予照列。至据称二十八年度经常费祗开支一月份之一个月，拟请延长适用一节，并拟照准，拟请提会核定。

（决议）照会计处签拟通过。

四、据广东省县政人员训练所呈复本所印刷广东省县政人员工作须知费用一万二千元，拟在本所二十八年度临时费节余项下开支等情，请公决案。

（会计处签拟）现据呈复，在二十八年度临时费节余项下开支，拟请照准。提会核定。款在本年度省预备金项下拨支。至该所结存二十八年度临时费，应饬先行解库具报，以便追列本年度岁出岁入预算。

（决议）照会计处签拟通过。

密五、据建设厅签呈，据博罗县呈缴破坏公路征用民工伙食费支付预算书，计列五万六千七百四十四元七角九分，查属适当，似可准照列支等情，请公决案。

（会计处签拟）本案既经建设厅核明该县破坏各路及桥梁所列各段破坏工程数量及征集民工数额，各数尚属适当，似可准照列支等语查原书列督导破路茶水，杂支费国币二千三百二十九元一角七分，核与规定不符，未便由省库拨支。该项工食费应核减为国币五万四千四百一十五元六角二分，除前已先后拨过国币一万四千元外，尚需四万零四百一十五元六角二分，拟准在二十九年度建设事业支出项下开支至督破期以内所支茶水杂费，为免因公赔累起见，似可准在县地方款预备费项下拨还。惟查该县督破路段里程不一，何以一律延至两月之久，拟饬叙明理由，再呈核定，仍请提会核议。

（决议）照会计处签拟通过。

六、据民政厅签呈，据卫生处呈缴二十九年度临时费预算书，计列五千元，请察核等情，请公决案。

（决议）照案通过。款在本年度卫生事业费项下开支。

密七、财政厅报告，高明县政府破坏要明鹤公路工食经本年度建设事业支出项下拨支国币六千元，请提会追认等情，请公决案。

（决议）照案追认。

八、据教育厅签呈，据省立广州农工职业学校呈缴二十八年度七、八两月份补课教员俸给预算书，计共三千一百四十九元，仍拟由二十八年度追加教育文化临时费项下拨发，请饬厅如数划拨等情。请公决案。

（决议）照案通过。

密九、准广东省军管区司令部电复，关于蕉岭、平远县各增编自卫队一独立小队，计月各应增支经费三百二十八元五角六分。五华、龙川县扩编为一中队，计月各应支经费九百四十九元四角八分。除各该县原有一独立小队外，计每队每月实应增支六百二十元零九角二分。关于自卫大、中、小队编制给与，本部经有办法规定，并无变更。至各该队开办费，似可照贵府核定仁化县增编成案给与等由，请公决案。

（会计处签拟）查蕉岭、平远两县各增编一小队，五华、龙川两县各增编两小队一案，业经本府于二十九年元月以微机一电复兴宁吴总司令，请就近转知，并电军管区查照在案。计蕉岭、平远两县各增编一独立小队，月各支经常费国币三百二十八元五角六分，又开办费连代金各共二十四元三角。五华、龙川两县各扩编为一中队，月各需经常费国币九百四十九元四角八分，除该两县原有一独立小队月支经费国币三百二十八元八角六分外，每月应各增拨国币六百二十元零九角二分，又开办费连代金各共国币四十八元三角以上。四县合共经常费月需增拨国币三千七百九十七元九角二分，又开办费一次过共国币三百元零四分。该款原应援案在本年度省地方岁出预算增列自卫团队经费每月国币十万元额内拨支，惟查截至第九届委员会第一一四次会议止，核定在前项增列自卫团队经费科目项下开之。各县增编自卫队及游击队经费者，月已达国币十万零九千零六十四元四角，已属浮支。现已在本年度省预备金项下自各该队编成日起支付，仍请提会核定。

（决议）款在本年度保安团队经费项下开支，余照会计处签拟通过。

密十、据秘书处签呈，本府在港订购运韶之扩音机五部，所配扬声器因接线过短无法远挂，经电港购十八号线六十捆。该款国币三千元，连汇费共三千零六十元经先汇拨等情，补提会请追认案。

（决议）照案追认。款在本年度省预备金项下开支。

十一、据秘书处签呈，关于刘兆英等因走私煤油不服本府财政厅处分，提起诉愿到府，经作成决定书送请许、刘两委员审查。现准会复审查意见，请提会决定等情，请公决案。

（决议）照原拟决定案通过。

十二、据省地政局呈，请加委谭可庵为该局技正等情，请公决案。

（决议）照案通过。

十三、据教育厅签呈，据省立高州中学呈缴迁校费支付预算书，计列二千四百元。查核各数尚【属】实在，所需迁校费拟准由本年度教育文化费各学校机关临时费项下拨支等情，请公决案。

（决议）照案通过。

十四、据建设厅签呈，据公路处呈，为养路工人工饷低微，生活艰困，在二十九年度养【路】队预算未奉核准以前，权宜裁工增饷，俾利工作。并派队接办南韶等路，其经费暂在征收汽车养路费项下开支，分别核拟，连同原缴预算书，请核示等情，请公决案。

（会计处签拟）（一）查原呈拟将各工务总段及连贺公【路】养路队等路工裁工增饷一节，既称与原有工饷预算总额比对尚无超越，核尚可行，似可准予照办。（二）查原呈接办南韶等路养路队预算书，计列南韶、雄信、雄庚公路队月支经常费三千七百六十三元；兴平梅松蕉白蕉武公路队月支经费三千三百九十八元，其办公费一目未将支配细数分节编列，原有未合，惟需款无多，姑免发还，俟本案核定后，于编造年度岁出预算书分配表时，应分节编列。其余尚无不合，似可准由派队接办该路之日起，款在本年度预备金项下开支，并饬将接收日期具报，拟请提会核定。

（决议）照会计处签拟通过。

十五、据建设厅签呈，据公路处呈缴第三工务总段特别购置费预算书，列支国币二千六百三十元，及二十八年五、六、七月份经费收支对照表，查核尚属需要，似可准予在该总段二十八年五、六、七月份经常费节余项下拨支等情，请公决案。

（会计处签拟）查原呈预算书经建设厅核明，尚属需要，本处复核无异。该款似可准由本年度预备金项下开支。至该总段所有上年度（二十八年五月至十二月）经费节存之款，应先扫数解还省库，并将解库日期数目呈报本府，以凭追列岁出岁入预算，仍请提会核定。

（决议）照会计处签拟通过。

118

密十六、据建设厅先后呈缴南路省道行车管理处追加临时费各项预算书，计购置汽车价款国币二千一百三十六元一角一分，展筑浥流河便桥工料费国币六百六十二元九角二分，修理合山河等旧渡车船四艘工料费国币三百七十九元三角五分，修理梅菉河第二号渡车船工料费国币一百八十元二角四分，共计国币三千三百五十八元六角二分，均在该处车利收入项下拨付等情，请公决案。

（会计处签拟）查建设厅先后呈缴南路省道行车管理处追加临时费各项预算书。本呈，经本府核准允在车利收入项下先予开支。至事隔几及两年，始请补备法案，实属不合，惟各款均经由建设厅饬据公路处将原呈抄白呈复，并分别核明，所称各节尚属实情，应否姑予照准之处，拟请提会核定。至该南路行车处于结束时，其车利收支结存数目及公款财物移交经过情形，拟并饬查复。

（决议）姑予照准。余照会计处签拟办理。

密十七、据秘书处案呈，谨拟订广东省粮食调节委员会组织章程及经费预算表，请核示等情，请公决案。

（决议）修正通过。经费在省预备金项下开支。

密十八、据广东省新生活运动促进会妇女工作委员会呈，依实施新县制各县等级拟具各县新运妇委会经常费预算书，月列一万五千元，年列一十八万元，请按月如数照拨等情，请公决案。

（决议）先由曲江县实施。自四月份起，月发经费二千元，在省预备金项下开支。余俟各县新县制实行时再核。

十九、据民政厅案呈，据卫生处呈，为派员驻港验收装运药品，该项工资及旅费列支七百二十元，拟在本处本年度事业费项下开支。至装配运输等费，拟在购药费项下开支。惟此费无法预算，请准予实报实销，似属可行等情，请公决案。

（会计处签拟）查卫生处所拟派员驻港，验收装运本府前次拨款五十万元托香港中央信托局代购之药品一节，尚属需要。据呈旅费及临时在港雇用工役之工资等预算，以两个月为期。所列驻港旅费部分，尚无超过中央颁发之越南、缅甸、香港等地出差旅费暂行规则之规定。其他往来韶港旅费及工役工资等列数，尚无不合。惟原列总数，核多列一百元，应予改为一次过列支国币六百二十元。至药品运输费用部分，似可

119

准予将来实报实销。该款并准在卫生处本年度卫生事业费项下开支，仍请提会核定。

（决议）照会计处签拟通过。

广东省政府第九届委员会
第一百一十八次议事录

日　期　四月九日
地　点　韶关本府
出席者　李汉魂　胡铭藻　何　彤　顾翊群（公假）　黄麟书
　　　　朱晖日　许崇清　刘佐人
列席者　郑　丰　吴迺宪（林朱梁代）　杜之英　史延程　桂竞秋
主　席　李汉魂
纪　录　（秘书）熊公福　　（科长）谢乐文

报告事项

一、奉行政院令，此后遇有新设机关或新增事业，除有特殊情形必须紧急处理者外，务于筹备之始先行依法成立预算，庶免经费支付动逾常轨等因。拟通令直属各机关暨各县市政府遵照并呈复。

二、据财政厅签呈，拟具二十九年度各县市局编办地方追加概算补充办法，请核示等情。饬据会计处签称，查所拟补充办法尚属可行，拟报会后通令各县遵照，应准如拟办理。

三、据教育厅签呈，据省立南雄中学呈缴二十八年度追加临时费预算书，计共支出搬校费国币四百二十四元五角，该款在该校二十八年度节存款项下开支，拟予照准等情。饬据会计处签称，核尚可行，拟请照准。款在本年度省预备金项下拨支。至该校二十八年度节余经费，应饬解库抵领，以便追列岁出入预算等语，应准如拟办理。

密四、据乐昌县政府呈报，遵将本县破坏公路费余款国币三千九百一十元零一角扫数返纳省银行乐昌办事处等情。饬据会计处签，拟准予备案，应准如拟办理。

120

密五、据信宜县政府呈缴情报股经费预算书并报酌减员额，请核转等情。饬据会计处签称，查核与本府核定数额不符，未便准予独异。为划一办理起见，仍着减设情报员六人、雇员一人，活动费减为六十元，月支经费共减定为国币二百元。款仍在该县地方款预备费项下拨支，并应依照前项减定数额，分别年度另编预算书表呈核，经准如拟办理。

讨论事项

一、奉行政院令知修正广东省禁赌治罪暂行条例草案应制止施行，仰遵照等因。饬据秘书处签拟遵行办法，请公决案。

（秘书处签拟）（一）民国二十五年九月一日公布施行之本省禁赌暂行条例停止施行。（二）代电各区行政督察专员及各县县长（并抄知南路行署），自奉文之日起，所有各县未决及已决未执行完毕之赌案人犯及卷证概列册移送法院，分别审判及另为审判，并将遵办情形连同移送赌案清册报由该区行政督察专员转报备查。（三）依该条例宣告之主刑、从刑经执行完毕，事实上已不能回复者，拟以"邀免置议"为词，连同上两项遵办情形呈请行政院转请国民政府准予备案，以期彻底避免纠纷。（四）布告申明禁赌之旨终始不渝，惟适用法律及审判机关之变更而已。（五）并饬各区专员转饬所属，对于禁赌不得弛懈。对于赌犯仍应严密协缉，解送当地法院办理。

（决议）照秘书处签拟办理。

二、准广东省临时参议会函，造具广东省临时参议会迁移费支付预算书类，计列国币五千五百六十七元八角八分，请饬厅拨支归垫等由，请公决案。

（决议）照案通过。款在本年度省预备金项下开支。

密三、据暂编第二军司令部呈，查六十四军留交"超然"小型电船一艘，经本军部派员接收，月需薪给材料等费共国币一千二百六十五元。本军部经费有限，无法负担，编具预算书，请提会追加，从三月份起，另案拨付等情，请公决案。

（会计处签拟）查本案经向本府秘书处第二科查明，暂二军呈称之六十四军留交"超然"小型电船似即系本府以前所借六十四军之"超然"号电船。该船司机一人，月支毫券四十元；助手一人，月支毫券二十元，该款原由本府发给。现查暂二军原呈预算，司机改列支国币四十元，助手列支国币二十元，核比本府原定发给毫券数额每月共增加国币一十八元三角四分，应否照准增给，抑仍饬按原定毫券数列支之处，拟请示后通知秘书处第二科办理。又材料费每月列支国币一千二百零五元，该款似可准在该军战临费额内开支，仍请提会核定。

（决议）薪资照改国币数支给，余照会计处签拟办理。

密四、据教育厅签呈，编缴本厅迁连返韶临时费支付预算书，列支八千三百四十五元三角五分，请核示等情，请公决案。

（决议）照案通过，款在本年度省预备金项下开支。

密五、据建设厅签呈，编缴本厅迁韶往返费用临时支付预算书，列支二万二千二百二十四元七角二分，请饬库如数拨发归垫等情，请公决案。

（决议）照案通过，款在本年度省预备金项下开支。

六、据建设厅签呈，据工业试验所呈缴临时建筑费支付预算书件，计列国币八百七十八元五角，查核尚无不合，请饬库拨款办理等情，请公决案。

（决议）照案通过，款在本年度省预备金项下开支。

七、据建设厅签呈，据农林局呈缴第三模范林场修茸办事处后座升楼图则工程单预算表，经减正为七百九十九元六角，请核示等情，请公决案。

（决议）照案通过。款在本年度省预备金项下开支。

八、据建设厅签呈，据公路处呈，以该处总务课长张步先因病辞职，经呈奉照准。拟派黄雪峰代理总务课长，派马典午代理技正，请分别任免等情，请公决案。

（决议）照案通过。

密九、据财政厅报告，罗定县政府征集杉木费经在本年度建设事业支出项下拨支国币五千元，请提会追认等情，请公决案。

（决议）照案追认。

十、据会计处案呈，准财政厅片，据连县税务局呈缴编办二十九年度地税通知书概算，计列二千四百九十五元；及宣传特别费概算，计列六百元，请提会核定等情，请公决案。

（决议）照案通过，款在该县地税溢额项下开支。

密十一、据南路行署罗主任电，为本署邻近战区，公路破坏，运输全靠夫力。为紧急时移运公物，拟雇备长夫五十名，月各支国币十五元；预备夫五十名，月各支国币五元，共计月支一千元，请按月就预备费项下拨支等情，请公决案。

（决议）如须搬迁准予临时雇用，实报实销。

十二、据省振济会呈，为第二难民救济区经费预算书所列七月十六日至十二月份预算数为八百二十七元四角一分，请准如数拨支等情，请公决案。

（会计处签拟）查难民救济区每区月支经费一百五十元，前经本府九届四二次会议议决通过在案。现查第二难民救济区预算所列数目，核案相符，而七月份半个月以十六天计算，亦尚无不合，兹拟将该区二十八年七月十六日起至十二月底止经常费共八百二十七元四角一分，饬由广东省振济会在本府拨交该会二十八年度省救灾准备金科目余款项下拨支。本年度自一月份起，每月经常费一百五十元，在本年度省预备金项下拨支，仍请提会核定。

（决议）照会计处签拟通过。

密十三、准兼保安司令片，据卸保安处邹处长呈，奉交省行呈请拨还垫付西南公司新加坡分处代运军火费用一万一千零六十八元八角九分一案，实无法清偿，请准予仍照前案由省库拨还，转请查照等由，请公决案。

（会计处签拟）查广东省银行新加坡分行前代保安处垫付西南运输公司新加坡分处代运械弹运输费共坡币一千九百零八元四角三分，按五八伸合国币一万一千零六十八元八角九分。是项运费既据保安处邹前处长签称该处长任内实无法清偿等语，该款似可准由本年度省预备金项下拨还，拟请提会核定。

（决议）照会计处签拟通过。

密十四、据卸第一区古专员电，为本署奉令装置收音机，购置费计用去国币九百一十二元七角四分，奉通知先准在节余经费项下开支。惟本署无节余经费，请发还归垫等情，请公决案。

（会计处签拟）查八区专署购置收音机费国币一千四百六十二元二角八分，前据电请拨还，经提付本府第九届委员会第一○四次会议决议通过，款在二十八年度建设事业费项下开支有案。现一区专署购置收音机费九百一十二元七角四分似可援案在二十八年度建设事业费项下拨还归垫。仍请提会核定。再查此项购置收音机案，以前系由本府根据中央命令转行各机关遵照办理，但当时对于经费来源似未顾及。为免各机关效法一、八两区成案起见，拟请由秘书处查检以前通令原案，跟案通饬各机关，嗣后购置收音机，倘其费用非该机关经费预算内购置费之数所能支付者，须先行呈府核准，方得购置。

（决议）照会计处签拟通过。

密十五、据广东省战时贸易管理处呈，拟具修正本处原管理大纲及本处组织章程各条文草案，附同修正理由，请察核等情，请公决案。

（秘书处签拟）奉交核签修正广东省战时贸易管理大纲及广东省战时贸易管理处组织章程各一案，查原拟原修正条文大致尚合，惟尚有应行商榷之处，谨具列如左。①

（决议）资金仍暂定一百万元，余照秘书处签拟通过。

密十六、据建设厅签呈，据公路处呈缴改善兴梅公路各项工程预算表图，共计五万七千三百九十八元七角，请核示等情，请公决案。

（决议）缓办。

密十七、据财政厅签呈，据税警总团呈缴该团编制给与表，请核示等情，请公决案。

（会计处签拟）查财政厅现呈税警总团编制给与表，所列之医药费、办公费、特别办公费、草鞋费、洗刷费等，经核间有未符规定或列数错误，各部分已在原编制给与表内分别另纸签注。其余官佐士兵薪饷列数尚无不合。综计总团部应改为月支七千一百三十元零三角，第一总队、第二总队各应改为月支二万四千二百九十六元五角，通讯队应改为月支七百零五元一角，合共应改为每月列支五万六千四百二十八元四角。拟请准照上述审核后每月改支数额提会核定，款在二十九年度省地方普通总概算岁出经常门常时部分第十二款第一项第四目缉私处经费每月十万元内开支。

（决议）照会计处签拟通过。

---

① 秘书处签拟其余内容略。

十八、主席提议，五华县县长刘奋翘另有任用，遗缺调蕉岭县县长张际清接充，递遗缺派县政人员训练所研究员钟汝常代理，请公决案。

（决议）照案通过。

密十九、据保安处签呈，重编保安经费二十九年度月份支付预算书，共月列国币四十二万三千六百七十六元三角七分，请提会核定等情，请公决案。

（会计处签拟）查保安处拟依照中央所颁战时陆军各部队暂行给与规则之规定，将该处及所属机关部分本年度经费预算重新调整改善，以一待遇一案。经签奉提会，撤回交本处，比对原概算何项目节增加，再签提核议等因。经分别核对比较增减表请提会核定。

（决议）准连办公费每月增加一万七千三百一十一元五角一分，款在该处节余项下开支，余照会计处签拟办理。

二十、主席提议，阳江县县长姚毓琛辞职，应予照准，遗缺拟派吴仁光代理，请公决案。

（决议）照案通过。

广东省政府第九届委员会
第一百一十九次议事录

日　　期　四月十二日

地　　点　韶关本府

出席者　李汉魂　胡铭藻　何　彤（公假）　顾翊群　黄麟书
　　　　　　朱晖日　许崇清　刘佐人

列席者　史延程　杜之英　吴迺宪（林朱梁代）　高　信
　　　　　　桂竞秋

主　　席　李汉魂

纪　　录　（秘书）熊公福　（科长）谢乐文

报告事项

密一、据财政厅报告，拟将新会、中山两沙田税征收仍用包商制度。至其他各属，则照案直接征收。除分令新会、中山税务局遵照召商竞投承办，并饬各该管县政府监投外，请察核备案等情，应准如所拟备案。

二、据教育厅报告，在二十九年度教育文化费追加概算未奉核定以前，本厅所属各机关学校实难依据现定概算数额编造预算书表如限呈转核办等情。饬据会计处签称，查属实情。为就事实起见，似可准予变通办理等语，应准如拟办理。

三、据本府警卫营呈，为职营第二连下士班长余德寿一名病故，垫支葬费十五元，请准发还等情。饬据会计处签拟，饬在该营本年三月份经费节余项下动支等语，应准如拟办理。

讨论事项

密一、据建设厅签呈，核议德庆县呈缴购办构筑工事材料费支付预计算书类，所列各项材料费合计国币一千九百六十七元六角九分，尚属适当，似可准照列支等情，请公决案。

（决议）照案通过。款在本年度建设事业支出项下开支。

二、据财政厅签呈，缴本厅视察陈孟坚一切证件，请察核加委等情，请公决案。

（决议）照案通过。

密三、查第七区专署请架设化县至玉林联络话线一案，计列预算一万六千三百一十五元二角，经本届九十二次会议先拨一万元饬办在案。兹据该专员电复，化县通桂电话线经就地特制加长大通心磁碗，安设完竣等情，请公决案。

（会计处签拟）查七区专署续将该项预算书呈缴到府，既经发交建设厅核复，除所用通心磁碗不甚适宜外，其余所列工资及各项器材尚属适当等语。当经电饬改用二号或三号磁碗，并将价格电复核办。现据该专员电复到府，查所称各节既属安设完竣合用，且桂段亦用通心磁碗，似可免予改用。复核原缴预算书，列支工料费国币一万六千三百一十五元二角亦属相符，除前在上年度建设事业费项下拨过国币一万元外，尚需国币六千三百一十五元二角，拟在本年度建设事业支出项下拨支，仍请提会核定。

（决议）照会计处签拟通过。

密四、奉战地党政委员会电，本会订定各省战时被割裂县区补救推动行政办法四项，仰遵照办理等因。饬据民政厅拟具办法及预算表前来，经交秘书处会同财政厅会计处审查分别修正呈核等情，请公决案。

（决议）照案通过。

五、据财政厅签呈，审拟连县二十九年度县地方岁入岁出概算书一案缘由，请核示等情。请公决案。

（会计处签拟）（一）岁出经常门第四项第三目"防空支会经费"，原书年列一千六百五十六元。惟查该会经费，经呈奉核定月支一百五十八元五角，年额应为一千九百零二元，拟照案列足。又该会播音哨经费每月一百六十九元，前经饬据财政厅签呈，改列"警报台捐款收入"及"警报台经费"，两科目各二千零二十八元等情。经准照办，并分别指饬在案。现查原书尚未将此项收支列入，拟照案分别于岁入临时门第二项"补助款收入"项下增列"警报台捐款收入"一目，并于岁出经常门第四项"保卫费"项下增列"警报台经费"一目，以符原案。

（二）岁出经常门第四项第四目"动员委员会等联合办公费"一目，拟照规定名称修正为"动员委员会等联合办事处经费"。又此项联合办事处经费，照新定标准该县系属三等县，应月支二百九十元，内由省库补助一百四十元，由县款拨支一百五十元。现书列该办事处经费数额一千八百元，仅系县地方款拨支部分，且以金年度数额列支与事实亦有未符。省库补助部分又未编列收支，拟将该办事处本年经费数额一千五百九十元（该项经费标准由本年三月份起实行，一、二月份仍照各该会原有经费预算列入。计新运会月支四十元，动员委员会月支二十元，抗敌后援会月支三十四元七角，各会两个月共支一百九十元。由三月份起，改用新标准。省库补助经费每月一百四十元，计十个月共一千四百元，全年经费总额一千五百九十元），又该办事处事业费一千五百元（由三月份起改用新标准，每月由地方款拨一百五十元。本年度十个月共一千五百元），分别照数立目列支，同时于岁入经常门第五项"补助款收入"增列"省库补助动员委员会等联合办事处经费"一目，计一千四百元（因此项补助费规定由三月份起拨发，本年度计发十个月）。又查此种联合办事处之组织，新运会亦包括在内。既列联合办事处经费，则同门第十项第三目"新运会经费"自毋庸再列，拟将该目删除。

127

（三）岁出经常门第五项第三目公产完纳地税费，原不属于财务行政之支出，拟改列在同门第十项"什项支出"立目开支。其余尚无不合，似可提会核定公布施行。

（决议）照会计处签拟通过。

密六、据财政厅报告，电白县政府拆除城垣补助费经在本年度建设事业支出项下拨支国币一万元，请提会追认等情，请公决案。

（决议）照案追认。

密七、据财政厅、省地政局会呈，关于修正广东查变官有不动产章程一案复议意见，请察核办理等情，请公决案。

（决议）交财政厅、地政局依照中央最近颁布有关法令另拟呈核。

八、据建设厅签呈，据公路处呈，拟广东省公路征收汽车养路费补充规则经酌予修正，请核示等情。饬据秘书处将原规则修正，请核前来，请公决案。

（决议）照修正案通过。

九、据建设厅签呈，本厅拟开办田螺涌小学校一案，遵经将招生简章修正。至经费预算，则改由本年三月份起支。计三月至十二月经常费二千零六十六元，临时费预算数字亦经修正，仍支一千五百元，请核示等情，请公决案。

（会计处签拟）现据将更正简章及预算呈送前来。查核简章经据更正似可照办，至本年度十个月（三月至十二月）经常费二千零六十六元及开办费一千五百元似可照支，款在本年度省预备金项下拨支。提会核定。至该厅结存前任移交成都军分校毕业学校津贴余款一千八百九十五元八角三分，及原拟在经营矿产收入拨支之数，拟饬抵解入库，以便追列岁出入预算。

（决议）照会计处签拟通过。

十、据驻渝办事处呈，为本处汽车因行驶日久损坏，交商估价修理工料费，共需国币一千六百三十九元。本处经费甚少节余，此费拟请准予另行专案报销等情，请公决案。

（决议）照案通过，款在本年度省预备金项下开支。

十一、据省地政局呈送本局技正李穆堂履历，请察核加委等情，请公决案。

（决议）照案通过。

十二、据教育厅签呈，拟请准予在二十八年度追加各机关学校临时费内拨支省立庚戌中学购置图书仪器费二千元等情，请公决案。

（会计处签拟）查省立庚戌中学二十八年下半年图书仪器临时预算书，列支二千元，既经教育厅核定，拟准照支。所请在二十八年度追加各机关学校临时费项下拨支，尚无不合，拟请照准提会核定。

（决议）照会计处签拟通过。

密十三、奉行政院核准，由购贮战区粮食监理委员会借国币二百万元为购米资金。饬据秘书处会同民政、财政两厅拟议分配东江拨借一百万元，西江、四邑拨借三十万元，南路拨借五十万元，余二十万元留备省调节会随时统筹因应之用等情。经准。分别电饬办理，补提会请公决案。

（决议）照案通过。

十四、据东江米粮运销委员会呈缴二十九年一月份经费支付预算书，计每月增加经费国币六百三十二元，合前定预算共应支付经费每月计国币一千九百一十元，请分别存转等情，请公决案。

（决议）照案通过。款在本年度省预备金项下开支。

十五、主席提议，准中央海外部吴部长铁城函开，驻港华侨发起英国战时慰劳会，请量予捐助等由。查救灾恤邻事关敦睦，拟由本府捐助国币二千元。除已电驻渝办事处送海外部转致外，提会补请追认案。

（决议）照案通过。款在本年度救济费项下开支。

十六、委员兼建设厅长提议，为充实农林事业，拟请由本年度建设事业支出项下拨划农林建设基金一十二万元，即由厅应解省库款项下拨支抵解，请公决案。

（决议）照案通过。

广东省政府第九届委员会
第一百二十次议事录

日　　期　四月十六日

地　　点　韶关本府

出席者　李汉魂　胡铭藻　何　彤　顾翊群　黄麟书　刘佐人

列席者　史延程　吴迺宪　杜之英　桂竞秋　李仲仁　黄希声

主　　席　李汉魂

纪　　录　（秘书）熊公福　（科长）谢乐文

报告事项

一、准第×集团军总司令部电，据缉获龙东区伪善后委员会副委员长薛××一名，在押毙命，请酌予给奖等由。饬据秘书处签拟，酌给奖金一百元。并据会计处签称，似可援照成案，款在本年度省预备金项下开支等语，应准如拟办理。

二、据财政厅签呈，核议揭阳县呈请抚恤故清道夫吴顺一案。所请按该夫役最后在差时工食毫券一十元，折合国币六元九角四分，于县地方款预备费项下给与十四个月一次抚恤费，似可准予照办，但须依照动用县地方款预备费办法之规定办理等情。饬据秘书处签，拟代电复揭阳县，故警何振发准予照非常时期奖恤警察暂行办法第三条规定，给予恤金一百五十元，在本年度省地方款恤金项下拨发。故夫何〔吴〕顺恤费准如厅拟办理，分别电咨备案等语，应准如拟办理。

三、据教育厅签呈，请令财政厅将本厅垫发省教育会搬运费四百五十元在二十八年度各学校机关临时费项下如数划拨归垫等情。饬据会计处签称，核尚需要，拟请照准，报会备案等语，应准如拟办理。

四、据建设厅签呈，缴农林局二十八年度十月份周允元出差旅费专案支付预算书，计一百三十元零七角八分，请核示等情。饬据会计处签称，该项预算书既据呈明，无从根据分别目节。拟姑准予分别存转，并准照数在该局二十八年度经费节余项下开支等语，应准如拟办理。

五、据财政厅报告，补具二十九年度追加岁入概算书暨沙田整理费岁出概算书，请察核存转，分别追列省总概算等情。饬据会计处签称，查岁入数经据分别注明，岁出数核案亦符，拟分别存转。并拟：（一）追列沙田税收入一十四万四千一百四十八元。（二）追列整理沙田经费一十二万元。（三）预备金二万四千一百四十八元等语。应准如拟办理。

密六、据建设厅签呈，据广宁县呈缴模范实验制纸厂筹备预算表，请增拨筹备费国币一百八十七元，拟请准予在本厅前任移交钨砂价款项下拨交归垫等情。饬据会计处签称，核尚可行，拟请照准等语，应准如拟办理。

密七、奉第四战区司令长官张电复，游击区之增编自卫队，可照本部真仁代电所颁自卫队编制预算办理等因。饬据会计处签称，查第二、第五两游击区增编自卫队之编制给与，依照电饬，该两区各增编自卫队两大队。其经常费应更正为每区每月共支国币六千七百五十元四角，又开办费及代金各一次过国币五百二十六元四角。该款拟仍在本年度省地方岁出概算保安支出科目内增列自卫团队经费项下拨付等情，应准如拟办理。

八、准第×集团军总司令部函，据解送潮安县伪治安维持会职员陈××、林××、李××、李××等四名，经讯明判决执行，请照例给奖等由。饬据秘书处签称，除陈、林二名经给奖外，其李××、李××二名拟各给奖金一百元，共二百元。并据会计处签，拟援照成案，款在本年度省预备金项下拨支等语，应准妇拟办理。

密九、据阳春县呈，为折城民工龙德威被城砖压毙，除垫给葬费二十元外，请由省库拨给抚恤费二百元，连同葬费一并拨还归垫等情。饬据会计处签称，该恤金二百元既奉核准照给，似可在本年度省款保育及救济支出科目恤金项下开支等语，应准如拟办理。

密十、据兴宁县呈，为地方款不敷，请裁减本县情报股情报员名额等情。饬据会计处签拟，所请裁减情报股员额姑准照博罗等二等县前例办理。该县只设情报员六人，雇员一人，活动费减为六十元，月支经费减定共为国币二百元，款在该县地方款预备费项下开支等语，经准如拟办理。

十一、据本府警卫营呈缴本营二连上等列兵刘国华、莫文标二名因公殒命书表等件，计共垫支葬费国币一百零七元九角，请发还归垫等情。饬据会计处签称，该费似可准在省预备金项下支付，请报会等语，应准如拟办理。

讨论事项

密一、准广东省军管区司令部函复，关于核发各县兵役宣传费一案，拟议意见请查照办理等由，请公决案。

（会计处签拟）查所拟：（一）游击区各县份之兵役宣传费实为争取战地民众，比之作战尤觉重要，拟仍予一例支给。（二）属于一、二等县份，因沦为游击区而已无地方款收入者，兵役宣传费拟仍由省款拨助。（三）安化管理局虽无配征月额，惟仍照南山、梅菉两局例，由团管区酌情配征，以补每月拨补不足月额之县缺数之规定，似亦不能例外而暂行停发宣传费。（四）兵役科本为县行政之一部，游击区县份既无兵役科设置，职员薪俸、旅费暂不发给，似无问题。惟在县之组织变更，以致兵役科裁并时，则其原有人员仍请设法安置各节，尚无不合，应照办理。惟第二项关于一、二等县之游击县份兵役宣传费仍由省款拨助，为减轻省库负担计，拟改由省库补助给游击县份增加职员经费额内统筹拨支。属于三等县之游击县份一并比照办理。至安化管理局原经核定，暂不发给。现军管区既拟不能例外，则该局兵役宣传费并拟由省预备金项下拨发，仍请提会核定。

（决议）凡停止配赋县份，其宣传费亦应同时停支。安化局之宣传费暂行免发。余照会计处签拟通过。

二、据财政厅签呈，本厅奉饬派赴中央训练团第八期党政训练班受训学员八员往返川旅费，拟请援案在本年度省地方预备费项下每员发给国币六百元，合共国币四千八百元。编具预算书，请核准发给等情。请公决案。

（决议）照案通过。

密三、据民政厅、建设厅会复，审查广东省防止盗窃交通器材暂行办法意见，请公决案。

（决议）保留。

四、据省地政局及广东省战时贸易管理处呈缴职员公役出差旅费办法，请核示等情，请公决案。

（会计处签拟）（一）查本府所属各机关员役出差旅费，多依照中央规定数额，有以毫券计算，再折成支给；有以国币计算，折成支付，殊不一致，审核每感困难。且同属本府公务人员，似应同一待遇，以昭公允。惟若悉照中央法令规定办理，恐各机关原定旅杂费不敷开支。况本省文职公务员薪俸以〔已〕照俸给表一致规定，以国币折成支给，是出差旅费亦宜先有一种一致折支办法较为合理。拟仿照以前核定连、连、阳、乳调查团出差旅费（照中央规定以国币七成支给）办法，从新规定本府所属各机关员役出差旅费。照中央规定数额，以国币七成支给。其余悉照中央规定办理，以求一律，而资节省。（二）调差旅费本府前已有规定，并通令遵照在案，似不宜因（一）项之规定而变更，应仍照旧有效，故可毋庸再为规定。（三）本省战时贸易管理处所拟出差韶关附近旅费暂行办法，查核尚属可行，似可照准。至如本府所属各机关员役出差韶关附近旅费，因系短程，所支付费用不多，亦可毋庸另为规定，拟可准各机关照向例办理。右三项签拟如奉核定，拟通令本府所属各机关遵照，暨【函】审计处查核，仍请提会核定。

（决议）照会计处签拟通过。

密五、准军政部电复，暂二军经费改由部发一节，尚在会商财部核发中。各该营连上年半个月经费，应仍照原案规定，贵省府自行统筹发给等由，请公决案。

（决议）着由该军自行统筹支配。

密六、据等五区行政督察专员呈缴职署对敌通讯破坏工作队二十九年度经常费支付预算书类，月列三百一十五元，请准由省库项下按月拨支等情，请公决案。

（决议）照案通过。由一月份起，款在本年度省预备金项下开支。

七、据本府警卫营呈，拟搭厕所四座，共需国币八百二十九元，请核示等情。请公决案。

（会计处签拟）本府警卫营呈，拟搭盖厕所四座。据呈估价单经送准本府秘书处技术室核复，以原拟搭厕所三座，阔四十尺、深七尺，另一座阔二十尺、深七尺，共计棚厂九�八分，照时价，每�六十五元，该工料费六百三十七元。另木桶三十五个，照时价每个四元五角，该银一百五十七元五角。合计七百九十四元五角等语。该款拟饬在该营本年度节余经费项下动支。仍提会核定。

（决议）照会计处签拟通过。

密八、据建设厅签呈，据卸狗牙洞八字岭煤矿办事处委员朱景辉请将被劫公款国币一千七百零五元二角，另省券三元四角，又矿警队伙食款国币六百五十二元七角，发给归垫等情。该款拟在本厅李前任移交之钨砂价款内照数发给，请示前来，请公决案。

（决议）照案通过。

九、据建设厅签呈，准经济部合作事业管理局函，请本厅抽送全国合作人员训练所第三期受训人员等由。拟选派三员前往受训，所需旅费一千八百元，请照案由省库发给等情，请公决案。

（决议）照案通过。款在本年度省预备金项下开支。

十、据财政厅签呈，拟具各税务局征收营业税考成办法及比较表，请核示等情，请公决案。

（决议）交胡、何两委员审查，由胡委员召集。

十一、据建设厅签呈，据全省长途电话管理委员会呈缴所属各分所暨派出所临时印刷费预算书，计共国币二千八百零五元六角，在该会话费收入项下开支，似可准予照办。请察核备案等情。请公决案。

（会计处签拟）本案经建设厅核明核实。复查书列数目尚属相符。原呈拟请在该会话费收入项下开支一节，查该会通话费收入已列入省地方岁入概算，现此项话证印刷费国币二千八百零五元六角系为营业所需，似可准在二十九年度省款建设事业支出项下开支。仍请提会核定。

（决议）照会计处签拟通过。

十二、准第×战区军法执行监部电复，汉奸官××案卷无从检送等由。饬据秘书处签称，该汉奸官××一名，既称讯供，自承系敌伪派驻韶关特务机关长不讳，复经长官张电话饬韶关警备司令部执行枪决。拟先由府发给出力人员奖金国币五百元，并电请长官部查案，特给奖金以昭激励等情，请公决案。

（决议）照案通过。款在本年度省预备金项下开支。

十三、准广东省新生活运动【促进】会函，请补发本会建筑费国币五百七十元零二角一分，俾资归还等由。请公决案。

（决议）照案通过。款在本年度省预备金项下开支。

密十四、据秘书处签呈编造二十九年度由韶迁连往返迁移费支付预算书，计共四万八千三百五十五元零五分。请指款拨支归垫等情，请公决案。

（决议）照案通过。款在本年度省预备金项下开支。

十五、据建设厅签呈，据农林局呈，拟晋升邓浩存代理该局蚕丝课技正兼该课课长，谭振强代理推广课技正。查核尚无不合，转请分别给委等情，请公决案。

（决议）照案通过。

密十六、据秘书处案呈，据电讯组拟具装修所编制薪给表，月列一千三百四十九元。及各区修理室编制薪给表，月列二百一十六元。拟自本年四月份起实行等情，请公决案。

（会计处签拟）查电讯组所拟装修所编制薪给表，列月支经常费一千三百四十九元。各区修理室编制薪给表，列月支经常费二百一十六元。据原签计设立装修所一所、修理室九所，合计共月支经常费三千二百九十三元，各项编制均经参照技术室签拟意见办理，似无不合。如准自本年五月份起举办，则该项经常费似可自本年五月份起按月在本年度省预备金项下照数拨支，并请提会核定。

（决议）经费照会计处签拟通过。暂隶属于电讯组。

密十七、准广东省地方行政干部训练委员会函送本会二十九年度经常费支付预算书，计每月列支国币七千七百八十一元，请饬财厅自本年三月份起按月照数支付等由，请公决案。

（决议）照案修正通过。款在本年度省预备金项下开支。

广东省政府第九届委员会
第一百二十一次议事录

日　期　四月十九日
地　点　韶关本府

出席者 李汉魂（出巡） 胡铭藻 何 彤 顾翙群
黄麟书（公假）

列席者 吴逎宪（林朱梁代） 杜之英（毛松年代）
高 信（黄公安代） 黄希声 李仲仁 郑 丰

主 席 胡铭藻（代）

纪 录 （秘书）熊公福 （科长）谢乐文

报告事项

一、据教育厅签呈，据卸罗定中学校长曾了若呈缴二十七年度建筑临时费预算书，列支国币一百元，及二十八年度各项临时费支付预算书，列支国币二百四十二元，查核尚属核实，拟准由本年度教育文化临时费项下拨支，请饬财政厅将该校临时费共三百四十二元如数划拨等情。饬据会计处签称，核尚需要，所请在本年度教育文化临时费项下补拨归垫，尚属可行，拟请照准，报会备案等语，应准如拟办理。

二、据教育厅签呈，据省立汕尾水产职业学校呈缴保管汕尾新校舍员役薪饷临时费支付预算书，计列国币四百九十五元，请准自二十九年二月份起在该校经常费项下撙节拨支，似可照准等情。饬据会计处签称，核尚可行，拟请照准报会备案等语，应准如拟办理。

三、据建设厅签呈，据省营工业管理处呈，以英德硫化铁矿场请准由二十九年四月份起，每月增为列支国币五十元。经令复照准，转请察核备案。等情。饬据会计处签称，所请似可照准等语，应准如拟办理。

四、据第三区行政督察专员电报该区文化供应情形并附商学书社组织办法，请察核等情，核与文化供应社原案召集教育机关及文化界人员提倡设置之规定未尽相符。经饬教育厅拟订广东省各行政区各县市局设置文化供应社暂行办法大纲，饬各区专员转饬各县局遵照办理。

密五、据建设厅签呈，关于卸狗牙洞八字岭煤矿办事处委员朱景辉呈缴支过办理匪案支计书类，查核确属，国币数额由节余经费项下拨支，亦足敷支。所请更正毫券数为国币数，似应照准等情。饬据会计处签称，似可准予更正，并准再在该处节余经费内支付国币一百二十九元九角七分。仍饬遵照前令，将剩余节余经费数额悉数解库等语，应准如拟办理。

六、据建设厅签呈，据农林局呈，拟由造林款内拨出国币五千元一次过补拨乐昌林场经费，仍可照准等情。饬据会计处签称，拟准照办等语，应准如拟办理。

七、据建设厅签呈，据北江船务管理所从新编具迁移费支付预算书，计列支二百二十七元九角，请核示等情。饬据会计处签称，似可准在二十九年度预备金项下开支拨还归垫等语，应准如拟办理。

密八、据建设厅签呈，审核大埔县呈缴架设由石云至大门凹电话线预算书表，列支工料费国币二万八千七百六十元，尚属适当，似可准照列支等情。饬据会计处签称，复查该县原呈所有支过费用，在省拨架设该三干线电话费项下动支，亦无不合。该项工料费计算数合共国币二百八十五元九角一分，似可照准备案等语，应准如拟办理。

密九、据建设厅签呈，核议增城县呈缴破坏各桥梁工程预计算书类，共支出毫券五百八十七元五角五分。未据将桥梁面积证明，系因当时事机急迫，似可免予发还补注，准予支销等情。饬据会计处签称，查核亦属实情，似可准如所拟办理。该款折合国币四百零三元一角六分，似可准在二十九年度建设事业支出项下开支拨还归垫等语，应准如拟办理。

十、准第某集团军总司令部电，为汉奸郭××一名，经证明属实，呈准执行枪决。附送判决书，请查照等由。饬据秘书处签拟，发给奖金二百元。又生擒解案，加倍给奖，由府发给奖金四百元。并据会计处签称，该款似可援案在本年度省预备金项下开支等语，应准如拟办理。

十一、据英德县呈报，民工徐英田因公受伤，拟请依例给予一次过恤金三十元等情。饬据秘书、会计两处签拟，核准照给，该款在本年度省款保育及救济支出科目恤金项下开支等语，应准如拟办理。

密十二、据广播电台签呈，架设播音天线杆垫支工料费二百七十九元四角九分，请核销等情。饬据会计处签称，拟准照列，饬将该款在该台二十八年度经费节余项下照数缴还本府秘书处归垫等语，应准如拟办理。

十三、本府现为检讨及促进本省政治工作起见，特召集行政会议，定期五月一日举行。经拟定行政会议规程及秘书处组织简则，分别令行及指定出席人员及该会秘书处正副主任筹办一切。

讨论事项

一、据民政厅签呈，拟具广东省各县调整区署暂行办法草案，广东省各县调整乡镇区域暂行办法草案及调整乡镇概况表，请核示等情，请公决案。

（决议）照案修正通过。

二、据建设厅签呈，拟具广东省各县乡镇兴办公营工业办法，请核定公布施行等情，请公决案。

（秘书处签拟）奉交审核建设厅拟呈"本省各县乡（镇）兴办公营工业办法"一案，除谨将原条文加以修正分别删并改为二十二条外，再查本文另附有"本省各县兴办公营事业关于工业部分原则"及"本省各县乡镇促进合作事业办法"各一件。惟原签呈内均未声叙及此后者，谅系误附，且不属本案范围，不予审核。前者名为"原则"，其实与本办法文义完全一致，且其所谓"原则"，含义均纳入本办法内，自无庸再制颁原则。当否，候示。

（决议）照秘书处签拟通过。

三、据建设厅签呈，拟具广东省各县乡镇促进合作事业办法，请核定公布施行等情，请公决案。

（决议）照案修正通过。

四、据本府统计委员会签呈，拟修正本会组织规程，请核定公布施行并分报备案等情，请公决案。

（决议）照案修正通过。

五、据教育厅签呈，据省立民众教育馆呈缴第一、二实施区开办费支付预算书，查核尚属需要，似可照准。该开办费八百元，拟由本年度教育文化临时费项下如数拨给等情，请公决案。

（决议）照案通过。

密六、据建设厅签呈，据全省长途电话管理委员会呈缴二十九年度储备器材概算书，计列国币一十四万八千四百零六元，查书列各数核尚适当，请核示等情，请公决案。

（会计处签拟）本案经送准秘书处技术室及电讯组核复，均认为所列购储各项器材数量预算大致适合，惟须于购到时，应由本府及建厅派员会同验收，暨饬造具清册并订定保管办法呈核等词。复查原书列数相符，该款合计国币一十四万八千四百零六元，似可准该厅在收存应解库款拨支，仍列数报核，并补办领解手续，拟请提会核定。

（决议）照会计处签拟通过。

七、据陆军大学特四期学员陈骏南等十五员电，为肄业期满，请照例每名发给旅费二百元等情，请公决案。

（决议）照案通过。款在本年度省预备金项下开支。

密八、据省地政局呈，拟具筹征曲江县宅地税计划草案，请采纳施行等情，请公决案。

（决议）照案通过。款在本年度省预备金项下开支。征收书状费并照南雄、始兴成案办理。

九、据建设厅签呈，据工业管理处呈，以该处财务组组长詹玉甫辞职，拟予照准，遗缺拟派会计专员兼出纳股长黎学显升充，转请分别任免等情，请公决案。

（决议）照案通过。

密十、据民政厅签呈，缴本厅推行新县制曲江县宣传队临时宣传费支付预算书，列支二千零九十三元五角，请准由省库款项下拨支等情，请公决案。

（会计处签拟）查民政厅为推行新县制派出县训所民政系学员及教职员暨教育厅电影队等组织宣传队，分赴曲江各区扩大宣传。支出宣传临时费二千零九十三元五角，请由省库拨支等情。查核书列各数尚无不合，此款拟饬县训所在本年度节余经费项下拨支，仍请提会核定。

（决议）照会计处签拟通过。

十一、主席提议，钦县县长王公宪另候任用，遗缺派陆开梅代理，请公决案。

（决议）照案通过。

十二、主席提议，清远县县长欧阳磊另有任用，遗缺派谢静生代理，请公决案。

（决议）照案通过。

密十三、案据曲江防空支会呈送修复西河浮桥工料费预算表，计列国币五千零三十五元，请迅拨款修复，俾利防空等情，请公决案。

（决议）照案通过。款在本年度建设事业支出项下开支，并由本府秘书处技术室派员协助办理。

广东省政府第九届委员会
第一百二十二次议事录

日　　期　四月二十三日
地　　点　韶关本府
出席者　李汉魂　胡铭藻　何　彤　顾翊群（公假）黄麟书
　　　　　刘佐人（公假）
列席者　吴迺宪　杜之英（毛松年代）　桂竞秋　李仲仁
主　　席　李汉魂
纪　　录　（秘书）熊公福　（科长）谢乐文

报告事项

密一、据民政厅签呈，据卫生处呈送救护事业费预算书，计列国币四千元，请察核等情。饬据会计处签称，该款已经由财厅在二十七年度救济费项下拨支。其支出计算书类，前已据呈府转送审核各在案。现据补呈是项救护事业费预算书，列数尚合，拟请报会后分别存转等语，应准如拟办理。

二、据教育厅签呈，据省立良众教育馆呈复，该馆二十七年度结存不敷支拨六万一千五百三十七元，二十八年度结存二十五万八千零一十七元，查尚核实，请察核等情。饬据会计处签称，二十七年度结存不敷支拨数，拟准在二十八年度结存项下拨支。其剩余二十八年度结存经费，拟饬扫数解库具报等语，应准如拟办理。

三、据教育厅签呈，据省立老隆师范学校呈缴津贴贫苦学生教科书加价费用临时费预算书，列支六百一十八元六角三分，核案相符。除先将存厅图仪费项下拨发国币四十五元九角六分，暨由该校开办设备费节存国币九十一元六角八分拨支外，其不敷之四百八十元九角九分，拟准在二十九年度各学校机关临时费项下拨支，请令财厅将该款划拨具领等情。饬据会计处签称，核尚可行，拟请照准，报会备案等语，应准如拟

140

办理。

四、据建设厅签呈，缴前蚕丝改良局技佐罗壮图抢运蚕种旅费预计算书类，计列国币二百三十九元六角二分，请核示等情。饬据会计处签称，该项旅费既经建设厅核明，尚属需要，似可准在该局代收茧款结存项下照支，并饬将代收茧款之性质及二十七、二十八两年度终了时之结存数呈核等语，应准如拟办理。

密五、据建设厅签呈，缴前蚕丝改良局由广州撤退第一、二批搬运旅什费及遣散员工费各项支付预计算书类，计第一批国币七百九十元零七角四分，第二批国币一千三百五十元八角二分，疏散费国币一千六百二十三元六角一分，拟请在前全省蚕业改良实施区奉令裁并该局移交接管之各分区节存经费国币二百六十一元三角六分一项垫支，其不足之数，则由二十三年代收茧款结存项下垫发，请核示等情。饬据会计处签称，该项旅费既经建设厅核明需要，似可准在呈列各结存款项下照支，并饬将余款解库具报等语，应准如拟办理。

六、据建设厅签呈，据前蚕丝改良局呈缴会计员刘颂铿赴广西及云浮运回公物文件等旅运费支付预计算书表单据，计共国币一千四百四十八元六角一分，拟在二十三年代收茧款结存项下拨支，请核示等情。饬据会计处签称，该项旅费既经建设厅核明尚属需要，似可准在该局代收茧款结存项下照支等语，应准如拟办理。

密七、据建设厅签呈，核议乳源县政府呈缴更正征集龙归至乳豫构筑阵地材料价值估计表及预算书，所列国币四百一十八元三角六分尚属适当，似可准照列支等情。饬据会计处签称，复核各数亦属相符，该款拟在本年度建设事业支出项下拨支等语，应准如拟办理。

八、据第三区行政督察专员电，为南海县由三月删日起划归职区暂管，照案应增领出巡旅费四十元，请编入年度预算内等情。饬据会计处签称，查核尚无不合，应自本年三月下半月起至十二月止，本年应增拨旅费三百八十元，照案应在一区专署旅费内划拨。惟事关变更预算原案，拟请报会备案等语，应准如拟办理。

密九、查现在各县多告米荒，除于省设省粮食调节委员会于省县之间组设东江及西江、四邑暨南路等米粮运销委员会外，并经订定县粮食调节委员会组设通则，饬备区专员各县长自行体察情形，如将发生米

141

荒，或有特殊需要时，应成立县粮食调节委员会，以维民食。

密十、据南路行署电报，奉准补助岭南报社费数目是否电码错误，请核示等情。经电准，自三月起月拨二百元。

讨论事项

密一、准军管区司令部电，准贵府南路行署电，为据茂名县兼国民兵团长李午天呈，受训壮丁之伙食拟就各乡镇殷商不动产收益项下分配。等情。经核定照化县成例，由同保壮丁共同负担。如有祖尝及公款者，应尽先提拨。等由。查后备队国民兵受训期间伙食系奉部令规定自备。该县可否援化县例办理，事属动征民财，请查照核办等由，请公决案。

（决议）准照南路行署核定办法办理。

二、准军管区司令部函，为将本部特务连缩编为特务排，自本年四月一日起，以后该排经费拟在本部经管自卫队经费节余项下开支，请查照提会通过等由，请公决案。

（会计处签拟）查军管区司令部拟将特务连缩编为特务排，所送该排经费给与表，预算月需经费国币九百五十四元六角五分，表列各数查核尚无不合。该款似可照准自本年四月份起，款在军管区自卫队经费节余项下开支，拟请提会核定。

（决议）照会计处签拟通过。

密三、据财政厅签呈，为关于北江挺进纵队经费，奉饬在增编保安团队科目项下开支。惟查二十九年度已将该项增编保安团队经费改列为增列自卫团队科目，现查该科目项下已超过十万元之数，对于北江纵队经费已无余额足资开支。应否改列别项科目开支之处，请示等情，请公决案。

（决议）改由省预备金项下开支。

密四、据财政厅签呈，本厅二十八年度迁移临时费共三万一千三百零三元二角八分，拟请准予在二十八年度省库预备费项下开支，请察核备案等情，请公决案。

（决议）照案通过。

五、据民政厅签呈，据卫生处呈为本处救护科科长苏六昭奉准调任本厅南路办事处主任，所遗救护科科长一职，查有张致良堪以充任，转请核办等情，请公决案。

（决议）照案通过。

密六、据增城县长电，为筹备恢复县立初级中学，请准在省库拨助二千元，玉成其事等情，请公决案。

（决议）照案通过。款在教育文化费内战区退出员生补助费项下开支。

七、据财政厅签呈，缴本厅缉私处本年度经费概算书，月列国币四万元，请察核存转等情，请公决案。

（决议）照案通过。仍饬补列详细预算呈核。

密八、据建设厅签呈，据长途电话管理委员会编造修筑连蓝、连江等话线预算书表，计列国币三千五百六十三元六角，请核示等情，请公决案。

（决议）照案通过，款在本年度建设事业支出项下开支。

密九、据会计处呈缴迁连返韶临时费支付预算书，计共国币一万零一百四十八元一角，业经审计处驻审人员核明，拟请饬财厅照数拨支还垫等情，请公决案。

（决议）照案通过。款在本年度省预备金项下开支。

十、胡委员、何委员会复审查财政厅原拟各税务局征收营业税考成办法意见，请公决案。

（决议）照审查意见通过。

十一、据民政厅签呈，遵批依照法令手续改编本厅开办县训所民政系学员见习班临时费经常费支付预算书件，计临时费列支五千二百零五元五角三分，经常费列支一千五百元，请转饬县训所照案由经费项下拨款，以资应支等情，请公决案。

（会计处签拟）查原呈预算书，均列支出特殊门常时部分及临时部分。核与预算法第十条规定岁出之性质不符，拟俟核定后发还更正为岁出经常门临时部分，并编预算（因办公费亦系一次过支出，系属临时性质），并应注明拟在县训所何年度何月份经费内开支。

（决议）经费照原列数目在本年度县训所经费节余项下开支。余照会计处签拟办理。

广东省政府第九届委员会
第一百二十三次议事录

日　期　四月二十七日

地　点　韶关本府

出席者　李汉魂　胡铭藻　何　彤　顾翊群（公假）　黄麟书
　　　　黄元彬　刘佐人（公假）

列席者　吴廼宪　杜之英（毛松年代）　桂竞秋

主　席　李汉魂

纪　录　（秘书）熊公福　（科长）谢乐文

报告事项

一、准广东全省保安司令部电送故员钟吉云甲、乙两种调查表证明书及恤金给予表，请核办等由。经依照陆军平战时抚恤暂行条例，以平时因公殒命之规定核准给恤。分别电行遵照。

二、准广东全省保安司令部先后电送故员兵钟汝超、陈振纲、李松光、罗贵等四员兵甲、乙两种死亡书表及恤金给予表，请核办等由。经依照陆军平战时抚恤暂行条例，以抗战阵亡例给恤。分别电行遵照。

三、据民政厅签呈，本厅保送中央警官学校第八期新生邓瑞曦、何寿图二员，经被取录。拟每员补助旅费国币一百元共二百元，款在本厅二十八年度经费节余项下开支，并准予停薪留资等情。关于停薪留资一节，饬据秘书处签称，似可照准。至给发旅费一节，并据会计处签，拟姑予照准，惟嗣后不得援以为例。至该厅二十八年度结存经费究有若干，拟饬查明，列报扫数解库，以符规定等语，应准如拟办理。

密四、据建设厅签呈，查省营工业管理处办理结束二十六年度及二十七年度省款收支手续一案，前经令饬将办理完竣需时若干呈复核办在案。兹据呈复，以交通梗塞，邮程迟缓，须若干时日方能呈复殊难臆测等情。查尚属实，转请核示前来。饬据会计处签称，经片准财政厅复，似可准予展限等由。为免各机关办理结束发生困难起见，该省款收支办法结束日期拟展限至本年六月底止，期满不予再展等语，应准如拟办理。

五、据建设厅签呈，据工业试验所呈缴临时迁址费预算书，列支四百零七元，核无不合，似可准予照办，由该所二十八年度经费节余项下抵拨抵解等情。饬据会计处签议，该款在本年度省预备金项下开支。并准在该所二十八年度经费节余项下拨支抵解等语，应准如拟办理。

密六、据建设厅签呈，核议遂溪县拆城费预算书，已代更正实支伙食数，尚未超越预算，似可姑准列支，免予发还更缴等情。饬据会计处签称，该费共国币六千九百二十八元三角一分，前经提付第九十七次会议通过，在二十八年度建设事业费拨付国币一万元。除准照实数补助外，所余国币三千零七十一元六角九分，仍应返纳省库等语，应准如拟办理。

密七、据建设厅签呈，查核公路处第一工务总段呈以上年十二月份及本年一月份因战争影响，各渡口经费均超出预算，计共不敷四百五十一元四角一分，尚属实情，请核示等情。饬据会计处签称，二十八年度十二月份超出数六十八元六角二分，准照原拟在各渡口渡车船经费二十八年五至十一月节余经费项下开支。余款悉应解库。二十九年度一月份超出数二百二十四元三角五分，拟准并入同年度一月份经费报销，由本年度各月份节余经费项下陆续扣抵等语，应准如拟办理。

密八、据建设厅签呈，关于工管处驻港田料签证专员李汝霖电，以收入锐减，请准将办事处裁撤一案。饬据工管处签复，查属实情，应否裁撤，请示等情。经批复照准。

九、据保安处签呈，以成立军士队，经费预算拟按照中央新颁战时陆军各部暂行给与规则规定标准改编，每月共需国币一千零六十三元一角五分。饬据会计处签称，查核尚无不合，似可照准。自本年一月份起，款仍照本府第一百次会议核定成案，在本年度保安团队经费节余项下开支等语，应准如拟办理。

十、据第一区行政督察专员呈缴二十九年一、二月份羁押人犯因粮表，请准核明，将款发还归垫等情。饬据会计处签称，该署本年一月份支羁押人犯口粮六元三角，二月份支一十元零六角二分，合共国币一十六元九角二分，该款似可准在本年度省地方普通岁出预算附列拨补行政犯不敷口粮项下拨支等语，应准如拟办理。

密十一、据第三区行政督察专员电，拟在周郡与霸甲两点施放水雷与焚毁浮桥，需费三百元，先由职署垫发等情。经准照发。并饬据会计处签拟，该款在本年度建设事业支出项下开支拨还归垫等语，应准如拟办理。

密十二、据会计处案呈，准财政厅片复，关于卸紫金县长钟歧补缴开筑沙子坝飞机场支出用费预计算书件案，其支出凭证单据已无从查检等由。查是项费用七十四元零九分为数无多，拟在本年度建设事业支出项下拨还归垫等情，应准如拟办理。

密十三、据秘书处案呈，据第二科电讯组会同签呈编缴接收干训所拨来专款一万元办理通讯系学员分派工作支出计算书类，计共国币九千二百六十四元八角六分，经送审计处审核，尚余国币七百三十五元一角四分，并经解库等情。饬据会计处签拟，准予备案并分别存转等语，应准如拟办理。

十四、据本府警卫营呈缴二十九年一月份移动雇用长夫饷项册，请准发还夫费一百八十元归垫等情。饬据会计处签称，原册经由本处送还，该营径送审计处审核。现准该处函复，该款似可准在本年度省预备金项下开支拨还归垫等语，应准如拟办理。

讨论事项

密一、奉行政院令发调整各县地方行政机构一览表及调整县长兼职一览表，仰遵办具报等因。自应遵办。前经饬据秘书处签称，本省各县之重复机构及县长之兼职有为奉颁两表所无者。谨依其四原则分别调整加入奉颁两表内，并根据院令通行各县遵办等情，请公决案。

（秘书处签拟）查奉颁原案，于县长兼职之调整外，并及于不属县长兼职之重复机构。比本府日前拟订之调整办法只就县长兼职着眼者更为周全。其四原则对应行调整之标准亦已包括无遗，自应遵照办理。惟查就本省各县之重复机构及县长之兼职，有为奉颁两表所无者。谨依其四原则分别调整加入奉颁两表，根据院令通行各县遵办。至原表定有裁并或附属两办法者，在本省拟一律定为裁并。此点并拟附注表末（调整机构原表），其调整兼职原表之附注二转行时，拟不照录。爰将原两表所无，现各县所有之机构及兼职分拟调整如左：（一）加入奉颁调整各县地方行政机构一览表者：县兵役宣传委员会；县征募慰劳委员会；县兵役协会。（均裁并于县动员委员会）（二）加入奉颁调整县长兼职一览表者：县农村贷款委员会主任委员（由建设科长兼任）；县民夫大队大队长（改由县府军事科长或兵役科长兼任。其未设兵役科或军事科则民政科长兼任）。

（决议）照秘书处签拟奉行办法修正通过。但本省目前振务特别重要，县振济委员会主任委员拟暂由县长兼任。并呈院备案。

密二、据第七游击纵队司令彭林生梗电，请将办理结束案核复等情。经电请长官部速发游击纵队编制给与表，以资办理在案。兹奉发第一至第五游击区各项编制给与表，经饬据会计处签称，查第七区游击纵队经费前奉长官部核定由本府拨给，计共需国币六千三百四十七元七角三分。该区呈列各数比照观奉发之第一至第五各游击纵队编制较少，据称已在本府垫借游击活动费一万元额内支付。应否准予照数列支，拟请提会核定。款在本年度省预备金项下支付拨还本府秘书处归垫等情，请公决案。

（决议）准予照数列支。款在本年度省预备金项下拨还归垫。

三、准广东省动员委员会函送二十八年度各项临时费支付预算书，共需国币五千一百六十八元六角九分，拟在本会二十八年五、六月份节余经费暨前任移交节余经费项下拨支，不另请款，请查照分别存转等由，请公决案。

（决议）照案通过。仍请将二十八年度结存经费列送。

四、据暂编第二军司令部电，据获解汉奸关××、朱×二名，经电奉司令长官部核准执行枪决，请照例给奖等情，请公决案。

（秘书处签拟）本案既经判决呈奉执行有案，查原判讯明该关××系充南海伪九江公安局西方分局长及九江特别区署参议，旋又改任西方派出所所长等职。又该朱×充任该所事务员。拟照修正广东省捕杀敌伪组织官员奖励办法第三条第四项规定，该关××一名，奖给国币二百元。并依同条第五项规定，该朱×一名，奖给国币一百元。二共三百元。并照第三条生擒解案经审讯确实者加倍给奖之规定，二共奖给国币六百元。该款送由暂编第二军司令部转发，并电饬南三地方游击指挥部知照。

（会计处签拟）拟照秘书处签拟共给奖国币六百元。该款并拟援照成案在本年度省预备金项下开支，仍请并案提会核定。

（决议）照秘书、会计两处签拟通过。

五、据建设厅签呈，据公路处呈缴行车总段迁移费支付预算书，计共支国币一万二千二百八十元一角，拟请照案在二十九年度预备金项下拨支，请核示等情，请公决案。

（决议）照案通过。

密六、据省振济会呈缴救济总队增编第十三、十四分队二十九年度追加经常费支付预算书，月列四百一十四元，请准由本年度一月份起在省款救灾准备金项下拨发。及呈缴增编六个分队月支经常费概算表，月列一千二百四十二元，请备核准。各等情。并案提请公决案。

（会计处签拟）查原缴预算书，列月支四百一十四元，各项目节数目尚无不合。其增编各该分队，既经本府核准备案，似应准予发给经费。惟查第十四分队于一月十三日成立，至一月三十一日止，应为一百三十六元八角七分。第十三分队于一月十二日成立，至一月三十一日止，应为一百三十三元五角四分。一月份经费合计应为二百六十元四角一分。二月份起，每月发足四百一十四元，拟如所请在本年度省救济费项下开支。至增编六个分队一案，拟俟本案决定再行办理。

（决议）照会计处签拟通过。

密七、据秘书处签呈，缴本府二十九年度第七期派赴重庆受训人员旅费支付预算书，计共国币九千元，请提会核定指款开支归垫等情，请公决案。

（会计处签拟）查第七期派重庆受训人员曲江、始兴、南雄、乳源、阳山、连县、连山、河源等八县县长旅费，似应在各该县地方款项下开支，未便由省库拨发。其余本府秘书戴振魂、科长关玉廷，民政厅秘书温克威、科长李泝、视察何坚及二、四两区专员等七员旅费共四千二百元，拟准在本年度省预备金项下拨支，仍请提会核定。

（决议）照会计处签拟通过。

八、据翁源县长电，为奉组军民合作站九站，每月额拨办公费二百七十元，饬就地方款项下或原有抗战临时费筹拨等因，查职县地方款不敷，亦无抗战费，请设法筹拨等情，请公决案。

（决议）从四月份起，由本年度省预备金项下拨支。

密九、据本府广播电台呈缴二十八年度所购器材燃料运费支付预算书，计列二千五百二十六元三角六分，请如数拨款给领，俾资归垫等情，请公决案。

（决议）照案通过，款在本年度省预备金项下开支。

十、准广东高等法院函送二十八、二十九两年度南雄等二十六监狱增加看守工饷预算书类，请查核办理等由，请公决案。

（会计处签拟）二十八年度南雄等二十六监狱增加看守名额，尚未增列二十九年度各该监狱预算。现准高等法院函复，仍照上年度原案继续增加，似可照办。所送二十九年度各监狱增加看守工饷预算书，计列连山、平远、罗定、信宜等监狱各月支五十元，蕉岭监狱月支四十元，德庆、郁南、连平、和平等监狱各月支三十元，南雄、始兴、仁化、阳山、丰顺、恩平、五华、兴宁、云浮、新兴、开建、阳春、封川、龙川、河源、新丰、紫金等监狱各月支二十元。以上各监狱年共支国币八千四百元，列支各数尚无不合，该款似可准在二十九年度额余囚粮项下开支，仍请提会核定。

（决议）照会计处签拟通过。

密十一、据民政厅签呈，据卫生处呈缴该处第四防疫区署迁移费预算书，计列五百五十元，查核尚属需要，该款拟饬在该处事业费项下拨支等情，请公决案。

（决议）照案通过。

十二、据民政厅签呈，据卫生处呈缴追加选送卫生人员受训旅费预算书，计列四千三百元，请核示等情，请公决案。

（会计处签拟）兹据称，电油价贵，原列旅费不敷回程之用，似属实情。所拟追加旅费四千三百元，如奉核准，拟饬在前项余存款内留拨，所余一万三千五百元仍应克日解库核收具报，以重公帑，拟请提会核定。

（决议）照会计处签拟通过。

密十三、据战区各县调查团呈缴二十九年度战区各县调查团经费支付预计算书，计支七千八百五十八元八角五分，请察核存转等情，请公决案。

（决议）照案通过。款在本年度省预备金项下开支。

十四、据建设厅签呈，据北江船务管理所呈缴二十九年度岁入岁出预算书表，查岁出数列四千零四十四元，岁入数列一万元，核尚适当，请察核等情，请公决案。

（会计处签拟）查岁出预算书，年列四千零四十四元，与案相符，拟分别存转。岁入预算书年列一万元，拟请提会核定并列入本年度省地方追加岁入概算案内，及照数追列岁出预备金。

（决议）照会计处签拟通过。

密十五、据秘书处案呈，据电话队编造修筑坪石至乳源段电话线工料支付预算书，计列九千六百八十元。饬据技术室及电讯组核明，减为九千五百元，请提会核定等情，请公决案。

（会计处签拟）查坪石至乳源电话线工料费既经技术室及电讯组核明，为国币九千五百元（原书列九千六百八十元。以就中除十六号铅线，拟由本府存线拨用，即减一百八十元），既属急需架设，该款似可准在二十九年度建设事业支出项下开支，仍请提会核定。如为克日兴工修筑起见，自可饬在本府电讯特别备用金项下先支一部分应用，候提会核定后拨还归垫。

（决议）照会计处签拟通过。

密十六、据秘书处签呈，据本府行政会议秘书处呈，拟具本府行政会议临时费支付预算书，计列支国币五千六百一十元，请核示等情，请公决案。

（会计处签拟）查本府行政会议临时费预算，列支国币五千六百一十元，其中第二目第一节内列县长往返旅费共一千三百四十元，似应由各该县地方款项下支给。其余各数尚无不合，拟准列支四千二百七十元，款在本年度省预备金项下开支，提会核定。至该处如因时间关系急需款支应，似可由秘书处暂行垫支。

（决议）照会计处签拟通过。

十七、据秘书处案呈，准财政厅片送二十九年度省款发放经费办法，请转呈核定以为年度开始发放经费之依据等由。谨连同会计处拟具意见，请核示等情，请公决案。

（决议）照案修正通过。

十八、据陆丰县长电，请准将猪鸡等输出香港换米济荒，以维民食等情，请公决案。

（决议）准予弛禁并通令遵照。

密十九、据秘书处案呈，据电讯组签称，增设后方各县市收音机推行方案，本府前准内政部咨，以限期届满，嘱将办理状况列表咨复等由。当由本处会同教厅拟订本省实施方案，内定由府垫款先购收音机百部，签奉核定施行在案。现查每机全副需国币六百五十四元五角，一百副共应国币六万五千四百五十元，连运费约国币六万七千元，应否仍照实施方案，垫款订购分发各专署县市政府备价领用，请提会核定等情，请公决案。

（决议）照案通过，款由财政厅垫支。

二十、据建设厅签呈，据×××钨矿专员廖勉卿呈请辞职，应予照准，遗缺拟以该专员办事处分处主任赵承欣或总务股长曾昭厚接充等情。拟以曾昭厚接充，请公决案。

（决议）照案通过。

二十一、主席提议，连平县县长杨德隆另候任用，遗缺派前五华县县长刘奋翘代理；紫金县县长缨叔民另有任用，遗缺派县训所研究员李蔚代理，请公决案。

（决议）照案通过。

二十二、主席提议，据粮食调节委员签呈，以目下粮荒严重，该会业务繁多，请在特别备用金项下提拨一万五千元以资支应等情，请公决案。

（决议）照案通过，仍应随时补具预算呈核。

二十三、兼民政厅厅长提议，据顺德县长刘超常呈报，敌犯大良时，国民兵团中队长梁德赞忠勇抗战殉职，及县府职员何兰新、李云龙、李鸿飞，暨该团官兵伤亡情形前来。查该中队长忠勇壮烈，可泣可歌，拟请先行从优奖恤以昭忠烈。并拨给巨款振济该县灾情，请公决案。

（决议）梁中队长德赞抗战壮烈，即交秘书处从优议恤。该县被难之员兵民众及受灾区域，着振济会拨款救济。

广东省政府第九届委员会
第一百二十四次议事录

日　期　五月二日

地　点　韶关本府

出席者　李汉魂　胡铭藻　何　彤　顾翊群（公假）　黄麟书
　　　　黄元彬　刘志陆　刘佐人　罗翼群

列席者　吴逎宪　杜之英（毛松年代）　李郁焜（李英代）
　　　　李磊夫　郑　丰　张　炎（林拔翠代）　何春帆　桂竞秋

主　席　李汉魂

纪　录　（秘书）熊公福　　（科长）关玉廷

报告事项

一、准第×集团军总司令部电，汉奸陈××、林××二名业经讯明依法拟判，呈奉第×战区长官部核准发回原籍执行，附检送判决书二份，请查照定章给奖等由。经饬据秘书、会计两处签拟，照章共给奖国币二百元，拟在本年度省预备金项下开支等语，应准如拟办理。

二至四、（略）

五、奉长官部代电，转奉桂林行营电，转军委会令，饬嗣后凡请求增设机关或变更组织，如不依据事实与拟具详明法则及编制表呈核，应不予核转及批准，仰饬属遵照等因。经通饬所属遵照。

六、据第六区专员呈复，为适应事实需要，本署二十七年九、十月份及二十八年五月至十一月经常费支出流用旅费及准备费，请准备案，并应准予变通以后公旅各费得在小数目上流用，俾资因应等情。饬据会计处核签，该署各月份流用旅费、准备费为办公费核与预算法第五十四条规定尚无不合，予照准报会备案等语，应准如拟办理。

七、（略）

八、本府警卫营呈送故兵张建德埋葬费预算书等件，请核准给领归垫等情。经饬据会计处签称，拟照中央颁行战时陆军部队暂行给与规则规定，准发国币一十五元，款在该营本年四月份经费节余项下拨支等语，应准如拟办理。

九、据财政厅签呈，本年拟仍照成案继续加倍征收烟酒牌照税等情。饬据会计处签拟，准照办理，并资财政部查照备案等语，应准如拟办理。

十、据会计处案呈，准教育厅片送省立高州农职校二十七年度临时费预算书，共国币九十元零二角三分，经核明属实，拟准在该校二十七年度经费节存项下开支等情，应准如拟办理。

讨论事项

一至三、（略）

四、据财政厅报告，饬据高要县呈复二十八年度追加概算案情形前来，拟议请核示等情，请公决案。

（决议）照案通过。

五、据民政厅签呈，本厅二十八年度支过领用电油价款两次，共国币四千九百九十八元九角，二十九年应支国币三千九百二十七元三角，拟分别由本厅二十八年度及二十九年一部经常费视察经费及第四科经常费之各项经费节余款项下拨支等情，请公决案。

（决议）照案通过。

六、据教育厅签呈，奉部令保送体育人员前往体育班受训等因。兹拟省立文理学院体育教员林宏回一员前往受训，旅费国币六百元，拟在二十九年度各学校机关临时费用内拨支，请饬财厅将款划拨转给其领等情，请公决案。

（决议）照案通过。

七至八、（略）

九、委员兼民政厅长提议，查曲江县实施新县制以来，进行颇为顺利，兹拟并指定南雄、始兴两县为先行完成县份，并定由六月一日起实施，以符原定计划，请公决案。

（决议）照案通过。

十、（略）

十一、据建设厅签呈，据农林局呈缴推广晚造优良稻种计划及经费概算书，计列三万六千五百四十四元，拟由本厅钨砂款项下拨支，请备案等情，请公决案。

（会计处签拟）查原缴推广晚造优良稻种计划及经费概算书列支三万六千五百四十四元，核尚需要，惟所列推广津贴费，其"津贴"二字，核与决令抵触，拟代更正为推广员膳宿什费。又查建设厅前提议由该厅解库款项下提拨一十二万元为农林建设基金一案，业经本府第九届委员会第一一九次会议，决议通过在案。前项临时费三万六千五百四十四元，似可改在该厅农林建设基金项下开支，仍请提会核定。

（决议）照会计处签拟通过。

广东省政府第九届委员会
第一百二十五次议事录

日　期　五月十日

地　点　韶关本府

出席者　李汉魂　胡铭藻（假）　何　彤　顾翙群（公假）
　　　　黄麟书　黄元彬　刘佐人（公假）　刘志陆　罗翼群

列席者　杜之英（毛松年代）　高　信（黄公安代）
　　　　何春帆　张　炎（林拔萃代）　桂竞秋　郑　丰

主　席　李汉魂

纪　录　（秘书）熊公福　　（科长）关玉廷

报告事项

一、（略）

二、据建设厅呈，据前蚕丝改良局局长廖崇真呈，为奉召由港至韶，旅费计列支四百九十二元九角二分，编具预计算书，请核示等情。饬据会计处签称，该项旅费既经建设厅核明尚属需要，拟准照数在前蚕丝局二十七年度扩大制种经常费节余项下开支，并饬将余款解库等语，应准如拟办理。

三、（略）

四、据广东省地方行政干部训练团呈，为准建设厅函，以据前县政人员训练所建设系通讯班主任报告迁驻田螺涌设施费因工资高涨物价飞腾前编送预算不复适用，编具新预算，请核示一案，请并案办理等由，转请核示等情。饬据会计处签称，此案前据该所呈转前项设施费预算书，计列支二千四百七十九元，拟在该所临时费项下开支，经报告本府九届委员会第一一六次会议准予备案有案。现据呈转预算书列支四千六百八十元五角二分，比较前据呈转预算书增加二千二百零一元五角二分，既系因工资高涨，物价飞腾而增加，似可准予照列，至所请在该所二十九年一月至三月经费节余项下开支一节，应并在该所本年度临时费开支，拟请报会，并照审计法令会同审计机关派员监办等语，应准如拟办理。

五、查广东省救护委员会高明分会医务长吕大有因执行救护工作，被敌机炸毙，请予抚恤一案，现据高明县政府查明属实，列具书表前来。经饬据秘书、会计两处依照广东省各地防护团干部及团员因公伤亡抚恤暂行办法规定给予一次过恤金省毫券一百五十元，年抚金省毫券一百元，给与十年为限。该项一次过恤金，拟在二十九年度省地方普通总概算岁出经常门常时部分恤金科目开支，其年抚金递年仍在省预算恤金科目开支等语，应准如拟办理。

六、据省候用公务员招待所呈称，装置电灯添购用具，经招商估价，计共需国币一百四十九元，请拨发支应等情。饬据会计处核明添购各物，除公事包系私人用品应剔除外，其余需款一百三十元，准在本年度省预备金项下开支，并补报会议备案等语，经准如拟办理。

七、准主计处函复，关于本府前函送本省各等县会计室编制表应予照办等由，经行民政厅遵照编入实施新县制之各等县政府编制及预算内，并转饬各县府一体知照。

八、据英德县政府代电，呈缴乡民林培昌杀敌阵亡请恤事实表，乞赐抚恤等情。经饬据秘书、会计两处核明与人民守土伤亡抚恤实施办法符合，拟照给恤，恤金在省地方款预算恤金项下开支等语，应准如拟办理。

九、据民政厅签呈，省立医院医生李文韬偕护士江美兰赴阳山担任救护工作，支过旅费国币七十一元五角五分，经饬据卫生处签拟在院经费节余项下开支，似尚可行，检同该员出差旅费表，请察核等情。饬据会计处核签，似可照准在该院本年度经费节余项下拨支等语，应准如拟办理。

十、据财政厅签呈，拟赓续照案再次预征典税一年，请核备案等情。饬据会计处核签，似可准予备案等语，应准如拟办理。

十一、据本府秘书处签呈，第×游击区便衣队长周庚子等率队击毙伪江新治安维持会长兼自卫团长林××及挺进协〔队〕秘书李××等一案，击杀林××一名，拟依照修正本省捕杀敌伪组织官员奖励办法规定给奖国币二百元，款在本年度省预备金项下开支；至击杀伪挺进队秘书李××一名，未据提出若何证据，拟拍电新会县长查明再办等情。饬据会计处签拟，似可如拟照办等语，应准如拟办理。

十二、据本府警卫营呈报，前由保安处派来之见习官张振中等三员一、二、三月份薪津共国币二百二十六元七角，保安处无从发给，经由职营经费项下垫支，请核准列报等情。经饬据会计处签拟，可准在该营本年度经费节余项下拨支等语，应准如拟办理。

十三、（略）

讨论事项

一至二、（略）

三、据民政厅签呈，据卫生处呈缴二十九年度续办卫生月刊、防疫队、诊疗所、试验所、救护队、妇婴卫生实验室等六项经费预算，计防疫队月共需三千四百二十元；卫生月刊月需一百一十元；诊疗所月共需八百四十三元；试验所月共需一千一百六十八元；救护队月需八百二十九元；妇婴卫生实验室月需二百零九元，以上六项，月共需六千五百七十九元，年共需七万八千九百四十八元，该款统在该处事业费项下拨支等情，请公决案。

（决议）照案通过。

四、据民政厅签呈，据卫生处呈，拟改派本处原任事务科科长张贤林为第一科科长，原任救护科科长张致良为第二科科长，原任防疫科科长王兆霖为第三科科长，并派阮康乐为秘书，转请核办等情，请公决案。

（决议）照案通过。

五、（略）

六、据财政厅签呈，本厅印制营业税商户总册价款国币五千七百七十五元，拟在二十九年度各税务局经费科目总额内匀支，请核准备案等情，请公决案。

（决议）照案通过。

七至八、（略）

九、据建设厅签呈，据公路处呈缴行车总段二十九年度一月至二月份临时租用车辆及江西公路通过费支付预算书，计列七百三十一元八角，似可准予在该段预备费项下开支等情，请公决案。

（决议）照案通过。

十、（略）

十一、据教育厅签呈，据省立南雄中学二十九年修缮购置费支付预算书，计列二千七百六十二元一角，查核尚属核实，拟准在本年度各学校机关临时费项下拨支等情，请公决案。

（会计处签拟）查南雄中学二十九年度临时修缮购置费预算列支二千七百六十三元一角①，核数尚属核实，所请在本年度各学校机关临时费项下开支，尚无不合，拟请照准提会核定。

（决议）照会计处签拟通过。

十二、据教育厅签呈，关于连阳安化教育区准备时期预算书共支过经费一千八百零七元三角八分一案，仅将前奉核定该区经费经过大略签复，究应如何支给处，请核定等情，请公决案。

（会计处签拟）查连阳安化教育区二十八年十二月份准备时期共支出经费一千八百零七元三角八分，既经教育厅签复教育文化费项下无此项预算，无从设法，似可在本年度省预备金项下开支，仍请提会核定。

（决议）照会计处签拟通过。

十三、（略）

十四、据建设厅签呈，据公路处编缴迁移费支付预算书，计七千零一十三元九角六分，请核示等情，请公决案。

（会计处签拟）查据呈转公路处迁移费支付预算书，列支七千零一十三元九角六分，核与审计处函送本处之公路处迁移费支出实数表所列

---

① 此处金额与前文不一致。

数目虽属相符，但该项数目是否核实，审计处并未加具意见，复查原预算第一项第一目经列支员役旅费，其第二项第一目租赋一百一十五元九角四分，似应在员役旅费内支销；又同项第二目汇兑六十二元，第三目药品四十八元，似应饬在经常费办公费项下开支。除上列三目拟予剔除外，其余六千七百八十八元零二分，似可准予发给，在本年度省预备金项下开支，仍请提会核定。

（决议）照会计处签拟通过。

十七[1]、准广东省动员委员会函，请援案核发本会秘书黄周昌、凌维素赴渝受训旅费国币共一千二百元，以便转发领用等由，请公决案。

（决议）照案通过，款在本年度省预备金项下开支。

十八、据东江米粮运销委员会呈缴二十九年二月份经常费支付预算书，计列国币二千五百九十元，比前定预算每月增加经常费国币六百八十元，请核准分别存转备案等情，请公决案。

（决议）准予追列预算至七月底止，款在本年度省预备金项下开支。

二十一[2]、据财政厅签呈，拟具改善招投屠捐办法，请核示等情，请公决案。

（决议）照案修正通过。

二十二、据民政厅签呈，拟具广东省各县区建设委员会组织章程及【各县】区建设委员会规则草案，请核示等情。饬据秘书处签拟修正前来，请公决案。

（秘书处签拟）查民政厅拟具广东省各县区建设委员会组织章程暨广东省各县区建设委员会会议规则各一案，间有应行商榷之处，拟分别具列如下。[3]

（决议）照秘书处签拟通过。

二十三、据省地政局呈，拟再行修正广东省战时督垦荒地办法大纲及广东省战时荒地承垦条例，并将本省各县县政府办理垦荒规则明令废

---

① 原文缺第十五、十六项。

② 原文缺第十九、二十项。

③ 秘书处签拟其余内容略。

止，代以承垦条例施行细则，请提会通过转咨内政部备案等情，饬据民政厅、秘书处分别签拟修正前来，请公决案。①

（决议）照民政厅、秘书处签拟通过。

二十四、（略）

二十五、据财政厅、教育厅签呈，奉部令提高小学教师待遇。等因。兹会同拟订广东省小学教师增加俸给办法，拟自本年四月起实行。至由省库补助各县之短期小学或初级小学之教师俸给每月六千一百二十五元六角二分，并追加列入本年教育文化概算内等情，请公决案。

（决议）照案通过。由六月份起支追加预算。

二十六、据秘书处签呈，参照二十九半〔年〕度本省文职公务员各级减支数额办法，从新将各级无线电台经费调整，送经会计处签以〔拟〕所列增加数，计自本年五月份起至十二月份止之增加经费八万六千八百七十元九角八分，此款拟由本年度各县无线电台经费一月至四月份余款三万零八百六十八元八角二分拨充，仍不敷五万六千零二元一角六分，请提会核定等语，请察核等情，请公决案。

（决议）交建设厅审查。

二十七、据民政厅案呈，据卫生处拟将第一诊疗所扩大组织，似可准予照办。至所拟组织规程暨经临各费预算，请分别发交核议等情。经饬据秘书、会计两处签拟意见前来，请公决案。

（秘书处签拟）奉交审核广东省卫生处第一卫生诊疗所组织规程草案一案，查原拟规程间有应行商榷之处，谨具列如左：（一）原案第二条拟修正条文为"本所置左列各职员"：一、所长一人。二、医师一人。三、护士三人。四、助产士一人。五、助理护士三人。六、环境卫生稽查员一人。七、事务员一人。（二）原案第四条拟改列第三条，并修正条文为"本所所长承卫生处之命，综理全所一切事宜，并指挥监督所属职员，医师、护士、助理护士均承所长之命分理所内医疗防疫保健等事宜；环境卫生稽查员承所长之命办理环境卫生事宜；事务员承所长之命办理文书、庶务、出纳及其他非属技术范围事宜"。（三）原案第三条拟改列第四条，并修正条文为"本所所长、医师由卫生处遴选

---

① 民政厅签拟、秘书处签拟略。

合格人员，呈由民政厅转递呈省政府委任。其余职员，由处委用呈报备案"。（四）原案第六条拟改列第五条，并修正条文为"本所经费由卫生处拟具预算，递呈省政府核定，按月支拨"。原案第五条改列第六条。右拟修正各点，是否有当，仍候核示。

（会计处签拟）查卫生处拟将该处设驻黄岗之第一诊疗所组织于本年五月份起扩充，以应环境需求，尚属切要之举。原拟该所经常费本年一月至四月份预算，每月列支国币二百八十一元，自本年五月起至十二月份止，每月列支国币六百八十八元，又一次过开办费国币二千四百六十六元五角，其中什支列二百元，既有"其他"一目列支三百元，第三项什支拟删去，实应列为二千二百六十六元五角，经常开办两费，似可照准在本年度卫生事业费项下拨支，仍请签核后，连同本府秘书处法制室所拟修正该所组织规程意见，并提会议核定。

（决议）照秘书、会计两处签拟通过。

二十八、据民政厅签呈，奉谕筹设医院一所，收容一切贫苦病民。等因。经令据省卫生处拟具广东省立救济医院暂行组织规程办事细则，暨开办费经常费预算书，呈核前来，分别核议修改，请察夺等情。当交秘书处审核，并参照民政厅核议各点，将规程细则修正，连同经临费预算，请公决案。①

（会计处签拟）查民政厅签呈，以卫生处奉谕筹设救济医院一案，奉谕交本处速商卫生处重拟呈核等因。遵经饬科与卫生处黄处长商酌，即按该院收容一百名计算，并参酌需要范围审拟如下：（一）原拟该院经常费预算所列编制部分，拟酌减去医师一人，药剂员一人，护士三人，助护士九人。其余所列医药一项，拟由卫生处酌拨，不予列支。此外关于办公购置病人膳费殓埋旅运施棺施衣施粥各费，均参酌需要情形，拟予减列，期符实际。总计审核后可改为每月列支国币三千八百四十八元（比较原拟数共减去一万二千五百四十八元二角）。（二）该院开办费预算所列"药械"部分，拟酌列器械费三千元，以资购用；其"药品"部分，拟由卫生处酌拨，不予列支。又该院收容名额，既奉核定改为一百名，似可利用曲江旧韶州公立医院院址，其原列"建筑院

---

① 秘书处签拟略。

址"一项，拟予删去，并拟酌列"修缮费二千元，以为修茸之用"，其余购置营造坟场及灭虱室暨办公旅运什支各费，拟亦按需要情形，分别审减。综计审核后，实可改为一次过国币一万五千六百三十四元七角（比较原拟数共减去三万零六百五十三元七角六分）。（三）该院经常费预算如奉准照上述第一点所拟核定者，则该院暂行组织规程第三条后半段拟修正为"……设医务主任一人，医师一人，护士长一人，护士五人，助产士一人，药剂员一人，助理护士十一人，承院长之命，办理一切医疗工作"。以上所拟，是否可行，拟请提会核议。如奉核定，开办费拟即饬财厅签发。经常费拟自该院成立日起拨付，均在本年度省救济费项下拨付。本案拟俟提会核定后，将预算书发还改编呈核。

（决议）照秘书、会计两处签拟通过。

二十九、据民政厅签呈，据卫生处呈，拟本年度继续办理夏令卫生运动预防天花接种运动及防疫医院等三项。查前项各案，业经上年度奉准办理，并饬在该处事业费项下拨支有案，防疫医院预算所列国币八百八十六元，较上年度增加二百一十三元，尚属需要，似可在该处本年度事业费项下拨支等情，请公决案。

（会计处签拟）（一）本省防疫医院系于二十八年十二月间由卫生处将接收卫生署医疗防疫队第五防疫医院改组设立，其编制，设院长兼医师一名，医师一名，护士长一名，护士二名，助理护士一名。二十八年十二月份经费已核定月支国币六百七十三元，款在卫生处二十八年度卫生事业费节余项下开支。现据卫生处编拟二十九年度该防疫医院经费预算，月列国币八百八十六元，比较上年度每月增加二百一十三元。惟查防疫医院系于省立医院开业以前建立，民政厅本年一月十二日民会二字第八号原呈已声明，一俟省立医院开业后，再行体察情形，专案呈核等语。再查防疫医院组织颇属单简，现在省立医院既已开业，医师护士较多，设备亦较良好，为节省公帑计，谅可并入省立医院办理。本案拟仍饬民政厅查明实际需要情形，妥议复夺。（二）所呈夏令卫生运动经费预算，本年度共列国币一万二千元，与上年度核定列支数目尚无出入，似可准予照办，拟请提会核定，款在本年度省普通概算卫生临时费项下开支。（三）预防天花接种运动费预算共列一次过国币一千四百元，列数尚无不合，似可照准，拟请提会核定，款在本年度省普通概算卫生临时费项下拨支。以上所拟：（一）点拟饬民政厅议复再夺。（二）、（三）两点拟提会核定。

（决议）照会计处签拟通过。

三十、主席提议，南海县县长高鼎荣辞职照准，遗缺派岑衍璟代理；灵山县县长梁汉耀辞职照准，遗缺派苏萍生代理，请公决案。

（决议）照案通过。

临时动议

三十一、（略）

三十二、主席提议，各县从前欠解及以后应解保安经费，姑念各县财政困难，均免予提解，请公决案。

（决议）照案通过。

广东省政府第九届委员会
第一百二十六次议事录

日　　期　五月十四日

地　　点　韶关本府

出席者　李汉魂　胡铭藻　何　彤　顾翊群（公假）　黄麟书
　　　　　　黄元彬　刘佐人（公假）　罗翼群

列席者　吴迺宪　杜之英（毛松年代）　郑　丰　高　信（黄公安代）
　　　　　　桂竞秋

主　　席　李汉魂

纪　　录　（秘书）熊公福　　（科长）关玉廷（病假）

报告事项

一、（略）

二、本省停止外人游历案，经本府电准外交部电复，自本年五月一日起至十月底止，继续停止外人游历六个月等由。业经分别呈报函行办理。

三、据新会县政府呈缴先后反攻夫禄乡战役死伤壮丁叶暖等二十三名请恤事实表，请核恤等情。饬据秘书、会计两处核明与人民守土伤亡抚恤实施办法规定尚属符合，拟准给恤，恤金在省预算恤金科目项下拨支等语，应准如拟办理。

四、据教育厅呈缴在港办理甄别失学学生学级试验费用预算书，拟由本年度各机关学校临时费项下拨支，请核示等情。饬据会计处核签，原预算列支三百元，尚属需要，所请在本年度各机关学校临时费项下拨支，拟请照准等语，应准如拟办理。

五、据省振济会呈缴更正派员随同钟处长前赴粤北战地抚慰难民旅什费预计算书类，请核示等情。经饬据会计处签称，查核该项计算书既据更正而列支九百九十二元六角九分，亦尚需要，拟可准在本府拨支该会二十八年度救灾准备金科目余款项下拨支等语，应准如拟办理。

讨论事项

一、据民政厅签呈，据卫生处呈缴第二补助医院及第一病兵收容所预算书，计补助医院一所开办费共七万零三百二十四元，经常费月支二万一千二百六十四元，收容所一所计列开办费共二万六千二百零四元，经常费月支七千三百六十元等情，请公决案。

（会计处签拟）拟参照民政厅签注意见，再按实在需要情形，分别审减后，计第二补助医院开办费减为一次过列支一万八千三百七十四元，经常费减为月支二万一千一百一十四元，收容所开办费减为一次过列支五千七百六十六元，经常费月支七千二百六十元（比较本府第九届委员会第一○三次会议核定数额计补助医院开办费减去二百零一元，经常费月增五千九百零八元，收容所开办费增加一千七百七十三元六角，经常费月增二千二百七十五元）。拟请提会核议，如奉核定，此项新调整预算，拟自本年五月份起实行，其本年四月底以前各月份该院所经费，拟仍照本府第九届委员会第一○三次会议核定数额列支。至该院所开办费，现核减后，共支二万四千一百四十元，除前已核定二万二千五百六十七元四角外，所增一千五百七十二元六角及经常费等款，拟并由本府垫付后，向军政部领回。本案拟俟提会核定后，先将该院所成立经过及前后经费核定数目，电咨军政部查照。其详细预算，拟饬卫生处从速编呈到府再行邮寄。又前项临时补助医院，现仅设立一所，其名称应否将原名"第二补助医院"改为"第一补助医院"，或以医院所在地名为名称之处，并请核示。

（决议）所有寝具，除领用外，准照预定人数购足，余照会计处签拟通过。

二、据民政厅签呈，据卫生处呈缴该处迁移费支出预算书，计列八千四百四十八元九角三分，照案应在该处经费节余项下开支，请察核等情，请公决案。

（会计处签拟）查原缴迁移费预算书核与现准审计处驻韶办事处抄送卫生处迁移费支出实数表所列数额相符，似可照准，提会核定，款在本年度省预备金项下开支。又原书第一项及第一目第一节所列人员膳宿津贴费"津贴"二字，核与法令抵触，且与各机关员役迁连回韶发给膳宿费办法案未尽相符，拟俟提会核定后，代将该二字删去。

（决议）照会计处签拟通过。

三、（略）

四、据财政厅签呈，缴佛冈县及梅菉局二十八年度追加概算书，计佛冈县岁入岁出各列二百八十元、梅菉局岁入岁出各列一千零五十九元，请核定公布施行等情，请公决案。

（会计处签拟）查梅菉管理局追加概算岁入经常门第一项"各项收入"为原预算科目所无，拟就该项收入内容改为"县捐费收入"。其余尚无不合，拟可提会核定公布施行。

（决议）照会计处签拟通过。

五、据财政厅签呈，缴平远、仁化县二十九年度追加岁入岁出概算书，计平远县岁入岁出各列七千六百九十五元，仁化县岁入岁出各列七千零七十三元，请核定公布施行等情，请公决案。

（决议）照案通过。

六、据民政厅、财政厅、地政局会呈，关于省参议会涂参议员提议请扶助农民以增加抗战力量一案，为兼顾双方起见，拟定限制耕地加租办法，请核示等情，请公决案。

（秘书处签拟）查本省佃农租值多按产物收获数量，业主佃户各居其半，已成习惯，民财两厅暨地政局会拟限制耕地加租办法，尚能兼顾事实，似属可行。惟原标题拟修正为"广东省限制耕地加租暂行办法"，原案第六条拟修正为"本办法自省政府公布日施行。如有未尽事宜，得随时修改之"。

（决议）照秘书处签拟通过。

七、据财政厅签呈，据缉私处呈缴缉获私货处理办法，经修正指复，请察核准予备案等情，请公决案。

（决议）交黄委员元彬、胡委员铭藻审查。

八至九、（略）

十、据建设厅签呈，核议阳山县拟筹设农林改进场附缴计划开办经常用费预算书，请拨款补助一案，查核计划大致尚合，原列开办费三千元，应减为二千四百一十元，原列经常费年支二千零四十元，应减为一千五百七十元，请核示等情，请公决案。

（会计处签拟）现据该厅核复，该县筹设农林改进场计划大致尚合，并将开办费减为国币二千四百一十元，经常费减为全年度国币一千五百七十元等情，似可准照所拟办理，惟该县所请由省库拨款补助一节，该开办费似可准由建设厅农业基金项下拨支，并请提会核定。至经常费月仅一百三十余元，为数无多，似仍饬由县地方款项下指款开支。

（决议）照会计处签拟通过。

十一、据财政厅签呈，拟具缉私处查缉专员办事处组织章程，请核准备案，通饬施行等情，请公决案。

（决议）交黄委员元彬、胡委员铭藻审查。

十二、（略）

十三、据省地政局呈缴更正驻韶办事处二十八年十二月迁移临时费支付预算书，计列一千八百元，请饬厅拨发归垫等情，请公决案。

（会计处签拟）查地政局三月十九日呈送该局驻韶办事处搬运费预算书，列支一千八百元，四月十六日呈送该局驻韶办事处迁移费预算书，列支一千七百九十八元五角，均系去年十二月间因粤北战役而支付迁移费之预算，同属一案，而重复编造预算。惟查四月十六日所呈预算列支数目，核与审计处函送本处之该办事处迁移费实支数额表所列数目相符，似可照发一千七百九十八元五角，在本年度省预备金项下开支，仍请提会核定。

（决议）照会计处签拟通过。

十四、据仲元图书馆代电，请继续按月拨给该馆保管费五十三元，由二十七年十一月至二十九年二月计十六个月，共八百四十八元，除将十一月份经费拨支外，不敷四百六十七元四角五分，请拨发归垫等情。并准第××集团军总部电同前由，请公决案。

（会计处签拟）仲元图书馆保管费二十八年以前不敷三百六十一元四角五分，拟在该馆二十七年十二月份经费三百八十元五角五分内拨支；二十九年度六百三十六元，拟在本年度各机关学校临时费项下拨发，不再追加，下年度列入省总概算，拟请提会核定。

（决议）照会计处签拟通过。

十五、（略）

十六、据第二区行政督察专员电，据捕获汉奸董××一名，请察核给奖等情。饬据秘书处、会计处签拟给奖四百元，援照成案在本年度省预备金项下开支等情，请公决案。

（决议）照案通过。

十七至二十一、（略）

二十二、据省振济会呈，据救济总队呈请继续增编六个分队，月支经费一千二百四十二元，请察核照准等情，请公决案。

（决议）暂从缓议。

二十三、（略）

二十四、据财政厅签呈，请派委本厅第四科科长黎贯，缴同略历表，请察核等情，请公决案。

（决议）准照派代。

二十五、据建设厅签呈，请派林为栋为本厅视察，缴同履历，请察核等情，请公决案。

（决议）照案通过。

二十六、据建设厅签呈，据工业管理处呈，拟派伍琚华代理该处技正兼工务组长，连同履历，请察核等情，请公决案。

（决议）照案通过。

二十七、主席提议，派卫梓松为秘书处技术室技正，请公决案。

（决议）照案通过。

二十八、胡委员、何委员会复审查广东省各县（市）政府兵役科组织办法案意见，请核示等情，请公决案。

（审查意见）遵经将广东省各县（市）政府兵役科组织办法及其编

制给与表会同审查，原拟各条大致尚无不合，惟实行新县制县份，似应依广东省县各级组织纲要实施计划规定将兵役科改为军事科，其组织则照新定县府编制办理。至游击区县份，似亦应仍照交颁游击区县政府组织及经费支付暂行办法办理为当。

（决议）照审查意见通过。

二十九、（略）

三十、据民政厅签呈，据卫生处呈缴二十九年度岁出经常费全年预算书，列支四万八千四百二十三元，及一月至三月预算书，月列二千二百四十五元，四月至十二月预算书，月列四千六百三十二元，请核示等情，请公决案。

（会计处签拟）（一）查原呈卫生处本年度经常费预算书所列本年一月至三月份每月列支国币二千二百四十五元，自本年四月起至十二月份止，每月核实改支国币四千六百三十二元（查原预算列支四千六百四十四元，惟以该处会计室编制设置会计主任一人，佐理员一、二等各一人，雇员二人。现据预算书内说明所称，该室工作极多，拟将佐理员两人均以二等支给，余薪增设雇员一人等语。为顾及事实计，似可照准，但所列该室各员薪给，综计有超过原核定总额十余元，经由本处饬股征商该会计主任同意，将所拟月支四十一元之雇员两人，各改为月列支三十五元，期使与核定原案符合，故改正列支数如上）。上列之数，核与本年度省地方岁出概算原列该处经费月支二千元，及本府第九届委员会第一一○次会议核定自本年一月份增回该处二成经费每月二百四十五元，暨本府第九届委员会第一○五次会议核定该处调整内部组织各法案均相符合，似可照准，自本年四月份起，每月列支经费四千六百三十二元，除本年度省地方岁出总概算原列该处经费每月二千元及增回二成经费二百四十五元外，所增二千三百八十七元之款，拟自本年四月份起，在本年度卫生事业费项下拨付。（二）原呈卫生处各区防疫区署本年度经常费预算书，所列本年一月至三月份每区署月支六百五十元，三个区署共月支一千九百五十元，核与本年度省地方岁出总概算所列相符，自原列本年四月份起至十二月份止三个区署每月共支二千二百二十三元，所列各数，核与本府第九届委员会第一○五次会议核定原案尚合，似可照准。其自本年四月份起每署月支七百四十一元，除原支经费每月六百五十元外，每区署每月计增加九十一元，三个区署每月共增二百七十三元，该款拟自本年四月份起在本年度卫生事业费项下拨支。以上所拟两点，拟请提会核定。

（决议）照会计处签拟通过。

广东省政府第九届委员会
第一百二十七次议事录

日　期　五月十七日

地　点　韶关本府

出席者　李汉魂　胡铭藻　何　彤　顾翊群（公假）　黄麟书
　　　　黄元彬　罗翼群（假）　刘佐人

列席者　吴逎宪　杜之英（毛松年代）　桂竞秋

主　席　李汉魂

纪　录　（秘书）熊公福　（科长）关玉廷

报告事项

一、据广东省地方行政干部训练团呈，为前县训所通讯班学员九十名仍继续予以深造，拨本团受训。关于该班学员每月伙食照本团规定国币八元发给；至津贴零用费，仍请援照前县训所成案，百〔每〕名每月沿支国币九元，两共一十七元，请按月准列入本团经常费第二十款第一项第二目报销等情。饬据会计处核签尚无不合，拟予照准等语，应准如拟办理。

二、据教育厅签呈，前呈送二十八年度第二次垫支各项临时费预算书，对于调任南路行署人员旅费一项，除科长、员三人外，尚有夫役一名应支旅费四十二元，公物一担预算拨运费四十四元，合共八十六元，因原书漏未叙明，致被剔除。兹补具理由改编预算书，仍请照原预算数二千五百一十五元四角五分开支存转备案等情。饬据会计处核签尚无不合，拟请准照原预算开支等语，应准如拟办理。

三、据秘书处签呈，编缴二十九年度元旦特刊印刷费支付预算书，请照第八十九次会议决议案拨支等情。饬据会计处签拟，原预算列支五千三百六十九元三角五分既属实际支出，拟照案在二十八年度预算费项下拨支。饬财政厅将前拨二千五百元扣除，并拨正科目转账。又查该特刊原定价每本售六角，以六百本发售，应收回价款三百六十元，原预算书备考栏说明收回价款二百八十八元，自属不符，应饬查明报核等语，应准如拟办理。

四、据第七区专员呈，拟自二十八年四月一日起，将本署准备费项下汽车费节余流用为办公费及旅费，俾资弥补，请核准等情。饬据会计处签拟，核与预算法规定尚无不合，拟请照准等语，应准如拟办理。

五、据会计处签呈，以前准教育厅片送黄岗小学校迁移费预算列支国币一百零三元三角一案，现经商准教育厅片复，该项迁移费可在本年度教育机关学校临时费项下拨支等由。似尚可行，拟请照准等情，应准如拟办理。

六、据三区专员代电，三水县长呈报捕杀县属□西乡伪维持会副会长李×一名，转请核给奖金，以资鼓励等情。经饬据秘书、会计两处核明，拟依照修正广东省捕杀敌伪组织官员奖励办法规定酌给奖金一百元，款在本年度省预备金项下开支等语，应准如拟办理。

七、据财政厅长报告，四月二十一日率同本厅职员李云良等八员赴渝参加中央训练团受训，厅务交主任秘书桂竞秋代拆代行，请准备案等情。经批复准予备案。

八、据第某游击区纵队司令呈报，捕获伪江新治安维持会委员何××一名，经呈奉广东绥靖主任公署核准正法，检同判决书及证件，请核奖等情。饬据秘书、会计两处核明，拟依照修正广东省捕杀敌伪组织官员奖励办法规定给奖国币四百元，款在本年度省预备金项下开支等语，应准如拟办理。

九、（略）

十、据本府驻渝办事处呈缴该处二十八年六月份开办费支付预计算书类，请核销等情。饬据会计处签称，该项开办费支出计算书共列支国币九百九十六元三角，经送请秘书处核复认为需要，似可准在该处本年度经常费节余项下开支等语，应准如拟办理。

十一、据财政厅签呈，拟具广东省实施县各级组织纲要财政划分补助办法，请核定分令曲江等十八县遵办等情。饬据民政厅、会计处签以〔拟〕办法第五、六两项，似有未妥，拟请修改等情。经核定将第五项改为"各县普通营业税、典商营业税、烟酒营业牌照税等仍照原案以百分之三十拨县，由税务局征收，依照实征数目按月径行划拨县库，仍报财政厅查核"。第六项应在其原列"提解壮常队费"句下，加"在国民兵团经费未另行划抵以前"一句，以臻完备。

十二、据增城县长电报，该县政工队训练班学员伙食及修葺等费，请由省拨给等情。饬据会计处签称，该县政费及地方款既属支绌，似可照准，即在省款补助该县自治费节余项下拨给等语，应准如拟办理。

十三、（略）

十四、据会计处签呈，为连县二十九年度地方款概算书内列备比较之二十八年度概算各数微有不符，签请察核报会分别更正等情，应准如拟办理。

十五至十六、（略）

十七、准保安司令部电送故员兵陈亦维等五员名甲、乙两种死亡书表保结及恤金给予表，请予核办等由。查所定给与该员兵等一次恤金及年抚金金额与例符合，经填发恤令，转发该管县政府查传给领，并分函审计处备案。

十八、（略）

十九、据禁烟督察处广东分处驻×办事处呈，请将本省土膏店准展限至六月十五日撤销，并电各县局遵照等情，应准如拟办理。

讨论事项

一、（略）

二、据民政厅案呈，据卫生处呈奉饬酌增救护站一案，依照本年度本省施政纲要，拟先增设一中队，开办费列一千零七十四元五角，经常费每月一千零九十九元，内列旅费一项，每月三百五十元，不无过多等情。饬据会计处核议，旅费减为八十元，计经常费改为月列八百二十九元，似可准自本年五月份起支，连同开办费在本年度卫生事业费项下拟〔拨〕付等语，请公决案。

（会计处签拟）查卫生处本年度原设临时救护队一队，现为增强本省临时救护工作，所拟增设救护队一队，在东江沿线设站救护，尚属需

170

要，似可照准。据呈该队经常费预算内所列旅费一项，月支国币三百五十元，似属过巨，现拟援照该处原有救护队列支成案，每月减为列支八十元，计核减后该队经常费预算每月改为列支国币八百二十九元，至开办费共列一次过国币一千零七十四元五角，所列各数尚无不合，经常费似可准自本年五月份起支，连同开办费，在本年度卫生事业费项下拨付，仍请提会决定。又查卫生处原设救护队定名为"临时救护队"，现在增设之救护队则名为"临时救护第二中队"，前后名称不相融合，可否改为"广东省卫生处'第一、第二'临时救护队"之处，并请核示。

（决议）照会计处签拟通过。款在本年度省预备金项下开支。

四①、据财政厅签呈，据税警总团编缴本年度官兵米津预算书，计列九千六百二十二元，核尚需要，业由本厅以暂付款科目垫付过一至四月份共国币一万五千一百九十二元，请核定开支科目等情，请公决案。

（会计处签拟）查税警团经费（本年度）预算书经本府第九届委员会第一一七次会议核定月支五万六千四百二十八元四角，款在缉私处经费科目项下列支在案。现财政厅所呈该团本年度官兵米津预算书所拟官兵每人每月发给二元，尚无不合，总计每月列支国币九千六百三十二元（内"军事教导队"编制经费均未呈经本府核定有案，原列该队官兵米津每月三百二十六元，拟暂并案核拨，仍饬财厅查复），该款似可准由本年一月份起支，拟以三千五百七十一元六角在本年度省地方普通总概算所列缉私处经费科目项下余额拨支。其余六千零六十元零四角，拟在本年度省预备金项下支付，仍请提会核定。

（决议）照会计处签拟通过。

五、据财政厅报告，中央警校派来本省充任缉私干部学员奉准每员增拨旅费五十元，计李国英等四十九名及黎钦文等七名共计五十六名，应增拨国币二千八百元，经以暂付款科目支付，请指定开支科目等情，请公决案。

（决议）每员准增发旅费五十元，实报实销，款在本年度省预备金项下开支。

六、奉第某战区司令长官司令部代电，据编纂委员会呈，为增建职

---

① 原文缺第三项。

171

员宿舍棚厂一座，估价以陈吉祥商号取价国币一千七百一十四元二角为最廉，经交承建，该费拟在本会二十八年度经费节余项下拨支等情，仰该府核发等因，请公决案。

（会计处签拟）查编纂会增建职员宿舍核尚需要，似可照办。所需工料费一千七百一十四元二角，拟在本年度省预备金项下开支。至结存二十八年度经费，应请解库抵领，并复知，仍请提会核定。

（决议）照会计处签拟通过。

七、（略）

八、据教育厅签呈，派省立南雄中学体育教员郑伯欧一员前往渝体育班受训，旅费国币六百元，拟仍在二十九年度各学校机关临时费内拨支，请饬财政厅将款如数划拨给领等情，请公决案。

（决议）照案通过。

九至十、（略）

十一、据建设厅签呈，据农林局呈缴增设农田水利课组织纲要开办费经常费预算书，请核示等情。饬据秘书、会计两处分别签拟核减前来，请公决案。

（秘书处签拟）（二）①求〔水〕利课与测量队之组织及经临费应分别开列，视事业发照〔展〕之程度，酌量增减。测量队数现拟设两队尚无不合，水利课每月经常费暂定国币三千元，测量每队经常费暂定一千四百元，必要时准随时增加。（三）临时费概算书第一项第一目第四节盖搭用具设备费用途不清楚，应剔除；第二项第一目第一节经纬仪，第二节水平仪，第六节水平杆可剔，除因建设厅尚存经纬仪七副，水平仪二副，又公路处存经纬仪及水准仪各三、四副可借用，第三节流速器每副应减为一千元，可向中央度量衡局购买国货较为低廉，其余仪器应从速拨款，并分向香港及重庆询价购买。关于香港方面，可委托贸易处代理。至于重庆，则函该局在渝受训职员向经济部全国度量衡局等机关购办。因该所之出品价值合舶来品五分之一，故第三项第一节应减为一千元，第二节应剔除。

（会计处签拟）查此案据农林局原拟各概算计列开转〔办〕费六万

----

① "（一）"略。

三千元，本年度四月至十二月份经常费七万八千七百八十六元，列数似属过巨，兹拟将经常费一项照技术室意见办理，水利课暂定月支三千元，测量队每队暂定月支一千四百元，两队共月支二千八百元，并拟改为自本年五月份下半月起至十二月份止，以七个半月计算（五月份下半月为十六天），计水利课及测量队两队本年度经常费共四万三千五百九十三元（元以下小数删去）。至开办临时费拟参照建设厅及技术室意见，将原概算分别减正，计减正后，列支一万五千四百九十二元（附减正开办费概算书）。照此计算开办费及本年度经常费共五万九千零八十五元，如准照办，似可饬建设厅照此数目在农林建设基金项下开支，并转饬农林局照核定经常费总额妥为分酌，另编经常费预算书，照减正开办费概算另编开办费预算书，暨遵照秘书处法制室意见，将组织纲要修正一并呈核，仍请提会核定。

（决议）照案修正，并照秘书、会计两处签拟通过，款自六月一日起支。

十二、（略）

十三、据建设厅签呈，据农林局呈，拟追加血清制造所开办费内各种仪器材料购置费预算八千四百元，在追加开办费预算未奉核准以前，应否准予在该所二十八年度经常费节余项下开支，俾先行汇港购买等情。经予照准，款在该所二十八年度经常费节余项下开支，提会补请追认案。

（决议）照案追认。

十四至十八、（略）

十九、据广东省地方行政干部训练团呈，造具前广东省县政人员训练所棉衣费临时预算书，计列三千二百五十元，请察核备案等情，请公决案。

（决议）照案通过。

二十、据省振济会呈，拟订招致檀香山华侨办理茶田垦区实施办法，请察核备案等情，请公决案。

（决议）交财政厅、建设厅、地政局审查，由财政厅召集。

二十一、据秘书处签呈，为本年度第八期本府派赴重庆受训人员，除财厅所属人员旅费已由库拨支外，计建厅、民厅禁烟所属人员黄维炎等一十员，共发旅费国币六千元，请提会核定指款拨支归垫等情，请公决案。

（决议）照案通过。款在本年度省预备金项下开支。

二十二、据秘书处案呈，关于陈少虞等与吴瑞川等因煽佃违约减租抗送事件，不服郁南县政府所为布告处分，提起诉愿一案，经审查完竣，作成决定书，请提会核定等情，请公决案。

（决议）照决定书通过。

二十三、据秘书处签呈，奉饬从优奖恤顺德大良国民兵团中队长梁德赞忠勇抗战殉职一案，拟依照行政院抄发警局长因守土抗战功勋卓著死事壮烈者准予特恤标准，先给予梁中队长遗族一次过恤金一千元。等情。指交会计处签拟在本年度省款保育及救济支出恤金项下开支。等语。经如拟办理，提会补请追认案。

（决议）照案追认。

二十四至二十五、（略）

二十六、主席提议，澄迈县长陈炜章辞职照准，遗缺派梁稚标代理，请公决案。

（决议）照案通过。

二十七、主席提议，连山县县长林春荣另有任用，遗缺派梁运涛代理；兴宁县县长何酒英另有任用，遗缺派罗醒代理，请公决案。

（决议）照案通过。

二十八至三十、（略）

三十一、准广东省临时参议会函送第三次大会出席参议员拟增旅费表及追加预算书，计划国币七千六百元，请提会核定等由，请公决案。

（决议）照案通过。款在本年度省预备金项下开支。

三十二、（略）

三十三、委员兼教育厅长提议，本年下半年所需国民教育经费依照国民教育会议规定比率，本省应负担设校经费及师资训练费，两项合计一百七十九万五千元，关于师资训练班，拟请由本省地方行政干部训练委员会分县设所办理，连同国民教育师资训练计划大纲，请公决案。

（决议）交胡、顾两委员审查。

三十四、委员刘佐人提议，拟具广东省政府行政效率促进委员会组织规程草案，请公决案。

（决议）交何、胡、黄教厅三委员审查，由何委员召集。

广东省政府第九届委员会
第一百二十八次议事录

日　期　五月二十一日

地　点　韶关本府

出席者　李汉魂　胡铭藻　何　彤　顾翙群（公假）　黄麟书
　　　　黄元彬　刘佐人（公假）　罗翼群

列席者　高　信　吴迺宪　杜之英（毛松年代）　桂竞秋
　　　　郑　丰

主　席　李汉魂

纪　录　（秘书）熊公福　（科长）关玉廷

报告事项

一、据暂编第二军电复，"超然"电船每月需支材料费一千二百零五元，奉核定在本部战临费项下开支。惟本部战临费，照案月发夫役费一千元，谍报费五百元，事实不敷甚巨，无法挪支，拟请仍照前案拨付或准在节余项下匀支等情。饬据会计处签拟，似可照准，在该军经费节余项下匀支等语，应准如拟办理。

二、据第三区行政督察专员电，据三水县电称捕获汉奸李××一名，系充县军田乡伪维持会长，经呈奉绥靖主任公署核准枪决，请予给奖等情。饬转秘书、会计两处签拟发给奖金四百元，援案在本年度省预备金项下开支等语，应准如拟办理。

三至四、（略）

五、据教育厅签呈，拟具修正广东省中等学校战区学生补助膳费暂行办法，请察核等情。饬据会计处签称，查核尚无不合，拟请报会备案等语，应准如拟办理。

六、（略）

讨论事项

一至二、（略）

三、据财政厅签呈，核议关于各县解拨国民兵团经费应在发县何项经费扣拨一案，查省库补助县款以自治经费为最多，次为县府行政经费，究应在何款扣拨，仍请核定等情，请公决案。

（决议）着各县局转饬所属区乡即在所有自治经费项下自行匀支，毋庸提解抵拨。

四、（略）

五、据秘书处案呈，梅县丙村有利公司代表人廖衡酌因争优先承领矿区事件，不服本府建设厅处分，提起诉愿一案，经审查完竣，作成决定书，请提会核定等情，请公决案。

（决议）照决定书通过。

六、据民政厅签呈，据卫生处呈，为此次购药五十万元运输费，奉核定在本处事业费开支，似有窒碍难行，请准在购药费项下开支，或另拨专款实报实销，转请核示等情，请公决案。

（决议）准在购药费项下开支，仍迅具预算呈核。

八①、准保安司令部函，据卸保安处邓处长呈复补缴二十八年二、三、四各月份学×队经费支付预算书，计二月份列支二千四百四十元零九角六分，三月份列支三千九百四十九元三角六分，四月份列支四千九百三十九元零六分，转请查照等由，请公决案。

（决议）照案通过，款在二十八年度保安经费节余项下开支。

十②、准广东省临时参议会函，送本会二十九年度第三次大会开会费概算书，计列六千三百五十元，请提会决定等由，请公决案。

（决议）照案通过，款在本年度省预备金项下开支。

十一、据教育厅签呈，据省立肇庆师范呈缴已故导师陆佩衡长子陆庆庸请领恤金事实表，请求发给恤金一千七百一十六元五角四分，核与规定相符，连汇费八十五元八角二分，共一千八百零二元三角六分，除以本年度该项预算余款一百七十一元五角六分划拨外，计尚不敷一千六

---

① 原文缺第七项。
② 原文缺第九项。

百三十元八角，请饬财厅划拨转发，并准予追列本年度该项省校教职员养老金及恤金预算等情，请公决案。

（决议）照案通过。

十二、委员兼教育厅长提议，查省立钦州师范校长伍瑞锴辞职，业经照准，遗缺查有张开照堪以接充，检同履历，请公决案。

（决议）照案通过。

十三、据建设厅签呈，核议第三区专署转缴封川县继续破坏××公路计划图表及预算，列支二千五百一十元一案。查计划表列土方数量错误数字，经代更正，其余各段工程数量及民工伙食费各敌〔数〕，尚属适当，似可准照列支等情，请公决案。

（决议）照案通过。款在本年度建设事业支出项下开支。

十五①、主席提议，广宁县县长陈次恺另有任用，遗缺调南雄县县长韩源接充；递遗南雄县缺，派赵沛鸿代理，请公决案。

（决议）照案通过。

广东省政府第九届委员会
第一百二十九次议事录

日　期　五月二十四日

地　点　韶关本府

出席者　李汉魂　胡铭藻　何　彤　顾翊群（公假）　黄麟书
　　　　黄元彬　罗翼群　刘佐人（公假）

列席者　高　信　吴迺宪　杜之英（毛松年代）　郑　丰　桂竞秋

主　席　李汉魂

纪　录　（秘书）熊公福　（科长）关玉廷

报告事项

一、准广东省临时参议会函，为本会本年度拟照案提拨五百元为购

---

① 原文缺第十四项。

置图书之需，此项经费仍在本会节余经费项下开支，请查照核定等由。查事属需要，经复照办。

二、（略）

三、据第×游击区纵队司令部呈报捕获伪挺进队小队长彭×一名经过情形，请核给奖等情。饬据秘书、会计两处签拟给奖国币二百元，援照成案，款在本年度省预备金项下开支等语。经准如拟饬财厅照数拨付。

四、（略）

讨论事项

一、据广东省救灾准备金保管委员会呈缴二十九年度迁移临时费预算书，列支九百一十一元，拟请准予在二十九年度省款预备金项下开支等情，请公决案。

（会计处签拟）查审计处函送本处之救灾准备金保管委员会迁移费数目清单，列支九百一十元六角，核尚需要，似可照此数目在本年度省预备金项下开支。至该会前呈概算书列支九百一十一元，比较审计处原送清单数目多列四角，而车船夫力职员膳宿等费，亦未据分节编列，此案如经核定照审计处原送清单数目发给，似应饬该会照核定数目，详分目节，另编预算书三份呈府存转，仍请提会核定。

（决议）照会计处签拟通过。

二、据民政厅签呈，奉批关于省警总队二十九年度服装费概算书，列支五万九千九百七十九元一角五分，数目较保安队服装费超过甚巨，饬核实拟议等因。兹就可能范围内酌予核减九千零六十六元七角五分，请准照减实数目五万零九百一十二元四角拨给等情，请公决案。

（决议）照案通过。款在本年度省预备金项下开支。

三至六、（略）

七、据建设厅签呈，拟将本省公路客运票价无论公营民营，一律援照邻省成例，每人每公里收费国币一角，俾资维持等情，请公决案。

（决议）准每人每公里收费八分。

八、据民政厅签呈，据曲江县推行新县制指导委员呈缴二十九年度五月至八月四个月经费支付概算书，月列八百三十元，拟请准由该县地方款开支半数，其余半数拟请由本省地方行政干训团或省库拨支等情，请公决案。①

（决议）照会计处签拟通过，款由县训所节余项下补助半数。

九、（略）

十、据财政厅签呈，遵照修正广东省营业税违章罚锾给奖办法，请察核公布施行等情，请公决案。

（决议）交胡委员审查。

十一、（略）

十二、主席提议，顺德县县长刘超常辞职照准，遗缺派苏玉泉代理，请公决案。

（决议）照案通过。

十三、据建设厅签呈，拟派公路处技正关以舟兼充星坪公路工程处主任等情，请公决案。

（决议）照案通过。

十四、据建设厅签呈，拟设麻织厂筹备处，并拟派赖武为该筹备处主任，请察核加委等情，请公决案。

（决议）照案通过。

广东省政府第九届委员会
第一百三十次议事录

日　　期　　五月二十八日

地　　点　　韶关本府

出席者　　李汉魂　　何　彤　　顾翊群（公假）　黄麟书　黄元彬
　　　　　胡铭藻　　刘佐人（公假）

列席者　　吴逎宪　　杜之英　　高　信　　桂竞秋

主　　席　　李汉魂

纪　　录　　（秘书）熊公福　　（科长）关玉廷

---

① 会计处签拟略。

报告事项

一、据民政厅案呈，据卫生处呈，准公共卫生人员训练所函请将本省送训卫生工程师梁精金津贴费每月四十元酌予增加，转请核示等情。查该学员所称物价高涨，生活困难，似属实情，拟准酌予增加津贴费每月十元，由五月份起至毕业止两个月共二十元，仍在原核定预算用余项下开支，饬据会计处签拟如该厅所拟办理等语，应准照办。

二、据教育厅签呈，据省立韩山师范学校呈缴汇发二十八年八月至十一月份经费、汇费、临时费支付预算书，列支一百零四元五角五分，查属实情，所拟在二十七年度节余项下开销，似可照准等情。饬据会计处签称，现经教育厅核明属实，拟请照准报会备案等语，应准如拟办理。

三、据高要县长电报增编自卫队第四大队于本年一月十一日成立，第十中队于一月【十】二日成立，第十一、十二两中队于一月十六日成立等情。饬据会计处签拟，照本府前核定增拨该县经费自各大队部中队成立日起拨支等语，应准如拟办理。

四、准广东省临时参议会函送本会二十九年度五月至七月共三个月员役米津费支付预算书，共列四百五十元，请查照办理等由。饬据会计处签拟准照支，款在本年度省预备金项下开支等语，应准如拟办理。

五、准广东高等法院函送钦县县政府兼理司法经费二十九年五月至十二月份支付预算书表，计月支一百九十二元，请饬厅照旧按月签发经费等由。饬据会计处签称，该费较前尚属减少，似可照办等语，应准如拟办。

六、据建设厅签呈，本厅经与中央信托局、中国银行等五行局合订办理本省农贷合约，定本年六月十五日开始放款，农贷总额一千万元，以乐昌、翁源、连平、仁化、龙川、河源、和平等七县为专放区域，其余县份，得由该行局等与广东省银行另订办法搭成合放等情。饬据会计处核签拟准备案等语，应准如拟办理。

七、据省振济会呈，拟由本年三月份起津贴省立第五儿童教养团儿童膳费每名每月暂津贴三元，款在本会儿童教养团经费节余项下拨支等情。饬据会计处核签，拟准照办报会备案等语，应准如拟办理。

八、据省警总队部呈，为选送中央警校刑事班受训学员潘昆明由韶赴渝，旅费一百二十元，拟在本队本年四月份预备费项下开支等情。饬据会计处签拟，请照准报会备案等语，应准如拟办理。

讨论事项

一、准广东省地方行政干部训练委员会函送干训团呈缴该团第一期学员结业旅什各费支付预算书，计共六万四千元，请查照办理等由，请公决案。

（决议）照案通过。款在该团经费项下支给。

二、准广东省地方行政干部训练委员会函送本会二十九年度特别办公费支付预算书，计列每月一百元，本年度自三月份成立日起，共列一千元，在本会本年度经费节余项下开支，请查照办理等由，请公决案。

（决议）照案通过。

三、据民政厅签呈，据卫生处呈缴省立临时医院二十九年度经常费，及开办费支付预算书，岁入预算书，暨月份分配表，计岁入预算月列一千九百五十元，经常费月支五千元，开办费一十三万零三百二十元，其中药械及汇费列支一十万零二千【元】案，经提会决定。至购置家私等费，共列二万八千三百二十元，亟待支需，请提会决定等情，请公决案。

（民政厅签拟）查省立临时医院开办费预算书内第二项二目卧具各节，已将二节略为删减，其棉胎布被部分，似尚需要，仍拟准照减实数目开列，以免冬季需用时再请追加。其余诊症床布，四目四节毛巾，五目一节病人衣服，六目三节茶具等项，均已略为删减，并在各该预算数目栏分别附签改正。至三项一目三节运费一项，经用电话询据该院主办人称系包括由港购置药物器械等件一切运费在内，经在该节备考栏内附签加以注明，第一款预算总数已附签改为一十二万八千三百七十八元四角，前项购置、旅运各费拟饬该院就可能范围内尽量撙节。

（会计处签拟）（一）该院本年度岁入（留医费等）预算月列国币一千九百五十元，似可准予照数列收。（二）该院本年度经常费，业经本府第九届委员会第一一一次会议核定月支国币五千元，现据呈预算书所列预算总额尚属相符，惟第一项第一目第十一节护士，第十二节佐理护士，第十五节技佐，第十六节检验员等俸薪所列数额，核与本省文职公务员各级官俸减支数额表规定不符，拟俟提会核定，并饬更正再行呈核存转。（三）该院开办费预算原列一十三万零三百二十元，经民政厅审核后，减为列支一十二万八千三百七十八元四角，现本处再按原列各科目需要情形，酌核尚可再减为列支一十二万六千零六十七元四角，除原列第一项第一目药械费十万元及第二目汇费二千元均经本府先后提会核准饬厅拨付应支外，其余二万四千零六十七元四角，似可照准拨付，款在本【年】度省预备金项下开支，并拟将此项开办费用从速据实结报（前拨开办费十万零二千元系在二十八年度预备费开支，又该院经常费原核定在二十九年度预备金开支）。

查民政厅签称，该院系于本年一月一日成立，以上各项预算似可准由本年一月份起实行，仍请提会核定。

（决议）寝具照民政厅签拟办理，余照会计处签拟通过。

四、（略）

五、准广东省军管区司令部函送英德县长派员调查英德自卫队故中队长谭锦裘损失经费九百元情形，及领据见证等件，应否准予作特别报销，请查核等因，请公决案。

（决议）准予作正报销，款在军管区经管之自卫队经费节余项下拨支。

六、（略）

七、据民政厅签呈，前奉谕派本厅视察杜世珍前赴中央干训团受训，所需旅费，业由本厅垫发国币六百元，请如数发还归垫等情，请公决案。

（决议）照案通过。款在二十八年度省预备费项下开支。

八、（略）

九、据建设厅签呈，据公路处转缴第二工务总段购置小型汽车临时费支付预算书类，计列二千二百元零〈零〉七角。查核尚属核实，似可准予由该总段余前任移交款项下开支，请核示等情，请公决案。

（会计处签拟）查该项购置小型汽车费既经建设厅核明尚属核实，该款似可准在本年度预备金项下开支，由该总段在余前任移交款内（二千三百七十二元一角三分）拨付抵解，余款国币一百七十一元四角三分，仍饬解库具报，拟请提会核定。至原书所列预算数，系将前任移交款全数作为预算数，系属不合，如奉准照支，拟代为更正。

（决议）照会计处签拟通过。

十、据建设厅签称，据农林局呈缴委托中大龙归稻作场试种畲禾计划及概算书，计由本年六月份起至十二月份止，七个月共需国币二千零五十六元，查核所拟尚属可行，请察核拨款办理等情，请公决案。

（会计处签拟）查此案既经建设厅核明尚属可行，复查原缴概算书亦尚需要，又查原概算书说明，以原拟利用畲禾搬运费节存款办理，因奉令二十八年度节存款不得移作别用，未敢擅自动支等情。兹为节省手续起见，拟准将前项试种畲禾专款二千零五十六元在该局二十八年度畲禾搬运费节存项下照数抵解，列入本年度省预备金项下开支，仍请提会核定。

（决议）照会计处签拟通过。

十一、据南路行署呈，拟设统计股一股，月支经费三百二十元，由本年五月份起至年底止，计八个月共二千五百六十元，请准自本年五月份起在省预备金项下，按月拨支等情，请公决案。

（决议）照案通过。款自六月份起支。

十二、据南路行署电，为本署现应领米津职员五十三人，月共需支二百六十五元，公役三十九人，月共需支一百一十七元，应由何项开支，请示等情，请公决案。

（决议）准在本年度省预备金项下开支。

十三、据省地政局呈缴二十九年度筑路临时费支付预算书，计共二千一百元，请饬厅如数拨发等情，请公决案。

（决议）照案通过。款在本年度建设事业支出项下开支。

十四、据会计处签呈，拟订本省派赴中央受训人员旅费给与表请提会核定等情，请公决案。

（决议）照案修正通过。

十五、奉广东绥靖主任公署函，准第××集团军总部移来据捕获增城饭池岭伪维持会长郭×及三合水伪维持会委员陈×等二名，经依法判决执行，希依章给奖等因。饬据秘书、会计两处签拟，共发给奖金国币六百元，援照成案，该款在二十九年度省预备金项下开支等情，请公决案。

（会计处签拟）本案捕获汉奸郭×、陈×两名，奉广东绥靖主任公署函送判决书下府，饬照修正本省捕杀敌伪组织官员奖励办法第三条第四款、第五款之规定给奖等因。查该条第四款之规定发给奖金二百元，该陈×一名系三合水乡伪维持会委员，拟依上项办法第三条第五款之规定发给奖金一百元，并生擒解案加倍给奖，共发给奖金国币六百元，援照成案，该款在二十九年度省预备金项下开支，仍请并案提会核定。

（决议）照会计处签拟通过。

十六、（略）

十七、主席提议，中山县县长吴飞辞职照准，遗缺派林卓夫代理，请公决案。

（决议）照案通过。

广东省政府第九届委员会
第一百三十一次议事录

日　期　六月一日

地　点　韶关本府

出席者　李汉魂　胡铭藻　何　彤　顾翊群（公假）　黄麟书
　　　　黄元彬　刘佐人（公假）

列席者　高　信　吴迺宪　杜之英（毛松年代）　郑　丰(假)
　　　　桂竞秋

主　席　李汉魂

纪　录　（秘书）熊公福　（科长）关玉廷

报告事项

一、据民政厅签呈，据卫生处呈，拟购置竹箩五十对，以便搬运药械之用，编具预算书，计列三百五十元，查尚需要，预算列支数目亦无不合，请察核等情。饬据会计处签拟照准等语，应如拟办理。

二、据教育厅签呈，据省立梅州农业职业学校呈缴二十八年度修理校舍预算书，计列四百零九元七角三分。拟请准在该校二十五年度节余预备费项下拨支等情。饬据会计处签称，核尚需要，拟准照支报会备案。惟查二十五年度节余预备费项下拨支，似有未合，此款拟在二十八年度省预备费项下拨支，该校结存二十五年度经费，应饬解库抵领，追列二十八年度岁入概算等语，应准如拟办理。

三、（略）

四、据广东省救灾准备金保管委员会呈缴二十九年五月至七月份员役米津费预算书，计共一百二十三元。饬据会计处签称，查核尚无不合，拟准由二十九年度省预备金项下拨支等语，应准如拟办理。

五、准广东省委任职公务员铨叙委托审查委员会函送员役米津预算表，计由五月至七月共三十三元。饬据会计处签称，查核尚无不合，拟准由二十九年度省预备金项下拨支等语，应准如拟办理。

六、据广东省救护委员会呈缴二十九年五月起至七月止三个月员役米津预算书，计共一百三十五元。饬据会计处签称，查核尚合，拟准由二十九年度省预备金项下拨支等语，应准如拟办理。

七、据第六区行政督察专员电缴二十九年五月至七月应领员役米津表，计共二百六十一元，饬据会计处签称，查核尚合，应拟准由二十九年度省预备金项下拨支等语，应准如拟办理。

八、据会计处电缴二十九年五月至七月发给员役米津临时费支付预算书，计共九百三十九元。查核尚合，应准由二十九年度省预备金项下拨支。

九、据黄岗消防队电缴二十九年五月份至七月份员役米津费支出预算书，计共一百五十三元三角六分。饬据会计处签称，查核尚合，拟准在二十九年度省预备金项下拨支等语，应准如拟办理。

十、（略）

讨论事项

一、准广东省军管区电复，关于兵役调查办公费暨书表册簿等费办法一案，分别核拟请查照等由，请公决案。

（财政厅、会计处签拟）查所拟五项意见，及将本省各县拨支兵役调查办公费用办法第三条条文修正一节，既奉批示，事属可行，自可照办。至关于应备书簿表册等费概算标准，在本省战时一般物价均觉飞涨，亦似有加增之必要，经会同商议拟照前颁概算标准分别增加二分一；惟查前项书簿表册等费，业经列入省地方普通总概算，并规定每年办理一次（以十七个年次计），人口二十万者，支二十元，不及二十万者照支，每超过五万人，得增加五元，现照原颁概算标准增加二分一，及照军管区意见将国民兵役名簿、国民兵役统计表两项笼统名称删除，而详细列举增添为壮丁名册国民兵名簿、备役后备军官（佐）名簿、预备军士名簿、国民兵统计表、备役后补军官（佐）统计表、预备军士统计表七种，其概算数已因而增加为四十六元二角五分，实超过二十六元二角五分，该项超过数额省地方普通总概算，自难再予补列并拟在省预备金项下拨支。再前颁本省办理国民兵役初次施行壮丁调查办公费，暨应备书簿袭册等费，概算标准表及拨支费用办法，拟分别照军管区意见修正呈核。其办法第四条条文"由县"二字之下拟加入"呈请"两字；又"支销"二字拟改为"办理"，以适合事实，仍请提会核定。

（决议）照财政厅、会计处签拟通过。

二、据教育厅签呈，据本厅秘书兼第一科科长谢群彬报告，请准予辞去兼职，拟予照准，遗缺拟委麦霞甫接充等情，请公决案。

（决议）照案通过。

三、据建设厅签呈，据公路处呈缴木里程牌及地名牌工料费预算书表，查核尚无不合，该项工料费六千一百二十二元八角，拟请饬库拨款办理等情，请公决案。

（会计处签拟）本案送准秘书处技术室核复确属急需，图则预算尚合。等词。该项木牌工料费国币六千一百二十二元八角，似可照准，在二十九年度建设事业支出项下开支，饬库拨付转发办理，并饬由该处通知有关各县府如遇奉令破坏公路时沿途安设之木里程牌及地名牌应注意一并破坏，免被敌人利用，仍请提会核定。

（决议）照会计处签拟通过。

四、准广东省地方行政干部训练团函送更正前县训所二十九年一月至三月临时费预算书，计每月二千八百零一元，三个月共八千四百零三元，该费拟在该所每月份临时费第一款第一项第十一目列支，其超出该月预算数，请准由异目流用等由，请公决案。

（决议）照案通过。

密五、据广东省地方行政干部训练所呈缴二十八年购置通讯器材费支付预算书，共五万九千九百六十八元二角六分，拟将干训所二十八年度经临费节余四万零八百四十八元三角五分扫数拨支，尚不敷一万九千一百一十九元九角一分，请准在广东省县政人员训练所二十八年度经临费节余项下拨足等情，请公决案。

（决议）照案通过。

六、据广东省县政人员训练所呈缴广东省县政人员训练所学员回程旅费预费书，计列支四万五千一百四十六元，拟在本所二十八年度经临费节余项下开支等情，请公决案。

（会计处签拟）查旅费表列罗定县学员二十二名，旅费以散合总共八百七十五元，原表误列八百八十五元，多列十元，全部旅费确实应为四万五千一百三十六元。据称此项旅费拟在该所二十八年度经临费节余项下开支，核尚可行，拟请照提会核定。

（决议）照会计处签拟通过。

七、委员兼南路行署罗主任签请添设秘书二员，经予照准，并据电称所增秘书二员照规定荐任五级，计共月支三百四十元，请由五月份起饬库汇发等情，请公决案。

（决议）照案通过，款在本年度省预备金项下开支。

八、据省地政局呈，遵令更正南海等县地政处暨所属机关办理结束遣散恩饷临时费，博罗等县垦殖办事处遣散恩饷临时费支付预算书，计共二万三千零六十九元九角七分，请核准分别存转等情，请公决案。

（决议）照案通过，款在该局二十七年度经费节余项下开支。

密九、据第七区行政督察专员电，为茂东化遂话线遵即改用三号曲钩磁碗，共需增加五千五百五十八元四角；并拟设十号便利机，共需二千五百五十元，计全部工料费预算共四万四千一百零八元四角，除前拨过二万元外，计共需二万四千一百零八元四角，请拨款购办。至长途电话所定五月一日成立，每月经费三百元，拟饬所属各县局由地方款分别提拨，请核示等情，请公决案。

（会计处签拟）现据该专署电复，遵即改用三号曲钩磁碗，预算增加五千五百五十八元四角，并拟改设十号便利机预算国币二千五百五十元，既经建设厅核明各设分机尚属需要，且经技术室核复三号曲钩磁碗似可先行拨款购买，仍饬事后核实检据报销。至十号便利机价格大致尚合。等语。复核实该项工料费连各便利机价款全部预算共国币四万四千一百零八元四角，除前拨过国币二万元外，尚需国币二万四千一百零八元四角，拟并在本年度建设事业支出项下拨支，仍饬核实办理。至长途电话所经费月支三百元，所请拟由五月份起在该区所属各县局分别提拨，似可照准在该区各该县局本年度县局预备费项下拨支。统请提会核定。

（决议）照会计处签拟意见通过。

十、据省振【济】会呈缴本会二十九年度三月份至十二月份追加经常费支付预算书，每月三千六百元，计由三月份起至十二月份止共三万六千元，请准在本会二十八年度救灾准备金科目余款项下拨支等情，请公决案。

（决议）照案通过。

密十一、据秘书处签呈，据无线电总台呈缴二十九年度燃料费岁出预算书，计月列一千元，由二月份至十二月份十一个月共列一万一千元，请核示等请，请公决案。

（会计处签拟）现既经秘书处会计室签拟，以该无线电总台燃料费应另列预算提会核定指款拨支等情，似可照办，并似可照无线电总台所拟月支燃料费一千元数额自本年二月份起在本年度省预备金项下按月拨交本府秘书处具领，并由秘书处补编该项燃料费预算书三份呈府存转，仍请提会核定。

（决议）照会计处签拟通过。

密十二、据新丰县长呈，请俯念本县特别情形，准予将各合作站经费按月由省库补助等情，请公决案。

（决议）照案通过，款在本年度省预备金项下开支。

密十三、据民政厅签呈，据乳源、乐昌、郁南、和平、连县、河源等六县先后呈电请示情报股长薪俸若干，可否在县地方款项下开支，抑由省库补助，转请核示等情，请公决案。

（会计处签拟）查各县情报股组织原无股长之设，只由县政府派员兼任，全部经费并规定由县地方款预备费项下拨支，计一等县月支国币三百六十元，二等县三百一十元，三等县二百六十元，均经通饬遵照在案。惟查本省各县以地方财力关系，在二十八年度间有请由省库拨助或核减情报员额者，均经核准拨助及核减，先后约有十余县。至二十九年度一月份起不再由省库补助，亦经通令饬遵。但因有特殊情形，在本年度仍由省库补助者只有翁源一县。现拟将情报组长改设专任，自属需要，似可准由本年六月一日起增设其薪俸。拟按修正文官薪俸减支表定为委任十六级，每月实支国币四十一元，款仍跟案在各县地方款预备费项下开支。至呈准由省库补助情报股全部经费之翁源县前项增支薪俸则照案并由省库拨发，均应编具预算书三份呈核。又本件事关变更通案，仍请提会核定。

（决议）照会计处签拟通过。

密十四、据省振济会呈，为筹设连县龙坪义民移垦示范区，检呈规程计划开办费及经常费概算书，计开办费列一十三万三千元，经常费月列七千八百六十一元，请察核备案等情，请公决案。

（决议）准先招义民五百名，经常费及开办费照半数发给，款在该会振款项下拨支。另编预算呈核。

十五、据秘书处案呈，关于韩善友因建筑围墙栏入古路事件不服平远县政府二十八年十二月二十三日所为罚金及补偿之处分，提起诉愿一案，经审查完竣，作成决定书，请提会决定等情，请公决案。

（决议）照决定书通过。

密十六、据会计处签呈，前据财政厅签呈，关于各县解拨国民兵团经费应在省库发县，何项经费扣拨一案，经提付第一二八次会议决定在案。兹查原决议案有须酌予更正之必要，请核改并核定扣拨办法，俾资办理等情，请公决案。

（决议）六月以前应发各数由财政厅会同军管区清理，并将七月以后解拨办法议复核办。

十七、何委员、黄委员、胡委员会复，奉交审查广东省政府行政效率促进委员会组织规程一案，经审查完竣，连同修正规程草案，请核定等由，请公决案。

（决议）照审查案修正通过。

十八、何委员、黄委员、胡委员提议，拟请将本府设计委员【会】并入行政效率促进委员会，以统一事权。请公决案。

（决议）照案通过。

临时提议

密十九、据建设厅签呈，查本厅工业试验所仪器药料尚未完备，化验工作无从进行，拟在该所旧存仪器未运到以前暂行裁撤。其原有技正、技士、技佐各一员并以调厅服务，除另案编列预算呈请追加外，请核示等情，请公决案。

（决议）照案通过。

广东省政府第九届委员会
第一百三十二次议事录

日　期　六月七日
地　点　韶关本府
出席者　李汉魂　胡铭藻　何　彤　顾翊群（公假）　黄麟书
　　　　黄元彬（公假）　刘佐人（公假）　郑　丰
列席者　高　信　吴迺宪　杜之英（毛松年代）　桂竞秋
　　　　史延程　袁晴晖　李仲仁
主　席　李汉魂
纪　录　（秘书）熊公福　（科长）关玉廷

报告事项

一、准内政部电复，博罗县东宁乡副乡长陈耀明率众抗敌守土死亡，应按照人民守土伤亡抚恤实施办法规定给予其遗族一次恤金一百六十元，年抚金一百元，以十年为止等由。饬据秘书、会计两处签拟，该陈耀明遗族一次过恤金一百六十元拟在二十九年度省地方普通总概算岁出经常门常时部分恤金科目拨支，其年抚金一百元递年仍在省预算恤金科目开支等语，应准如拟办理。

密二、据民政厅签呈，据卫生处呈，关于筹设伤病兵补助医院及收容所一案，经在曲江长乐村设立收容三百人之第一病兵收容所一所，于本年一月十五日成立。又委托广州万国红十字会在仁化设立收容千人之第二补助医院一所，于本年一月十六日成立。该院所均于成立日起开始收容伤病官兵，该项伤病兵饷项每名每月发给薪饷三元亦由该院所成立之月份实行等情。饬据会计处签称，似可照准等语，应准如拟办理。

三、据民政厅签呈，据卫生处呈缴二十九年度临时费预算书，计列修缮添置各费一百六十七元七角二分，拟在本处二十八年度事业费节余项下开支等情。饬据会计处签呈，似可照准等语，应准如拟办理。

四、据建设厅签呈，据农林局转据稻作改进所呈称，该所二十八年度经费仅余五千六百九十五元八角六分，前缴稻作改进所冬作种籽优良稻种临时购运费概算列支六千九百元，请在二十八年节余项下开支系属误算。复查前呈预算列优良稻种购运费九百元，不敷推广之需，拟将冬作种籽购运费一项悉行移作推广优良稻种购运费，并将概算改列为五千六百九十五元八角六分，查核尚属可行等情。饬据会计处签称，复核亦无不合，似应准予照办等语，应准如拟办理。

密五、据省振济会呈缴广东省振济会韶市义民招待所章程，请察核备案等情。饬据秘书处签，拟分别将第四、第五条修正，经如拟电复该会遵照。

六、据第一区行政督察专员呈缴二十九年四月份人犯囚粮清册，计列二十九元七角五分，请将一至四月各月份囚粮核发归垫等情。饬据会计处签称，查核尚合，拟准在本年度省行政人犯不敷口粮项下拨支等语，应准如拟办理。

七、据第三区行政督察专员电，为三水县左田乡伪维持分会会长冯××一名，经呈奉绥署核准判处死刑，请依法发给奖金等情。饬据秘书、会计两处签拟，给奖国币四百元，援照成案款在二十九年度省预备金项下开支等语，应准如拟办理。

八、据陆军第×××师邓师长电，据南海县呈解三水崇本乡伪维持会委员邓×一名，经转奉第×战区司令长官司令部核准照判执行。等情。饬据秘书、会计两处签拟，发给奖金二百元，援照成案款在二十九年度省预备金项下开支等语，应准如拟办理。

密九、据建设厅签呈，核议始兴县政府呈缴奉饬穿制曲南段公路洋灰桥炸药室计划说明及工料费支付预计算书表，请核发归垫一案。查原呈所称似尚属实，其余各费亦尚适当，似可照准列支等情。饬据会计处签称，本处复核亦属实情，书列总散各数均尚符合，该款二百九十四元

191

六角五分，拟在本年度建设事业支出项下拨支等语，应准如拟办理。

十、据秘书处案呈，查各厅处呈缴增设统计股编制，【原】有主任科员与合署办公施行细则所列各股并无主任科员之规定不无抵触，拟请将各该股编制中主任科员之"主任"二字删去等情，应准如拟办理。

讨论事项

一、准中央党部秘书处电，奉总裁核定粤省县市党部经费每月总额三万九千六百元，内由贵省政府原拨二万八千六百元，请增加一万一千元，请查照，径与省党部洽拨等由，请公决案。

（决议）照案通过。由七月份起款在本年度省预备金项下开支。

二、据教育厅签呈，据省立韶州师范学校呈缴二十九年四月份临时支付预算书，计列三千四百元，拟由本年度各机关学校临时费项下支拨等情，请公决案。

（决议）照案通过。

密三、据教育厅签呈，本厅经管二十七年十一、十二两月份收容由战区退出员生经费奉准拨作临时中学筹备及开办等费。各等由。请令饬财政厅遵照原案在拨作临时中学开办费之二十七年十一、十二月份收容由战区退出员生经费项下将南路临时中学筹备开办费六千三百八十四元；中区临时中学设备费七千五百八十八元六角四分；仲元中学筹备费九百九十元，开办费四千五百元，设备费六千五百元，暨其他经奉核准饬拨有案各款划拨归垫等情，请公决案。

（会计处签拟）（一）查省立南路临时中学二十八年度筹备开办临时费预算列支六千三百八十四元，复核各数尚无不合，既经教育厅核定，拟请准予照支。（二）查省立中区临时中学图书仪器设备费预算书第三项教具类各目合计为二百六十元，原书列二百零六元系属错误；又第七项卫生消防用具类四百七十四元非属图书仪器性质，似不应列入本预算，拟予剔除，饬并入该校筹备开办费预算内编列。此项图书仪器设备费，核实拟准列支七千一百一十四元六角四分。（三）仲元中学筹备开办设备等费拟俟预算更正呈府后再核。

上项南路临时中学二十八年度筹备开办费六千三百八十四元、中区临中图书仪器设备费七千一百一十四元六角四分，拟准照案在二十七年十一、十二月收容由战区退出员生经费奉准拨作临时中学筹备及开办费项下拨支，仍请提会核定。

（决议）照会计处签拟通过。

四、据第一、二、三、五、六、七各区行政督察专员联呈，请准将各专署因调整增给公务员薪俸所不敷之经费由本年二月份起按月在省库款项下拨补二百元，以资补救等情，请公决案。

（决议）照案通过，由本年六月份起，款在本年度省预备金项下开支。

密五、据建设厅签呈，据公路处呈缴在港购置晒制图式物料支付预算书表，计列国币三千零九十九元三角六分，请饬库照数拨还归垫等情，请公决案。

（决议）照案通过，款在本年度省建设事业支出项下开支。

密六、准缪副总司令电，请由省府于六月一日起每月拨助潮梅所属之兴华龙丰剿匪指挥部经费两千元等由。经电复准照补助，以三个月为期，提会补请追认案。

（决议）照案追认。

七、据建设厅签呈，据卸农林局局长凌道扬陈述，二十五年度临时费欠发核定预算额毫券五万元及核减二十七年十一、十二月份五成经费毫券一万五千元二案困难情形，查属实情，应否准予抵领抵解，请核示等情，请公决案。

（决议）准在该局长任内经收肥田料化验费项下抵领抵解。

密八、据秘书处签呈，查本府各厅处及本处暨直属各机关所用电话机现不敷用，拟电港增购五十架，每架估价约国币三百元，共约国币一万五千元，可否照办。及该款应由何项开支，请示等情，请公决案。

（决议）照案通过，款在本年度建设事业支出项下开支。

密九、据会计处签呈，准财政厅片复，关于本年度预备金及建设事业支出增列自卫团队经费，开支各款超过总额，拟以省行二十八年度解库盈利支配增列省总概算等由。谨参照财政厅意见签拟，请提会核定等情，请公决案。

（决议）照案通过。

密十、据广东省地方行政干部训练【所】呈复，前干训所结存经费国币四万零八百四十八元三角五分，拟扫数拨支在港购办通讯器材价款，未能先行解库缘由。本所前呈送派出学员旅费服装费预费书，列支六百八十七元，仍请准予援例在本所经常费节余项下开支等情，请公决案。

（决议）照案通过。

十一、据广东省工业促进会呈送组织章程及二十九年度六月份经常费支付预算书，请准由本年六月份起按月拨发经常费三百元等情，请公决案。

（决议）照案通过，款在本年度省预备金项下开支。

十二、据民政厅签呈，据卫生处呈报，前以人员不敷权宜委用二等科员二人，计至本年三月底止，该二员实共支俸薪国币五百九十四元六角八分，请准予在该处二十八年度事业费节余项下拨回归垫前来，查核所称尚属实情，可否姑准，请示等情，请公决案。

（会计处签拟）似可姑准其二十八年度支出之二百二十五元，拟在二十八年度卫生事业费节余项下拨支；在二十九年度支出之三百六十九元六角八分，拟在二十九年度卫生事业费节余项下拨支，仍请提会核定。

（决议）照会计处签拟通过。

十三、据民政厅签呈，据卫生处呈缴二十九年度支出临时门增加防疫救护旅运费预费书，计列三千元。查所拟设检疫站八处尚属需要，所称原有种痘运动旅费七百元，夏令卫生运动旅费一千三百元，不敷支用亦属实情，惟查该处本年度事业费奉核定一十三万二千八百元业已用罄，请察核等情，请公决案。

（决议）照案通过。款在本年度卫生临时费节余项下拨支。

密十四、据秘书处拟具非常时期华侨团体回粤参加抗战工作指导办法，请提会议决定施行，并呈报备案等情，请公决案。

（决议）交郑委员审查。

密十五、据始兴县呈缴征集木材、铁钉、工旅费预计算书表，计列二千五百六十六元零六分，请察核办理等情，请公决案。

（决议）照案通过。款在本年度建设事业支出项下开支。

十六、据广东省粮食调节委员会呈缴二十九年度四月十二日起至十二月份止岁出经常费预算书表，计共月增经费一千四百五十八元，连原核定经费月共列三千八百五十五元，请核夺等情，请公决案。

（决议）照案通过，款在本年度省预备金项下开支。

十七、准胡委员函复，奉交审查财政厅所拟广东省营业税违章罚锾给奖办法一案，拟具意见，请提会公决等由，请公决案。

（审查意见）查原拟办法大致尚无不合，惟第四条关于罚金充奖分配办法间尚有未尽明显之外，如稽征所或稽征站经办之案，其由督征机关准拨该主管局所一成之奖金如何分配未有明白规定，兹拟将原条全文修改如下：

第四条　凡营业税之违章罚锾应以罚金总额百分之三十解库，余额化作十成充奖。其分配比例：报告人得四成；经办机关得二成；协助机关得一成；其余三成归督征机关，如无协助机关，该项奖金并给经办机关；如无报告人，该项奖金以二成加给经办机关，其余二成归督征机关。

前项规定之经办机关如系稽征所，得于督征机关三成项内提拨一成给该主管税务局；如系稽征站，得于同项内提拨一成分给该主管局所，其所分配比例局得十之七，所得十之三。

（决议）照审查意见通过。

十八、准黄委员、胡委员会复，审查财政厅所拟广东财政厅缉私处缉获私货处理办法及缉私处所属查缉专员办事处组织章程二案，拟具意见，请提会核定等由，请公决案。①

（决议）照审查意见通过。

十九、据建设厅签呈，本厅第一科科长董海基经奉调钧府参议，所遗科长一职拟派朱之安接充，请察核给委等情，请公决案。

（决议）照案通过。

广东省政府第九届委员会
第一百三十三次议事录

日　期　六月七日

---

① 审查意见略。

地　点　韶关本府
出席者　李汉魂　胡铭藻　何彤　黄麟书　顾翊群（公假）
　　　　黄元彬（公假）　刘佐人（公假）　郑丰
列席者　高信　袁晴晖　桂竞秋　史延程　杜之英（毛松年代）
　　　　吴迺宪　李仲仁
主　席　李汉魂
纪　录　（秘书）熊公福　（科长）关玉廷

报告事项

一、奉行政院令，本院第四六四次会议财政部提议拟请准予发行民国二十九年广东省公债国币一千五百万元案，经决议通过送国防最高委员会，仰知照等因，遵经分令财政厅、会计处知照。

二、准第×战区司令长官司令部编纂委员会函送本会二十九年五月至七月员役米津一览表等由。饬据会计处签称，该会助理干事现实有十四员，每月应发米津七十元；又公役十二名，应发米津三十六元，合共一百零六元，三个月共三百一十八元。原预算将缺额四员列入似有未合，拟准照实核发三百一十八元，款在本年度省预备金项下开支等语，应准如拟办理。

密三、据财政厅签呈，准曾前任列送经办购储油料价款及保管费清册，列价款国币八十六万零二百二十三元三角九分，核账相符，此项价款当时系在二十六年度预备费项下拨支，请核示等情。饬据会计处签称，本案似应编具预计算书，连同西南运输处借据及保管费单据转送审计处核销，暨将遵照抵销情形呈复长官部等语，应准如拟办理。

密四、准军管区司令部电，请将三水战地国民兵团增编之大队部经费二百九十一元八角，自三月十五日起按月照拨过部转发等由。饬据会计处签称，拟照编制规定该大队部经费二百九十一元八角自该队部成立日起支，连同一次过开办费二十五元及分队长以下铜鼓帽暨胸臂章代金共二十七元七角并在本年度省地方普通总概算岁出经常门临时部分九款一项六目增列自卫团队经费科目项下开支等语，应准如拟办理。

五、据新生活运动促进会妇女工作委员会呈缴本会二十九年度五月至七月共三个月请领米津支付预算书，计列二百四十九元。饬据会计处签称，查核与案尚无不合，拟准照支，款在二十九年省预备金项下拨支等语，经准如拟办理。

六、据民政厅电，编造应发职员公役米津临时费支付预算书，计列每月三百七十五元，五月至七月份三个月共列一千一百二十五元等情。饬据会计处签拟，核案尚无不合，拟请照准，款在本年度省预备金项下开支等语，应准如拟办理。

七、据广东省粮食调节委员会呈缴本会及运输站二十九年度五月至七月份发给米津费支付预算书类，计列每月二百八十六元，三个月共八百五十八元，请察核等情。饬据会计处签称，该会各运输站经费前经本处签拟自五月下半月起支，如奉核定，则米津亦应自五月下半月起，二个半月共七百二十二元五角。又查各站多未成立，节余米津拟并照前项办法办理，款在本年度省预备金项下开支等语，应准如拟办理。

八、据建设厅签呈，缴本厅员役兵夫米津预算书件，计每月五百九十一元，三个月共一千七百七十三元。饬据会计处签拟，查案相符，似可照数发给，款在本年度省预备金项下开支等语，应准如拟办理。

九、据广东省粮食调节委员会呈，奉拨本会特别备用金一万五千元，分别拨支，所存无多，拟请再拨二万元，俾应急需等情。应予照准，款在救济米荒基金项下开支，并将前拨特列〔别〕备用金一万五千元在基金项下拨还归垫。

讨论事项

一、据秘书处签呈，拟具广东省奖励举发贪污暂行办法，请提会核定公布施行等情，请公决案。

（决议）交何委员审查。

二、据教育厅签呈，遵令订定广东省补助专科以上学校战区学生贷金章程，请察核等情，请公决案。

（秘书处签拟）（一）原标题拟于学生贷金章程之上加"粤籍"二字。（二）原案第二条拟修订为"凡国立、省立或经教育部立案之私立专科以上学校粤籍学生，其家在战区，经费来源断绝，经确切证明必须维持者，得向所在学校申请领受本省贷金，但已受公费待遇或受其他贷金或津贴者不得再行请贷"。（三）原案第四条已并入第二条，拟删去。（四）原案第五条改为第四条，会计处签拟于原条之后加"贷金之会计事项由教育厅设专账处理"自属必要，但拟予贷金字样之上加"前项"

二字，另列为第二项。（五）原案第（六）、（七）条依次改为（五）、（六）条。

（会计处签拟）现据教育厅将贷金章程呈送前来，查核大致尚无不合。惟查原拟章程第五条规定"自二十九年度起每年由省库指定国币〇万元①拨充基金"本年度似可仍照前呈数目在省救济费项下拨支六万元作为基金，并拟在原拟章程第五条之后加"贷金之会计事项由教育厅设专账处理"一句并另为一段。事关单行法令，请交法制室审核拟复，提会核定。

（决议）照秘书、会计两处签拟通过。本年度以半年计算。

密三、据建设厅签呈，据公路处呈缴第二工务总段迁移费支付预算书，计列二千九百九十二元，拟请照案在二十九年度预备金项下拨支等情，请公决案。

（决议）照案通过。

四、据民政厅案呈，据卫生处转缴该处南路办事处暂行组织规程，请察核示遵等情，请公决案。

（决议）照修正案通过。

五、据第五区行政督察专员呈，据南澳县呈，为情报股经费无着，请按月由省库拨发国币二百六十元，转请核示等情，请公决案。

（决议）照案通过，款在本年度省预备金项下开支。

六、准广东省地方行政干部训练团函送前县训所民政系见习班学员中队实习期间四月至六月经费支付预算书，计共一万一千四百二十一元九角，该款应在前县训所二十八年度经临费节余项下支拨，由民政厅派员来团具领转发，负责报销，请查照办理等由，请公决案。

（会计处签拟）查预算书每月列支三千八百零七元三角，本年四月至六月三个月共一万一千四百二十一元九角，既经干训团核明照支，似可照准，拟请提会核定，款在本年度省预备金项下拨支。至前县训所结存二十八年度经费应请解库抵领，以清年度款目。

（决议）照会计处签拟通过。

七、准广东省军管区司令部电送所属各县团队等单位兵官人数及请

---

① 原文如此。

领米津数目清册，计每月共需米津费六万零九百零五元，请自本年五月份起按月如数拨付过部转发等由。经复准照案。自本年五月份起拨，至七月份止，款在本年度省预备金项下开支。提会补请公决案。

（决议）照案通过。

密八、奉广东省绥靖主任公署函，据全省防空司令部呈，拟编组防空监视队一队，缴呈编制表经费预算书件，计月支一千七百四十五元八角，查属可行，似应准予照办，请查照核办等因，请公决案。

（会计处签拟）查防空司令部拟编组防空监视队一队，辖十八哨，现时作补充各防空区监视哨及抽调轮作训练之用，必要时拨归连县防空通讯所配备指挥，以健全后方政治地区防空情报网一节，似可照办。惟海口区防空指挥部及所属情报所监视队哨经费于海口沦陷时即行停拨，二十九年度本省地方总概算亦未列入，是项监视队经常费预算月支一千七百四十五元八角，拟由本年度省预备金项下拨付，自该队编成日起支。仍请提会核定。

（决议）照会计处签拟通过。

九、据民政厅签呈，据省警总队呈复旅运费并非重复原因，暨奉令津贴选送中央警校受训学员各费情形及二十八年常时部分结存款未能返纳缘由，连同前项预算书计列二千九百二十三元三角八分，转请察核等情，请公决案。

（会计处签拟）查该总队追加服装费二万二千四百三十五元九角购置棉警服等，呈准本府第一○六次会议通过。此项旅运费既系购运上项棉警服之用，拟准照支。至津贴易敬简、潘维城二员旅费各一百六十元既据民政厅核明属实，似可照准。合共旅运费二千九百二十三元三角八分，所请在总队二十八年度经费节余项下开支，尚无不合，拟请照准，提会核定。

（决议）照会计处签拟通过。

十、据教育厅呈，奉部令举行童军教练员检定所需费用预算国币三千零三十元，因本年度各学校机关临时费业经支拨完竣，拟请准予在省预备金项下拨支，令饬财厅照数划拨等情，请公决案。

（决议）保留。

十一、据会计处签呈，本处刊发各委任职会计主任官章费用共需款国币五百五十二元，及补助勤大学生六人来处服务旅费共需款国币三百六十元，请准在本处奉发勤大学生来韶旅费节余项下开支等情，请公决案。

（决议）照案通过。

十二、据广东省粮食调节委员会呈缴本会各运输站库二十九年度五月起至十二月份止岁出经常费预算书，计列月支四千零四元，本年度八个月共三万二千零三十二元，及开办费预算书计列六百四十元，请察核等情，请公决案。

（会计处签拟）查经常费预算每月列支四千零四元，本年度八个月共三万二千零三十二元，开办费预算列支六百四十元，复核各数尚无不合，惟五月份行将终了，经常费拟准自五月下半月起支，本年度七个半月共三万零〈零〉三十元，又开办费六百四十元，合共三万零六百七十元，款在本年度省预备金项下拨支，仍请提会核定。

（决议）照会计处签拟通过。

十三、据会计处签呈，奉发行政会议提案承审员身份及待遇案，关于变更编制及预算，交本处会同财厅拟签等因。谨签。请提会核定等情，请公决案。

（会计处签拟）查专员公署承审员待遇经秘书处签拟酌予提高为委任三级至一级止，仍按资历叙级，以增高其地位，俾易罗致专材，所拟尚属允当。如奉核准，以全省各区承审员共九员，计照本省二十九年度文职公务员各级官俸减支数额表列支依最高额编列预算一级与六级比较，每月实增加经费三百六十元，该款拟在本年度省预备金项下开支，惟已超过各区本年度预算，仍请提会核定。

（决议）照会计处签拟通过。

十四、据建设厅签呈，拟派委唐有恒代理本厅技正，取具履历，请察核给委等情，请公决案。

（决议）照案通过。

十五、主席提议，电白县县长陈任之辞职照准，遗缺派前连山县县长林春荣代理，请公决案。

（决议）照案通过。

广东省政府第九届委员会
第一百三十四次议事录

日　期　六月十一日

地　点　韶关本府

出席者　李汉魂　胡铭藻　何　彤（病假）　顾翊群（公假）
　　　　黄麟书（假）　黄元彬　刘佐人（公假）　郑　丰（公假）

列席者　高　信　吴迺宪（麦务之代）　杜之英　袁晴晖　桂竞秋
　　　　史延程　何剑甫　黄希声

主　席　李汉魂

纪　录　（秘书）熊公福　（科长）关玉廷

报告事项

一、准广东省动员委员会函送本会员役应给米津支付预算书，每月列支一百七十二元，五月至七月份三个月共五百一十六元。饬据会计处签称，查核尚合，经准照拨，令行财政厅在二十九年度省预备金项下开支。

二、据建设厅呈，据农林局北江船务管理所编造二十九年度职员公役米津专款预算书，每月列支二百七十三元，五月至七月份三个月共八百一十九元。饬据会计处签称，核算尚合，该款似可准在本年度预备金项下开支等语，应准如拟办理。

三、据省地政局呈缴本局暨所属机关员役米津支付预算书，合计共二万七千二百一十七元。饬据秘书、会计两处签称，除该局及连县地政处员役米津数目列支四百二十元查核符合外，其余尚未据编造名册，无从查核，拟先发该局及连县地政处员役米津款在本年度省预备金项下开支。其南雄、始兴、曲江各队处照米津案丁项规定手续拟俟将名册另案补缴再行办理等语，应准如拟办理。

四、据秘书处案呈，据粤侨通讯处呈缴员役米津数目预算表，计每月一十六元，五月至七月份三个月共四十八元。饬据会计处签称，查核尚合，拟准在二十九年度省预备金项下拨支等语，应准如拟办理。

五、准广东省新生活运动促进会函送员役应领米津预算书，计每月四十四元，五月至七月份三个月共一百三十二元。饬据会计处签称，查核尚合，经准照发令行财政厅在二十九年度省预备金项下开支。

六、据第四区行政督察专员电，缴该署请领员役米津费清册，计每月一百四十七元，五月至七月份三个月共四百四十一元。饬据会计处签称，查核尚合，经准照拨令行财政厅在二十九年度省预备金项下开支。

七、据本省候用公务员招待所呈缴员役米津预算书，饬据会计处签称，该所员役米津三个月应共发一百六十八元，拟准在二十九年度省预备金项下拨支等语，经准如拟令行财政厅照数拨付。

密八、准广东全省防空司令部函知，高要、惠阳、合浦等三通讯所于本年五月十五日在曲江组织成立，附送经费预算，列数比照本府前提会核定数额计增加七十五元九角五分。饬据会计处签称，该系增加各该所官兵主副公费一项，尚属需要，似可准自该所成立日起依照现编预算计每所五月份十七日共列支三百三十元一角，六月份起月支六百零一元九角五分，按月由省预备金项下支付等语，应准如拟办理。

密九、据省振济会呈缴二十八年度建筑储藏室临时费支付预算书，计列二百元，经在二十八年度经常费节余项下拨支，请察核备案等情。饬据会计处签拟，准备案等语，应准如拟办理。

十、据省振济会呈缴省临时参议会吴议长代表广东各界慰劳团赴渝献旗及报告粤省省政与粤北战地实情出差旅费预计算书，列支二千六百五十元七角二分，经在救灾准备金余款项下拨支，请存转核销等情。饬据会计处签拟，准分别存转等语，应准如拟办理。

密十一、据会计处签呈，本年一月份起增加保安处及保安部队预备费及士兵服装费每月一万四千零五十元六角，及增加保安部队战时临时费每月一万一千五百一十元零四角，两项经费当时因预备金已无余额，故权拟在债款额内流用，现查预备金科目正在追加中，关于上列费用拟改在本年度省预备金项下开支，以清款目等情，应准如拟办理。

密十二、据粤北战地各县振济工作队总队部呈，奉饬将前调查粤北战区受灾农村调查旅费五千八百元零八角八分，核明拨还归垫等因。核尚相符，经函请建设厅派员来部具领，请察核备案等情。饬据会计处签，拟准备案等语，应准如拟办理。

十三、奉广东绥靖主任公署函，据解办增城沙厅村伪维持会副会长潘××一名，经讯明依法判决执行，希依章给奖等因。饬据秘书、会计两处签拟，奖给国币二百元，该款拟援照成案在二十九年度省预备金项下开支等语，应准如拟办理。

十四、准军管区司令部电复，关于新会县战地国民兵团本部呈请将九区南蓢战役被敌炮炸伤副分队长蔡少佳、团员陈赞等二名担架疗伤各费四十元发还，在自卫队经费节余项下拨付等由，自可照办。经照汇发，请查照。

十五、据教育厅呈，奉部电举办韶州学生健康比赛，所需经费预算共二百元，由省党部及本厅各负担一百元，该款拟在二十九年度各学校机关临时费内拨支，请饬财政厅将款拨付等情。饬据会计处签拟，照准等语，应准如拟办理。

十六、据建设厅签呈，送长途电话管理委员会曲江分所二十八年三月二十一日起至同年五月十六日止经常费预算书，计列三百三十一元一角一分；及改组临时费预算书，计列二百九十五元四角五分，该项经费，似应由库拨款开支归垫等情。饬据会计处签称，核数尚合，该款似可准在二十九年度预备费项下拨支。至现呈收入预算书所列国币二百七十七元四角四分，既称系照实收数编列，暨经先后解库，似可照列等语，应准如拟办理。

密十七、据第三区行攻督察专员电，拟由本年六月份起增设情报员一员等情。饬据会计处签称，似可准如所请。该情报员月薪二十一元，由原辖南海县之第一区专署情报组经费项下照致剔出移拨第三区专署具领等语，应准如拟办理。

讨论事项

密一、据本府南路行署电，列具所属通讯机关补充器材临时费预算书，计列一万三千八百七十八元，请准购拨转发等情，请公决案。

（会计处签拟）本案经送交电讯组核复，以无线电器材拟准购耳筒等十三项，有线电器材拟准照购等语，拟照办。计无线电器材耳筒等十三项价款二千四百八十元，有线电器材价款照原列二千七百九十八元，至旅运费七百元，经据注明仍饬实报实销，拟准照列。三项合计五千九百七十八元，似可在本年度省建设事业支出项下拨由南路行署购备转发，并拟将预算书代为更正存转，仍请提会核定。

（决议）照会计处签拟通过。

二、据秘书处签呈，查本省巡暂清理各县军法积案暂行办法，经本府与广东绥靖主任公署会同核定颁行在案，关于原办法及经费预算案，请提会追认等情，请公决案。

（决议）公费五十元改为外勤费一百元，余照案追认。

密三、据秘书处案呈，据广播电台呈缴二十八年度迁移及回韶复播临时费支付预算书，计列一千五百八十八元一角五分，请察核等情，请公决案。

（会计处签拟）查该台呈送预算书列支一千五百八十八元一角五分，虽与审计处驻韶办事处函送本处暂付款数目表所列数目相符，惟对于暂付款数目是否核实并未加具意见，兹查原预算第一款第二项第二目所列火水油三十六元五角，似应饬在该台经常费办公费项下开支，其余一千五百五十一元六角五分尚属需要，拟即照此数目发给，在本年度省预备金项下开支。并拟将预算书代为更正存转，仍请提会核定。

（决议）照会计处签拟通过。

密四、据秘书处案呈，据电讯组装修所报告成立日期编缴开办费预算书，计列五百五十元，请给款办理等情，请公决案。

（决议）照案通过，款在本年度省预备金项下开支。

五、据建设厅签呈，缴本厅增加技术人员追加经费预算书及技术人员编配表，计由本年六月至十二月份共列二万九千四百九十八元，请核定办理等情，请公决案。

（会计处签拟）（一）饬照业经本府议决裁撤之工业试验所经费月额一千四百一十一元之限度内自六月份起将该所经费拨归该厅分配，另编预算呈核。（二）查该厅及所属各机关经费综计为数不少，其中有余有不足，若能加以通盘调整，于罗致专材，经费来源一端似不难寻求解决办法。应否饬就该厅及所属各机关预算范围内由该厅就事实需要重加调整，另编预算呈核之处，拟请并同所拟第一项办法提会核定。

（决议）照会计处签拟第一、二两项办法办理。

密六、据建设厅签呈，据长途电话管理委员会呈复，构筑连坪线拟仍照旧案采用紫铜线为宜，连同原缴预算书，计列八万一千三百三十四元九角二分，请核示等情，请公决案。

（秘书处签拟）为求迅速起见，斟酌实际需要，以最节省办法拟具架设连坪单程铜话工程预算书（计除利用话委会原存线值一万九千九百元外，尚须开支工料等费一万九千零八十八元，合共约三万八千余元，核与话委会原预算十万余元比较可节省六万余元）。呈请核定提会，俟通过后饬厅转行会遵照办理，克日领款兴工，限期完成，俾迅事功兼资节费。

（决议）照秘书处签拟修正通过。款在本年度建设事业支出项下开支。

密七、准黄委员函复，关于广东省战时贸易管理处拟就代运代办代销定购及委托推销货物租赁仓库六项简章，并据该处拟具办事细则及各办事处站仓厂所队组织各项草案，两案经并案审查，拟具审查意见，请提会核定等由，请公决案。

（决议）照审查意见指复该处修正呈核。

八、准第九集团军总司令部电，据捕获伪维持会委员兼警备课长刘××及为伪会收派经费之成××二名，经呈奉长官部准予照判执行，请查照给奖等由，请公决案。

（会计处签拟）本案生擒潮安县龙湖乡伪维持会委员兼警备课长刘××及为伪会收派经费之成××等二名，查捕获刘××一名似可依照修正本省捕杀敌伪组织官员奖励办法第三条第五款之规定发给奖金国币二百元。至成××一名只为伪维持会收派经费，其地位低微，似应酌给奖金国币一百元，合共发给奖金国币三百元，拟援照成案款在二十九年度省预备金项下开支，仍请并同秘书处签拟提会核定。

（决议）照会计处签拟通过。

九、据财政厅签呈，印发所属各税务局所二十九年度应用会计簿册报表所需费用一万三千八百三十元拟在二十八年度应发各税务局经费余款项下开支等情，请公决案。

（会计处签拟）查原呈概算列支一万三千八百三十元核尚属需要，据称现在物价高涨，各税务局经费有限，再难令其负担一节亦属实情，似可准予照数列支，由二十九年度应发各税务局经费余款项下抵解，列入二十九年度省预备金项下开支。仍请提会核定。

（决议）照会计处签拟通过。

密十、据龙门县政府呈，为府址被炸，拟予修筑，缴具工料费支付预算书，计列国币五千一百四十二元，请由省库补助或将前拨属县拆城费用余款项应行返纳部分尽先拨用，其不足之数另案核汇等情，请公决案。

（决议）准予补助一千五百元，款在本年度省预备金项下开支。拆城余款仍应返纳。

密十一、据会计处签呈，准财政厅片复，关于翁源县政府修葺、搬迁、购置各费共计二千五百元，拟在二十九年度省款预备费项下酌予拨助半费，计一千二百五十元等由，似可照办。以半数由省款预备费项下拨给，以半数仍由县地方款项预备费项下拨支情，请公决案。

（决议）准予补助一千五百元，款在本年度省预备金项下开支。

密十二、据卸保安处邹处长签呈，遵令调制二十八年度收支细数表，共计实透支国币一十七万七千零九十八元零八分，除已奉准先拨发八万元外，尚不敷九万七千零九十八元零八分，请迅赐拨发归垫等情，请公决案。

（决议）所请未便照准。

十三、准第×集团军总司令部电，据捕获汉奸伪维持会会长杨××、萧××、杨××等三名，经呈奉长官部核准照判执行，请查照给奖等由，请公决案。

（秘书处签拟）查生擒仙乐乡伪维持会会长杨××一名，似应依修正本省捕获敌伪组织官员奖励办法第三条第四款给以奖金四百元；生擒仙乐乡伪维持会庶务萧××及策动该乡成立伪维持会之杨××二名，应依上法第三条第五款各给二百元，共四百元。奖金汇×集团总部转给。

（决议）照秘书处签拟通过。款在本年度省预备金项下开支。

十四、据教育厅签呈，关于二十七年度膳费专款结存数实为七千一百一十九元一角一分，并将二十七年度专款结存及二十八年度膳费结存未能解库缘由请察核。将二十九年度中等学校战区退出学生膳费预算一万五千八百零九元八角三分，准予追加存转等情，请公决案。

（会计处签拟）查本年度补助战区退出学生膳费原核定月支三千

元，已列入本年度省地方预算。现教育厅以补助战区退出学生膳费，复奉核定自本年四月下半月起全额每月增至九元，半额增至四元五角，原定预算不敷支应，请予追加一万五千八百零九元八角三分（全年度计算），尚属需要，似可照准款在本年度省预备金项下支付，拟请提会核定。

（决议）照会计处签拟通过。

密十五、据建设厅签呈，据省营工业管理处量缴麻织厂复工预算书件，计列筹备费复工资金为国币一百一十七万一千九百六十八元，拟向银行筹借。至筹备期间定为一年，本年度列支增建及改良资金概数国币七十二万六千零一十七元，附具审查意见，请核示等情，请公决案。

（会计处签拟）查麻织厂筹备处概算书计列筹备复工资金为国币一百一十七万一千九百六十八元，拟向银行筹借，似可照准。至筹备期间定为一年（由本年度六月起至三十年五月底止），本年度列支增建及改良资产概数国币七十二万六千零一十七元，拟请照建设厅审查意见并连同本府秘书处技术室签拟一并提会核议决定。至借款合同应饬商妥后呈候核夺。再查该厂筹备时期职员薪俸系照国币额十足列支，查与本省文职公务员各级官俸减支数额表规定原有不符，惟该厂系设在广州湾，具有特殊情形，似可准予仿照本府驻港无线电台员工薪饷领支办法，除照减支官俸表所列各该级官俸领支外，其余拟加级之薪额视为补助生活费（例如该厂筹备主任俸。假设将来核定照荐任一级月支四百元，则俸给费科目内应列二百零二元，另在补助生活费科目内列一百九十八元，余类推）。当否，并请核定。

（决议）照会计处签拟通过。但筹备期间应缩为八个月。

十六、主席提议，高要县县长陈斗宿另有任用，遗缺派林世恩代理，请公决案。

（决议）照案通过。

广东省政府第九届委员会
第一百三十五次议事录

日　期　六月十四日

地　点　韶关本府

出席者　李汉魂　胡铭藻　何　彤　顾翊群（公假）　黄麟书
　　　　黄元彬　刘佐人（公假）　郑　丰

列席者　高　信　史延程　吴迺宪（麦务之代）　杜之英
　　　　（周世泰代）　桂竞秋　袁晴晖

主　席　李汉魂

纪　录　（秘书）熊公福　（科长）关玉廷

报告事项

一、奉行政院电，抄发战区经济委员会组织规程，仰遵照。

二、准地方行政干部训练委员会函送二十九年五月至七月员役米津预算书，每月列支一百六十七元，五月至七月份三个月共列支五百零一元。饬据会计处签称，查案尚合，拟照拨发，款在二十九年度省预备金项下开支等语，应准如拟办理。

三、据财政厅签呈，奉饬拨付遂溪县增编自卫队经费一案，该队经费月额若干，及由何日起拨开办费，及代金应否照案拨付，请核示。等情。饬据会计处签称，查遂溪县增编自卫队一中队经常费依照规定月支国币九百四十九元四角八分，应照案自本年六月份起支，其开办费及代金共一次过七十七元六角并在增列自卫团队经费科目项下支付等语，应准如拟办理。

四、据建设厅签呈，缴公路处第一工务总段派员查验破坏英德至清远公路旅费支付预计算书类，计列一百四十八元八角。饬据会计处签拟，核尚实在，似可准在本年度省预备金项下开支等语，应准如拟办理。

五、据第三区行政督察专员电缴应领员役米津数目表，饬据会计处

208

签称，核案尚符，所需米津费计三区专署每月一百一十二元，五月至七月份三个月共三百三十六元；情报组每月七十五元，三个月共二百二十五元；第三难民救济区每月一十八元，三个月共五十四元；西江四邑米粮运销委员会每月四十二元，三个月共一百三十六元，拟准照拨，款在二十九年度省预备金项卜开支等语，应准如拟办理。

六、据建设厅签呈，核议阳春县呈复更正架设由春湾至罗阳段电话线支付预算书类，补注理由尚属充分，原列数目一千六百六十二元三角三分，似可准予照支等情。饬据会计处签称，复核与案尚无超越，预算总散各数亦符，拟予分别存转。至前拨国币四千八百八十三元四角，除实支一千六百六十二元三角三分外，尚余三千二百二十一元零七分。拟饬先行返纳解库等语，应准如拟办理。

七、据贸易管理处驻港办事处电报，收音机价款不敷港币二千三百三十五元八毫四仙等情，经饬财政厅照数垫拨。

八、据本处驻渝办事处呈缴电台材料费预算书，计列八十七元一角八分，请准予在本处二十八年度经费节余项下拨支等情。饬据会计处签称，似可准如所请分别存转等语，应准如拟办理。

九、据建设厅签呈，据公路处呈，关于卸琼崖公路专员李月恒等借欠琼崖守备司令部及九区专署款国币九百五十八元，奉准在征存汽车养踏费收入项下拨支，请核发支令抵解，经予照办，请财厅核发等情。饬据会计处签称，核尚可行，拟请报会后饬财政厅办理等语，应准如拟办理。

十、据候用公务员招待所呈，缴二十九年度临时购置费支付预算书，计列一百零二元四角等情。饬据会计处签称，查尚需要，拟准照拨，款在二十九年度省预备金项下开支等语，应准如拟办理。

十一、准广东伤兵之友社函，请按月补助经费国币二百元等由。饬据会计处签称，查核尚属需要，应由广东省振济会自本年六月份起按月照数拨助，款在本府拨发该会之二十八年度省救灾准备金科目余款项下开支等语，经准如拟办理。

十二、准第×战区战时粮食管理处函送本处役米津费支付预算书，计每月一百四十四元，五月至七月份三个月共四百三十二元。饬据会计处签称，查核尚合，拟准照拨，款在二十九年度省预备金项下开支等语，应准如拟办理。

十三、据财政厅签呈，造具本厅二十九年度员工米津临时费预算书，计列五月至七月份共三千五百一十六元。饬据会计处签称，查核尚无不符，似可准予照数发给，款在二十九年度省预备金项下开支等语，应准如拟办理。

讨论事项

一、主席提议，查一三四次会议不足法定人数，经改为谈话会。兹将议决各案提请追认案。

（决议）照案追认。

二、准第×集团军总司令部电，据捕获汉奸伪维持会长翁××、汤××、林××等三名，经呈奉长官部核准照判执行，请查照给奖等由，请公决案。

（秘书处签拟）生擒蓬州伪维持会长翁××，大井伪副维持会长汤××二名，似应依修正捕杀敌伪组织官员奖励办法第三条第四款规定各给以奖金四百元，共八百元。生擒大井伪维持会主办人林××一名，应依同上办法第三条第五款给以奖金二百元，以资鼓励。

（决议）照秘书处签拟通过，款在本年度省预备金项下开支。

三、据民政厅签呈，据卫生处呈缴迁移费支付预算书，计列二千一百六十四元六角八分，查预算第六目所列购置费四百八十一元二角，似可在该处经常费办公费内开支，拟予删除，其余尚无不合，请察核等情，请公决案。

（会计处签拟）查核原预算书，除所列购置费一项共四百八十一元二角，拟照民政厅所签意见，在该处经常费预算内开支外，实共减为列支一千六百八十三元四角八分，拟将其中一千四百四十七元五角在本年度卫生事业费项下余额拨支，其余二百三十五元九角八分，拟在本年度卫生事业费节余项下支付，仍请提会核定。

（决议）照会计处签拟通过。

四、据省地政局呈，拟将本省各县地政处及各县地政处区登记处等组织暂行规则分别修正，以适应实际需要，连同该项修正规则草案，请察核施行等情，请公决案。①

---

① 秘书处签拟略。

210

（决议）照秘书处修正案通过，经费在原预算额内匀支，并改照国币伸算编列呈核。

五、据建设厅签呈，缴铺筑转水公路沙石路面工程费预算书表图，计列工程费四千七百零二元四角，查尚适当，请饬库照拨办理等情，请公决案。

（决议）照案通过，款在本年度建设事业支出项下开支。

六、据第三防空区指挥部呈缴迁移临时费支付计算书，计列四千元零二角五分，请赐核销等情，请公决案。

（会计处签拟）该款似可准在本年度省预备金项下拨付，交本府秘书处归垫，仍请提会核定。其余九百九十九元七角五分，应饬第三防空区指挥部径行缴还本府秘书处，以清手续。

（决议）照会计处签拟通过。

七、据鹤山县政府电，奉令架设鹤城至宅梧电话线，约需工料费二千五百元，请准拨款办理等情。经准饬财厅先照电拨应支，提会补请追认案。

（决议）照案追认，款在本年度建设事业支出项下开支。

八、准广东高等法院函送二十六、二十七、二十八年度补拨各监狱不足囚粮一案预算书，请查照核办等由，请公决案。

（会计处签拟）现高等法院函补送是项不敷囚粮预算，计列二十六年度拨补广东第一监狱等四十七监狱超额囚粮共三万一千九百五十七元九角七分，应照核定原案在二十六年度各监报解额余囚粮三万九千四百七十七元二角九分内拨支。至附送二十七年度拨补阳江等三十一监狱超额囚粮共四千七百九十八元四角二分，二十八年度拨补潮阳等十三监狱超额囚粮共一千七百二十八元五角四分，依照核定成案应在二十七、八年额余囚粮项下支付。但因二十七、八两年度额余囚粮已经本府第九届委员会第一一五次会议核准拨充二十九年度增加囚粮之用，为顾及事实起见，该二十七、八两年度拨补各监超额囚粮拟准在二十六年度额余囚粮拨支。仍请提会核定。查现送预算所列各年度拨补各监狱超额囚粮数额与本府第九届一〇六次会议核定原案略有出入，但支出总额尚无增减。又二十六年度额余囚粮除拨支上列各数外，计应余存九百九十二元三角六分，该款既经高等法院解缴连县省分金库收讫，似可准予备案。

（决议）照会计处签拟通过。

九、准广东高等法院函送罗定等三十三监狱二十七年度超额囚粮预算书件，计列七千七百二十八元四角，拟在二十七年度各监报解额余囚粮二万五千六百五十二元三角五分项下开支等由，请公决案。

（决议）照案通过。

十、据建设厅签呈，拟派吴质文代理本厅第二科科长，取具该员履历，请察核给委等情，请公决案。

（决议）照案通过。

十一、据建设厅签呈，缴修正农林局组织章程，稻作改进所组织章程，请核示等情，请公决案。

（秘书处签拟）查原拟修正案大致尚合，惟农林局组织章程第十一条拟改为"会计室办理局内岁计、会计事务，设会计员一人，其系属及佐理人员名额，暨任用程序依各省市政府所属机关会计室组织及办事通则办理"。

（理由）查各省市政府所属机关会计室组织及办事通则第五条规定："会计室主办人员分为二等：（一）会计主任。（二）会计员。"该局原组织章程（本府九届第六五次会议通过）第十一条已定明"会计室设会计员一人"，本件修正案似亦应明定会计人员之等第，以免发生疑问。余如建设厅原拟。

（决议）照秘书处签拟通过。

十二、据民政厅签呈，据省警总队呈缴第一大队长黄开荣由大良率队回韶归队行军费及出差旅费预算书，计列行军费二千九百零三元八角，出差旅费一百五十七元三角八分，合共三千零六十一元一角八分，查核各数尚无不合，该款拟在该队二十八年度经费结余项下拨支等情，请公决案。

（决议）照案通过。

十三、委员兼教育厅长提议，拟具广东省立战时艺术馆组织大纲及工作纲要，计需开办费三千三百元，经常费每月二千零八十元，五个月共需经常费一万零四百元，拟由本年度教育文化费内统筹列入社会教育经费项内拨支，请公决案。

（决议）照案通过。

十四、据建设厅案呈，据工管处签拟，派工务组长伍琚华赴沪采购机器，开具旅费运算，计需国币四千元，查核尚属实在，拟请准在工管处旅运费项下开支等情，请公决案。

（决议）照案通过。

广东省政府第九届委员会
第一百三十六次议事录

日　期　六月十八日

地　点　韶关本府

出席者　李汉魂　胡铭藻　何　彤　顾翊群　黄麟书　黄元彬
　　　　刘佐人（公假）　郑　丰

列席者　高　信（病假）　吴迺宪　杜之英（毛松年代）　史延程
　　　　袁晴晖　桂竞秋

主　席　李汉魂

纪　录　（秘书）熊公福　（科长）关玉廷

报告事项

一、准广东高等法院函送灵山地方法院二十八年度迁移费支出预计算书表，计列四百三十五元一角四分，拟由本院二十八年度巡回审判推事经费节余项下拨支等由。饬据会计处签称，似可照办等语，应准如拟办理。

二、据民政厅签呈，据卫生处呈缴员役米津预算书，月列一千三百一十一元，五月至七月份三个月共三千五百四十五元。饬据会计处签拟，分别删减外，核实每月应列五百九十一元，三个月共一千七百七十三元，该款拟在本年度省预备金项下开支等语，应准如拟办理。

密三、据教育厅签呈，据省立韩山师范学校呈缴潮汕陷落时员生离校旅费预算书，计列一百六十三元三角，拟准予在该校二十八年度节余项下拨支等情。饬据会计处签称，该项旅费既经教厅核明属实，复查亦尚无不合，似可准如所请在该校二十八年度节余项下开支。拟将原预算书代标明二十八年度等语，应准如拟办理。

四、据建设厅签呈，据阳江船务管理所编缴该所二十九年份送印船牌照支付预算书，计列三百九十八元三角五分，请由该所二十九年一月份收入款拨支抵解，似应照准，请核示等情。饬据会计处签称，核尚需要，似可准在二十九年度省预备金项下开支，由该所在船税收入项下拨支抵解等语，应准如拟办理。

五、据建设厅签呈，据农林局呈缴二十九年度农林产售出岁入临时费预算书，计列六百四十元八角五分，拟请准予追加等情。饬据会计处签拟，将预算书分别存转，并照数追加本年度省总概算岁入经常门常时部分第三款第二项事业规费暨照数追加岁出经常门常时部分第十七款预备金等语，应准如拟办理。

六、据秘书处呈缴本处电讯组二十九年度员役米津支付预算书，计月列五十一元，五月至七月份三个月共一百五十三元。饬据会计处签称，查核尚无不合，似可在本年度省预备金项下照数发给等语，应准如拟办理。

七、据秘书处签呈，缴本府二十九年度员役米津支付预算书，计月列一千二百一十五元，五月至七月份三个月共三千六百四十五元。饬据会计处签称，查核尚合，拟在二十九年度省预备金项下按月照拨等语，应准如拟办理。

八、据秘书处签呈，据广播电台呈缴二十九年度员役米津预算书，计月列四十五元，五月至七月份三个月共一百三十五元。饬据会计处签称，查核尚合，拟在二十九年度省预备金项下照拨等语，应准如拟办理。

密九、准保安司令部函，据保安处签呈，重编潮梅指挥所月份经费支付预算书，计列一千五百四十一元二角，转请查照等由。饬据会计处签称，似可照准等语，应准如拟办理。

十、据第七区行政督察专员电，将捕获汉奸邱××案判决书及奉绥署核准枪决原令缴请察核给奖等情。饬据秘书、会计两处签拟，给奖国币二百元，援照成案该款在二十九年度省预备金项下开支等语，应准如拟办理。

十一、据第八区行政督察专员呈缴二十九年度员役米津表，计月列一百零六元，五月至七月份三个月共三百一十八元。又情报组员役米津月列四十元，三个月共一百二十元。饬据会计处签称，查核尚合，拟在二十九年度省预备金项下拨支等语，应准如拟办理。

密十二、据本府警卫营呈缴二十九年三月份修整七九弹带工料费支出计算书，计列五十五元二角，请察核备案等情。饬据会计处签拟，报会后存转等语，应准如拟办理。

十三、据本府警卫营呈缴二十九年五月份购制补充士兵胸臂章及袖章等费支付预算书，计列五十元零五角，请准发还归垫等情。饬据会计处签拟，在该营本年度五月份经费节余项下开支等语，应准如拟办理。

讨论事项

一、准广东高等法院函送中山地方法院二十九年三月临时费支付预算书，计列六百九十九元二角九分，此款拟由本院二十八年度巡回审判推事经费节余项下拨支，请查核办理等由，请公决案。

（会计处签拟）似可照准，款在二十九年度省预备金项下开支。其二十八年度巡回审判推事经费节余之六百九十九元二角九分，拟请解库追列本年度岁入预算，仍请提会核定。

（决议）照会计处签拟通过。

密二、准郑委员函复，审查非常时期华侨团体回粤服务指导办法意见等由，请公决案。

（决议）照审查意见修正通过。

三、据财政厅、建设厅、地政局会复，审查省振济会拟订招致檀香山华侨办理茶田垦区实施办法一案结果，认为原拟实施办法尚属可行等情，请公决案。

（决议）照案通过。

密四、据财政厅报告，英德县政府破坏粤汉铁路路基费经在本年度建设事业支出项下拨支国币二万元，请提会追认等情，请公决案。①

五、据教育厅签呈，据省立文理学院呈转附属中学二十八年度由开平迁校乳源，搬迁费支付预算书，计列三千一百九十二元五角一分，请准在该学院二十七年度经常费节存三千二百零九元五角一分项下报销，

---

① 原文缺“决议”内容。

似可照准等情，请公决案。

（决议）照案通过。

密六、据建设厅签呈，据公路处呈，据第二工务总段遵令改编大坑口至忠信等路段择要改善工程费预算书表，计列一十二万一千一百四十三元四角二分，请核示等情，请公决案。

（决议）保留。

密七、据建设厅签呈，据公路处呈复第三工务总段修复忠灯段合水、拓陂两桥材料费预算八百八十二元二角九分一案，前奉令准审计处通知书，饬编造原核定预算数国币九万八千六百一十五元七角二分预算书表等因。遵经饬据该总段编造转呈在案。该项工程费节余若干未据编造决算，放尚未知其确数。查核属实，请核示等情，请公决案。

（会计处签拟）查所缴修复合水、拓陂两桥材料等费预算，经送准秘书处饬技术室核复，各项数目尚属相符。该款国币八百八十二元二角九分，拟在姑准在改善韶汕路忠水段各项工程费节余项下开支，仍饬该总段赶办决算，将节余解库暨呈报本府备查，拟请提会核定。

（决议）照会计处签拟通过。

密八、据建设厅签呈，据公路处补缴抢修翁连忠公路追加借用盐务局柴油价款及司机等薪津预算书，计列二千三百一十元，请分别存转等情，请公决案。

（决议）照案通过，该项工程费准在本年度建设事业支出项下开支。

九、据民政厅呈，据卫生处呈，为奉发岁计案通知单，以关于辅助医院并案调整一案，拟具肇庆、茂名两辅助医院编制预算书，转请核夺等情。并据南路行署电，请设辅助医院一所在南路，以备救护，各等情，请公决案。

（决议）将原定辅助医院、收容所之全部经费改拨筹设补助医院四间，收容所一间，其地点：北江设补助医院一间、收容所一间，其余东、西、南三区各设补助医院一间，原市立医院暂改为区补助医院，辅助医院毋庸再设。

十、据第三区行政督察专员呈，据三水县呈缴联防队员梁二九、陈善华、李槚等三名奋身抗敌殉职请恤事实表，请从优核恤等情，请公决案。

（会计处签拟）本案三水县塱西乡联防队员梁二九、陈善华、李槚等三名因抗敌殉职，请予给恤，既经秘书处签奉核定各给予其遗族一次过恤金八十元，年抚金各五十元，并给予十年为限。该项一次过恤金共二百四十元，拟在二十九年度省地方普通总概算岁出经常门常时部分恤金科目开支，其年抚恤各五十元按年仍在省预算恤金科目开支，仍请提会核定。

（决议）照会计处签拟通过。

十一、据博罗县政府呈，为职县联和乡故乡长赖瑞琮因抗战殉职，请予给恤等情，请公决案。

（会计处签拟）本案博罗县联和乡故乡长赖瑞琮因抗战殉职，请予给恤。既经秘书处签奉核定依照人民守土伤亡抚恤实施办法第四条第一款及第八条第一款之规定给恤，似应给予其遗族一次过恤金八十元，年抚金给予五十元，并以十年为限。该项一次过恤金拟在二十九年度省地方普通总概算岁出经常门常时部分恤金科目项下开支，其年抚金按年仍在省预算恤金科目开支，仍请提会核定。

（决议）照会计处签拟通过。

十二、据民政厅签呈，遵令修正广东省各县局警察机关及警政队长警夫役服用保管规则，请察核办理等情，请公决案。

（决议）照案通过。

十三、据教育厅签呈，据省立两阳中学呈缴二十八年度迁校设备费预算书，其第一次三千四百四十一元拟准由该校已领去之二十七年十一、十二月份经常费共三千四百零六元项下开支，不敷之三十五元拟由本厅二十九年度教育文化临时费项下拨足。至第二次四千八百二十元拟将该校二十八年一、二、三月份经常费结余一千四百六十三元四角拨支，不敷之三千三百五十六元六角仍拟由本厅二十九年教育文化费项下拨足等情，请公决案。

（决议）照案通过。

十四、据会计处签呈，查增加各县政府及所属各机关办公费案，除开始实施新县制之县份拟暂不增拨外，其余各县局拟配定每月增加县府办公费一等县不得超过国币一百二十元，二等县不得超过一百元，三等县不得超过八十元，特三等县及管理局不得超过六十元，款在本年度县局地方预备费项下开支，下年度另案办理，请核示等情，请公决案。

（决议）照案通过，由七月份起支。

十五、据曲江县政府呈缴该县二十九年度实施新县制行政经费预算书件，计月列四千二百二十八元，请准由省库按月补助等情，请公决案。

（会计处签拟）查现编预算书未据将该县会计室经费列入，核与本府本年五月五日会一文字第三三八〇号训令规定不符，应饬遵照令发本省各等县会计室编制表列员额薪俸四百一十八元及核定该室办公费三十元共月支经费四百四十八元一并编入，以符通案。合计该县行政经费每月应列支四千六百七十六元，除原由省库拨补一千八百三十七元外，尚不敷二千八百三十九元，照新县制实施计划关于县款整理之规定在整理期两个月内所增经费由省库补助，本案拟予照准。款在本年度省预备金项下拨支，仍请提会核定。

（决议）照会计处签拟通过。

十六、据建设厅签呈，据全省长途电话管理会呈缴组织规程及编制草案二十九年度岁入概算书岁出预算书，请核示等情，请公决案。①

（会计处签拟）（一）查关于本省长途电话管理委员会二十九年扩大编制及预算一案迭经秘书处饬技术室电讯组核签，最后核签结果已由电讯组签拟将原日长途电话管委会改为"战时长途电话管理所"，从新核减经费员额并拟具该所新预算，复由技术室将各电话分所派出所核减员额并酌量增加员工薪水。统核以上技术室及电讯组两签拟系就新计划之"战时长途电话管理所"编制及预算而言，如奉核定，除该会本年度预算核定数目列支四千四百七十五元外（如各派出所员工薪俸应增加几何尚未确定），其余新增经费似可准在本年度预备金项下开支。仍请将成立日期决定后，饬依电讯组及技术室所拟编制另编预算呈核。（二）此案原列会计室部分之编制及薪额曾经该会会计主任金根宪商经长途电话委员会主任拟定后呈请本府会计处核准，并经由会计处函复长途电话委员会查照有案。现该会新预算内会计室员额及薪级由电讯组大

---

① 秘书处签拟略。

加缩减，致与上述原拟编制相差颇远，将来该会计室工作上有无困难，值得考虑。该会预算内会计室之部分似以维持原拟为宜。上列意见两点拟并请提会核定。

（决议）照秘书、会计两处签拟通过，由七月份起实施，仍饬另编预算呈核。

密十七、据广州大学函呈，请予补助搬迁费一次过十万元等情，请公决案。

（决议）一次过补助五万元。款在本年度省预备金项下开支。

密十八、据教育厅签呈，关于中区临时中学、省立广州农职校、私立仲恺农校等迁校设备费及员生旅费预算，计广州农校共需六万四千七百六十元，仲恺农校共需五万一千一百七十元，中区临时中学共需六万二千四百五十五元，三共合计一十七万八千三百八十五元，请准饬财政厅如数筹拨等情，请公决案。

（决议）拨给中区临时中学二万五千元，广州农职学校四万元，补助仲恺农校三万元。仲恺农校应迁乐昌，限暑假期内全部迁妥。款在本年度省预备金项下开支。

十九、委员兼教育厅长提议，拟于本年秋季将省立广州女子师范学校恢复办理，请公决案。

（决议）照案通过。

密二十、准中山大学许代校长元电，以中大农、工、法三学院运输建置费约需三十五万元，教部主张所需费用请由广东省政府全数拨支，请核定等由，请公决案。

（决议）补助二十万元。款在本年度省预备金项下开支。

广东省政府第九届委员会
第一百三十七次议事录

日　期　六月二十五日
地　点　韶关本府

出席者　李汉魂　胡铭藻　何　彤　顾翊群（公假）

　　　　黄麟书（公假）　黄元彬　刘佐人（公假）　郑　丰（公假）

列席者　高　信　吴洒宪（麦务之代）　杜之英（毛松年代）

　　　　桂竞秋

主　席　李汉魂

纪　录　（秘书）熊公福　（科长）关玉廷

报告事项

一、准广东高等法院函送二十九年五月份员役米津预算书，计列四百四十元。饬据会计处签称，查核尚合，拟在二十九年度省预备金项下拨支等语，应准如拟办理。

二、准广东全省保安司令部电送故员兵陈觉中等十员名死亡书表及恤金给与表，请核办等由。经核定依照陆军平战时抚恤暂行条例分别给恤，函行审计处、财厅暨各县办理。

密三、据建设厅签呈，核议高明县构筑封锁海口材料各费，合计一百一十五元四角四分，核与备考所注各单价数目尚属确实，似可准照列支等情。饬据会计处签称，该项材料费似可准在本年度建设事业支出项下开支等语，应准如拟办理。

四、据会计处签呈，奉前行政会议连县县长提议，各县佐治人员奉令调差准给旅费及照支在途薪俸一案，饬办理具报等因。查本府前曾令颁广东省政府及所属各机关调用人员支给在途旅费暂行办法，通饬施行有案，各县佐治人员调差自可依照前项办法办理。本案初审办法尚无不合，拟予照办。并通饬各县遵照等情，应准如拟办理。

五、据第二区行政督察专员电，为二区摇工报差服装费拟照市价改制夏服发用等情。饬据会计处签称，尚属可行，拟报会后准予照办等语，应准如拟办理。

密六、据防城县呈，为本年预备费不敷支应，关于情报股经费请准由省库按月拨付等情。饬据会计处签拟，援照乳源县前例并依照各县市局情报组织办法第二条规定，准该县照最低员额数只设情报员五人，月支经常费减定共为国币二百元，款仍由该县地方款预备费项下开支等语，应准如拟办理。

密七、据吴川县电，为本县海岸监视哨现拟于本月十五日遵照成立，请照规定拨给开办费一百六十元暨本月下半月经费等情。饬据会计处签称，查该县海岸监视哨原规定开办费一次过毫券一百六十元，拟照案发给，款在本年度省预备金项下拨付。至经常费原定每月毫券三百一十二元现拟照本府最近核定通案改为月支国币三百一十二元，自本年六月下半月起支，款在本年度省地方普通总概算岁出经常门临时部分九款三项七目沿海岸各县监视哨经费项下开支等语，应准如拟办理。

八、据建设厅签呈，转缴省营工业管理处员役米津预算表，计列一千九百七十三元一角七分。饬据会计处签称，查核以散合总实为二千一百九十八元一角七分，原列数目经代更正。至此项米津费请准在经费项下撙节开销及无庸另编预算一节尚属可行，似可照准等语，应准如拟办理。

九、据会计处签呈，准教育厅片送省立梅州中学二十七年四月份奉召赴省受训旅费预算书，计列六十九元四角四分，既据教育厅核明与案相符，拟准照支。照案在该校二十六年度经费项下开支等情，应准照办。

十、据广东省银行呈复，遵奉手谕拨五万元送余副长官转发慰劳良口战役将士，请察核等情，应准备案。

十一、据广东省战时贸易管理监察委员会呈缴员役应领米津预算书，计由五月十六日成立起至七月止二个半月共计四十七元。饬据会计处签称，核算尚无不合，似可准照该会组织章程第九条之规定款在管理处全部预算之内开支等语，应准如拟办理。

十二、据建设厅签呈，缴公路处及行车营业、农林局稻作改进所等机关员工夫役米津预算书。饬据会计处签称：（一）公路处员役每月应支米津费二百八十七元，五、六、七三个月共八百六十一元。征收汽车养路费站员役每月应支一百二十八元；三个月共三百八十四元；护路队长员兵夫每月二百九十五元，三个月共八百八十五元。以上三款拟在二十九年度省款预备金项下按月照拨。（二）公路处行车营业员役米津费每月应支八百二十四元，三个月共二千四百七十二元，拟在该处行车营业基金预算支出项下开支。（三）农林局稻作改进所米津费共列五十元以下职员三十四人，公役二十四人，核与该所二十九年度经费预计算编列月薪五十元以下职员十八人另公役二十四人计多列职员十六人，拟饬查明声复再核各等语，应准如拟办理。

十三、据建设厅签呈，据工管处呈报该处押运组员廖凯因公受伤在港留医，请一次过发给医药费国币四百元等情。饬据秘书、会计两处签称，核与规定办法相符，似可照准，款在工管处经费项下开支等语，应准如拟办理。

十四、据建设厅签呈，关于工业管理处人事股长冯燊民因公遭受损失，请求核发救济费国币二百元一案。查核所称延报原因似属实在，应否准予照案发给，请核示等情。饬据会计处签称，似可照准等语，应准如拟办理。

讨论事项

密一、准全省防空司令部函送第二、三、四各区防空指挥部暨所、队、哨原定现行经费各预算暨原定现行经费预算，比较总表计原定月共列一万零五百九十九元，现行月共列一万一千七百五十元，比较计增一千一百五十一元，请由六月份起按照现行经费预算额定数目饬财政厅查案分别直接拨付等由，请公决案。

（会计处签拟）现防空司令部拟自本年六月份起各防空区官兵给与依照中央颁发战时陆军备部队暂行给与规则规定改善，以一待遇。准送各防空区指挥部及所属经费预算列数尚属需要，且核与各该区原定编制亦符，除将原列各单位经费元以下之零数分别删除，计第二防空区指挥所及所属经费每月列支国币三千六百一十二元，第三防空区指挥部及所属经费每月列支国币五千一百六十六元，第四防空区指挥部及所属经费每月列支国币二千九百七十二元，似可照自本年六月份起实行。其比较原定各该区经费预算外，核计第二防空区每月增加三百五十七元，第三防空区每月增加五百一十元，第四防空区每月增加二百八十四元，并自本年六月份起款在本年度省预备金项下开支，仍请提会核定。

（决议）照会计处签拟通过。

二、据教育厅签呈，奉部令举办本省中学师范教员第二次无试验检定，经费计需一千四百四十六元二角，请令饬财政厅在预备金项下划拨或另筹拨过厅，俾如期办理等情，请公决案。

（会议处签拟）似可照准，其证书费收入预算共一千三百五十七元准予列收。至经常费预算四个月共支出一千四百四十六元二角拟在本年度教育文化临时费项下开支，请提会核定。

（决议）照会计处签拟通过。

三、据教育厅签呈，缴省立教育学院附属中学二十八年八月至十二月追加经费预算书，计共一千二百三十九元，拟由该院二十七年度以前经费节余项下拨支等情，请公决案。

（决议）照案通过。

四、据广东省战时贸易管理监察委员会签呈，关于战时贸易管理处员工米津一案审拟意见，请核夺等情，请公决案。

（决议）该处员役米津仍照本府通案办理。

密五、据财政厅报告，英德县政府征集架设下步桥梁材料费经在本年度建设事业费支出项下拨支国币六千元，请提会追认等情，请公决案。

（决议）照案追认。

密六、据财政厅报告，乳源县政府征集构筑工事各种材料费经在本年度建设事业支出项下拨支国币三千元，请提会追认等情，请公决案。

（决议）照案追认。

七、据秘书处案呈，据粤侨通讯处先后签呈，拟具南路护侨事务所组织章程及经常费预算，月列支二千五百四十元，开办费列支一千七百五十元，暨缴修正东江护侨事务所组织章程及经常费预算，月列支一千五百四十二元，并拟请增设汤坑、迳心、水口、松口等招待站四处，月支经费五百八十四元，开办费四百元，各等情，并案请公决案。

（决议）交胡委员审查。

八、奉广东绥靖主任公署电，为本署前垫借埔梅、梅和等各公路工程费共二十五万四千零五十七元三角八分，除照案划抵士敏土价连税共一十五万一千八百一十三元二角外，实尚欠一十万零二千二百四十四元一角八分。现值军费困难，即请提拨过署，以资归垫等因，请公决案。

（决议）照案拨还。款在本年度建设事业支出项下开支。

九、准广东省地方行政干部训练团函，为前县训所迁移费共支国币二万三千六百三十一元零七分，该款拟在该所二十八年度经临费节余项下拨支，请核定备案等由，请公决案。

（会计处签拟）现查县训所迁移费预算书，列支二万三千六百三十一元零七分，复核各数尚属需要，与审计处审核通知数目亦属相符，拟准照支。照案款在二十九年度省预备金项下拨支。至该所结存二十八年度经临费应饬解库抵领，仍请提会核定。

（决议）照会计处签拟通过。

广东省政府第九届委员会
第一百三十八次议事录

日　期　六月二十五日

地　点　韶关本府

出席者　李汉魂　胡铭藻　何　彤　顾翊群（公假）

　　　　黄麟书（公假）　黄元彬　刘佐人（公假）

　　　　郑　丰（公假）

列席者　高　信　吴迺宪（麦务之代）　杜之英（毛松年代）

　　　　桂竞秋

主　席　李汉魂

纪　录　（秘书）熊公福　（科长）关玉廷

报告事项

一、准广东高等法院函送广东省各县监狱二十九年度增加囚粮预算书表，共列七万四千八百八十元。饬据会计处签拟，该款仍照本府九届一一五次会议核定原案在高等法院二十七、八年度各监额余囚粮项下拨支，如有不足再在二十九年度额余囚粮拨补等语，应准如拟办理。

二、准广东高等法院函送阳山地方法院临时迁移费支付预算书，共需国币八十八元五角，拟由本院二十八年度巡回审判推事经费节余项下拨支等由。饬据会计处签称，似可照办，款在本年度省预备金项下开支，其原拟在高等法院二十八年度巡回审判推事经费节余之款拟请照数解库列入本年度岁入预算等语，应准如拟办理。

三、准广东高等法院函送阳山地方法院及阳山监狱二十九年度员役米津预算书，计阳山地方法院员役月支五十八元，五月至七月份三个月共需一百七十四元；阳山监狱员役月列二十三元，五月至七月份三个月共需六十九元。饬据会计处签称，该款拟在本年度省预备金项下支付等语，应准如拟办理。

四、准广东高等法院函送本院第二分院迁移费临时支出预算书，计列二百七十一元六角，拟由本院二十八年度巡回审判推事经费节余项下拨支，请查核办理等由。饬据会计处签称，似可照办等语，应准如拟办理。

五、据教育厅签呈，缴省立汕尾水产职业学校二十九年度学生暑期实习临时费预算书，列支四百零五元八角。饬据会计处签称，现经教育厅核明该校暑期实习历经办理有案，似可准予照支。所请在该校二十九年度节存经费项下开支核尚可行，拟请照准等语，应准如拟办理。

六、据民政厅签呈，转缴广东省立临时医院米津费支付预算书，月列二百二十八元，五月至七月份三个月共六百八十四元。饬据会计处签称，似可在本年度省预备金项下支付等语，应准如拟办理。

七、据建设厅签呈，缴畜疫防疗所追加开办费支付预算书，计列八千四百元。饬据会计处签称，查预算书所列数目及节余总额表所列奉准拨支各款核案相符。惟防除牛瘟血清制造所名称系经会议通过，现改称为畜疫防疗所，拟报告会议后再将预算书存转等语，应准如拟办理。

八、据建设厅签呈，缴农林局北区林业促进指导区员役米津预算书，计月列九十二元，五月至七月份三个月共二百七十六元。饬据会计处签称，既据建设厅呈明核尚属实，复核与所呈名册及本府规定发给米津原案均尚无不合，似可准予照数发给，在本年度省预备金项下开支等语，应准如拟办理。

九、据本府南路行署电，据驻广州湾通讯处呈称，省府各厅及省属机关在港购物多经湾转运，每须代垫各种费用，职处向无存款，请酌拨预备金应支等情。查事属需要，拟请酌拨备用金国币一万元前来。饬据秘书处签拟照拨，应准如拟办理。

十、据第二区行政督察专员电送本署情报组驻韶通讯处员役应领米津费预算书，请予分别核发等情。饬据会计处签呈，查核尚合，所需员役米津费计该署月列七十八元，五月至七月份三个月共二百三十四元；情报组月列八十五元，三个月共二百五十五元；驻韶通讯处月列一十三元，三个月共三十九元，拟准在二十九年度省预备金项下按月拨支等语，应准如拟办理。

十一、据揭阳县政府呈缴无线电台第五区台揭阳分台二十九年员役米津预算表，月列三十六元，五月至七月三个月共一百零八元。饬据会计处签称，核与所呈名册及本府规定发给米津案均属相符，似可准予照数发给，在二十九年度省预备金项下开支等语，应准如拟办理。

十二、据秘书处案呈，关于梅县县政府呈缴故松源上乡乡长王子清遗族请恤事实表请议恤一案，查该故乡长因公死亡，应依照战时乡镇保甲长联保主任因公伤亡给恤暂行标准规定给予一次过抚恤费一百五十元等情。饬据会计处签拟，款在二十九年度省总概算内恤金科目项下开支等语，应准如拟办理。

十三、据始兴县呈报，该县第二区江口镇民妇赖刘氏、赖黄氏二口因奉令参加修复公路，致遭意外死亡，拟各给一次过恤金国币三百元等情。饬据秘书、会计两处签称，核与国民工役法例尚无不合，惟恤金数目，似属过多，拟准予各给国币二百元，并行财厅由省库省总概算恤金科目拨发，应准如拟办理。

十四、（略）

十五、准内政部咨复，准先后检送广东省政府民政厅二十九年度禁烟实施计划，经呈行政院备案，并咨财政部查照，检送核定计划，请查照办理等由。饬据民政厅签称，本省各县局烟土管理所未曾设立土膏行店商，定于六月十五日撤销，省立各强民工厂，及军管区政治部干训班毕业学员生兼办禁烟宣传补助费，均系预算至六月底止，此时距禁绝期间，仅十余天，似宜照原案办理，附卷备查，不必再行抄发各有关机关等语，应准如拟办理。

十六、据民政厅呈，转省警总队应领米津费预算书表。饬据会计处签称，查核尚合，所需职员米津费每月三百四十元，长警及夫役米津费每月一千五百七十元五角，合共每月一千九百一十元五角，五月至七月份三个月共需五千七百三十一元五角，拟准在二十九年度省预备金项下按月拨发等语，应准如拟办理。

十七、据建设厅签呈，缴工业试验所、农林局蚕桑改良场员役米津预算书，计工业试验所三个月共列五十七元，农林局蚕桑改良场三个月共列一百二十六元。饬据会计处签称，查工业试验所经决议暂行裁撤，并决议自本年六月份起将该所经费拨归建设厅分配在案。拟准发五月份一个月，计一十九元，乐昌蚕桑政〔改〕良场米津，拟准照拨等语，应准如拟办理。

讨论事项

一、（略）

二、准广东省地方行政干部训练团函复，前干训所梁公武等津贴费，前函所叙三千元，系归还第四战区游击指挥所垫支二十八年十月份至二十九年二月份之数，三月份津贴费六百元，已由前县训所直接发领，该预算自应造报在内，故共计三千六百元。又该项津贴费仍由前县训所本年度经临费节余开支，请查照办理等由，请公决案。

（决议）照案通过。

三、据教育厅签呈，缴更正私立仲元中学校二十八年度临时支出设备费预算书，计共一万一千元，请饬财厅将款划拨归垫等情，请公决案。

（决议）照案通过。

四、（略）

五、准广东省军管区司令部函送全省学校军训教官二十九年度编制表暨经费支付预算书，月列国币八千三百七十元，除已由中央政治部每月共发七百七十五元，及省总概算国民军训处教官薪俸科目原月列六千四百六十五元拨支外，尚不敷一千一百三十元，请在前军训处结余经费项下拨补，附送预算书，请查核备案等由，请公决案。

（会计处签拟）军管区司令部现送该区政治部本年度全省学校军训教官经费预算，每月共列支国币八千三百七十元，尚属需要，据称除已由中央政治部每月共发七百七十五元外，其余七千五百九十五元，分别在本年度省地方普通总概算岁出经常门常时部分十款一项二目国民军训处教官薪俸科目原月列六千四百六十五元拨支，尚余一千一百三十元，请在前军训处结余经费项下拨补，似可照办，惟为划清年度计，本年度该项增加经费，每月一千一百三十元，拟在本年度省预备金项下开支，其原拟拨支之军训处结余经费，拟请照案解库追列本年度岁入预算，仍请提会核定。

（决议）照会计处签拟通过。

六、据广东省新生活运动促进会妇女工作委员会呈复，妇女生产工作团经费，系在本府拨发该会事业费内月拨一千一百元，曲江县妇女会经费预算，亦经呈送准予存转有案。请准发各该团会米津费等情，请公决案。

（决议）妇女生产工作团米津照发，款在本年度省预备金项下开支。

七、据广东省振济会呈缴救济总队二十九年度追加经常费支付预算书，月列一千二百七十一元七角，四月至十二月份共一万一千四百四十五元三角，请在本会二十八年度救灾准备金余款项下按月拨支等情，请公决案。

（会计处签拟）现据呈请每月增加一千二百七十一元七角，四月至十二月份共增一万一千四百四十五元三角，除关于副总队长业经该会令派其月薪一百三十元，似应准予照增，并准所请在本府拨交该会二十八年度救灾准备金余款项下按月拨支外，其余人员，近经本府核定发给米津，并经核定队员米津每员月给五元，连同月薪一十三元，计每员月达一十八元，比较呈称奉钧谕每员每月最低限度一十五元之数，业已超过三元，暨特别费，并未据呈明用途，似均未便准予追加，仍拟请提会核定。

（决议）照会计处签拟通过。

八、据广东省振济会呈送二十八年度临时费支付预算书及支出计算书类，该项临时费，因本会经费节余尚余三百余元，不敷拨支，请准在奉拨二十八年度救灾准备金科目余款项下开支归垫等情，请公决案。

（会计处签拟）查该会前呈送二十八年度临时费预计算书列支七千八百一十六元四角四分，核尚需要，现既据呈明该会二十八年度节余经费尚余三百三十五元五角三分，查不敷拨支，拟饬扫数返纳省库具报。至前项临时费七千八百一十六元四角四分，拟准如所请在本府拨交该会二十八年度救灾准备金科目余款项下开支归垫，并将预计算书类分别存转，仍请提会核定。

（决议）照会计处签拟通过。

九、据民政厅签呈，订定广东省各县局长警巡回训练队暂行章程及经临费预算，计经常费月列二千六百一十元，八个月共二万零八百八十元，临时费七千四百五十元，请在省库内拨支等情，请公决案。

（决议）保留。

十、（略）

十一、据民政厅签呈，拟将各县局禁烟股展期一个月，于七月底裁撤，所需经费国币六千二百五十八元，即在本年度禁烟预算支出经费项下统筹分配，禁烟委员会仍照原案裁撤等情，请公决案。

（决议）照案通过。

十二、据秘书处签呈，奉饬发给清远琶江区朱区长履吉抗战准备金国币一千元，经已照发，该款拟请令饬财政厅在省预备金项下拨还归垫等情，请公决案。

（决议）照案通过。

十三、主席提议，仁化县县长麦××因案撤职归案讯办，遗缺调本府民政厅第二科科长杜世珍代理，请公决案。

（决议）照案通过。

十四、主席提议，阳山县县长许济化辞职照准，遗缺调秘书处第一科科长关玉廷代理；递遗科长缺，调广东省战时贸易管理监察委员会秘书谢乐文代理，请公决案。

（决议）照案通过。

广东省政府第九届委员会
第一百三十九次议事录

日　期　六月二十八日

地　点　韶关本府

出席者　李汉魂　胡铭藻　何　彤　顾翊群　黄麟书（公假）
　　　　黄元彬　刘佐人（公假）　郑　丰

列席者　高　信　吴迺宪　杜之英　桂竞秋　谢群彬

主　席　李汉魂

纪　录　（秘书）熊公福　（科长）关玉廷

报告事项

一、奉行政院令，奉国民政府令开，广东省政府委员吴飞免去本职等因，仰知照。

二、准中国国民党广东省执行委员会函复，本会暨所属各县市党部应发员役米津数额，仍请照案拨补等由。饬据会计处签称，该会增加工作人员米津费员役每月一百四十五元，五月至七月份三个月共四百三十五元，似可照数补拨。又各县市党部应领米津，除县训所、文理学院及该会三直属党部应予剔除外，计应发米津每月三千七百四十六元，三个月共一万一千二百三十八元，连前项补拨数目四百三十五元，合计共一万一千六百七十三元，一并照拨，款在二十九年度省预备金项下开支等语，应准如拟办理。

三、准广东省地方行政干部训练团函请将业经支付之开办费四百元，在前县训所二十九年度经费节余项下拨支等由。饬据秘书处签称，该项开办费既因特殊情形，似可准予列支等语，应准予列支。

四、据民政厅签呈，据卫生处呈，省立救济医院开办费奉核减为一万五千六百三十四元七角，惟未列入灭虱室三百元暨洗衣用具一百五十元，是项设备，事属需要，请予增列等情。饬据会计处签称，似可照准增给，该院开办费预算应改为一次过列支一万六千零八十四元七角，该款仍照核定成案在本年度省救济费项下拨付等语，应准如拟办理。

五、据建设厅签复长途电话管理委员会员役米津预算案：（一）该会员额系照实际人员编列。（二）各分所及派出所巡房等，因各线未全部完成，尚未汇报。（三）工目系技工之一，与什役性质不同，照列月津五元，尚无不合等情。饬据会计处签称：（一）、（二）两点尚属可行，拟予照准，第（三）点理由似欠充分，依照本府发给米津办法规定，应列月支三元，该会现呈所列司机及助手、工目、工匠均应改为月各支三元，改正后应共为月支八百六十二元，五月至七月份三个月总计米津数应改为二千五百八十六元，该款拟在本年度预备金项下开支等语，应准如拟办理。

六、据第五区行政督察专员呈缴无线电第五区台员役米津预算书册，饬据会计处签称，查书列三个月米津一百零八元，核与所呈名册及本府规定发给米津案均属相符，似可照数发交第五区专署具领转发等语，应准如拟办理。

七、据本府驻广州湾通讯处呈缴员役米津数目表，饬据会计处签称，该处每月共需员役米津费一十三元，五月至七月三个月共需三十九元，拟准在二十九年度省预备金项下按月照拨等语，应准如拟办理。

八、据第四区行政督察专员呈缴无线电总台直属第一分台米津预算书，饬据会计处签称，查核尚合，所需员役米津费每月三十六元，五月至七月三个月共一百零八元，拟在二十九年度省预备金项下按月照拨等语，应准如拟办理。

九、据第四战区挺进第×纵队司令部呈缴捕杀礼乐敌伪官兵吴××等三名所在乡长证明书，请核给奖等情，饬据秘书、会计两处签拟，捕杀吴××一名给奖国币五十元，至其党羽胡×、曾××二名，未据证明，拟不予给奖。该项奖金五十元，援照成案，款在二十九年度省预备金项下开支等语，应准如拟办理。

十、据潮安县政府呈复，关于陆军独立第×旅函捕获第七区金塔乡伪维持会副会长陈××请给奖一案，查属确实等情。饬据秘书、会计两处签拟，发给奖金国币四百元，该款援照成案，在二十九年度省预备金项下开支等语，应准如拟办理。

讨论事项

一、主席提议，查第一三七及第一三八次会议因不足法定人数，经改为谈话会，兹将议决各案提请追认案。

（决议）照案追认。

二、据民政厅签呈，据卫生处呈缴本省第一届第二次选送卫生人员前往中央受训经费预算书，计列国币一万一千八百八十元，请核示等情，请公决案。

（决议）照案通过，款在该处第一次送训余款项下开支。

三、据民政厅签呈，据卫生处呈缴第一临时救护队补充员役制服预算书，原列一千一百二十元，拟酌减为五百六十元，该款并拟在该处二十八年度事业费节余项下拨支等情，请公决案。

（会计处签拟）查民政厅签呈，以据卫生处呈据该处第一临时救护队队长张荣琦呈称，该队员役服装，前发两套，迄今年余，均已霉烂，拟请俯念各员薪饷微薄，各准补充制服两套，以壮观瞻，转请核示等情。到厅。查尚实情，拟每名酌发一套补充，原呈预算可减为一次过列支五百六十元，该款并拟在该处二十八年度事业费节余项下拨支等情。查尚需要，似可如民政厅所签意见提会核定。

（决议）照会计处签拟通过。

四、据民政厅签呈，据卫生处呈缴追加送训卫生稽查等生活费及补助选送人员制服费预算书，计列三千一百七十元，请察核等情，请公决案。

（会计处签拟）（一）现查卫生处选送前项卫生人员实有人数，仅卫生工程师一名，护士二十五名，助产士三名，卫生稽查一十四名，其经费预算（比较原拟选送名额计减五十七名），按照该处原拟标准，核计共需国币一万三千五百八十元，与前项本府核准该项经费三万四千五百五十元比较，计应余款国币二万零九百七十元，除下述第（二）点拟在是项余额项下拨支补助前项卫生稽查助产士等生活费及补助制服费等追加经费共三千一百七十元外，实应余存国币一万七千八百元之款，拟饬照数即日解库。（二）查前据民政厅案呈，转据卫生处呈，以准中央卫生公共卫生人员训练所朱所长电，以贵阳生活程度高涨，本省选送卫生稽查及助产士每月生活费二十元，不敷应用，拟请增至三十元。又选送卫生人员均应受军事训练，须添置制服，拟请每人补助制服费五十元。等由。当经本府核准于本年二月以征政民三代电省卫生处饬编预算书呈核在案。（制服费每人五十元，未免过多，惟既经府电照准在先，将来办文时，拟饬核实支用。）现民政厅呈缴前项送训卫生稽查员助产士等生活费及补助制服费等预算所列各数，拟分别按照该处实在选送人数计算，改正为列支一次过国币三千一百七十元，该款拟在本府前拨本省第一届选送卫生人员受训经费三万四千五百五十元额内余款动支，并拟补提会议追认。

（决议）照会计处签拟通过。

五、据民政厅案呈，据卸省立临时医院筹备处主任曾志民呈缴二十八年度医务人员旅费支付预算书，列支国币六百零五元，似可准予在该筹备处经费节余项下支给等情，请公决案。

（决议）照案通过。

六、据财政厅签呈，本年度省库应拨曲江县政府补助费及东西河养桥费月额一千元，拟照案由六月份起停拨等情，请公决案。

（决议）照案通过。

七、据建设厅签呈，据公路处呈复，本处迁移费系照实支数目编列，恳免剔除，准予列支，请核示等情，请公决案。

（决议）照案通过，款在本年度预备金项下开支。

八、据建设厅签呈，拟调前工业试验所技正兼所长胡君实为本厅技正等情，请公决案。

（决议）照案通过。

九、据广东省县政人员训练所呈缴二十八年度开办费追加预算书，计列九千七百三十七元九角九分，拟在本所二十八年度经临费节余项下拨支等情，请公决案。

（决议）照案通过，款在该所二十九年度一月至三月经临费节余项下开支。

十、（略）

十一、据新会县政府呈缴嘉察乡副乡长利显津因往横岭乡磋商抗敌事被敌炮弹炸伤致命请恤事实表，请准转呈给恤等情，请公决案。

（会计处签拟）本案既经秘书处签奉核定依照人民守土伤亡抚恤实施办法第四条第一项及第八条第一项之规定给恤，似应给予其遗族一次过恤金八十元，年抚金给予五十元，并以十年为限，该项一次过恤金，拟在二十九年度省地方普通总概算岁出经常门常时部分恤金科目项下开支，其年抚金，递年仍在省预算恤金科目开支，仍请提会核定。

（决议）照会计处签拟通过。

十二、据财政厅签呈，关于各县解拨国民兵团经费一案，应否照由四月份起在发县自治经费项下扣拨，抑请军管区仍照向办手续令径提供之处，请核示等情，请公决案。

（决议）由四月份起，暂在发县自治经费项下扣拨。

十三、准广东省军管区司令部电送还伤亡壮常队兵余仁生等十一名请恤事实表，请依照规定办理等由，请公决案。

（秘书处签拟）（一）关于死亡者何长一名，拟准照人民守土伤亡抚恤实施办法第四条第一项及第八条第一项予以抚恤。（二）关于受伤各队员，其请恤表，均未依照该表附记第一项之规定负伤等第应由鉴定医生填注等语办理。再关于陆军抚恤条例，其受伤官兵经检定后，应由检定医院出具证明书，并规定附缴负伤官兵二寸半身脱帽相片四张，以便请恤，而免混误。查守士抚恤办法，虽无此项详细之规定，但为慎重办事起见，并饬取具医院或医生之检定证书，以为证佐。又饬各缴二寸半身脱帽相片四张，以为粘贴恤令之用，而免顶冒。故本件受伤各队员请恤表，拟均予发还，饬分别遵办补报再夺。

（会计处签拟）本案既经秘书处签奉核定受伤队员余仁生等十名应由检定医院出具证明书，再行核议给恤。至该抗敌阵亡何长一名，准照人民守士伤亡抚恤实施办法第四条第一项及第八条第一项之规定给恤，似应给予其遗族一次过恤金八十元，年抚金五十元，并给予十年为限。该项一次过恤金，拟在二十九年度省地方普通总概算岁出经常门常时部分恤金科目项下开支，其年恤金，递年仍在省预算恤金科目开支，仍请提会核定。

（决议）照秘书、会计两处签拟通过。

十四、（略）

十五、据会计处签呈，拟具民国三十年度广东省地方预算编制办法，请提会核定施行等情，请公决案。

（决议）交民、财、教、建四厅长及秘书长审查，由何兼厅长召集。

十六、据民政厅签呈，本厅第二科科长杜世珍奉令调充仁化县长，所遗科长一职，查有梁明政堪以充任，检同履历，请核委等情，请公决案。

（决议）照案通过。

十七、主席提议，高明县县长邓公烈另候任用，遗缺派陈戊荪代理；翁源县县长秦元邦另候任用，遗缺调封川县县长冼家锐接充，递遗缺派郑有泰代理，请公决案。

（决议）照案通过。

广东省政府第九届委员会
第一百四十次议事录

日　期　七月二日

地　点　韶关本府

出席者　李汉魂　胡铭藻　何　彤　顾翊群　黄麟书　黄元彬
　　　　刘佐人（公假）　郑　丰（公假）

列席者　高　信　吴迺宪（麦务之代）　杜之英（毛松年代）
　　　　桂竞秋

主　席　李汉魂

纪　录　（秘书）熊公福　（科长）谢乐文

报告事项

一、准广东高等法院函送南雄、乐昌地方法院员役米津预算书册，月列五十八元，五月至七月份三个月共一百七十四元。饬据会计处签称，似可并由本年度省预备金项下开支等语，应准如拟办理。

二、据建设厅签呈，据农林局呈缴连县天蚕试验场员役米律预算书册，月列二十四元，五月至七月份三个月共七十二元。饬据会计处签称，查核尚无不合，似可照数发给，在二十九年度省预备金项下开支等语，应准如拟办理。

三、（略）

四、据第六区行政督察专员电缴无线电台第六区台员役米津预算册，饬据会计处签称，查预算书列三个月米津共一百零八元，核与区台编制应领米津员役数额尚无不合，拟准照数发给，在二十九年度省预备金项下开支等语，应准如拟办理。

五、据建设厅签呈，缴工业试验所遣散员工津贴薪饷预算书，计一个月共国币二百一十元零三角九分，拟在该所经常费节余款项下开支等情。饬据会计处签拟予照准等语，应准如拟办理。

六、据翁源县政府呈缴无线电总台第二区台翁源分台员役米津预算

235

书，饬据会计处签称，查预算书列三个月米津一百零八元，核尚符合，拟准照数发给，在二十九年度省预备金项下开支等语，应准如拟办理。

七、据郁南县政府呈缴无线电总台第三区台郁南分台员役米津预算书，饬据会计处签称，查核尚合，所需员役米津费每月三十六元，五月至七月三个月共一百零八元，拟准在二十九年度省预备金项下拨支等语，应准如拟办理。

八、据新会县政府呈缴无线电总台第一区台新会分台员役米津预算书，饬据会计处签称，查所呈预算书及名册均属不合，惟预算数列月支米津三十六元尚合，计三个月米津共一百零八元，拟准照发，在二十九年度省预备金项下开支等语，应准如拟办理。

九、据本府无线电总台呈缴员役米津预算书册，饬据会计处签称，应剔除助理员四人，统计该总台每月共需员役米津费三百二十四元，五月至七月三个月共计九百七十二元，拟准在二十九年度省预备金项下按月照拨等语，应准如拟办理。

十、据第一区行政督察专员呈缴本署二十九年五月份囚粮清册，计列五十一元八角七分五厘，请分别存转，并将三、四、五各月囚粮发还归垫等情。饬据会计处签称，核数尚符，拟准照案在行政犯不敷口粮内拨支等语，应准如拟办理。

十一、据第三区保安司令部呈缴修械所员役米津支付预算表册，计月列四十三元，五月至七月份三个月共一百二十九元，饬据会计处签称，似可照发给米津案乙项规定，比照正式军队发给，计官佐每员月给主食费四元，士兵每名月给副食费三元，每月共需官兵主副食费四十一元，三个月共一百二十三元，拟在二十九年度省预备金项下按月照拨等语，应准如拟办理。

十二、据第四区行政督察专员呈缴无线电总台第四区台员役米津数目表，饬据会计处签称，查数目表列三个月米津共一百零八元，核尚符合，似可照数发给，在二十九年度省预备金项下开支等语，应准如拟办理。

十三、据第八区行政督察专员呈缴无线电总台第八区台员役米津表，饬据会计处签称，查表列五月份米津三十六元，核尚符合，兹照案发给三个月共一百零八元，在二十九年度省预备金项下开支等语，应准如拟办理。

十四、据开建县政府呈缴无线电总台第三区台开建分台员役米津预算表，饬据会计处签称，查核尚合，所需米津费每月三十六元，三个月共一百零八元，拟准在二十九年度省预备金项下按月发给等语，应准如拟办理。

十五、准广东省地方行政干部训练委员会函，为前县训所毕业学员调回干训团受训，拟援例每员每月增发国币四元（共九元），仍在该团预算第二十款第一项第二目学员津贴费内开支等由，饬据会计处签称，似可照办等语，应准如拟办理。

十六、据会计处签呈，准教育厅片送省立梅州中学二十八年五月赴四战区党政军干训团受训旅费预算书，查列支四十九元，核案尚符，据原书注明此款在该校二十八年度经费节余项下开支，似尚可行，拟请照准等情，应准如拟办理。

十七、据秘书处签呈，缴本府曲江中山公园播音室公役米津支付预算书，饬据会计处签称，查预算书列三个月米津共九元，尚无不合，拟准照拨，在二十九年度省预备金项下开支等语，应准如拟办理。

十八、据鹤山县政府呈缴无线电总台第三区台鹤山分台员役米津支付预算书册，饬据会计处签称，查核尚合，每月三十六元，五月至七月份三个月共一百零八元，拟准在二十九年度省预备金项下按月拨发等语，应准如拟办理。

十九、据民政厅拟具本省县各级卫生组织大纲实施计划及进度表，请察核施行等情，经如拟办理通行各县遵办，并指定曲江、茂名、兴宁三县为卫生示范县，所有各该示范县份关于新机构之完成期间，规定依照进度减半提前完成。

讨论事项

一、（略）

二、委员兼教育厅长提议，拟委赵如琳充任广东省立战时艺术馆副馆长，检同该员履历，请公决案。

（决议）照案通过。

三、据广东省粮食调节委员会呈，据西江四邑粮运会呈缴二十九年度经费岁出预算书表，每月列支一千二百七十五元，本年度由四月十五日起至十二月底止，计八个月又十六天，合计一万零八百八十元，查核预算数目尚合，请察核存转等情，请公决案。

（决议）照案通过，款在本年度省预备金项下开支。

四、据秘书处签呈，拟具广东省候用公务员分发任用暂行办法请核准施行等情，请公决案。

（决议）照秘书处签拟修正通过。

五至六、（略）

七、据建设厅、财政厅会呈，核议战时贸易管理处原缴广东省游击区国产物品收购办法草案，尚属可行，请察核等情，请公决案。

（决议）照秘书处签拟修正通过。

八、据建设厅签呈，拟派何次权代理本厅技正，取具该员履历，请给委等情，请公决案。

（决议）照案通过。

九、兼民政厅长提议，拟请设置县警巡回训练队，派赴各地县局巡回训练长警，请公决案。

（决议）照案通过，款在本年度省预备金项下开支。

十、据会计处签呈，拟就本省民国三十年度各县市局地方预算编制办法草案科目表式，请提会核定通饬遵照等情，请公决案。

（决议）交民、财、教、建四厅长及秘书长审查，由何兼厅长召集。

十一、委员兼教育厅长提议，本厅请恢复省立广州女子师范学校，经决议照案通过在案，自应照章遴选校长。兹查有李雪英堪以充任省立广州女子师范学校校长，检同履历，请公决案。

（决议）照案通过。

十二、据秘书处签呈，拟具广东省政府行政效率促进委员会办事细则，连同经临费预算书，请提会核定等情，请公决案。

（决议）照案修正通过。款在本年度预备金项下开支。

十三、据建设厅签呈，拟裁撤工业管理处，增设本厅第四科，办理省营民营工业，请核示等情，请公决案。

（决议）照案通过，款在本年度省预备金项下开支。

广东省政府第九届委员会
第一百四十一次议事录

日　期　七月六日

地　点　韶关本府

出席者　李汉魂　胡铭藻　何　彤　顾翊群　黄麟书

　　　　黄元彬（公假）　刘佐人（公假）　郑　丰（公假）

列席者　高　信　吴迺宪　杜之英（毛松年代）　桂竞秋　李仲仁

主　席　李汉魂

纪　录　（秘书）熊公福　（科长）谢乐文

报告事项

一、准广东高等法院函，奉司法行政部令，准本省法院监所员丁遭受空袭损害所需医药瘗埋救济等费，在各院原有经费内匀支，如经费困难，或原院监停办，无款支给者，即在本年度各院监停支经费内支给，请查照备案等由。饬据会计处签称，似可照办等语，应准如拟办理。

二、（略）

三、据省振济会呈缴第四难民救济区员役米津费名册，饬据会计处签称，查核原清册共列职员四人，公役一人，核与原经费预算编列职员三人，公役一人，计多列雇员一人，应照剔除。所需米津费每月一十八元，三个月共五十四元，拟在二十九年度省预备金项下按月照拨等语，应准如拟办理。

四、据省振济会呈缴第六难民救济【区】员役米津表，饬据会计处签称，查表列三个月米津共五十四元，核与该区编制名额及本府规定均符，拟准照数发给，在二十九年度省预备金项下开支等语，应准如拟办理。

五、据秘书处签呈，缴电讯组装修所员役米津支付预算书，饬据会计处签称，查预算书列三个月米津一百二十六元，核与所呈名册及本府规定发给米津案均符，似可照数发给，在二十九年度省预备金项下开支等语，应准如拟办理。

六、据阳江县政府呈缴县立医所卫生事业费及动员会经常费收支预算书，请核存转等情。饬据会计处签称，查该县总预算原列卫生事业费为四千八百八十七元，本属短绌，请在尝产收益提成十分之一项下，除拨助动委会外，可得一万一千八百一十六元，核与原预算数比较，系增加一倍有奇，数额虽稍觉庞大，但为配合军事卫生起见，自属切要。至动员会增加经费部分，由二十八年度九月份起，每月预算列支六百八十二元，既据叙明系奉省动员会令饬改强扩大组织，复经民、财两厅会同核明，尚无不合，除是项尝产已全数拨充学款者，毋得再行提成外，拟请均如两厅所拟办理，饬县遵照等语，经准如拟办理。

七、准广东高等法院函送英德、从化地方法院，及英德、乐昌监狱员役米津预算书，饬据会计处签称，英德地院月需六十七元，英德监狱月需二十元，从化地院月需二十九元，乐昌监狱月需一十一元，本年五、六、七三个月似可并在本年度省预备金项下开支等语，应准如拟办理。

八、准广东高等法院函送曲江、乳源监狱员役米津预算书，饬据会计处签称，曲江监狱月需五十九元，乳源监狱月需一十一元，本年五、六、七三个月该项米津拟并在本年度省预备金项下开支等语，应准如拟办理。

九、据建设厅签【呈】，缴×××钨矿专员办事处员役米津预算书册，月列四百九十九元，三个月共一千四百九十七元。饬据会计处签称，核算尚合，似可准照原呈所拟款在该处经常费节余项下开支等语，应准如拟办理。

十、据建设厅签呈，缴本厅二十九年度增加技术人员追加经费支付预算书，计由本年七月至十二月共列八千四百六十六元。饬据会计处签称，核数尚无不符，似可准予备案，分别存转等语，应准如拟办理。

十一、据省振济会呈缴员役米津预算书册，饬据会计处签称，查预算书列三个月米津四百九十五元，核与所呈名册及本府规定发给米津案均符，似可照数发给，在本年度预备金项下开支等语，应准如拟办理。

十二、据省振济会呈，据各县振济工作队请求增加工作费，拟具追加预算书表，请准备案等情。饬据会计处签称，所送预算书八种，除总队部临时费、流动医疗队经常费、总队部卫生经费各预算书外，其余各预算书，均有未合，惟查该总队近已办理结束，现系事后补编预算，拟姑准分别存转等语，应准如拟办理。

十三、准广东全省保安司令部电送伤员杜若及故士兵夏云程、唐国生、陈法、冯子盈、陈丘庚等恤金给予表，请核办等由。经核定依照陆军平战时抚恤暂行条例，以临阵受伤及阵亡例分别给恤，电复保安司令部、审计处查照，及电饬财政厅、梅县政府等核发。

十四、据广东地方行政干部训练所先后呈报前本所由连县三江迁至乳源迁移修建费二万零四百二十五元五角五分，及建校工程费二万零六百二十一元六角八分，服装费二万一千零七十四元二角四分，当时不能办理投标等手续情形，请追认备案等情。饬据会计处签称，查各机关购置物品或营缮工程，依照审计法规定，应公开招投或采用比价办法，现该所因情形特殊，未能依法办理，当属实在情形，并经何厅长兼副所长核准先行办理，以便早日开课在案。所请备案，似可姑予照准等语，应准如拟办理。

十五、据广宁县政府呈缴无线电总台第三区台广宁分台员役米津预算书，饬据会计处签称，查预算书列三个月米津一百零八元，核与无线电分台编制应发米津额相符，拟准照数发给，在二十九年度省预备金项下开支等语，应准如拟办理。

十六、据省地政局呈缴修正广东省地政局督察员服务暂行规则，请准备案施行等情。经饬秘书处分别修正，应准予备案。

讨论事项

一、准广东省军管区司令部函，据政治部呈缴学生集训总队仓库二十九年五月份起至十二月份编制预算书表，计月列经费二百三十四元，八个月共一千八百七十二元，请查照核办等由，请公决案。

（会计处签拟）查前本省学生集训总队仓库经费，业经本府核定月支二百零四元，款在集训余款项下开支。现军管区所送该仓库本年五月份起至十二月份止经费预算，每月列支国币二百三十四元，本年度计八个月共需一千八百七十二元，尚属需要，似可照准，在学生集训经费余款项下开支，仍请提会核定。

（决议）照会计处签拟通过。

二、据财政厅、建政〔设〕厅、会计处呈核议关于公路处发给疏散职工恩饷一千三百八十一元二角，在节存征收汽车通行费项下拨支一案，查此项职工疏散费，原定由各该机关节余经费开支，该处既无经费节余可资拨支，似可准由省库支给，在本年度预备费项下开支，即在应解汽车通行费项下抵解等情，请公决案。

（决议）照案通过。

三至五、（略）

六、据建设厅签呈，缴本厅特务队兵暨差役等夏季服装预算书，计共国币一千四百二十元一角七分，拟援案在本厅本年度经常费节余项下开支，请备案等情，请公决案。

（决议）照案通过。

七、据秘书处签呈，拟具广东省政府战时通讯所组织规程及编制预算表，计月列国币三千一百五十八元，除将电讯组原有额定每月经费国币一千三百四十五元一角三分拨充外，计每月须增支经费国币一千八百一十二元八角七分，拟自本年七月一日起，在本年度省预备金项下拨支，并列具调整各级电讯机构追加经费预算表，计追加八万六千八百七十元零九角六分，拟由本年度各县无线电台经费一月至四月份余款三万零八百六十八元八角二分拨充，仍不敷五万六千零二元一角六分，请一并提会拨支等情，请公决案。

（决议）照案通过，自八月份起，款在本年度建设事业支出项下开支。

八、据民政厅案呈，据卫生处呈，据省立临时医院呈请将该院建筑费未领余款照数拨付。并据财政厅签呈，关于省立临时医院建筑防空壕洞工料费，核准列支国币四千六百一十五元九角，拟请饬在前拨建筑费一万元数内搏节支用，不再拨付，各等情。并案请公决案。

（会计处签拟）现查该院原呈称，韶市物价随时高涨，至难估计，兹拟照前呈建筑房舍变更增减表，现拟数量建筑实报实销，仍于实行建筑时，事先将估价单三份送审计处核准，然后立约，请免予重编预算，并请将建筑费未领余款照数拨付，俾便办理等情。既经民政厅签拟，据呈称韶市物价不定，至难估计，系属实情，其未领建筑费余款，似可先

242

行拨付，俾资支应，仍饬补编预算及估价，以符手续等语，似可准予照办，仍请提会核定，该款照案在二十九年度救灾准备金项下拨支。至前核准先行垫借之防空壕洞建筑费四千六百一十五元九角，仍在该院建筑院舍工料费四万六千六百一十五元五角七分额内匀支一案，拟请一并提会追认。

（决议）照会计处签拟通过。

九、委员兼教育厅长提议，省立中区临时中学校长陈家骥迭请辞职，业予照准，遗缺查有黎梓材堪予接充，检同该员履历，请公决案。

（决议）照案通过。

十、（略）

广东省政府第九届委员会
第一百四十二次议事录

日　期　七月九日

地　点　韶关本府

出席者　李汉魂　胡铭藻　何　彤　顾翊群　黄麟书　黄元彬
　　　　刘佐人（公假）　郑　丰（公假）

列席者　高　信　吴迺宪　杜之英（毛松年代）

主　席　李汉魂

纪　录　（秘书）熊公福　（科长）谢乐文

报告事项

一、准第×集团军总司令部电，为本部受理汉奸许××一案，经讯明依法判处死刑，呈奉长官部核准执行，请照章给奖等由。饬据秘书、会计两处签拟奖给国币一百元，援案在二十九年度省预备金项下开支，应准如拟办理。

二、据民政厅签呈，拟议通饬各县二十九年下半年度预算应照章划定卫生经费数额一案，经交财政厅核议加具意见，复交民厅议复前来。

饬据会计处签称，两厅意见大致均属妥洽，拟准如拟办理。惟民厅对于县款确属奇绌，无法增列者，主张专案呈准另行筹拨，本处意见以为如县款确属奇绌，无法增列者，并于编制三十年概算时，务须遵照规定比率编列等语，应准如拟办理。

三、（略）

四、据建设厅签呈，缴公路处改建黄岗车站候车室、建筑田螺涌车站、修理司机及管理员工宿舍工料费支付预算书，饬据会计处签称，预算书列黄岗车站候车室工料费二百二十二元五角，田螺涌车站工料费一百零二元七角六分，修理韶州总站员工司机宿舍工料费二百四十四元五角，尚属需要，该款似可准在该处行车营业基金预算项下开支等语，应准如拟办理。

五、奉行政院令，奉国民政府令开，任命郑丰为广东省政府委员等因，仰知照等因。经通饬知照。

六、准内政部咨复，准送广东省保护外侨实施计划，经核尚无不合，请查照等由。经呈报第四战区司令长官兼广东绥靖主任备查，暨分饬所属各机关遵照。

七、据建设厅签呈，缴农林局堆肥菌培养室员役米津预算书。饬据会计处签称，书列三个月米津一百三十二元，核与所呈名册及本府发给米津案之规定均合，似可照数发给，在二十九年度省预备金项下开支等语，应准如拟办理。

八、据秘书处签呈，缴本处有线电话队二十九年度员役米津预算书。饬据会计处签称，查核尚合，所需米津费月列二百三十三元，三个月共六百九十九元，拟在二十九年度省预备金项下按月照拨等语。应准如拟办理。

九、据第四区行政督察专员呈，据属员朱叔全、王家瑞等呈报前年惠阳事变时，所有行李尽被敌机炸毁，列具损失清单，请核恤救济等情。饬据秘书、会计两处签拟，照本省公务员雇员公役遭受空袭损害暂行救济办法规定，酌给救济费，计朱叔全国币一百四十元，王家瑞八十元，并查原呈称该专署县府暨县地方款均无法勾挪支拨，似可在二十九年度省预备金项下开支等语，应准如拟办理。

十、（略）

十一、据仁化县政府呈缴无线电总台第二区台仁化分台员役米津预算书，饬据会计处签称，查核尚合，所需米津费每月三十六元，三个月共一百零八元，拟在二十九年度省预备金项下按月拨发等语，应准如拟办理。

十二、据曲江县政府呈缴无线电总台第二区台曲江分台员役米津预算书，饬据会计处签称，查核尚合，所需米津费每月三十六元，三个月共一百零八元，拟在二十九年度省预备金项下按月拨县转发等语，应准如拟办理。

十三、据广东省战时贸易管理处呈缴本处暨所属机关二十九年六七两月份员役米津追加预算书，饬据会计处签称，查核相符，该项追加数共计三百三十六元，似可援案准在该处营业概算业务费项下开支等语，应准如拟办理。

十四、据秘书处案呈，据无线电总台第五区台饶平分台呈缴员役米津预算书，饬据会计处签称，查核尚合，所需米津费每月三十六元，三个月共一百零八元，拟在二十九年度省预备金项下按月拨县转发等语，应准如拟办理。

十五、（略）

讨论事项

一、准广时〔东〕省军管区司令部电请在自卫团节余经费项下由一月份起每月提拨补助费一千元，俾敷支应等由，请公决案。

（决议）照案通过，由八月份起支。

二、据民政厅签呈，准本省选举监督移送该所经费预算书，月列一千四百九十六元，由二十九年四月份起至同年十一月十二日止，共一万一千零七十元，似宜准予由省库拨支等情，请公决案。

（决议）每区一次过补助国币五十元，省事务所经费先发二千元，据实报销，款在本年度省预备金项下开支。

三、据广东省粮食调节委员会呈，编具二十九年度追加经费支出预算书，月列九百零八元，由本年六月一日起至十二月底止共七个月，合计六千九百一十六元，请察核照准等情，请公决案。

（决议）照案通过，款在本年度省预备金项下开支。

四至八、（略）

九、何委员函复召集审查本省民国三十年度各县市局地方预算编制办法一案意见，请公决案。

（决议）照审查意见通过。

十、据建设厅签呈，拟派梁郁生代理本厅公路处业务课课长，检同履历，请察核等情，请公决案。

（决议）照案通过。

十一、据建设厅签呈，公路处总务课课长黄雪峰因病辞职，拟予照准，遗缺拟派吴道本接充，检同履历，请察核等情，请公决案。

（决议）照案通过。

广东省政府第九届委员会
第一百四十三次议事录

日　期　七月十二日

地　点　韶关本府

出席者　李汉魂　胡铭藻　何　彤　顾翊群　黄麟书　黄元彬
　　　　刘佐人（公假）　郑　丰

列席者　高　信　吴迺宪（麦务之代）　杜之英（毛松年代）

主　席　李汉魂

纪　录　（秘书）熊公福　（科长）谢乐文

报告事项

一、准广东高等法院函送中山县政府二十九年七月至十二月兼理司法经费预算书表，共列支二千七百六十元，请饬财厅按月签发，并将中山县监狱经费照旧发县府转给等由。饬据会计处签称，似可照办等语，应准如拟办理。

二、准香主任翰屏函请本府按月补助惠州民国日报三百元等由，经饬秘书处先行垫发一次过补助费国币五百元，款在省预备费项下开支。

三、据建设厅签呈，送省营工业管理处揭阳糖厂二十七年度七月至十二月概算书表，饬据会计处签称，书列保管经费九千七百九十九元九角二分，甘蔗育种试验场经费一千五百三十元二角八分，被炸后临时处理费一千四百八十四元六角三分，据注称均经呈奉建厅核准，现二十七年度早经过去，似可姑准备案等语，应准如拟办理。

四、据省振济会呈，据第五难民救济区呈缴员役米津预算书册，饬据会计处签称，书列米津三个月共五十四元，核与册列数目及本府发给米津原案尚属符合，似可照准发给，款在二十九年度省预备金项下拨支等语，应准如拟办理。

五、据南雄县政府呈缴无线电总台第二区台南雄分台员役米律预算书，饬据会计处签称，查核尚合，所需米律费计每月三十六元，三个月共一百零八元，拟在二十九年度省预备金项下按月拨县转发等语，应准如拟办理。

六、据梅菉管理局呈缴无线电总台第七区台梅菉分台员役米津预算表，饬据会计处签称，查核尚合，所需米津费计每月三十六元，三个月共一百零八元，拟在二十九年度省预备金项下按月拨局转发等语，应准如拟办理。

七、据会计处签呈，准教育厅片送省立曲江小学迁移费修理校舍及添置图书费预算书，查书列三百五十九元九角四分，据请在该校二十八年八月至十一月份结存经费项下开支，既经教育厅查核尚无不合，拟请照准等语，应准如拟办理。

八、据会计处签呈，准审计处函送本府广播电台员役迁连回韶膳宿费支出实数表，计共列支国币三百九十元，查核与案相符，拟请准在二十九年度省预备金项下照拨等语，应准如拟办理。

九、准第×集团军总司令部电，为本部受理汉奸吴××一案，经讯明依法判处呈奉长官部核准执行枪决，请照章给奖等由。饬据秘书、会计两处签拟给奖国币一百元，援照成案，款在二十九年度省预备金项下拨给等语，应准如拟办理。

十、接陆军独立第×旅司令部函，关于捕获潮安云步市十八乡伪治安维持会委员洪××一案，经转奉长官部核准判处死刑，请给发奖金等由。饬据秘书、会计两处签拟，给奖国币二百元，援照成案，款在二十九年度省预备金项下拨给等语，应准如拟办理。

十一、据民政厅签呈，据卫生处呈，拟印刷去年十一、十二两月广东卫生五、六期合刊，该项费用一百四十四元，拟在二十九年度卫生月刊经费项下开支等情。饬会计处签拟在该处二十八年度事业费节余项下开支等语，应准如拟办理。

十二、据教育厅电送本厅所属库拨全部经费之机关学校每月应领米津清表，饬据会计处签称，统计共应核列教职员四百七十三人，公役三百零九人，每月应发三千二百九十二元，三个月共九千八百七十六元，款在二十九年度省预备金项下照拨等语，应准如拟办理。

十三、据教育厅电送省立南路临时中学等十五校员役名册及预算表，计列一千九百一十七元，饬据会计处签称，查省立连州中学员役名册计公役十七名，预算表误为十六名，计少列一名，核实每月应发米津一千九百二十元，三个月共五千七百六十元，款在二十九年度省预备金项下开支等语，应准如拟办理。

十四、据教育厅签呈，编造本年度教育文化经临费概算书及分配表，饬据会计处签称，常时部分计二百六十五万五千三百二十九元三角四分，临时部分计六万一千五百三十八元八角，合计常临两费共二百七十一万六千八百六十八元一角四分，查核总额与案相符，似可准予照办等语，应准如拟办理。

十五、据第二区行政督察专员呈缴无线电总台第二区台员役米津预算书，饬据会计处签称，书列三个月米津共一百零八元，核尚符合，拟准照数发给，款在二十九年度省预备金项下开支等语，应准如拟办理。

十六、据英德县政府呈缴无线电总台第二区台英德分台员役米津预算书，饬据会计处签称，查核尚合，所需米津费每月三十六元，三个月共一百零八元，拟准在二十九年度省预备金项下拨发等语，应准如拟办理。

十七、据新丰县政府呈缴无线电总台第四区台新丰分台员役米津预算书，饬据会计处签称，查核尚合，所需米津费每月三十六元，三个月共一百零八元，拟准在二十九年度省预备金项下拨发等语，应准如拟办理。

十八、据清远县政府呈缴无线电总台第二区台清远分台员役米津预算书，饬据会计处签称，每月应领米津费三十六元，三个月共一百零八元，查核尚无不合，拟准在二十九年度省预备金项下拨发等语，应准如拟办理。

讨论事项

一、（略）

二、准广东省军管区司令部函，据政治部呈报奉令增发该部官兵主副食费，重编二十九年度经常费支付预算书，计月增主副食费二百一十三元，拟请省府由本年一月份起增拨等情。请查照核办见复等由，请公决案。

（决议）照案通过，款在本年度省预备金项下开支。

三、准广东省地方行政干部训练委员会函送本会二十九年度开办费预算书，计列六千五百元，所有营缮购置两项未及公报开投，只办比价手续，请查照饬财厅照数拨用等由，请公决案。

（会计处签拟）现准声明系用比价办法，除第二项购置费并准声明分批购置无从估计外，其第一项营造费，均系照估价单最低价编列，并绘具图则，复查各项数目均尚需要，似可准予照拨六千五百元，在二十九年度省预备金项下开支，仍请提会核定。

（财政厅签拟）省地方行政干部训练会开办费国币六千五百元，似可照会计处签拟在本年度省预备金开支，仍候核定。

（决议）照财政厅、会计处签拟通过。

四、据民政厅签呈，拟订广东省各县局组设首席保长暂行办法，请核夺施行等情。经饬秘书处将原办法修正为广东省各县局设置首席保长暂行办法，并将原条文分别修正，请核前来，请公决案。

（决议）照修正案修正通过。

五至八、（略）

九、据建设厅签呈，缴本厅清理旧券临时追加预算书表，计列国币二千二百一十九元二角，该款拟请援案仍准在本年度省预备金项下开支等情，请公决案。

（会计处签拟）现据呈追加预算书列二千二百一十九元二角，据称经招商据实估价，是此项追加数，当属实在，惟盖搭棚厂（容十人办公及住宿）一节，最近工管处已决定裁撤，所余地方必多，此节之原列数及追加数计一千零一十元，均可删去。计实应追列一千二百零九元二角。再查该厅二十八年度船税收入尚未据呈报解库，似可准照数在该厅二十八年度船税收入项下抵解，列入二十九年度省预备金项下开支，至所余船税，应迅即解库具报，仍请提案核定。

（决议）照会计处签拟通过。

十、（略）

十一、据建设厅签呈，送公路处由肇庆运车至韶关费用概算书，计列八万三千一百一十九元五角七分，拟在二十七年度汽车通过费收入一十万三千三百七十二元五角四分项下拨支，请核示等情，请公决案。

（会计处签拟）查现呈二十七年半年度粤湘东路汽车通过费岁入预算书，经建设厅查案代为更正一十万三千三百七十二元五角四分，二十七年半年度收入汽车通过费项下拨支各费预算书列八万三千一百一十九元五角七分，核算总散各数尚符；又前呈该处由肇庆运车至韶关费用概算书列支一万三千八百五十四元，查与现送各费预算书第一款第三项所列数额亦属符合，现查年度已经过去，似可姑予准照编列，并请提会核定。

（决议）照会计处签拟通过。

十二、据建设厅签呈，拟派袁展泉代理本厅技正，取具该员履历，请察核给委等情，请公决案。

（决议）照案通过。

十三、据建设厅签呈，据公路处呈请派丘宝畴为本处秘书，请察核等情，请公决案。

（决议）照案通过。

十四、主席提议，广东省战时贸易管理处处长张景人仍回本府驻桂通讯处主任原职，遗缺以该处驻港办事处主任关伯平调充，请公决案。

（决议）照案通过。

十五、广东省中上学校干部讲习会呈缴本会经费支付预算书表，计全期共国币四万八千三百一十二元五角，该项经费由教育厅国民教育师资训练经费项下开支，请察核备案等情，请公决案。

（决议）国民教育师资训练经费准拨二十二万五千元，款在本年度省预备金项下开支，内拨四万元为中上学校干部讲习会经费，仍饬实报实销。

十六、据民政厅签呈，缴选派始兴等十八县推行新县制指导委员会办公费及姓名薪俸暨分发旅费预算表，委员薪俸金数由省库补助，办公费半由省库补助，半由县地方款支拨，合计由省库补助国币九千七百二十元，又各员旅费合计三百四十元，拟一次过由省库或干训团支给等情，请公决案。

（决议）除始兴、南雄、阳山、乳源、连山、连县等六县另案办理外，余照派，以三个月为期，款在本年度省预算金项下开支。余照案通过，仍饬编预算呈核。

十七、主席提议，乐昌县县长李国伦另候任用，遗缺派梁汉耀代理，请公决案。

（决议）照案通过。

广东省政府第九届委员会
第一百四十五次议事录①

日　期　七月十九日
地　点　韶关本府
出席者　李汉魂　胡铭藻　何　彤　顾翊群　黄麟书　黄元彬
　　　　　刘佐人（公假）郑　丰
列席者　高　信　吴迺宪（麦务之代）杜之英（毛松年代）
主　席　李汉魂
纪　录　（秘书）熊公福　（科长）谢乐文

报告事项

一、据财政厅报告，本厅前商准省银行签订透支借款国币二百万元，经先准该行将国币一百万元拨存入库，现为节缩利息起见，已将前项借款拨还，至原订合约，仍保留，如须透支时，再请其拨解，请备案

---

① 馆藏缺第一百四十四次议事录。

等情，应准予备案。

二、据建设厅签呈，据公路处呈缴加阔田螺涌车站工料费支付预算书，计列一百一十一元三角，拟由该处行车营业收入项下开支，请核示等情。饬据秘书、会计两处签称，核明尚属确实，似可准在该处行车营业基金预算支出项下开支等语，应准如拟办理。

三、据建设厅签呈，据公路处呈缴行车总段二十九年度三月接收南路行车管理处旧万国牌汽车二辆临时费支付预算书，饬据会计处签称，该款国币五百一十四元零八分，所请在该行车总段预算内预备费项下开支，似可照准等语，应准如拟办理。

四、据建设厅签呈，据西江船务所呈缴员役米津预算书，计列每月四十四元。饬据会计处签称，核算尚合，该项米津数三个月应为一百三十二元，似可准在本年度省预备金项下开支，由该所在航税收入项下拨支抵解等语，应准如拟办理。

五、据第一区行政督察专员呈缴无线电总台第一区台员役米津预算书，月列三十六元。饬据会计处签称，核案相符，拟准发给三个月共一百零八元，款在二十九年度省预备金项下拨支等语，应准如拟办理。

六、据第三区行政督察专员电，据南海县解送汉奸杨××一名，经呈奉广东绥靖主任公署核准枪决，补送判决书，请给奖等情。饬据秘书、会计两处签拟，给奖国币四百元，该款援案在二十九年省预备金项下开支等语，应准如拟办理。

七、据第六区行政督察专员呈缴二十九年度追加军法承审员增加薪俸支付预算书，计月列四十元，由六月份起至十二月份止，共二百八十元。饬据秘书、会计两处签拟，准照委任三级列支，每月应追加二十元，七个月共一百四十元，该款照决议案在二十九年度省预备金项下拨支等语，应准如拟办理。

八、据第三区行政督察专员呈缴无线电总台第三区台员役米津预算书，月列三十六元，三个月共一百零八元。饬据会计处签拟准在二十九年度省预备金项下拨交该署归垫等语，应准如拟办理。

九、据第七区行政督察专员呈缴无线电总台第七区台员役米津预算书，月列三十六元，三个月共一百零八元。饬据会计处签拟在二十九年度省预备金项下拨支等语，应准如拟办理。

十、准广东省军管区司令部电复，关于清远上四九乡联升乡自卫大队参战官兵犒赏费五百元，拟在增列自卫团队经费科目项下拨支一节，自可照办等由。查该款已由本府交省行电汇，应令财厅拨还归垫。

十一、据财政厅签呈，缴修正广东省各县乡镇公所征收不动产买卖签证费章程，请公布施行等情，查该章程系经秘书处签拟后发交修正，应准照办。

十二、据建设厅签呈，缴农林局阳山天蚕试验场员役米津预算书。饬据会计处签称，查核尚无不合，所需员役米津费，计每月二十四元，三个月共七十二元，拟准在二十九年度省预备金项下拨支等语，应准如拟办理。

十三、准保安司令函，据保安处呈改订部队常时费暨临时费给与暂行规定表，转请备案等由。饬据会计处签称，似可照准办理等语，应准如拟办理。

十四、据会计处案呈，准教育厅片送中小学校教师服务团迁连往返旅费预算书，列支二百六十一元，查核各数尚无不合，所请在该团二十九年一月份经常费旅运费项下拨支，似属可行，拟请照准等情，应准如拟办理。

十五、据本府驻港通讯处呈缴员役米津预算书册，饬据会计处签称，查核该处每月共需公役米津费六元，三个月共一十八元，拟在二十九年度省预备金项下拨支等语，应准如拟办理。

十六、据第三区行政督察专员电，关于南海无线电分台长罗伦等先后领过旅运费国币三百元，请照区台领支办法，由省府发给，准免缴还一案，请核示等情。饬据会计处签拟姑予照准，款在本年度省预备金项下拨支等语，应准如拟办理。

十七、据连县政府呈缴无线电总台第二区台连县分台员役米津预算书册，饬据会计处签称，查书列三个月米津一百零八元，核案均符，拟准照发，在二十九年度省预备金项下开支等语，应准如拟办理。

十八、据陆丰县政府呈缴海岸监视队哨经常费及开办费预算书，饬据会计处签称，该县海岸监视哨经费预算月支国币四百三十四元，核与规定尚符，惟查备考栏注明由本年三月份起支，与现呈于本年四月一日正式成立，事实不符，拟将原书更正。又查开办费列支国币二百二十元，核与规定数额尚无不合，惟以国币支付，则与原案不符，拟并准予照现数额以省券折合国币支付，该款并准在省预备金项下拨补等语，应准如拟办理。

十九、据吴川县政府呈缴无线电台第七区台吴川分台员役米津预算书，三个月共列一百零八元，饬据会计处签称，核数与案均符，拟准发给，款在二十九年度省预备金项下开支等语，应准如拟办理。

讨论事项

一、（略）

二、据建设厅签呈，据工业管理处转缴蔗农贷款委员会二十七年半年度经常费预算书表，计由七月至十二月共列国币六千五百七十元，核案尚符，请准补行核定等情，请公决案。

（决议）照案通过。

三、据财政厅签呈，缴本厅建筑办公厅二十九年度临时费概算书，计列二万八千元，请准予在二十九年度省预备金项下开支等情，请公决案。

（决议）照案通过，款在该厅本年度经费节余项下开支。

四、（略）

五、准广东高等法院函，为本省第一、二、三、四各联合监狱已定本年七月一日成立，原定各支开办费一千元，实不敷支应，现拟将各监未领本年四、五、六三个月经费拨作弥补开办费之用，请饬财政厅一次分别签发备用等由，请公决案。

（决议）照案通过。

六至七、（略）

八、据秘书处签呈，拟修正广东省各机关公务人员朝会办法，请公布施行等情，请公决案。

（决议）照案修正通过。

九、主席提议，定安县县长吴雄另候任用，遗缺调万宁县县长罗莲峰代理；递遗万宁县长缺，派钟启瑛代理，请公决案。

（决议）照案通过。

十、据广东省粮食调节委员会签呈，为便利向邻省定购粮食起见，亟应设立驻湘赣办事处，拟具组织章程及更正预算，请核前来，请公决案。

（决议）照案修正通过，款在本年度省预备金项下开支。

十一、委员兼民政厅长提议，拟具广东省各县垦殖杂粮推行公耕造产暂行办法草案，请公决案。

（决议）交黄委员元彬审查。

十二、据财政厅签呈，拟具修正广东省各级征收机关组织规程及编制经费表，请核示等情，请公决案。

（决议）交胡、郑两委员及秘书、会计两处审查，由胡委员召集。

十三、委员兼教育厅长提议，省立连州中学校长严任杰因病电请辞职，业予照准，遗缺查有孔宪□堪予接充，检同履历表，请公决案。

（决议）照案通过。

十四、委员兼教育厅长提议，省立南路临时中学校长黄慎之因病呈请辞职，业经照准，遗缺查有本厅第四科科长冯肇光堪予调充，检同履历，请公决案。

（决议）照案通过。

十五、委员兼教育厅长提议，省立高州中学校长陈智乾另有任用，遗缺查有茂名县立中学校长梁同寅堪予调充，检同履历，请公决案。

（决议）照案通过。

十六、（略）

广东省政府第九届委员会
第一百四十六次议事录

日　期　七月二十三日

地　点　韶关本府

出席者　李汉魂（公假）　胡铭藻　何　彤　顾翊群　黄麟书
　　　　黄元彬　刘佐人　郑　丰

列席者　高　信　吴逦宪（麦务之代）　杜之英（毛松年代）

主　席　李汉魂（公假）　胡铭藻（代）

纪　录　（秘书）熊公福　（科长）谢乐文

报告事项

一、奉行政院令，该省第二区专员何春帆经提出本院第四六九次会议通过请免，遗缺准该省先派马耐园代理，并仰将该员履历证件呈候审查等因。经分别令饬遵照，并呈长官部及绥靖主任察核。

二、据建设厅签呈，据公路处呈缴修缮薰风路旧车场及附建机工宿舍暨材料库工料费支付预算书，应予分别核减，请察核等情。饬据会计处签称，查原呈预算书经建设厅核减后总额应为国币二千六百九十五元七角六分，该款似可准在该处行车营业基金概算支出项下拨付等语，应准如拟办理。

三、准广东省军管区司令部电复，第三区行政督察专员公署编组直属自卫中队，前据电报拟六月马日编成现未据续报。该队每月经费照现编制给与为一千零四十七元二角六分，开办费一次过五十元，均在自卫队节余项下拨支等由。饬据会计处签拟，函请军管区将起拨日期查复备查等语，应准如拟办理。

四、据民政厅签呈，本厅视察旅费原预算一千八百元数额实属不敷远甚，嗣后该项视察旅费依照改订出差旅费支给。经送驻审人员核签后，如每月之累计数仍比较不敷时，拟即由本厅所有经费节余项下移拨流用等情。饬据会计处签称，核与预算法规定尚无不合，拟请照准。惟以本年度之节余为限等语，应准如拟办理。

五、据广东省候用公务员招待所呈缴四、五月份招待费支出计算书，计四月份列支五元，五月份列支六十九元二角，合计七十四元二角。饬据会计处签称，似可照数发给，在二十九年度省预备金项下开支等语，应准如拟办理。

六、据第三区行政督察专员呈，缴高明县二十九年四月份支出修理海口封锁线预计算书类，请核发归垫等情。饬据会计处签称，该项费用国币四百一十八元九角五分，似可准在本年度建设事业支出项下拨还归垫等语，应准如拟办理。

七、据英德县政府呈报，民工袁水生因奉令破坏路基暴病死亡，拟请给予一次过恤金国币一百二十元等情。饬据秘书、会计两处签称，核明似无不合，拟予照准。该款拟在二十九年度省总概算内第八款第一项第三目恤金科目项下开支各等语，应准如拟办理。

八、据建设厅签呈，缴农林局堆肥菌培养室肥料改良助理员米津预算书册。饬据会计处签称，该助理员役米津五月份系由稻作改进所编列请领。现呈六、七月份书册计列六月份八十元；七月份七十五元，共一百五十五元，尚无不合，拟准在二十九年度省预备金项下径拨给领等语，应准如拟办理。

九、据本府南路行署呈缴该署电讯室台班员役米津顶算书册，饬据会计处签称，查书列三个月米律三百一十五元，核与规定均符，似可照数发给，在二十九年度省预备金项下开支等语，应准如拟办理。

十、据第一区行政督察专员公署呈缴情报组员役米津预算书，饬据会计处签称，查核月需五十元，三个月共一百五十元，拟准在二十九年度省预备金项下拨支等语，应准如拟办理。

十一、据电白县政府呈缴无线电总台第七区台电白分台员役米津预算书，饬据会计处签称，查书列三个月米津一百零八元，核与规定相符，拟准照数发给，款在二十九年度省预备金项下拨支等语，应准如拟办理。

十二、据廉江县政府呈缴无线电总台第七区台廉江分台员役米津预算书，饬据会计处签称，书列三个月米津一百零八元，核尚符合，拟准照数发给，款在二十九年度省预备金项下开支等语，应准如拟办理。

十三、据四会县政府呈缴无线电总台第三区台四会分台员役米津预算书，饬据会计处签称，书列月支米津三十六元，核尚符合，三个月共一百零八元，合并准予发给，款在二十九年度省预备金项下开支等语，应准如拟办理。

十四、据建设厅农林局稻作改进所呈缴更正员役米津预算书册，饬据会计处签称，查核尚合，所需米津计五月份共二百三十七元，六月份一百五十七元，七月份一百六十二元，共计五百五十六元，拟准在二十九年度省预备金项下拨支等语，应准如拟办理。

十五、据秘书处签呈，编译室编译华丁夷呈请辞职，拟予照准，遗缺请派何翼代理等情，经准照派。

讨论事项

一、准广东省军管区司令部电送制办特务连二十八年度士兵冬季服装费及临时费支付预算书类，计列服装费三千一百八十三元五角二分，临时费二百二十元，该款即在本部经管自卫队经费节余项下支付等由，请公决案。

（决议）照案通过。

二、据财政厅签呈，据宝安税务局呈派驻大鹏稽征所收款员陆炯棠被匪劫杀毙命，劫去税款国币一万二千零四十二元零一分，并准省行函复，该项损失，请由省库负担前来，该被劫税款，拟准作省库损失，在本年度预备金项下开支等语，请公决案。

（决议）照案通过。

三、据建设厅签呈，奉饬查复关于长途电话委员会二十八年度储材费预算一案，谨附具审查意见，连同另编预算书，计列二万二千一百零一元八角九分，请核示等情，请公决案。

（会计处签拟）查建设厅审查本案意见，尚属妥协，本处自表同意。至原呈改编预算书，核算亦符，该款国币二万二千一百零一元八角九分，似可准在二十九年度省建设事业支出项下拨付，仍请提会核定。

（决议）照会计处签拟通过。

四、据建设厅签呈，据省营工业管理处呈缴更正二十九年度营业概算书表，请察核前来，连同本厅审查意见，请核示等情，请公决案。

（会计处签拟）（一）工业管理处经费——查该处本身经费本年度列二十二万三千五百元，月支一万八千六百二十五元，与在广州各厂全盛时代所核定之预算数相差不远。就中俸薪一项月列一万三千五百七十五元，办公费一项月支四千零二十元，其职员俸薪计支荐任职者二十二员，支委任一级者四十一员，计所增加俸薪之数，较之上年度决算所列之三万九千一百三十七元，相差三倍以上。至办公费一项，亦几增加至五分之二，惟该处前呈之概算书表迟至本年四月二十三日始呈来府，在该项概算未经核定之前，其所开支之经费，除处长特别办公费一项依照建设厅审查意见第三点折实月支二百一十元外，其余各项，似应斟酌上年度实支之数确实开支，其在预算范围以内，本年度历月份已经开支之款，似可姑予核定，但截至该处结束日止，以后对于预算内各数，如须

258

补支，仍应先呈核定。（二）各厂筹备费——据该处计划书及概算书所述各厂筹备时间往往费时数月，且有长至九月者，但该处现所筹设各厂，大都属于中小型工业，在制造技术上而言，除制药厂较为精细外，其余多属简单技术，故如能将筹备时间极量缩短，则筹备费之支出，必较经济。此节俟预算核定后，似可由建设厅斟酌情形办理。（三）各厂经费——查该处各厂现编列之经费，较之上年度及前呈计划书所列之数额，已大见增加。其增加之原因，固有因于各厂之计划扩大，而经费随之增加者，但照现呈计划书与事实而观，该处各厂之生产能力，未见有若干事实之表现，而现概算所列之经费，其所用之职员人数与俸给，实属太大。又各厂之设厂计划书，现仍有未呈府者，故其所列之经费，是否均属需要，殊难据之以作正确之审定（如酒精厂，在发还改编修正时，曾由本府技术室提出其制造技术并非困难，技士人数均应核减。但现概算书所列技士人数，既未见减少，而其俸薪反见增高），故该处各厂经费之开支，尤其是用人经费一项，似须由建设厅饬确实开支，以免增大岁出。（四）营业部经费——查曲江营业部成立于本年一月，而南雄、肇庆、兴宁、三埠四营业部则成立于五月，但据计划书所述在五月以前只有肥皂及电池两厂正式开工，其余各厂均在六月起以后方能先后开工制造，故在五、六月之时期，各厂产品自属为量无多，各厂既未有大量之产品应市，而先作营业部之扩充，于事实上既不切合需要，其所支出之经费，实属不经济之至。又曲江营业部之组织，在主任之下，分为四股，股长之下，每股各置办事员三人，此外又有会计员二人，组员三人，店员六人，凡此所列之数，均感浮滥。上陈各点，均关系重大，本应先将原书发还改编，惟该处前经本府第九届委员会第一四○次会议决议裁撤，由建设厅接收，为避免转折费时计，现呈书表所列各数，似可姑准照列，但仍须由建设厅根据上述各点，督饬核实办理，仍请提会核议。

（决议）照会计处签拟通过。

五、准第×××集团军总司令部电送本府警卫营拨发军部士兵携带服装数量价目表，计列一千七百一十四元八角，请将该项服装注销等由，请公决案。

（会计处签拟）是项军毡三百张，价款一千九百五十三元，似可在本年度省预备金项下开支，仍请提会核定后，饬财厅将一千七百一十四元八角汇还第×××集团军总部。其余二百三十八元二角，拨交本府秘书处归垫，并饬本府警卫营补具预算书呈核。

（决议）照会计处签拟通过。

六、据本府警卫营呈缴二十九年士兵夏季服装预算书，计列国币二万九千零四十九元三角八分，请察核备案等情，请公决案。

（会计处签拟）现据该营呈报遵办情形，并编呈前项服装费预算书，共列支国币二万九千零四十九元三角八分（其派驻南路行署之第五连士兵服装，已经本府核饬就地估制，不列入计算。至卫士排士兵军裤，据称奉钧座谕制发长裤，其价值与其他士兵奉定制发短裤略异），核尚需要书列之数，亦属符合，该款似可准在本年度省预备金项下开支。

（决议）照会计处签拟通过。

七、据秘书处案呈，本府拟印制要案始末登记簿一案，经取具估价单，计需三千九百九十七元五角，查本府临时费不敷开支，请指款拨付等情，请公决案。

（会计处签拟）查同志安估价单列三千九百九十七元五角为最廉，拟即照此数目在二十九年度省预备金项下开支，饬秘书处补具预算书呈府存转，仍请提会核定。

（决议）照会计处签拟通过。

八、准广东省地方行政干部训练委员会函，据训练团呈缴省干训团二十九年度开办费支付预算书，计列一十万二千五百元，请查照办理等由，请公决案。

（会计处签拟）现准将预算书补正送府，查核各数尚无不合，计开办费一十万二千五百元，款在县训所及该团二十九年度经费节余项下开支，据请提会核定。

（决议）照会计处签拟通过。

九、据本府行政会议秘书处呈缴二十九年度临时费支付预算书，计实共开支四千八百一十一元九角，除奉核拨四千二百七十元外，计应增加国币五百四十一元九角，请将该增加数指款归垫等情，请公决案。

（会计处签拟）现据呈预计算书列支四千八百一十一元九角，比较原核定数增加五百四十一元九角，据称会议闭幕后，邀各专员、县长赴南雄干训团参观，并奉钧谕派专车分送东路及连阳各专员、县长回去，所需电油未列入原预算等情，复查安化管理局无地方款，该局长川资，据列入预算，尚无不合，此项增加数，既系属原预算未列入之电油费，似可准照增加五百四十一元九角，跟案在二十九年度省预备金项下开支，并将预计算书类分别存转，仍请提会核定。

（决议）照会计处签拟通过。

十、据清远县政府战车防御炮阵地材料征集费预计算书类，计列二千六百五十三元八角，请发还归垫等情，请公决案。①

十一、胡委员、郑委员函复，审查建设厅合作管理处组织规程、服务规则，暨预算一案意见，请公决案。

（决议）照审查意见通过，款由八月份起支。

十二、主席提议，开平县长李锡朋因病请呈辞职，应予照准，遗缺派本府第三科科长林光远代理，递遗本府第三科科长缺，调秘书处法制室编审陈道谦代理，请公决案。

（决议）照案通过。

临时提议（略）

广东省政府第九届委员会
第一百四十七次议事录

日　期　七月二十六日

地　点　韶关本府

出席者　李汉魂（假）　胡铭藻　何　彤（公假）　顾翊群

　　　　黄麟书（公假）　黄元彬　刘佐人　郑　丰（公假）

---

① 原文缺"决议"内容。

列席者　高　信　吴迺宪　杜之英（毛松年代）　何剑甫　黄希声
主　席　胡铭藻（代）
纪　录　（秘书）熊公福　（科长）谢乐文

报告事项

一、据民政厅签呈，据卫生处呈，拟增雇消毒夫十五名，每名月支国币十八元，由本年六月至八月份止，计三个月共五百四十元，拟在本年度夏令卫生运动经费第五项第一目改良环境卫生费第一节技工费项下开支，如技工费科目不敷支付时，拟在同项同目二节材料费项下开支等情，经准照办。

二、据建设厅驻连工程处呈缴二十九年六月份经常费支付预算书，计列五百五十二元，请饬财厅迅予照数拨给等情。饬据会计处签称，核与原核定预算相符，拟照第一二五次委员会议决原案，在二十九年度省建设事业支出项下开支等语，应准如拟办理。

三、据本府无线电总台呈复，本台计至本年五月份止，实有助理员二十五人在台尚未派出，请仍免予剔除，仍照二十五员助理员发给米津等情。饬据会计处签称，应予照准，计每月应增拨该台助理员四人，米津共二十元，三个月共六十元，拟在二十九年省预备金项下拨支，饬并同前核定数另编预算呈核等语，应准如拟办理。

四、据本府无线电总台电，请将本台直属第三分台应领米津先行垫发等情。饬据会计处签称，依照规定，该分台米津每月应发给三十六元，三个月共应发一百零八元，拟照数发交本府秘书处具领转发，在二十九年度省预备金项下开支等语，应准如拟办理。

五、据博罗县政府呈缴无线电总台第四区台博罗分台员役米津预算书册，饬据会计处签称，查核尚合，所需米津费每月三十六元，三个月共一百零八元，拟准在二十九年度省预备金项下拨支等语，应准如拟办理。

六、据信宜县政府呈缴无线电总台第七区台信宜分台员役米津预算书，饬据会计处签称，月支三十六元，三个月共一百零八元，核数与案均符，应准予发给，款在二十九年度省预备金项下拨支等语，应准如拟办理。

讨论事项

一、准广东高等法院函送二十九年一月至六月份临时费预算书，计列五千九百二十八元，拟请由二十八年度本院巡院审判推事经费结存项下拨支等由，请公决案。

（会计处签拟）似可照办。该款拟在本年度省预备金项下开支，其二十八年度巡回审判推事经费余款，拟请抵解，以便追列本年度省地方岁出预算，仍请提会核定。

（决议）照会计处签拟通过。

二、（略）

三、据教育厅签呈，拟就广东省边区各县选送山排公费学生办法，连同补助费预算书，计列二千一百八十元，请核示等情，请公决案。

（决议）照案通过。款在本年度省预备金项下开支。

四、据本府驻港通讯处呈，请援案准予职处经费由本年七月份起以五成港纸五成国币支付，以资维持等情，请公决案。

（会计处签拟）查本府所属驻港机关经费，并无搭发港币前例，所请似未便照准。至现在港币比较二十八年间高涨，系属事实，似应酌予增加经费，俾资维持。查据呈国币港纸兑换率比较表，该处二十八年二月至六月经费，当时可兑换港币一千九百九十七元六角，兹拟仍照此港币数额伸合国币发给，并拟参照最近港币市价，酌定为国币一元等于港币三角计算，计港币一千九百九十七元六角，伸合国币为六千六百五十八元六角，除去该处现支经费月额四千七百三十二元外，实应增一千九百二十六元六角。但港币起跌无常，比率时有变迁，前项实增数，似可酌予变通核定为每月增加国币一千九百元，自本年七月下半月起，在二十九年度省预备金项下开支，并饬并同原有经费妥为分配编具预算书表呈核，其薪俸部分应照官俸减支表规定办理。但得另列生活补助费，仍请提会核定。

（决议）照会计处签拟通过。

五、据三水县政府呈缴梁绍基遗族请恤事实表，请依章给恤等情，请公决案。

（会计处签拟）本案经秘书处签奉核定照人民守土伤亡抚恤实施办法等四条第一款及第八条第一款给恤，计应给与其遗族八十元之一次恤金外，并给与每年五十元之年抚金，给与十年为止，依同法第十三条规定款由省库支给，其一次过恤金八十元，拟在二十九年度省地方普通总概算内第八款第一项第三目恤金项下开支，其遗族年金拟由三十年度起，按年在省预算内恤金科目项下拨支，仍请提会核定。

（决议）照会计处签拟通过。

六、据民政厅签呈，核议卫生处呈拟本年度继续办理防疫医院一案，查该院原为收容传染病人而设，目下省立医院似难合并办理，且该院经费无多，似宜继续办理等情，请公决案。

（会计处签拟）现据民政厅议复，以防疫医院原为收容一切传染病人而设，所有院舍，均应相当隔离，以杜传染，照目下省立临时医院规模，似难合并办理，且本省防疫医院只有一所，自接办以来，各方称便，若遽令停办，不特以后传染病人无处收容，而该院原有之房舍设备，一旦荒废，亦觉可惜，该院经费为数无多，似宜继续办理等情。查尚实情，似可照准继续办理，其拟呈该院本年度经费预算每月列支国币八百八十六元，核尚需要。又查本年度卫生事业费，业已支配完罄，现无余额可资支拨，该院经常费，自本年一月份起，拟在本年度省预备金项下开支。又二十八年度卫生事业费，经电询该处会计主任，据云，尚有节余一万余元，拟并饬悉数解库先行抵领一至七月份经费，以便分别追列岁出岁入概算，仍请挺会核定。

（决议）照会计处签拟通过。

七、据民政厅案呈，据卫生处呈报调补助医院院长刘鹏博为救济医院院长，请核示等情，请公决案。

（决议）照案通过。

八、准广东高等法院函送本院及所属各级法院监狱暨各兼理司法县政府五、六、七月份应领米津员额及数目表，各联合监七月份米律员额及数目表，请准变通饬厅一并先行按月照表列发给，如有剩余，即由各该机关解还省库等由，请公决案。

（会计处签拟）查高等法院现送该院及所属各级法院监狱暨各兼理司法县政府本年五、六、七三个月应领员役米津数目表每月需支七千九百三十六元，五、六、七三个月合需二万三千八百零八元；又连县、罗定、信宜、平远等联合监狱系于本年七月一日成立，其员役米津，每监

264

月需九十五元，四监合共三百八十元，似可变通办理，照数拨付，在本年度省预备金项下开支，仍请提会核定。

（决议）照会计处签拟通过。

九、据财政厅签呈，审核地政局订定广东省各县市办理土地权利移转登记暂行办法，及土地变更登记暂行办法一案意见，请察核等情，请公决案。

（决议）照案通过。

广东省政府第九届委员会
第一百四十九次议事录①

日　期　八月二日

地　点　韶关本府

出席者　李汉魂（公假）　胡铭藻　何　彤　顾翊群　黄麟书
　　　　黄元彬　刘佐人　郑　丰

列席者　高　信　吴迺宪　杜之英（周世泰代）

主　席　胡铭藻（代）

纪　录　（秘书）熊公福　（科长）谢乐文

报告事项

一、奉军事委员会令，本会二十八年七月二十九日令颁之游击战区人民奖惩暂行办法着缓实施，嗣后关于游击战区人民奖惩仍援用战地人民守土奖励条例及修正惩治汉奸条例等因，应行各区专员饬属知照。并抄知各厅处。

二、奉第四战区司令长官司令部电，据编纂委员会呈，编造本会陆委员达节由重庆来韶旅费支付预算书，计连汇费共支过二百零四元二角，拟在本会二十八年度经费节余项下拨支等情，电仰查照备案等因，

---

① 馆藏缺第一百四十八次议事录。

应照备案。

三、奉广东绥靖主任公署函,据随军杀敌队在九和墟捕杀伪维持会长蒋×一名,应照修正本省捕杀敌伪组织官员奖励办法给奖国币三百元,仰将该款付还归垫等因。饬据秘书、会计两处签拟,照数呈缴。该款援案在二十九年度省预备金项下开支等语,应准如拟办理。

四、准陆军独立第九旅司令部函,请照章发给捕获潮安县下云乡陇尾村伪村长曾××一名奖金等由。饬据秘书、会计两处签拟,给奖国币一百元。该款援案在二十九年度省预备金项下开支等语,应准如拟办理。

五、据民政厅签呈,据卫生处呈缴选送第一届第二次卫生人员受训追加办公费预算书,计列五百元,拟在第一次选送卫生人员受训节余项下拨支等情。饬据会计处签称,似可照准等语,应准如拟办理。

六、据民政厅签呈,据卫生处呈,缴南路办事处追加购置器械费支付预算书,计追加一百三十元,核尚需要。所请在该处各月份经费节余项下开支似可照准等情,应准如拟办理。

密七、据财政厅报告,发给博罗县国民兵团第二大队三月二十一日成立日起及四月份全月经费,又一次过开办费及代金共四千五百一十五元零二分等情。饬据会计处签拟,报告会议后分别通知等语,应准如拟办理。

八、据财政厅签呈,准高等法院函送连县、罗定等县联合监狱开办修建各费请款书,计列国币四千元。查此款未列开支科目,拟在二十九年度省预备金开支。其二十八年度巡回审判经费节余应以其他收入科目解库追列二十九年度预算。等情。应准如拟办理。

九、据教育厅签呈,编缴二十九年度义务经费岁出预算书表,列支六十四万零三百六十元一角五分,除教育文化费分配预算内列支六十万二千八百七十九元三角四分外,计追加上年度结存义务费三万七千四百八十元八角一分。饬据会计处签称,核案尚属相符,应准照办,拟请报会备案存转等语,应准如拟办理。

十、据建设厅签呈,本厅招待广西省政府合作处魏处长支出招待及旅费共国币七百五十元九角,该款拟在本厅钨矿砂专款项下开支等情。饬据会计处签拟,拨正科目,将该项招待费及旅费列入二十九年度省预

266

备金项下开支，由建设厅在钨矿砂款项下抵解等语，应准如拟办理。

十一、据省地政局呈，请将本局二十九年一月至六月份不敷办公费由一月至六月份俸给费节余款流用及截至六月份止各节余经费继续流至七月份开支等情。饬据会计处签称，依法均属可行，拟准照办等语，应准如拟办理。

十二、据第一区行政督察专员呈缴本年六月份行政犯囚粮清册，列支四十三元八角八分。饬据会计处签称，核数尚符，拟准照案在拨补行政犯不敷口粮项下拨支等语，应准如拟办理。

十三、据本府南路行署呈，转报灵山县太平副乡长伍中和被敌机炸毙，请准给恤等情。饬据秘书、会计两处签拟，准给恤金一百五十元，款在二十九年度总概算恤金科目项下开支等语，应准如拟办理。

十四、据建设厅签呈，转缴农林局徐闻垦殖场员役米津预算书册。饬据会计处签称，查核尚合，所需米津费每月五十三元，三个月共一百五十九元，拟准在二十九年度省预备金项下径拨等语，应准如拟办理。

十五、据建设厅签呈，转缴阳江船务管理所员役米津预算书册，月列一百七十元，三个月共五百一十元。饬据会计处签称，核无不合，该款似可准在本年度省预备金项下开支，由该所船税收入项下坐支抵解等语，应准如拟办理。

十六、据本省军民合作站总站呈缴员役米津表，饬据会计处签称，查核尚合，每月三十九元，三个月共一百一十七元，拟准在二十九年度省预备金项下拨支等语，应准如拟办理。

十七、据省振济会呈缴救济总队员工米津预算书册，饬据会计处签称，书列三个月米津三千三百七十二元，核与名册及规定均合，拟准照发，在二十九年度省预备金项下开支等语，应准如拟办理。

十八、据广州湾通讯处呈缴无线电总台第二分台五月份米津预算书，计列三十一元，对于原有技助米津漏未列入。饬据会计处签拟，照案补入，计共月发米津三十六元，六、七两月一并发给。计三个月共一百零八元，在二十九年度省预备金项下开支等语，应准如拟办理。

十九、据本府无线电总台电缴六月份下半月及七月份米津数目清册，饬据会计处签称，查核该台六月份应领员役米津费一十八元，七月份三十六元，共五十四元，拟准在二十九年度省预备金项下开支等语，应准如拟办理。

二十、据惠阳县政府呈缴无线电总台第四区台惠阳分台员役米津预算书册，月列三十六元，三个月共一百零八元。饬据会计处签称，核数相符，拟照发给，款在二十九年度省预备金项下开支等语，应准如拟办理。

二十一、据新丰县政府呈缴无线电总台第四区台新丰分台员役米津预算书册，计列三个月米津一百零八元。饬据会计处签拟照发，款在二十九年度省预备金项下开支等语，应准如拟办理。

讨论事项

一、据民政厅签呈，据卫生处呈缴产婆训练班暂行办法暨预算书，查原办法未尽妥洽，经予修正。至训练期间并改为一个月，所需经费原列支国币七百元，并减为国币六百八十元，请核夺等情，请公决案。

（决议）照案通过，款在本年度卫生事业费节余项下开支。

密二、据教育厅签呈，本省保送二人赴渝入中央训练团童军教导班受训，所需旅费及生活费共国币一千二百六十元拟请准予在本年小学教员暑期讲习会经费项下拨支等情，请公决案。

（决议）照案通过，旅费照本府新定赴渝受训旅费支给办法办理。

三、据教育厅签呈，据省立钦州师范学校呈缴教学卫生等设备临时费预算书、增班修建设备临时费预算书、津贴二十九年度战区学生服装教科书临时费预算书，合计共需一万四千三百四十八元，数目过巨，拟核定增班修建设备费一千一百零五元，津贴服装及教科书费一千六百元，教学卫生设备费三千五百四十四元六角一分，合计核定六千二百四十九元六角一分，并拟请准予将省立广州女中科学馆建筑费结余六千二百四十九元六角一分全部拨支等情，请公决案。

（会计处签拟）似可照准，款在二十九年度省预备金项下拨支。至该厅结余广州女中科学馆建筑费六千二百四十九元六角一分拟饬解库抵领，仍请提会核定。

（决议）照会计处签拟办理。

四、据教育厅签呈，据省立曲江小学呈缴增建膳堂、宿舍厨房经费支付预算书，计共二千三百七十六元五角，拟请将二十七年度留学经费结余一千四百三十二元一角全数拨用，另由二十八年度省立广州农工职业学校经费结余项下拨支九百四十四元四角，俾资支应等情，请公决案。

（会计处签拟）查本案经移送本府技术室审核签复，似可照准，款在二十九年度省预备金项下开支。至该厅结存二十七年度留学经费一千四百三十二元一角及二十八年度省立广州农工职业学校经费结余项下拨支九百四十四元四角，拟饬解库抵领以便追列岁出入预算，仍请提会核定。至广州农工职业学校经费结余项下除拨九百四十四元四角外，其余应并悉数解库。

（决议）照会计处签拟办理。

密五、据建设厅签呈，据长途电话管理处呈缴二十九年度下半年经常费预算书表，计列七万一千七百八十四元，请核示等情，请公决案。

（秘书处签拟）查话管处现缴经常费预算书薪俸表等，核与前令该处依照秘书、会计两处签拟意见编造一案间有增加，除事实需要者外，其预算书中似可修正者如下数点：（一）预算书第三项列购置费查已包括在下列第四项第二目第一节电器机件购置范围，家具非每月购置，即有修缮亦可并入公费修缮范围，故第三项似可不列预算。（二）预算书第四项第二节列修机工目工资，但在附缴编制薪俸表内又未列修机工目一项，只于工程队内原列有工目四名，此即可指定一名担任修机工目，其他修机工作可由各技佐办理。故第四项第二节似可不列预算。（三）预算书第六项各巡房经费该处各分所、各派出所已设有查线工目及线工，如因两所之间距离过远，加派一线工驻中间备巡绕即属需要，此项线工亦可归并在所属派出所或分所编制表内由分所或派出所酌量情形派出，似无须另立巡房名目及另立预算，使系统得简便。又预算各巡房线工每次出差巡线发出差费二元，但各分所派出所之线工亦负巡线责任，又未列此项预算。查巡线本系各分所派出所线工日常责任，非造工程可比，似无须每次加发出差费二元之必要。此第六项巡房经费预算似应修改。

（会计处签拟）查本案经送秘书处审查，所拟意见三点尚属适当，拟请准予照办。至原书列有处长特别办公费一项，本处核无不合，似可准照列支。总计该处经费减定后为月支一万零三百三十九元，由二十九年七月一日改组成立起至十二月底止，六个月为六万二千零三十四元，除在长途电话管理委员会原有经费月支四千四百七十五元划拨外，其余五千八百六十四元，准由本年度省预备金项下开支，拟请提会核定。

（决议）照秘书、会计两处签拟通过。

六、据民政厅案呈，据卫生处呈，为省立救济医院建筑院址计共需五千六百七十二元五角，请核示等情，请公决案。

（秘书处签拟）查核省立救济医院原缴拟建新院址建筑图则大致尚无不合，惟查原预算书第九节内部间格费一项缴编列预算数一千元核与实际需要之工料费似嫌稍高，拟核减为八百元。其余所列各数大致尚属核实，似可准予照办。

（会计处签拟）查该预算既经本府秘书处技术室核明减为列支五千四百七十二元五角，复核尚无不合，似可照准。惟查该院原择定之东河坝杨家祠院址现既迁让军管区军官总队学员住所之用，而该院前呈府核定之该院开办费预算内原列支之灭虱室营造费四百五十元（现编预算未列此数）及修葺（院址）费二千元两款似无必要列支（如事实上该项修葺费确有动支者其支出之款照理应由该院径向军管区军官总队交涉领回归垫），拟饬照数拨充外，其余三千零二十二元五角拟援案在本年度省救济费项下拨付。仍请提会核定后饬查照审计法施行细则第三十八至四十二条之规定分别办理。

（决议）照秘书、会计两处签拟通过。

密七、据财政厅签呈，拟向中中交农四行另订新借款四百万元，抄呈借款合约，请核定示遵等情，请公决案。

（会计处签拟）现据呈拟向四行另订新借款四百万元，除尽先扣还前借而尚未清还之一百八十万元本息外，余扫数付现入库。当此库储备支绌之际，拟应准予照借，以资周转。至韶关四联分处原送借款合约草案经据该厅查属允洽，复核亦尚无不合，惟查第六条"由第一个月至第二个月"似系"由第一个月至第六个月"之误，似可饬查明更正后准照签订。再查此项借款收入本年度省岁入预算原未列入，至以前借款二百万元本年度岁出预算亦只列有付息数一十五万九千六百元，本案应否饬将债款收入数及扣还前借债款本款（利息数已列本年度预算）分别追加岁入岁出概算，其比对所余之数拟追加预备金，仍拟请一并提会核定。

（秘书处签拟）合约之六其第二行"由第一个月"之上拟改为"由还款之第一个月"以期明显。

（决议）照秘书、会计两处签拟通过。

八、据本府南路行署呈，据米粮运销委员会呈缴开办费预算书，计列国币七百元，查属需要，请察核办理等情，请公决案。

（决议）照案通过，款在本年度省救济费项下开支。

密九、据本府南路行署电复广州湾毫银与国币比率情形，请准将广州湾通讯处经费增加等情，请公决案。

（会计处签拟）查所请以毫银搭发经费例无此规定，似未便照办。如因外汇关系，亦应以毫银额伸合国币发给。兹核拟如下：（一）如照所请毫银六成，计国币六百元以二八比率伸合国币为一千六百八十元，连同四成国币四百元合计每月应拨二千零八十元，除现支经费一千元外，每月实应增加经费一千零八十元。①

（决议）照会计处签拟第一项办法通过。

密十、据秘书处签呈，缴本府二十九年上半年度电报费预算实付数目比较表，请准予增加临时电报费二万元，并入本府临时费内分配开支等情，请公决案。

（会计处签拟）查本府二十九年上半年不敷电报费九千九百二十七元三角当属实在。下半年实际支出情形似难预定，所请追加本年度临时费二万元似非需要，拟准一次过先发一万元，饬据实报销，款在二十九年度省预备金项下拨支，提会核定。复查本省无线电讯经费年支数十万元，拟饬嗣后于可能范围内尽量利用无线电以节减电报费支出。

（决议）照会计处签拟通过。

十一、据省振济会呈，据救挤总队呈缴二十九年度购置服装公物费预算书，计共国币七千一百九十二元二角，查属需要，经由本会赈款项下先行垫借，请准予在二十九年度救灾准备金项下拨还归垫等情，请公决案。

（会计处签拟）既据振济会核明需要在振款项下先行垫支，似应准予照数拨还。惟此项费用非属救灾性质，似未便准予所请在二十九年度

---

① 原文后缺。

救灾准备金项下开支。至本府前拨交振济会二十八年度救灾准备金科目余款亦经本处向该会查询据复经无余存，并当列表另文呈报等语。兹拟将前项购置服装公物费七千一百九十二元二角在二十九年度省救济费项下开支，仍请提会核定。

（决议）照会计处签拟通过。

十二、据会计处签呈，拟设置各区行政督察专员公署会计室，拟具办法大纲，各区署设置会计室者拟由省库按月拨付国币四百二十元，另办公费五十元，本年度在岁出概算经常门临时部分接近战区各县战时工作经费项下开支等情，请公决案。

（决议）照案通过。

密十三、据第三区行政督察专员呈，据罗定县呈缴征购杉木价款及采运各费支出计算书类，计共支出二万一千四百三十元，除奉汇发国币五千元外，其余一万六千四百三十元系由县征存省款地税项下垫支，转请发还归垫等情，请公决案。

（决议）准照数发还归垫，款在本年度建设事业支出项下开支。

密十四、据广播电台呈，为增设海外播音机，请将经费每月追加为五千零九十六元九角四分，半年合计三万零五百八十一元六角四分等情，请公决案。

（会计处签拟）（一）查该台本年度俸薪经照本府新规定俸薪支给比较二十八年度经有增加，其增加之数并经据在燃料费项下移拨，似未便再准增加以免其他机关援案请求，难予应付。（二）办公费。查该台办公费原定自二月份起月支五十五元三角一分，前选据呈请追加至月支一百元业经指饬候增设海外播音机呈到再办在案。目下物价腾贵，兼以增设海外播音机，似应准予照数增加。此项原定预算列五十五元三角一分，现准照列一百元，计应追加月支四十四元六角九分。（三）燃料费经本处送交秘书处电讯组核明原列需用燃料数量相符，复经送交秘书处第二科核明韶市现在油类价值核与预算数目尚属需要，拟准照数每月追加二千七百二十七元六角（原请每月追加至三千二百二十五元除原列四百九十七元四角外实追加如上数）。（四）购置费前经核定列月支五十元，拟饬撙节开支，未便准予追加。（五）事业费查系属办公费性质，拟饬在办公费项下撙节开支，未便准予追加。以上共准每月追加经费二千七百七十二元二角九分（连原核定经费每月共四千六百一十一元三角八分），拟准自本年八月份起在二十九年度省预备金项下开支。饬另编预算书表呈核并饬将每日开机时间消耗油量于每月月终列表呈报核。至八月份前之办公费、燃料费如属不敷，准在该台本年度经常费其他各项目撙节流用，拟请提会核定。

（决议）照会计处签拟通过。

十五、委员兼建设厅长函复，审查民政厅所拟广东省各县垦殖什粮推行公耕造产暂行办法尚属妥善，附具意见，请公决案。

（决议）照审查意见通过。

十六、据建设厅签呈，拟具广东省建设厅垦荒事业补助规程，广东建设厅督导人民垦殖什粮推行公耕造产办法及广东省垦荒协会组织通则，请察核施行等情，请公决案。

（决议）交刘、郑两委员，高局长审查，由刘委员召集。

十七、据建设厅签呈，据农林局呈缴二十九年度推动各县农业生产实施计划纲要，各县农业指导工作站组织大纲及预算书，请察核施行等情，请公决案。

（决议）交刘、郑两委员，高局长审查，由刘委员召集。

广东省政府第九届委员会
第一百五十次议事录

日　期　八月六日

地　点　韶关本府

出席者　李汉魂（公假）　胡铭藻　何　彤（病假）　顾翊群（病假）
　　　　黄麟书　黄元彬　刘佐人　郑　丰

列席者　高　信　吴遁宪　杜之英（毛松年代）　陈缙农　何剑甫

主　席　胡铭藻（代）

纪　录　（秘书）熊公福　（科长）谢乐文

报告事项

一、据建设厅签呈，据长途电话管理委员会呈，拟给故工目欧旭一次过恤金国币二百七十元，故副领工郑庆一次过恤金国币三百元，款在二十八年度该会节余经费项下开支等情。饬据秘书、会计两处签称，核明尚无不合，该项恤款两共五百七十元似可准在该会二十九年度各月经费节余项下开支，至二十八年度经费节余饬悉数解库具报等语，应准如拟办理。

二、准广东全省保安司令部电送故员兵林振邦、张祥、吴胜校、陈辉等四员名请恤书表，请核办等由。经核定依照陆军平战时抚恤条例战时阵亡例分别给恤，并分别【函行】查照备案。

三、据会计处签称，本处拟具本省三十年度省地方预算编制办法，经提会决议照案修正通过在案。查办法第三、四、五、八各条规定期限现因本案经过几度审查，提会之后时间已近，似不宜完全适用，经分别略为修改等情。经准如拟分别函行遵照。

密四、据第二区行政督察专员呈，转缴清远县政府第三次构筑横石封锁线征集民工民船伙食费支出计算书类。饬据会计处签称，该款国币一百九十三元七角五分似可准在本年度建设事业支出项下开支等语，应准如拟办理。

五、据广东省县政人员训练所呈缴本所经常费二十九年一至三月份编并中队经费流用第一中队经费数目表，计一月份流用国币二千八百二十九元三角八分，二月份流用国币三千八百五十八元二角，三月份流用国币三千九百九十五元五角三分，请备案等情。饬据会计处签称，查核尚属实在，于法亦无不合，拟请照准等语，应准如拟办理。

六、据省振济会呈转妇女生产工作团托儿所开办费及二十九年度经常费预算书表，请察核存转等情，经予转送审计处查核。

密七、据第三区行政督察专员电，据南海县呈，请将前奉准核发之破坏周郡、坝甲两处桥梁费用三百元移拨为奖励破坏敌方工厂之用等情。饬据会计处签称，前项费用既未动用，似应饬返纳解库。至焚丝偈奖金既经秘书处核拟准照给与，该款国币三百元拟在本年度预备金项下开支，以清款目等语，应准如拟办理。

八、据本省粮食调节委员会呈缴合水运输站员役米津预算书，三个月共列一百零五元。饬据会计处签称，核案尚符，拟准照支，款在二十九年度预备金项下开支等语，应准如拟办理。

九、据惠来县政府呈缴无线电总台第五区台惠来分台员役米津预算书册，三个月共列九十三元。饬据会计处签称，核数相符，拟准照发，款在二十九年度省预备金项下开支等语，应准如拟办理。

十、据开平县政府呈缴无线电总台第一区台开平分台员役米津预算书册，月列三十六元，三个月共一百零八元。饬据会计处签称，核数尚符，拟照数发给，款在二十九年度省预备金项下拨支等语，应准如拟办理。

十一、据大埔县政府呈缴无线电总台第六区台大埔分台员役米津预算书册，三个月共列一百零八元。饬据会计处签称，核数相符，拟照数发还归垫，款在二十九年度省预备金项下拨支等语，应准如拟办理。

讨论事项

密一、据建设厅签呈，转送公路处养路队二十九年四月十六日起至七月底止发给员工夫役米津预算书表，拟具改订办法三项，请察核。又据公路处呈转各养路队电，以七月份只发米津三元，无法维持生活，拟仍照原定每名月给十元及五元办法办理。其余员役则照前呈第一项办法发给。应否照准，请并案核示，各等情，请公决案。

（决议）米津仍照通案办理。在发给米津期内每人每月另补助生活费：连平以东者七元，以西者二元。款在该处所属各项节余经费项下开支。

二、据建设厅签呈，缴本厅建筑火化室临时设备费预算书，计共需国币五百零七元六角二分，该款并请在本厅钨砂价款项下开支等情，请公决案。

（决议）照案通过，款在本年度省预备金项下开支仍由该厅钨砂价款收入项下抵解。

密三、准兼保安司令函，据保安处呈报，第八团派员赴普宁洽领常备队途次事变，损失国币一千二百一十六元七角，系属事出非常，可否姑准核销发还，以免亏累。该款在经费节余项下开支，请核等情。转请查照核办等由，请公决案。

（决议）照案通过。

密四、奉第四战区付司令长官兼广东绥靖主任函，关于点封屯盐需要力夫搬运，预定发给费用国币一千元，由绥署及省府分担。至点封人员旅费绥署派出者由绥署自备，省政府及省参议会派出者由省府负担等因，请公决案。

（决议）交会计处签办报会。

密五、据本省救护委员会呈缴拟盖搭会址及购置用具预算书，计列一千六百二十一元九角一分，请核准照拨等情，请公决案，

（决议）照案通过。款在本年度省救济费项下开支。

密六、据秘书处案呈，据电讯组签呈，造具战时通讯所开办费概算书表，计列三千六百四十元八角，请核示等情，请公决案。

（决议）照案通过，款在本年度建设事业支出项下开支。

密七、据本府警卫营呈，为第二连兵棚破烂不堪，经召商估计共需修建工料费一千四百四十六元四角，请核准盖搭等情。经准照核实数一千零八十六元四角办理，款在该营本年度经费节余项下开支，提会补请追认案。

（决议）照案追认。

八、准广东省军管区司令部电，为示范区各县印刷宣传品及工作人员落乡宣传调查伙食费拟一次过各拨国币五百元，计十五县共需七千五百元，拟在本部国民兵团队节余经费项下拨付，请查照备案等由，请公决案。

（决议）照案通过。

密九、据本省战时贸易管理处呈复，关于港韶线各处站津贴一案，请仍准予照前本处拟定办法四项所定数额，除遵照通案扣除各该处站员役应领米津之数外，作为生活补助费给与以资救济等情，请公决案。

（决议）照案通过。

十、据东江米粮运销委员会呈，职会因业务进展有加无已，对于奉准原支经费二千五百九十元实无法减少，编具本年八月至十二月份经费预算书，请准自八月份起照数拨领等情，请公决案。

（决议）照案通过，仍饬将会计室员额列入改编预算呈核。

十一、准广东高等法院函送广东省各级法院监狱暨各兼理司法县政府二十九年七至十二月追加薪饷概算总目，计共追加二万九千二百七十

四元，拟在二十九年度一月起未支之海南岛兼理司法各县政府及监狱经费项下拨支。再南雄等二十六监狱另增看守七十名，应追加之工饷仍照原案在二十九年度额余囚粮项下开支等由，请公决案。

（决议）照案通过，仍请补列追加预算送核。

十二、刘委员、郑委员、高局长会复，审查建厅所拟垦荒事业补助规程及督导人民垦植杂粮推行公耕造产办法暨垦荒协会组织通则一案意见，请公决案。

（决议）照审查意见修正通过。

十三、刘委员、郑委员、高局长会复，审查农林局所缴二十九年度推动各县农业生产实施计划纲要，各县农业指导工作站组织大纲及预算一案意见，请公决案。

（决议）照审查意见修正通过。

广东省政府第九届委员会
第一百五十一次议事录

日　期　八月九日

地　点　韶关本府

出席者　李汉魂（公假）　胡铭藻　何　彤（病假）　顾翊群
　　　　黄麟书（公假）　黄元彬　刘佐人　郑　丰

列席者　高　信　吴迺宪　杜之英（毛松年代）　何剑甫　黄希声
　　　　袁晴晖

主　席　胡铭藻（代）

纪　录　（秘书）熊公福　（科长）谢乐文

报告事项

一、奉广东绥靖主任公署代电，抄发已决汉奸范××、张××、范××等三名判决书，仰依法给奖转发等因。饬据秘书、会计两处签称，生擒范××一名给奖国币四百元，拟援照成案在本年度省预备金项下开支。至张××、范××等二名只充伪特别班伙夫，并非充任伪官员，核与修正本省捕杀敌伪组织官员奖励办法规定不符，拟不予给奖等情，应准如拟办理。

二、准财政部电知，自本年七月份起按月补助本省临时费二十万元等由。饬据会计处签称，计本年度七月至十二月共补助一百二十万元，拟追列本年度省地方预算岁入经常门临时部分"中央补助收入"并照数追列本年度省地方预算岁出经常门常时部分"预备金"，暨将追列情形电复财政部等情，应准如拟办理。

三、据陆军暂编第×军司令部电，缴捕杀伪军官黄××等证物，请核给奖转发等情。经饬据秘书、会计两处签称，杀毙中山县第三区署伪警察署长何××一名，给奖国币二百元，拟援照成案在二十九年度省预备金项下开支。至伪军官阙××、黄××二名并非在敌伪组织内担任职务，拟依照第四战区捕杀伪军官兵暂行给奖赏格呈请长官部核发等语，应准如拟办理。

四、据财政厅报告，佛冈县长呈缴本年二至五月份各部队交押军事犯口粮表，请将支过口粮款项核发归垫，经由厅照案在行政费拨补行政犯不敷口粮项下拨支，请核备案等情。饬据会计处签称，查陆军暂行给与规则规定，囚粮俘虏给养每人日给二角五分，现该县前项垫款既经财政厅照案在行政费拨补行政犯不敷口粮项下拨支系属已成事实，似可姑准照办。惟嗣后应饬该县径向原交押部队领发，以符规定等语，应准如拟办理。

五、据财政厅签呈，准高等法院函送增加二十九年度囚粮请款书，计列国币一万九千一百六十八元一角六分，请予划拨等由。拟准在本年度预备金项下拨支。并请其将二十七年度节余囚粮款悉数解库及追列二十九年度预算等情。饬据会计处签称，拟照所拟办理等语，应准如拟办理。

六、据财政厅签呈，准高等法院函，请将高二分院迁移临时费二百七十一元六角签发支令，以便抵解等由，该款拟在本年度省预备金项下拨支，并请其将二十八年度巡回审判推事经费节余解库及追列二十九年度预算等情。饬据会计处签称，拟准照办等语，应准如拟办理。

七、据教育厅签呈，关于举办本省中学教员二次无试检定经费一千四百四十六元二角前奉核定在本年度教育文化临时费项下开支，兹查该项临时费业经支配完竣，已无余款可以开支，请改由本年小学教员暑期讲习会经费项下拨支等情。饬据会计处签称，拟准照办等语，应准如拟办理。

八、据建设厅签呈，转缴农林局西区林业促进指导区员役米津预算书名册。饬据会计处签称，查预算书列三个月米津共三百一十元既经建设厅核明核实，复与本府规定发给米津案相符，拟准照发款在本年度省预备金项下开支等语，应准如拟办理。

九、据广东省军民合作总站呈缴筹备时期筹备费表及单据，计列支国币一百元，经在经费项下垫支请拨还归垫等情。饬据会计处签称，核尚需要，拟准在本年度省地方岁出预算经常门临时部分第十二款第一项第一目接近战区各县战时工作经费余款项下开支。饬补具预算书三份呈府，并先将现缴表据转送审计处审核等语，应准如拟办理。

十、据本府消防景华舰长电缴该舰士兵本年夏季服装估价单，请拨款定制等情。饬据会计处核签拟，准照德庆城永利号估价定制，计共需款一百六十七元二角，在本年度省预备金项下拨付等语，应准如拟办理。

十一、据阳春县国民兵团先后呈缴初次施行壮丁调查办公费预算书及办理兵役施行初次壮丁调查应备书簿表册等费概算表，共列国币一千一百三十五元五角，请予拨支等情。饬据会计处签称，表列各数核与规定尚无超越，拟准在本年度省地方预备金项下拨支等语，应准如拟办理。

讨论事项

密一、据民政厅案呈，据卫生处呈，遵令觅得西河坝迤南空地为防疫医院新址，缴呈预算书建筑图估价单等，计需院址迁移费共六千三百八十元，请察核等情，请公决案。

（会计处签拟）拟照本府秘书处技术室拟议各点指饬更正呈核。但若为办理敏捷起见，拟予提会核定该项建筑费预算总额改为六千元，款在本年度救济费项下开支。饬就此范围妥为办理，另编预算及图则。至建筑工程部分饬迅即会同民政厅主管科、本府技术室及审计处面商进行，从速开工。

（决议）照会计处签拟通过。

二、据民政厅案呈，据卫生处呈该卫生试验所细菌室主任兼代所长刘柏枝呈辞各职，经予照准，所遗各职拟请委派毛采章充任等情，请公决案。

（决议）照案通过。

三、据财政厅签呈，为琼崖税务督察专员办事处经费每月一千一百五十元拟改在各税务局经费未分配余额项下拨支，请核示等情，请公决案。

（决议）照案通过。

密四、准保安司令部函，据保安处签呈，请准自本年七月份起本处所属各团及军医院医药费每月补助各二百元，本处干训班补助一百元，直属营各补助五十元，合共二千元，款由团队经费历月节余项下开支，转请核办等由，请公决案。

（决议）照案通过。

密五、据第三区行政督察专员呈缴德庆县政府架设德封电话线工料费支付预算书表，计列国币三千九百九十三元二角，请核示等情，请公决案。

（会计处签拟）查该预算书既经建设厅核明，所列需用各器材及工资各费单价系属需要等语。复核亦属相符。原列合计国币三千九百九十三元二角除前提付第九届委员会第一〇九次会议决议在本年度建设事业支出项下拨发该线由德庆官墟至渔涝段工料费八百一十二元七角外，尚需国币三千一百八十元零五角，拟照财政厅意见并准在本年度建设事业支出项下开支，仍请提会核定。

（决议）照会计处签拟通过。

六、据梅县县政府电，为职县生活程度日高，公务员难以维持，请准将县府及所属各级薪俸从前以毫券预算者自八月份起一律照原额以国币十足支付，其不敷之数暂准在地方款预备费项下开支等情，请公决案。

（决议）照案通过，并通令各县局知照。

密七、据南海县政府电复，职县系属游击区县份，地方款项毫无收入，关于广东省战地办报补助费五十元无从补助等情，请公决案。

（会计处签拟）查各游击县份办报补助费每月国币五十元经核定在县款开支在案，现据南海县电称，该县地方款毫无收入，无从补助此项报费，请核示等情。既经秘书处拟议以各游击区县份办报补助费共十九县大都无地方款收入，拟改由省库拨支。查此项办报补助费为数无多，似可如秘书处所拟办理。该款拟请准在省款补助接近游击区县份经费科目项下开支。

（决议）照会计处签拟通过。

八、据教育厅签呈，据省立文理学院呈缴附中二十九年寒假兵役扩大宣传费支付预算书，计列二千五百七十四元八角二分，请在该院二十八年度经费节余项下报销等情，请公决案。

（决议）照案通过。

密九、据建设厅签呈，关于设置驿站运输一案，拟先行设立本省驿运管理处暨由曲江至鲨鱼涌各段站，计驿运管理处开办费三千零九十一元，各段站设备费二十四万元，拟先由省库拨支。又管理处每月经常费八千八百五十三元，东江线各段站管理费每月二万五千一百元，拟按月先由省库拨支，俟办理运输所收管理费不足时再行汇请中央补助等情，请公决案。

（决议）开办费、设备费照案通过。各站设备仍以尽量利用原有建筑物为原则。其筹备人员准自到差日起薪，余交刘委员、财政厅、秘书处、会计处审查，由刘委员召集。

十、据省振济会呈，缴本会筹组技工养成所计划草案，计列开办费六万一千五百二十元，经常费月列一万零九百九十六元，请核准开办等情，请公决案。

（决议）照民政厅签拟通过，款在该会赈款项下开支。

十一、据民政厅签呈，缴干训团民政佐治班毕业学员派乐昌等十一县充指导员及派梅县等十二县充县政府科员员额省库补助薪俸表暨预算书，计乐昌等县四十七名，每月实支二千二百零九元；梅县等县四十三名，每月实支一千八百九十二元，合计四千一百零一元，由本年八月份起在新县制未实施以前拟在省库补助各县自治经费未支配余额项下开支。从新县制实施日起即在核定各该县政府经费内拨支等情，请公决案。

（决议）照案修正通过。

十二、特种考试广东省会计人员考试委员会主任委员代电，拟具本会经费预算，计列支一万九千六百五十元，请迅赐核定指款拨支，以资应用等情，请公决案。

（会计处签拟）查据呈预算书列支一万九千六百五十元，除第一款第一项第二目第一节"印刷招生章程试卷"之科目名称似应改为"印刷报名应考文件及试卷"以符名实外，其余各项目节数目似亦不无可以酌减之处，兹分列如左：（一）第一款第三项第一目办理考试人员旅费查香港系就近派员办理，原列赴香港旅费一千元似可全数剔除。至原列赴长沙荐任职员二员旅费九百元拟改为派荐任委任各一员，计应核减宿费什费七十元。两项共核减一千零七十元（除核减外仍列八百三十元）。（二）同前项第二目率领学员入团受训旅费，查应考人员注意事项第六条规定"初试及格者一律由本会派员定期率同入团受训"自不包括笔试及格来韶应口试之旅费在内。现口试既决定在韶集中举行，其初试及格送训旅费若解释为应以由韶赴团为准亦无不可，照此办法则可将香港区及长沙区学员旅费均照曲江区每名发给五元，计应将原列旅费核减七千五百五十元（除核减外仍列支一千一百五十元）。但为顾全事实计，则对于笔试及格人员之来韶旅费似有酌为补助之必要，当否，仍请提会时核议决定并酌定其补助数额。（三）第一款第三项第一目各试场布置费，查办公费内经列有什支三百元，试场如确需费布置似可在前项什支费内开支，原列布置费四百元拟全数剔除。以上三项若均准照办则共核减九千零二十元（如准补助来程旅费须另计），除核减外仍列支一万零六百三十元，尚属需要，拟照此减正数在本年度省预备金项下开支。饬补具预算书三份，其印刷事项并饬会同审计人员依法办理，仍请提会核定。

（决议）学员来程旅费照原拟数补助半数，余照会计处签拟通过。

广东省政府第九届委员会
第一百五十二次议事录

日　期　八月十三日

地　点　韶关本府

出席者　李汉魂（公假）　胡铭藻　何　彤（病假）　顾翊群
　　　　黄麟书（公假）　黄元彬　刘佐人　郑　丰

列席者　高　信　吴逦宪（麦务之代）　杜之英（毛松年代）
　　　　何剑甫　黄希声

主　席　胡铭藻（代）

纪　录　（秘书）熊公福　（科长）谢乐文

报告事项

一、据前广东省县政人员训练所呈缴二十九年度补充通讯器材支付预算书，计列支国币一万二千四百零四元零七分，该款拟改在本所二十九年度一月至三月份经临费节余项下拨支，请准备案等情。饬据会计处签称，似可准予照办等语，应准如拟办理。

二、据财政厅签呈，为各县税捐征收处经饬自二十九年七月二日起恢复办理，其应由省库拨发补助费拟仍在本年度省地方岁出概算各税务局及各稽征所站经费原科目开支，开列清表，请核示等情。饬据会计处签称，各县税捐征收处省库补助费表列应拨国币五万五千七百八十五元，自恢复日起。本年度似可准照原科目开支，下年度拨正科目等语，应准如拟办理。

三、据建设厅签呈，关于长途电话委员会二十九年度增设各分所开办临时费追加预算书，所附日期表错误各点经饬据该会呈明原由，报请核示等情。饬据会计处签称，查该会声复，错误各节既经建设厅核明属实，该会前呈预算书计列国币四百三十五元核尚需要，该款似可准在二十九年度省预备金项下开支等语，应准如拟办理。

283

四、台山县广海渔民梁胜等因抗敌消耗弹药，请予补助一案。饬据秘书、会计两处核签，拟酌给补助费三十元，该款在二十九年度省总概算岁出经常门临时部分补助支出第一项第一目接近战区各县战时工作经费科目开支等语，应准如拟办理。

五、据乳源县政府呈报，保长李隆修因公伤亡，请发给抚恤费及年抚金等情。饬据秘书、会计两处核签，拟依照战时乡镇保甲长暨联保主任因公伤亡给恤暂行标准第一条乙项之规定给与一次过抚恤费一百六十元，款在二十九年度省预算恤金项下支给。至请给年抚金一节，查给恤标准无此规定，似未便照准等语，应准如拟办理。

六、据民政厅转缴阳春县春湾镇公所职员及保甲长因公受伤请恤事实表件，请核办等情。饬据秘书、会计两处核签，拟照战时乡镇保甲长暨联保主任因公伤亡给恤暂行标准核给保长严文斋一名恤伤费八十元，甲长吴锡光、何水生、黄计三名恤伤费各六十元，陈锦钟等各给医药费三十元，共恤伤、医药费四百七十元，均在二十九年度省总概算恤金项下支给。至该事务员罗自求一名，依照战时雇员公役因公伤亡给恤暂行标准之规定其最后月薪为国币一十四元，应给予一次过恤伤费国币一百四十元，款在县地方预备费项下支给等语，应准如拟办理。

七、据第九区专员电，请发给该署五至七月份员役米津共三百八十一元。饬据会计处签称，核案相符，拟准连同八月份应发米津合共五百零八元一并发给，款在二十九年度省预备金项下开支。饬补编预算名册呈府存转等语，应准如拟办理。

八、据第七区专员电，请发给该署五至八月份员役米津共四百六十八元。饬据会计处签称，核案相符，拟准照发，款在二十九年度省预备金项下拨支等语，应准如拟办理。

九、据陆丰县呈缴该县无线电分台二十九年五至七月份三个月员役米津预算书，饬据会计处签称，查预算书及名册列支每月米津三十六元，三个月共列一百零八元，核数相符，拟准连同八月份应发米津合共一百四十四元一并发给，款在二十九年度省预备金项下开支等语，应准如拟办理。

十、据紫金县呈缴该县无线电分台员役米津预算书表册，饬据会计处签称，该分台每月应领米津三十一元，计该分台本年五月二十日成立计十二天应领米津十二元，五至八月计三个月又十二天共应领米津一百零五元，拟如数发给，款在二十九年度省预备金项下开支。原缴预算书表发还，饬补具五月至八月份米津预算书呈核等语，应准如拟办理。

十一、据新会县呈缴该县无线电分台本年五月至七月米津费预算书及名册，计该分台员役米津每月国币三十六元，五至七月份三个月共一百零八元，经遵令先行垫发，请核发还归垫等情。饬据会计处签称，核案尚无不合，拟准照发，款在本年度省预备金项下开支，并饬补具预算书及名册各一份呈府等语，应准如拟办理。

十二、据第八区行政督察专员转缴合浦无线电分台五月至七月份员役米津预算书，饬据会计处签称，查该分台员役米津费每月共需三十六元，五至八月份四个月合计一百四十四元，拟准一并拨发，款在二十九年度省预备金项下径行拨县给领等语，应准如拟办理。

十三、据建设厅签呈，关于前拟垦荒事补助规程及督导人民垦植杂粮推行公耕造产办法暨垦荒协会组织通则一案，经本府第九届委员会第一五〇次会议决议"照审查意见修正通过"记录在案。兹拟于修正案内广东省各县乡保垦荒协会组织通则第十三条第二项之后加入"会员所提借之肥料种籽或出借耕牛农具等得由协会估值折合为工作时间并入该会员之劳力内计算之"作为第三项等情，应准照办。

讨论事项

密一、准兼保安司令函，据保安处呈，为盖搭棚厂三十九座集中办公，共支出一万八千八百九十七元八角九分，拟由本处节余项下开支，转请核办等由，请公决案。

（决议）照案通过。

密二、据财政厅报告，德庆县政府拆除城垣补助费经在本年度建设事业支出项下拨支国币一千五百元，请提会追认等情，请公决案。

（决议）照案追认。

三、据财政厅签呈，据花县、吴川等县政府呈请发还垫支二十七年十二月以前兵役科职员薪旅等费，以资归垫等情。该款共计二千二百二十九元三角六分，拟在本年度省预备金项下开支，请核示前来，请公决案。

（决议）照案通过。

密四、据建设厅签呈，核议曲江县城东西河养桥费一案，其养桥费每月五百元拟仍请照案继续由省库拨给，并由广东省防空协会领支等情，请公决案。

（决议）照案通过，款在原科目开支。

五、据建设厅签呈，据公路处呈缴改编二十九年度行车营业岁入岁出预算书表，查预算全年营业收入前列一百三十一万二千一百二十八元，现列一百一十二万八千二百二十元八角，计减列一十八万三千九百零七元二角；全年营业支出前列一百二十三万二千九百五十六元六角四分，现列一百一十二万八千一百五十八元四角，计减列十万四千七百九十八元二角四分，全年盈余比较减列七万九千一百零八元九角六分，请核示等情，请公决案。

（会计处签拟）（一）建设厅审查意见中一、二、三、四项核减各数系就该处调整机构及业务状况而减列，核尚妥适，拟请照准。（二）本年度由省库拨付过该处购买营业汽车价款一十八万九千一百七十二元八角，又迁移费一万二千二百八十元一角，上属两款经提会核定视作政府投资，至政府资本官息并拟定为周息六厘，饬据照营业基金预算科目分别列入各表。（三）现编呈预算各表科目及表式欠缺不全，拟饬依照暂行营业基金预算科目及表式妥为编制。（四）盈亏拨补表岁入科目下之"结余"一科目应改为"留待下年度填补之积亏"；损失表之"特别费"一科目应改为"其他费用"；分析表之编制应列至节。至利益表中"什项收入"一科目是否属于营业收入之其他营业收入科目，抑属于营业外收入之科目，原表未将来源叙列，应由该处查明改列。（五）行车营业基金之数目若干上年度预算均未有列明，此项基金实况如不详为划定，则营业之收支及盈亏数字根本无法正确，拟饬另表列报备查。上列各点拟请提会核定后发还改编。

（决议）照会计处签拟通过。

六、据建设厅签呈，据公路处呈缴改编二十九年度考验汽车驾驶人执照费岁入预算书表，计列全年度收入国币五千七百一十二元九角，请核存转等情，请公决案。

（会计处签拟）（一）原呈改编考验汽车人执照费岁入预算书，所列公路交通管理机关留用数查与汽车驾驶人管理规则第三十条之规定相符，全年度收入数计国币点千七百一十二元九角，拟照数列入本年度追加省总概算案内之行政规费科目项下，并增列预备金支出，暨饬将实收数陆续解缴省库。仍请提会核定。（二）原呈改编代交通部经发考验汽车驾驶人执照费岁入预算书，拟照建设厅前签意见由该厅跟案转送交通部办理。

（决议）照会计处签拟通过。

七、据南路行署电，据化县请解释各级谷仓保管委员会组织规程疑义，转请核示等情，请公决案。

（秘书处签拟）查原电所举：（一）项为利于推行，自可依民厅所拟准予变通办理；（二）项依本省各级谷仓保管委员会组织规程，既无县市乡镇长为当然委员之明定，原不得认为当然委员。但同规程第十一条又定为各级委员会会议之主席不无歧异，盖此项委员会为有定常性之组织，其会议之构成自应以委员为限，似不便以非委员为会议之主席也。惟查中央颁行之各地方建仓积谷办法大纲第六条既定各级谷仓由县市乡镇长各自负责管理，又定由各该地方选员组会协助之。而上开规程所定保管委员会之职掌包括甚广，与大纲内县市乡镇长所负管理之责殊难分别，若非将县市乡镇长并定为该会委员则所谓各自负责管理及协助恐均难期尽利，反与大纲立法之意旨及作用不符，爰拟仍维持规程第十一条关于会议主席之规定，而就有关之第五条及第八条依上述理由为必要之修正如下：（甲）第五条"设委员三人至五人"句下拟加入"其中一人由该管之县长市长乡镇长分别兼任，余"二十字；（乙）第八条"任期均为三年"之上拟加入"委员除县市长乡镇长兼任者外"十三字。以上意见拟连同原电（一）项关于民政厅签拟修正意见提会核定。

（决议）照秘书处签拟通过。

密八、据本府警卫营呈，为第四连兵棚宿舍破烂，经估价需修理费国币二千五百三十八元三角，请核准盖搭等情，请公决案。

（会计处签拟）本府警卫营第四连修建兵棚工程及估价部分既经本府秘书处技术室查勘，准复关于原拟新建官长室一座，拟请援例不准外，其余工科费核实共一千八百二十四元五角等由。核尚需要，似可照准（又查该营本年度七月底止节余经费经询该营据云已奉饬拨支第一、二连修建兵棚等之用现无余存）。该款拟在本年度省预备金项下开支，

287

仍请提会核定。

（决议）照会计处签拟通过。

密九、据本府无线电总台呈，拟购单车四架，每架国币二百元，共需国币〈八百元〉，拟在本台本年度五至七月份助理员□□□，请公决案。

（决议）□□□。

十、据省粮食调节委员会呈缴西江四邑米粮运销委员会所属各站本年度经费预算书，月列九百元，由五月一日起至十二月底止计八个月共七千二百元，请核示等情，请公决案。

（决议）照案通过，款在救济费项下开支。

十一、据民政厅案呈，据卫生处先后呈，拟将该处卫生试验所细菌室主任兼代所长毛采章、细菌室技士李淡生薪额提高，计毛采章拟增为月薪一百七十八元；李淡生拟增为月薪一百三十八元，并请发给毛采章由桂来韶旅费六十元，李淡生由澄江来韶旅费三百元，款并拟分别在本处事业费节余项下拨支。查属需要，似可准予列支等情，请公决案。

（决议）薪俸照增，旅费缓议。

十二、委员兼教育厅长提议，请援照发给中区临时中学、广州大学等校员生内迁旅费成案核发广州女子师范学校留港旧生回韶旅费每名国币四十元，计二百人共八千元。上项旅费因本年度教育文化经费早经支配完竣，拟请筹拨，是否可行，请公决案。

（决议）照案通过，款在本年度省预备金项下开支。

十三、准刘委员佐人函复，关于建设厅签呈，拟先行设立本省驿运管理处暨由曲江至鲨鱼涌线各段站以利运输呈缴二十九年度开办费设备费经常费预算请核示一案，经召集财政厅、秘书处、会计处会同审查，谨将审查结果函请察核等由，请公决案。

（决议）照审查意见通过，另具营业预算呈核。

十四、据秘书、会计两处签呈，迩来各地物价高涨，本省各级公务员薪俸微薄，生活困难，似应急谋救济。该项救济办法现正会商拟议中。关于梅县政府电请将县府及所属各级薪俸一律照毫券原额改以国币十足支付一案，拟再提会准予存候一并统筹拟办，以归一致等情，请公决案。

（决议）照案通过，仍交财政厅及秘书、会计两处妥拟呈核。

广东省政府第九届委员会
第一百五十三次议事录

日　期　八月十六日

地　点　韶关本府

出席者　李汉魂（公假）　胡铭藻　何　彤（病假）　顾翊群（病假）
　　　　黄麟书（公假）　黄元彬　刘佐人　郑　丰

列席者　高　信　吴逎宪　杜之英（温振鹏代）　何剑甫　黄希声
　　　　陈缵农

主　席　胡铭藻（代）

纪　录　（秘书）熊公福　（科长）谢乐文

报告事项

一、奉第四战区司令长官司令部电，以据本府先后拨来犒赏粤北战役负伤官兵款共三万元，经分发给领，合计共发一万九千零八十七元四角九分，比对尚余存一万零九百一十二元五角一分，经交由中国银行汇还等因。饬据会计处签拟，俟余款汇到，由秘书处返纳省库后具报，以便归还预备金账内等语，应准如拟办理。

二、据民政厅签呈，据卫生处呈缴省立临时医院筹备人员二十八年九月一日起至六日止六天薪俸预算书，计共一百元八角，请察核等情。饬据会计处签称，该款拟照准在二十八年度节余经费开支等语，应准如拟办理。

三、据民政厅签呈，据省卫生处呈缴南路办事处员役米津预算书，饬据会计处签称，查五月份应需四十二元，六月份五十四元五角，七、八两月份各六十二元，合计二百二十元五角，拟准在二十九年度省预备金项下拨发等语，应准如拟办理。

密四、据第八区行政督察专员呈缴防城架设至上思电话线预计算书类及追加预算书，计共实支国币三千四百二十元。饬据会计处签称，该项费用先后共拨过国币五千八百五十四元六角，现比对尚余国币二千四百二十四元六角，拟照财厅意见饬即如数返纳库收等语，应准如拟办理。

五、据博罗县政府里，为职县瀛图乡乡长陈衍初因公被炸毙命，转请给恤等情。饬据秘书、会计两处签拟，依照战时乡镇保甲长暨联保主任因公伤亡给恤暂行标准规定给其遗族一次恤金国币一百五十元，该款在二十九年度省总概算恤金项下开支等语，应准如拟办理。

六、据五华县政府呈缴无线电分台员役米津预算表，饬据会计处签称，查该台六月份应领米津计需一十八元，七、八两月份各需三十六元，合计九十元，似准在二十九年度省预备金项下拨县给领等语，应准如拟办理。

七、据乐昌县政府呈缴无线电分台员役米津预算书，饬据会计处签称，该台月需米津费三十六元，五至八月止共四个月计一百四十四元，一并准在二十九年度省预备金项下拨支等语，应准如拟办理。

密八、据会宁游击司令部呈，为职部奉令撤销，拟发给官兵恩饷半个月，以资遣散，款在职部本年六月份节存经费项下拨支等情。饬据会计处签称，核与规定尚无不合，该款照计需费约三百余元，似可照准等语，应准如拟办理。

九、据本府警卫营呈，为职营五月份购制补充士兵胸臂章垫支国币五十元零五角，奉核定在节余项下开支。惟职营自五月起已无节余，请准另案支付等情。饬据会计处签称，似可准由省库另拨款，在本年度省预备金项下拨付等语，应准如拟办理。

十、据本府无线电总台电缴本年七月份第六部机摇工米津名册，计共一十八元。饬据会计处签称，核尚符合，拟准照发，款在二十九年度省预备金项下开支等语，应准如拟办理。

讨论事项

一、据建设厅签呈，拟具广东省各县设置水利示范区办法，请核定公布等情，请公决案。[①]

（决议）照秘书处签拟通过。

二、据建设厅签呈，缴公路处二十九年度汽车牌照费岁入岁出预算

---

① 秘书处签拟略。

290

书表，计列岁入二万三千一百零七元二角，岁出七千五百四十八元，请察核存转等情，请公决案。

（会计处签拟）查原呈改编预算书属于省地方预算部分者，岁入数为二万三千一百零七元二角，除本年度省地方概算案内已列入一万零四百一十元外，计增一万二千六百九十七元二角；岁出数为七千五百四十八元，核无不合。上列增收数及岁出数两款似可准照列入本年度追加省总概算案内，仍请提会核定。

（决议）照会计处签拟通过。

三、据本省图书杂志审查委员会呈，请按月增拨本会经费三百元等情，请公决案。

（决议）从八月份起每月准增拨三百元，款在本年度省预备金项下开支。并饬另编预算呈核。

密四、据本府警卫营呈，奉饬遵由本年五月一日起组织密探兵二十二名，每月每名给津贴三元，合共六十六元。职营自五月份起已无节余，该款请准另案拨付等情，请公决案。

（决议）照案通过。款在本年度省预备金项下开支。

密五、据秘书处拟具曲江新住宅区建筑委员会组织章程及工程经费概算表件，请核准施行等情。并饬据省银行拟订借款合约前来，请公决案。

（会计处签拟）（二）① 原编建筑委员会会属监工所两机关经费预算均属临时性质支出，计会预算月支一千二百零八元，十个月预算共一万二千零八十元；所预算每所月支二百三十八元，五所八个月预算数共九千五百二十元，均经分别列入概算内监理费项下。除会预算第二项月列驻会人员膳宿补助费一百九十元及所预算月列员役膳宿补助费四十元经征询审计处意见以此项开支尚无前例拟照剔除，又会预算办公费一项总数错误经代更正外，其余各数尚属核实。（三）原拟组织章程第十三条拟修正为"本会设会计员一人办理会计岁计事务，由省政府会计处派员充任"。（四）原建委会预算薪俸项下拟增列会计员一栏，月支七十元。（五）原会预算计剔除一百九十元，增列七十元，实应核定月支一

---

① 原文缺"（一）"。

千零八十八元。原列所预算计剔除四十元，应核定每所月支一百九十八元。拟饬一并改编预算及概算书呈核。

（决议）照案修正通过。余照会计处签拟（二）、（三）、（四）、（五）等项办理。

密六、准广东省军管区司令部函，据粤海师管区呈，请照各县兵役职员原有旅费由各原发机关加倍给予等情。事关动用县款，应否照准，请核明见复等由，请公决案。

（会计处签拟）查各县兵役职员因公出差旅费每县每月不得超过四十八元。现本案以物价高涨，原定兵役职员出差旅费数额过于低微，实有增加必要各节自属实情，似可照办。但为兼顾省县财力起见，所有各县兵役职员因公出差旅费拟由本年十月一日起准照各县兵役职员原定旅费数额加倍给与，仍须核实报销。其所增倍数旅费在一、二等县仍在县地方款预备费项下拨支，三等县计有四十八县每县增加四十八元，月支共为二千三百零四元，并援照成案暂由省库拨发，在本年度省预备金项下开支。其已实施新县制之县份即予停止，仍请提会核定。

（决议）照会计处签拟通过。

七、据建设厅签呈，拟派罗溥鎏代理农林局技正，取具该员履历，请给委等情，请公决案。

（决议）照案通过。

八、据民政厅签呈，拟修正广东省各县调整区署暂行办法及广东省各县区建设委员会组织章程暨会议规则各条条文等情，请公决案。①

（决议）照秘书处签拟通过。

九、据惠阳县长电，为县属物价高涨，关于员役公差旅宿膳船车杂费等超出规定，该款支出系属需要，无从核减，请准实报实销等情，请公决案。

（会计处签拟）查员役出差旅费本省规定系照中央所定数额以七折计算，业经通令施行有案。惟因迩来物价高涨，各机关请求变通办理之文电渐多，为顾全事实起见，似应通令自九月份起所有本省公务机关员役出差旅费得体察各机关经费情形酌照中央规定数额办理，不再折扣。

---

① 秘书处签拟略。

292

拟请提会核定。

（决议）照会计处签拟通过。

十、据建设厅签呈，拟派农林局技正梁永康兼代该局水利课课长。检同履历，请核给委等情，请公决案。

（决议）照案通过。

广东省政府第九届委员会
第一百五十四次议事录

日　期　八月二十一日

地　点　韶关本府

出席者　李汉魂　胡铭藻　何　彤　顾翊群（公假）
　　　　黄麟书（公假）　黄元彬　刘佐人　郑　丰

列席者　高　信　吴逎宪　杜之英（毛松年代）　黄希声
　　　　袁晴晖

主　席　李汉魂

纪　录　（秘书）熊公福　（科长）谢乐文

报告事项

一、奉广东绥靖主任公署电，为蔡××被告充当南海县伪瑶台乡乡长一案，经本署军法处讯明属实，依法判决，发监执行在案。仰法给奖等因。饬据秘书、会计两处签拟，给奖国币四百元，该款援案在二十九年度省预备金项下开支等语，应准如拟办理。

二、据教育厅签呈，据本厅中小学教师服务团呈缴二十九年度临时设置费支付预算书，计列四百九十三元，查属需要，拟准在该团开办费结余项下拨支等情。饬据会计处签称，似可照准。并饬将开办费结存数报查等语，应准如拟办理。

三、据第一区行政督察专员呈，据无线电顺德分台呈缴员役米津预算表，月列三十六元。饬据会计处签拟，连同八月份一并拨发，计五至八月共四个月合计一百四十四元，款在二十九年度省预备金项下开支等

293

语，应准如拟办理。

四、据民政厅签呈，拟议凡在本省现有曾受公共卫生训练人员酌量提高其待遇。医师以上拟照本省县各级卫生组织大纲实施计划附表定额增加百分之三十；公共卫生护士以下增加百分之二十；其未经受训而资历深者亦援照办理，但所增薪额拟均以各县能自行筹拨经费办理不须呈请省库补助为原则等情。饬据财厅签称，查各县卫生费业经通饬于二十九年下半年起增加至县款收入总额百分之五，所拟增加薪给如在卫生费应占百分之五内开支不再由县另行筹挪，似可照准。并据会计处签称，财厅所拟亦属平允可行，似可通饬施行各等语，应准如拟办理。

讨论事项

一、主席提议，查第九届委员会第一五三次会议因不足法定人数，改开谈话会。兹补具法定手续将各议决案提请追认案。

（决议）照案追认。

二、据建设厅签呈，据公路处呈缴二十九年度六月一日至十二月底止各渡口渡车船经费岁出预算书表，月列四千二百三十四元。据称因米价高涨工人生活影响，拟仍照前呈办法增加工饷编列预算等语，尚属实情。应否准照原列预算数额由本年六月一日起开支，请示等情，请公决案。

（会计处签拟）查公路处各渡口渡车船经费前据编报月份计算书，每月多有节余，现呈预算书拟由本年六月份起月支经费四千二百三十四元比较核定预算月支二千一百三十一元之数竟增加一倍，实有未合。惟所称各物腾贵工人生活艰苦尚属实情，兹拟：（一）该项经费仍照核定数额列支，未便变更致牵动省总预算。（二）员工夫役现因米价高涨影响生活拟参照公路处养路队成案米津照通案办理，在发给米津期内另每人每月补助生活费连平以东者七元，连平以西者三元，韶关以西姑准比照连平以西之数额补助，饬依照核定数额编具预算书名册呈候核定指款拨付。（三）各渡口如已筑有桥梁者（如西河桥、官渡桥、秤架河桥等），其渡车船船夫原可毋须照预算名额雇足，兹为使在平时能充分准备起见，姑免删减，惟应由公路处切实注意考核。（四）各项准备费系属临时性质，不应列入经常费预算。该处对于各渡船如认为设备未得充足，应从速拟具完善办法，连同预算另案呈核，务求交通路线能设备周全，以适应战时需要。至原呈预算已有修理费，列支足敷平时修理之用。上拟各点拟指复遵照。惟第二点拟请提会核定。

（决议）照会计处签拟通过。

三、据建设厅签呈，缴修正公路处组织规程及办事细则，请核示等情，请公决案。

（决议）交刘、郑两委员审查，由刘委员召集。

密四、据本省粮食调节委员会呈，拟在曲江河边厂建筑临时谷仓六座，每座工程费三千九百五十五元六角九分，六座共需二万三千七百三十四元一角四分，请派技术人员及函审计处派员会同采用比价选商办法，所需款项并请准由省库拨支等情，请公决案。

（决议）照案通过。款在救济米荒基金项下开支。

密五、据本省粮食调节委员会呈，拟在曲江、乐昌、始兴、南雄四县，利用祠堂庙宇民房公地修建粮仓，计曲江县占三十八座，需工程费五万零八百一十八元一角五分；乐昌县占四十八座，需工程费五万一千六百一十二元三角；始兴县占七十六座，需工程费九万零二百七十三元三角九分；南雄县占四十座，需工程费五万五千九百二十七元，总计共需二十四万八千六百三十元八角四分，请准由省库拨支，请核示等情，请公决案。

（决议）照案通过，款在救济米荒基金项下开支。

密六、据卸保安处邹处长呈述任内经费不敷支付情形，请查案饬财政厅将欠发经费九万七千零九十八元零八分照数发还归垫等情，请公决案。

（决议）照案通过，款在本年度省预备金项下开支。

七、据建设厅签呈，拟议修正广东省各县乡保垦荒协会组织通则及广东省补助垦荒事业办法各条文等情，请公决案。

（决议）照案修正通过。

广东省政府第九届委员会
第一百五十五次议事录

日　期　八月二十三日

地　点　韶关本府

出席者　李汉魂　胡铭藻　何　彤　顾翊群（公假）黄麟书
　　　　黄元彬　刘佐人　郑　丰

列席者　高　信　吴迺宪　杜之英（毛松年代）陈缙农

主　席　李汉魂

纪　录　（秘书）熊公福　（科长）谢乐文

报告事项

一、准广东省地方行政干部训练委员会函，为筹办干部讲习会，计需临时费一百二十元，拟由本会经费节余项下核定开支等由。饬据会计处签称，查核尚属需要，拟准在该会本年度经费节余项下开支等语，应准如拟办理。

二、奉长官部电，为增城县昌平乡长梁林新暨乡民协助防军奋勇抗战，仰照章给奖等因。饬据秘书处签拟，比照陆海空军奖励条例规定给奖金二百元，由府先行垫发。并据会计处签拟，款在二十九年度省预备金项下拨还等语，应准如拟办理。

三、奉广东绥靖主任公署电，为本署军法处审理汉奸郭××、刘××二名，经分别讯明依法判决，发监执行在案，仰依法给奖等因。饬据秘书、会计两处签拟，各给奖金国币二百元，共四百元，援案款在二十九年度省预备金项下开支等语，应准如拟办理。

四、据财政厅签呈，关于广东高等法院函送灵山地院二十八年度迁移费预算书，列支四百三十五元一角四分，拟由该院二十八年度巡回审判推事经费节余项下拨支一案。该款拟在本年度省预备金项下开支。其二十八年度巡回审判经费节余款并应函知以其他收入解库追列二十九年度预算等情。饬据会计处签称，拟如财政厅所拟办理等语，应准照办。

296

五、据财政厅签呈，关于电讯组改组为战时通讯所一案，对于经费部分签请核示前来。饬据会计处签拟：（一）从前核定由预备金及建设事业支出科目增拨之款仍照原定科目开支，不予变更。（二）各电讯机关八至十二月份增加经费除原核定在建设事业支出项下拨支一节不变更外，其余核定在各县无线电分台一至四月份节余经费拨支之款拟流用为建设事业支出科目开支等语，应准如拟办理。

六、据教育厅签呈，据省立韶州师范学校呈，请拨发本年四月二日水灾时学生损失衣物费国币二百七十五元，该款拟由本年度补助战区学生膳费项下支拨等情。饬据会计处签称，似可照准等语，应准如拟办理。

七、据建设厅签呈，转缴农林局东区中区林业促进指导区员役米津预算书册。饬据会计处签称，查该局东区林业促进指导区员役米律费月需八十八元，拟并同八月份发给，计四个月共三百五十二元。又中区月需三十三元，四个月共一百三十二元，款在二十九年度省预备金项下开支等语，应准如拟办理。

八、据建设厅签呈，缴东江船务管理所员役米津预算书册。饬据会计处签称，查书列月支九十二元，五、六、七三个月共二百七十六元，核无不合，该款似可准在二十九年度省预备金项下开支等语，应准如拟办理。

九、据省振济会呈缴第一难民救济区员役米津预算书册，饬据会计处签称，查该区米津费月需一十八元，拟并同八月份拨发，计四个月共七十二元，款在二十九年度省预备金项下拨支等语，应准如拟办理。

十、据化县政府呈缴无线电分台员役米津预算书，饬据会计处签称该台米津费月需三十六元，五至八共四个月一并拨发，计共一百四十四元，拟准在二十九年度省预备金项下拨支等语，应准如拟办理。

十一、据乳源县政府呈缴奉令征集加筑乳源坪溪工事材料预算书表，饬据会计处签称，既经建厅核属相符，该费合计支出一千四百五十一元三角，除前经拨发一千元外，尚需四百五十一元三角，拟照财厅意见并在本年度建设事业支出项下开支拨还归垫等语，应准如拟办理。

十二、据本府警卫营呈缴二十九年四月份奉派赴仁化接收儿童舟车膳宿费支出计算书，计列四十四元八角。饬据会计处签称，此项舟车费经本府核准在该营本年四月份经费节余项下开支在案。现缴预算书列数尚符，拟报会后分题存转等语，应准如拟办理。

讨论事项

一、据教育厅签呈，准本省训育主任公民教员资格审查委员会函，请拨开办费五十元，并由本年六月份起按月拨付经费六十元等由。该项开办及经常费拟在本年度教育文化费内各机关学校临时费拨支，请核示等情，请公决案。

（会计处签拟）查开办费预算书列支一百元，经常费预算书列支六月至十二月共八百四十元，均尚需要，似可准由教育厅负担半数。计开办费五十元，经常费四百二十元，并准在本年度教育文化费内各机关学校临时费项下拨支。至各预算书未经负责人署名盖章拟姑准存转，仍拟提会核定。

（决议）照会计处签拟通过。

二、据财政厅、地政局会签，遵饬依照省政府组织法及公有土地处理规则另拟广东省处理公有不动产地章程草案，请察核办理等情，请公决案。

（决议）照案修正通过。

三、据建设厅签呈，据×××钨矿专员办事处呈缴二十八年度临时费预算书暨支出计算各表，计列二千五百七十二元五角四分，查所列数额与该处前缴移交册内列数尚属相符，请核示等情，请公决案。

（决议）照案通过。

四、据建设厅签呈，据公路处呈缴第一工务总段改正疏散迁移费预算书，计共六千六百三十三元五角，请核示等情，请公决案。

（决议）照案通过，款在本年度省预备金项下开支。

五、准广东省军管区司令部电，请体察事实需要，准予各团管区添设人员，计每月增加经费二千七百九十元，由九月份起在各县团队返纳旷饷及节余经费项下拨付等由，请公决案。

（会计处签拟）准电复各县自卫队，后备队系属地方团队，所需经费向由省库拨支。现各团管区骤增，地方团队责任事务甚繁，且经费人员有限，若不准增设人员及酌给公费势必无法办理。此项经费向中央请求增拨，必难邀准，希体察事实需要及本部命令经已颁发，事在必行，而此项经费系在各县团队返纳旷饷及节余项下拨付，不用增加库支，仍请提会通过等由。似可体念情形特殊，本年度是项增设人员经费预算每月需支国币二千七百九十元，照由九月份起支，款在各县团队经费节余项下拨支，下年度应请军管区呈请中央核发，仍请提会核定。

（决议）照会计处签拟通过。

六、据建设厅签呈，拟具二十九年度督导冬耕实施办法，冬耕购种及贷种办法，请核示等情，请公决案。

（秘书处签拟）（一）请省府迅拨现款五百万元交建厅购种，免息贷放。其分配及手续由农林局会同省行洽商四行妥拟办法。（二）各县贷放额不必一律，应就其米荒程度及交通情形由农林局斟酌妥为拟定。（三）推动冬耕办法内虽有考核之条，惟应如何始能使各级行政官吏实心实力推动，拟请政府作根本考虑，或由民厅再拟妥当办法。（四）为加紧冬耕工作，应由农业指导站工作人员来往乡村积极推动。惟该项工作人员所定旅费过少，拟请在冬耕期内酌予增加，必要时并得酌增工作人员员额并交农林局拟定。（五）为表示郑重而期收实效起见，拟请在冬耕期内派出省府委员分区出巡视导考核。

（决议）照秘书处签拟修正通过。

七、准胡委员、顾委员会复审查教育厅所拟实施国民教育五年计划一案意见，请公决案。

（决议）交教育厅再行签拟呈核。

八、据财政厅签呈，拟派符锤英为税警总团第二总队队长等情，请公决案。

（决议）照案通过。

九、据教育厅签呈，省立文理学院及附校二十九年度建筑设备建教工作等费预算共需六万四千九百二十一元，拟仍请由省预备金项下拨发等情，请公决案。

（决议）准拨五千元，款在本年度省预备金项下开支。

十、据省银行、地政局会呈，为举办曲江、乳源两县土地整理，拟具借款办法及合同草约，请察核等情，请公决案。

（会计处签拟）查据呈拟借款办法及合同草约尚无不合，所附分期透支表及还本付息表所列数目总散亦符。惟据拟借款额九十六万一千六百九十三元六角二分，查系依照曲江、乳源两县土地整理经临费预算总额列入，该预算系据另案呈府，现尚未核定，兹为迅捷办理起见，拟将借款办法及合约先行准予照办。至借款数额仍应俟前项经临费预算核定后照核定总额订借，拟请提会核定。

（决议）照会计处签拟通过。

广东省政府第九届委员会
第一百五十六次议事录

日　　期　八月二十七日

地　　点　韶关本府

出席者　李汉魂　胡铭藻　何　彤　顾翊群（公假）　黄麟书
　　　　黄元彬　刘佐人　郑　丰

列席者　高　信　吴迺宪　社之英（毛松年代）

主　　席　李汉魂

纪　　录　（秘书）熊公福　（科长）谢乐文

报告事项

一、奉行政院电，本院第四七八次会议决议，广东省政府委员兼财政厅厅长顾翊群另任免职，任命邹琳继任等因，应通饬知照。

二、奉行政院电，本院决议广东省第四区专员池中宽免职，遗缺准由该省政府先派陈骥代理等因，遵经分别呈报令派暨分行。

密三、奉副司公长官兼绥靖主任令，转奉军事委员会训令，规定处理军事机关部队送押未决人犯办法三点，饬遵照等因。应即通饬遵行，并将本府前定各地驻军寄押县监未决人犯清理办法同时废止，以昭划一。

四、奉广东绥靖主任公署电，关于捕获伪番禺县检查烟苗主任李××，伪番禺县太平市联乡办事处副主任林××二名，经本署讯明属实，依法判决执行，仰依例给奖等因。饬据秘书、会计两处签拟，依照修正广东省捕杀敌伪组织官员奖励办法规定各给奖金二百元，共四百元。该款援照成案在二十九年度省预备金项下开支等情，应准如拟办理。

五、据财政厅签呈，据琼崖区税务督察专员电，请将琼崖全区分设四个税务局，查属适当，经准照设。并饬原设税局一律结束，将经办省税事务移交新局接办，请察核备案等情。饬据会计处签称，查各税局等级及编制尚未经本府核定，现拟全琼设四个税局，并拟定等级，业经该厅电准设置。为适应事实需要，似可姑准备案等语，应准如拟办理。

六、据教育厅报告，遵照国民教育实施纲领规定，将本省前颁实施义务教育暂行办法大纲及施行细则依法停止适用。并饬本省义务教育实验区即行结束。另订定广东省义务教育实验区暨所属省立短期小学及流动学校巡回教学班结束及改组办法，分饬连山、连县及该实验区分别遵办。等情。

七、据财政厅签呈，关于退职科员吴亮采二十七年十月至十二月抚金拟请准在本年度恤金项下支付，嗣后如遇有具领二十七年以前省库拨支恤金者均拟照此办理等情。饬据秘书处签称，该员年抚金支六百九十一元二角。并据会计处签称，依照规定该员二十七年十月至十二月年抚金系属第二期，计三百四十五元六角，拟即照数在二十九年度恤金项下支付等语，应准如拟办理。

八、据建设厅签呈，据八宝山钨矿专员办事处呈缴营修棚厂临时费支付预算书件，计列五百三十六元五角，查属需要，拟饬在该处经常费节余项下开支等情。饬据会计处签称，似可准照建厅原拟办理等语，应准如拟办理。

密九、据第三区行政督察专员呈，转缴云浮县政府造报县属小河乡奉令征集构筑国防工事木材价款及运费预计算书据，计列一百八十四元八角。饬据会计处签称，既经建设厅核属适合，拟照财政厅意见在二十九年度建设事业支出项下开支拨还等情，应准如拟办理。

密十、据第四战区第四纵队司令部呈，为奉令封锁花县双对冈河道计支过伙食费用毫券六百三十三元五毫，请如数发还归垫等情。饬据会计处签称，该费似应由本府拨发。计折合国币四百三十九元九角三分，拟照财厅意见在本年度建设事业支出项下开支，拨还归垫等语，应准如拟办理。

十一、据高要县政府呈缴无线电分台员役米津预算书，饬据会计处签称，查该台员役米津费每月三十六元，五至八月份四个月并予拨发合计一百四十四元，拟准在二十九年度省预备金项下开支等语，应准如拟办理。

十二、据兴宁县政府呈缴无线电分台员役米津预算书，饬据会计处签称，该台系于六月二十二日成立，该项米津费拟并同六、七、八月份拨支，共计六月份一十元零八角，七、八两月份各三十六元，合计八十二元八角，款在二十九年度省预备金项下开支等语，应准如拟办理。

十三、据本府广播电台呈缴该台员役米津预算书，饬据会计处签称，该台七月份漏列宣布员一员，既据补列入八月份米津预算内，合计列支七十元，查核尚无不合，似可准予照发，款在本年度省预备金项下开支等语，应准如拟办理。

讨论事项

密一、据建设厅签呈，据公路处呈缴抢修韶连公路黄坪段木桥，乳黄段路面旧涵工程费预算书表，计列一千零九十六元九角七分，转请饬库拨款归垫等情，请公决案。

（决议）照案通过，款在本年度建设事业支出项下开支。

二、据建设厅签呈，据公路处呈缴派出东江各站护路队二十九年七月至九月份增加米津临时费交付预算书表，计列八百一十元，请核示等情，请公决案。

（会计处签拟）查所称护路队兵月饷微薄，核尚实情，所请于原有米津三元外再增加米津五元似可照准。惟仍须依照本府所定发给米津办法期限准支至本年八月底止。计七、八两个月增加米津数共五百四十元，款在本年度预备金项下开支，拟请提会核定后将原书分别存转。

（决议）照会计处签拟通过。

三、据教育厅签呈，据省立肇庆师范学校呈缴二十九年迁校德庆播植经费预算书，计列六百八十六元，查核尚无不合。该费并拟在二十八年度教育文化费中小学校教师服务团生活费结余项下拨支等情，请公决案。

（会计处签拟）查预算书既经教育厅核明，似可照数列入二十九年度省预备金项下开支，由教育厅在二十八年度教育文化费中小学教师服务团生活费结余项下抵解，仍请提会核定。

（决议）照会计处签拟通过。

密四、据教育厅签呈，缴拨还垫借金山中学购置仪器费预算书，计列一千三百八十八元八角九分，及拨还垫支各校馆购置收音机寄运费预算书，计列一百一十八元三角六分，均拟由二十八年度原核定暨追加各机关学校临时费分配余数项下拨还归垫。又拨还垫支罗浮保健院后期建筑费预算书，计列二千二百七十八元一角七分，除拟将二十八年度核定及追加之各机关学校临时费拨支外，尚不敷之一千零八千五元六角二分拟仍照核准原案俟本厅经费节存数足支时再行报请核销等情，请公决案。

（会计处签拟）（一）金山中学购置仪器费一千三百八十八元八角九分，各校馆购置收音机寄运费一百一十八元三角六分，又罗浮保健院后期建筑费之一部一千一百九十二元五角五分，合计二千六百九十九元八角列入二十九年度省预备金项下开支，由该厅在二十八年度原定及追加各机关学校临时费余款项下抵解。（二）罗浮保健院后期建筑费二千二百七十八元一角七分除在本年度预备金项下拨支一千一百九十二元五角五分外，其余一千零八十五元六角二分准俟该厅经费节余足资拨支时再行拨支具报。以上两项仍请提会核定。

（决议）照会计处签拟通过。

五、据建设厅签呈，拟就广东省农业人才总登记办法，连同登记表，请核示等情，请公决案。

（秘书处签拟）本案拟修正广东省农业人才总登记办法条文如左：（一）原第一条拟修改为"广东省政府建设厅为集中农业人才以充实各级农业机构起见，特举办农业人才总登记"。（二）原第二条拟修正为"凡具有左列资格之一者均得申请登记：甲、在国内外农业专门以上学校毕业者；乙、在中等农业学校毕业者；丙、在中等学校毕业而曾受农业短期训练者；丁、在农场服务三年以上获有实际农业经验者"。（三）原第三条拟修正为"申请登记人员应向建设厅领取登记表依式填就寄还原机关"（登记表式另定之），前项登记建设厅得斟酌情形委托各县市政府办理。（四）原第四条拟修改为"登记机关对于申请登记人员得饬缴学历、经历证件或其他足资证明之件，验毕即予发还"。（五）原第五条拟修正为"申请登记人员经依法审查合格者由建设厅呈请省政府于所属各级农业机关中派充相当工作或由建设厅指定各级农业机关予以雇用"。（六）原第六条拟删，以下各案〔条〕次第挨次修正，谨按现任公务员均须填缴人事登记表及依法办理铨叙，似无须再行登记，以兹繁扰。（七）原第七条总登记时间拟改为"暂定六个月"。（八）原第八条拟修正为"本办法自省政府公布之日施行"。（九）现在映相价格昂贵，各县亦未必均有映相商店。登记表规定应贴相片，申请人是否易于办理不无顾虑，似宜注明变通办法，以贴相片为原则，无相片者得缓缴。

（决议）照秘书处签拟通过。

六、据建设厅签呈，为试制上等清远茶以适应需求，计制造成本共国币五千九百元。该项支出拟照准在本厅钨砂款项下开支，作为拨充营业基金，其盈利依照营业基金拨补办法办理等情，请公决案。

（决议）照案通过。

七、据建设厅签呈，据卸农林局长凌道扬呈缴任内搬运费预算书，列支八千六百三十二元二角八分，请在该局二十五年度临时费节余项下开支一案，经饬该局长补注明白，似可准予列支等情，请公决案。

（决议）照案通过，款在本年度省预备金项下开支。仍由该局在二十五年度临时费节余项下抵解。

八、据建设厅签呈，据公路处呈缴修建大江河东西岸员兵夫住宿棚厂支付预算书，计列九百八十六元二角，请核示等情，请公决案。

（决议）照案通过，款在本年度省预备金项下开支。

密九、据本府南路行署电，转缴阳春县架设春恩联县电话线计划及预算书，计列三千二百二十一元零七分，拟将前拨架设春罗话线经费余款移拨开支等情，请公决案。

（会计处签拟）查南路行署转缴阳春县政府架设春恩联县电话线合水至瓦盏段工料费预算书，所列需用各器材数量及工资既经建设厅核属适当，复核总散各数亦属相符，该项费用合计国币三千二百二十一元零七分拟照财政厅意见在二十九度建设事业支出项下开支拨还归垫，并请提会核定。

（决议）照会计处签拟通过。

密十、据本府南路行署呈，转据吴川县政府呈缴二十九年度架设吴

304

振段电话专线工料预算书，经派技士从新察勘另行估计编造预算，计列五千六百三十六元三角，并准先行挪垫拆城专款应用，请察核办理等情，请公决案。

（决议）照案通过，款在本年度建设事业支出项下开支，前发拆城补助费余款仍饬返纳库收。

十一、据省地政局呈，遵令另拟改组连县地政处为连县政府地政科办理地政实验第二期中心工作计划及经临费支付预算书，计每月需经费六百四十五元，及调查农村经济暨登记租约业务经费一万一千六百五十元，拟请于连县地政科设立后按月饬厅拨支。至原定连县地政处经费应同时停止支付等情，请公决案。

（决议）编制职掌照民政厅签拟通过。县府办公费准月增六十元，经常费由县府开支；调查农村经济暨登记租约费由本年度省预备金项下开支。

密十二、据省振济会呈复，本会筹设连县龙坪移垦示范区开办经常费暨义民贷款各费未能缩减暨修改另编情形，请核准该项开办经常各费在华侨捐款垦殖专款项下拨支等情，请公决案。

（会计处签拟）查此案依照本府议决原案计准发开办费六万六千五百元，经常费每月三千九百三十元五角，现据缴开办费概算书列六万四千七百元，比较本府核定开办费总额减少一千八百元。但查开办费内经本府核定之义民住宅建筑费三万元已据移列入贷款概算内，故开办费事实上比较本府核定数增列二万八千二百元。又现据缴经常费概算书及给养费概算书共列月支六千七百九十六元，比较本府核定数增加二千八百六十六元。以上各项预算增加理由经据详细陈明，复核亦尚需要，似可准予照列，并准在华侨捐助垦殖专款项下拨支。至义民贷款概算书，据列支六万元，该会既有此宗款项可资分别贷与垫借，似可准予照列。拟饬仍将各项预算补具二份呈府存转，并仍请提会核定。

（决议）照会计处签拟通过。

密十三、据秘书处案呈，据省警总队呈缴黄岗警察派出所修搭驻所临时费预算书，计列七百元，请准提会核定指款办理等情，请公决案。

（决议）照案通过，款在本年度省预备金项下开支。

密十四、据本省战时贸易管理处呈，拟具本处各区桐油购运处附设购运所及转运站组织章程及编制表经费预算书，请察核备案等情，请公决案。

（决议）照案通过。

密十五、据会计处签呈，奉饬政工总队经费自八月份起改在中央补助之二十万元项下拨支，遵经分别电请查照在案。现查中央自七月份起每月补助之二十万元，本年度共补助一百二十万元，在岁出概算经核定追列为预备金。前项政工总队经费每月照案暂支二万二千一百四十六元，拟在预备金项下开支等情，请公决案。

（决议）照案通过。

十六、据会计处案呈，据临高县会计主任先后呈报该室遵令裁减人员及将地方款收支情形，请照案由省库拨助会计室经费及饬将欠薪清发前来。核案尚无不合，所请由省库补助经费拟予照准，自本年八月份起照规定按月由省库拨助六十二元，款在本年度省预备金项下开支等情，请公决案。

（决议）照案通过。

密十七、据教育厅签呈，据省立文理学院呈复奉令迁乳源再迁连县办理各项建设未能先行呈准及迟延原因，所有各项建设费仍请照数拨发，查核尚属事实需要，请察核照准等情，请公决案。

（决议）乳源建筑费一万零一百五十四元八角三分准在二十八年度经费节余项下开支。连县建筑费及附校建设费一万二千三百七十七元七角六分准在本年度省预备金项下开支。

十八、主席提议，查发给员役米津案原定续发八月份一月，现米价仍属高涨，为体恤员役困难起见，拟照通案办法继续发给至九月止，请公决案。

（决议）照案通过。

广东省政府第九届委员会
第一百五十七次议事录

日　期　八月三十日

地　点　韶关本府

出席者　李汉魂　胡铭藻　何　彤　邹　琳　黄麟书　黄元彬
　　　　　　刘佐人　郑　丰

列席者　高　信　吴迺宪（麦务之代）　杜之英（毛松年代）

主　席　李汉魂

纪　录　（秘书）熊公福　（科长）谢乐文

报告事项

一、奉行政院电知本院第四七八次会议决议广东省政府委员曾养甫、秘书长高信均应免职，任命高信、郑彦棻为该省政府委员，并以郑彦棻兼秘书长等因，应分别饬知。

二、奉第四战区司令长官司令部电，饬关于新会县特务队长潘金华等达成破坏敌后桥梁任务一案之给恤医药费及补回损失等项统应由该府酌办等因。饬据秘书、会计两处签称：（一）伤亡各员抚恤费仍饬填具事实表呈府再核。（二）损失枪枝一节，拟依照本府运用基层组织破坏敌后交通实施办法第二十二条第二项之规定给奖国币五百元以为抵偿损失，而资鼓励，款拟在本年度省预备金项下开支等语，应准如拟办理。

密三、据钦县国民兵团案呈，该县增编自卫队一大队，除原有第一中队外，第二中队系于三月东日成立，第三、第四中队予同月微日成立，其经费均经呈奉军管区核准由三月份起发给等情。现经本府电准军管区司令部核复，该县增编自卫大队经费应按各中队编成日起拨付。前溢发该大队经费自应扣还汇缴返纳并通知财厅办理等由。饬据会计处签称，该大队经费月支三千一百四十元零二角四分，拟自各中队编成日起支。连同该大队开办费及分队长以下铜鼓帽等代金共一次过二百六十元零五角饬厅照案在增列自卫团队经费科目项下拨付等语，应准如拟办理。

四、据佛冈县政府电报，水头乡乡长黄绪约因公积劳病故，可否从优议恤，请核示等情。饬据秘书、会计两处签称，该乡长于任内对于抗战工作极为努力，且于钧座出巡该县时曾手令记大功一次，通因积劳病故，拟特别酌给一次过恤费一百二十元，款在二十九年度省预算恤金项下开支等语，应准如拟办理。

密五、准军管区司令部函复，经查明三区专署直属自卫队一中队系六月马日成立，每月经费照现编制给与一千零四十七元二角六分，由编成之日起拨，计六月份十天经费三百四十九元九角九分。又开办费一次过五十元，铜鼓帽及胸章代金二十七元六角，夏服费及装具补助费四百六十八元，均经先后汇发具颁等由。饬据会计处签称，拟报告会议等语，应准如拟办理。

六、据民政厅签呈，转缴省立临时医院警卫费预算书，每月列支国币一百三十元，拟准在该院二十九年度经常费节余项下开支等情。饬据会计处签称，拟准自本年八月份起支，并饬将该班警兵到院服务日期报查。至原预算一项一目"警兵工饷津贴费"科目拟改为"补助警兵米津费"等语，应准如拟办理。

七、据财政厅签呈，龙门税务局超支设备费拟准在本年度六月份以前税务局经费未支配余额拨付。谨将该局原缴预算转请核示等情。饬据会计处签称，查预算书列六百七十九元一角，核尚需要。本年度各税局设备费既系分配无余，关于该龙门税务局设备费不敷之四百九十九元一角似可准在本年度六月份以前各税局经费未支配余额项下开支等语，应准如拟办理。

八、据教育厅签呈，缴省立韩山师范学校扩大兵役宣传临时支出预算书。饬据会计处签称，该项临时宣传费二百三十五元，核尚需要，拟准在该校二十九年度经费节余项下开支等语，应准如拟办理。

九、据省振济会呈，缴第二振济区员役米津预算书及名册，饬据会计处签称，查预算书列三个月米津五十四元核案相符，拟准连同八月份计共七十二元一并拨发，款在本年度省预备金项下开支等语，应准如拟办理。

十、据保安处签呈，缴警卫营少年教育连学兵拨到军乐队训练额外经费支付预算书，每月列支一百九十四元四角，拟由保安经费节余项下开支等情。饬据会计处签称，似可照准等语，应准如拟办理。

密十一、据乐昌县政府呈，转缴该县国民兵团准备破坏公路支出旅什各费清单单据计划图等，请将款拨还归垫等情。饬据财政、建设两厅及会计处签称，查核原表列支国币二百五十元尚属需要，拟准在本年度建设事业支出项下开支拨还归垫，并饬补编预计算书各三份分呈本府及财政厅暨径送审计处审核。又来表及计划图不敷存转，拟饬照案补缮三份呈府等语，应准如拟办理。

密十二、据会计处签拟，关于第四战区广东省第五次党政军联席会议决议对于建筑国防工事征工伙食每工每日可照原定二角之数增发一角（即每工每日发三角）一案，拟由本年八月份起实行，并电各区专员转饬所属各县政府遵照等语，应准如拟办理。

十三、据建设厅签呈，据农林局呈缴农业试验总场二十九年度开办费岁出岁入经常费预算书类，查核尚无不合，经将开办及岁出经常费分别核减，请核示等情。饬据会计处签称，开办费经建厅减为四千四百七十元，岁出经常费经建厅减为一万三千七百四十七元。惟第三项第四目田租资金亦应减列为三百元，计核减后由四月至十二月九个月共列一万三千六百四十七元，拟连同开办费照案准在该局本年度造林经费项下拨支。至岁入经费列收二百六十八元，拟照数以农林局农业试验场收入科目追列本年度岁入预算，并照数追列岁出预备金等语，应准如拟办理。

十四、准广东高等法院函，请转饬财厅自本年五月份起按月签发花县地方法院及监狱经费等由。经照饬财厅查案签发具复，并电复。

十五、据本省候用公务员招待所呈缴二十九年六月份候用公务员招待费支付预算书，计列一百六十八元，请饬财厅拨款归垫等情。饬据秘书、会计两处核尚相符，拟在二十九年度省预备金项下开支等语，应准如拟办理。

密十六、据曲江县政府呈缴补编奉令破坏各公路、桥梁、铁路、小径、飞机场各项费用支付预算书，计支出六千八百零一元八角六分。饬据会计处签称，该项费用前经议决拨发二万元，比对尚余一万三千一百九十八元一角四分，拟饬如数返纳库收。如须修复公路，应另编修路预计算书类呈候核办，以清款目等语，应准如拟办理。

讨论事项

一、据教育厅签呈，缴二十九年度本厅赴渝出席国民教育会议人员旅费支付预算书，列支三千九百七十二元四角四分，拟在二十八年度中小学教师服务团生活费结余项下拨支等情，请公决案。

（会计处签拟）查教育厅厅长率同二、三两科长于本年三月间赴渝出席国民教育会议，据报支过旅费共国币三千九百七十二元四角四分。原呈预算列支之数核尚无不合，似可准在本年度省预备金项下拨支。其二十八年度中小学教师服务团生活费节余款应随解库抵领及追列本年度省预算。仍请提付会议后饬将二十八年度中小学教师服务团生活费节余数目报核。

（决议）照会计处签拟通过。

二、据建设厅签呈，为体恤各船务所员役困苦起见，拟在不增加省库负担之原则下自本年八月份起将江门、琼崖、潮汕三所已停支之经费分配于东江等五船务所支用。所增之数由各所在船税收入项下坐支抵解，请核示等情，请公决案。

（会计处签拟）（一）查原呈以东江等五船务管理所经费一再折减，员役薪饷低微，所拟分配办法核尚可行，其表列支配各数亦属妥协，似可照准。（二）各船务所经费应按月由库领发，船税收入应随收随解省库，不准坐支抵解，以符规定。（三）东江、西江、阳江、中山各所船税收入应饬迅予查定岁入数额，编具二十九年度岁入预算书呈府核定，编入省总预算。

（决议）照会计处签拟通过。

三、据建设厅签呈，据公路处呈缴本省征收汽车季捐办法及二十九年度七月份起至十二月底止岁入岁出预算书表，拟具意见，请核示等情，请公决案。

（秘书处签拟）本案建厅核拟修改各意见均尚妥洽，惟查照案修改之后规则全文仅得四条，其第一、第四两条一为申明规则之订立与适用之次序，一为施行之日期，均非该规则所拟补充之主要事项。其余两条亦仅属征收范围及捐款解库之规定，内容亦甚简单，殊无特订专规之必要，似可以命令饬办，以为补充便足。

（会计处签拟）关于预算部分建设厅所拟乙段（一）、（二）、（三）

项意见核尚妥适，拟请准照办理。至岁出预算每月列支二百八十元内分配为薪俸二百三十七元，办公费四十三元，查公路处经费已由本年四月份起每月增加经费三千余元，此项征收汽车季捐事宜，似宜由该处原有职员内指派专责办理，其办公费月需无多，并拟在该处办公费项下撙节开支，毋须另定预算借资节省。拟请并同本府秘书处签拟提会核定。

（决议）照秘书、会计两处签拟通过。

四、据建设厅签呈，据农林局呈缴修正农业示范区八项表证计划概算，查核尚合，似可准予照办。所需临时费一千八百七十元及经常费由二十九午〔年〕七月份起至十二月份止共三千三百六十元拟准由该局本年度经费节余项下开支。至岁入概算数三千七百元拟请补列收入等情，请公决案。

（决议）照案通过。并照岁入概算数追列本年度预备金。

五、据建设厅签呈，缴本厅增设第四科追加经常费预算书，月加二千六百九十四元，由八月至十三月止共一万三千四百七十元，请饬库拨发等情，请公决案。

（决议）准自该科成立日起月增经费二千元。款在本年度省预备金项下开支，另编预算呈核。

密六、据建设厅签呈，关于公路处由黄金村搬迁韶市迁移费支付预算书列五千四百一十九元零三分一案，饬据该处依照奉饬各点分别声复，请将预算核准前来，请核示等情，请公决案。

（会计处签拟）查该处前呈预算书第一目修建费四千余元，现据呈复并未依照法定手续招标或比价暨通知审计处派员监视，实有未合，拟饬嗣后应予注意。第二目第一节电油二百二十，除搬运职员行李及床板台凳共用双程车三次需电油三加仑，国币三十三元准予照列外（照往返一次用油一加仑国币一十一元计算），其余一百八十七元系用汽车接送职员早晚来往新址办费用，拟照剔除，改由该处在经费预算办公费项下撙节开支。其余大致尚合。本迁移费预算计减定后为国币五千二百三十二元零三分，似可准在本年度省预备金项下开支，仍请提会核定。

（决议）照会计处签拟通过。

七、据保安处签呈，本年度本处各官佐夏季服装援照成案每员津贴五元，共需七千五百二十五元。其额外人员系奉准增设，请察核等情，请公决案。

（决议）照案通过，款在本年度保安团队经费节余项下开支。

密八、据秘书处签呈，拟订广东省各地方士绅及教育界协助地方政府整理地方财政办法大纲，广东省各级整理地方财政咨询宣导委员会组织规则，广东省整理各县市局地方财政指导检查办法，请提会议决颁布施行等情，请公决案。

（决议）交邹、刘、郑三委员审查，由邹委员召集。

九、据前广东省县政人员训练所呈缴本所民政系见习班学员中队二十九年七月份经费支付预算书，计列三千八百零七元三角，该款仍照原案在本所二十八年度经临费节余项下拨支等情，请公决案。

（决议）照案通过，款在本年度省预备金项下开支，由该所二十八年度经临费节余项下抵解。

密十、据前驻桂林通讯处戴主任电，送接运重尖弹旅运费等表，合共支出国币六百二十四元六角，请准该销等情，请公决案。

（会计处签拟）本府重尖弹一百四十箱，由桂林至曲江运输费共国币六百二十四元六角，拟在本年度预备金项下拨还本府秘书处归垫，仍请提会核定后将原单据等件发交本府秘书处整理编具全程运费预计算书表呈府核转。

（决议）照会计处签拟通过。

十一、据财政厅签呈，拟派温缓琼代理罗定税务局局长，请察核加委等情，请公决案。

（决议）照案通过。

密十二、据财政厅报告，阳春县政府修复古良□□封锁线经费在本年度建设事业支出项下拨支国币二千元，请提会追认等情，请公决案。

（决议）照案追认。

十三、据本省战时贸易管理处呈缴本处驻赣临时办事处开办费及经常费预算书表，计开办费三百二十九元，经常费由本年三月一日起至七月三十一日止五个月共列一千零一十五元，请核示等情，请公决案。

（决议）照案通过，款在该处业务费项下开支。

密十四、据会计处签呈，准财政厅片准第五区专署函复，揭阳架设新五话机与本署拟架设长途专线线路尚无重复，所有各费支出合计二千零五十九元三角，拟在本年度建设事业支出项下开支拨还归垫等由。本案既经建设厅核属适当，本处复核预算数亦属相符，拟照财政厅意见办理，请提会核定等情，请公决案。

（决议）照案通过。

十五、准广东高等法院函，为梅县等二十三监狱人犯囚粮每日每犯增加五分，连原定数目共日支国币三角，拟自本年九月份起实行请查照迅办等由，请公决案。

（决议）照案通过，行政犯囚粮由县款照额发给。

十六、据财政厅签呈，本厅缉私处驻中山查缉专员叶××办事不力，拟予免职，遗缺查有高良一员堪以接充，请察核办理等情，请公决案。

（决议）照案通过。

十七、主席提议，省银行行长顾翊群另有任用，遗缺派该行副行长云照坤兼代，请公决案。

（决议）照案通过。

十八、主席提议，调民政厅第一科科长罗永钦代理驿运管理处副处长，请公决案。

（决议）照案通过。

十九、主席提议，调行政效率促进委员会委员梁振超代理合作事业管理处副处长，请公决案。

（决议）照案通过。

二十、委员兼财政厅长提议，拟具修正本厅缉私处组织规程条文，连同修正理由，请公决案。

（决议）交何、胡、刘三委员审查，由何委员召集。

二十一、主席提议，据财政厅长签称，本厅缉私处处长一职原由顾前厅长兼任，顾厅长已另有任用，拟请派该处副处长谢镇南代理。又本厅税警总团团长一职，拟请派汤毅生代理等情，应予照准，请公决案。

（决议）照案通过。

二十二、主席提议，财政厅缉私处副处长谢镇南经升代该处处长，遗缺派练秉彝代理，请公决案。

（决议）照案通过。

二十三、据财政厅长签呈，税警总团上校主任参谋一职拟改为（上校或少将）参谋长。谨将编制表加以修正，请核示等情，请公决案。

（决议）照案通过。

二十四、主席提议，拟派钟光潘代理税警总团少将参谋长，请公决案。

（决议）照案通过。

广东省政府第九届委员会
第一百五十八次议事录

日　期　九月三日

地　点　韶关本府

出席者　李汉魂　胡铭藻　何　彤　邹　琳　黄麟书　黄元彬
　　　　刘佐人　郑　丰

列席者　高　信　杜之英（毛松年代）　黄　雯　黄希声

主　席　李汉魂

纪　录　（秘书）熊公福　（科长）谢乐文

报告事项

一、准铨叙部咨复，准送二十九年度本省文职公务员各级官俸减支数额表。所定减支数目，既为适应战时环境而订，自应照案存查，并请将与规定不符级数，查照法令更正办理等由。饬据会计处签拟，照铨叙部原咨意见将原表分别更正，通饬知照前来，应准如拟办理。

二、据民政厅签呈，据卫生处呈缴补编应征医师由港起程旅费预算书，查预算所列每名发给旅费一百元，六名合共六百元，尚属需要，所请在该处二十八年度事业费节余项下拨支，似可照准等情。饬据会计处签拟予照准，款在二十九年度省预备金项下开支，其该处二十八年度事业费节余款，拟饬解库抵领，及追列二十九年度省预算等语，应准如拟办理。

314

三、民政厅案呈，据卫生处呈，据复令卫生运动委员会消毒员苏政民等呈缴六、七月份员役米津预算书及名册，请予援例发给米津前来。查列支数目核尚相符，应否准予拨支，请核示等情。饬据会计处签称，查该项米津每月预算七十五元，六、七两个月共需一百五十元，似可援例发给，准在本年度夏令卫生运动经费额内核实支付等语，应准如拟办理。

四、据财政厅签呈，遂溪税务局补充设备费七百七十八元五角，似可准在该局本年度节余经费开支，请核示等情。饬据会计处签称，似可准如所请办理。惟原预算所列购置费在五百元以上，应饬补具估价单呈核等语，应准如拟办理。

五、据本府南路行署电，以岭南日报办理欠善，请将省库补助该报每月二百元自本年七月份起转拨高州民国日报等情，查核尚属可行，经准照办，分别电饬遵照。

六、据本府南路行署电，据警卫营第五连呈第一排盖搭棚屋费二十四元，经由职连六月份经费项下垫支等语。查该连经费无此项支出，拟准由该连经费节余项下拨付等情。饬据会计处签拟照准等语，应准如拟办理。

七、据民政厅案呈，据省警总队电，为第一大队由连返韶沿途所需夫力茶水费共二百三十一元，拟请在该总队二十九年度节余项下拨支。查尚可行，拟准照办等情。饬据会计处签称，似可照准等语，应准如拟办理。

八、据会计处签称，查民政厅呈拟提高各县卫生人员待遇一案，前经财政厅签拟准在卫生费百分之五内开支，报会〈报会〉在案。现查民厅所拟与本省现行文官减支俸给通案抵触，又本省各级公务员役生活补助费给与办法正在统筹办理中，本案拟仍照规定数额支薪，补助办法候另案饬遵等语，应准如拟办理。

九、据安化管理局呈缴添置政警夏季服装费预算书，请由省库拨给补助等情。饬据会计处签称，该项服装既经民厅查核相符，该局所报无地方款，又无预备金，亦属实在，该款二百三十七元五角，请由省库补助，尚无不合，拟准在本年度省预备金项下拨给等语，应准如拟办理。

讨论事项

一、准广东省军管区司令部电复，关于第四区行政督察专员转缴紫金县奉令派自卫团围剿曾、王两部叛军支出官兵伙食什支等费预计算书表，共支九百七十八元三角八分，请在自卫团队经费节余项下拨还一案。所需费用，似以由广东绥靖主任公署或省库拨支较为适当等由，请公决案。

（会计处签拟）查前项费用，系属剿匪支出，属于地方性质。该县地方款，既据呈称支绌，无可筹拨，似可准由省库拨还。惟查本年度省预算原列增编自卫团队经费科目，向有余款，前项紫金县支出什支等费共一次过国币九百七十八元三角八分，拟在该科目项下拨支。仍请提会核定。

（决议）照会计处签拟通过。

二、准广东省军管区司令部电，据政治部呈，关于各级政训室米津，当时因东江南路一带米价高涨，各级人员纷请救济，为适应环境需要，经由部先行设法筹垫，计非战地六十七县国民兵团政训室每月特别米津预算需二千八百三十八元，五月至七月三个月共计八千五百一十四元，转请查照核发等由，请公决案。

（会计处签拟）查本省各县国民兵团政训室，据军区政治部原呈所称共设立六十七县，惟其中间有数县尚未成立，关于前项米律，如奉准发给，亦应按照实设数计发。但为简便起见，拟暂准照原列预算数每月二千八百三十八元支给，仍请军区转饬列送各政训室成立日期表过府，其预领未设立之政训室米津拟请照数返纳。

（决议）照案通过，款在本年度省预备金项下开支，余照会计处签拟后段办理。

三、据民政厅案呈，据卫生处呈，据省立救济医院呈，拟增加病人伙食数每人每月二元一角，连原额六元九角共九元，编缴追加预算书，月列二百一十元，计本年由八月一日起至十二月底止，五个月共一千零五十元，款在该院本年度经常费节余项下开支，应否准予照办，请核示等情，请公决案。

（决议）照案通过。

四、准刘委员、郑委员会复审查公路处修正组织规程及办事细则一案意见，请提会核定等由，请公决案。①

（决议）照审查意见修正通过。

五、（略）

六、据省地政局呈，拟派职局前始兴县测量队队长何新铭升充职局技正，连同履历登记表，请察核加委等情，请公决案。

（决议）照案通过。

七、据中央警官学校第六期粤籍学生郭瑞斌等五十人呈，请准照津贴五期返粤同学旅费额数【一】百五十元，予以增加等情。经照案每员发国币一百五十元，饬由本府驻渝办事处先行垫支，补提会请拨款归垫案。

（会计处签拟）中央警官学校六期生蔡谷希等五十名调派回粤服务旅费，奉批示照案每员发给一百五十元等因。现计前项旅费共需七千五百元，该款拟在本年度省预备金项下开支，仍请提会核定后，饬财厅将款拨交本府驻渝办事处韩处长具领归垫，并饬韩处长将各生领据汇寄本府发交本府秘书处整〔办〕理报销手续。

（决议）照会计处签拟通过。

八、据陆军大学特别班第五期粤籍学员肖文等十八人函呈，为生活高昂，请赐发给津贴等情。经先函复照案提前拨助旅费每员国币二百元，该款拟在本年度省预备金项下开支，请公决案。

（决议）照案通过。

九至十、（略）

十一、据省地政局呈，遵谕改划曲江、乳源两县为土地整理区域，拟具该两县土地整理计划草案及收入支出预算书，计收入为二十二万零五百六十四元。整理所需经费，曲江为四十六万一千一百五十五元，乳源为二十一万五千七百八十二元；临时费曲江为二十五万五千零六十一元四角八分，乳源七万九千六百六十五元一角四分，两县经临费合计支出为九十六万一千六百九十三元六角二分，请鉴核施行等情，请公决案。

（决议）照案通过。原书附记删去。其经费及借款收入，以特种基

---

① 审查意见略。

金处理。

十二、据粮食调节委员会签呈，请派杨正英为本府驻湘购粮办事处副主任，并兼该处运输所所长。派蔡公泽为驻赣购粮办事处副主任，并兼该处运输所所长等情，请公决案。

（决议）照案通过。

十三、主席提议，派张冠英代理行政效率促进委员会专员，请公决案。

（决议）照案通过。

十四、主席提议，派魏育怀代理本府秘书处秘书，请公决案。

（决议）照案通过。

十五、据民政厅签呈，本厅第一科科长罗永钦奉调本省驿站运输管理处副处长，所遗第一科科长缺，拟派刘超常接充；本厅荐任视察张国馨奉调本省行政效率促进委员会第三组组长，所遗荐任视察缺，拟由本厅委任视察陈铁樵升充。检同该员等履历，请提会令派等情，请公决案。

（决议）照案通过。

十六、（略）

广东省政府第九届委员会
第一百五十九次议事录

日　　期　九月六日

地　　点　韶关本府

出席者　李汉魂　胡铭藻　何　彤　邹　琳　黄麟书　黄元彬
　　　　　刘佐人　郑　丰

列席者　高　信　杜之英（周世泰代）　黄　雯

主　　席　李汉魂

纪　　录　熊公福　谢乐文

报告事项

一、据财政厅签呈，转缴龙门税务局搬迁费支付预算书。饬据会计处签称，该龙门县税务局迁移费二百零七元五角，既经财政厅核明属实，似可准援案在本年度各税局经费余款项下开支等语，应准如拟办理。

二、据财政厅签呈，据税警总团部请拨运米赴东江接济军食运费计共一千零一元五角，除在第八中队一个月全月米津扣还外，其余不敷之数，计三百三十四元五角，拟在总团经费节余项下开支，经指复照准，请核存转等情。饬据会计处签称，似可照准等语，应准如拟办理。

三、准保安司令部函，据保安处呈，拟调整改善本处军乐队待遇，自八月份起，将原订该队编制酌予修正，预算月支九百七十四元二角，比较原核定预算（五百二十七元八角）月增四百四十六元四角，除将奉准增加练习生饷项一百九十四元四角移拨应支外，每月实增二百五十二元，该款拟并案由额领团队经费匀支，不另请拨等情。转请查照等由。饬据会计处签称，似可照准，自本年八月份起，该军乐队月增二百五十二元，在本年度保安经费节余项下开支等语，应准如拟办理。

四、（略）

五、据梅县县政府呈缴无线电分台员役米津预算书册，饬据会计处签称，查该台员役米津每月应领三十六元，拟并同五至八月份四个月拨发共计一百四十四元，款在二十九年度省预备金项下开支等语，应准如拟办理。

六、准军政部电复，关于呈请成立广东全省保安司令部一案，经奉委座批：（一）组织广东全省保安司令部，由省主席兼司令；设参谋长一，以原保安处长充任，下设参谋、总务、军法三处，将原有之保安处撤销，即以该处人员编入保安部。（二）经费由省款开支，请查照办理，妥拟保安司令部编制呈核，并将改编情形报部备查等由。经饬保安处定于本年九月一日成立司令部，同时保安处撤销，所有该处人员，概编入司令部并分别呈报分行。

讨论事项

一、据建设厅签呈，据农林局呈缴修正保护蛙类规则，查核尚属可行，请准印发各县市局重申禁令，并严饬切实执行等情，请公决案。

（秘书处签拟）（一）规则名称拟加"广东省"三字于"保护蛙类"之上。（二）原第三条后段"除将蛙类禁食及放生外，以五元至五十元之罚金"拟改为"除将蛙类没收放生外，并科以二元以上二十元以下之罚锾"。（三）拟于第三条增设第二项为"前项规定，自各县市局区署乡公所奉到本办法经过揭示十五日后实施"。（四）原第五条关于以蛙类饲养牲畜之规定，似可包括于第二条、第三条"捕捉"范围内，故拟删去；原第六条改称为第五条；第七条改称第六条。

会议修正之点：（一）原修正案第三条"贩卖蛙类"之下加"及以蛙类充作食料或将蛙类饲养牲畜者"数句，以及"茶室、酒楼、饭店卖食蛙类者"一句删去。（二）余照秘书【处】签拟。

（决议）照秘书处签拟修正通过。

二、准广东省地方行政干部训练委员会函送二十九年下半年度追加南雄、曲江、连县县训所教育长薪俸支付预算书表，计共月支四百八十六元，请饬财政厅自本年七月份起按月照数支付等由，请公决案。

（决议）照案通过。款在本年度省预备金项下开支。

三、据省地政局呈，补具本局修葺房屋估价单，以陈吉祥棚店取价一千五百三十元零三角二分为较廉，惟仍拟要求再行割缎，务以不超过一千五百元为限，请核示等情，请公决案。

（决议）照案通过。款在本年度省预备金项下开支。

四、据建设厅签呈，缴长途电话管理所总务课课长李海生、工务课课长刘汉荪履历表，请分别给委等情，请公决案。

（决议）照案通过。

五、据教育厅签呈，本厅秘书冯炳奎，业经钧府调用，所遗秘书缺，拟派陈家骥代理等情，请公决案。

（决议）照案通过。

六、（略）

七、据财政厅签呈，据税警总团部呈报于本年八月一日成立技术研究组，拟就该组编制表，及预算全期两个月计需三千三百一十五元一角，查核尚属需要，所拟在该团经费项下搏节拨支，自可照准，请存转备案等情，请公决案。

（决议）照案通过。

八至九、（略）

十、据建设厅签呈，据卸省营工业管理处【长】呈缴二十九年度被裁撤职工恩饷临时费预算书册，计列九千七百零三元五角，查核尚属核实，似可准予补行核定，款在营业基金项下拨付等情，请公决案。

（决议）照案通过。

十一、据本省粮食调节委员会呈复，东江粮运会经费奉饬仍将会计室员额列入改编预算呈核等因。查该会奉准由八月份起至十二月底止，每月列支二千五百九十元，实不为多，且亦节无可节，若将奉准设立之会计室经费月支五百二十七元并入列支，则该会势必裁员减薪，减少工作效能，请准如该会所清照数列支，并准该会会计室经费照案增加等情，请公决案。

（会计处签拟）查东江米粮运销委员会前呈月支二千五百九十元，预算确未列有会计人员，现既经粮食会核明未将会计室经费并入列支，似可准自本年八月份起，每月酌增经费四百一十元，在二十九年度省预备金项下开支，计增加经费连同原定经费合计月支二千元，饬就此数额内，将会计室并入，妥为分配，编具预算书呈核，仍请提会核定。

（决议）照会计处签拟通过。

十二至十四、（略）

十五、据民政厅案呈，据省警总队呈，以该队长警负责警卫战时省会，及护侨剿匪等，任务繁重，拟请准照实行新县制县份警察待遇，自本年八月份起，增加长警夫役饷项，附缴预算书，转请核示等情，请公决案。

（财政厅签拟）查省警总队追加长警薪饷，计每月增加三千三百五十二元五角，由八月份起，本年度五个月共计一万六千七百六十二元五角。如奉核准，似应在该总队经费节余开支，不足时，再由省库拨付。

（会计处签拟）（一）原呈追加预算一项一目一节所列警长等级及名额，核与编制尚符，惟一、二、三等警士等级名额，与编制均有增减，据原预算说明栏所注"本预算系按照广东省县各级组织纲要实施计划附表五至七之规定编造，比照本队奉颁组织于每班三等警士中递增一、二等警士各一名……"云云。但此事关系该队编制变更问题，应否照准，请示。如奉核准，则其原列该队长警饷项（长警二十四元至二十七元；警士十三元至十五元）数额，既无超过本省实行新县制各县之警察待遇，而按目前各地生活程度而论，原拟提高标准，尚无不合。（二）原呈预算同项目二节所列传达兵公役马夫等每名实支十三元五角部分，拟酌改为支十三元，期与三等警士待遇相等；其余伙夫原拟支十一元五角及十元零五角部分，拟分别酌改为支十一元，及十元，俾与原拟支数符合。照上述核拟意见，该队长警追加饷项预算，核实月增三千二百九十四元五角。该项追加饷项，据该队原呈所请自本年八月份起列支，现查八月份已经终了，应否准自本年九月份起列支，款如财政厅所拟在本年度该总队经费节余开支，不足时，再由省库拨付之处，请提会核定后，饬将截至本年八月底该总队经费节余数目列报，以凭核拨。

（决议）照财政厅、会计处签拟通过。

十六、据本省粮食调节委员会签呈，遵照行政院颁发各级粮食管理机构组织纲要，将广东省粮食调节委员会改组。谨拟具本省粮食管理局组织规程，请察夺等情，请公决案。

（决议）交何、邹、郑三委员审查，由何委员召集。

十七、据民政厅签呈，缴驻湘购粮办事处组织章程编制预算暨运输所组织简则编制预算开办费预算，请核示等情，请公决案。

（决议）交邹、郑两委员审查，由邹委员召集。

十八、（略）

十九、据建设厅签呈，拟将二十九年度督导冬耕实施办法略加修改，请核示等情，请公决案。

（决议）照案通过。

广东省政府第九届委员会
第一百六十次议事录

日　期　九月十日
地　点　曲江本府

出席者　李汉魂　邹　琳　胡铭藻　黄麟书　黄元彬　郑　丰
　　　　刘佐人
列席者　高　信　杜之英（毛松年代）　黄　雯　何剑甫
主　席　李汉魂
纪　录　（秘书）魏育怀　（科长）谢乐文

报告事项

一、据秘书处签呈，本府先后据南海县呈报捕获汉奸赖××、陈×、潘×、吕××、陈×等五名，经解陆军第一五五师司令部移送高要县政府就近讯判，呈奉广东绥靖主任公署核准执行。拟依照修正广东省捕杀敌伪组织官员奖励办法规定，分别发给各该捕获人奖金国币一百元，共计五百元等情。饬据会计处签称，该款拟援照成案，在二十九年度省预备金项下开支等语，应准如拟办理。

二、据本府警卫营呈缴第四连连长李炎奉派南岳受训治装及往返旅费支付预算书，计共国币二百一十九元七角九分，请如数发还归垫等情。饬据会计处签称，本案经本府核准往返旅费共一次过列支一百三十九元七角九分，现据补呈预计算书列数尚符，似可准由该营本年一至五月份经费节余项下开支等语，应准如拟办理。

三、（略）

四、据遂溪县政府呈缴无线电分台员役米津预算书表，饬据会计处签称，查该台月需米津三十一元，拟自五至九月共五个月一并拨发，合计一百五十五元，款在二十九年度省预备金项下开支等语，应准如拟办理。

讨论事项

一、（略）

二、据财政厅签呈，电白税务局迁移费一千元，拟准援例在本年度各税务局经费未支配余额发给，俾资归垫等情，请公决案。

（决议）照案通过。

三至四、（略）

五、据教育厅、会计处签呈，关于教育厅签拟设置各学校会计人员一案，遵经会同商拟整理办法四项，请核示等情，请公决案。

（决议）照案通过。

六、据建设厅签呈，据广东省战时长途电话管理所呈，拟将话费价目略为提高，从新拟订征收话费办法二项，请定期由本年十月一日起实行，查核尚属可行，应否准予照办请核示等情，请公决案。

（决议）照案通过。

七、据民政厅案呈，据卫生处呈缴二十九年度补充汽车零件临时费预算书，计列七千三百九十一元，请提会决定等情，请公决案。

（决议）照案通过。款在该处本年度经常费及卫生事业费节余项下开支，不足时，再由省库拨补。

八、据连山县呈缴二十九年七月十五日起至九月十五止新县制经费支付预算书，计每月增加二千零二十三元，请按月将增加数一并拨发等情。饬据民政厅将原预算关于公务员薪俸照县各级纲要规定代为更正，计每月应增加一千九百二十五元，两个月共应增加三千八百五十元，请公决案。

（决议）照案通过，款在本年度省预备金项下开支。

九、据建设厅签呈，拟设置曲江至三埠驿运线各段站，编具该线段站简表、组织编制简表、设备费及管理费预算书，计设备费二十一万元，管理费每月一万八千一百四十元，由本年九月起至十二月止，四个月计共七万二千五百六十元，请先由省库按月拨支，俟办理运输所收管理费不足时，再行汇请中央补助等情，请公决案。

（决议）准向省行暂借驿运营业基金三十万元，本案设备费、管理费预算姑予照列，仍应核实开支，管理费自十月份起拨，筹备人员薪旅费自出发日起支。

十、据财政厅签呈，缴新丰、化县两县二十九年度岁入岁出追加概算书，计列新丰县岁入追加概算一万一千八百八十四元，岁出追加经常概算一万零一百六十一元，岁出追加临时概算一千七百二十三元；化县岁入追加概算一千四百一十八元，岁出追加经常概算一千四百一十八元，请核定公布施行等情，请公决案。

（会计处签拟）查新丰、化县两县二十九年度岁入岁出追加概算，既经财厅审核完竣，复查化县岁入岁出概算尚属妥洽。惟新丰县所缴追加概算岁出经常门第四项第一目七机关联合办事处事业费，拟予列入第二项第二目，原第四项删除，第五项递改为第四项，其余尚无不合，复核尚属可行，拟请准予提会核定公布施行。

（决议）照会计处签拟通过。

十一、（略）

十二、主席提议，粮食调节委员会第二组组长蔡公泽经调驻赣办事处副主任，遗缺以黎学显接充，请公决案。

（决议）照案通过。

十三至十四、（略）

十五、据会计处签呈，拟具本省各区行政督察专员设置会计室临时费预算表，计列二百五十元，拟请在二十九年度省预备金项下开支，请提会核定等情，请公决案。

（决议）照案通过。

十六、据粮食会签呈，拟修正广东省政府驻赣购粮办事处组织章程，暨拟定运输所组织简则、编制预算表，请核示等情，请公决案。

会议修正之点：（一）驻赣办事处特别办公费每月增为一百元，运输所特别办公费仍照列支八十元。（二）条文中粮食调节委员会正副主任委员，改为粮食管理局局长。

（决议）照案修正通过。

十七、何委员、邹委员、郑委员会复，审查广东省政务视导团组织大纲意见，请公决案。①

（决议）视导团参加机关，加入秘书处、会计处，余照审查意见通过。

十八、何委员、邹委员、郑委员会复，审查广东省粮食管理局组织规程意见，请公决案。②

（决议）照审查意见修正通过。

十九、主席提议，驻赣购粮办事处主任林习经辞职照准，遗缺派本府参议李尚庸兼任，请公决案。

（决议）照案通过。

二十、邹委员、郑委员会复，审查驻湘购粮办事处组织章程，编制

---

① 审查意见略。

② 审查意见、会议修正之点两项略。

预算，暨运输所组织简则编制预算，开办费预算一案意见，请公决案。①

（决议）副主任督察长照设，开办费照原预算列支，余照审查意见通过。

二十一、胡委员、刘委员、何委员会复，审查财厅拟修正缉私处组织规程一案意见，请公决案。②

（决议）照审查意见通过。

二十二、主席提议，拟定各区视导团团主任人选名单一纸，请公决案。（附区域及名单）

广东省政府政务视导团视导 区域之划分及团主任之人选	团之番号	第一视导团	第二视导团	第三视导团	第四视导团	第五视导团
	视导区域	第二行政区	第一、三行政区	第四行政区	第五、六行政区	第七、八行政区
	团主任	刘委员佐人 何厅长彤	高委员信 黄厅长麟书	刘委员志陆	胡委员铭藻 黄厅长元彬	郑委员丰 罗委员翼群
	附记	先由刘委员视导若干县后，余由何厅长继续视导	先由高委员视导若干县后，余由黄厅长继续视导		先由胡委员视导五区全部及六区一部，余由黄厅长视导	先由郑委员视导若干县后，余由罗委员视导

（决议）照案通过。

二十三、刘委员签呈，奉谕拟订公耕运动及示范工作督导办法呈核，请公决案。

（决议）交胡、郑两委员审查，由胡委员召集。

---

① 审查意见略。

② 审查意见略。

广东政府第九届委员会
第一百六十一次议事录

日　期　九月十三日
地　点　曲江本府会议厅
出席者　李汉魂　胡铭藻　邹　琳　郑　丰　刘佐人
列席者　高　信　杜之英（毛松年代）何剑甫　李仲仁　黄希声
主　席　李汉魂
纪　录　（秘书）魏育怀　（科长）谢乐文

报告事项

一、据建设厅签呈，据农林局呈，拟组织指导人员讲习会，拟具组织大纲及编造由八月一日起至八月十八日止临时费预算书，列支二百五十元，请准在本局本年度经常费节余项下开支，经核饬分别将大纲简章修正，似可准予照办等情。饬据会计处签称，既经建设厅核准办理，且预算所列起止月日又经过去，该款谅已支出，拟姑准照数在该局本年度经费节余项下开支预〔并〕饬补具组织大纲简章等呈府备查等语，应准如拟办理。

二、据本府驻湘购粮办事处呈缴二十九年度七月份开办费支付预算书，饬据会计处签称，核尚需要，合计列支开办费国币二百元，似可援照该处经常费案，在粮食调节会业务费项下开支等语，应准如拟办理。

三、据赤溪县呈缴无线电分台员役米津清册，饬据会计处签称，查该台米津月需三十六元，五至九月份五个月共一百八十元，拟并予拨发，款在二十九年度省预备金项下开支等语，应准如拟办理。

四、据阳春县呈缴无线电分台员役米津预算书册，饬据会计处签称，预算书每月列支米津三十一元，五至七三个月共列支九十三元，核案相符，拟连同八、九两月米津一并发给，计共一百五十五元，款在二十九年度省预备金项下开支等语，应准如拟办理。

五、据封川县呈缴无线电分台员役米津预算书册，饬据会计处签称，查预算书月列米津三十六元，五、六、七三月共列一百零八元，核案相符，拟将八、九两月份米津费七十二元一并发给，合共一百八十元，款在二十九年度省预备金项下开支等语，应准如拟办理。

六、据丰顺县呈缴无线电分台员役米津预算书册，饬据会计处签称，查该台米律五、六两月份各需国币二十四元，七月份三十二元，八、九两月份各三十六元，五个月共计一百五十二元，拟并予拨发，款在二十九年度省预备金项下开支等语，应准如拟办理。

七、据高明县呈缴无线电分台员役米津预算书册，饬据会计处签称，预算书月列米津二十四元，五至七三个月共列七十二元，核尚符合，拟连同八九两月份米津四十八元合共一百二十元一并发给，款在二十九年度省预备金项下开支等语，应准如拟办理。

八、据钦县呈缴无线电分台员役米律预算书册，饬据会计处签称，查预算书月列米津三十六元，五、六、七三个月共列一百零八元，核案相符，拟连同八、九两月米津一并发给，计共一百八十元，款在二十九年度省预备金项下开支等语，应准如拟办理。

九、准暂编第×军部代电，转报第×游击纵队××潜伏部队杀毙伪军副司令黄××等八名，缴送证件，请依法给奖等由。除何××一名经给奖二百元，又苏××、何××、叶××、何××、陈×等五名非伪组织人员不予给奖外，至黄××、阙××二名，经电呈长官部依照捕获敌人或叛逆及破坏敌人军用场所奖赏办法给奖。

十、据本省粮食调节委员会呈，转缴南雄运输站二十九年五月份下半月临时费支付预算书，计列二百零一元六角，请准在本会备用金项下〈内〉开支等情。饬据会计处签称，尚属需要，惟所请由备用金项下支一节，该备用金并非正式科目，似应饬改由该会业务费项下开支等语，应准如拟办理。

十一、据秘书处签呈，本府支发各方特别补助等费计自二十八年一月份起至二十九年六月份止，共支出国币一十一万六千九百一十一元七角一分，该款系奉准暂由省银行及本处暂付款垫付，均属战时事实上需要之特别支出，与本府特别经费规定用途相符，拟请准予全数拨由本府特别经费项下开支，俾资分别拨还归垫等情，应准如拟办理。

讨论事项

一、（略）

二、据第五区行政督察专员呈复，卸潮安县长梁翰昭任内奉令办理阻塞韩江湘子桥，因工程甚巨，中途停工，共垫用工程费七百四十元零七角六分一案，经饬据该县吴县长查明加具证明，查核属实，请察核等情，请公决案。

（决议）照案通过，款在本年度建设事业支出项下开支。

三、据本府驻渝办事处签呈，为渝地生活程度日高，本处所有员役薪工，拟请仍照原日成案，自本年六月份起一律分别予以津贴生活费等情，请公决案。

（决议）照案通过。款在本年度省预备金项下开支。

四、据财政厅签呈，拟定各县市局征收地方捐费罚金提成充奖办法，请核示等情，请公决案。

（决议）交胡、刘、郑三委员审查，由胡委员召集。

五、据建设厅签呈，据本厅视察林为栋报告，请准辞职，拟予照准，遗缺拟调公路处业务课课长梁郁生接充，请分别调免等情，请公决案。

（决议）照案通过。

六、据建设厅签呈，缴广东省韶连段驿运筹备处组织简章及岐段连驿运筹备处组织简章草案，请核示等情，请公决案。①

（决议）照秘书处签拟通过。

七、据茂名县长电，为本县米价飞涨，囚粮每名每日发给国币二角五分，仍不能饱食，致犯人死亡日增，拟由九月一日起囚粮每名每日增至国币三角等情。经准照增，其增加之囚粮属于司法者，由司法囚粮额余开支；属于行政者，由县款照额发给，自奉电日起实行，补提会请公决案。

（决议）照案通过。

八、据省振济会呈缴本会广州湾办事处二十八年十二月份至二十九年六月份经常费支付预算书，月列一千元，请援案准予由二十九年度救

---

① 秘书处签拟略。

灾准备金科目余款项下拨还归垫等情，请公决案。

（决议）照案通过。

九、据省振济会代电，为本会驻广州湾办事处拟合并南路振济区办理振务，乞核示等情，请公决案。

（决议）广州湾办事处准并入南路振济区，自十月份起，该区月支经费一千元，款在本年度省救济费项下开支。

十、据本省粮食调节委员会呈，据西江四邑粮运会呈缴二十九年度岁出预算书表，查原核定自四月十五日起月支一千二百七十五元，现请自七月份起追加会计室经费每月五百五十七元，计由七月份起，共月列一千八百三十二元，请存转备案等情，请公决案。

（决议）照案通过。款在本年度省预备金项下开支。

十一、据本省战时贸易管理处呈，据沙鱼涌站续请援照港处办法领支薪饷或从优津贴生活补助费，以维生活，准由本站成立日起核发。查所称尚属实情，兹拟定补助费办法三项，请察核等情，请公决案。

（决议）撤回。候与增加公务员薪俸案并案办理。

十二、据会【计】处签呈，拟请删改广东省政府及所属各机关调任人员支给在途旅费暂行办法，请核夺等情，请公决案。

（决议）照案修正通过。

修正之点如下：调任人员在途旅费，准照原规定以国币八成支给。

十三、（略）

十四、据建设厅签呈，本厅招考各驿运人员拟援照通讯班办法，组设广东省地方行政干部训练团驿运管理人员班，由厅训练，该项经费预算需国币三千零二十九元二角并请由库拨给等情，请公决案。

（会计处签拟）查本案因该班既隶干训团，自应由干训团负责编订预算送府方合手续，照理应予指驳，但驿运工作关系时间甚为重要，为变通办理计，似可准予由该厅径与干训团商洽办理，款在该团本年度经费节余项下开支，仍由该团负责编订预算，补送本府核定，但以不超过现编预算所列总额为限。

（决议）照会计处签拟通过。

十五、据秘书处案呈，是府受理阳春县民何郁英为与严华林等因田产争执事件，不服阳春县政府处分，提起诉愿一案，现经依法决定作成决定书，请提会核定等情，请公决案。

（决议）照案通过。

十六、主席提议，翁源县长冼家锐另有任用，遗缺派刘起时代理，请公决案。

（决议）照案通过。

十七、主席提议，本府巡回视察黄官魂另有任用，着即免职，请公决案。

（决议）照案通过。

广东省政府第九届委员会
第一百六十二次议事录

日 期　九月十七日

地 点　曲江本府

出席者　李汉魂　刘佐人　胡铭藻　郑彦棻　邹　琳　黄麟书
　　　　郑　丰　黄元彬

列席者　杜之英（毛松年代）　何剑甫　黄　雯（伍崇厚代）

主 席　李汉魂

纪 录　（秘书）魏育怀　（科长）谢乐文

报告事项

一、据秘书处签呈，查本府秘书罗球、科员林友坚、办事员钟献钧等□□，于八月二十九日遭受空袭损害，经技术室查明损失均属奇重，拟依照本省公务员雇员公役遭受空袭损害暂行办法规定给予罗秘书救济费国币一百元，林科员、钟办事员各给救济费国币二百元等情。饬据会计处签称，本案救济费共五百元，拟在二十九年度省救济费项下开支等语，应准如拟办理。

二、据财政厅签呈，本厅在暂付款科目垫拨革命同志谭义二十七年十月至十二月份养老金国币八十三元三角三分，兹拟在本年度省预备金项下开支等情。饬据会计处签拟准在二十九年度省预备金项下开支等语，应准如拟办理。

三、据财政厅签呈，据防城等税务局电报，以改组电令接奉迟缓，请将原设各所七月份经费照发等情。此项经费拟最多以发给半个月为限，所需费款在本年上半年度各税务局经费未支配项下拨支等情。饬据会计处签称，似可准予照办。惟嗣后各税局如有与此情形类同而请求续发七月份经费一节，仍应逐案报核等语，应如拟办理。

四、据建设厅签呈，据公路处呈缴抢修韶连路曲秤段桥台翼椿路基工程费预算书，计共二百四十元，该款请在七月份养路第二队砂石木材铁钉费项下开支等情。饬据会计处签称，核无不合，似可照准等语，经准如拟办理。

五、据教育厅电呈缴省立琼崖联合中学等八校员役应领米津清表，饬据会计处签称，查该八校五至八月份四个月共需三千二百五十八元，拟准并予拨发，款在二十九年度省预备金项下开支等语，应准如拟办理。

六、据本府无线电中枢台电缴本年八月份一个月员役米津预算书册，饬据会计处签称，查该台员役米津七月份原核定三百二十四元，又补发四十元，另追加十八元，合共三百六十二元，现呈八月份预算列支二百八十五元，又助理员预算列支一百六十五元，两共四百五十元，比较七月份计增加八十八元，拟准照数增拨，款在二十九年度省预备金项下开支等语，应准如拟办理。

七、据本省连连阳乳建设委员会函送本年七月至九月三个月员役应领米律名册，饬据会计处签称，查该会系七月一日成立，所需员役米律费每月十六元，七至九共三个月计四十八元，拟并照拨发，款在二十九年度省预备金项下开支等语，应准如拟办理。

八、据罗定县呈缴无线电分台六七月份员役米津预算书，饬据会计处签称，查该台员役米津六月份计需七元二角二分，七至九月份各需三十一元，合计四个月共需一百元零二角二分，拟准并予拨发，款在二十九年度省预备金项下开支等语，应准如拟办理。

九、据财政厅签呈，为前定各县税捐征收处经费数额过低，拟酌量增高，拟具修正广东各县税捐征收处暨分处编制及经费表，请核示等情。饬据会计处签称，查属实情，所请依照本省本年文职公务员各级官俸减支数额表规定地各级职员俸额修正各县项编制及经费，至修正后经费，除省库仍照核定数目拨支外，其增加之数，各该县地方款项下筹拨各节，查核尚无不合，应准如所拟办理等语，应准如拟办理。

十、据安化管理局呈缴局属第二区办事处房屋修葺费支付预算书，计共三百八十八元二角。饬据财政厅会计处核签，事属需要，似可准予照支。惟该局向无地方款收入，前项费用，拟准在本年度省预备金项下拨支等语，应准如拟办理。

讨论事项

一、准广东省军管区司令部电复，第×游击区纵队增编自卫队两大队士兵服装费，据报需支三千四百二十四元八角一案，查与规定应发代金数比对超出一千零七十二元八角，拟姑照原报种类除包袱一项不应发给共减价款五百八十七元二角外，其余二千八百三十七元六角（比照应发数实超四百八十五元六角），准并由增列自卫团队经费科目项下拨补等由，请公决案。

（决议）照案通过。

二、（略）

三、据秘书处编缴二十八年度购置收音机费支付预算书，列支二千三百四十三元四角六分，及购置无线电器材零件费支付预算书，列支二万三千八百三十九元八角五分，合计共二万六千一百八十三元三角一分，请核示等情，请公决案。

（会计处签拟）查购置无线电器材零件预算书列支二万三千八百三十九元八角五分，购置收音机预算书列支二千三百四十三元四角六分，合计国币二万六千一百八十三元三角一分，核与据称港价伸合国币数相符，似可准在本年度省预备金项下开支，俾资归垫。再查本府前核准拨给购收音机价款港币四千二百零五元，查尚节余港币三百四十二元五角，三六伸合国币为一千二百三十三元，拟饬令先行返纳省库，俟据返纳后，前项无线电器材零件及收音机价款共计二万六千一百八十三元三角一分，方予发给，以清款目。并将购无线电零件补列详表呈府备查，仍请提会核定。

（决议）照会计处签拟通过。

四、据财政厅签呈，据税警总团呈称，本总团第一总队第二大队大队长符钟英，经调升为第二总队长，遗缺查有该大队少校大队附〔副〕朱宪堪以升任，经权着以原级晋升，请察核加委等情，请公决案。

（决议）照案通过。

五、准兼保安司令函，据卸保安处长吴迺宪签呈，为购置夏季应用简便药品分发各部备用，该项价款三千零七十八元一角，拟统由团队经费历月节余项下支报等情，转请查照等由，请公决案。

（会计处签拟）似可照准，拟请提会核定后，饬补送预算书呈转核办。

（决议）照会计处签拟通过。

六、（略）

七、据番禺县政府呈缴二十九年度看守所经临费概算书，月支二百三十八元，由三月份起至年底止，共十个月，合计二千三百八十元，请按月由省库拨助。再以后所需行政囚粮月支七百五十元，并请按月汇发，准予实报实销等情，请公决案。

（会计处签拟）查该（番禺）县业已沦陷，县款来源断绝，料属实情。至本府补助该县行政经费月共一千八百三十七元，系分配该县军事、行政两科经费用途。据称该县府迁驻隅北后，因犯突增，经在附近规复看守所，以便管收入犯。该所经费预算，经加缩减月需国币二百三十八元，似可姑念该县地方款困难，准自本年八月份起，在本年度省预备金项下补助其囚犯口粮，除军队寄押军事犯之口粮应照规定径向原寄押军队领支外，其余行政囚粮，似可准由该县在本年八月份起每月终列呈预算，附具名册呈候核发。该款拟在本年度省地方岁出预算内各县政府行政人犯口粮科目项下拨支，仍请提会核定。

（决议）照会计处签拟通过。

八、（略）

九、据建设厅签呈，拟派黄维敬代理本厅技正等情，请公决案。

（决议）照案通过。

十、据省振济会呈，据救济总队呈，为生活程度高涨，职员薪额低微，恳准在本年四月份起准照本队所拟追加预算，以维生活，查属实情，拟请核准等情，请公决案。

（决议）照四月份请增数额发给，自四月份起，款在二十八年度救灾准备金余款项下拨支。

十一、据教育厅签呈，为本厅原有汽车残废不全，拟补充小汽车一辆，所需购车费八千七百三十八元六角二分，拟在本厅结存二十八年度社会教育实验区等经费项下拨支等情，拟准予购置，请公决案。

（决议）照案通过。款在本年度省预备金项下开支。该厅结存各项经费节余，应解库抵领。

十二、据黄岗消防队报告，为队员饷项低微，拟请援照前广州市消防队编制办法支薪，连同拟增薪饷表，请察核等情，拟予照准，请公决案。

（会计处签拟）查本府黄岗消防队拟请增加该队长员夫役薪饷既经主管科签奉批准，拟请提会核定。惟查该队队长据称系本府人偈兼任，原拟增加该队长薪俸月共十八元七五分，未便在兼职内增给，原预算拟改为每月增给一百七十元。款在本年度省预备金项下自本年九月份起拨支。

（决议）照会计处签拟通过。

十三、据卫生处签呈，据本处第三科科长王兆霖，呈请辞职，应否照准，请核示等情，请公决案。

（决议）应予照准。

十四、胡委员提议，本省现行缉获各项私货，暨违章物品之罚锾，及充公变价款提成充奖办法，闻有未洽，拟请酌予修正以符充奖本旨，而励廉隅案。

（决议）交郑、邹、郑（丰）三委员审查，由郑委员彦棻召集。

十五、胡委员、郑委员会复，审查刘委员拟订广东省曲江区公耕运动督导办法，及广东省党政军机关示范工作视察办法案意见，请公决案。

（决议）照案通过。

十六、据本府候用公务员招待所签呈，奉令办理登记失业军政人员，遵经选定陈仲谋等一百名公报周知克日赴团报到受训。该项取录人员由韶至柳川旅各费预算每人约四十元，合共约需四千元，请提会照数拨发等情，请公决案。

（决议）照案通过，款在本年度省预备金项下开支。

十七、（略）

十八、主席提议，据建设厅签呈，据公路处处长陈正元呈请辞职，拟予照准，并恳派员接充等情。陈正元辞职照准，遗缺派周醒南接充，请公决案。

（决议）照案通过。

十九、据建设厅签呈，关于偿还斯可达工厂糖厂机器建设等欠款三万元案，应在何款拨支，请核示等情，请公决案。

（决议）在建设厅钨砂价款项下拨支。

广东省政府第九届委员会
第一百六十三次议事录

日　期　九月二十日

地　点　曲江本府

出席者　李汉魂　刘佐人　胡铭藻　郑彦棻　邹　琳　黄麟书
　　　　郑　丰　黄元彬

列席者　杜之英（毛松年代）　何剑甫　黄　雯

主　席　李汉魂

纪　录　（秘书）魏育怀　（科长）谢乐文

报告事项

一、准广东省军管区司令部函，据曲江县国民兵团报告成立示范队两中队，请自本年七月份起至十二月份止，每月发给实验区示范队每队办公费三十元，教育费一百元等情，兹拟定一次过核发国币五百元，该款仍在本部国民兵团队节余经费项下支付等由。饬据会计处签称，似可照办等语，应准如拟办理。

二、准广东高等法院函送新会监狱本年一至四月多用看守工饷预算书，计多用看守三名，工饷每月三十元，四个月共计一百二十元，在该监二十九年一至四月份额余囚粮项下拨支等由。饬据会计处核称，似可照办等语，应准如拟办理。

三、据卫生处呈缴二十九年度第三诊疗所所长特别办公费预算书，月列五十元，由七月份起至十二月份止，计六个月共三百元，请准在本处二十九年度卫生事业费节余项下开支等情。饬据会计处签称，似可照准等语，应准如拟办理。

四、据民政厅案呈，据省警总队呈报该队汽车司机黄伦财物被炸损失情形，连同损失表，请准发给救济费三百元等情。饬据秘书、会计两处核签与本省公务员雇员公役遭受空袭损害暂行救济办法规定相符，该款似可准如所请在该总队本年度经常费节余项下开支等语，应准如拟办理。

五、据第一区行政督察专员呈缴二十九年七月份行政犯囚粮清册，计国币五十一元八角，请分别存转，并将六七两月份囚粮如数核发归垫等情。饬据会计处签称，所垫囚粮五十一元八角，拟准在二十九年度省总预算拨补行政犯不敷口粮项下拨支等语，应准如拟办理。

六、据粮食调节委员会呈缴南雄站开办费支付预算书、员役米津预算书、岁出经常费预算书、月份分配表，请分别存转等情。饬据会计处签称，南雄站开办费八十元，经常费自本年五月下半月起，月支五百五十四元，均在本年度省预备金项下开支，经提会决议通过在案。现缴开办及经常费预算书表，核案相符，至米津预算书列月支四十七元，五月下半月至八月底止，共列一百六十四元五角，核与该站编制规定亦符，拟连同九月份米津四十七元，合计二百一十一元五角并予发给，在本年度省预备金项下开支等语，应准如拟办理。

七、据本省救护委员会呈缴八月份员役米津预算书，列支五十元，计比较七月份增列五元。饬据会计处签称，据该会称系因增加干事一员，核与原编制规定设干事五员尚相符合，其增加五元之数，拟准照发，款仍在本年度省预备金项下开支等语，应准如拟办理。

八、据第二区行政督察专员呈缴本署及情报组驻韶通讯处八月份员役米津预算书，计列专署八十一元，情报组八十五元，驻韶通讯处一十三元，合计列支一百七十九元。饬据会计处签称，查该署八月份米津预算书列支八十一元，核与原七月份核定饬拨数计多列三元，原书注明前编预算漏列公役目三元，拟准照数增拨，款在二十九年度省预备金项下开支等语，应准如拟办理。

九、据广东省新生活运动促进会妇女工作委员会呈缴二十九年八月份请领米津预算书册，列支一百一十三元，并陈明新增职员六名与预算数相符缘由，请准照案拨发等情。饬据会计处签称，查核尚合，所需增拨八月份米津数国币三十元，拟准照拨，款在二十九年度省预备金项下开支等语，应准如拟办理。

十、准广东省运动员委员会函送二十九年八月份职员公役米津预算书，饬据会计处签称，所送预算书列支一百八十元，较七月份增列八元，经向原机关查明系增加职员一员，公役一名，其超过八元之数，拟准照拨，款仍在本年度省预备金项下开支等语，应准如拟办理。

十一、据海康县政府呈缴无线电分台二十九年五月至七月份员役米津预算书册，计列一百零八元，饬据会计处签称，核尚符合，拟连同八、九月份应发七十二元一并发给，计五至九月份共发米津一百八十元，款在本年度省预备金项下开支等语，应准如拟办理。

十二、据连山县政府呈缴无线电分台七、八月份员役米津预算书册，饬据会计处签称，七月份计需一十四元九角五分，八、九月各需三十六元，合计八十六元九角五分，拟准并予拨发，款在二十九年度省预备金项下开支等语，应准如拟办理。

讨论事项

一、准中国国民党广东省执行委员会函，为前请补助各游击区办报之县份，除南海等十九县外，尚有三水一县，请查照依数按月补助等由，请公决案。

（决议）照案通过。款在本年度补助接近战区各县战时工作经费项下开支。

二、准国立中山大学函，为本校奉令迁址，蒙补助迁移费三十万元，兹拟请将未汇付之补助费十万元先暂拨若干交丁、侯两教授代收等由。经饬财厅以暂付款科目先行酌拨，补提会请核定指款开支案。

（决议）照案通过。款在本年度省预备金项下拨支。

三、据财政厅签呈，转缴税警总团二十九年度追加经常及临时费暨五、六、七月份米津支付预算书，经临费合计月支一万八千零九元零五分，拟请指拨发给，俾资支应。至本年度五至七月米津款共九百一十八元，似应照辰元作代电核定发给办法办理，请核示等情，请公决案。

338

（决议）交秘书、会计两处审查，由秘书处召集。

四、准广东全省保安司令部电送二十八年抗战阵亡官兵李平等四员名甲乙两种死亡书表保结及恤金给予表，计一次恤金李平八百元，吴江平五百元，刘春魁五百元，吴添成八十元；遗族每年抚恤金李平三百六十元，吴江平二百四十元，刘春魁二百四十元，吴添成四十元，均给予二十年为止，请察照核办等由，请公决案。

（会计处签拟）广东全省保安司令部电送保安团队死亡官兵恤金给予表请核办一案，秘书处签拟原送给予表按照陆军平战时抚恤暂行条例办理给恤，于法均无不合。一次恤金，计李平八百元，吴江平五百元，刘春魁五百元，吴添成八十元；遗族每年抚恤金，计李平三百六十元，吴江平二百四十元，刘春魁二百四十元，吴添成四十元，计发给一次恤金共一千八百八十元，该款拟在二十九年度省预算恤金项下开支。其年抚金拟由三十年度起，按年由省总预算恤金项下拨支，仍请提会核定。

（决议）照会计处签拟通过。

五、据民政厅案呈，据卫生处拟具本省中西医开业管理规则，连同印刷执照预算书，计列一千八百六十元，转呈另拨专款办理等情，请公决案。①

（会计处签拟）（一）原拟中西医开业管理规则，似可如本府秘书处法制室所拟修正意见办理。（二）原拟中西医开业管理规则第三条及第四条各项收入，拟饬编具预算呈核，及追列预算。（三）原拟印刷中西医开业执照及登记册费预算一次过列支国币一千八百六十元，该款似可由本年度省预备金项下拨支。

（决议）照秘书、会计两处签拟通过。

六、据民政厅案呈，据卫生处呈，拟将卫生试验所扩大组织，追加经费一千九百二十八元，连原定合共月支三千零九十六元，该项经费，请由省府拨款开支，编同预算，暨拟议修正章程草案，转请核示等情，请公决案。

（秘书处签拟）查卫生处呈请扩大该处卫生试验所组织，既经主管厅核签尚属需要。惟原组织章程草案第三条拟改为"本所设所长一人，

---

① 秘书处签拟略。

荐任；室主任二人，均荐任；技士三人，荐任二人，委任一人；技助五人，办事员三人，均委任"。第四条第五款拟将"事务员"三字删去；第五条拟改为"本所视事务之繁简，得酌用雇员"。又第四条拟改为"所长承处长之命，综理全所一切事宜。室主任承所长之命，办理各该室技术事宜。技士承所长之命、室主任之指导，分理技术事宜。技佐承所长之命、室主任技士之指导，助理技术事宜。办事员、事务员承所长之命，分理文牍、会计、出纳、庶务、收发等事宜"。再章程名称"草案"二字，于公布时应予撤销。

（会计处签拟）（一）拟依照本省各机关会计组织原则三项之规定，拟将原组织章程第三条增设第二项："本所设会计员一人（委任），由卫生处会计室遴员呈请省政府会计处委派。"又同章程第四条第五项关于办事员事务员职掌之定，拟将"会计"二字删去，另增第六项："会计员受上级机关长官之指挥监督，并依法承所长之命，办理本所岁计会计事务。"（二）查卫生处拟将该处卫生试验所扩大组织，增加人员，以应事实需要，而图事业之发展，事尚需要，原拟预算月共列支三千零九十六元，除原定预算月支一千一百六十八元外，现计每月需追加一千九百二十八元，该款本拟饬由该处本年度卫生事业费节余项下拨支。但截至现在止，已核准在本年度卫生事业费节余开支者已达一万二千余元，此案并经本处主管科用电话询卫生处黄处长，据复确无款匀支云云，该项追加经常费，似可准由本年度省预备金项下支付，自本年九月下半月起拨，仍请鉴核后连同秘书处法制室等所拟修正该所组织章程意见，一并提会核定。

（决议）照秘书、会计两处签拟通过。

七、据中山县长电，报该县政警中队经费因地方款收入毫无，请设法按月拨助等情，请公决案。

（决议）省库支绌，仍应照案由县款拨支。

八、据财政厅签呈，为印刷二十九年六厘公债印旅运费共需国币六千元，请准在本年度预备费项下动支等情，请公决案。

（决议）照案通过。

九、据建设厅签呈，据广东省战时长途电话管理所呈缴架设乳源至罗坑长途电话支线计划表及预算书，查核尚属切要，请核示等情，请公决案。

（会计处签拟）查本案照本府战时通讯所审核预算表所列内，除三号弯螺脚磁隔电子一项，系由该所在购存材料拨用，与本预算无关外，本预算数计减定后为二千五百六十八元八角（见审查表），该款似可准在本年度省建设事业支出项下开支，仍请提会核定。

（决议）照会计处签拟通过。

十、据财政厅签呈，据缉私处呈，为职处驻惠阳查缉专员梁广烈病故，出缺拟派袁大远代理。又新增设之潮梅专员办事处查缉专员一职，拟派黄森代理，请核示等情，请公决案。

（决议）照案通过。

十一、据财政厅签呈，据缉私处呈，拟派任建冰暂代为本处秘书，黄翀暂代总务课长，甄直愚暂代查缉课长，李彦良暂代督察长，转请察核加委等情，请公决案。

（决议）照案通过。

十二、据建设厅签呈，拟调前工业管理处职员伍琚华、谭海夫、李达钦代理本厅技正，严敬有、莫朝豪代理本厅技士，列具姓名表，请分别调等等情，请公决案。

（决议）照案通过。

十三、准胡委员、刘委员、郑委员会复，审查财政厅拟定各县市局征收地方捐费罚金提成充奖办法一案意见，请公决案。

（决议）照审查意见通过。

十四、准胡委员等会复，审查财政厅所拟修正广东省各级征收机关组织规程暨编制及经费表一案，经参酌邹厅长送复意见，再加审查。谨将结果报请提会核定等由，请公决案。

（决议）照第二次审查意见通过，由十月份起，款在总概算内原科目列支，不敷之数，仍由财政厅筹拟呈核。

十五、准广东省军管区司令部电，拟将各县兵役科人员薪给分别酌予提高，并改支国币，以示同等待遇，定自本年十月份起实行等由，请公决案。

（会计处签拟）查兵役科办理役征，负补充兵源之任务，其重要不下于县府各科，其待遇自应与县府各科同等，以昭平允。复查新县制军事科长均与各科长同一薪给，各县虽有尚未实施新县制，然亦宜采取此精神，庶得罗致专才，胜任愉快，以增强抗战力量，原附修正兵役科编制给与表编制部分，自属妥洽，给与部分，一等县、三等县及特三等科长俸给，仍未能与县府各科长同等，办事员、雇员薪，均与文官俸给表级不合，拟将原表酌加修正为：一等县科长月支一百八十元（实支一百一十元）；科员月各支八十元（实支五十六元）；办事员月支六十元（实支四十四元）；雇员月支三十一元，二等县科长月支一百六十元（实支一百元）；科员月支八十元（实支五十六元）；办事员月支六十元（实支四十四元）；雇员月支三十一元，三等及特三等县科长月支一百六十元（实支一百元）；科员月支七十元（实支五十元）；办事员月支五十五元（实支五十元），乐东、保亭、白沙三县及各管理局科员月支七十元（实支五十元）；办事员月支五十五元（实支四十一元），以上薪额，俱以国币计算，并照本省文职公务员减支办法支给，雇员不折。因之原表附记第二项ABC三款均拟删去。

依上列数额，计一等县月各实支二百九十七元（较原日增支六十四元九角二分），二等县月各实支二百三十一元（较原日减支一元零八分），仍照案在县地方款项下开支，其增支之数，本年度暂在县预备费开支，下年度一并列入预算。三等县及特三等县月各实支一百九十一元，较原日增支十八元三角九分，除计至十月份止，已实行新县制五县（三等以下）外，共四十三县，月共增支七百九十元七角七分，保亭、乐东、白沙三县及梅菉、南山、安化三管理局，月各实支九十一元，较原日减支一元六角一分，月共减支九元六角六分。以上各县局，每月比对，实共增支七百八十一元一角一分，由本年十月份起至十二月份止，三个月总共增支二千三百四十三元三角三分，并照成案，暂由省库本年度预备金项下拨支，前列各县如陆续实施新县制时，前项补助应即停止。以上所拟，仍请提会核定。

（决议）照会计处签拟通过。

十六、委员兼财政厅长提议，拟订广东省促进清收地税契税实施办法。请公决案。

（决议）交胡、刘、郑（丰）三委员审查，由胡委员召集。

十七、据民政厅签呈，编造二十九年度连山、阳山、连县、乳源等

342

四县推行新县制协助员经费概算书，合计列支七千零五十元，拟在省库补助自治经费节余项下开支等情，请公决案。

（决议）照案通过。

十八、据建设厅签呈，拟具本厅广东省银行二十九年度冬耕购种贷款合约草案及冬耕购种贷款办法草案，请核示等情，请公决案。

（决议）交邹委员审查。

广东省政府第九届委员会
第一百六十四次议事录

日　　期　九月二十四日

地　　点　曲江本府

出席者　李汉魂　郑　丰　黄元彬　邹　琳　何　彤　刘佐人
　　　　高　信　胡铭藻　黄麟书　郑彦棻

列席者　杜之英（毛松年代）　云照坤

主　　席　李汉魂

纪　　录　（秘书）魏育怀　（科长）谢乐文

报告事项

一、准军管区司令部电复，增城县壮丁队分队长罗盛森，自卫队员刘煌、刘瑶贵、张乙等四名系在该县国民兵团成立以前抗战阵亡，请依照人民守土伤亡抚恤实施办法规定，予以抚恤等由。饬据秘书、会计两处签拟，依法给与其遗族一次恤金各八十元，合共三百二十元外，并给与每年五十元之年抚金，以十年为止。一次恤金在二十九年度省总概算预备金项下开支，年抚金按年由省总预算预备金科目项下拨支等语，应准如拟办理。

二、准广东省地方行政干部训练委员会函送干训团修正第一期学员结业回程旅费标准数目表，请查照等由。饬据会计处签称，既系照修正标准数目发给，复经干训会核明属实，似可分别存转备案等语，应准如拟办理。

三、准广东高等法院函，据新兴地方法院转请拨发该管监狱修监费国币八十四元一角五分，拟请由本院二十八年度巡回审判推事经费节余项下拨支等由。饬据会计处签称，似可照准，款在本年度省预备金项下开支。其节余拟请解库抵领等语，应准如拟办理。

四、据民政厅签呈，缴本厅二十九年八月份员役米津预算书册。饬据会计处签称，查八月份预算书列支三百九十二元七角四分，较七月份增列十七元七角四分，据称系因先后增加职员所致，其超过十七元七角四分之数，拟准照发，款仍在二十九年度省预备金项下开支等语，应准如拟办理。

五、据建设厅签呈，据农林局呈报烂汽车零件被窃甚多，修配不易，请准变卖，应否照准，请核示等情。饬据会计处签称，似可准予变卖，惟应饬依法招标，及通知审计处派员监视办理，仍将变卖所得价款，列具收入预算呈核。至被窃零件，应否准予注销，拟依法请审计处核复办理等语，应准如拟办理。

六、据建设厅签呈，据兼田螺涌小学校长呈缴二十九年追加经费预算书，饬据会计处签称，查所列追加预算数七百五十七元，尚属需要，拟：（一）指复据请增加该校经费，准由该厅在本年度经费节余项下移拨应用。（二）钨砂价款应解库。（三）校务部分着径商教厅办理等语，应准如拟办理。

七、建设厅签呈，本省地方行政干部训练团建设班主任教官谢松培来粤川旅各费，应由本厅补助国币二百元，在钨砂价款项下列支等情。饬据会计处签拟，准列入本年度省预备金项下开支，由该厅钨砂价款项下抵解，并照数追加预备金等语，应准如拟办理。

八、据建设厅签呈，据农林局呈报东陂酒壶岭牧场建筑工程各项章则估算表等未能更正缘由，查属实情，连同原缴各件，请察核存转等情。饬据会计处签称，查该场开办费预算内系将第一项各目节略予变更，各计为二万八千七百六十八元五角六分，经秘书处核明核实，与原定预算亦无超过似可准予照办。至岁入预算列收二百元，亦经建设厅核明适当，拟照数以物品售价收入科目复列本年度省地方预算岁入经常门常时部分，并照数追列岁出预备金等语，应准如拟办理。

九、据卫生处呈，据省立临时医院呈请准雇用长行艇两艘，以利交通，缴呈预算书，计月列一百五十元，由二十九年八月一日起至十二月三十一日止，共五个月合计七百五十元，拟在该院二十九年度俸薪节余项下开支等情。饬据会计处签称，似可照准。款自本年八月份起在该院每月经费节余项下开支等语，应准如拟办理。

十、据卫生处呈缴南路办事处拨支第三防疫区署二十九年一月至二月二十六日止薪饷费预算书，计列三百二十元五角一分，在该办事处本年一、二月份经费项下拨支等情。饬据会计处签称，查核列数尚符，拟准存转等语，应准如拟办理。

十一、据省振济会呈缴该会医疗队编制表及八月份至十二月份经常费支付预算书，每队月支经费四百四十五元，四队合计月支一千七百八十元，由八月份至十二月份，合计共支八千九百元，恳准在本会振款项下拨支等情。饬据卫生处签拟，核减队长月支一百元，至助护及事务员，拟各酌增加五元，计助护月支三十元，事务员三十五元，余无不合，共计每队月支薪俸四百一十五元，仍在该会振款项下拨支等语，应准如拟办理。

十二、据省振济会呈缴本会救济总队二十九年度增设司书追加经常费支付预算书，月支五十元，由八月至十二月共支二百五十元，款由二十九年度经费节余项下拨支等情。饬据会计处签称，该总队增设司书二员，既属需要，所列自八月份起增加经费每月五十元，似可准如所请在该总队本年度经常费节余项下开支等语，应准如拟办理。

十三、（略）

十四、据第六区行政督察专员呈缴无线电第六区台八月份员役米津预算书，饬据会计处签称，查预算列支四十五元，比较七月份增列九元，查系因八月份起实行新编制增加摇工二名，报差一名，其超过九元之数，拟准照发，款在本年度省预备金项下开支等语，应准如拟办理。

十五、据农林局呈缴稻作改进所二十九年度八月份员役米津临时费支付预算书，列支一百七十五元。饬据会计处签称，查书列员役人数，核与七月份员役数增加职员二员，公役一名，计月增加米津一十三元，所增之数，拟准照发，款在二十九年度省预备金项下开支等语，应准如拟办理。

讨论事项

一、据建设厅签呈，转缴更正酒精厂计划书暨各表，请核示等情，请公决案。

（会计处签拟）（一）该厂厂址前由工管处拟定设在曲江附近河流之地区，以图减轻产品运费。嗣因本府批回饬对于原料之供给一点应须事先设法解决。现据建设厅签拟，将该厂改设在龙川县，以减轻原料运费之负担。查所拟尚能兼顾事实，惟厂址之决定接近原料产地，固属重要，但该地劳工工资暨机件产品等各种运输成本如何，尤应通盘筹划，此点似应由建设厅再加考虑。（二）秘书处所拟两点，极为切当，拟并饬知。（三）现计划书所列筹备费一项，计达国币七千九百四十六元之巨，其筹备时间，据二十九年度计划书所述，由本年三月份起至十一月底止，费时九月。查现拟设立之酒精厂，仅为中小型之工业，筹备时间，未免过长。现在厂址尚未决定，以前筹备费之开支，须减至最低限度，在厂址决定后，即须以最短时期完成筹备工作，拟照此意见，饬将筹备费酌为紧缩至五千元，另编预算呈核。（四）全年成本计算表中：（甲）资本利息列四千五百九十六元，依照营业基金预算科目中盈亏拨补表之规定，方有此科目之开支，应予剔除。（乙）医药费、机器修理费、筹备费、摊还房屋折旧、机器折旧（原列五千五百一十元系有计算错误）等项，均应并同薪饷等编入营业概算内损失表中，另案其为管理费用、业务费用或其他费用分别附表说明。又折旧金额之计算，应分别附说理由，详为拟订。（五）设备费预算表中工场建筑费一项，前呈计划书列四千元，现因改用砖建，列二万元，增加颇大，应饬在可能范围内，办求节减。此外各项，拟饬将内容详细分列说明。（六）该厂各员薪给，拟饬比照本省公务员薪给减支表办理。以上所拟各点，计筹备费、设备费及流用资金共一十二万二千元，应否提会核定在建设厅接收工管处营业基金项下拨给办理，并饬由建设厅迅即代为依照现行营业基金预算科目规定妥编预算呈核之处，候示。

（决议）照会计处签拟通过，款在建设厅接收工管处营业基金项下拨给。

二、据建设厅签呈，据广东省战时长途电话管理所呈缴修筑雄信长途电话支线计划案及预算书，合计二千四百六十二元，查所拟计划尚无不符，书列各数，亦属需要，请核示等情，请公决案。

（会计处签拟）查原呈预算书经战时通讯所减定为国币二千四百六十二元，本处复核各数，尚无不合，该款似可准在本年度省建设事业支出项下开支，仍请提会核定。

（决议）照会计处签拟通过。

三、据建设厅签呈，据广东省战时长途电话管理所呈缴架设韶田话线计划表及预算书，请核示等情，请公决案。

（会计处签拟）查原呈预算书经战时通讯所审核计减定为国币八百元，并注明经长途电话管理所技士梁振潮认为适合，本处复核该款似可准由本年度建设事业支出项下拨支，拟请提会核定。

（决议）照会计处签拟通过。

四、据民政厅签呈，拟具三十年度各科职掌表及增设第四科及一、二、三科增加人员经费预算表。每月增加四千五百四十二元，全年度共增加五万四千五百零四元，请核准照办等情，请公决案。

（决议）交郑（彦棻）、邹、刘三委员审查，由郑委员召集。

五、据教育厅签呈，据省立体育专科学校呈缴率领员生带同公物赴文理学院办理移交川资运费支付预算书，查核各数尚无不合，所需经费一千零七十元，拟准予在该校经常费节余项下开支等情，请公决案。

（决议）照案通过。

六、据建设厅签呈，本厅所拟二十九年度推动各县农业生产实施计划纲要、各县农业指导工作站组织大纲，经第一五〇次会议决议，照审查意见修正通过施行在案。兹拟再予补充及酌加修改，请核示等情，请公决案。①

（决议）照秘书处签拟修正通过。

修正之点如下：第三项成绩考核部分改为："各工作人员之成绩，由建设厅考核，并由各该区行政督察专员督饬所属各县长考核，送由建设厅复核，会报省政府备案。"

七、据建设厅签呈，据广东省战时长途电话管理所呈复关于二十九年度下半年预算剔除巡房经费一项困难情形，请予维持及另编追加预算

---

① 秘书处签拟略。

书，月支一千四百一十元，由本年七月起至十二月止，六个月共列支八千四百六十元，请核示等情，请公决案。

（会计处签拟）查本案经送准本府秘书处复核所拟各点本处意见相同，该项追加巡房经费，计三所共月支一千四百一十元，由本年七月起至十二月止，六个月共支八千四百六十元，该款似可准在本年度省预备金项下开支。至该所三十年度预算，既将各巡房归并入各分所或派出所内，于编列预算时，关于原列房租一项（每所月支五元三十所月共支一百五十元），应即删除，以符实际，并请提会核定。

（决议）照会计处签拟通过。

八、据建设厅签呈，据×××钨矿专员曾昭厚呈请辞职，拟予照准，遗缺拟派该专员办事处总务股股长赵成欣代理等情，请公决案。

（决议）照案通过。

九、准广东高等法院函送本省各级法院监狱二十九年八月至十二月增加办公什费概算书表，计共一万九千九百五十元，此款拟由中山、宝安、钦县、花县等地方法院及南澳，澄海等县政府暨汕头、花县等监狱二十九年度未支节余经费二万二千八百一十一元款内拨支等由，请公决案。

（决议）照案通过。

十、据新会计处案呈，关于化县县政府呈缴二十九年度地方款岁入岁出追加概算书所列收支数额，既经财教两厅分别核属需要，似可准予追加，请核定公布施行等情，请公决案。

（决议）照案通过。

十一、据曲江县政府呈缴二十九年度县地方款追加岁入岁出预算书表，请察核存转等情，请公决案。

（决议）照案通过。

十二、据开建县政府【呈缴】二十九年度县地方款追加岁入岁出预算书，请察核存转等情，请公决案。

（决议）照案通过。

十三、主席提议，拟由本府会同保安司令部饬第四、六两区行政督察专员兼保安司令在惠阳组织联合办事处，暂定开办费一次过五百元，补助费每月五百元，由省库支拨，请公决案。

（决议）照案通过，自九月份起，款在本年度省预备金项下开支。

十四、据本省粮食调节委员会呈，据西江四邑米粮运销委员会呈，拟设立四邑办事处，附缴二十九年度经费概算书，月列二百四十元，由本年七月一日起至本年十二月三十一日止，共列支一千四百四十元，查核尚属适合，请存转核发等情，请公决案。

（决议）照案通过。款在救济米荒基金项下开支。

十五、据秘书处案呈，关于惠来县集益公司代表黄振三因领采锡矿事件，不服建设厅所为重复矿区部分准由兴业公司优先承领之处分，提起诉愿一案。现经依法决定，作成决定书，请提会核定等情，请公决案。

（决议）交郑（彦棻）、何、黄（麟书）三委员审查，由郑委员召集。

十六、据秘书处案呈，关于和平县民黄明甫等为不服和平税务局没收桐油之处分，提起诉愿一案。现经依法决定，作成决定书，请提会核定等情，请公决案。

（决议）照决定书通过。

十七、准邹委员函复，审查建设厅拟具本厅广东省银行二十九年度冬耕购种贷款合约草案，及冬耕购种贷款办法草案意见，请公决案。

（决议）由省银行拨借一百万元，合约及贷款办法交胡、黄（元彬）、邹三委员审定报核，由胡委员召集。

十八、准胡委员、刘委员、郑委员会复，审查财政厅长提议拟订广东省促进清收地税契税实施办法一案意见，请公决案。

（决议）照审查意见通过。

十九、郑委员（彦棻）、邹委员、郑委员（丰）报告审查胡委员提议"本省现行缉获各项私货暨违章物品之罚锾及充公变价款提成充奖办法"间有未洽，拟请酌予修正以符充奖本旨而励廉隅一案意见，请公决案。

（决议）照审查意见通过。

二十、据会计处签呈，为本省二十九年度省地方普通概算溢支甚巨，拟筹增来源，减少支出，俾岁出岁入得以平衡，请提会核实施行等情，请公决案。

（决议）原签办法第一项交财政厅筹措，第二项照案通过。

二十一、主席提议，化县县长庞成另有任用，遗缺派何宝书代理；南山管理局局长黄端如辞职照准，遗缺派曾也石代理，请公决案。

（决议）照案通过。

广东省政府第九届委员会
第一百六十五次议事录

日　期　九月二十六日

地　点　曲江本府

出席者　李汉魂　郑彦棻　黄麟书　刘佐人　黄元彬　何　彤
　　　　高　信

列席者　杜之英（毛松年代）　张宗良　沈　毅

主　席　李汉魂

纪　录　（秘书）魏育怀　（科长）谢乐文

报告事项

一、准军管区司令部函，据岭南师管区转报英德兵团服务员吴玉棠率领班长返部，船遭沉没，损失款项，及捞枪费共一百零八元，请准报销前来。损失款项拟不准，其捞枪费五十元在何项开支请示等情。查该项捞抢费既属雇工打捞，似应准予发还归垫，款在本部国民兵团队节余经费项下拨支等由。饬据会计处签称，似可照办等语，应准如拟办理。

二、据教育厅报告办理流动学校情形，缴呈计划及经临费预算书，请核备等情。饬据会计处签称：（一）临时预算所列调任干事米津，应由该厅依照本府规定发给米津办法办理，原列二十元拟予删去，该预算应改为一次过列支三千一百三十八元，似可准如所拟在本年度义教经费内活动巡回学校开办费项下开支。（二）经常费预算干事米津每月二十元拟予删去，该预算应改为月支一千一百一十元，似可准如所拟，自本年九月份起支，在本年度义教经费内流动巡回学校经费项下拨付等语，应准如拟办理。

三、据卫生处呈，据第一病兵收容所呈称，该所盖搭棚厂实支出数目为国币二千七百一十八元九角二分，比较奉颁规定二千五百元，计超支二百一十八元九角二分，请准予项与项流用，由本所开办费异项剩余之数开支。为顾全事实起见，似宜加以追认，该款并拟与该所开办费修缮项目流用等情。饬据会计处签称，似可照准等语，应准如拟办理。

四、据第九区行政督察专员电，为本署在白沙县属里桂村搭盖茅屋三所，放存文卷公物，实支工料费四百八十三元，经在移管专款项下挪支，请拨发归垫等情。饬据会计处签称，该项盖搭办公茅屋费，拟准在本年度省预备金项下拨还归垫等语，应准如拟办理。

五、据第九区行政督察专员呈，据琼山县呈缴该县抗战阵亡官兵林藻芬、许仁兴、吴坤珍、吴壁卿、傅肇周、邢昆等六名请恤事实表，转请给恤等情。饬据秘书、会计两处签拟，依法各给其遗族八十元之一次恤金，并给与其遗族每年五十元之年抚金，以十年为止，计一次恤金共四百八十元，该款拟在二十九年度省总概算恤金项下开支。至年抚金五十元，拟由三十年度起，按年由省总预算恤金科目项下拨支等语，应准如拟办理。

六、据本省候用公务员招待所呈缴更正本所本年七月份候用公务员招待费预算书，列支三百五十七元四角九分，饬据会计处签拟查核尚无不合，拟照数发给，在本年度省预算金项下开支等语，应准如拟办理。

讨论事项

一、据会计处签呈，关于发给各机关员役暨团队警察生活补助费一案，前经本处签奉批由会计处印发各委员各厅处局长详加研究，限一星期内签送会计处汇呈核夺等因，经遵办在案。现综合各项意见列表请签核提会决定等情，请公决案。

（决议）（一）由省库发经费之机关公务员及公役米津，照原案继续发给，但米价国币一元不及二斤半之地区公务员，月薪在百元以下者，每月另发给米津五元，公役加发三元，前项所称地区米价，以省粮食调节会所公布各该县城八月份之市价为准。（二）自卫团队主副食费照原案继续发给，本府与军区会商救济办法照案通过。（三）保安队米津应参照第十二集团军办法办理，依保安司令部所拟支配办法，每月由省库另拨二万四千七百零九元四角，由该部统筹办理。（四）连连乳阳自卫总队、税警团、本府警卫营官兵每名每月各加发米津三元。（五）省警队派驻地区，倘其县城八月份米价每元不及二斤半者，官兵每名每月增发米津三元。（六）省立学校教员以月薪计算者及职员公役比照第一项规定办理。（七）军管区政治部米津比照第二项自卫团队办法办理。（八）照以上各项规定，其应由省库发给之款，应以补助各级公务员役团警米津科目追加岁出预算以债款收入科目追加岁入预算。各营业机关米津，应由其营业基金开支。（九）各县政府及其所属机关学校，由各县政府体察地方财力，参照上列第（一）、（五）、（六）三项发给米津，在各该县地方款开支。（十）凡照上各项规定发给之款，均应由当事机关按其核定编制名额（编制外员额不得列入），从新分别编具本年度三个月数之预算书及名册三份，送府查核。（十一）所有以前专案呈准发给米津或生活补助费与以上规定不符者，应另案呈候核定。（十二）以上各项规定，应自本年十月一日起实行，至十二月底止。

二、据建设厅签呈，据公路处呈复关于各项预算书业经遵照核定预算数从新改编，申述理由，请示前来。查所称各节与核定原案，略有未符，复查该处自四月以来一切开支，均未依据预算办理，以致支出超过预算，现编九月至十二月预算，其十月至十二月之数字多未遵令紧缩，应否饬仍遵前令改编，抑如何办理，请核示等情，请公决案。

（决议）会计处签拟一、二、四项通过，第三项紧缩经费总额交建设厅妥议呈核。

三、据本省粮食调节委员会呈，据南雄运输站呈报六月份船夫伙食搬运各夫费，总计支出国币一千七百二十六元三角八分，造具计算书表，请核准报销前来。查所列各数总散相符，该费经由本会在特别备用金垫支，请指拨归垫等情，请公决案。

（决议）照案通过，款在救济米荒基金项下开支。

四、据本府战时通讯所签呈，拟定广东省电讯器材管理规则，经交法制室审拟修正，请公决案。

（决议）交秘书、会计两处审查，由秘书处召集。

五、胡委员、黄委员（元彬）、邹委员会复关于冬耕购种贷款合约及办法一案，经会同审查，将原合约及办法草案分别修正完竣，请公决案。

（决议）照修正案通过。

广东省政府第九届委员会
第一百六十六次议事录

日　　期　九月二十八日
地　　点　曲江本府
出席者　李汉魂　郑彦棻　何　彤　郑　丰　刘佐人　高　信
　　　　黄麟书
列席者　杜之英（毛松年代）　李仲仁　桂竞秋　袁晴晖
主　　席　李汉魂
纪　　录　（秘书）魏育怀　（科长）谢乐文
报告事项

一、准广东高等法院函，以中山地方法院因受战事影响，不能执行职务，经饬自本年七月起，改归中山县政府受理，其原核定列支中山法院前项追加薪饷计三百四十二元，应请注销，另编中山县政府前项预算，连同各院监县府追加预算一并函请办理等由。饬据会计处签称，查另改列兼理司法之中山县政府追加薪饷共七十八元，原核定是项追加薪饷总额应改为共列支二万九千零一十元，核尚无不合，拟予照办等语，应准如拟办理。

二、据教育厅电，指省立广州农工职业学校暨本厅流动学校呈报月支五十元以下员役名册，合编具应领米津清表，请饬财政厅分别拨发等情。饬据会计处签称，查广州农工职业学校员役月需米津一百七十九元，五至九共五个月计八百九十五元；又该厅流动学校米津月需六十元，八九两个月共一百二十元，拟准分别并予拨发，款在二十九年度省预备金项下开支等语，应准如拟办理。

三、据本省战时贸易管理处呈缴本处韶关公务员消费供应社二十九年度七月份学徒米津追加预算书册，饬据会计处签称，查该处省会公务员消费供应社学徒李国英等应领米律数国币一十五元，核尚实在，该款似可准在该社营业基金项下开支等语，应准如拟办理。

四、据第二区行政督察专员呈缴无线电第二区台八月份员役米津预算书，饬据会计处签称，查该台新编制八月起月增工役三名，计应增拨米津月各九元，拟八九两月并准拨发，计共十八元，款在二十九年度省预备金项下开支等语，应准如拟办理。

五、□□□□□□□□□□□五至八月报差米津预算书表，饬据会计处签称，查该台报差米津月需国币十二元，五至九月共五个月计需六十元，拟准并予拨发，款在二十九年度省预备金项下开支等语，应准如拟办理。

六、据第九区行政督察专员公署后方办事处转缴无线电第九区台五月份员役米津预算表，饬据会计处签称，查该区台米津每月需三十六元，五至九月共五个月拟并拨发，计共需国币一百八十元，该款在二十九年度省预备金项下开支等语，应准如拟办理。

讨论事项

一、准广东省地方行政干部训练委员会函，据干训团呈送音乐队修正训练计划大纲、组织大纲，及二十九年度开办费支付预算书，列支一万五千元，经常费支付预算书月列七百八十六元，由七月份起至十二月份止，计共四千七百一十六元，查该队是项开办经常各费，经遵照本会令饬列在该团二十九年度经临费节余项下开支，请查照等由，请公决案。

（决议）照案通过。

二、据卫生处呈转缴本处卫生试验所扩充器材药物预算书表，列支五万元，查核尚属切要，请察核照准等情，请公决案。

（决议）照案通过。

三、据财政厅签呈，据缉私处呈缴垫拨附属机关开办费清单，计共列支国币二千六百九十九元七角九角，拟请在本处附属机关节余经费项下开支，经指复照准，请核示等情，请公决案。

（决议）照案通过。

四、据秘书处签呈，编具本府二十九年度第十期派赴重庆受训人员旅费支付预算书，计十六员奉核定每员发给往返旅费国币五百五十元，合计发给国币八千八百元，请指款拨支等情，请公决案。

354

（会计处签拟）查前项受训人员旅费支付预算书，共十六员，均属给与表内甲区人员每员发给往返旅费五百五十元，合计国币八千八百元，尚无不合，拟准照拨，款在二十九年度省预备金项下开支，仍请提会核定后，分别通知。至原订"广东省派赴中央受训人员旅费给与表"，拟请并予修正，各照原定发给数额一律增发一百元，以昭平允，并请一并提会核定后办理。

（决议）照会计处签拟通过。

五、据财政厅签呈，缴高要县二十八年度追加岁入岁出经常费概算书，请核定公布施行等情，请公决案。

（决议）照案通过。

六、准广东省动员委员会函复，核明四会县原送二十九年度军民合作站经常费每月三十元，三站月支九十元，由本年七月至十二月合支五百四十元；开办费每站支十五元，三站支共四十五元，预算书及分配表编列款项尚合规定，该县既称县款收入奇绌，请准予按月发给等由，请公决案。

（决议）照案通过。款在本年度省预备金项下拨支。

七、据财政厅签呈，请核派汪家德代理本厅秘书，马庆孙代理第一科科长，刘支藩代理第二科科长，张兆符代理第三科科长等情，请公决案。

（决议）照案通过。

八、据财政厅签呈，本厅阳江税务局局长罗镇欧辞职，经予照准，遗缺权派陈瑞鹏代理；高明税务局局长郭时勖经着另候任用，遗缺权调本厅整理税务委员会委员陈孟仁代理。合将人事登记表请核派等情，请公决案。

（决议）照案通过。

九、（略）

十、据本省粮食调节委员会呈，据合水运输站呈缴二十九年度六月下半月起至十二月底止岁出经费追加预算书，计每月追加六十五元，合共追加四百二十二元五角，查所列各数总散相符，请指款拨支等情，请公决案。

（决议）照案通过。

十一至十二、（略）

十三、主席提议，派谢晨光、余惠霖为本府秘书处编译室荐任编译，请公决案。

（决议）照案通过。

十四、主席提议，普宁县长杜邦另有任用，遗缺调罗定县长林淼曾代理，递遗缺派张嘉斌代理；兴宁县长罗醒另候任用，遗缺派刘平代理，请公决案。

（决议）照案通过。

十五、准广东全省保安司令部电送本部暂行编制表及修正月份经费支付预算书，及追加经费预算书，计共追加八千八百一十一元六角六分，请自本年九月份起照案拨发支应等由，请公决案。

（会计处签拟）（一）原送保安司令部本年度经费预算每月列支二万零一百八十二元九角五分，除原有保安处（现已裁撤）经费及统计股原定经费暨保安经费总经理处原定经费等款移支外，每月计需追加六千一百一十八元八角五分。（二）保安司令部政治部本年度经费预算每月列支六千六百一十三元八角，除原有保安处政治部经费移支外，每月计需追加一千九百二十七元。（三）保安司令部及政治部编制修正后，计共增设士兵一百零九名，计共每月应摊支装备费三百六十三元五角二分。（四）预备费月共追加四百零二元二角九分（系按司令部及政治部现增经费百分之五计列）。以上四项，合共每月共需追加八千八百一十一元六角六分，所列各数，经核尚无不合，似可照办。查保安经费，据称现无节余可拨，而省地方岁出预算预备金科目又已溢支，前项追加经费，拟自本年九月份起，在本年度省预算岁出经常门临时部分第九款保安支出内增列自卫团队经费每月十万元余额项下拨支，仍请提会核定。

（决议）照会计处签拟通过。

十六、主席提议，为强化人事行政机构，拟准本府秘书处增设第四科，以专管人事行政事宜，请公决案。

（决议）照案通过。

广东省政府第九届委员会
第一百六十七次议事录

日　期　十月一日

地　点　曲江本府

出席者　李汉魂　何　彤　郑彦棻　邹　琳　郑　丰　高　信
　　　　　黄麟书

列席者　杜之英（毛松年代）　李仲仁

主　席　李汉魂

纪　录　（秘书）魏育怀　（科长）谢乐文

报告事项

一、据民政厅签呈，拟具非常时期广东省各县局警长、班长、警士薪饷支给暂行办法，请察核施行等情。经准照办。函审计处查照及分行遵照。

二、据建设厅签呈，据农林局呈，拟建筑防空壕四十个，所需款项四百三十二元在该局水利课二十九年度经费节余项下拨支专案核销，似可照准等情。饬据会计处签拟，准如所请在该局水利课二十九年度经费结余项下拨支等语，经准如拟办理。

三、据本府广播电台呈缴二十九年九月份员役米津费预算书册，饬据会计处签称，计列五十五元（增宣布员及助理员各一员），较七月份增列十元，拟准办拨，款仍在二十九年度省预备金项下开支等语，应准如拟办理。

四、据农林局呈缴八、九两月份员役米津预算书册，饬据会计处签称，预算书（包括堆肥菌培养室及肥料改良助理员米津）列支八月份四百一十六元；九月份四百一十三元，较七月份共增列四十五元查系增加职工所致，其超过四十五元之数拟准照发：款仍在二十九年度省预备金项下开支等语，应准如拟办理。

五、据广东省新生活运动促进会妇女工作委员会呈缴九月份员役米津预算书册，饬据会计处签称，书列一百一十八元查核尚合，其比较七月份增加三十五元之数拟并准在本年度省预备金项下开支等语，应准如拟办理。

六、据第五区行政督察专员呈缴无线电第五区台八月份员役米津预算书册，饬据会计处签称，该台八月份改新制后每月预算增多四元（前三十六元现列四十元），核案相符，拟予存转等语，应准如拟办理。

七、据本省粮食调节委员会呈缴南路米粮运销委员会本年五月至八月份员役米津预算书册，饬据会计处签称，查核尚合，所需员役米津计五、六月份各二十四元，七月份三十二元，八月份四十二元，合共二百二十二元，拟准并予拨发，款在二十九年度省预备金项下开支等语，应准如拟办理。

八、据本省粮食调节委员会呈缴驻湘购粮办事处七、八月份员役米津预备书，饬据会计处签称，七月份列支七元三角一分，八月份列支二十九元，共计三十六元三角一分，拟连同九月份应发米津二十九元并予拨发，总计共六十五元三角一分，款在本年救济米荒基金项下开支等语，应准如拟办理。

九、据澄海县政府呈缴无线电分台七、八两月员役米津预算书，饬据会计处签称，查该台米津七月份需一十一元九角八分，八、九两月份各需三十六元，合共八十三元九角八分，拟准并予拨发，款在二十九年度预备金项下开支等语，应准如拟办理。

十、据徐闻县政府呈缴无线电台五至七月份员役米津预算书册，饬据会计处签称，书列五至七三个月预算数九十三元核案相符，拟连同八、九月份米津并予拨发，总共一百五十五元，款在本年度省预备金项下开支等语，应准如拟办理。

讨论事项

一、据本省战时贸易管理处呈，拟具广东省战时桂类统销办法及施行细则实施纲要，请核定施行并通饬各县市政府缉私处协助办理等情，请公决案。

（决议）交黄（元彬）、何、黄（麟书）三委员审查，由黄委员（元彬）召集。

二、据教育厅签呈，本厅督学何灌梁辞职照准，遗缺以本厅义务教育视导员黄继植升充，连同履历表请核示等情，请公决案。

（决议）照案通过。

三、据建设厅签呈，拟派李锡勋代理合作事业管理处秘书，何道遥代理该处社务组组长，杨溯溥代理该处视导组组长，赵植基代理该处业务组组长，请分别给委等情，请公决案。

（决议）照案通过。

四、据民政厅签呈，为各县局施戒烟民工作势难依限于本年九月底办理完毕，拟请准予延长三个月至十二月底止，所需经费共一万二千元拟在禁烟督察处广东稽核处本年二月以后拨府地方部分牌照及特税附加等费项下拨支等情，请公决案。

（决议）照案通过。秘书处第二科禁政股一并延长三个月结束。

五、准省地方行政干部训练委员会函送干训团南路区训练班编制表经临开办各费各付预算书，计开办费列二万零七百四十四元，经常费自九月起至十二月止列三万四千三百五十九元二角，临时费列二万三千三百六十元，款由该团经临费节余项下统筹撙节开支等由，请公决案。

（决议）经临费自十月份起计。余照案通过。

六、据本府印刷厂呈，请将承印第四战区训练集一书全部价银国币二万一千九百三十七元发给等情，请公决案。

（会计处签拟）拟准先发给一万元，仍列本年度省预备金科目开支。其余拟电催四战区政治部迅将奉核定全部价款数额电复，俟复到后再行核发。

（决议）照会计处签拟通过。

七、据本省粮食调节委员会呈，据西江四邑粮运会呈缴粤桂输送站追加经费概算书，每月追加三百五十五元，由二十九年八月至十二月止共追加一千七百七十五元，查属需要，请存转备案等情，请公决案。

（会计处签拟）现据呈追加预算书列：梧州输送站每月追加三百五十五元，比较原定经费增加几及两倍。兹拟照本府午回粮一电，饬在桂办事处酌增职员三人原案准增干事三员，月薪共二百元，自本年八月份起在救济米荒基金项下开支。再查本府午回粮一电，核准在桂办事处酌增职员三人原案并无指定该增加职员应驻梧州站，该项职员既系因采办桂谷五十万石而增加，似应酌为分配于桂林、柳州、梧州各地，以便采办旅费应减去。

（决议）照会计处签拟通过。

八、据秘书处、会计处签复，会同审查税警总团请求追加经费一案意见，请核示等情，请公决案。

（审查意见）查税警总团请追加经费每月共一万八千零九元零五分一案，该团系请照战时陆军各部队暂行给与规则规定办理，会计处原签拟意见核其内容酌减为每月共增支一万三千七百七十九元零五分，并拟将其内容各项目分别自本年七月份或九月份起列支，故本年度计共应增支六万七千六百七十四元三角，即在缉私经费每月十万元原预算内，缉私处本年一月至七月份节余款七万余元内拨给。所拟各点尚属妥洽，本省保安队前经核准援照此项新给与规则请求增支在其节余经费内拨发有案，原定经费总额既不另增，似可照准。惟该税警总团经费原在每月缉私经费十万元项下拨给，现在增支部分亦系在本项经费节余内拨发，为使下年度亦不致增加省库负担起见，似应规定此项增支经临费下年度仍应与缉私经费在原定经费项下调整支配。

（决议）照审查意见通过。

九、据省地政局呈，送职局秘书李如汉履历暨人事登记表，请察核加委等情，请公决案。

（决议）照案通过。

十、据海丰县政府电，为本县增加囚粮经会同地方法院长妥商按目前米价最低限度，拟自奉准日起司法行政囚粮一律每人日发国币四角，请核示等情，经核定准予每囚每日改发国币四角，行政囚粮由地方款开支，司法囚粮请高等法院在额余囚粮项下拨支，补提会请追认案。

（决议）照案追认。

十一、据秘书处签呈，关于各县市局地方岁入之整顿及岁出之分配标准一案，经第一四八次会议决议"原拟编制办法及科目表照案修正通过，自治费下年度全部由各县市局自行列支，原列省库补助自治经费一目删去，余交胡、刘、郑三委员审查，由胡委员召集"在案。嗣经胡委员将本案审查意见函复并先后经民、财厅及邹厅长分别加具意见送府，兹综合列表，请提会核定等情，请公决案。

（决议）照审查意见修正通过。修正之点如民、财厅及邹厅长意

见。（附另表）

十二、据秘书、会计两处签复，会同审查本府战时通讯所拟定广东省电讯器材管理规则经法制室修正一案意见，请提会核定等情，请公决案。①

（决议）照审查意见通过。

十三、委员兼财政厅长提议，拟将本厅厅款废除，所有按照章例解厅留用之款一律缴库。附列简表，提请公决案。

（决议）照案通过。

广东省政府第九届委员会
第一百六十八次议事录

日　　期　十月四日

地　　点　曲江本府

出席者　李汉魂　黄元彬　郑彦棻　刘志陆　黄麟书　郑　丰

列席者　云照坤　杜之英（毛松年代）　何剑甫

主　　席　李汉魂

纪　　录　（秘书）魏育怀　（科长）谢乐文

报告事项

一、据本府南路行署呈，缴八月份员役米津预算书册，饬据会计处签称，查书列八月份米津四百零九元核与原七月份核定实发数额计多列二十七元，经查明系册列人数较七月份增加职员六人，减少公役一人，拟准照数列支，款在二十九年度省预备金项下开支等语，应准如拟办理。

讨论事项

一、准广东全省防空司令部函，据前海口区防空指挥部参谋长兼情报分所所长刘柏桑呈缴琼崖失陷经过情形暨支出旅费书类，查该区部二

---

① 审查意见略。

十八年六月份以前经费系由贵府直接拨发，所请遣散旅费等项请查照办理等由，请公决案。

（决议）该兼所长刘柏燊一员支出撤退车船费国币二百八十九元二角暨该所职员林慕铗等七员、文书上士一名撤退时支出车船费共三百八十八元及二十八年四月底该所裁撤后发给员兵遣散费共四百六十七元二角六分等款，合共一千一百四十四元四角六分，可由防空司令部在本年度防空经费结余项下拨还。原列旅费部分核其用途纯系逗留乡间之费用，并请防空司令部酌核办理。

二、据卫生处签呈，据卫生试验所呈请援案发给卫生试验所主任兼所长毛采章来韶旅费六十元及技士李淡生来韶旅费三百元前来。查该所长及技士系技术人材，此次远方来粤服务似应援案予以优待等情，拟准照发，请公决案。

（决议）照案通过。款在省预备金项下开支。由二十八年度卫生事业项下抵解。嗣后如非特约前来供职之技术人员且该机关尚有节余经费足供支付时不得援例。

三、据新兴县政府呈，缴二十九年度地方款追加岁入岁出概算书，请分别存转等情，请公决案。

（决议）查该县（三等县）兵役科长薪俸本年一、二、三月每月实支六十六元六角六分，四月至十二月份每月照少校薪实支八十元。全年度共计国币九百一十九元九角八分，原列追加收支各一千元均有未符，应由会计处分别代为更正。

密四、据鹤山县政府呈，缴鹤城至宅梧军用专线经费支付预算书，列支四千七百八十五元一角二分，请准予在国防款项下开支等情，请公决案。

（决议）该项费用国币四千七百八十五元一角二分除前拨过国币二千五百元外，尚需国币二千二百八十五元一角二分，并在二十九年度建设事业支出项下拨支。

五、据建设厅签呈，缴修正建设厅农林局组织章程，请核转备案等情，经交秘书处酌加修正，请公决案。

（决议）照案修正通过。

修正之点如下：章程第二条"甲项"：修正为实验及推广，左列农

362

林蚕丝之设计事项：（一）农艺；（二）园艺；（三）林业；（四）水利；（五）农业化学；（六）畜牧兽医；（七）昆虫；（八）植物病理；（九）农业经济；（十）农业工程；（十一）蚕丝；（十二）其他。"乙项"：删去"丙项"改为乙项，并将"关于"二字删去，第四条第七项会计之下加入"人"字，员字之下加入"各"字；第五条改为局长荐任主持全局事务监督全局职员；第六条改为技正荐任，承局长之命处理及计划所属技术事务；第七条改为秘书课长均荐任，承局长之命处理各该管事务；第八条改为技士技佐委任，承长官之命分理各该管技术事务；第九条课员、办事员委任，承长官之命分理指定各该管事务。

六、据建设厅签呈，据公路处呈缴追加护路队临时购置棉被费支付预算书，查核所称现届秋凉棉被一项应预为购置尚属实情，该费一千元拟请饬库照数拨付，请核示等情，请公决案。

（决议）照案通过，款在该处本年度经费结余项下开支。

七、据本省粮食调节委员会签呈，拟议修正本省粮食管理局组织规程，请核示等情，请公决案。

（决议）照案修正通过。①

八、据秘书处签呈，查合浦县民曾志纶为争承草坦事件不服钦廉沙田征收处之处分，提起诉愿一案，现经依法决定，作成决定书，请提会核定等情，请公决案。

（决议）照决定书通过。

九、据秘书处案呈，查廉江县民林槐芳等因田产纠纷不服廉江县政府处分，提起诉愿一案，现经依法决定，作成决定书，请提会核定等情，请公决案。

（决议）照决定书通过。

十、准中国国民党广东省执行委员会函，准中央社会部电知选调人员前往中央训练团社会工作人员训练班受训一案，兹检同本会拟调训人员名单计一十三名，每员去程旅费国币六百元，共七千八百元，请如数照拨过会等由，请公决案。

（决议）照本府规定数目发给，款在本年度省预备金项下开支。

---

① 修正之点略。

十一、委员兼财政厅长提议，拟将本省屠猪捐捐率加增以裕库收，由本年十月十六日起实行，请公决案。

（决议）照案通过。

广东省政府第九届委员会
第一百六十九次议事录

日　期　十月八日
地　点　曲江本府
出席者　李汉魂　郑彦棻　郑　丰　黄元彬　邹　琳　黄麟书
列席者　杜之英（毛松年代）　黄　雯　何剑甫
主　席　李汉魂
纪　录　（秘书）魏育怀　（科长）谢乐文

报告事项

一、据财政厅签呈，据税警总团呈缴该团所属上士小队附暨文书上士津贴预算及名册，饬据会计处签称，据呈上士小队附及文书上士津贴费每名每月三元五角，预算月需一百二十二元五角，本年一月至四月合需四百九十元，似可准予所拟在该总团本年度经费结余项下开支等语，应准如拟办理。

二、据建设厅签呈，据合作管理处呈称，秘书李锡勋，组长杨溯溥、何道遥、赵植基等四员系向广西省政府调派来处工作，到差旅费共支国币二百一十八元八角，请准在该处旅费项下开支，核无不合，经予照准请备案等情。饬据会计处签称，核与修正国内出差旅费规则规定似尚符合，该项旅费既经建厅核准在该处本年度预算处长、组长八、九月份旅费项下开支，拟请报会备案，分别通知等语，应准如拟办理。

三、据财政厅报告，遵将广东省银行二十八年度纯益提拨救济米荒基金二百八十三万元连同中央贷借本省购粮基金二百万元悉拨入购粮基金账户一案办理情形请鉴核等情。饬据会计处签称，本案经送粮食会核明尚合，拟报告会议后指复等语，应准如拟办理。

密四、据第三区行政督察专员呈，转缴郁南县政府呈复补注搬运征存南江口阵地木材费预计算书，饬据会计处签称，既经建设厅核尚适合，似可准照列支。本处复核总散各数亦属相符，单据完备，该项费用合计支出国币二百九十二元拟在二十九年度建设事业支出项下开支拨还等语，应准如拟办理。

五、据本府南路行署呈，转灵山县无线电分台本年五至七月员役米津预算书册。饬据会计处签称，查该台米津月需三十六元，五至九月共五个月合计一百八十元，拟准并予照发，款在二十九年度省预备金项下开支等语，应准如拟办理。

六、据第二区行政督察专员呈缴该署情报组及驻韶通讯处九月份米津预算书，饬据会计处签称，查该署九月份书列八十一元，核较七月份实发数增加三元，前经于八月份预算书内注明漏列公役目三元，准予增拨在案。拟仍准照数增拨。款在二十九年度预备金项下开支等语，应准如拟办理。

七、据本府行政效率促进委员会呈缴本年七、八、九月份员役米津预算书册，饬据会计处签称，查核尚合。所需米津计七月份二十一元五角，八月份六十四元，九月份七十五元，合共一百六十元五角，拟准并予拨发，款在二十九年度省预备金项下开支等语，应准如拟办理。

八、据佛冈县政府呈缴无线电分台八月份员役米津预算书册，饬据会计处签称，查书列八月份米津三十六元核与七月份实发数三十一元计增加五元，原册注明试用通讯员李朝新系八月一日到差，拟准照数增拨，款在二十九年度省预备金项下开支等语，应准如拟办理。

九、据增城县政府呈缴无线电分台五至八月份员役米津预算表册，饬据会计处签称，查该电台月需米津三十六元，五至九月共五个月合计一百八十元，拟准并予拨发，款在二十九年度省预备金项下开支等语，应准如拟办理。

讨论事项

一、据建设厅签呈，拟具广东省政府建设厅派驻各县主任合作指导员服务规则草案，连同合作事业管理处组织规程修正稿暨合作事业管理处合作指导人员服务规则草案，请核示等情，请公决案。

（决议）照案修正通过。①

本案组织规程及合作指导人员服务规则经核定后，以前之组织规程及合作指导员服务规则应予废止。

二、据本省救护委员会呈，拟将职会原有组织改编每员经费四百五十元，与原预算四百元实超过五十元，连同改编组织章程草案及预算编制表请核准自本年九月一日起施行等情，请公决案。

（决议）组织章程修正通过，经费由该会在原经费内自行匀支。②

三、据陆军大学校第××期学员林芳策等十七员电，请准予将学员等每员治装费国币二百元提前一次过发给等情，请公决案。

（决议）先发半数，在本年度预备金项下开支。

四、准广东省军管区司令部电，据广东省新生活运动促进会妇女工作委员会呈缴妇女干训班二十八年度开办费及二十八年十二月份暨二十九年一、二月份经常费支付预算书，计开办费列支一万八千二百三十五元，经常费月支三千零五十五元，除已在二十八年度省地方预算新运会妇女工作委员会事业费项下月拨八百元外，计月需增加二千二百五十五元，由二十八年十二月至二十九年二月底止三个月计共增六千七百六十五元。以上经临两费合共增二万五千元，查核尚属相符，该款经准在本部经管自卫队经费结余项下开支，请查照等由，请公决案。

（决议）照案通过。

密五、据第一区行政督察专员呈，据卸新会县长李务滋呈缴堵塞新会县第十区第六冲水道及黄鱼滘水道工料费支付预算书，计列堵塞第六冲工料费国币八百七十一元二角，堵塞黄鱼滘工料费国币二千八百四十七元四角，合计国币三千七百一十八元六角，连同原缴各件，请核示等情，请公决案。

（决议）照案通过，款在本年度建设事业支出项下开支。

六、据卫生处呈缴本省第一届卫生人员受训期满回粤学员分派工作旅费及伙食津贴费预算书，计共支国币一千八百六十四元四角，该款拟请在第一届第二次选送卫生人员节余项下开支等情，请公决案。

---

① 修正之点略。

② 修正之点略。

（决议）照案通过。

七、据卫生处签呈，本处秘书阮康乐因病辞职，权予照准，遗缺拟派伍崇厚代理，请察核照准等情，请公决案。

（决议）照案通过。

八、据卫生处签呈，本处第一科科长陈芳武因病辞职，拟予照准，遗缺拟派黄春鸿代理，请察核照准等情，请公决案。

（决议）照案通过。

九、据教育厅签呈，查本省国民教育之实施系奉部令暨遵照本省施政中心工作计划规定办理。现中央虽暂缓补助本省似应就缩小范围进行。兹拟定办法三项，请核示等情，请公决案。

（决议）准增拨十二万元。款在本年度省预备金项下开支，不足之数由该厅就教育文化费内自行匀支，仍将支配办法呈核。

十、据民政厅签呈，拟具广东省禁酒暂行办法暨限制屠牛暂行办法，请发交秘书处审拟等情，经饬据将各该办法修正前来，请公决案。

（决议）照案修正通过。①

十一、据财政厅签呈，拟具广东省财政厅轮回查账稽核督导办法及经费预算书，月列三千九百五十二元，由二十九年十月起至十二月止三个月共列支一万一千八百五十六元，拟在本年度各税务局经费余款项下开支等情，请公决案。

（会计处签拟）查财政厅所拟轮回查账稽核督导办法尚属可行，所拟经费概算列月支三千九百五十二元，本年度自十月份起至十二月份止三个月共一万一千八百五十元亦尚需要，似可准如所请在本年度各税务局经费余款项下开支，至下年度应由该厅在原有财务费各项经费中自行调整支配，仍请提会核定。

（决议）照会计处签拟通过。

十二、准广东高等法院电，为各县粮价日趋高涨，拟将各监人犯每餐发米六两为最低限度，如潮安、潮阳、揭阳、饶平、惠来、普宁、丰顺、海丰、陆丰、梅县、兴宁、大埔、蕉岭、平远、五华等十五县及惠阳、阳江两县因粮每犯每日支国币五角，信宜、电白、化县、吴川、廉

---

① 修正之点略。

江、博罗、河源、紫金、龙川、龙门、连平、和平、新丰、阳春等十四县每犯日支国币四角，新会、台山、鹤山、开平、恩平等五县每犯日支国币三角，至其余各县照现时所支囚粮每犯日支二角五分暂不增加等由，请公决案。

（决议）交邹、黄（元彬）、何三委员审查，由邹委员召集。

十三、据财政厅签呈，依照公库法及其施行细则之规定拟具广东财政厅委托省银行代理省库合约，并拟将原拟合约第十及第十一条条文修改请提会核定等情，请公决案。

（决议）照案修正通过。

修正之点如下：（一）原合约第五条"省券照法定比率一四四折合"匀之"一四四"三字删去。（二）原合约第十、第十一两条文合并修改为"十、省银行代理各地省分支金库，对于各库间库存得互相汇划，以总行所在地之分支金库为汇划总机关，汇划手续由财政厅与省银行商定之"。以下各条次序分别递改。

十四、据本省粮食调节委员会呈代编广东省粮食管理局二十九年度十月一日起至十二月底止岁出经常费支付预算书，月列一万二千九百五十八元等情，请公决案。

（决议）照案修正通过，自该局成立日起款在救济米荒基金项下开支。①

十五、据秘书处签呈，关于民政厅因各县局施戒烟民工作势难依限于本年九月底办理完毕，请准将该厅第四科延长三个月结束一案，经本府第一六七次会议决议"照案通过。秘书处第二科禁政股一并延长三个月结束"在案。惟查本处禁政股自决定提前于本年六月底禁绝鸦片后所办事项仅为收支款项案件，为节省经费起见，该股似可毋庸存在，请提会重行核定等情，请公决案。

（决议）照案通过。

十六、据民政厅签呈，为适应战时需要参酌实际情形拟设置曲江县警察局，附缴规程编制，请核示等情，饬据秘书处拟具意见，请公决案。

---

① 修正之点略。

（秘书处签拟摘要）该局临时费每月仍暂由省库补助国币一千元，俟县库收入宽裕时再酌定停止补助。

（决议）照案修正通过，补助费自成立日起在省预备金项下开支。①

十七、准广东省地方行政干部训练委员会函送本会及干训团赴渝参加训练团党政训练班第十一期受训人员名单，请将各该员旅费转饬具领等由，请公决案。

（决议）照案发给，款在本年度省预备金项下开支。

十八、据本省战时贸易管理处呈，拟设芦苞办事处并派钟杰超为该处主任，请赐核委等情，请公决案。

（决议）照案通过。

十九、主席提议，茂名县县长李午天辞职照准，遗缺派龙思鹤代理；赤溪县县长刘广沛辞职照准，遗缺派余仲麟代理；惠来县县长庄剑兰另候任用，遗缺派郑峻岳代理，请公决案。

（决议）照案通过。

二十、主席提议，派前公路处处长陈正元为本府秘书处技术室技正，请公决案。

（决议）照案通过。

广东省政府第九届委员会
第一百七十次议事录

日　期　十月十一日
地　点　曲江本府
出席者　李汉魂　郑彦棻　郑　丰　黄元彬　邹　琳
列席者　黄希声　杜之英（毛松年代）　何剑甫
主　席　李汉魂
纪　录　（秘书）魏育怀　（科长）谢乐文

---

① 修正之点略。

报告事项

一、准军管区司令部电，转送鹤山县自卫队第一大队第二中队第三小队第九分队长何坤因抗战受伤请恤事实表，请查照核恤事。等由。饬据秘书、会计两处签拟，依照人民守土伤亡抚恤实施办法规定给予一次恤金六十元，拟在二十九年度省总概算恤金项下开支。年恤金三十五元，给与五年为止，由三十年度起按年由预算恤金科目项下拨支等语，应准如拟办理。

二、据财政厅签呈，鹤山税务局本年四、五月间敌寇压境支过迁移费一百八十六元，拟准援例发给归垫等情。饬据会计处签称，核尚需要，拟准援例在本年度各税局经费未支配余额项下开支等语，应准如拟办理。

三、据财政厅签呈，高明税务局本年元旦改组后迁址支过搬迁费三十二元五角六分，经在本年度各税局经费未支配余额如数拨付归垫等情。饬据会计处签拟，报会后分别存转等语，应准如拟办理。

四、据财政厅签呈，转缴揭阳税务局二十九年三月因时局紧张搬运费预算书，列支二百八十三元。饬据会计处签称，查核尚无不合，拟准照数在本年度各税务局经费未支配余款项下开支等语，应准如拟办理。

五、据教育厅签呈，据广雅中学请准继续发给迁出图书仪器校具保管费，转请核示等情。饬据会计处签称，查该项保管费自本年四月至十二月九个月共需一千三百五十元，拟准照拨。款在二十九年度省预备金项下拨支，由该厅二十八年度教师服务团生活费结余项下抵拨抵解，追列预算等语，应准如拟办理。

六、据财政厅报告，本厅前向中、中、交、农四行借款二百万元，经依约于二十八年十一月还一十万元，二十九年一月还一十万元，其余一百八十万元在四行新借款四百万元数内扣还在案。惟本年一月所还借款本金一十万元系在二十九年度省地方岁出预算债务支出项下备列偿还债款数内开支等情。饬据会计处签称，拟准备案等语，应准如拟办理。

七、据秘书处签称，查本省县各级组织纲要实施计划，各县县政府编制表及县政府组织规程第十五条均明定事务员均委任，现会计处修正之各级官俸减支数额表对于事务员仍与雇员并列，似有未洽等情。饬据会计处签称，拟照秘书处原签意见将表内所有事务员字样删去等语，应准如拟办理。

八、据第三区行政督察专员电缴无线电第三区台八月份员役米津预算书册，饬据会计处签称，书列四十五元较七月份增列九元，查系自本年八月份起实行新编制后员役增加所致，其超过九元之数拟连同九月份应增九元一并准照增发，款仍在二十九年度省预备金项下开支等语，应准如拟办理。

九、据阳春县政府呈缴无线电分台八月份员役米津预算书册，饬据会计处签呈，查书列二十六元拟准照发，款在二十九年省预备金项下开支等语，应准如拟办理。

十、据海丰县政府呈缴无线电分台六月六日至八月份止员役米津预算书册，饬据会计处签称，书列八十四元查自八月份起各分台实行新编制后原有技助月薪已增至五十六元，依照规定应再发米津，拟剔除五元，计六月六日至八月底止，应发米津七十九元，连同九月份米津二十六元，计共一百零五元，拟准一并拨发，款在二十九年度省预备金项下开支等语，应准如拟办理。

讨论事项

一、准兼保安司令函，据前保安处吴处长签呈，本处前会同审计处派员在湘估价印购军用书籍十九种分发干训班学生及学员大队备用，共价款国币五千二百九十三元八角一分，请核准在本处本年度各月份团队经费结余项下开支，转请查照办理等由，请公决案。

（决议）照案通过。

二、据会计处签称，关于民政厅签呈选派十八县推行新县制指导委员会办公费及委员姓名薪俸分发旅费一案，暨本处核签始与县政府呈报成立新县制指导委员会经费并厘定各县指导委员会经费一案，其办公费之划分似欠明显，谨签拟呈核等情，请公决案。

（决议）照案通过。

三、据建设厅签呈，拟派唐熙年代理本厅农林局技正，检具履历等表，请察核给委等情，请公决案。

（决议）照案通过。

四、据建设厅签呈，据农林局呈转徐闻垦殖场购牛并石榨蔗机及配件临时费预算书，计共一千三百五十元，拟在该场收回民垦贷款项下拨支。如仍不敷，拟在二十九年度结存经费项下拨足。查所拟拨支办法尚无不合，请核示等情，请公决案。

（会计处签拟）该项购买牛只石榨机预算一千三百五十元及拟在该场民垦贷款暨二十九年度节存经费项下拨支一节，既经建厅核明尚无不合，拟准照办。仍饬补具估价单三份，并将民垦贷款收支数目暨二十九年度节存经费拨支本案临时费数目列表呈核。

（决议）照会计处签拟通过。

五、据建设厅签呈，据公路处呈缴二十九年度修理蕉白路十五号桥工程费支付预算书类，列支四百五十三元五角，查核数量价单尚属适合，请拨款办理等情，请公决案。

（决议）照案通过，款在公路处本年度养路费项下开支。

六、据财政厅签呈，据税警总团呈缴该团二十九年度由二月份起至十二月份止汽车司机及助手薪饷支付预算书，计共列支二千九百七十元，请在该团二十九年度经费节余项下支给，查核尚属需要，拟予照准，请核示等情，请公决案。

（决议）照案通过。

密七、据本省粮食调节委员会呈缴东江米粮运销委员会开办费支付预算书，计支八百一十六元二角八分，请核示等情，请公决案。

（决议）照案通过，款在救济米荒基金项下开支。

八、据本省战时贸易管理处呈，据沙鱼涌站续请援照港办事处办法领支薪饷或从优津贴生活补助费，以维生活，准由本站成立日起核发。查所称尚属实情，兹拟定补助费办法三项，请察核等情，请公决案。

（决议）七月至九月姑准照办，十月份后应专案呈核。

九、据广东省新生活促进委员会妇女工作委员会呈，请将本会第二期妇女干部训练班经常费八百元移拨为本会经常费等情，请公决案。

（会计处签拟）据呈妇干班系于本年六月份起停止举办，复查该项预算第三项列训练费月支八百元前据呈送之该会二十九年度经常费预算书即系将训练费月支八百元连同该会原定月支经费五百元合并编造，本年度共列支一万一千六百元，各项目节数目似尚需要，惟要比较原定经费增加一倍以上，如准照拨充增加则将来继续举办妇干班时该班经费势将无着。兹拟准予照数移拨增加，但将来妇干班如恢复办理时应饬在现有经费额内自行分配并请提会核定。

（决议）照会计处签拟通过。

十、据会计处案呈，准财政厅片送河源县二十九年度地方岁入岁出追加预算书，均列一万五千六百元，既经财政厅核无不合，本处复核亦属相符，拟准予分别追加等情，请公决案。

（决议）照案通过。

十一、据本省粮食调节委员会呈缴西江四邑米粮运销委员会肇庆粮仓二十九年九月至十二月底止经费概算书表，计列八百六十元，请指款拨支等情，请公决案。

（会计处签拟）查西江四邑米粮运销委员会肇庆粮仓编制及概算列月支二百一十五元，本年度自九月份起至十二月份止共列支八百六十元，似尚需要。惟原列办事员薪核与本府通案不合，似应饬将四十元者一员改为四十一元者一员。至月支三十元者二员似应饬改为事务员或雇员，并各改为月支三十一元。照此更正后计每月需增加俸薪三元，拟饬由办公费杂支项下剔出三元拨补，而原预算月支二百一十五元之数并无变更。拟将原书表由府代为更正存转，并先准在救济米荒基金项下开支，仍请提会核定。

（决议）照会计处签拟通过。

十二、据仁化县政府呈缴二十九年度追加岁入岁出预算书，均各月列一百四十元，由三月至十二月各共列一千四百元，款由省库补助等情，请公决案。

（决议）照案通过。

十三、据秘书处签呈，关于连县第二区田家乡乡立第六初级小学校校董会代表何福兴因不服连县县政府并校之处分提起诉愿一案，现经依法决定，作成决定书，请提会核定等情，请公决案。

（决议）照决定书通过。

十四、主席提议，拟派曾磊为省警总队副总队长，请公决案。

（决议）照案通过。

十五、主席提议，拟派曾磊代理曲江县警察局局长，请公决案。

（决议）照案通过。

广东省政府第九届委员会
第一百七十一次议事录

日　期　十月十五日

地　点　曲江本府

出席者　李汉魂　郑彦棻　郑　丰　黄元彬

列席者　黄希声　杜之英　林习经　何剑甫　黄　雯（伍崇厚代）
　　　　桂竞秋

主　席　李汉魂

纪　录　（秘书）魏育怀　（科长）谢乐文

报告事项

一、准广东高等法院函送中山地方法院二十九年七、八、九月等月份留员办理结束经费概算书，月需二百三十九元，三个月共需一千零一十七元。饬据会计处签称，似可准予发给。一个月经费三百三十九元，该款拟如高等法院所拟在顺德县政府本年一月至六月未支兼理司法经费国币一千三百六十二元项下拨支等语，应准如拟办理。

二、准广东高等法院函，据海丰地方法院呈缴二十九年度临时修缮费预算书类，共计国币二百九十六元五角二分，拟请由本院二十八年度巡回审判经费剩余项下拨给等由。饬据会计处签称，拟照准。款在本年度省预备金开支。其结余款解库抵领，并追列预算等语，应准如拟办理。

三、据财政厅签呈，为广东省振济会广州湾办事处二十八年十二月至二十九年六月经费每月一千元，饬在二十九年度救灾准备金科目余款项下拨还归垫等因。查本年度省总概算列救灾准备金额四十八万【元】，仍照上年成案每月拨四万元交由本省救灾准备金保管委员会保管，已无余额可以指拨，拟改在救济费项下开支等情。饬据会计处签拟，如所请改在二十九年度省救济费项下开支等语，应准如拟办理。

四、据财政厅签呈，拟将革命老同志梁倚神二十七年十月至二十九年九月份养老金共计毫券九百六十元七成折合国币六百七十二元一并拨入二十九年度支付等情。饬据会计处签称，该项养老金国币六百七十二元据称将二十七年度应付之款计国币八十四元拨入二十九年度支付，拟照准，并将二十八年度应拨之款三百三十六元一并拨入二十九年度支付等语，应准如拟办理。

五、据建设厅签呈，据农林局呈缴筹设养鱼池计划草案及概算书，查所拟计划及经临费数目大致尚合，拟请改由该局本年度经常费节余项下拨支等情，经指饬准在该局本年度经常费节余项下酌拨。

六、据会计处签呈，准民政厅片送省警总队呈缴第二大队文牍员李芳廷被炸受伤医药费预算书，计列支国币一百元。此案前经由民政厅及秘书处签拟依照广东省公务员雇员公役遭受空袭损害暂行救济办法规定奉核定发给一百元，饬在二十九年度该总队部经常费节余项下开支，并补具预算书呈核在案。现查预算书核尚符合，请报会后分别办理等情，应准如拟办理。

七、据卫生处签呈，奉饬派员驻港装运药物因欧战影响迟到以致延长时间计超过原预算旅费国币二百二十九元六角九分，拟在二十九年度事业费节余项下开支等情。饬据会计处签称，查原预算该项旅费列支三百八十元，现据报支出六百零九元六角九分，比照超支二百二十九元六角九分，既经卫生处核明属实，该超支之数似可准如所拟在本年度卫生事业费节余项下开支等语，应准如拟办理。

八、据本府南路行署呈缴九月份员役米津预算书册，饬据会计处签称，查书列共三百六十五元，核较七月份实支数增加三元，拟准增拨，款在二十九年度省预备金项下开支等语，应准如拟办理。

九、据本省粮食调节委员会呈，据西江四邑米粮运销委员会补呈会计室七月至八月员役米津预算书册，饬据会计处签称，查书列月发一十三元，据称该会计室成立系奉电以后，故未能并编，核属实情，拟由七至九月份米津共计三十九元一并拨发，款在二十九年度省预备金项下开支等语，应准如拟办理。

十、据第一区行政督察专员呈缴无线电第一区台八月份米津支付预算书册，饬据会计处签称，查该台米津八月份列支六十元，核较七月份增加二十四元，拟准饬厅增拨，款在二十九年度省预备金项下开支等语，应准如拟办理。

十一、据第一区行政督察专员呈，据番禺县请核发自治协助员五至七月米津等情。饬据民厅签称，该县辖境经全部沦陷，地方款断绝无处筹给，请照数核发，似可照准。至其他各县，非有同样事实不能援例。并据财厅签称，该县照原定保应设协助员一员，区协助员三员，依照核发米津之规定每月应给米津款二十元，五至九月份共计一百元，似可准予由省库支给各等语，应准如拟办理。

十二、据从化县政府呈缴无线电分台八月份米津预算书册，饬据会计处签称，查该台五至七月份米津未据呈请核拨。现呈八月份预算列支三十一元，拟准照拨，款在二十九年度省预备金项下开支等语，应准如拟办理。

讨论事项

一、据教育厅签呈，据省立民众教育馆呈缴组织章程及办事细则，转请察核备案等情，经交秘书处审核签拟意见，请核夺前来，请公决案。

（决议）交秘书、会计两处审查。由秘书处召集。

二、据丰顺、恩平、电白、罗定、东莞、普宁、吴川七县呈缴二十九年度岁入岁出追加概算书，饬据财政厅等先后核复前来，请公决案。

（会计处签拟）（一）丰顺县追加概算岁入部分财厅拟准照列，其余各厅无意见；岁出部分照民政厅意见经常门第一款第二项第一目增列二百二十八元，第三项照财厅意见拟全数删除，比较实减支一千七百一十三元，改列入第六项预备费项下以资平衡。又该县由本年四月份起由省库按月补助增加人员经费四百元，本年度计共三千六百元，应分别代列为岁入临时门第一款县地方普通岁入第一项补助款收入第一目"省库补助增加行政人员经常费"及岁出临时门第一款县地方普通岁出第一项行政费第一目"县行政经费"。（二）恩平县追加概算岁入经常门第二项第三目照财厅意见应增列三百七十五元；同项第四目照教厅意见应增列四百五十六元。岁出经常门第一款第二项第二目"递步哨经费"应改列为第三项第二目，第四项第二目应增列七百四十九元；第五项第一目应增列三百七十五元；第七项预备费项下应减列二百三十九元。岁入岁出追加总数各为二万四千零五十元。（三）电白县追加概算岁入仅

376

市场租一目经财政厅签注，以该项收入究系何种抽收，拟饬详细补列再核一节，似应照签注意见将概算发还，饬详细叙明再呈核办。（四）罗定县电话所收支预算表应改为县地方岁入岁出追加概算，收支各为二千一百二十六元，拟照列。惟岁入科目第一款应改为"县地方普通岁入"，第一项改为"事业收入"，第一目改为"电话收入"；岁出第一款改为"县地方普通岁出"，第一项改为"建设费"，第一目改为"工商经费"以资划一。（五）东莞县追加概算经财政厅审核，以岁入经常门第一款第一项第一目省库拨助行政经费（即增设行政人员经费）每月四百元系由四月份起，本年度仅补助九个月。原书列全年数额，计应减列一千二百元，实为三千六百元，尚无不合。因之岁出经常门第一款第一项第一目"县行政经费"亦应减列一千二百元。又此项收支仅属暂时特殊情形而发生，应在原科目分别剔出，照数改列为临时门岁入及岁出科目名称，及排列照丰顺县案办理。至岁出经常门第一款第一项第二目政务警察经费三十元民厅签复后以是项追加数未经于备考栏内详细叙明，无从审核一节，但为数无多，拟准予照列。（六）普宁县追加概算收支各列三千三百八十九元，各厅审核后并无增减，复核亦无不合，拟准予照列。（七）吴川县追加概算，经财政厅审核签注，以岁入经常门第一款第一项第六目"驳艇捐"二千二百八十元应全数删除；第三项第二目"省库拨动委会经费"应由三月份起支，剔减一百四十元。又同项第一目"省库拨兵役科长经费"应增列七百九十八元；第四目"营业税三成留县款"应增列五千四百元；第五目"国省库拨义教经费"经教厅核签以应增列五百五十四元。又岁出经常门第一款第三项第一目"动委会经费"照省库拨发月份起支，应减一百四十元；第六项第一目"各项补助费"吴川周报及妇女会经费经财政厅核准由预备费项下开支，本目所列是项追加数七百二十元似应删除，以免重复，复核尚无不合。又本概算经审核结果节余之数如数列入预备费内，以资平衡。

（决议）照会计处签拟通过。

三、据财政厅签呈，据税警总团呈报，成立六个新兵中队，分派各地接收新兵，所需经费计共国币一万八千三百六十元，拟在该团经费项下搏节拨支，拟予照准，请核示等情，请公决案。

（决议）照案通过。

四、据卫生处签呈，缴二十八年度本处及四区署超支预算数款项预算书及支出凭证，计本处超支四百二十六元六角三分，四个区署超支八百一十一元二角四分，请准予追认，在本处及各区署二十八年度经费节余项下互相流用，俾资归垫等情，请公决案。

（会计处签拟）现据缴呈支出凭证，核尚实在，似可姑念情形特殊提会核准。款在本年度省预备金项下开支。其该处及各区署二十八年度节余款饬解库抵领。

（决议）照会计处签拟通过。

五、准广东省临时参议会函送追加第三次大会开会费预算书，计共支三千三百三十五元三角八分，请准予在本会历次大会参议员出席旅费节余项下拨支，不另请款，请查照办理等由，请公决案。

（会计处签拟）查所请追加第三次大会开会费共三千三百三十五元三角八分，此款业经先行支出，似应照追加，拟列入本年度省预备金项下开支，由参议会在历次大会参议员出席旅费节余项下抵解，并照数追加本年度省预备金，仍请提会核定。

（决议）照会计处签拟通过。

六、据民政厅签呈，拟具广东省防范拐带人口暂行办法，请核示等情，请公决案。

（决议）交郑、郑两委员审查，由郑委员彦棻召集。

七、据建设厅签呈，奉发审查关于本省战时贸易管理处呈拟具广东省战时桂类统销办法及施行细则实施纲要，请核定施行并通饬各县市政府缉私处协助办理一案，经会同何、黄两委员审查拟具意见，请察核等情，请公决案。

（决议）照审查意见修正通过。

修正之点如下：（一）收购桂类价格其初次定价及变价时须经贸易管理处监察委员会之核定。（二）统销桂类实施日期改二十九年十一月十六日起。（三）统销桂类所获之纯益应解省库。

八、据民政厅、财政厅、会计处签呈，查各县局办公费数额极少，在物价昂贵中应付全县府局办公之用势有不敷，似有酌予增加必要。谨拟具增加标准，拟自本年十月份起实行等情，请公决案。

（决议）照案通过。由三十年度起实行。

九、据教育厅签呈，拟在二十八年度各项教育文化费结存项下拨支省立罗定中学二十八年度迁校临时费四千四百六十三元四角，请核示等情，请公决案。

（会计处签拟）查此案既据教厅拟予照准，该款拟准在二十九年度省预备金项下拨支，并饬将二十八年度各项教育文化费结余抵领抵解追列预算。仍请提会核定。

（决议）照会计处签拟通过。

十、据教育厅签呈，呈缴私立仲元中学校二十九年度第一学期增班设备费支付预算书，计共一千二百元，请准在本年度教育文化费内留学生经费结余项下拨支，请核示等情，请公决案。

（决议）照案通过。

十一、据财政厅签呈，本年度省地方款收支情形及拟追加追减岁入岁出概算缘由，附呈简表，请察核等情，请公决案。

（决议）交黄、郑（彦棻）、郑（丰）三委员审查，并通知财厅、省行、会计处派员参加，由黄委员召集。

十二、据财政厅签呈，编具本厅二十九年度九至十二月份追加岁入岁出各项经费预算书，请准分别追列等情，请公决案。

（决议）交秘书、会计两处审查，由秘书处召集。

十三、主席提议，从化县县长蔡熹辞职照准，遗缺派欧阳磊代理；鹤山县县长温一华辞职照准，遗缺调龙门县县长汤灿华代理，递遗龙门县长缺派朱曼代理，请公决案。

（决议）照案通过。

十四、黄委员、何委员、邹委员会复审查广东高等法院请增发各县囚粮一案意见，请公决案。

（审查意见）查高法院再请增加潮安等三十六县囚粮，核与各县粮价趋涨情形酌为提高尚属需要。惟查自卫团主副食发给办法系由东江粮运会照米价每元二斤半供给，照高法院原拟东江潮梅各县囚食每餐米六两计算，每月约米二十二斤半。以每元二斤半计，月需九元。饬即每日发囚粮四角，月亦有十二元。除米价外，尚有余款以供菜资。是关于各该县囚粮，尽可援照自卫团主副食办理。兹拟将潮安、潮阳、揭阳、饶平、惠来、普宁、丰顺、陆丰、梅县、兴宁、大埔、蕉岭、平远、五华、惠阳、阳江等十六县囚粮每日各给国币四角，海丰一县并照原案支给四角，信宜、电白、【化县】、吴川、廉江、博罗、河源、紫金、龙川、龙门、连平、和平、新丰、阳春等十四县每犯日支国币三角五分，新会、台山、鹤山、恩平、开平等五县每犯日支国币三角，其余各县暂仍照旧不加前项所增囚粮款。司法犯仍由高法院在额余囚粮支补，行政犯仍在县地方款开支，均自奉文日起实行，并由高等法院饬各县监狱将囚犯人数所需米额列送粮运会以资筹划接济。

（决议）照审查意见通过。

十五、准广东省临时参议会函，本会第四次大会因奉令推选参政员提前开会，会期迫促，拟凡在渝、港参议员乘机赴会者每员连原定旅费共支国币一千八百元，计十三员共增支国币一万一千四百元。此项增加之款请先由省府专案垫支，即由第四次大会节余项下返还。如仍不足，请由省府补助等由，请公决案。

（决议）照案通过。本府先行垫支，在省参议会经临费节余项下归还，不足之数由省预备金项下开支。

广东省政府第九届委员会
第一百七十二次议事录

日　期　十月十八日

地　点　曲江本府

出席者　李汉魂　郑彦棻　黄元彬　郑　丰　邹　琳

列席者　黄希声　杜之英　袁晴晖　黄　雯（伍崇厚代）
　　　　何剑甫

主　席　李汉魂

纪　录　（秘书）魏育怀　（科长）谢乐文

报告事项

一、准第三十五集团军总司令部咨，据景华舰长呈，请将本舰经临各费自本年七月份起悉照毫券额发给国币，请查核见复等由。饬据会计处签称，该舰经常费月支国币五百一十八元三角五分，由省库拨支。其员兵现支薪饷与本省新县制各县警察（官兵）待遇比较稍优，所请照原定毫券额改为国币支给一节似未便照准。但该舰勤务兵、炊事兵各一名月各实支五元五角五分似嫌略低，拟酌予提高每名月增为实支八元（两名共增四元九角）。再该舰官员七员，拟援例每员增给主食费四元；水兵十名，各增给副食费三元，预计共需增给六十二元九角，拟准自本年十月份起在本年度省预备金项下拨支等语，应准如拟办理。

二、据建设厅签呈，本厅前托驻港通讯处代刊印招置侨胞移垦计划及告侨胞书印刷费，拟请在本厅本年度经常费节余项下列支等情。饬据会计处签称，查书列各数尚无不合，所需印刷费国币三百二十三元二角一分拟准在该厅本年度经常费节余项下开支等语，应准如拟办理。

三、据省地政局呈，拟将二十七年间鸿昌号罚款六百元拨充小黄岗小学开办费等情。饬据会计处签称，查小黄岗小学开办费既未经教育厅核准拨发，该项罚款亦未有指定用途，似可准予拨充。该小学开办费在本年度预备金开支抵解该项罚金等语，应准如拟办理。

四、据省地政局呈，据乳源测量队呈报测夫刘坤标因公捐躯，请依据战时雇员公役因公伤亡给恤暂行标准规定给予十四个月薪资之一次抚恤费国币二百一十元等情。饬据秘书、会计两处签称，查核尚无不合，拟准予备案，该费准由该测量队八月份经费内支付作正报销等语，应准如拟办理。

密五、据本府战时通讯所签呈，拟择定连县三江圩附近为后方办公地点，租备屋宇四间，每月租金国币二十七元，订由本年十月份起租。在未搬入前照原定租额半数按月交纳等情。饬据会计处签称，查属需要，似可准将此项租金并入该所经常费内按月报销等语，应准如拟办理。

六、据省振济会呈缴南路振济区五至八月份员役米津预算书册，饬据会计处签称，查该区员役米津月需三十六元，五至九共五个月共需一百八十元，拟准并予拨发，款在二十九年度省预备金项下开支等语，应准如拟办理。

七、据农林局呈缴稻作改进所九月份员役米津预算书，饬据会计处签称，查书列九月份米津一百九十元，核较七月份实支数增加二十八元，经注明增加职员五人、公役一人，拟准照数增拨，款在二十九年度省预备金项下开支等语，应准如拟办理。

八、据西江四邑米粮运销委员会电缴该会及各输送站九月份员役米津预算书，饬据会计处签称，查该会及所属员役九月份米津列支一百四十五元，核较七月份原拨发数增加一十九元。原呈经叙明增加缘由，书列各数亦无不合，拟准照数增拨，款在二十九年度省预备金项下开支等语，应准如拟办理。

九、据第三区行政督察专员电缴南海县无线电分台六至九月份员役米津预算书，饬据会计处签称，六月份列支二十三元，七至九月份各列三十六元，共计一百三十一元，核尚符合，拟准照拨。饬由三区专署具领转给。款在二十九年度省预备金项下开支等语，应准如拟办理。

十、据第八区行政督察专员呈缴无线电第八区台八月份新增员役米津预算书表，饬据会计处签称，查核尚合，所增八月份米津一十九元，拟准照教增拨，款在二十九年度省预备金项下开支等语，应准如拟办理。

十一、据始兴县政府呈缴无线电分台七、八月份员役米津预算书，饬据会计处签称，所缴七月份十天预算列支一十一元九角六分。经通讯所查明系七月二十日成立，该月份计十二天，应列米津一十三元九角四分，经代更正。八月份列支三十六元，核尚符合，拟连同九月份米津三十六元共计八十五元九角四分一并拨发，款在二十九年度省预备金项上〔下〕开支等语，应准如拟办理。

十二、据河源县政府呈缴无线电分台六、七月份员役米津预算书册，饬据会计处签称，该台系于六月十九日成立，计需员役米津六月份一十元四角，七月份三十三元一角，八月及九月份各三十六元，合共四个月计一百一十五元五角，拟准并予拨发，款在二十九年度省预备金项下开支等语，应准如拟办理。

十三、据乳源县政府呈缴无线电分台六至八月份员役米津预算书，饬据会计处签称，查该台六月二十一日至八月份共列支七十九元，核数相符，拟连同九月份米津三十一元计共一百一十元一并拨发，款在二十九年度省预备金项下开支等语，应准如拟办理。

382

十四、据和平县政府呈缴无线电分台八、九两月份员役米津预算书册，饬据会计处签称，书列共支六十二元，核与各县无线电分台新编制尚相符合，拟准照拨，款在二十九年度省预备金项下开支等语，应准如拟办理。

讨论事项

一、据卫生处签呈，本处防疫医院院长胡国衡权调本处第一诊疗所所长，遗缺拟派俞次玄接充，请核委等情，请公决案。

（决议）照案通过。

二、据民政厅签呈，据省警总团呈缴二十九年度营造费预算书类，列支九百五十六元，款在该总队本年度经费结余项下开支。查核预算列支数目大致尚合，请核示等情，请公决案。

（决议）照案通过。

三、据民政厅案呈，据省警总队呈，为第一大队第一中队集韶训练需购碌架床五十张，该款国币七百三十五元拟准在该队二十九年度节余费项下开支，请核示等情，请公决案。

（决议）照案通过。

四、准广东省动员委员会函复，关于从化县呈缴增设龙潭陂下墟三甲达溪两军民合作站二十九年由八月份至十二月份经费预算，共列三百元一案。经饬据本省军民合作总站核复，与规定数目相符，所请追加备案似可照准，请查照办理等由，请公决案。

（决议）照案通过。款在本年度接近战区各县战时工作经费预〔项〕下开支。

五、据财政厅签呈，据税警总团呈缴二十九年八月份借车搬运械弹支出汽油款支付预算表，计列国币一千四百四十元，拟在本团二十九年上半年度经常费节余项下开支，请核示等情，请公决案。

（决议）照案通过。

六、据教育厅签呈，据广雅中学呈缴二十七、八两年度搬迁图仪文卷乐器校具临时费岁出预算书，计共五千七百三十元零八分，请一并核拨归垫。查核尚属实在。该项移送费拟准由该校改建九座校舍修筑费结存一千七百九十八元七角四分及历年节余经费九百八十五元一角拨支，不敷二千九百四十六元二角四分由二十八年度本厅教师服务团生活费节余项下拨足等情，请公决案。

（会计处签拟）查该校两次迁运费共五千七百三十元零八分，核与预算书列数相符。该款拟在二十九年度本省预备金项下拨支。所请由该校改建九座校舍修筑费结存一千七百九十八元七角四分及历年节余经费九百八十五元一角拨支，不敷二千九百四十六元二角四分由二十八年度该厅教师服务团生活费节余项下拨足一节，拟饬照数向库抵领抵解。至以前年度如尚有各项结存之款未经解库者，亦应一并扫数解库，以符法案，仍请提会核定。

（决议）照会计处签拟通过。

七、据建设厅签呈，转缴东江船务管理所二十九年度岁入概算书，请核示等情，请公决案。

（会计处签拟）查原呈概算书，计列年收船舶牌照费二万一千元，据注称系参照现在实际情形编列，经建设厅核明尚无不合。本处复核此款原未列入省预算内，似可准予照数列入本年度追加省总概算案内，以船税收入科目列入暨增列预备金支出，仍请提会核定。

（决议）照会计处签拟通过。

八、据卫生处签呈，拟具各游击区县份对于县各级卫生组织大纲实施计划之变通办法纲要，请察核施行等情，请公决案。

（决议）照案修正通过。

九、据卫生处签呈，缴二十九年度十月一日至十二月底止增加人员俸薪预算书，月列一千二百六十元，三个月共三千七百八十元，款在本处二十九年度事业费节余项下开支。在前呈之扩大组织及预算未核准前，请准予由十月一日起实行等情，请公决案。

（会计处签拟）所拟增设"技士"二员、"科员"四员、"事务员"五员、"书记"五员、"工役"四名似可照准。至会计佐理员原拟增设三员，现拟准增设两员，其月支一百员一员剔去，雇员原拟增设两员，现拟准增设一员，其月支二十九元一员剔去。如照上拟办法该预算应加为每月需支一千一百三十一元，似可准如所请，在该处扩大组织新预算未核定之前照由十月一日起支，款在本年度卫生事业费节余项下拨付，仍请提会核定。

（决议）增加人员薪俸自十一月份起支。余照会计处签拟通过。

十、据卫生处签呈，为原有公文箱及办公台椅不敷应用，拟增购木箱五十个，办公台椅二十副，合共需款八百元，拟在本年度卫生事业费节余项下开支等情，请公决案。

（决议）照案通过。

十一、据建设厅签呈，据农林局呈缴二十九年度畜疫防疗所追加开办费支付预算书册，计追加六千三百四十七元九角七分，所请由该所本年度经常费节余拨支似可准予照办等情，请公决案。

（决议）照案通过。

密十二、据本省粮食调节委员会呈，据南路米粮运销委员会呈缴二十九年度岁出经常费预算书表，计由四月二十一日起至十二月底止共列一万三千七百八十七元，及追加经常费支付预算书表自七月份起至十二月份止计列二千四百元，查核所列各数总散相符，请指款拨支等情，请公决案。

（决议）照案通过，款在救济米荒基金项下开支。

密十三、据本省粮食调节委员会呈，据西江四邑米粮运销委员会呈缴驻桂购谷签验员本年八至十二月份经费支付预算书，计月列三百三十元，五个月共列一千六百五十元，查核所列各数散总相符，请指款拨支等情，请公决案。

（决议）照案通过，款在救济米荒基金项下开支。

十四、据丰顺县政府呈，为整理干线及架设全县乡电话网造具工料费支付预算书类，共需工料费国币四万一千三百七十二元，请拨款补助等情，请公决案。

（会计处签拟）查原缴预算书共列支工料费国币四万一千三百七十二元，既经建设厅分别核减，拟照建厅意见全预算准列国币二万六千七百二十二元，并照财政厅意见除修整通达邻县县干线费用拟准由省库拨补图币二千元外，至架设乡新话线费用应统并由县自行筹支。该项补助费国币二千元，拟仍在二十九年度建设事业支出项下开支，并请提会核定。

（决议）照会计处签拟通过。

十五、据本府印刷所呈，为米粮日涨，前奉核准员工发给七元伙食实感不敷，恳请由本年十月起增给五元，该款仍在本所二十九年度营业

385

预算项下开支等情，请公决案。

（会计处签拟）查该所员工伙食费前经核定月给国币七元，比之在韶附近各普通公务机关员役所得米津已较优厚。现请由本年十月份起再增伙食五元（即每员工月给伙食费一十二元）似未便准予照办，拟仍饬照原定数额发给（即七元），如该地区米价国币一元不及二斤半时再行呈请增给，仍请提会核定。

（决议）照会计处签拟通过。

十六、郑委员（彦棻）、何委员、黄委员（麟书）会复，审查关于惠来县集益公司因领采锡矿事件不服建设厅所为重复矿区部分准【由】兴业公司优先承领之处分提起诉愿一案意见，请公决案。

（决议）照原决定书通过。

十七、据民政厅签呈，拟晋升荐任视察陈铁樵代理本厅第二科科长等情，请公决案。

（决议）照案通过。

十八、据秘书处案呈，查新会县民赵达因携运国外钞票被检不服本省第一区行政督察专员公署所为没收之处分提起诉愿一案，现经依法决定，作成决定书，请提会核定等情，请公决案。

（决议）照决定书通过。

十九、准广东省临时参议会函送二十九年度第四次大会开会费支付概算书，计列一万零九百四十元，请查照迅拨应支等由，请公决案。

（决议）照案通过。由省库先行垫支，交财厅筹拟来源。

二十、主席提议，文昌县县长詹学新另候任用，遗缺派前琼山县县长杨永仁代理，请公决案。

（决议）照案通过。

广东省政府第九届委员会
第一百七十三次议事录

日　期　十月二十二日

地　点　曲江本府

出席者　许崇清　郑彦棻　黄元彬　邹　琳　郑　丰

列席者　杜之英　黄　雯（伍崇厚代）　黄希声　何剑甫

主　席　李汉魂（公假）　郑彦棻（代）

纪　录　（秘书）魏育怀　（科长）谢乐文（谢晨光代）

报告事项

一、奉广东绥靖主任公署函，关于防空司令部拟具调整各防空区机构办法一案，准通知经第九届委员会第一六○次会议照案通过自应照办。查关于第二、三防空区扩编及第四防空区裁并定于本年十二月一日实行，请查照办理等因。饬据会计处签拟，报会后分别通知等语，应准如拟办理。

二、据财政厅签呈，始兴税务局迁运公物用费拟援案在本年度各税务局经费未支配余额拨给等情。饬据会计处签称，该项搬迁票照费共垫支国币四十四元五角，拟准援案在二十九年度各税务局经费未支配余额拨给，报会备案等语，应准如拟办理。

三、据教育厅签呈，缴战教股本年度岁入岁出预算及职员履历，请存转迅列收支等情。饬据会计处签称，该股职员薪俸原奉教育部核定准设干事二人、书记一人，月共支薪二百一十元，由部按月补助。据呈收支预算，计由本年度六月十五日起至十二月底止共六个半月，各列一千三百六十五元，查核尚合，拟将是项补助收入列入本年度省地方总概算内岁入经常门临时部分第三款第一项中央补助收入项下另列第五目为"中央补助本省教育厅战教股职员薪俸"，并将是项支出列入岁出经常门临时部分第五款第一项另列第四目教育厅战教股经费等语，应准如拟办理。

四、据会计处签呈，据恩平县政府会计室呈请通饬各县任免人员于到职或离职之日即缴具名册印鉴，逾限不缴作虚报论。查所称尚属切要。兹为各县市局便于稽核所属各机关俸薪之支出及防止流弊起见，拟订办法五项，请通饬遵照等情。查所拟尚洽，应准如拟办理。

五、据民政厅签呈，据省警总队呈缴第三大队伙夫陈明抚恤瘗埋费预算书，列支二百二十六元。饬据会计处签称，核案相符，拟报会后分别存转等语，应准如拟办理。

密六、据本省粮食调节委员会呈缴东江米粮运销委员会岐岭检查所编制经费预算简表，月列一百六十二元。饬据会计处签称，既经粮食调节会核明尚属需要，似可准自本年九月份起在救济米荒基金项下开支。惟原表备考栏注有"团队六名津贴费"等字样与法令抵触，拟饬将全句删除等语，应准如拟办理。

密七、据乳源县政府呈缴补编二十九年度破坏及修复公路小路经费预算书表，饬据会计处签称，既经建厅核属适合，亦经本处核对相符，此费前经本府决议在二十九年度建设事业支出项下拨发该县国币一万元。现缴书列支国币五千五百一十四元六角五分，比对尚余国币四千四百八十五元三角五分，亦经据乳源省分金库报告已于本年八月十三日返纳库收，似可准予分别存转核销等语，应准如拟办理。

八、据恩平县政府呈缴无线电分台五至七月份员役米津预算书，饬据会计处签称，书列共支一百零八元，核尚符合，拟连同八、九月份实行新编制后应领米津额月各三十一元一并拨发，合计五至九月共一百七十元，款在二十九年度省预备金项下开支等语，应准如拟办理。

讨论事项

密一、准广东省军管区司令部电复，承嘱以本省粮食管理局成立，急需输力，请募组一铁肩大队备用。查编制一大队辖四个中队开办费大队部一百元，中队部二百元；官兵薪饷照陆军给与队丁月饷十一元五角；募捐每名二元；服装每套约二十余元。经饬潮惠区迅募，请先拨国币二万元过部转发等由，请公决案。

（决议）照案通过。名称改为运输队，暂先成立三个中队。款在救济米荒基金项下拨付。

二、准广东省军管区司令部电送二十九年度非战地各县国民兵团及各署局自卫队士兵冬服支付预算书，计共一十六万九千五百九十六元，请如数筹拨转发制办等由，请公决案。

（会计处签拟）查军管区所拟制发本省非战地各县国民兵团及各署局等自卫队士兵冬服，每兵拟发给代金十二元，共计士兵一万四千一百三十三名，合需冬服代金国币一十六万九千五百九十六元，核尚需要。拟将本府秘书处经管各县解缴壮常队经常费结存一十一万一千二百二十二元二角一分全部拨支外，计尚不敷五万八千三百七十三元七角九分，拟请军管区在自卫团队经费结余项下拨支。又第七挺进纵队彭林生部及第八挺进纵队伍驷部所属自卫队士兵本年冬服代金请军区查列预算过府以便办理。以上所拟请提会核定。

（决议）照会计处签拟通过。

三、准广东省动员委员会函复，关于从化县呈缴军民合作站二十九年三月一日至十二月底止经常费支付预算书，共列一千八百元一案，经饬据军民合作总站核复，该项预算与设站办法规定相符，自应准予照拨，请查照办理等由，请公决案。

（决议）照案通过，款在本年度省预备金项下拨付。

四、据财政厅签呈，拟据广东省各县征收县税捐通则，请核示等情，请公决案。

（决议）交许、黄（元彬）、郑（丰）三委员审查。由许委员召集。

五、据财政厅签呈，据税警总团呈缴该团二十九年度额外人员月支薪俸预算表，月支六百五十八元，款在本团节余经费项下拨支，请核示等情，请公决案。

（会计处签拟）似可照准。各该员薪俸准自各该员到差日起，款在该总团本年度经费节余项下开支，仍请提会核定。

（决议）额外人员应取具履历呈府备查，由下年度起遣散。余照会计处签拟通过。

六、据建设厅签呈，据前工业管理处长冯嘉诺呈，为结束事务烦琐，请准将预算展延一个月。经指复，照准经费在原定两个月结束经费项下匀支，及据呈缴更正二十九年度留办结束临时费预算书表，请一并核示等情，请公决案。

（决议）照案通过。

七、据地政局长签呈，奉令勘测湘粤省界，计共用去旅费一千零二十二元二角九分，除两次借得旅费共九百元外，计不敷一百二十二元二角九分，请发还归垫等情，请公决案。

（决议）照案通过。

八、据开建县政府呈，为本县贫脊，地方款项支绌，拟具开怀、南大二电话线路预算书，计共三千四百四十一元五角，请准由省库全数补助等情，请公决案。

（财政厅签拟）查该县拟架设开怀、南大两电话线既系沟通粤桂两省电讯，原缴两线预算书共列支国币三千四百四十一元五角，拟酌由省库拨助国币一千元应支。惟本年度建设事业支出已溢支甚巨，无额可拨，应在何款项下开支，仍请核定。

（会计处签拟）查该县拟架设开怀及南大两电话线预算书，共列支国币三千四百四十一元五角，亦经财政厅签拟酌由省库拨助国币一千元，其余不敷之数拟饬该县就县地方款指款开支。复查本年度建设事业支出虽已溢支，惟该科目前经另案饬即尽先筹措的款追加岁出预算，该项补助费国币一千元拟仍在二十九年度建设事业支出项下开支，并请提会核定。

（决议）照建设厅核定工程材料数量办理，余照财政厅、会计处签拟通过。

九、据本府战时通讯所签呈，本所办公地点均须重新建搭，经招商估价共需工料费五千三百六十九元五角，除前经核定之棚厂及修缮费共一千五百三十元拨付外，尚不敷三千八百三十九元五角，拟请准在本年度各区修理室经费节余项下拨支等情，请公决案。

（决议）照案通过。

十、据教育厅呈，转省立汕尾水产职业学校公平临时校舍遭遇风灾损坏应加修理情形，附缴修理费支付预算书，计列支七百九十二元三角，请准在该校二十八年度经费节余项下开支等情，请公决案。

（决议）照案通过，款在本年度省预备金项下拨付，准由该校二十八年度经费结余项下抵解。

十一、据建设厅签呈缴公路处二十九年度抢修韶州西河木桥工程费支付预算书表图则等，计共七千二百二十五元九角七分，请指款拨还归垫等情，请公决案。

（决议）照案通过，款在本年度建设事业支出项下拨付。

密十二、据本省粮食调节委员会呈，据东江粮运会呈缴二十九年度四月份至十二月份止追加经费预算书，计月列一百一十四元，四至十二月份共列一千零二十六元。查所列各数总散相符，请指款拨支等情，请公决案。

（决议）照案通过，款在救济米荒基金项下拨付。

十三、据卫生处呈，请加委邓镇辅为省立医院皮肤花柳【科】主任医师，李嘉成、刘源心为省立医院皮肤花柳科医师等情，请公决案。

（决议）照案通过。

十四、据财政厅签呈，请派卢志雄代理三水税务局长等情，请公决案。

（决议）照案通过。

十五、据建设厅签呈，缴合作事业管理处视察黄丙西荐委表，请核委等情，请公决案。

（决议）照案通过。

十六、据建设厅签呈，据公路处呈，以秘书丘宝畴辞职，拟派陈蔚文接充，转请分别任免等情，请公决案。

（决议）照案通过。

十七、据会计处签呈，编具本处修搭葵棚费预算书，共需国币三千二百二十四元零六分，该款拟在本处二十九年度经常费及临时费项下撙节匀支等情，请公决案。

（决议）照案通过

十八、主席提议，本省战时长途电话管理所长冯肇裡另候任用，遗缺派江友民代理，请公决案。

（决议）照案通过。

十九、据秘书处案呈，查东莞县观澜墟六十四乡代表陈郁青为观澜墟收入款项争执事件不服广东省第一区行政督察专员公署所为之处分提起诉愿一案，现经依法决定，作成决定书，请提会核定等情，请公决案。

（决议）照决定书通过。

二十、主席提议，拟派谢哲声代理本府建设厅合作事业管理处处长，请公决案。

（决议）照案通过。

二十一、黄委员、郑委员（彦棻）、郑委员（丰）会复，审查财政厅签呈关于本年度省地方款收支情形及拟追加追减岁入岁出概算一案意见，请公决案。

（决议）照审查意见修正通过。①

二十二、准广东省临时参议会函送第四次大会参议员出席旅费追加预算表，计共一万八千三百元，除一万一千四百元前经通过外，实请增加六千九百元。又送参议员朱克勤等三员坐机出席旅费支付预算书，计再追加二千七百元，请查照办理等由，请公决案。

（会计处签拟）现准十月二十日函送参议员出席旅费追加预算书，共列支一万八千三百元，内除去乘飞机费一万一千四百元昨经第一七一次会议议决增加外，实仍请增加六千九百元。又准十月二十一日函送参议员朱克勤等三员坐机出席旅费再追加预算书列支二千七百元，连同上项增加旅费六千九百元共再请追加九千六百元。其追加旅费既系援照第三次大会成例办理，而追加飞机费亦系援照本府第一七一次会议议决参议员乘飞机案办理，自属可行。惟查关于新增经费应自筹来源或与财政厅商得来源再行办理一案前经本府第九届委员会第一六四次会议议决通过在案，现在参议会第四次大会开会在即，前两项请予追加之案如照前案先筹来源恐已赶办不及，兹拟照此函复参议会，关于援案追加之旅费及飞机费请其先行支付，开会后仍请按照实支数目补编追加预算书送府办理，一面饬财厅知照。

（决议）照会计处签拟通过。

二十三、据秘书、会计两处会复审查财政厅编呈二十九年度九月至十二月份追加岁入岁出各项经费预算书，请分别追列一案意见，请公决案。

（审查意见）现奉交下据财政厅编呈本厅二十九年度九月到十二月份追加岁入岁出各项经费预算书，请准分别追列一案。饬遵照本府委员会议决议案会同审查等因，自应遵办。查财政厅因实行废除厅款决议案，依照原案规定办法拟具二十九年度九月至十二月份追加经费预算，计岁入方面追加二十一万六千七百三十五元，岁出方面追加：（一）本厅经费一万九千八百四十元。（二）本厅管理卷烟、桐油经费三万八千四百元。（三）税务督察经费四千元。（四）各税务局管理卷烟、桐油经费二万三千二百元。岁出合计八万五千四百四十元，似尚适合，拟请

---

① 修正之点略。

准照追列。是否有当，理合签复鉴核，提会核定。

（决议）照审查意见通过。

二十四、据省振济会呈，拟增设生产组并增加工作人员，缴同组织规程暨本年度十月至十二月份追加经常费支付预算书，月列支七千元，三个月共二万一千元，请察夺等情，请公决案。

（决议）编制预算照案通过。由成立日起，款在华侨捐助生产专款项下开支。组织规程交秘书处审查。

广东省政府第九届委员会
第一百七十四次议事录

日　　期　十月二十五日

地　　点　曲江本府

出席者　许崇清　郑彦棻　黄元彬　郑　丰

列席者　杜之英　黄　雯（伍崇厚代）　何剑甫　黄希声
　　　　林习经

主　　席　李汉魂（公假）　郑彦棻（代）

纪　　录　（秘书）魏育怀　（科长）谢乐文

报告事项

一、据民政厅案呈，据省警总队呈报，第二大队守卫警士江华本年八月二十九日敌机袭韶被炸重伤，请准照非常时期奖恤警察暂行办法规定给恤金八十元治疗，拟准照办，此项经费并准在该总队二十九年度经常费节余项下开支等情。饬据秘书、会计两处签拟，依照警察人员遭受空袭损害暂行救济办法暨非常时期奖恤警察暂行办法规定，准如该总队所请，核给恤金八十元，在该总队二十九年度经常费项下开支等语，应准如拟办理。

二、据本府南路行署呈缴二十八年度经费会计报告既开办费、赴差旅费预算书，请核存转等情。饬据会计处签呈，查开办费预算书列支九千元，核案相符，各项节目数目亦尚需要。赴差旅费预算书列支一万零六百零八元九角七分，亦似属需要，似可准照在该署经临费节余项下拨支等语，应准如拟办理。

三、据第一区行政督察专员呈缴二十九年八月份行政犯囚粮清册，列支八十五元七角六分，请核销存转，并将垫发过三月份暨六、七、八各月份囚粮如数核发归垫等情。饬据会计处签称，八月份行政囚粮拟在省地方岁出预算内拨补行政犯不敷口粮科目项下拨支。该署三月份暨六、七月份囚粮拟饬财政厅查案拨付等语，应准如拟办理。

四、据民政厅签呈，缴本厅二十九年九月份员役米津预算书，饬据会计处签称，查书列米津四百元核较七月份增加二十五元，拟准照数增拨，款在二十九年度省预备金项下开支等语，应准如拟办理。

五、据第一区行政督察专员呈缴无线电第一区台九月份员役米津预算书册，饬据会计处签称，书列六十元，核与各区台新编制尚相符合，共较七月增列二十四元，拟准增拨，款仍在二十九年度省预备金项下开支等语，应准如拟办理。

六、据第三区行政督察专员呈复，本署代报曲江粮运会米津费数目与该会呈报数目不符原因，请察核等情。饬据会计处签称，既据呈明多列之数系包括所属输送站员役所致，拟准照办。该项米津每月列支一百二十九元，五至七三个月共列三百八十七元，除该会本身部分每月四十二元，三个月共一百二十六元经饬拨外，计每月应增拨八十七元，三个月共增拨二百六十一元，拟准照拨，款在二十九年度省预备金项下开支等语，应准如拟办理。

七、据本府无线电中枢台电缴十至十二月份三个月员役米津预算书册，饬据会计处签称，查预算书共列支八百一十元，核与新编制计增改用手摇机摇工六名及助理员用之什差、伙夫各一名，经向原机关查明均经本府先后核准在案，核数尚属相符（原书第一目第六节三个月预算数应为四十五元误列为三十元经代更正），拟准拨发，并令财政厅以暂付款科目拨付，候汇案以补助各级公务员役团警米津及债务收入科目分别追加岁出岁入预算，所缴书册准予存转等语，应准如拟办理。

八、据桂林通讯处呈缴五月至九月份员役米津预算书册，饬据会计处签称，查该处米津月列一十九元，五至九五个月共九十五元，拟准照拨，款在二十九年度省预备金项下开支等语，应准如拟办理。

九、据粤侨通讯处呈缴十至十二月员役米津预算书册，饬据会计处签称，书共列支四十八元，核尚符合，拟准照拨，并令财厅以暂付款科目拨付，汇案以补助各级公务员役团警米津及债款收入科目分别追加岁出岁入预算等语，应准如拟办理。

十、准广东省委任职公务员铨叙委托审查委员会函送十至十二月员役米津预算书册，饬据会计处签称，书共列支三十三元，核尚符合，拟准照拨。饬财政厅以暂时付款科目拨付，候汇案以补助各级公务员役团警米津科目追加预算，所送书册准照存转等语，应准如拟办理。

十一、据广东省救灾准备金保管委员会呈缴十至十二月份员役米津预算书册，饬据会计处签称，书列数目核案相符，所需米津共九十三元拟准照数饬拨。先以暂付款科目开支，汇案依照从新规定发给米津办法所定科目追加岁出岁入预算等语，应准如拟办理。

十二、据黄岗消防队电缴十月至十二月员役米津预算书册，饬据会计处签称，预算书共列支一百五十三元三角六分，核尚符合，拟准照拨，并令财政厅以暂付款科目拨付，候汇案以补助各级公务员役团警米津科目追加预算，所缴书册准予存转等语，应准如拟办理。

十三、准广东省新生活运动促进会函送十月至十二月员役米津预算书册，饬据会计处签称，查核尚符。所需本年度十至十二月份米津一百三十二元拟准照拨，饬厅先以暂付款科目开支，汇案照新定米津办法所定科目追加预算，原书册分别存转等语，应准如拟办理。

讨论事项

一、据建设厅签称，准省动员会函，请拨付国币一千元以为韶关附近农民修理水车水斗材料费之用。经权先由本厅本年度经费结余项下拨付，请准备案等情，请公决案。

（决议）照案通过。

二、据建设厅签呈，据公路处转缴修理翁虔公路香泉水木桥工程费支付预算书图表，计列一千九百六十一元四角，请拨款归垫等情，请公决案。

（会计处签拟）查原呈预算书图表经送准本府秘书处核复尚无不合，本处复核该项工程系本府前准第十二集团军总司令部函请办理，似难饬由该公路处自筹来源。且原呈预算书据称系照实支数编列计国币一千九百六十一元四角，为数不多，似可准在本年度建设事业支出项下开支，将来即在财政厅筹措追加本科目数内拨付，仍请提会核定。

（决议）照会计处签拟通过。

密三、据本府南路行署电缴生存根据地预贮物资费预算书，计列六千一百二十八元，请准在省预备费项下拨支等情，请公决案。

（会计处签拟）现据呈预算书列支六千一百二十八元，核与该署前电称数目相符，似可准予照列。此款在该署经常费节余既不足拨支，拟饬并在该署本年度临时费节余项下拨支（查该署临时费月额二千元），仍请提会核定。

（决议）照会计处签拟通过。

密四、据第五区行政督察专员公署呈转缴潮安县阻塞江河道支出预计算书类列支国币五千七百一十五元五角九分七厘，请拨还归垫等情，请公决案。

（决议）照案通过，款在本年度建设事业支出项下拨付。

五、据第七区行政督察专员公署电缴本署秘书文尚纲任用审查表，请察核加委等情，请公决案。

（决议）照派代理。

六、据财政厅签呈，查各县税捐现经恢复旧制归县征收，各县库似可无须举行透借。兹拟将前颁广东省各县县库透支借款办法废止，其已借未归还者由承借银行径向县府照约依期收回，请核示等情，请公决案。

（决议）照案通过。

密七、据财政厅签呈，遵电先以暂付款科目垫付广宁县架设怀集广宁话线工料费国币二千元，请指定科目开支等情，请公决案。

（决议）照案通过，款在本年度建设事业支出项下拨付。

密八、据建设厅签呈，据本省战时长途电话管理所呈缴广高线计划表图预算书表等件，请察核饬库拨款办理等情，请公决案。[1]

（决议）照秘书、会计两处签拟通过，款在本年度建设事业支出项下拨付。

密九、据饶平县政府呈缴抢修饶南电话线工料费支出计算书表，计

---

① 秘书处签拟、会计处签拟略。

396

列支七千八百二十一元六角，除奉发六千元外，尚需国币一千八百二十一元六角，请发还归垫等情，请公决案。

（决议）照案通过。款在本年度建设事业支出项下拨还。

十、据财政厅签呈，据缉私处呈，为都城查缉专员郑宇成拟予免职，遗缺拟派宋慕曾代理。检同登记表，请分别派免等情，请公决案。

（决议）照案通过。

十一、主席提议，白沙县县长丘海云另候任用，遗缺拟派黎卓仁代理，请公决案。

（决议）照案通过。

十二、据建设厅签呈，本厅技正陈瘦骏呈请辞职，拟予照准，请核示等情，请公决案。

（决议）照案通过。

十三、据财政厅报告，造具各税务局所站实有助理员及薪俸级数表，计月增薪俸八千一百七十元，该项俸薪拟在本年度省地方款预算财务支出各税务局所站经费余款项下开支等情，请公决案。

（决议）照案通过。

十四、据本省战时贸易管理处呈，据本处派驻连平停车场办事员鄞茂强呈，以连平米价高涨，请关于该场员役膳食酌予津贴。现拟参照本处韶港线各处站津贴办法，职员每月津贴生活补助费八元，什役五元，自本年十月份起实行，款在本处业务费项下开支等情，请公决案。

（决议）照案通过。

十五、据建设厅签呈，先后据梅县长途汽车业同业公会呈，请将各行车公司客票酌予增加，改为每公里每人收费一角；公路处请改为收费一角五分；南船公路永行公司请改为收费九分前来。兹拟将本省公路客运票价无论公营民营一律改为每人每公里收国币一角，请核示等情，并案请公决案。

（决议）除□省际年份有关之票价应另案办理外，余照该厅签拟通过。

十六、据广东省驿运管理处签呈，缴改编本处曲岐线各站线路设备费预算书，计列二十八万五千元，请察核备案等情，请公决案。

（决议）准予备案。

广东省政府第九届委员会
第一百七十五次议事录

日　期　十月二十九日

地　点　曲江本府

出席者　许崇清　郑彦棻　黄元彬　郑　丰　刘佐人

列席者　杜之英　张乃壁　黄希声　桂竞秋　黄　雯（伍崇厚代）

主　席　李汉魂（公假）　郑彦棻（代）

纪　录　（秘书）魏育怀　（科长）谢乐文

报告事项

一、准广东省地方行政干部训练委员会函，据干训团呈缴驿运班二十九年度月份经费支付预算书表，月列三千零二十三元四角，请查照办理等由。饬据会计处签称，比较原由建设厅所编列三千零二十九元二角之数尚无超过，似可准予照办等语，应准如拟办理。

二、据财政厅签呈，准广东高等法院函，请签发澄迈监狱二十七年十一月至二十八年二月份经费等由。除经将该监二十八年一、二两月份经费签送转发外，其二十七年十一、十二月份经费共国币四百七十四元一角六分现因二十六及二十七年度省款收支业已结束，拟请准在本年度省预备金项下拨支等情，饬据会计处签拟照准等语，应准如拟办理。

三、据建设厅签呈，据狗牙洞八字岭煤矿保管处保管员呈缴二十九年冬季服装预算书，转请核示等情。饬据会计处签称，查此项服装费计国币三百八十六元四角核尚需要，所请在省预备金项下开支由该厅应解钨砂价款抵付亦属可行，拟请照准，并照数列入本年度追加预算案内等语，应准如拟办理。

四、据建设厅签呈，据农林局报告，办公厅等日久失修，拟修理及盖搭棚舍，共需款五百元，拟在二十九年度节余项下开支，似可照准等情。饬据会计处签拟，准如所请在该局二十九年度经常费项下搏节开支等语，应准如拟办理。

五、据建设厅签呈，据农林局转报，该局办事员马如聪、邓觉菴本年八月二十九日敌机袭韶遭受损害，拟依法给马如聪救济费六十元，给邓觉菴救济费八十元，在本局本年度节余经常费项下列支。应否照准，请核示等情。饬据秘书、会计两处签称，查核尚无不合，拟予照准，该款拟准在该局二十九年度经常费撙节拨支等语，应准如拟办理。

六、据建设厅签呈，据农林局呈缴二十九年度购置公役寒衣岁出临时费支付预算书，列支三百九十五元六角，似可准予照支，请核示等情。饬据会计处签称，书列公役寒衣费既系依照驻审员审定最低价编列，复查亦尚需要，拟准照数在该局二十九年度经常费节余项下开支等语，应准如拟办理。

七、据卫生处报告，本处第二临时救护队经于九月一日成立，请察核备案等情。饬据会计处签称，该处增设救护队一队，在东江沿线设站救护，预算经常费月支八百二十九元，开办费一次过国币一千零七十四元五角，前经本府核定经常费自本年五月份起支，连同开办费在本年度省预备金项下支付在案。现该队于九月一日成立，前项经常费拟准改自本年九月一日起列支等语，应准如拟办理。

八、据卫生处签呈，缴在港定购之五十万元药物本年五、六月份处理费明细表，共支一百六十四元八角三分。至曲江药库于八月十六日成立，茂名药库于九月一日成立等情。饬据会计处签称，该两药库经常费拟改自上述成立日期起支。其连县药库据称尚在筹备中，其经常费应俟呈报成立日期再行饬拨。关于处理费用，拟在省预备金项下开支等语，应准如拟办理。

九、据建设厅签呈，关于故参议罗剑声抚恤案，拟照该故参议在职时原薪一次过发给其遗族两个月薪共国币三百二十元作为抚恤费。该款请准由本厅经费节余项下拨支等情。饬据秘书、会计两处签称，该厅所请虽依法无据，又无前例可援，但比照公务员给恤尚无不合，似可照准，款在建厅二十九年度经费项下拨支等语，应准如拟办理。

十、据本府无线电广播电台呈，为修葺发电机房等葵棚费一百一十一元五角及添置单车零件费七十六元八角，请准在职台本年度经常费其他各项目撙节流用等情。饬据会计处签称，该修葺葵棚及单车费共一百八十八元三角似可准在该台本年度经常费其他各项目撙节流用，仍列入该台本年度经费办公费项下报销等语，应准如拟办理。

十一、据本府战时通讯所签呈，本所技士李偁枝等四员每员月支俸薪一百元，本年度自八月份起至十二月份止四员共应支俸薪二千元，在本所所属各区修理室经费结余项下开支。下年度并入本所编制预算内，增加之经费拟在本所所属各区电讯机关额定经费内从新调整拨支，不再增加省库负担等情。饬据会计处签称，该李偁枝等四员既系由本府派往服务，拟应饬尽先在编制内任用一员，月薪准自八月份起暂支一百元。其余三员每员月薪一百元，并准自八月份起在尚未成立之所属各区修理室经费预算内俸薪项下开支，俾免与节余经费不得流用为用人经费之规定相抵触，至下半年度该所所属各电讯机关额定经费从新调整支配一节应饬迅编预算呈核等语，应准如拟办理。

十二、据本省战时长途电话管理所呈，为奉发各机关人员统计表少列本所人数共二十一人，恳请追补编造二十九年度修葺费预算书及员工编制表，计列七百五十元，请核转备案等情。饬据会计处签称，查尚属实。除前经核定该所应发修葺费五百四十元外，尚应增发二百一十元，该款拟仍由本年度省预备金项下开支等语，应准如拟办理。

密十三、据从化县政府呈缴二十八年十一月至二十九年三月破坏各乡公道路支出计算书表，饬据会计处签称，既经建设厅核属符合，复核总散各数亦属相符，原缴书列支出费用国币九千七百零一元四角三分除内列出差费国币五百七十二元应饬在该县地方预备费项下开支外，计实支出国币九千一百二十九元四角三分。查本府前经决议在二十八年度建设事业费项下拨过该县加强破路费国币一万元，比对尚余八百七十元零五角七分。又原表列林前任移交结存破路费二千八百二十元，合计实结存三千六百九十元零五角七分，拟饬照数返纳库收等语，应准如拟办理。

十四、据建设厅签呈，缴本厅本年八、九月份员役米津预算书册，饬据会计处签称，书列月支六百七十八元，核较七月份核定数月增八十七元，八、九两月共增一百七十四元，拟准照数增拨，款在二十九年度省预备金项下开支等语，应准如拟办理。

十五、据本府桂林通讯处呈缴十月至十二月份员役米津预算书册，饬据会计处签称，查核尚合。所需十至十二月份米津共五十七元拟准照拨。款饬厅以暂付款科目开支，汇案追加预算等语，应准如拟办理。

讨论事项

一、据建设厅签呈，据公路处呈缴盖搭老隆站工料费支付预算书，共需八百二十四元一角，除由前核定之征收养路费、站开办费原预算四百元开支外，其余四百二十四元一角在行车营业费项下开支。查核尚属需要，请核示等情，请公决案。

（决议）照案通过。

二、据建设厅签呈，据公路处呈复抢修韶连路乳黄茶秤段木涵崩土石方路面及抢救渡车船等预算书表，内单价查明情形查核尚具理由，所需工程费国币七百七十元六角九分拟准予照数编列，请将款拨发办理等情，请公决案。

（决议）照案通过，款在本年度建设事业支出项下拨付。

三、据教育厅签呈，据省立文理学院呈缴更正该院暨附中二十九年度装设收音机设备费支付预算书，计共国币二千六百七十元，请核准存转等情，请公决案。

（会计处签拟）此项设备费二千六百七十元拟准在二十九年度省预备金项下开支。饬将该院二十八年度节余之款解库抵领，以凭追列预算，仍请提会核定。至抵解后如有结存，仍饬扫数解库。

（决议）照会计处签拟通过。

四、据秘书处签呈，查本府本年六、七、八、九各月份招待古巴、南洋及菲律宾等处华侨归国慰劳团支出各费共计国币八千九百二十七元五角七分，该款因本府经临各费每月不敷甚巨，自难由经费项下支拨，请提会指款如数归垫等情，请公决案。

（决议）照案通过，款在本年度省预备金项下拨付。

五、据广东省驿运管理处呈，为遵照奉领驿运章则草案并体察本省实际需要，拟订本处及所属各段站组织暂行规程，请察核施行等情，请公决案。

（决议）照秘书、会计两处签拟通过。①

密六、据第二区行政督察专员公署转缴乳源县政府拟架设县城至大

---

① 原签拟附后，现略。

布乡电话线概算书图，列支国币四千八百一十七元，请拨款补助等情，请公决案。

（会计处签拟）查乳源县府原缴概算，书列工程既经建设厅及秘书处分别核明，拟照建设厅及秘书处意见饬县遵照办理补报呈核。至该县所拟架设由县城至大布乡话线既属有关军讯，且该县系特三等县份，核与限期完成各县乡电话网其贫脊县份由省库拨助一案相符，拟照财政厅意见准由省库拨助国币二千元，其余之款仍饬在该县地方款筹支呈核。复查本年度建设事业支出虽已溢支，但该科目前经另案饬即尽先筹措的款追加岁出预算，该项补助费国币二千元似可仍在本年度建设事业支出项下开支并请提会核定。

（决议）照会计处签拟通过。

七、据广东省驿运管理处呈缴本处曲岐线各站二十九年度开办费概算书，计每站需国币七百六十一元，十九站共一万四千四百五十九元，拟在本处营业基金项下拨支等情，请公决案。

（决议）通过。

八、据增城县政府呈缴二十九年由五月二十九日起至六月七日止支发各乡参加抗敌团队伙食计算书，计共二千六百六十元，请核拨归垫等情，请公决案。

（决议）照案通过。款在本年度省预备金项下拨还。

九、据会计处案呈，准教育厅等先后片移关于遂溪县二十九年度地方岁入岁出追加概算书，嘱查明办理等由。除岁出第一项第二目经照教厅意见改正外，其余收支各数仍照原书所列，计岁入【岁】出各列为一万六千九百九十二元，请核定公布施行等情，请公决案。

（决议）照案通过。

十、据会计处案呈，关于英德县二十九年度地方岁入岁出追加概算经财政厅等分别签复，现将是项概算分别代为更正，计岁入、岁出应各列为二万五千三百零一元，请核定公布施行等情，请公决案。

（决议）照案通过。

十一、据会计处案呈，查罗定县二十九年度地方岁入岁出追加概算经各厅分别就主管范围审核完竣，计改正后应各列为二万二千二百五十四元，请核定公布施行等情，请公决案。

（决议）照案通过。

十二、据会计处案呈，查三水县二十九年度地方岁入、岁出第二次追加概算书各列一万零九百五十六元既经财政厅审核，以书列概算尚无不合，似可准予追加，请核定公布施行等情，请公决案。

（决议）照案通过。

密十三、据财政厅签呈，遵令垫拨紫金县破坏紫河公路费国币三千元，请指定科目开支等情，请公决案。

（会计处签拟）查财政厅签呈，以该项费用经先拨付国币三千元，请指定科目开支等情。核案尚符。复查本年度建设事业支出虽已溢支，但该科目前经另案饬即尽先筹措的款追加岁出预算，该项费用国币三千元拟仍在本年度建设事业支出项下开支，并请提会核定。

（决议）照会计处签拟通过。

十四、据会计处案呈，准审计部广东省审计处函复，关于县佐治人员奉令调差准给旅费及照支在途薪俸一案，查旅费一节援照广东省政府及所属人员支给在途旅费暂行办法办理尚属适当，自可照办。至支出在途薪俸一节，于法亦无不合，惟在本省事属创举，似应由广东省政府规定办法，以资遵守，请查照办理等由，拟请提会核定等情，请公决案。

（决议）交秘书、会计两处会同拟具暂行办法呈核。

十五、据秘书处案呈，查新兴县民何煜昌为撕毁政府封条事件不服新兴县政府判科罚金之处分提起诉愿一案，现经依法决定，作成决定书，请提会核定等情，请公决案。

（决议）照决定书通过。

十六、据秘书处案呈，查五华县第一区私立德泰小学校及莲溪乡立建中小学校董会代表朱志中等因与兴宁县私立范群小学校互争校产事件不服广东省第六区行政督察专员公署所为之处分提起诉愿一案，现经依法决定，作成决定书，请提会核定等情，请公决案。

（决议）照决定书通过。

十七、据财政厅、会计处会呈，关于公库法所规定里程及各普通经费存户制度，拟请确定施行等情，请公决案。

（决议）照案通过。

十八、据教育厅签呈，据黄岗小学及田螺涌小学呈，请改为省立。

查田螺涌小学本年经费经准由省预备金项下拨付有案，该校改为省立后应请仍照案办理。至黄岗小学如改为省立后计月增经费暨设备费另拨还新生活妇女会借款合计共需七千三百一十三元，拟由本年度义教费内补助各乡镇保学校准备费项下拨支。又该两校三十年度全年经费共一万一千三百五十九元二角，除黄岗小学内四千零六十八元已有指定外，所需增加七千二百九十一元二角应如数增加，拨入三十年度教育文化费概算内等情，请公决案。

（决议）交许、刘、郑（丰）三委员审查，由许委员召集。

十九、准动员委员会函送本省军民合作总站经费预算书表，请查照办理等由，请公决案。

（会计处签拟）据送预算书列月支六千二百元，自本年九月下半月起至十二月份止三个半月共列支二万一千七百元，各项目节数目似尚需要。惟现在十月份亦将过去，又第四项补支各站经费月支四千五百元据注明为支给各副站长薪，查各副站长现方据另文呈请拨款训练，据拟训练计划及预算系定自十一月一日起至十四日止为训练期间，训练后办理分发及赴任期程亦需相当时日，是现呈预算之执行期间似应改由十二月份起拨给。本年度所需经费六千二百元，除以军民合作总站原经费十二月份一个月七百六十四元拨充外，实应增拨五千四百三十六元，此款拟在本年度省地方预算岁出经常门临时部分第十二款第一项第一目接近战区各县战时工作经费项下拨付，所拟是否可行及下年度经费应否列入下年度省地方预算拨支之处，拟统请提会核定。

（决议）下年度经费准列入省地方概算，余照会计处签拟通过。

二十、准动员委员会函送本省军民合作总站干部人员训练班经费预算书，请查照办理等由，请公决案。

（会计处签拟）查据呈预算书全期列支五千六百八十三元，似尚需要，拟照数在本年度省地方预算岁出经常门临时部分第十二款第一项第一目接近战区各县战时工作经费项下开支，仍请提会核定。

（决议）照会计处签拟通过。

广东省政府第九届委员会
第一百七十六次议事录

日　期　十一月二日

地　点　曲江本府

出席者　李汉魂　郑彦棻　胡铭藻　黄元彬　邹　琳　刘佐人
　　　　郑　丰

列席者　杜之英　黄希声　何剑甫　黄　雯（伍崇厚代）

主　席　李汉魂

纪　录　（秘书）魏育怀　（科长）谢乐文

报告事项

一、据卫生处签呈，据南路办事处呈，为属处前垫借与茂名药库经费共一百零二元五角，尚未归垫，拟在该库七、八月份经常费预算开支等情。饬据会计处签称，似可照准，在省预备金项下（即茂名药库七、八两月返纳未动支经费额内）开支等语，应准如拟办理。

二、据本省驿运管理处签呈，为本处业经奉令成立，开始办公，并加派人员分赴各地筹设驿运事宜。关于韶连段驿运工作筹备，已由本处办理，似无须设立筹备处，以省经费。至岐连段，系委托粤东盐务管理局代办，为专责成计，该段筹备处，自有另行组设之必要，经函该局查照办理，请核示等情，应准如拟办理。

三、据新会县政府呈缴篁庄乡抗敌义民区牛仔请恤事实表，请依法抚恤等情。饬据秘书、会计两处签拟，依照人民守土伤亡抚恤实施办法规定，给其遗族一次恤金八十元，在二十九年度省总概算恤金项下开支；年恤金五十元，由三十年起，以十年为止，按年由总预算金科目项下拨支等语，应准如拟办理。

四、据佛冈县政府呈缴奉令破坏公路征工伙食费支出计算书表单据，列支国币一十四元四角，饬据会计处签拟，准照列支。查本府第八六次会议，决议在二十八年度建设事业费项下拨过该县破路费国币一万元，除书列支出一十四元四角外，尚余国币九千九百八十五元六角。亦据佛冈省分库报称，已返纳库收，原呈书表单据，拟予分别存转等语，应准如拟办理。

五、据第二区行政督察专员公署呈缴二十九年清理何任积案及购置修缮等费支付预算书表，计列五百零四元六角，请准在本署经费剩余额内流用等情。饬据会计处签称，该款拟由该署本年度七月份下半月起至十月份止秘书薪俸节余共五百一十元项下流用，拟请照准等语，应准如拟办理。

六、据会计处签称，准教育厅片送九月份米津预节〔算〕书，列支二百八十一元（原列二百八十元系属错误拟代更正），该〔核〕较七月份饬拨数额超过四十一元，据预算书说明系增用员役所致，似可准予增拨，款在本年度省预备金项下开支等情，应准如拟办理。

七、据本府无线电中枢台呈缴本台员役暨助理员九月份米津预算书册，饬据会计处签称，查核尚合。所需九月份员役米津二百七十元另助理员米津一百七十元，合共四百四十元，核较七月份原饬拨数三百二十四元（本台二百一十九元，助理员一百零五元）增加一百一十六元，拟准照数增拨，款在二十九年度省预备金项下开支等语，应准如拟办理。

八、据第二区行政督察专员转据始兴县呈缴奉令破坏及修复各公小路民工伙食费预计算书表等件，饬据会计处签称，既经建厅核以破坏部分似应更正为国币四千三百一十九元八角，修复部分拟亦减为国币四千三百一十九元八角，拟照办理。查本府前经议决在二十九年度建设事业支出项下拨过该县破路费国币一万元，现该县破路费及修复公路费共实应支八千六百三十九元六角，比对尚余国币一千三百六十元四角，拟饬返纳库收报查，原书表拟代更正存转等语，应准如拟办理。

讨论事项

一、准中国国民党广东执行委员会函，据本省社会服务处呈，奉中央社会部电，准该处加派一名赴渝受训，转请加拨一名去程旅费等由，请公决案。

（决议）照案通过。依本府规定数额发给，款在本年度省预备金项下开支。

二、据财政厅签呈，关于邓警亚同志养老金，每月六十元，拟自本年九月份起支给，九至十二月应发之款共二百四十元，在本年度恤金项下开支，三十年度拟列入养老金预算支出，请核示等情，请公决案。

（决议）照案通过。

三、据财政厅签呈，关于四会县政府及梅县税捐处等，请解释不动产买卖签证费章程疑义，似应将原章程条文酌量补充，请核示等情，请公决案。

（决议）照秘书处签呈通过。①

四、据教育厅签呈，为收容潮汕港澳失学学生，拟在文理学院附中、南雄中学、韩山师范学校，增设高初中班级，并修葺汕头市一中校址，各款共需一万八千二百九十八元，拟将各民校停止补助一部分，即将二十九年度举办战时民众学校补助费预算第一项第一目各县市文化机关团体兼办民校补助费一万八千二百元及第四目汇拨补助费汇费七百三十元三角一分内，拨九十八元，计共一万八千二百九十八元，移拨应支等情，请公决案。

（决议）照案通过。

密五、奉第七战区司令长官部令，奉军政部电准拨补助本省建筑国防工事费一十万元，饬领转等因。转饬拨四万元以为修补前线工事及加筑据点之用，其余六万元着派员赴领，并将饬拨之四万元补具支付手续等因，请公决案。

（会计处签拟）查该款国币一十万元似应以中央补助款及建设事业支出科目照数分别追列本年度省地方岁入岁出预算。至长官部饬拨之国币四万元既系用以修筑前线工事，拟以本年度建设事业支出科目列支，饬财厅签填支付书送长官部收领抵拨，一面将补助款十万元具领入库，仍请提会核定分报长官部核备补发该四万元用款预算书暨函行审计处□□□。

（决议）照会计处签拟通过。

六、据建设厅签呈，据合作事业管理处呈缴二十九年开办费概算书，列支六千一百零六元，及合作训练班临时费概算书，列支一千八百

---

① 原签拟附后，现略。

五十九元，合计共七千九百六十五元，查核尚属需要，似可准在该处本年八、九月份经费节余拨付等情，请公决案。

（决议）照案通过。

七、据建设厅签呈，据公路处呈缴盖搭龙川站竹棚工程费预算书表，列支九百七十三元三角，除将前奉核准征收养路费站开办费二百元拨支外，其余拟在行车营业项下开支。查原缴书表所列每天每人工资四元，未免过昂，拟照该处前缴之老隆站预算所列每工工资二元三角之数编列。其余各数，尚属允当，似可准予照办等情，请公决案。

（会计处签拟）查本案照建设厅原签意见，该项工程费应减列为八百七十一元三角，所请由征收养路费、站开办费原预算二百元拨支外，其余在行车营业项下开支一节，核尚可行，拟请照准，并提会核定。

（决议）照会计处签拟通过。

八、据建设厅呈，据本厅技正袁展泉呈请辞职，拟予照准等情，请公决案。

（决议）照案通过。

九、据秘书处签呈，奉交审查省振济会生产组组织规程一案，遵经酌拟修正，理合连同修正案呈请察核等情，请公决案。

（决议）照案通过。

十、据本府战时通讯所签呈，拟制该所夫役冬季服装各一套，合共约需材料费国币五百一十元，此款拟请准在本年度各区修理室各月经费节余项下拨支，请核示等情，请公决案。

（决议）照案通过。

十一、据罗定县政府呈，为本县儒学田租余款国币九百三十三元四角九分，除补支督学俸薪、简师迁校费及越野赛跑费外，仍存七百四十八元七角六分，应如何处理，请核示等情，请公决案。

（教育厅签拟）查该项儒学田租余款九百三十三元四角九分，其补支该县督学薪水等项，共国币一百八十四元七角三分，似应准予备案，余款七百四十八元七角六分拟拨充该县县立中学基金，并补列二十九年度收支预算内。

（会计处签拟）查教育厅签拟本案意见，复核尚无不合，似可如该厅所拟办理，并饬该县迅将此项收支数目以其他收入及教育文化费科目

408

分别补列该县本年度岁入岁出追加概算。

（决议）照教育厅、会计处签拟通过。

十二、据会计处案呈，准民政厅等先后片复审核连平、灵山、云浮、潮安、惠来、和平、河源等七县二十九年度地方岁入岁出追加概算意见等因。经分别将概算代为改正，附具简表，请提会核定公布施行等情，请公决案。

（决议）照案通过。

十三、据会计处案呈，关于普宁、电白、揭阳、封川等四县呈缴二十九年度地方岁入岁出追加概算一案，兹经综合各厅核签意见，及本处对于概算所列项目应行修正各项，分别将概算代为改正，附具简表，请提会核定公布施行等情，请公决案。

（决议）照案通过。

十四、据会计处案呈，关于新兴县呈缴二十九年度地方岁入岁出第一次追加概算一案，兹经综合各厅核签意见，分别将概算书代为改正，附具追加概算一览表，请提会核定公布施行等情，请公决案。

（决议）照案通过。

十五、据本省战时贸易管理处呈，拟设芦苞办事处，并派钟杰超为该处主任，附缴编制表及预算书，计由二十九年九月一日起至本年十二月三十一日止，四个月经费合计八千二百九十六元等情。除该处主任钟杰超经一六九次会议决议派代外，其编制及经费预算，提请公决案。

（决议）照案通过。款在该处业务费项下开支。

十六、据秘书处签呈，查本处办事员王宝书等五员遭受空袭损失一案，拟依照本省公务员、雇员、公役遭受空袭损害暂行救济办法规定，分别酌给王办事员宝书国币一百二十元，卫办事员国夫国币一百八十五元，陈服务员金丽国币二百元，谢服务员兆清国币二百元，卢办事员坚楚国币二百元，请指款拨支等情，请公决案。①

（决议）照会计处签拟通过。

十七、据秘书处签呈，拟具韶关新住宅区招致市民建筑房屋暂行办法，及韶关新住宅区建筑简章，请核示等情，请公决案。

---

① 会计处签拟略。

（决议）交建设厅审查。

十八、据教育厅报告，拟订二十九年下半年省库补助各县局国民教育经费支配办法，请核示等情，请公决案。

（决议）交郑（彦棻）、许、胡三委员审查，由郑委员召集。

十九、准广东省公务员铨叙委托审查委员会函，据本会秘书签称，查湘粤桂叙铨处现已成立，本会照章应即撤销，并定期本年十一月一日移交。所有本会职员，除由各厅处派兼者仍调回原机关服务外，在本会工作者，计有专任科员、办事员、书记各一员，拟请改派省府秘书处第四科服务等情，请查照办理等由，请公决案。

（决议）照案通过，该会原有经费，拟归秘书处第四科。

广东省政府第九届委员会
第一百七十七次议事录

日　期　十一月五日
地　点　曲江本府
出席者　李汉魂　郑彦棻　许崇清　胡铭藻　黄元彬　郑　丰
列席者　杜之英　桂竞秋　黄希声　关伯平　史延程　何剑甫
主　席　李汉魂
纪　录　（秘书）魏育怀　（科长）谢乐文

报告事项

一、据财政厅签呈，据税务委员罗其勋、税务员张浚藩先后呈报，本年八月二十九日，敌机空袭曲江，住宅被炸，请核给救济费前来。拟各给救济费一百元，在省预备金项下给领等情。饬据会计处签称，如奉核准照给该款，拟在二十九年度省救济费项下开支等语，应准如拟办理。

二、据财政厅报告，省会警察局西禅分局退职局员陈伟彬恤金，赓续由二十七年十月起给至本年十二月止，共应发国币一千二百一十元五角，内有二十七年十月至十二月恤金，应改在二十九年度恤金项下开支等情。饬据会计处签称：所有二十七年十月至本年十二月止恤金，拟准一律改在二十九年度恤金项下开支等语，应准如拟办理。

三、据教育厅报告，修正广东省中等学校经常费每月支配标准表，请核示等情。饬据会计处签称，查所拟标准，似属可行，拟予备案，并准自三十年二月一日起施行等语，应准如拟办理。

四、据建设厅签呈，关于修正广东省推广优良稻种贷款办法大纲，经与广东省银行双方签字盖印实行，检同原案，请察核备案等情，应准如拟备案。

五、据建设厅呈复，本厅二十八年度移交接收公物文卷收支数目及款项等移交表列剩余经费与领用表两数不同缘由，请察核等情。饬据会计处签称，查原呈所列二十八年度经费剩余款，纯额六千三百五十九元九角九分，另收回多支薪水一元，合计六千三百六十元九角九分，核与该厅呈报二十八年度经费节余款计算清单所列结存数相符。又奉准拨支款三千八百一十七元六角十三分及解库款二千五百四十三元三角六分，核与原案及曲江分金库收支报告列收数目亦无不合，拟准予报会备案等语，应准如拟办理。

六、据建设厅签呈，遵在滚存钨砂价款项下划拨国币三万元，另汇水电费国币九百零五元汇香港省银行，请曾副行长代换港币，偿还斯可达厂市头糖厂建筑欠款，请察核备案等情。饬据会计处签称，据报偿还数目与案相符，惟另用去汇水电费国币九百零五元，该款现既由该厅在钨砂价款项下拨付，核尚可行，拟请照准等语，应准如拟办理。

七、据第二区行政督察专员呈缴二十九年度本署召开警政会议经费支付预算书，列支三百八十七元五角九分，请准在本署本年度经常费节余总额项下按月开支等情。饬拟会计处签拟，饬在该署本年度经费项下撙节开支等语，应准如拟办理。

八、据新会县政府呈缴敌犯石头北角战役殉国乡民陈瓦等八名请恤事实表，请准给恤等情。饬据秘书、会计两处签称，除陈兆林一名遗族请恤人不符规定，不予给恤外，其陈瓦等七名，均应依照人民守土伤亡抚恤实施办法，规定各给其遗族一次恤金八十元，共五百六十元，在二十九年度省预算恤金项下开支，年抚金各五十元，以十年为限，由三十年度起，按年由省预算恤金科目项下拨支等语，应准如拟办理。

九、据佛冈县政府呈缴县民朱永洵、朱鼎彝二名请恤事实表，饬据秘书、会计两处签拟，依照人民守土伤亡抚恤实施办法规定，各给其遗族八十元之一次恤金，共计一百六十元，在二十九年度省总概算恤金项下开支。并各给每年五十元之年恤金，以十年为止，由三十年度起按年由省总预算恤金项下拨支等语，应准如拟办理。

十、据龙门县政府呈，为民工龙水进因破坏公路殒命，拟依工役法施行细则规定，酌给一次过恤金二百元，由省库开支等情。饬据秘书、会计两处签拟，依照国民工役法规定准给予一次恤金二百元，款在二十九年度省预算恤金项下开支等语，应准如拟办理。

讨论事项

一、准广东省地方行政干部训练委员会函送本会二十九年度建筑棚舍临时费支付预算书类，列支国币一千五百零一元二角，拟改由本会节余经费项下开支，请查照办理等由，请公决案。

（决议）照案通过。

二、准广东高等法院函，据广东第一联合监狱呈报另择监址修建设置工程，拟采用比价办理，以刘祥记估价国币四千五百九十八元二角为最低，与原拟定修建开办费国币三千六百六十四元计超出国币九百三十四元二角，请准在该监本年七月份起各月经费节余项下匀支等由，请公决案。

（决议）照案通过。

三、据教育厅签呈，拟就二十九年度失学民众补习教育实施计划，请察核备案等情，请公决案。①

（决议）照秘书处签拟通过。

四、据教育厅签呈，本厅迁址关于棚舍工程，经会同驻审人员再招商估价，仍以原商范镜南取价一万七千七百二十八元四角八分为最低，连同新址迁建费支付预算书，合计共需一万二千四百八十元，请准存转等情，请公决案。

（决议）照会计处签拟通过。

五、据财政厅、建设厅、省银行、战时贸易管理处、粤侨通讯处签

---

① 秘书处签拟略。

412

呈，会同核议本府生产事业调查团所拟本省小工业贷款暂行办法大纲，周详切要，甚表赞同，惟尚有应稍变更之处，经依照奉发原大纲意旨，草拟广东省小工业贷款暂行办法大纲草案，请核定公布施行等情，请公决案。

（决议）照秘书处修正通过。①

六、据秘书处签呈，奉交审查建设厅农林局农业试验总场计划及组织章程，遵将组织规程修正整理，连同原计划签请提会决定等情，请公决案。

（决议）照秘书处修正案通过。

七、据建设厅签呈缴本厅二十九年度追加岁入岁出预算书表，计岁入列四千二百三十八元，岁出列三千七百四十四元，暨三十年度收支概算书表，计岁入列一万六千九百四十四元，岁出列一万四千九百七十六元，请察核办理等情，请公决案。

（会计处签拟）（一）二十九年度规费收入四千二百三十六元，拟追加二十九年度省地方预算岁入经常门常时部分第三款规费收入第一项行政规费项下，并照数追加岁出预备金。（二）二十九年度勘矿旅什费三千七百四十四元，拟列入二十九年度省预备金项下开支，由该厅在前项规费收入项下抵解。（三）三十年度规费收入一万六千九百四十四元，拟汇编入三十年度省地方岁入概算，并饬财政厅知照。（四）三十年度勘矿旅什等费一万四千九百七十六元，拟由本处汇编入三十年度省地方岁出概算。

（决议）照会计处签呈通过。

八、据本省粮食调节委员会呈缴二十九年度一次过开办费支付预算书，共支一千零五十六元三角六分，及由四月十二日起至九月止业务费支付预算书，共支二万六千六百九十四元四角九分，各费经由本会特别备用金垫支，请指款拨支归垫等情，请公决案。

（会计处签拟）（一）开办费预算书列支一千零五十六元三角六分，分为建筑费、器具、服装费三目：其建筑费及器具两目，预算数均尚需要。至服装费一目，据注明为公役制服。查在开办费内列支公役制服，

---

① 修正之点略。

似无此前例，惟念该款业经支出，且查各机关请求在经费节余项下制发公役制服者，本府均经核准照办有案，拟准照列。（二）二十九年度四月十二日起至九月份止业务费预算书，列支二万六千六百九十四元四角九分，其各月份分配数目，经据列具分配表，查核总散数目尚属相符。查粮食会购入及售出米谷，虽为救济米荒，未必以营业求利为目的，但其营运应有预定计划，其所经管之救济米荒基金，应有基金预算，以为业务实施，暨收支执行之依据。现据呈预算系属基金内枝节之一部，查上列第一项开办费，通常可作为资产支出，且为数无多，尚属需要，似可准予照数在救济米荒基金项下开支。至第二项业务费，关系成本之计算，纵因救济米荒亏损不论，但此项支出数目，是否适当合理，因未据编送救济米荒全部计划及救济米荒基金收支概算书，无凭审核，拟饬补具计划及预算呈府，再行核办。并拟请提会核定。

（决议）照会计处签拟通过。

九、据第三区保安司令部电报，本部受理黄××被告充任敌探一案业经讯明，呈奉绥署核准，判处死刑，执行枪决，请从优核发奖金等情，请公决案。

（决议）给奖金二百元，款在本年度省预备金项下支给。

密十、第三区行政督察专员呈，据卸鹤山县长欧兼呈缴更正任内奉令封锁谷埠河道工料费支付预算书，列支三千四百六十一元，似可准予核销，并将款发还归垫等情，请公决案。

（决案）照案通过。款在本年度建设事业支出项下拨还。

十一、据会计处案呈，准民政厅等片复审核饶平县二十九年度地方岁入岁出追加概算意见，经分别删改完竣，请提会核定公布施行等情，请公决案。

（决议）照案通过。

十二、据潮安县政府呈复，关于陆军独立第九旅司令部函报捕获伪维持会会长陈××一案，遵经饬据第六区查明该陈××确任伪云步市十八乡治安委员会会长，请察核等情，请公决案。

（决议）准给奖金四百元，款在本年度省预备金项下支给。

十三、据会计处案呈，查电白县二十九年度地方岁入岁出第三项追加概算，经各厅审核签复意见，分别依照改正，请核定公布施行等情，请公决案。

（决议）照案通过。

十四、据会计处案呈，准建设厅等片复审核始兴、南雄两县二十九年度地方追加概算意见，经分别删改完竣，请提会核定公布施行等情，请公决案。

（决议）照案通过。

十五、据财政厅签呈，拟由本厅派干员会同中山县政府督征中顺沙田税，检同拟订督征中顺沙田税暂行办法，及预算征获税款分配数目表，请核示等情，请公决案。

（决议）征收税款以百分之三十拨县，余照案通过。

十六、据本省战时贸易管理监察委员会呈，准贸易管理处函送营业计划营业预算及各项书表，转请察核示遵等情，请公决案。

（决议）关于盈余之分配，照本省战时贸易管理大纲第十一条之规定办理，余照会计处签拟通过。

十七、据财政厅签呈，关于整理本省临时地税一案，业经钧府决议，将全省地价一律增加一倍课税，并由主管机关拟具章则呈核等因。兹订定广东省政府整理地税实施办法，签候察核施行等情，请公决案。

（决议）照案修正通过。

十八、据民政厅签呈，关于筹备举行防空节纪念大会一案，经派员出席参加，议定纪念会费用，本府负担六百元，请指款拨支等情，请公决案。

（决议）照案通过，款在本年度省预备金项下开支。

十九、许委员、刘委员、郑委员（丰）会复审查教育厅签呈关于黄岗小学及田螺涌小学，请改为省立办理一案意见，请公决案。

（审查意见）（一）田螺涌小学改为所在乡公立小学，其经费以该校自筹为原则，除原核定每月二百零六元六角仍拨为补助费外，以后如需要增加经费，由该校自筹。（二）黄岗小学改为黄岗乡立中心小学，因该校设在省府所在地，有示范作用，似应增拨补助费，充实其内容。（三）新运会妇女工作委员会垫借黄岗小学款项，仍由教育厅与该会商办呈核。（四）余照会计处签拟。

（会计处签拟）（一）田螺涌小学经费，原核定由建设厅经管钨矿砂价款抵解，列入二十九年度省预备金项下开支；黄岗小学经费，核定由二十九年度义务教育经费内各校义教补助费项下拨支。（二）黄岗小学增设幼稚班及宿舍建筑设备费一节，拟饬补具建筑计划图表，及估价单预算等件，呈转核办。又所称拨还新运会妇女工作委员会前垫借该校款项一千七百零八元，系何款项，拟饬呈明再行核夺。

（决议）照审查意见通过。

二十、据本省粮食调节委员会签呈，拟具广东省粮食管理局北江运输所组织简则及经常费预算书，月列五千零八十五元，由二十九年十月二十一日起至十二月底止，共一万一千九百七十四元三角五分，请核示等情，请公决案。

（会计处签拟）查粮食会所拟粮食管理局北江运输所岁出经常费预算书，列月支五千零八十五元，似可准在救济米荒基金项下开支。惟原预算系由十月二十一日起计，现在十月份行将过去，似可改为自该所成立日起拨，以符事实。又预算内列运役六十名，月支二千一百一十二元，本府已请军管区组铁肩队，可否照原书注明调用，不予列入之处，并请提会核定。

（决议）运役于运输队成立后裁撤，余照会计处签拟通过。

密二十一、据建设厅签呈，据战时长途电话管理所造具构筑乐汝、长汝、城汝暨修缮仁长、城长各段话线计划案及预算书，转请核示等情，请公决案。

（决议）准由财厅垫付三万元先行兴工，计划案及预算交秘书、会计两处签拟呈核。

二十二、许委员、胡委员、郑委员（彦棻）会复审查教育厅拟订二十九年度下半年省库补助各县局国民教育经费支配办法一案意见，请公决案。

（决议）照审查意见修正通过。

广东省政府第九届委员会
第一百七十八次议事录

日　期　十一月八日
地　点　曲江本府
出席者　李汉魂　胡铭藻　许崇清　黄元彬　邹　琳　郑彦棻
列席者　杜之英　史延程　黄　雯（伍崇厚代）　黄希声　何剑甫
主　席　李汉魂
纪　录　（秘书）魏育怀　（科长）谢乐文

报告事项

一、奉行政院令，抄发中央设计局组织大纲及党政工作考核委员会组织大纲，仰知照，并转饬所属知照等因。经分饬知照。

二、准广东全省保安司令部电送保安第一团第一营第三连故兵古章甲、乙两种死亡书表，请核办等由。饬据秘书、会计两处签拟，依照陆军平战时抚恤暂行条例给予一次恤金八十元，在本年度省总预算恤金项下开支，年抚金四十元，给予二十年为止，由三十年度起，按年由省总预算恤金项下拨支等情，应准如拟办理。

三、据财政厅签呈，据从化税务局呈缴二十九年五、六月份迁移费预算书，共支九十一元五角，请准援案在本年度各税务局经费未支配余额项下拨给归垫等情。饬据会计处签称，查书列迁移费，业经财厅核明属实，似可准如所请照数在本年度各税局经费未支配余额项下开支等语，应准如拟办理。

密四、据无线电中枢台电，拟在连县至三江墟公路沿线租屋五间以备应用，月租国币六十一元，于本年十月份起租。在未迁入前，以原定租额半数交纳，该项租屋费在本年度该台经费节余及助理员薪俸节余项下拨支等情。饬据会计处签称，查属需要，该项租金自本年十月至十二月止在本年度该台经费节余及助理员薪俸节余项下开支等语，应准如拟办理。

417

五、据韶关新住宅区建设委员会签呈报，将原拟在韶关附近应建各住宅划出全数四分之一改在连县择地建筑情形，及委员会监工所经费调整原因，连同修正工程费总概算书及测量费、建筑费、补偿费暨建设委员会及监工所修正经常费、开办费等预算书表等，请核存转等情。饬据会计处签称，预算书列工程费总预算数四十万元，核案相符，各预算原案系分别分配为十个月、八个月，现据将期间缩短，分配为八个月、六个月，并将薪额提高，对于总预算尚无变更。至组织章程将原定之马蹄脚一区改为连县属近郊，据呈明系遵谕办理，其余各条，核案尚符，似均可准予照办等语，应准如拟办理。

六、据教育厅签呈，据省立岭东商业职业学校呈，拟添置碌架床二十四张，每张一十元零五角，共需国币二百五十二元，此费拟在该校经费节余项下开支等情。饬据会计处签称，既据教厅查属核实，并拟准在该校二十九年度经费节余项下开支，似属可行，拟予照准等语，应准如拟办理。

七、据番禺县政府呈报，本县俊杰抗日同志社击杀汉奸李××、劳××、卢××等三名情形，请察核等情。饬据会计处签拟，依照广东省捕杀敌伪组织官员奖励办法规定，各给奖金国币二百元，共六百元，该款援案在二十九年度省预备金项下开支等语，应准如拟办理。

八、据增城县政府呈缴本县第一区西平乡抗敌阵亡壮丁黄亚科等七名请恤事实表，请予核恤等情。饬据秘书、会计两处签拟，除黄亚科等三名因无合法遗族，依法不予给恤外，其余黄伯金、黄元珍、黄承伯、黄成昆四名，拟依照人民守土伤亡抚恤实施办法规定，各给一次恤金八十元，合共三百二十元，在二十九年度省总概算恤金项下开支；并各给年抚金五十元，给予十年为止，由三十年度起，按年由省总预算恤金项下拨支等语，应准如拟办理。

九、据会计处电缴本处二十九年度十月至十一月员役米津支付预算书册，计共八百一十三元等情。应准照拨，款饬应先以暂付款科目开支。汇案追加预算。

十、据第二区行政督察专员呈缴无线电第二区台八月份员役米津支出计算书册，计列四十五元。饬据会计处签称，比七月份增加九元，其增加之数，系因八月份起实行新编制后，增加工役所致，拟准增拨，款

418

仍在二十九年度省预备金项下开支等语，应准如拟办理。

讨论事项

一、准广东全省保安司令部函，据前保安处吴处长签呈，缴续盖搭大小棚厂八间办公临时预算书，共支国币三千四百八十一元三角五分，请准由本年度全省保安团队节余经费项下列支等情，转请查照办理等由，请公决案。

（决议）照案通过。

二、据建设厅签呈，前托印刷所印刷广东建设专刊五百本，共印刷费国币七百九十四元，该费拟请在本省预备金项下开支，由本厅经费节余项下抵解，俾资归垫等情，请公决案。

（会计处签拟）该建设专刊既系业经印刷，其印刷费七百九十四元，拟准在该厅本年度经常费项下撙节开支，毋庸抵解，并毋庸列入省预备金开支，仍请提会核定。

（决议）照会计处签拟通过。

三、据建设厅签呈，缴农林局各县农业指导工作站二十九年度临时费追加预算书，计追加八千四百五十五元，该费及前奉核定该站经临费合计共六万三千二百一十五元，拟请在造林经费余款及农林事业建设基金余款拨支，请核示等情，请公决案。

（决议）照会计处签拟通过。

四、据建设厅报告，本厅秘书梁道扬呈请辞职，拟予照准等情，请公决案。

（决议）照案通过。

五、据财政厅签呈，缴台山税务局长李兆华人事登记表，请核准派代等情，请公决案。

（决议）照派代理。

六、据本府战时通讯所呈，编具无线电讯业务调查电台二十九年度开办费及经常费支付概算书，计开办费列支国币三十元，经常费月支国币三百四十七元，请核示等情，请公决案。

（决议）照会计处签拟通过。

七、据会计处案呈，准财政厅片复核明河源县二十九年度地方岁入岁出第三次追加概算，尚无不合，查概算数收支各列为二万二千元，似可准予追加等由，请提会核定公布施行等情，请公决案。

（决议）照案通过。

八、据会计处案呈，准建设厅等片复审核封川及梅菉管理局二十九年度地方岁入岁出追加概算意见等由。兹综合各厅及本处意见，请提会核定公布施行等情，请公决案。

（会计处签拟）（一）封川县追加概算提会核定公布。（二）梅菉局追加概算仍交财政厅复核。

（决议）照该处签拟通过。

九、据会计处案呈，关于电白县二十八年度地方岁入岁出追加概算一案，查收支各列为一万七千三百一十五元，既经民财两厅签注以收支各数均属相符，复核亦无不合，拟准照列，请提会核定公布施行等情，请公决案。

（决议）照案通过。

密十、据英德县政府电，补缴第六十二军征用杉木收据及证明书，请核发衫价及运费共国币一千零三十七元八角五分等情，请公决案。

（决议）照案通过。该款准在本年度建设事业支出项下追加，交财政厅筹措来源并办理追加手续。

十一、据建设厅签呈，拟具广东省各县地方水利协会组织通则，请核示等情，请公决案。

（决议）照案通过。

十二、据会计处签称，查二十九年度省地方岁出概算关于预备金及建设事业支出两科开支之款，已经提付本府委员会核定以原科目拨正以后，自无从拨发此项经费，惟今后有关经费案，似有必须仍在此科目开支者，关于此等款项，应否仍在此两科目指拨，一面筹措追加，抑如何办理之处，请提会核议等情，请公决案。

（决议）仍照一六四次第十案决议案第二项办理。

十三、据建设厅签呈，拟具广东省合作贷款准则，请核示等情，请公决案。

（决议）交财政厅、秘书处审查，由财政厅召集。

十四、据秘书、会计两处会复审查关于教育厅转缴民众教育馆组织章程及办事细则一案意见，请公决案。

420

（决议）照审查意见通过。

十五、据民政厅签呈，查英德等二十县，定于三十年度实施新县制业奉核定，兹就各该县中比较其富庶及安定等情况，再分为二期实施。谨拟具广东省三十年度分期实施新县制县份一览表，请通饬知照等情，请公决案。

（秘书处签拟）查厅拟分二期实施，为督导便利计，尚属妥洽，惟求再能集中人材，使督导工作更易收效起见，拟择较近之八县，列为第一期，余十二县，列为第二期。并使与年度齐一，拟规定第一期于三十年一月一日（即上半年度开始日）开始实施；第二期于七月一日（即下半年度开始）开始实施，并照刘委员佐人签拟，均遵本府所定广东省县各级组织纲要实施计划工作进度表，分四期办理。谨附拟分期实施新县制县份表如下：

广东省三十年度分期实施新县制县份一览表（秘书处拟）

第一期	英德县	翁源县	新兴县	龙川县	清远县	四会县	广宁县	云浮县
第二期	信宜县	阳春县	平远县	揭阳县	罗定县	化　县	海康县	大埔县
	恩平县	连平县	海丰县	五华县				

附记：表列第一期各县定期三十年一月一日开始实施，第二期定七月一日开始实施。

（决议）照秘书处签拟通过。

十六、许委员、黄委员（元彬）、郑委员（丰）会复，审查财政厅拟具广东省各县征收县税捐通则一案意见，请公决案。

（决议）照审查意见修正通过。

修正之点如下：第十条原定每千元每日罚息一元五角，改为每千元每日罚息四元。

十七、据第四区行政督察专员电，为四、六两区联合办事处奉规定每月补助经费五百元，实际极感不敷开支，请准每月增加二百元等情。经电复准自本年十一月份起每月照增经费二百元，提会补请追认案。

（决议）照案通过。

十八、据阳山县政府呈缴二十九年度实行新县制县行政经费支付预算书，月列三千三百九十二元，除原有省库按月补助国币一千一百四十六元外，每月尚不敷二千二百四十七元，在本县财政整理未完成前，请准饬由省库按月拨款补助等情，请公决案。

（财政厅签拟）查实行新县制县份，省库原日拨县之行政经费，应即停拨。计本年度可节余五万六千二百四十三元，自可移拨为是项增加经费。现阳山县所编缴两个月增加经费共四千四百九十四元，如奉核准，拟照此办法办理，俾资因应。

（决议）准予补助，照财政厅签拟办理。

十九、据秘书处签呈，案查中央颁布非常时期战地公务员任用条例第二条之规定，战地公务员适用法定资格，确有困难者，得由该管行政长官依抗战需要，就其职务上必要之学识、经验、技能、体力，拟定任用暂行标准，呈请核定施行。兹特参酌本省目前实际情形，拟订非常时期广东省公务员任用暂行标准八条，签请提会核定等情，请公决案。

（决议）照案通过。

密二十、据秘书处签呈，关于主席奉委员长电召赴渝训并赴柳州第四战区司令长官部报告要公暨赴成都考察新县制，共支出旅费国币九千七百一十一元二角九分，系属临时支出。现本府经费无节余可资拨付，请指款拨支等情，请公决案。

（决议）照案通过。交财政厅筹措归垫，追加预算。

二十一、主席提议，粤侨通讯处主任张天爵，改调本府参议，遗缺派钱乃信代理，请公决议。

（决议）照案通过。

二十二、主席提议，本省临时参议会第四次大会各参议员除乘飞机赴会者，每员出席旅费，已增为一千八百元外，其余因交通困难，物价高涨，费用甚巨，拟每员增加旅费二百元，请公决案。

（决议）照案通过。

广东省政府第九届委员会
第一百七十九次议事录

日　期　十一月十五日

地　点　曲江本府

出席者　李汉魂　邹　琳　黄元彬　胡铭藻　郑彦棻

列席者　杜之英　史延程　黄希声　张乃壁

主　席　李汉魂

纪　录　（秘书）魏育怀　（科长）谢乐文

报告事项

一、准广东全省保安司令部电送保安第五团伤兵刘朴野等五名受伤等级证明书、调查表、恤金给予表，请查照办理等由。饬据秘书、会计两处签拟，依照陆军平战时抚恤暂行条例之规定，准予一次抚恤金刘朴野五十元，伊锦全四十五元，彭初海五十元，谭英三十元，陈植怀四十元，合共二百一十五元，款在二十九年度省预算恤金项下开支等语，应准如拟办理。

二、准广东全省保安司令部电送第八团第二营第六连故中士班长陈汉华死亡书表，请按照陆军平战时抚恤暂行条例给其遗族一次抚恤金九十元，年抚恤金五十元，给予十五年为止等由。饬据秘书、会计处两处签称，尚无不合，如准照给该项一次恤金九十元，拟在二十九年度省预算恤金项下开支；年抚金五十元，拟由三十年度起，按年由省预算恤金项下拨支等语，应准如拟办理。

三、据财政厅签呈，拟请准予在提存省款特别备用金余款拨存二万元，以备垫支恤款之用等情，经准如拟办理。

四、据财政厅报告，拟定处理征解及退还商人外销卷烟保证金暂行办法，除通令各税局金库遵照外，请备案等情。饬据秘书处将原办法分别修正前来，查尚妥洽，应准如拟办理。

五、据教育厅签呈，拟在二十八年度教师服务团生活费结余项下拨

423

支省立编印局修葺费一百八十四元等情。饬据会计处签称，拟请照准，款由本年度教育及文化支出项下开支，饬将二十八年度教师服务团生活费结余项下抵解等语，应准如拟办理。

六、据教育厅签呈，据省立曲江小学呈缴添置体育用具支付预算书类，饬据会计处签称，该项用具列支六十元零五角，此项临时费，系由该校二十八年十二月份结余经费开支，似可准在二十九年度教育及文化支出项下拨发。其二十八年十二月份结余之款，饬抵领解库等语，应准如拟办理。

七、据建设厅签呈，据卸工管处长呈请准将结束预算再延二十天，俾清交案，请核示等情。饬据会计处签称，似可准如建设厅所拟姑予照准，并饬仍就原定预算一千零一十六元分为三个月又二十天匀支等语，应准如拟办理。

八、据建设厅签呈，缴本厅本年度特务队兵暨差役夏季服装追加临时费支付预算书，实支一千七百八十三元八角。饬据会计处签称，现据呈报该项服装费比较原预算（一千四百二十九元一角二分）超支三百五十四元六角三分，似可准照数在该厅本年度经常费节余项下拨足。并拟饬知，本年度尚未终结，此项节余经费，毋庸抵解，前项翘支服装费，亦毋庸列入本年度省预备金项下开支等语，应准如拟办理。

九、据会计处签呈，查本省各县政府所属机关简易会计制度，前经本处订定令发连县、曲江、南雄、始兴四县会计室，饬印发县属会计事务较简之单位会计机关试行在案。兹据曲江等县会计室将试行情形呈复并经本处参酌修订完竣，连同该项制度，请令发各县市局遵照施行等情，查所拟尚洽，应准如拟办理。

十、据省振济会呈缴博罗难民垦殖管理处修理各项房舍支付预算书类，饬据会计处签称，查该项修建费计共一千八百元，经省振济会于振款项下拨付，并经于去年十二月间修建完竣，兹查预算所列各数，尚属相符，拟予存转等语，经准如拟办理。

密十一、据本省粮食调节委员会呈复，拟将本会未设立之衡阳站改归西江粮运会设立，所需经费列入该会所属机关经费之内，缴呈该站经费概算书表，请核示等情。饬据会计处签称，似可准予照办，并准将月支经费三百四十五元自本年九月份起照本府前核定衡阳站经费原案在救济米荒基金项下开支等情，应准如拟办理。

十二、准广东省地方行政干部训练委员会函送十月至十二月员役米津预算书册，月列一百六十七元，三个月共五百零一元。饬据会计处签称，核尚符合，拟准照拨，饬财政厅以暂付款科目先行拨付，候汇案以补助各级公务员役团警米津及借款收入科目分别追加预算等语，应准如拟办理。

十三、据会计处签称，准教育厅片送钦州师范学校五至八月份米津预算书，核较原核定饬拨数六月份增加一十三元，七月份增加一十八元，八月份增加二十四元，合计增加五十五元，拟请准予照数增拨，款在二十九年度补助各级公务员役团警米津项下开支等情，应准如拟办理。

十四、据新生活运动促进会妇女工作委员会呈缴十月至十二月份员役米津预算书册，月列一百一十八元，三个月共三百五十四元。饬据会计处签称，核尚符合，拟准饬财政厅在补助各级公务员役团警米津科目拨付等语，应准如拟办理。

十五、据本省救护委员会呈缴十月至十二月份员役米津预算书册，月列五十元，三个月共一百五十元。饬据会计处签称，核尚符合，拟准照拨，饬财厅在二十九年度追加补助各级公务员役团警米津项下开支等语，应准如拟办理。

十六、据农林局呈报，该局及所属畜疫防疗所八、九月份员役米津预算数比较七月份超支缘由。饬据会计处签称，查核尚合，所需畜疫防疗所米津，计八月份六十七元，九月份四十六元，共一百一十三元，拟准照拨，款在二十九年度补助各级公务员役团警米津项下开支等语，应准如拟办理。

十七、据本省候用公务员招待所呈缴十月至十二月份员役米津预算书册，月列五十六元，三个月共一百六十八元。饬据会计处签称，核尚符合，拟准照拨，饬财政厅在二十九年度追加补助各级公务员役团警米津科目项下开支等语，应准如拟办理。

讨论事项

一、奉广东绥靖主任公署电，为本署军法处审理赵×被告充当汉奸一案，业经讯明依法判决发监执行在案，仰依法给奖等因，请公决案。

（决议）给奖金一百元，照案追加。

二、准广东省临时参议会函，编具二十九年上半年特别临时费支付预算书，共需国币四千一百元四角五分，拟在本会第三次参议员出席旅费节余项下撙节开支，不另请领等由，请公决案。

（决议）照案通过。

三、据财政厅签呈，拟由三十年度起，凡向由省库拨支各项抚金一律照额改发国币。其二十九年度以前应领未领各项抚恤费，如果领到，仍照旧以毫券支付等情，请公决案。

（决议）照案通过。

四、据教育厅签呈，据省立文理学院呈缴二十九年上半学期教育俸薪追加预算书，计由本年八月至十二月止一共追加五千元，拟准由本年度收容战区退出员生经费项内省立各校增班经费内开支等情，请公决案。

（决议）照案通过。

五、据教育厅签呈，据省立战时艺术馆呈缴修建棚舍并购置电话机两费预算书，计需国币八百五十元，拟请谁在中小学教师服务团本年度经费结余项下拨支等情，请公决案。

（会计处签拟）查修建费一项，未据呈缴估价单，经以电话询问该馆，据称工程业已完竣，拟仍饬该馆径行通知审计部广东省审计处驻韶办事处派员查验。至该修建购置两项，共计国币八百五十元，拟照准在二十九年度中小学教师服务团经费结余项下拨支，仍请提会核定。

（决议）照会计处签拟通过。

六、据教育厅签呈，据省立文理学院呈缴二十七年度上下期学生宿费追加预算书，计上学期由二十七年九月至十二月共追加一百六十九元一角五分，下学期由二十八年一月至四月共三百四十元五角七分，合计共五百零九元七角二分，请准在二十七年度该院经费节余报销等情，请公决案。

（会计处签拟）查该院二十七年上下两学期学生宿费，因抗战后物价日昂，不敷支出，共列支追加预算五百零九元七角二分，请准在二十七年度该院经费节余报销等情，拟准在二十九年度省预备金项下开支。至该院二十七年度节余经费，应饬解库抵领抵解后，尚有结存，仍应扫数解库报核，以符规定，并提会议核定。

（决议）照会计处签拟通过。

七、据财政厅报告，广东省军管区司令部拨付连阳自卫总队九月下半月及十月份经费，又一次过建设费共二十三万四千零一元八角九分，经在本年度省预备金项下支付，请提会追认等情，请公决案。

（决议）经费照一百五十九次会议决议案办理，建设费照案追认。

八、据民政厅签呈，本厅荐任视察何家濂，现经第七战区战时粮食管理处任用，拟免本职等情，请公决案。

（决议）照案通过。

九、据省振济会呈，奉饬拨发鹤山县义民输送站及收容所二十八年六月下半月至本年十月补助经常费及一次过补助费共五千二百五十元，该款拟请准予在二十九年度救灾准备金科目余款项下拨发等情，请公决案。

（会计处签拟）查二十九年度救灾准备金依法均交救灾准备金保管委员会保管，此科目自无余款可资拨用，且查此案据振济会呈称，据该县振济会呈二十八年六月至十二月份振款会计报告，将收容所经费列入，经指复姑准在振款项下开支。关于二十八年度此项补助费，似可饬即照该会指复原案办理，站所经费均在振济款开支，毋庸发还归垫。至二十九年度补助费每月三百元，拟自一月份起在二十九年度省救济费项下开支，仍请提会核定。

（决议）照会计处签拟通过。

密十、据本省粮食调节委员会呈缴东江米粮运销委员会特务队编制表二十九年度九月至十二月经费预算书，月列八百一十八元九角五分，四个月共三千二百七十五元八角；及一次过临时费支付预算书，列支三千六百六十一元五角七分，请核示等情，请公决案。

（会计处签拟）东江米粮会组特务队一排既系经粮食会核准，复据呈各预算书列经费月支八百八十八元九角五分，本年度九月至十二月份共列支三千二百七十五元八角，临时费列支三千六百六十一元五角七分均尚需要，似可均准照数在救济米荒基金项下开支。再查经常费办公办费一项未据分列目节，似可函请审计处查照备案，准免分列，并拟援照保安部队办公费案准用委任经理制报销，仍请提会核定。

（决议）照会计处签拟通过。

十一、据秘书处案呈，准本省驿运管理处函送修正广东省驿运管理处编组运夫队办法，及施行细则，暨给与表，请提会核定等情，请公决案。

（决议）照案通过。

十二、据民政厅签呈，编具本厅迁连临时费支出计算数列改一部由本厅经费节余项下开支岁出岁入预算书表，各列四千九百五十五元二角，请察核备案等情，请公决案。

（决议）照案通过。

十三、据第八区行政督察专员呈，转报顺德县自卫第四中队捕杀伪顺德县警察特务队员何×情形，请依法给奖等情，请公决案。

（决议）给奖金二百元，照案追加。

十四、据第三区行政督察专员呈报，南海第五区团队击毙南海伪第七区区长罗××经过情形，附呈证件，请案察核给奖等情，请公决案。

（决议）给奖金四百元，照案追加。

十五、据封川县政府呈缴二十九年度县地方款岁入岁出追加概算书，各列一千一百七十七元四角，请核示等情，请公决案。

（决议）照案通过。

十六、据本府广播电台呈，为海外播音机损坏，该机修理费估价共需一千一百元，请款给修理等情。经准在八月份燃料费节余项下拨支，提会补请追认案。

（决议）照会计处签拟通过。

十七、据连平县长先后电呈，请将连和新河剿匪队谢岳臣部，编足官兵人数八百零六名，月需经费二千四百零二元等情，请公决案。

（决议）照案通过。款在增编自卫团队经费项下开支。十一月份以前，照原额发给。十二月份起为自卫队一中队，拨归军管区统发。

十八、据本府行政效率促进委员会签呈，编成本省各县局三十年度工作计划及进度编订办法计划大纲，请察核施行等情，请公决案。

（决议）交郑（彦棻）、邹、黄（元彬）、胡四委员审查，由邹委员召集。

十九、据民政厅案呈，拟通饬各县，从速拟定乡镇缩并，及区署裁

428

留办法，报核施行。保留之区署，概照新编制略为变通，提前改组，以资整理。仍尽先委用原日县区自治协助员为区指导员，以利将来新县制之推行等情，请公决案。

（决议）照案通过。

二十、据建设厅签呈，奉发关于公路处呈复各项预备书案，饬遵照等因。除饬该处遵照外，拟议三点，请核示等情，请公决案。

（决议）照案通过，速编下年度紧缩预算呈核。

二十一、据民政厅签呈，拟将遂溪县自三十年一月一日起，提升为二等县，在未实行新县制以前，悉照现行二等县编制办理等情，请公决案。

（决议）照案通过。

二十二、主席提议，遂溪县长陆匡文辞职照准，遗缺派颜继金代理，请公决案。

（决议）照案通过。

二十三、据建设厅签呈，关于兴修韶兴公路，拟向车商借款八十万元，并给予利息，由借出之日起计，四个月内归还，倘届期不能归还，准在应缴养路费扣抵，请核示等情，请公决案。

（决议）照案通过。

广东省政府第九届委员会
第一百八十次议事录

日　　期　十一月十九日

地　　点　曲江本府

出席者　李汉魂　邹　琳　黄元彬　何　彤　郑彦棻

列席者　杜之英　黄希声　史延程　伍崇厚

主　　席　李汉魂

纪　　录　（秘书）魏育怀　（参议）俞守范

报告事项

一、准军管区司令部电，为本省战地各县自卫队少准尉级官佐及士兵薪饷，久经照国难饷章办理。现定自本年十一月份起，少校及上、中尉官佐，一并改照国难饷章给与。计少校级月予增给二十元，上、中尉级各五元款，由本部就经领该项团队经费内自行筹措，并同各县队经费发给支报，不另增加省库负担等由。饬据会计处签拟，报告会复后，分别通知等情，应准如拟办理。

二、准广东高等法院函送始兴地方法院修缮院屋临时费支付预算书，共需九十七元，请在本院二十八年度巡回审判推事经费节余项下动支，请查照等由。饬据会计处签拟，该款在本年度省预备金开支。其高等法院二十八年度巡回审判推事经费节余款，请解库抵领，并追列岁入预算等语，应准如拟办理。

三、据教育厅签呈，关于二十九年下半年省库补助各县局国民教育经费支配办法一案，兹遵照会议通过原则三项，拟就支配结果四点，请核示等情。经饬关于第一点照乙表，余如拟办理。

四、据建设厅签呈，转缴中山船务管理所二十九年自印船舶牌照印刷费及送印旅费支付预算书，列支一百一十三元三角一分。饬据会计处签称，既据该厅核尚核实，本处复核尚属需要，该款似可准予援例在本年度省预备金项下拨支，由该所在船税收入项下抵解，并饬迅将本年度船税收入编具岁入预算书呈缴，以凭追列省总概算等语，应准如拟办理。

五、据建设厅签呈，缴罗定县第三区署购置木箱装贮前省营工业监委会卷宗预算书，列支九十五元，拟在本厅接收营业基金项下如数拨汇等情，饬据秘书、会计两处签称，核属可行，拟准备案等语，应准如拟办理。

六、据建设厅签呈，查明公路处故工禢海、刘初二名请恤情形，请察核等情。饬据秘书、会计两处签拟，准照前签丧恤数目依照公路处战时公路员工伤亡抚恤暂行规程第九条第四款以规定，核给故工禢海丧恤费国币二十八元，交其弟禢祥收领。依同条第一款规定，给故工刘初丧恤费国币五十一元，交其妻陈氏收领。两费合计共国币七十九元，拟在二十九年度省预算恤金项下拨支等语，应准如拟办理。

七、据新会县政府呈缴本府第三区篁壮乡后备队队员欧阳福如请恤事实表，请准抚恤等情。饬据秘书、会计两处签拟，依照人民守土伤亡抚恤实施办法规定，给予一次恤金八十元，在二十九年度省总概算恤金项下开支，并年抚金五十元，给予十年为止，由三十年度起，按年由省总概算恤金项下拨支等语，应准如拟办理。

八、据新会县载地国民兵团部呈缴第一大队阵亡队员李官请恤事实表，请赐给恤等情。饬据秘书、会计两处签拟，依照人民守土伤亡抚恤实施办法规定，给予一次恤金八十元，在二十九年度省总概算恤金项下开支，年支抚金五十元，给予十年为止，由三十年度起，按年由省总预算恤金科目项下拨支等语，应准如拟办理。

九、据新兴县政府电，为奉发禁酒暂行办法关于罚金支配表未有规定，请核示等情。饬民政厅、秘书处签发将该项罚金以五成解缴县库，专拨为办理积谷之用，其余五成，线人占总额二成，如无线人者，其应给线人之奖金，并解县库，缉获机关一成，主管机关一成，并规定缉获之酒，应由县负责封存，不必变价充赏等语，应准如拟办理。

十、据建设厅签呈，据合作事业管理处呈复该处八月份员役米津预算与原编制员额不符原因，请准饬库径拨给领等情。饬据会计处签称，查核系因干训团毕业学员奉派，故增员额，所需八月份米津五百六十元，拟准照拨，款在二十九年度省预备金项下开支等语，应准如拟办理。

十一、据建设厅签呈，据农林局转缴乐昌蚕桑改良场本年十月至十二月员役米津名册，月列四十二元，三个月共一百二十六元。饬据会计处签称，核尚符合，拟准照拨，饬财政厅在二十九年度追加补助各级公务员役团警米津科目项下开支等语，应准如拟办理。

十二、据建设厅签呈，据连县天蚕试验场呈缴本年十月至十二月份员役米津预算书册，月列二十四元，三个月共七十二元。饬据会计处签称，核尚符合，拟准照拨，饬财政厅在二十九年度追加补助各级公务员役团警米津科目项下开支等语，应准如拟办理。

十三、据秘书处签呈，缴本府二十九年度十月至十二月份员役米津预算书册，月列一千零一十五元，三个月共三千零四十五元。饬据会计处签称，核尚符合，拟准照拨，饬财厅在二十九年度追加补助各级公务员役团警米津科目项下开支等语，应准如拟办理。

十四、据会计处签称，准教育厅片送省立文理学院及本厅社会教育工作团五至八月份员役米津预算书，查社教团五至八月份米津共列支一千二百八十四元，核案尚符，应予存查。至省立文理学院暨附中附小五至八月共列一千一百六十二元，核较原案数额多列二元，系八月份增减员役所致，似可准予增拨二元，款在本年度省预备金项下开支等语，应准如拟办理。

十五、准第七战区战时粮食管理处函送十月至十二月份官兵米津预算书册。饬据会计处签称，除司机乙名应照月给二元在原书第一项第一目列支外，其余尚合，所需米津费每月一百零七元，十至十二月份三个月共需三百二十一元，拟准照拨，款在二十九年度追加补助各级公务员役团警米津科目项下开支等语，应准如拟办理。

十六、据本府广播电台呈缴十月至十二月份员役米津预算书册，月列五十五元，三个月共列一百六十五元。饬据会计处签称，核尚符合，拟准照拨。饬财政厅在二十九年度追加补助各级公务员役团警米津科目项下开支等语，应准如拟办理。

十七、据民政厅签呈，转缴省警总队二十九年十月至十二月份员警夫役米津费预算书册，月列二千三百七十五元五角，三个月共列七千一百二十六元五角，核尚符合，拟准照拨，饬财政厅在二十九年度追加补助各级公务员役团警米津科目项下开支等语，应准如拟办理。

讨论事项

一、准广东高等法院函，为本年六月至十二月份巡查司法旅费，本院经费预算内无款开支，是项旅费五千八百八十元，拟请准由本院二十八年度巡回审判经费节余项下拨支，请查核办理，请公决案。

（会计处签拟）似可照办，追列本年度司法支出。其二十八年度巡回审判推事经费节余款，拟请解库抵领，并追列岁入预算，仍请提会核定。

（决议）照会计处签拟通过。

二、据民政厅签呈，拟晋升本厅委任视察萧叔毅、李春凡二员，为荐任视察，请核派等情，请公决案。

（决议）照案通过。

三、据建设厅签呈，拟具广东省建设厅非常时期中小工业奖助办法草案，设立非常时期中小工业奖助委员会意见书，及非常时期中小工业奖助委员会组织章程草案，请核示等情，请公决案。

（决议）交郑（彦棻）、邹、刘三委员审查，由郑委员召集。

四、据建设厅签呈，据公路处呈缴抢修西河木桥工程费预决算书，共支一千九百二十九元一角七分，查核尚属适当，似可准予照数在建设事业费项下拨支归垫等情，请公决案。

（决议）照案通过。款在杨梅塘线工程费项下拨支。

五、据建设厅签呈，据公路处呈缴第二工务总段二十八年九月杨梅塘线测勘费预算费，计支二百二十七元四角五分，及南龙河三艘渡车船工料费预算书表，计支二千七百九十六元零九分，合共三千零二十三元五角四分，拟准由前在建设事业费项下拨付之一万五千元内开支等情，请公决案。

（决议）照案通过。

六、据建设厅签呈，据公路处呈复该处所缴三、四月间各路队抢修水灾各项工程预算书，列数一十三万三千四百九十七元三角八分，比前缴暂垫数目表列六万零一百四十一元一角增大缘由，查核尚属适当，似可照准，将款拨还归垫等情，请公决案。

（决议）俟将该处收入养路费造报后再行核办。

七、据卫生处签呈，缴二十九年度处址迁移营造及修缮费预算书，列支四千七百五十元，拟在本年度本处经常费事业费及各项由省库拨支之临时费节余项下开支等情，请公决案。

（决议）照会计处签拟通过。

密八、据本省粮食调节委员会签呈，拟广东省粮食管理局仓库组织规程及编制表，请察核等情，请公决案。

（决议）组织规程照秘书处签拟通过。编制表列经费照额在救济米荒基金项下开支。

密九、据本省粮食调节委员会呈缴南雄运输站补编漏列本年六月份临时费支付预算书，计列五百二十八元九角五分，请准列支等情，请公决案。

（决议）照案通过。款在本年度救济米荒基金项下开支。

密十、据本省粮食调节委员会先后呈复南雄运输站本年八月份临时费预算书，所列旅运夫费租赋各费共一千二百八十五元六角，及九月份临时费预算书所列旅运夫费共一千二百七十五元一角，核属需要，请核示等情，请公决案。

（决议）照案通过。款在本年度救济米荒基金项下开支。

十一、据会计处案呈，准卫生处及民、教、建各厅片复审核台山县地方二十九年度岁入岁出追加概算，各列一十二万七千二百五十一元，均属适当，本处复核尚无不合，请提会核定公布施行等情，请公决案。

（决议）照案通过。

十二、据从化县政府呈复，查明良口战役民众协助我军作战情形。饬据秘书、会计两处签称，塘溪乡小车村民温亚奇背负〈责〉伤兵，及吕田乡第七、八、九各保民运送伤兵，均能尽其义务，殊属可嘉，拟比照陆海空军奖励条例之规定，给予奖金二百元，发由从化县妥为分配，款在二十九年度省预备金项下开支等情，请公决案。

（秘书处签拟）查温亚奇背负伤兵渡河，吕田乡第七、八、九保各保民运送伤兵，均能尽其义务，殊属可嘉，拟比照陆海空【军】奖励条例第四条第四款及第十条之规定，给予奖金二百元，发由从化县妥为分配。至于塘溪乡长蔡汉初助军作战，尚能称职，拟免置议。至该乡第二保长温××放弃职守，拟予撤职。至甲平乡长朱质支，第一保长朱景文，第三保长唐余，第十七保长邱锦珊，未能尽其应尽之责，拟予申诫。

（决议）照秘书处签拟通过，奖金照追加。

十三、据建设厅签呈，据公路处呈缴建筑连山县永和站工程费支付预算书类，计列工程费七百零六元九角，及购置费一百二十八元五角。合共国币八百三十五元四角，请核示等情，请公决案。

（会计处签拟）查原呈预算书计列建站工程费七百零六元九角，系经三家商店估价以最低价格编列。又开办购置费一百二十八元五角，亦属需要。两共国币八百三十五元四角，似可均准照列。至该站既系行车及征收养路费合并之站，来源基金不同，而需要则一，似宜平均负担。兹拟该款由公路处行车营业基金项下及前由普通基金拨支该处征收汽车养路费各站开办费预算项下各拨支四百一十七元七角，以昭公允，并请提会核定。

（决议）照会计处签拟通过。

十四、据建设厅签呈，据公路处呈缴更正抢修南韶路凌溪水桥工程费预算书表，列支二千四百五十一元七角，及新建小眼坪木桥工程费预算书表，列支三百三十五元六角八分，合共列支二千七百八十七元三角，请核示等情，请公决案。

（决议）照案通过。款在杨梅塘线工程费项下拨支。

十五、准保安司令部函，据前保安处吴处长呈，为本处前发驻琼保安第十一、十五两团械弹系第十二兵站代运，原拟运费九千余元，现准该兵站分监部电送改编预算列支一万三千一百二十七元二角，比较超过三千余元，请准仍照原决议案，款由本年度各月份保安经常节余项下开支，不足再由省库拨付，请查核办理等由，请公决案。

（决议）照案通过。款在前保安处本年度各月份保安经费节余项下开支。

十六、据本省候用公务员招待所呈缴更正本所二十九年八月份招待费支付预算费，列支五百二十六元七角八分，请饬发归垫等情，请公决案。

（决议）照案通过，追加预算。

十七、据建设厅呈缴本厅秘书刘次侠荐委表，请核派等情，请公决案。

（决议）照派代理。

十八、据本省连连阳乳建设委员会函，请饬库拨支本会调查团旅费二千五百七十一元八角五分等情，请公决案。

（会计处签拟）查该会每月预算均有旅费三百元列支，现请发经费，似可准予尽先在该会本年度各月原有旅费项下开支。至与现编预算不足之数，如实际支用时，确感需要，再行请款。如此办理，似较敏捷。当否，请提会核夺。

（决议）照会计处签拟通过。

广东省政府第九届委员会
第一百八十一次议事录

日　期　十一月二十二日

地　点　曲江本府

出席者　李汉魂　黄元彬　邹　琳　何　彤　胡铭藻　刘佐人

列席者　杜之英　史延程　关伯平　云照坤　黄公安　黄希声
　　　　　伍崇厚

主　席　李汉魂

纪　录　（秘书）魏育怀　（参议）俞守范

报告事项

一、准广东省军管区司令部电，订定广东省连阳自卫总队各级编制给与预算表，及各级队月支经常费统计表，请查照等由。饬据会计处签称，查所订连连乳阳自卫总队各级编制给与预算表列数，核案尚合，似可列报会议后，分别通知等语，应准如拟办理。

二、据财政厅签呈，请援案核发海康、徐闻两局裁撤各稽征所七月份经费，共列支四百五十八元三角二分，查各所经费，均未超过半个月之限度，似可准予援案在本年度各税局经费未支配余款项下拨支等语，应准如拟办理。

三、据教育厅签呈，据本省图书杂志审查委员会呈，为经费不敷甚巨，请由本年八月份起，按月补助该会经费一百元。查所称尚属实情，拟准由本年八月份起，每月拨助经费五十元，计五个月共二百五十元，该款拟在本年度教育文化临时费项下拨支一百三十元，社会教育经费项下教育导报印刷费内拨支一百二十元，合共二百五十元等情。饬据会计处签拟，似可照准等语，应准如拟办理。

四、据建设厅签呈，据公路处呈报，该处曲江征收站助理员陈烈光积劳病故，拟议发给葬费，请核示等情。饬据秘书、会计两处签拟，依照公路处战时公路员工抚恤暂行规程规定，给予其遗族一次过两个月薪金额国币七十元，款在二十九年度省预算恤金项下开支等语，应准如拟办理。

五、据建设厅签呈，据八字岭煤矿保管处呈缴二十九年坪石货仓地租预算书，请核示等情。饬据会计处签称：书列月支地租国币八元，年支国币九十六元，核无不合，该款似可准照建设厅原拟在该厅二十九年度经费节余项下拨支，惟下年度起应列入保管费预算案内等语，应准如拟办理。

六、据本府战时通讯所签呈报，电话队领工吴容因公遭受空袭损失，请予救济等情。饬据秘书、会计两处签拟，依照本省公务员雇员公役遭受空袭损害暂行救济办法规定，酌给救济费五十元，该款拟在二十九年度省预算救济费项下开支等语，应准如拟办理。

七、据第二区行政督察专员公署呈，转缴清远县二十九年度加强破坏公铁路工食费支出计算书。饬据会计处签称，书列九千二百零七元七角，核与该县前缴预算数尚无超越，拟准予分别存转，惟查本府先后在建设事业费项下拨过该县破路费共二万五千元，除拨支外，尚余一万五千七百九十一元三角，拟饬返纳库收等语，应准如拟办理。

八、据三水县政府呈，缴战地国民兵团二十九年夏季服装费支付预算书，列支四千零九十二元，除在岁出临时门常备队服装费项下拨支四千零四元外，不敷之数，由经常门提发常备队经费项下拨足等情。饬据会计处签称，核尚需要，且与军管区之广东省战地国民兵团整编办法规定相符，列支之数，亦无不合，似可照准等语，应准如拟办理。

九、据鹤山县政府呈，奉令架设由四堡至水平乡电话专线工料费预算书，饬据会计处签称，该费国币一千三百一十三元八角，既经建设厅核属适当，除前在二十九年度建设事业支出项下拨过国币一千元应支外，尚需国币三百一十二元八角，拟并在本年度建设事业支出项下拨支。等语。应准如拟办理。

十、据财政厅签呈，缴本厅十月至十二月员役米津预算书册。饬据会计处签称，月列一千一百七十二元，三个月共列支三千五百一十六元，核尚符合，拟准照拨，饬财政厅在二十九年度追加补助各级公务员役团警米津科目项下开支等情，应准如拟办理。

十一、据第六区行政督察专员呈缴本署十月至十二月份员役米津预算书册。饬据会计处签称，书列月支三百七十元，三个月共列一千一百一十元，核尚符合，拟准照拨，饬财政厅在二十九年度追加补助各级公务员役团警米津科目项下开支等情，应准如拟办理。

讨论事项

一、准内政部咨复，关于贵省各区专署增员案，似无必要，惟抗战时期适应此种情形，经拟暂准予增设技士一人，科员二人至三人，雇员三人至四人。至办公费应否增加，由贵省斟酌办理，转奉行政院令准如拟办理，请查照等由，请公决案。

（决议）人员自三十年度起照案增设，办公费毋庸增加。

密二、准本省动员委员会函送广东省军民合作总站在连办事处修葺费支付预算书，列支一千二百五十元，请查照核发等由，请公决案。

（决议）依该总站驻站工作人数另编预算呈核，照案追加。

三、据教育厅签呈，缴本厅社会教育工作团二十九年度支出临时费预算书，计共支出旅费二千三百余元，除在该团二、三月份经常旅费项下支出一部分外，尚不敷一千八百五十七元七角，拟准由该团二十八年度经费节余项下开支等情，请公决案。

（会计处签拟）该团旅运临时费预算书列支不敷旅运费八百五十七元七角，既据该厅核明书列数目尚属实在，该不敷旅运费，似可追列本年度省预算教育文化支出项下开支，准在该团二十八年度经费节余项下抵解，仍一面追列本年度收入，拟请提会核定。

（决议）照会计处签拟通过。

四、据建设厅签呈，缴本厅二十九年度聘请谢哲声来粤旅费预算书，上列支五百元，请由省预备金项下列支，在本厅钨砂价款项下抵解等情，请公决案。

（会计处签拟）似可准援案发给旅费，并准照发五百元，此款拟以罗致经济专家及技术人员旅费科目追列本年度省地方岁出预算经常门临时部分第六款第一项建设临时项下拨支，由该厅在钨砂价款项下抵解，并照数追加钨砂价款收入，仍请提会核定。

（决议）照会计处签拟通过。

密五、据建设厅签呈，编具本厅三十年度农业贷款利息岁出概算书，计列七十四万四千元，请汇同三十年度概算，俾得支付等情，请公决案。

（决议）以十五万元列入三十年度概算。

六、据建设厅签呈，据本省战时长途电话管理所呈缴增建办公厅临时费预算书类，计列一千二百五十元，该款拟在二十九年下半年度节余经费项下开支。查核尚属需要，拟请准予照数列支等情，请公决案。

（决议）照案通过。

七、据建设厅呈复，审查韶关新住宅区招致市民建筑房屋暂行办法，及韶关新住宅区建筑简章意见，请察核等情，请公决案。

（审查意见）（一）原修正办法第二条第二项原文："前项免租借用期间，自申请核准之日起至民国四十年十二月底止，如届期满，政府需用该地时，借用人应将建筑物拆迁交还借用土地，但仍辟为住宅区时，借用人有优先备价承领该借用之权。"惟查市民借用土地，以竹木建筑，费用自属低廉，且经十年期间，亦多枯朽，应毋庸补偿建筑费，若属砖类建筑，其耐久性当不只十年，建筑费较昂，似须酌偿建筑费用，以昭公允。至谓市民已有长期免租之利益，此在政府方面言之，诚已损失十年有奇之地租，但细按建筑一砖类单家住宅（假定总面积为三十平方公尺）其建筑各费总在千元以上，如以周息一分约十年期间计算，则每月租金须在十五元左右，其数目实比目下韶市一般租价当有过之，况又有冒空袭损失之危险，市民所得利息，似亦无多，拟在原修正办法第二条第二项后段应将建筑物拆迁交还借用土地句之下增改为"除用鱼鳞木板或织竹灰坭批荡构造者不偿还建筑费外，如属坭砖或军【单】隔砖墙夹砖柱或双隔砖墙构造，得由政府酌量偿补建筑费"。（二）原修正简章第九条第三项拟在"不得少过四十公分"句之下增加"不得多过一公尺"七字，以示限制。（三）其余原修正办法及简单各条尚无不合。

（决议）照审查意见通过。

八、据建设厅签呈，据本省长途电话所呈缴改所名称临时费预算书表，列支七百六十六元，请核示等情，请公决案。

（决议）照案通过，款在该所二十九年下半年度经费节余项下开支。

九、据建设厅签呈，据本省战时长途电话管理所呈缴修理韶市炸毁线路工料费预算费表，列支一千九百三十五元五角九分，查核尚合，似可准予照数在建设事业费项下拨支等情，请公决案。

（决议）照会计处签拟通过。

十、据建设厅、地政局会呈，关于举行公共造产运动一案，遵经拟就广东省推行公共造产办法，请察核等情，请公决案。①

（决议）照秘书处签拟通过。

十一、据省地政局呈，拟具广东省地政局各县市地政处处理逾期未领土地权利书状暂行办法，请察核施行等情，请公决案。

（秘书处签拟）原标题拟修正为"广东省处理逾期未领土地权利书状暂行办法"。原第一条"本局"二字拟改为"广东省地政局"。原第□条条文拟修正为："土地权利书状，限于县市地政处布告发给之日起十五日内，到处领取完竣，逾期到领者，依左列规定，照原应征土地权利书状费额，分别加收书状费。"（一）逾期十五日以内者，加收百分之十五。（二）逾期十五日以上，一个月以内者，加收百分之三十。（三）逾期一个月以上两月以内者，加收百分之五十。（四）逾期两个月以上六个月以内者，加收一倍（第一项）。前项书状发给期间，得由县市地政处参酌情形延长之，但须呈报省地政局备案（按原第二条第一项与第三条第一项文意相同，拟并为规定，联系较紧）。原第三条末款与第一项亦相衔接，拟设为一条（即修正第三条）。"前条土地权利书状逾期六个月以上，经用书面通知，自接收通知日起一个月后，仍未到领者，撤销其权利书状，所有土地，依照广东省县地政处处理逾期未登记土地暂管办法办理之。"（按本条拟增加"经用书面通知一个月后"不到领者得撤销其土地权利书状，以期周密。）原第四第五两条条文仍旧。又本办法于提会通过后，并请呈报行政院备案。

（决议）照秘书处签拟通过。

十二、据卫生处呈，据省立临时医院呈，准该院前筹备主任曾志明函，请迅将关于该主任任内迁移费国币六百六十七元四角五分转请迅予核发归垫，请核示等情，请公决案。

（会计处签拟）该项预算书表既经卫生处径送审计处驻韶办事处核

---

① 秘书处签拟略。

明尚无不合，似可照准。该款拟追列本年度卫生及治疗支出科目开支，饬将该院筹备处二十八年度经临费节余款照数解库抵领，并照数追列各机关经费结余解库收入科目。仍请提会核定。

（决议）照会计处签拟通过。

十三、据会计处案呈，准广东省战时贸易管理处函送该处营业计划营业概算书，暨各种明细表等件，请核办见复等由。关于请政府增拨资金一百万元一节，谨拟两项办法，应照何项办法，请提会核定等情，请公决案。

（决议）基金暂不增加，流动资金，着向省行妥商透支，余照会计处签拟通过。

十四、据本省战时贸易管理处呈缴所属各站二十九年度十、十一、十二各月份员役生活补助费预算书，列支二千八百三十八元，请核示等情，请公决案。

（决议）照案通过。

密十五、据会计处案呈，准建设厅片转送揭阳县架设锡五电话线预算书类，列支一千五百七十元零七角，查尚适当，似可准照列支等由，该款拟在二十九度建设事业支出项下拨支等情，请公决案。

（决议）照该处签拟通过。

密十六、第五区行政督察专员呈，转缴饶平县破坏公路各路基桥梁涵洞发给民工伙食费支出计算书表，共列一万零四百零二元五角，请准将款清发等情，请公决案。

（决议）照案通过。款在本年度建设事业支出项下追加预算。

十七、主席提议，拟派马景曾代理广东省合作事业管理处副处长，请公决案。

（决议）照案通过。

广东省政府第九届委员会
第一百八十二次议事会

日　期　十一月二十六日

地　点　曲江本府

出席者　李汉魂　胡铭藻　郑彦棻　邹　琳　高　信　何　彤

列席者　杜之英　李仲仁　黄希声　史延程

主　席　李汉魂

纪　录　（秘书）魏育怀　（参议）俞守范

报告事项

密一、奉广东绥靖主任公署电，据本署战地破路团造缴交通破坏经费支付预算书，希查照办理等因。饬据会计处签称，该项费用国币二十五万元除前后拨过国币一十八万五千元外，预算尚需国币六万五千元，但未奉饬再拨，该项实支若干，拟呈请绥署转饬编具计算书件缴呈转发办理。如属不敷，再予拨还。倘有盈余，请饬返纳库收等语，应准如拟办理。

二、准广东省军管区司令部电送本省免缓役证书费征收办法，查属可行，经将会稿书诺送回公布施行。

三、据财政厅报告，省库应拨故警长张绍高二十六年七月至二十七年底抚金国币一百元零八角，现因二十八、二十七年度省款收支业经结束，经改在二十九年度恤金项下开支等情。饬据会计处签拟照准备案等语，应准如拟办理。

四、据财政厅报告，退休警长何佐二十七年十月至十二月份抚助金已改二十九度恤金项下开支等情。饬据会计处签称，该退休警长二十七年十至十二月份年抚金五十一元，二十八年年抚金二百零四元，二十九年年抚金二百零四元，共四百五十九元，折合国币三百二十一元三角，拟饬并改在二十九年度恤金项下开支等语，应准如拟办理。

五、据财厅签呈，拟将本厅废除厅款后各项税捐章则之有关厅款条文补注说明汇列总表，分发各局遵照等情。饬据秘书处签称，拟准备案等语，应准如拟办理。

六、据卫生处签呈，据广东省立临时医院补具八、九、十月份被炸伤者留医膳费支付预算书，列支一百七十元八角，请准在该院收入项下开支等情。饬据会计处签称，未便在该院收入项下支拨，拟准在该院本年十月底止经费节余项下开支等语，应准如拟办理。

七、据省振济会呈缴更正本会医疗队二十九年度八月份至十二月份经费支付预算书。饬据会计处签称，前次核定振济会医疗队经费预算每队月支四百一十五元，系属于薪俸部分，现据呈预算增列办公费每队四十元，并同前定数，每队每月列支四百五十五元，四队合共月支一千八百二十元，似可照案自本年八月份起，款在该会振款项下拨支等语，应准如拟办理。

八、据本府南路行署电呈送一至八月份办公费数目表，请将办公费各目流用。流用后，仍不敷办公费一千二百四十三元五角二分，请准在本署临时费项下开支等情。饬据会计处签称，似可准将一至八月份办公购置各费照前呈数目表所列数目流用，流用后仍不敷数，拟饬在该署三至八各月份俸给费节余款内流用，毋庸在临时费项下开支等情，应准如拟办理。

九、据会计处案呈，准教育厅片送省立曲江小学二十九年度暑期兼办社教及抗战宣传经费支付预算书，列支国币六十二元，请查核办理等由。拟请准在该校二十九年度经费节余项下开支等情，应准如拟办理。

十、据会计处签称，关于卫生处前呈拟：（一）将寄存普宁县卫生事务所药物移运兴宁县府运费二百五十元。（二）发给救护队长员棉衣费四百九十五元。（三）发给公共卫生人员训练所毕业护士学员黄景新、叶秀贞、高慕贞返程旅费各一百元，并补回医师杨松族旅费一百元。（四）购置搬运药械用竹箩三十五元。（五）防疫医院修缮及添置费一百六十七元七角二分。（六）添用科员一人薪额二百二十五元。（七）印刷广东卫生五十六期合刊费一四四元。以上各款经分别列报会议核准在该处二十八年度事业费节余项下拨支，现拟均追列本年度省总概算岁出经常门临时部分卫生及治疗支出科目开支，上项二十八年度卫生事业费节余款，拟饬该处照数解库抵领，并以各机关经费节余解库款一科目追列岁入预算等语，应准如拟办理。

十一、据会计处签称，准审计处函复，以本处前送本省二十八年度省地方普通岁入岁出总决算编制办法草案，及所附决算书表格式及说明各件，核与决算各法令尚属符合等由。似可将决算编制办法草案暨各种决算书表格式及说明分令本府所属各机关遵照等语，应准如拟办理。

十二、据消防景华舰呈缴二十九年一月至三月份支出计算书类，请核销其去年十二月二十二日至三十一日共十天应领经费一百六十七元二角，请照数补发等情。饬据秘书、会计两处签称，该舰二十八年每月经费来源系以租与西南运输公司所得租项三百五十元拨充，本府从未发过。嗣该舰拨归三十五集团军总部遣用，该舰十天经费似应准比较原额三百五十元计发应支预算计需国币一百一十二元九角，拟饬在该舰本年度经费项下匀支等语，应准如拟办理。

十三、据秘书处案呈，据统计室呈缴二十九年度统计事业费预算书及调查队经费支付预算书，请核示等情。饬据会计处签称，预算书全年列支一万一千三百元，核案相符，各项目节数目亦似尚需要，拟准分别存转。惟事关增设调查队，将原预算数额从新分配，拟报会后办理等语，应准如拟办理。

十四、据建设厅签呈，缴北江船务所二十九年十月至十二月份员役米津预算书表。饬据会计处签称，查预算月列五十七元，三个月共列一百七十一元，核无不合，该款拟在本年度追加各级公务员役团警米津科目项下开支等语，应准如拟办理。

十五、据建设厅签呈，缴合作事业管理处二十九年十月至十二月员役米津预算书册。饬据会计处签称，查预算月列八百四十元，三个月共二千五百二十元，核内容米贵区加发米津部分，均尚符合，拟准照拨，饬财政厅在二十九年度追加补助各级公务员役团警米津科目项下开支等语，应准如拟办理。

十六、据第二区保安司令部电，补缴二十九年度修械所七、八两月份员役米津追加预算书册，饬据会计处签称，查核书册列数尚合，所需米津每月四十一元，五至九共五个月合计二百零五元，拟准并予拨发，款在二十九年度追加补助各级公务员役团警米津项下开支等语，应准如拟办理。

444

十七、据本府行政效率促进委员会呈缴二十九年十至十二月份员役米津预算书册。饬据会计处签称，查预算月列七十五元，三个月共列二百二十五元，核尚符合，拟准照拨，饬财政厅在二十九年度追加补助各级公务员役团警米津科目项下开支等语，应准如拟办理。

十八、据本省新生活运动促进会妇女工作委员会呈缴广东妇女生产工作团二十九年十至十二月份员役米津预算书册，饬据会计处签称，书列月支三百八十六元，三个月共列支一千一百五十八元，核尚符合，拟准照拨，饬财政厅在二十九年度追加补助各级公务员役团警米津科目项下开支等语，应准如拟办理。

密十九、据本府无线电驻港电台电缴本年九至十二月份报差米津预算书册。饬据会计处签称，查预算月列一十二元，除九月份已核发外，十至十二月共列三十六元，核尚符合，拟准照拨，饬财政厅在二十九度追加补助各级公务员役团警米津科目项下开支等语，应准如拟办理。

讨论事项

一、准广东全省保安司令部电送修正本部编制表预算书等，计每月较前核定额再增加八百六十六元六角七分，请备案，自本年九月份起追加拨发应支等由，请公决案。

（决议）照案通过，款在本年度保安团队经费节余项下拨付，并列入三十年度概算。

二、据民政厅签呈，缴本厅二十九年六月至十月修缮工程费岁出岁入预算书表，列支六千零四十一元八角三分，因本厅原额预算办公费有限，无款拨用，拟改由本厅以前经费节余款项下开支等情，请公决案。

（会计处签拟）似可在本年度省总概算岁出经常门临时部分省政府及附属机关临时费项下追列民政厅临时费科目开支，以该厅及该厅第四科二十八年度经费节余款项抵解，追列入本年度省总概算岁入经常门临时部分各机关经费节余解库款科目，拟请提会核定。

（决议）照会计处签拟通过。

三、据财政厅呈，拟定本厅调差旅费，规定数额表暨各税务局人员调差旅费办法，并自九月份起，款在本年度各税务局经费未支配余额一十四万八千八百一十一元项下拨支等情，请公决案。

（决议）照案通过。

四、据建设厅签呈，据公路处转据卸第二工务总段长蔡杰林呈缴本年三月份购买内外吙费支付预算书，列支一千一百二十七元，该款似可由该段在修筑大坑口至曲塘正桥工程预算之节余数三千四百五十七元五角一分项下拨支等情，请公决案。

（会计处签拟）拟准予照列，该款似可准由该段在修筑大坑口至曲塘正桥工程预算之节余数三千四百五十七元五角一分（计原预算数为一十二万九千二百零六元零七分）款内开支，余款饬返纳归库，仍请提会核定。

（决议）照会计处签拟通过。

五、据建设厅签呈，遵饬将筹设文具厂计划书修正，并编具该厂筹备费，暨资本支出预算书，计共四万八千三百八十元，请在建设费项下开支，由本厅钨砂矿款项下拨支抵解。至流动资金约二万元，则在本厅流动资金项下运用，请核示等情，请公决案。

（决议）交省振济会酌办。

六、据建设厅签呈，据公路处呈缴二十九年度秋冬两季征收汽车季捐岁入预算书，计列二万一千一百八十九元，查核与案尚符，似可准予照列，请核示等情，请公决案。

（会计处签拟）似可准予照列，并拟照原科目收入，及照数增列预备金科目支出，列入本年度追加省总概算案内，暨饬将实收数解缴省库，拟请提会核定。

（决议）照会计处签拟通过。

七、据本府南路行署呈缴二十九年十月至十二月份情报经费支出预算书，月列二百元，三个月共六百元，拟请列入三十年度预算，请核示等情，请公决案。

（决议）款准照拨，在该署经费内匀支。

八、据本省驿运管理处签呈，缴曲岐线各站运夫队二十九年度开办费概算书，列支五千七百二十二元八角，拟在本处营业基金项下拨支，请核示等情，请公决案。

（决议）照案通过。

九、据第三区保安司令部电，为职部受理廖××被告汉奸一案，业经讯明，拟判呈奉广东绥靖主任公署核准执行枪决，请准予从优给奖等情，请公决案。

（决议）给奖金一百元，照案追加。

密十、据第六区行政督察专员呈，转缴连平县政府破坏连新路民工伙食费预计算书类，列支三千九百一十八元六角，请核示等情，请公决案。

（决议）照案通过，款在本年度建设事业支出项下开支，追加预算。

十一、据会计处案呈，关于紫金、清远、阳春、信宜、三水、开建、大埔、海丰、博罗、花县、郁南、赤溪、梅县、蕉岭、防城等十五县地方二十九年岁入岁出追加概算，现经照各厅签注意见分别修改审核完竣，除赤溪县概算应发还另编外，其余十四县，请提会核定公布施行等情，请公决案。

（决议）照案通过。

十二、据建设厅签呈，缴本厅本年度增建修葺职员办公厅宿舍及购置等费临时支付预算书，计支九千九百七十五元四角五分，拟在本厅本年度经费节余项下流用，请核示等情，请公决案。

（决议）照案通过。

密十三、据教育厅签呈，拟就广东省游击战区教育实施办法大纲，请分饬各游击区县份切实推行等情，请公决案。

（决议）照案修正通过。

密十四、据第十三区行政督察专员呈，转缴封川县二十九年度继续破坏封开公路补发伙食及办公费预算书，计列国币一千一百零四元四角，请核示等情，请公决案。

（决议）照案通过，款在本年度建设事业支出项下开支，追加预算。

十五、据第九区行政督察专员电，请依照游击区县份补助经费办法将属区十六县准予一律补助经费等情，请公决案。

（会计处签拟）似可准如该署所请办理。又查补助各游击区县份增员经费原规定，每县每月四百元，现报十六县每月计需六千四百元，拟援照成案，款在省库补助接近战区各县战时工作经费项下支发，惟本年度将届终结，是项增员补助费，似可在三十年度开始实行，拟请一并提会核定。

（决议）照会计处签拟通过。

密十六、奉第七战区司令长官司令部电，为赤溪自卫团原系土匪改编，今仍贼性未改，时出截劫，兹为肃清该匪计，拟派挺进第七纵队司令部相机清剿，仰汇发该部剿匪费国币五千元等因。遵经饬令财厅如数拨交该部收领。该款准在本年度省地方岁出预算内增列自卫队经费科目项下拨支，提会请追认案。

（决议）照案追认。

十七、据本省战时贸易管理处呈，拟准罗定设立西江办事处，派陈景棠代理该处主任等情，请公决案。

（决议）照案通过。

十八、准郑委员（彦棻）、邹委员、刘委员会复审查民政厅签呈拟具三十年度各科职掌表及增设第四科及一、二、三科增加人员经费预算一案意见，请公决案。

（审查意见）（一）禁戒经费自三十年度起来源既绝，该厅第四科应予结束。（二）三十年度仍须有一部分人员负责办理禁政善后工作。查该厅原有各科人员已感不敷，第四科裁撤后，自更不易调拨，所请增加第一、二、三科员额，以资因应，当属需要，应予照办。（三）所增加人员应如何分配，宜由该厅自行酌定。

（决议）照审查意见通过。

十九、据秘书处、会计处会同拟具广东省政府及所属各机关调任人员支给在途薪俸暂行办法，请提会核定通饬施行等情，请公决案。

（决议）照案通过。

二十、据财政厅签呈，本厅主任秘书桂竞秋另有他就，遗缺拟调第二科科长刘支藩代理；递遗第二科科长缺，拟调荐任视察丘东旭代理。请分别委派等情，请公决案。

（决议）照案通过。

密二十一、据会计处案呈，准秘书处转送省振济会函，关于该会迁址建筑费案请妥筹来源等由。查该会新址建筑费除辟建车房一项暂缓外，实需四万零七百二十九元三角一分，系经依照驻审员核减数办理，似可照准拨发，款在前粤北振济工作总队移交该会振济粤北兵灾余款项下开支等情，请公决案。

（决议）建筑费以三万五千元为限，余照案通过。

密二十二、据本省粮食管理局呈，拟具本省非常时期人民购运洋米入口颁给荣誉奖章奖状条例草案，请核定公布施行等情，请公决案。

（决议）照秘书处签拟通过。

密二十三、据本省粮食管理局签呈，编造本局二十九年度由三月六日起至十二月底止岁出经常费支付预算书及开办费概算书，新局棚舍工程预算表，计经常费月列一方二千七百五十元，本年度共列二万三千三百八十九元六角六分；开办费列支九万五千元，请核示等情，请公决案。

（会议处签拟）开办费支付概算书列支九万五千元，据请准予照数先行核定，再补呈详细预算书及估价单图则等件，并拟在救济米荒基金项下开支等情，似可准如所请办理。惟将来编造详细预算书数目应以不超过此项数额为限。

（决议）照案通过。经常费由省库开支，追加预算。开办费在救济米荒基金项下拨付。余照会计处签拟办理。

二十四、据本省粮食管理局呈缴本省粮食评议会组织章程，附编制预算简表，请审定公布施行等情，请公决案。

（决议）照秘书处签拟通过。

二十五、郑委员（彦棻）、郑委员（丰）会复审查民政厅所拟广东省防范拐带人口暂行办法一案意见，请公决案。

（审查意见）（一）原第七条拟改为"各县局应布告禁止属内人民买受被拐或来历不明之妇孺，倘有故违，一经发觉，以通同拐带论"。（二）原第八条拟改为"各县局在未禁绝娼妓前，其辖境内娼妓人数及其来历，应责成当地警察机关随时严密检查，如发觉有买受被拐妇女为娼情事，即拘解县（局）政府从严究办"，并拟将本条移置第六条之前，改为第五条。（三）拟新增第六条，其文如下："接近游击区县份，其出入孔道之当地警察机关或区署乡镇公所，遇有过境妇孺形迹可疑者，得隔别盘诘，如有拐带嫌疑，即解县局政府讯办。"（四）原第六条附则拟删去，并拟新增第九条，其文如下："前第七、八两条规定之奖金，准由县（局）地方款奖恤费或预备费项下开支。"（五）照前各条之增删，原第五条依次改为第八条，原第六条改为第十条，原第七条改为第十一条，原第九条改为第十二条，原第十条改为第十三条。

（六）其余各条拟如法制室所拟修正。

（决议）照审查意见通过。

二十六、据本府行政效率促进会签呈，编缴三十年度经常费概算书、表，列年支七万三千四百六十四元，比较二十九年度核定数五万八千六百二十元计超过一万四千八百四十四元，请核示等情，请公决案。

（决议）交秘书处审查。

二十七、据秘书处签呈，拟修正本省公务员雇员公役遭受空袭损害暂行救济办法第一条条文，请提会核定等情，请公决案。

（决定）照案通过。

二十八、主席提议，连山县长梁运涛，另候任用，遗缺派甘殊希代理，请公决案。

（决议）照案通过。

二十九、主席提议，龙门县县长朱曼出缺，遗缺派郑泽光代理，请公决案。

（决议）照案通过。

密三十、胡委员提议，查本省各县本年晚造歉收粮食问题益趋严重，救济办法除仍源源运输湘、赣、桂米谷回省济销外，自应一面策动本省旅港各属同乡集资购运洋米，以期充裕本省粮食，而资救济。谨拟具本省旅港各属同乡购运粮食委员会组织简章草案及编制预算表，请公决案。

（决议）照案通过。

三十一、准高等法院史院长函，查第二区管辖各县监狱囚粮，原定二角五分，近因米价较高，不足维持每餐六两之数，拟请酌予增加五分，连原额计共三角，自十二月份起支。所有增加之款，仍照前案司法人犯在囚粮节余项下开支，行政人犯在地方款开支等由，请公决案。

（决议）照案通过。各县囚粮如仍有发给二角五分者，于十二月份起，一律增为三角。

广东省政府第九届委员会
第一百八十三次议事录

日　　期　十一月二十九日
地　　点　曲江本府
出席者　李汉魂　胡铭藻　郑彦棻　邹　琳　高　信　何　彤
列席者　杜之英　黄希声　李仲仁
主　　席　李汉魂
纪　　录　（秘书）魏育怀　（参议）俞守范

报告事项

一、据财政厅签呈，准广东高等法院函，以紫金地方法院欠领二十五年四月至十月二十日经费，折合国币共一千六百九十九元一角五分，经在该院未解法收及额余囚粮项下完全拨抵清楚等由。该款拟在本年度司法费项下拨支，追列岁出预算。其未解各年度法收及应解额余囚粮，以其他收入科目抵解入库，追列岁入预算，以清款目等情。饬据会计处签称，案关未付前年度支出数追列本年预算岁出，拟请报告会议等情，应准如拟办理。

二、据财政厅、省银行会呈，本省二十九年度六厘公债一千五百万元，经会商以八成作价押借款国币一千二百万元，谨将合约缴请察按备案等情。饬据会计处签称，拟准备案，并抄送审计处查照等语，应准如拟办理。

三、据卫生处呈，据省立医院呈，请将赠医费从速核准等情。饬据民政厅签拟，在该院收入留医门诊等费项下拨支。并据会计处签称，关于该院本年八月份举办赠医应支之病人膳费与埋殓费预算月需二百五十元，本年度由八月至十二月共五个月计需支一千二百五十元，运款似未便由该院收入项下支拨，现拟在该院本年十月底以前各月份经费项下开支等语，应准如拟办理。

四、据卫生处呈复，本处技士胡国衡遭受空袭损失，请在省库拨支救济费一案，查该技士月薪实支国币一百二十元，请拨支救济费等情。饬据秘书、会计两处签拟，依照本省公务员雇员公役遭受空袭损害暂行救济办法规定，酌给救济费二百元。似可准照发二百元，款在本年度省总概算救济费项下拨支等语，应准如拟办理。

五、据本府驻渝办事处呈，据本处无线电台拟修理整流器，该费支出一百二十元，请准在本处经费节余项下开支等情。饬据会计处签称，拟准照数在该处本年度经费节余项下开支等语，应准如拟办理。

六、据第三区行政督察专员呈缴本署二十年度会计室搭棚费支付预算书，计支二百七十元，拟在本署二十九年度普通岁出经常预算会计主任俸及佐理会计员俸项下流用等情。饬据会计处签称，似可照准等语，应准如拟办理。

七、据卫生处呈缴省立临时医院本年度十月至十二月员役米津预算书，月列二百二十八元，三月共支六百八十四元。饬据会计处签称，核尚符合，拟准照拨，饬财政厅在二十九年度追加补助各级公务员役团警米津科目项下开支等语，应准如拟办理。

八、据建设厅签呈，据农林局呈缴稻作改进所本年十月至十二月份员役米津预算书。饬据会计处签称，查有茂名部分八月份米价每元仍有二斤半，不在加给之列，应照剔除，其余大致尚合。计月需二百六十一元，三个月共七百八十三元，拟准照拨，饬财政厅在二十九年度追加补助各级公务员役团警米津科目项下开支等语，应准如拟办理。

九、据本省粮食调节委员会呈，据南雄运输站呈缴本年十月至十二月员役米津预算书册。饬据会计处签称，书列月支四十七元，三个月共支一百四十一元，核尚符合，拟准照拨，饬该会在救济米荒基金科目项下开支等语，应准如拟办理。

十、据本省西江四邑米粮运销委员会电复，本会员役米津预算额与三区专署前代列报数不符缘由，请察核办理等情。饬据会计处签称，查该会及所属各站仓九月份米津数额列支一百四十五元，较原七月份拨发数一百二十九元，计实应增拨数为一十六元，核较前列报一七二次会议核定增拨数一十九元减少三元，系因该会本身核定三个月数额一百二十六元误作该会及所属各站仓每月份核定数所致，拟请将前案照为更正，并将该款援案改在该会救济米荒基金项下开支等语，应准如拟办理。

讨论事项

一、奉行政院令，本院拟将出差人员每日膳宿杂费支给额在非常时期内暂定特任为三十元，简任二十元，荐任十五元，委任十元，雇员八元，雇工及随从四元，其余出差人员应行遵守事项仍按出差旅费规定办理。呈奉国民政府令，准通饬施行，仰遵照，转饬遵照等因。饬据会计处签称，现应遵照规定办理，抑仍照二十四年国民政府公布修正国内出差旅费规则第二条附表所定标准十足支付，请提会核定等情，请公决案。

（决议）暂仍遵照二十四年国民政府公布修正国内出差旅费规则第二条附表所定标准十足支付。

二、据教育厅签呈，据省立文理学院呈缴该院暨附中二十九年度暑期学生抗战兵役宣传费支付预算书，查属实在，书列一千一百八十九元，拟准照案由该院本年度经费撙节开支等情，请公决案。

（决议）照案通过。

三、据建设厅签呈，据公路处呈缴忠定公路拱涵路面标准图暨各项章表，谨将审查意见请召开审核工程会议审查后，提会核定等情。经饬由秘书处召集会议审核完竣，连同会议录，提请公决案。①

（决议）照原审查意见及工程预算审核决议办理。

四、据建设厅签呈，据公路处呈缴更正建筑韶州车站工料细数表图，共计建造总车站及办公室宿舍等建筑费列七千九百四十九元三角，查桉预算图表尚无不合，所称该站办公室职工宿舍部分尚未建筑，似可从缓办理，该车站建筑费四千二百八十二元三角，拟请准在该处营业基金项下开支，请核示等情，请公决案。

（决议）照案通过。

密五、据建设厅签呈，据农林局呈缴二十九年度修理汽车岁出临时费专款预算书，计列七百一十二元。查该局汽车损坏应加修理尚属实情，该费在该局水利课经费节余项下拨支似可照准，请核示等情，请公决案。

（决议）照案通过。

————————

① 审查意见略。

密六、据建设厅签呈，据农林局呈，拟采购油桐种籽，该款五千元查属可行，惟该局林业专款已无余款可资拨付，拟请改在该局水利课节余项下开支，请核示等情，请公决案。

（决议）缓办。

七、据本省粮食调节委员会呈，为奉令结束，关于任内经办账项，函须整理移交，现拟自十一月十六日起至三十年一月十五日止，两个月内办竣，编具结束经费预算书，月列四百九十八元，及员役米津预算书月列一十三元，请准在本会节余经费项下开支等情，请公决案。

（会计处签拟）（一）经常费预算列月支四百九十八元（查四百九十八元计算错误实系月支五百元）。关于薪工一项，列干事四员，雇员二员，工役一名。查办理结束，似无须此多数人员，拟酌减为干事二员，雇员一员，工役准照列。关于办公费一项，据列月支一百三十元，拟似亦可酌减。兹拟将薪工及办公费两项合计减为支三百元，一个半月共准列支四百五十元，由该会照此减正数额自行妥为分配，编具预算书呈核。（二）员役米津预算列月支一十三元，查办理结束员役并无发给米津前例，此项员役米津拟不准拨支。

（决议）照会计处签拟通过。

八、据会计处案呈，奉交本府战时通讯所补签关于该所中枢台助理员三十本员由八月份起之薪水每月计支国币一千二百零六元，拟在本年度省地方普通岁出概算各县无线电台各月节余经费项下拨支一案，拟准自本年八月份起至十二月份止，按月在二十九年度各无线电台经费未支配余款项下开支，请核示等情，请公决案。

（决议）照案通过。

九、据教育厅签呈，据省立文理学院呈缴招致本院附中流落港澳历届师范科毕业生返粤服务短期小学旅费支付预算书，查核尚属实在，该项经费二千六百六十元，拟在二十八年度中小学教师服务团团员入团旅费项下拨支，请核示等情，请公决案。

（决议）照案通过。

十、据财政厅报告，改订各税务局管理卷烟及桐油人员编制标准及等级表，宝安等局月给共国币五千元，由本年九月份起实施，余八百元为预备临时增加或提升之用，检同名表，请察核备案等情，请公决案。

454

（决议）照会计处签拟通过。

十一、据本省驿运管理处签呈，缴本处曲岐线韶连段各站筹备调查费概算书，计需九千一百九十五元，拟在本处营业基金项下拨支，请察核备案等情，请公决案。

（会计处签拟）查书列筹备费计国币九千一百九十五元，核尚需要，该款似可准由该处在营业基金项下拨支，拟请于提会核定后，再行令饬遵照二十九年度本省文职公务员各级官俸减支数额表之规定，将原书内所列筹备员俸及助理员俸两节分别更正改编预算书暨预算分配表呈府核办。又查该款既在该处营业基金项下开支，拟并饬迅编驿运基金预算书呈核。

（决议）照会计处签拟通过。

十二、郑委员（彦棻）、邹委员、刘委员（佐人）会复审查建设厅所拟非常时期中小工业奖助办法草案，及奖助委员会组织章程草案意见，请公决案。

（审查意见）（一）查中央对于非常时期民营工业，业经订有奖助办法颁布施行，凡资本额在二十万元以上者，均得依法请求奖励。现该厅所拟中小工业奖助办法草案，志在奖助一万元以上二十万元以下之中小工业，以期补助中央法令之不足，与乎当地之实际需要，用意至当。惟原签系以本办法公布后开始出品之纺织，及火柴工业为限，衡诸今日物料昂贵情形，此项民营工业，规模当难具备，管理亦难严密，在今日成本会计办理尚未完善之时，原拟办法第四条第一款"营业纯益不及实收资本年息六厘者，得补助之"，又同条第一款"生产成本与平均市价比较，其差额足以影响营业者，得按其差额，酌予补助金"之规定，在实施上恐难得准确标准，而易滋流弊案。查前本府第九届委员会第一七七次省务会议，曾通过广东省小工业贷款暂行办法大纲一种，与该厅现拟办法性质相同。又其他如省银行，中国工业合作协会，及一般金融机关，复不少自行规定各种奖励办法，其促进中小工业之用意情形，亦正相同，为求切实推行有成效起见，该厅似可一面遵照中央奖助工业规定，妥订实施办法，予各民营工业以请求中央奖助手续上之便利，一面与以上各有关机关，会商切实办法，将原定各种成规，彻底实施，似更轻而易举，收效较宏。

（二）又查原拟办法等四条第一至第八各款，与第六条第一、第二两款，似亦可由该厅直接与贸易管理处、财政厅以及各金融机关，分别妥商执行，无须另设专管机关。至沟通金融与工商两界，以利推行起见，应否另行设置某种委员会，以资指导联络，乃属另一问题，如认为必需，似亦宜另案办理。

（三）复查二十九年度即将届满，如该厅认为必须举办，似亦应于下年度建设事业费项下，妥适分配，划拨专款，以资奖助。

基于上述三项意见，该厅所拟非常时期中小工业奖助办法草案，似可暂缓办理。

（决议）照审查意见通过。

十三、胡委员提议，拟订广东省人民或人民团体购运洋米入口，遭受意外损失补偿暂行办法大纲，及施行细则，请公决案。

（决议）交何、邹、高三委员审查，由何委员召集。

十四、胡委员提议，拟于本市组设广东省粮食管理局东行车辆粮食销售处，并于本年十二月一日开始办公，拟具编制预算表，请公决案。

（决议）交何、邹、高三委员审查，由何委员召集。

广东省政府第九届委员会
第一百八十四次议事录

日　期　十二月三日

地　点　曲江本府

出席者　李汉魂　邹　琳　刘佐人　郑彦棻　高　信

列席者　杜之英　袁晴晖　李仲仁　黄希声　史延程　张乃壁

主　席　李汉魂

纪　录　（秘书）魏育怀　（参议）俞守范

报告事项

一、据广东全省保安司令部电送伤士颜山乙名受伤证书表件，请查照给恤等由。饬据秘书、会计两处签拟依照陆军平战时抚恤暂行条例规定，给与四十五元年抚金，并以一年为止，该款拟在本年度省总概算恤金项下开支等语，应准如拟办理。

二、据民政厅签呈，据省警总队呈缴警察遭受空袭损失救济费预算书，列支四十元二角。饬据会计处签称，该款似可准在该总队本年度经常费节余项下开支等语，应准如拟办理。

三、据民政厅签呈，拟将省警总队长职改为荐任二级。现任总队长李国俊拟准支荐任二级薪，其所增薪给，在该总队二十九年度经常费积余项下开支等情，应准如拟办理。

四、据建设厅签呈，关于本厅技正袁展泉来韶补助旅费在钨砂价款拨支一案，谨将本厅补助专门技术人员来韶旅费数额列表请核等情。饬据会计处签称，该袁展泉系由江西来韶，所请给旅费二百元，似可援案照准，该款以罗致经济专家及技术人员旅费科目追列本年度省岁出预算建设临时费项下由该厅钨砂价款项下抵解，并照数追加钨砂价款收入等语，应准如拟办理。

五、准广东省临时参议会函送本会二十九年度十月至十二月份员役米津预算书册。饬据会计处签称，预算月列一百五十元，三个月共四百五十元，核尚符合，拟准照拨，饬财政厅在二十九年度追加补助各级公务员役团警米津科目项下开支等语，应准如拟办理。

六、据教育厅电缴该厅本年十至十二月份员役米津预算书册，饬据会计处签称，查预算月列二百八十一元，三个月共列八百六十一元，核尚符合，拟准照拨，饬财政厅在二十九年度追加补助各级公务员役团警米津科目项下开支等语，应准如拟办理。

七、据教育厅电缴本厅九月份增员及本厅会计见习暨上窑社教区等员役米津预算书册。饬据会计处签称，该厅九月份多增四十一元，核案相符，拟予存转。会计见习员十至十二月份米津一百二十五元，及上窑社教实施区员役八至十二月份米津一百三十五元，查核均尚符合，拟准照拨，款在二十九年度追加补助各级公务员役团警米津科目项下开支等语，应准如拟办理。

八、据第七区行政督察专员呈缴二十九年十至十二月份员役米津预算书册。饬据会计处签称，查茂名八月份米价每元二斤半，应免加发米津，核计每月应支一百一十七元，三个月共支三百五十一元，拟准照

457

拨，饬财政厅在二十九年度追加补助各级公务员役团警米津科目项下开支等语，应准如拟办理。

九、据本省连连阳乳建设委员会函送二十九年度十至十二月份员役米津预算书册，饬据会计处签称，查预算月列一十六元，三个月共列四十八元，核尚符合，拟准照拨，饬财政厅在二十九年度追加补助各级公务员役团警米津科目项下开支等语，应准如拟办理。

讨论事项

一、据教育厅签呈，据省立南路临时中学呈缴二十九年度增班经费支出预算书，列支二千二百一十元，查属需要，该费拟准在本年度国内外各地留学生经费项下拨支，请核示等情，请公决案。

（决议）照案通过。

二、据教育厅签呈，据省立韶州师范学校呈缴二十九年度第一学期增班临时费支付预算书，列支二千二百一十元，查属需要，拟予照准，所需费用，拟请准在留学生经费项下拨支，请核示等情，请公决案。

（决议）照案通过。

三、据教育厅签呈，据省立汕尾水产职业学校呈缴二十九年下半年度补助渔民子弟膳费预算书，核案相符，所列补助膳费二千四百八十四元，拟在补助战区学生膳费项下拨支，请核示等情，请公决案。

（决议）照案通过。

四、据建设厅呈缴农林局水利课技正粟宗嵩荐委表，请察核委派等情，请公决案。

（决议）照案通过。

五、据建设厅签呈，据合作事业管理处转据该处秘书李锡勋呈请辞职，拟予照准，改调为该处技正兼总务组组长，请核调委等情，请公决案。

（决议）照案通过。

七[①]、据秘书处签呈，本府印刷书籍多种，共需五万三千七百六十七元零二分，该款待支孔亟，拟请准在本府现拟拨还省库二十八年度暂付本府购买纸张墨油款一十万元内划拨，并预拨十一及十二两月印刷费

---

① 原文缺第六项。

六千元，俾资办理，请核示等情，请公决案。

（决议）照会计处签拟通过，追列预算。

八、准广东省全省保安司令部电送二十九年国庆犒赏费预算书求〔表〕，列支四千七百八十元四角，请查照办理等由，请公决案。

（决议）照案通过，款在本年度保安经费节余项下开支。

九、准广东省地方行政干部训练委员会函送三十年度岁出经临费各概算书表，请查照办理等由，请公决案。

（会计处签拟）（一）干训会经费及增加十九个县训所教育长薪共年支二百二十七元七角八分（照训委会原送预算数遵减去研究员经费后之数额）。（二）干训团经常费年支八十五万八千五百一十六元。（三）干训团临时费年支三十二万二千八百元。（四）各县干训所补助讲义费二十二万八千六百五十元（系遵拟酌减数）。以上四项合计列支一百五十三万七千七百五十四元，核与原定训练费数额适合，拟函复干训会请照此分配数额另编概算书送府汇编，并拟请提会核定。

（决议）照会计处签拟通过。

十、据本省候用公务员招待所呈缴二十九年十月份候用公务员招待费支付预算书，列支四百三十五元四角九分，请拨款应支等情，请公决案。

（决议）照会计处签拟通过。

十一、准广东全省保安司令部电复，查明故员文华珍系前保安第十五团第一营一连上尉连长，检送该放员甲乙种死亡书表暨恤金给予表，请查照办理等由，请公决案。

（据本府秘书处签拟）该故员参加抗战固守阵地阵亡，照平战时陆军抚恤暂行条例第五条第一款第六条上半段依恤金第一表之规定，给与一次恤金六百元，年抚金三百二十元；并照同条例第二十一条第一款之规定，年抚金给与二十年为止等情。该一次过恤金六百元，拟在本年度省总概算恤金项下开支。至年抚金每年三百二十元，拟由三十年起，每年列入省总概算恤金内拨支，至民国四十九年止，请提会核定。

（决议）照会计处签拟通过。

十二、准审计部广东省审计处电复，关于保七团渡海领款归航，遭敌舰轰沉，失去公款六万零七百元一案，请贵府加以证明。至动支预备金及核定数额，请依法案手续办理，提会核定，再行送审等由，请公决案。

（决议）准予照案拨还追加预算。

十三、据建设厅呈缴合作事业管理处秘书杨善桢荐委表，请核准照委等情，请公决案。

（决议）照案通过。

十四、据民政厅签呈，依照内政部咨送各省县市三十年度整理警卫原则，拟就本省各县局警政改进计划等，请转咨备案并拨助开办设备经常各费等情，请公决案。

（决议）交高、邹、刘三委员审查，由高委员召集。

广东省政府第九届委员会
第一百八十五次议事录

日　期　十二月六日

地　点　曲江本府

出席者　李汉魂　郑彦棻　高　信　刘佐人　邹　琳

列席者　杜之英　黄希声　张乃壁　史延程

主　席　李汉魂

纪　录　（秘书）魏育怀　（参议）俞守范

报告事项

一、据建设厅签呈，转报公路处养路队工人余舟一名积劳病故，拟请按照公路处战时公路员工伤亡抚恤暂行规程规定，给予遗族一次过三个月工资国币四十二元，作为丧葬抚恤费，并依同条例给予五月份全月工资国币十四元等情。饬据秘书、会计两处签称，照拨给恤，及依同条例规定由其弟余三具领。该款一共五十六元，拟由本年度省总概算恤金科目开支等语，应准如拟办理。

二、据本府战时通讯所签称，本所组员陈烈由于本年八月九日遭受空袭损失，请酌发救济费等情。饬据秘书、会计两处签拟，依照本省公务员雇员公役遭受空袭损害暂行救济办法规定，酌给救济费一百元，该款在本年度省总概算救济费项下开支等语，应准如拟办理。

三、据财政厅签呈，缴缉私处暨所属机关五至七月份米津概算书册，核尚符合，所需五至七月份米津共六千六百一十五元（月各二千二百零五元），拟准照拨，款在二十九度追加补助各级公务员役团警米津项下开支等语，应准如拟办理。

四、据省振济会呈缴第六振济区十月至十二月份员役米津预算书册。饬据会计处签称，书列月支三十六元，三个月共一百零八元，增加部分，亦尚符合，拟准照拨，饬财政厅在二十九年度追加补助各级公务员役团警米津科目项下开支等语，应准如拟办理。

五、据第七区行政督察专员呈缴无线电第七区台八月至十二月份米津预算书册。饬据会计处签称，每月列支四十五元，系照新编制编列，核较原核定五月份数额（三十六元）月增九元，八、九两月共一十八元，拟准照数增拨。又所呈十至十二月份书册，系照米贵地区增列，与案不符，增列部分，应予剔除。所需十至十二月份米津实共一百三十五元（月各四十五元），拟准连同八、九月份增拨数合计一百三十五元并予拨，款在二十九年度追加补助各级公务员役团警米津项下开支等语，应准如拟办理。

六、据建设厅签呈，关于改善机器制造修理厂习艺难童待遇一案，拟饬由该厂购发棉衣九件、棉被九张，该款共三百一十五元，拟列入营业基金员工福利费项下开支等情。饬据会计处签称，该项购置费拟照准列入营业【基】金项下开支等语，应准如拟办理。

讨论事项

一、准广东省军管区司令部电，请将收编伪军黄荣甫部五、六月份及九月份以后该中队经费迅予拨还归垫等由，请公决案。

（会计处签拟）查黄荣甫部既经本府核准自本年五月间改编为番禺县国民兵团自卫中队，按照广东省战地国民兵团自卫中队编制给与表之规定，每中队每月经费预算需支国币一千零四十七元二角六分，其七、八两月份该中队经费，既奉七战区长官部核准由北江挺进纵队撙节项下划拨，似可请由七战区长官部径拨归垫，以免转折。至五、六月份及九月份以后该中队经费，本年度预计六个月共需六千二百八十三元五角六分，查军管区经管国民兵团队经费数额甚巨（月共六十万余元），每月节余数谅亦颇多，该款似可仍由军管区在本年度国民兵团队经费节余项下拨支，仍请提会核定。

（决议）照会计处签拟通过。

二、据教育厅签呈，缴第二次追加二十九年度中等学校战区退出学生补助膳费岁入岁出预算书，各列二万一千二百九十七元七角五分，请核示等情，请公决案。

（决议）照案通过，以原科目追加本年度省总概算案。

三、据建设厅签呈，缴公路处秘书丘实畴出席中央驿运会议旅费预算书，计支一千五百六十八元七角四分，拟在本厅本年度经常费节余项下开支等情，请公决案。

（决议）照案通过。

四、（略）

五、准陆军独立第九旅司令部函，为捕获仁和乡伪乡长陈××一名，经送广东省第五区保安司令部讯查明确，呈奉广东绥靖公署核准照判执行死刑，请查照给奖等由，请公决案。

（决议）照章给奖四百元，追加预算。

六、据建设厅呈缴农林局农艺课技正兼农艺课课长仇昭英荐委表，请核准照委等情，请公决案。

（决议）准派代理农艺课课长。

七、据建设厅签呈，据农林局请派刘新华代理农业试验总场技正兼场长，请察核给委等情，请公决案。

（决议）照案通过。

八、（略）

九、据建设厅签呈，据公路处呈请将养路费征收率提高，兹拟将征收率改为乘人营业小汽车每车每公里收国币七分，乘人大汽车每车每公里收国币一角五分，运货汽车载重每公吨每公里收国币一角二分，由三十年一月一日实行，请核示等情，请公决案。

（决议）运货汽车载重每公吨每公里改收国币一角五分，余照案通过。

十、据省振济会呈，据韶关空袭紧急救济联合办事处呈缴建筑民生路至东河坝浮桥图说概算书件，列支二万三千二百七十一元四角，查本会振款均经指定用途，实无余款拨付，请在建设费项下拨支等情，请公决案。①

（会计处签拟）查建设厅审核意见尚属适当，惟所核减额内对于原概算书第二项一目节木工科目应行减列三百八十八元八角之数漏未扣除计算，现拟代予更止后是项浮桥全部工料费核实应为一万九千二百九十二元八角，似可照数追列本年度建设事业支出科目开支，并饬财政厅筹措收入来源，追列本年度岁入预算。

（决议）构筑工程预算照建设厅及会计处核减数列支，款在本年度建设事业支出项下拨付追加预算。

十一、据本府行政效率促进委员会签呈，编订本府所属各机关三十年度施政计划及进度表，请察核等情，请公决案。

（决议）交郑（彦棻）、邹、高三委员审查，由邹委员召集。

十二、准中央警官学校函，为本校正科第六期毕业学生郭瑞斌等四十一名，兹分发贵省实习，请查照等由，请公决案。

（民政厅签拟）查该校毕业生依章须先实习六个月，再行派委实职，在实习期中，每名每月生活费为国币三十元。惟本省目前各地物价高低不齐，生活费用有差异，在一、二、三区各县者，拟每月给生活费国币三十元，在四、五、六、七区者，拟每月给生活费国币三十五元，此项生活费，均由原实习机关负担，兹就各生籍贯，分发实施新县制县份（亦有由各县专员总队等请派者）实习，将来并以派在原实习县份委任实职为原则。谨开具中央警官学校第六期毕业生分发实习表乙份，签请察核。又因分发各地路途遥远，拟援案就距离远近酌予津贴旅费若干数额，一并列入表内，总计共需国币八万二千四百元，并请准在省库拨支。

（决议）照民政厅签拟通过，追加预算。

十三、主席提议，派张汉儒代理广东省建设厅合作事业管理处视察，请公决案。

（决议）照案通过。

---

① 建设厅签拟略。

广东省政府第九届委员会
第一百八十六次议事录

日　期　十二月十日

地　点　曲江本府

出席者　李汉魂　邹　琳　郑彦棻　高　信

列席者　史延程　李仲仁　黄希声　杜之英　何剑甫

主　席　李汉魂

纪　录　（秘书）魏育怀　（参议）俞守范

报告事项

一、准审计部广东省审计处函复，关于政工总队部转报第一大队第六区队事务员陆中立被炸殉职失去公款六十五元，请准核销一案，应否核准，请由贵府决定等由。饬据会计处签称，似可照准等语，应准如拟办理。

二、准广东省军管区司令部电，拟修正各县办理三十年度总抽签经费标准，即依现有月征额之六十五县，凡人口在五十万以上之一等县，一次过支国币三百元；三十万以上五十万未满之二等县，支国币二百三十元；三十万以下之三等县支国币一百四十元等由。饬据财政厅签称，尚属需要，似可饬县在地方款预备费项下拨支。并据会计处签称，查核尚合，似可准予照办等语，应准如拟办理。

三、据第一区行政督察专员呈缴本署二十九年九月份行政犯囚粮清册，请予核销，并将垫发过三月份暨七、八、九各月份囚粮如数核发归垫等情。饬据会计处签称，查该署九月份囚粮列支八十元一角一分，似可照发，该款照案由本年度省总概算拨补行政人犯不敷口粮项下开支，饬财厅查明连同七、八月份应拨数目一并拨还归垫等语，应准如拟办理。

四、据广东省粮食管理局呈送前广东省粮食调节委员会二十九年度十月一日至十一月五日员役米津预算书册。饬据会计处签称，书列月支一百四十四元，十月至十一月五日共支一百六十七元九角三分，核尚符合，拟照数发给，款饬在省救济米荒基金项下拨支等语，应准如拟办理。

五、据广东省粮食管理局呈，转缴南路米粮运销委员会九月份员役米津预算书册。饬据会计处签称，查该会七月份米津三十二元，八月份增拨十元，列支四十二元，九月份又据增加五元，列支四十七元，比对七月份计增一十五元，拟准照数增拨，款饬粮管局在救济米荒基金项下拨付等语，应准如拟办理。

六、据广东省战时贸易管理监察委员会呈缴二十九年度十至十二月份员役米津预算书册。饬据会计处签称，书列月支一十九元，三个月共支五十七元，核尚符合，拟准照数发给，款饬贸易管理处在该处营业基金项下拨付等语，应准如拟办理。

讨论事项

一、准广东省军管区司令部电，为本部办公费不敷，请仍照案一次过补助七千元等由，请公决案。

（决议）照案通过，款在自卫团队经费节余项下拨付。

二、据民政厅签呈，缴本厅二十九年度选派人员赴中央训练团党政训练班第十二期受训旅费预算书，列支三千三百元，请饬库照数拨发归垫等情，请公决案。

（决议）照案通过追加预算。

三、据建设厅签呈，缴农林局二十九年度印刷农林推广丛书岁出临费支付预算书，列支二千九百八十元，请核示等情，请公决案。

（会计处签拟）查农林局印刷农林推广丛书临时预算书，列支三千九百六十元，核尚需要，似可照准，该款拟由本年度省总概算岁出经常门临时部分经济及建设支出款内追列农林推广经费项下开支，由该局二十八年度冬耕专款节余款抵解，一面追列本年度省总概算其他收入各专款节余解库款科目，仍请提会核定。

（决议）照会计处签拟通过。

四、据建设厅签呈，为农林局各县农业指导工作站经临费共六万三千二百一十五元，请仍准将造林费余款移用，或请由省库指定经费照数拨给等情，请公决案。

（决议）交郑委员审查。

五、据本省粮食管理局签呈，依据行政院颁发县粮食管理委员会组织通则，拟具广东省县粮食管理委员会组织规程及编制表，请核准公布施行等情，请公决案。

（决议）照秘书处签拟修正通过。

六、据教育厅签呈，省立梅州女子师范学校校长朱芸香呈请辞职，拟予照准，遗缺查有吴凤灵堪以接充，请公决案。

（决议）准派代理。

七、据第九区行政督察专员电，据儋县县长电称，上次克复海头之役，该镇伪分会长麦××为潘德光所率武装乡民击毙，确系事实，请核发奖金等情，请公决案。

（决议）照章给奖二百元，追加预算。

八、据秘书处签呈，编缴本府本年度修缮增建棚舍支付预算书，列支二万六千三百四十七元五角，请准在本处解缴二十八年度省库暂付购备纸张墨油价款一十万元内拨支等请〔情〕，请公决案。

（决议）修建费准予开支，追加预算，购储纸张墨油款仍应解库。

九、据会计处签呈，编具本省三十年度地方岁入岁出概算书，请迅赐决定等情，请公决案。

（决议）交郑（彦棻）、高、胡三委员审查，由郑委员召集。

十、据财政厅签呈，编缴三十年度本厅及所属机关经临费暨保育及救济支出概算书，请察核发交汇编等情，请公决案。

（决议）并第九案审查。

十一、何委员、邹委员、高委员会复审查胡委员拟订广东省人民或人民团体购运洋米入口遭受意外损失补偿暂行办法大纲及施行细则一案意见，请公决案。

（决议）照审查意见通过。

十二、据民政厅签呈，编造三十年度禁烟临时费预算表暨禁烟善后巡察团经费预算表，合计年支一十三万二千元，请核准追加预算等情，请公决案。

（决议）并第九案审查。

十三、据建设厅签呈，拟具广东省粮食生产计划大纲，所需经费约二百万元，拟请中央补助一半，其余一半由省库负担，请核示等情，请公决案。

（决议）并第九案审查。

十四、据秘书处签呈，编造广东省政府三十年度统计事业费预算书，年支一万二千元，请核示等情，请公决案。

（决议）并第九案审查。

十五、据秘书处案呈，查普宁县侨资垦植农场经理薛伟，因承垦荒地，不服本府财政厅所为异议部分，应由异议人径诉法院解决之处分，提起诉愿一案，现经审查完竣，作成决定书，请提会核定等情，请公决案。

（决议）照决定书通过。

十六、据秘书处案呈，查揭阳县诚意社代表刘才立，为不服揭阳县政府对于诚意社社产收归县库，及将租金拨充私立养正小学校经费之处分，提起诉愿一案，现经审查完竣，作成决定书，请提会核定等情，请公决案。

（决议）照决定书通过。

十七、准广东高等法院函送拟设各县政府看守所意见书，及经费概算书图表，请查核办理等由，请公决案。

（决议）并第九案审查。

十八、高委员、邹委员、刘委员（佐人）会复审查民政厅所拟本省各县局警政改进计划一案意见，请公决案。

（审查意见）第六条　规定四项原则尚属可行，似可依照办理。

第七条　关于警士薪饷之支给，依据第八条初任警官长警从最低级支给薪饷，嗣后得年功加俸一节，尚属可行，惟应先定一适当标准，即无论物价如何高涨，警士每月薪饷除支办其最低限度之生活费以外，仍须每月另给零用若干，为备购置鞋袜及日常必需品之用，以期保持警士整齐清洁之精神。

第二十四条　关于警察机关征用民间枪枝除组织民枪保管委员会之外，仍须规定借用民枪期限，期满即将原枪发还，另行轮流征借。如有损坏及损失，概由民枪保管委员会负责赔偿或修理。

第二十五条　关于警察机关补充枪弹，应由民政厅统筹办理，先行通饬各县应需数目，切实填报，送由民厅汇集统计，以定全省共需补充若干，再与军管区司令部接洽，究能拨助若干，统筹分配后，再指饬各县按照分配数量备价或免价请领，较为妥当。

第二十七条　关于各县警察枪枝之修理，应于每一行政区设置轻便修械一部，分赴各县巡回修理，所有警察以及民间自卫队一切枪枝，均可代办，对于增厚地方自卫实力，收效尤大。

本省警察训练所拟恢复问题，如设备及经常各费内政部允予直接拨给，不再增加省库负担，拟尚属可行，在未准内政部同意拟拨前，拟照会计处签拟办理。

（决议）照审查意见通过。

十九、委员兼财政厅长提议，兹为统一各项专税名称，改善稽征方法，以提高征课效能起见，拟具广东省舶来物产专税征收章程暨施行细则等件，请公决案。

（决议）交高委员审查。

广东省政府第九届委员会
第一百八十七次议事录

日　期　十二月十三日

地　点　曲江本府

出席者　李汉魂　郑彦棻　胡铭藻　刘佐人　黄麟书　高　信

列席者　刘支藩　李仲仁　杜之英（毛松年代）　何剑甫
　　　　黄希声　伍崇厚

主　席　李汉魂

纪　录　（秘书）魏育怀　（参议）俞守范

报告事项

一、准审计部广东省审计处函复，关于农林局稻作改进所二十九年度推广优良稻种临时费案，本案系属本年度之支出，动支二十八年度节余经费，于法未合，请照向例另行指定科目开支，即以该项节余抵解，俾清年度界限等由。饬据会计处签称，似应照办。兹拟将该项临时费五千六百九十五元八角六分由二十九年度省总概算岁出经常门临时部分追列农林局稻作改进所推广优良稻种临时费项下开支，以该所二十八年度节余经费抵解，并追列本年度省总概算各机关经费节余解库款科目等语，应准如拟办理。

二、据广东省驿运管理处签呈，送本处二十八〔九〕年度员役米津预算书，饬据会计处签称，书列月支二百二十四元，十至十二月份共列支六百七十二元，核尚符合，拟准照数发给，款饬在该处营业基金项下拨付等语，应准如拟办理。

三、据广东省卫生处签呈，缴南路办事处二十九年九月及十至十二月份员役米津预算书册。饬据会计处签称，现呈九月份书册核数与案尚符，拟予存查。又所呈十至十二月更正预算书，月列六十三元，三个月共列一百八十六〔九〕元，核亦符合，拟准照拨，饬财政厅在二十九年度追加补助各级公务员役团警米津项下开支等语，应准如拟办理。

四、据广东省粮食管理局呈缴驻湘办事处运输所本年九月份员役米津预算书。饬据会计处签称，该所九月十六日成立，九月份半个月米津费列支八十一元五角，核尚符合，拟准拨给，款饬在救济米荒基金项下拨付等语，应准如拟办理。

五、据本府警卫营电缴本年十月至十二月份士兵米津预算书册。饬据会计处签称，月列二千五百二十六元，三个月共列七千五百七十八元，核尚符合，拟准在本年度补助各级公务员役团警米津科目项下开支。至关于本府前次核准在预备金项下由五月至年底每月增给该第五连米津每兵三元之办法，似应自本年十月份起停止，以免重复等语，应准如拟办理。

六、据建设厅签呈，缴农林局阳山天蚕试验场补具二十九年度十至十二月份员役米津预算书。饬据会计处签称，月列二十四元，三个月共七十二元，核尚符合，拟准照拨，饬财政厅在二十九年度追加补助各级公务员役团警米津项下开支等语，应准如拟办理。

七、据新会、开平两县电请照核准原案行政囚粮每名月〔日〕给四角五分等情。饬据会计处签称，核与通案不符，似未便照准，并据财政厅签称，本案先后据新会、开平等县电，以日给三角囚粮，实有未敷

469

一节，尚属实情。查每日三角，每餐仅可食米三两八钱，核与高等法院原拟囚食每餐食米六两，计算相差尚远，实未能维持囚犯生命，是则第一区各县囚粮，似可投〔按〕照潮梅等县办法，每犯每日发给四角等语，应准如拟办理。

八、据防城县政府呈，以本县情形特殊，情报工作繁重，关于情报股经费，请照原定月支经费数额三百一十元，自本年七月份起，连同奉令增设专任情报股长月支薪俸四十一元，计共三百五十一元，在省拨营业税三成款项下拨补等情。饬据会计处签称，核尚需要，似可准如该县所请办理等语，应准如拟办理。

讨论事项

一、据前保安处吴处长呈，请准自本年一月份起至八月份止，每月酌予补助办公费国币四百七十元，由本处预备费项下列支等情，请公决案。

（决议）照案通过，款在该处本年度保安经费节余项下开支。

二、据本府战时通讯所签呈，关于本府前购置电话机五十架价款，及运费不敷数一千五百零八元九角五分，拟在本府二十八年度购置驻渝办事处无线电机余款及各区修理室节余经费项下拨支等情，请公决案。

（决议）照会计处签拟通过。

三、据本省候用公务员招待所呈缴二十九年九月份候用公务员招待费支付预算书表，列支六百五十五元一角，请核示等情，请公决案。

（决议）照会计处签拟通过。

四、据本府行政效率促进委员会呈，为本会开办费计预算总额一万一千二百八十三元五角五分，除已奉拨三千零五十元五角五分外，实超出八千二百三十三元五角五分，请核准将本会二十九年度经费节余款项尽量拨用，不足之数，另行筹措，请核示等情，请公决案。

（会计处签拟）查预算书所列购置费，核与原缴购置开办用具名称数量价目表尚属相符，该会开办费预算总数一万一千二百八十二元五角五分，似可准予照列，除原核准由预备金开支之三千零五十元外，应增加之数八千二百三十三元五角五分，并准在该会二十九年度经费节余项下尽量移拨应支，如尚不足，仍饬遵照前案办理，自筹来源或与财政厅商得来源，编具岁入预算书，再呈核办，仍请先行提会核定。

470

（决议）照会计处签拟通过。

五、据秘书处案呈，拟就广东省实施县各级组织纲要，各县财政补助标准及广东省实施新县制县份省库补助标准，请核示等情，请公决案。

（决议）交刘（佐人）、黄（麟书）、高三委员审查，由刘委员召集。

六、准广东省军管区司令部电，编造清远县国民兵团驻琶办事处二十九年度经常费支付预算书，计月列七百七十四元，本年度五月至九月上半月共四个半月列支三千四百八十三元，又开办费支付预算书列支六十元，拟在本部经管国民兵团队经费节余项下开支等由，请公决案。

（会计处签拟）清远县国民兵团驻琶办事处经费预算，月支七百七十四元，自五月成立起至九月下半月止，计四个月又半月，共需三千四百八十三元，又开办费六十元，合共三千五百四十三元，该款似可照在军管区司令部经管国民兵团队经费节余项下开支，仍请提会核定。至该办事处结束后遣散人员半个月恩饷一节，拟复请转饬列具姓名表送府核明再办。

（决议）照会计处签拟通过。

七、据第二区行政督察专员呈，转据清远县卸县长欧阳磊呈缴拆除清远县县城城垣孔工资费支付计算书类，列支七百三十八元八角八分，请核示等情，请公决案。

（决议）照案通过。款在本年度建设事业支出项下拨还追加预算。

八、据建设厅呈缴合作事业管理处技正林缵春荐委表，请核准照委等情，请公决案。

（秘书处签拟）查该员原系建设厅合作股委任一级科员，现据叙荐任八级，似嫌躐等，拟酌减支荐任九级薪，当否，仍请提会决定。

（决议）照派代理，薪级照秘书处签拟办理。

九、准高委员函复，审查财政厅所拟广东省舶来物产专税征收章程暨施行细则等件，原审查意见所拟尚属妥善，拟请通过施行等由，请公决案。

（决议）照案通过。

十、据广东省粮食管理局呈，拟订由韶东行汽车商人领购湘米运销规则及由韶东行汽车商人领购湘米运输实施监督查核暂行办法暨购运米粮表，请核示等情，请公决案。

（决议）交刘、高、黄（麟书）三委员审查，由刘委员召集。

广东省政府第九届委员会
第一百八十八次议事录

日　期　十二月十七日

地　点　曲江本府

出席者　李汉魂　郑彦棻　邹　琳　高　信　黄麟书　刘佐人
　　　　胡铭藻

列席者　史延程　杜之英　何剑甫　李仲仁

主　席　李汉魂

纪　录　（秘书）魏育怀　（参议）俞守范

报告事项

一、据财政厅签呈，奉令办理屠宰税之整理，谨将遵办规划情形，签请核示等情。饬据会计处签称，查该厅签复各节，大致尚无不合，似可照办，惟关取销苛什，系属跟案办理，仍请报会后再行饬遵等语，应准予照办。

二、据秘书处案呈，据本府储油库办事处呈缴二十九年十月份接收油类整理费支出计算书，列支一百六十元二角。饬据会计处签称，该款拟在二十九年度省总概算岁出经常门临时部分追列行政支出本府龙归储油库临时费项下开支，饬秘书处以吴前主席移交省营业监理委员会结余款一百八十四元五角三分项下抵解，抵解后余款由秘书处查明此类结余款并行列报解库，一面追列二十九年度省总概算其他收入各机关经费节余解库款科目等语，应准如拟办理。

三、广东省军管区司令部电送广东省非战地、战地国民兵团自卫队大（中）（独立分）队编制预算表、官兵薪饷表，拟自三十年一月份起实行，请查照等由。饬据会计处签称，查所订各级官兵薪饷给与核与军政部颁布之战时陆军各部队暂行给与规则之规定尚符，似可照办等语，应准如拟办理。

四、准广东省军管区司令部函送本区政治部暨国民兵团政训室编制预算及请领特别米津数目表，请查照办理等由。饬据会计处签称，查该区政治部官兵主副食费每月二百一十三元，经本府第一四三次会计核定由本年一月份起，款在省预备费项下拨支，又该部所属，非战地各县国民兵团政训室特别米津，本年五至七月每月二千八百三十八元，亦经第一五八次会议核定在预算项下拨支，现准函送数目，系照上述原案所定办法延续办理，核与本府通案规定相符。该款既系延长照发，似可自十月份起至十二月份止，照案在补助各级公务员役团警米津科目拨给等语，应准如拟办理。

五、据卫生处签呈，缴本年八月份员役米津预算书册系将新委派员役人数缴列，致较七月份数额，增加一百六十八元二角二分等情。饬据会计处签称，查所呈列缘由尚无不合，拟准照发，款在二十九年度补助各级公务员役团警米津项下开支等语，应准如拟办理。

讨论事项

一、据本府战时通讯所签呈，拟具广东省政府设立各专署县局收音室办法及各署县收音室编制，及每月概算表，请核示等情，请公决案。

（会计处签拟）查本案关于财政厅核议本省各区专署县局设署收音室，其开办购机费应请中央照案补助半数，其余半数由各专署县局筹措，于领机时缴还归垫一节，尚属可行。至各县局收音室经费，似可每月各酌支办公费五十元，及电池消耗费一百元（共一百五十元），款在各该县局地方款预备费项下开支。又本办法实施后，无论以前装设收音机经费多寡，仍应照此规定改办，以归一律。至各区专署收音室经费，似可由省库拨支，照上列数额由三十年度起，列入各该专署行政经费预算，拟请一并提会核定。

（决议）照会计处签拟通过，于三十年一月份开始。

二、据秘书处签呈，缴本府二十八年度购置南路行署无线电石油机费追加预算书，计追加一千九百四十九元二角五分，请指款拨还归垫等情，请公决案。

（决议）照案通过，款在本年度各县无线电台经费未支配余款项下开支。

三、据会计处案呈，准教育厅片据省立文理学院请准将本年一月至七月份节余经费流用，请查照等由，拟予照准等情，请公决案。

（决议）照案通过。

四、据广东电政管理局电，为本局召集之韶关交通联席会议，关于韶兴公路车客票价格过低，议决请省府准将每公里收费一角增至一角五分，请采择施行等由，请公决案。

（决议）除曲江近郊区间车外，各路客票每公里准增至一角二分，自三十年度一月起实行。

五、据民政厅案呈，据广东省警察总队呈报该队遭受空袭损失情形，拟具办法四项，请核示等情，请公决案。

（会计处签拟）现准秘书处核复拟定给该总队员役遭受空袭损害救济费共一千一百六十一元，拟如所拟办理，至此项救济费，仍照民政厅签拟，在该总队二十九年度经常费节余项下开支，饬补编预算书三份呈府，以凭核转。

（决议）照会计处签拟通过。

六、据财政厅签呈，关于不动产买卖签证费既与中央法令抵触，拟遵令取销，并依照中央修正改订契税办法之规定，加征契税附加，即照正税附加半数，于三十年度开始实行，所得附加款，以四成抵补原有拨县之用途外，其余六成拨为保甲经费，并将原有契税拨县款停止拨付等情，请公决案。

（决议）交高、胡、黄（麟书）三委员审查，由高委员召集。

七、刘委员（佐人）、高委员、黄（麟书）会复审查秘书处所拟广东省实施县各级组织纲要各县财政补助标准及广东省实施新县制县份省库补助标准一案意见，请公决案。

（审查意见）（一）实施新县制之十九县一、二等县，拟免予补助，三、四等县一律予以补助，其补助总额以补助实施新县制之十九县经费为范围。（二）所有二十九年提拨常备队经费及社训经费，暂应一律提解。（三）实施新县制之三、四等县，每县拟补助若干，拟由会计处会同民、财两厅参照李委员及梁委员所拟补助标准，并参考第一政务视导团之补充意见，拟定每县每年补助数额呈核。（四）乳源、连山两县因情形特殊，在补助数额未规定前，拟暂准依照原则补助数额予以借支。

（决议）照审查意见修正通过。

八、主席提议，南海县县长岑衍璟另候任用，遗缺调广东缉私处督察处长李彦良代理，请公决案。

（决议）照案通过。

广东省政府第九届委员会
第一百八十九次议事录

日　期　十二月二十日

地　点　曲江本府

出席者　李汉魂　郑彦棻　邹　琳　高　信　黄麟书　胡铭藻
　　　　刘佐人

列席者　杜之英（毛松年代）　李仲仁　何剑甫　史延程　伍崇厚

主　席　李汉魂

纪　录　（秘书）魏育怀　（参议）俞守范

报告事项

一、据财政厅报告，广东省公安局退职课员郑颐庆抚恤金前奉铨叙部核定年给毫洋八百六十四元，每月七十二元，计二十七年十月至十二月三个月应发毫券二百一十六元，以毫券新率七成折合国币一百五十一元二角给领等情。饬据会计处签称，该款似可准在二十九年度省总概算恤金项下开支等语，应准如拟办理。

二、据教育厅签呈，转缴本厅中小学校教师服务团请拨款购置蚊账预算书，请核示等情。饬据会计处签称，书列三百二十元，既据该厅查明尚属需要，拟准在二十九年度省总概算岁出经常门临时部分第五款内教育文化临时费项下追列中小学教师服务团购置费科目拨支，由该团二十八年度开办费结余款解库抵领，并在二十九年度省总概算岁入经常门临时部分第四款其他收入项下追加各机关经费节余解款数目等语，应准如拟办理。

三、据建设厅签呈，据农林局转据农业试验总场呈，以垦场地多，开办费预算购耕牛二头，合计列支二百四十元，核与牛价不敷甚巨，请在二十九年度经常费节余项下提拨增加二百五十元，请核示等情。饬据会计处签称，既据建厅核属实情，似可照准等语，应准如拟办理。

四、据本府南路行署电称，该署电台购置修缮费共一百八十一元五角，拟请在二十九年度该署电讯室经费节余项下开支等情。饬据会计处签称，似可照准等语，应准如拟办理。

五、奉行政院电复，省卫生处与省府各厅处地位相同，应与省府合署办公等因。饬据秘书处签拟报会后叙案令饬该处遵照，并通饬本府所属各机关知照等语，应准如拟办理。

六、据本府行政效率促进委员会签呈，送本团团员出发视导公耕川旅杂费支付预算费。饬据会计处签称，由九月起至十二月止，共列支川旅杂费一千七百六十元（月各四百四十元）核尚需要，惟现在省库支绌，无款可拨，该项经费应由原派机关各自在办公费项下支拨，计每人每月平均五十五元，款由本府秘书处统收发领，在各机关未缴到前，仍由秘书处先行垫发等语，经准如拟办理。

七、据一区行政督察专员呈，补缴二十九年三月份羁押人犯囚粮清册，饬据会计处签称，该项囚粮列支一十七元一角九分，核数相符，似可照案拨还归垫，该款拟在二十九年度省总概算行政人犯口粮项下开支等语，应准如拟办理。

八、据会计处签呈，准秘书处函复，本年七到九月份特别经费基金支出单据，经补检主席条谕并更正数目，计共实支四万七千二百五十三元一角五分，请查照等由。查核与本府特别经费基金处理办法第五条规定尚符，请报会备案等情，应准如拟办理。

九、据卫生处签呈，缴茂名药库二十九年九月份员役米津支付预算书册。饬据会计处签称，该库九月份员役米津共需二十四元，拟准照拨，款在二十九年度补助各级公务员役团警米津项下开支等语，应准如拟办理。

十、据第四区行政督察专员呈缴本署暨会计室员役米津支付预算书册。饬据会计处签称，该署每月列支米津二百一十四元，会计室四十一元，十至十二月合计共七百六十五元，查该署驻节惠阳系属米贵地区，增列部分与案亦符，列数核尚符合，拟准照拨，饬财政厅在二十九年度追加补助各级公务员役团警米津项下开支等语，应准如拟办理。

十一、据秘书处签呈，编造本府储油库办事处二十九年十至十二月份员役米津预算书册，饬据会计处签称，书列月支三十七元，三个月共支一百一十一元，核尚符合，拟准照拨，饬财政厅在二十九年度追加补助各级公务员役团警米津项下开支等语，应准如拟办理。

十二、据广东省会评价委员会电，为编造二十九年度本会经常费支付预算书，月列一百四十元，由十一月份起至十二月份止，共列二百八十元，请核准等情。饬据会计处签，该会经费应由战时贸易管理处盈利项下拨支等语，应予照办。

讨论事项

一、据财政厅、秘书处会复审查建设厅所拟广东省合作贷款准则一案意见，请提会核定等情，请公决案。①

（审查意见）查该贷款准则原经建设厅召集广东省银行及韶州中国银行等开会讨论予以决定，其贷款手续、还款期限，及贷款利率等各项规定，尚属缜密，至本秘书处拟修正各条文意见，本厅亦甚赞同。

（决议）照审查意见通过。

二、据建设厅签呈，缴本厅二十九年度购配汽车胶轮、电池、弹弓临时支付预算书，共列三千一百八十元，该款拟请在本厅本年度经常费节余项下流支等情，请公决案。

（决议）照案通过。

三、据广东省战时贸易管理处呈，拟具广东省战时桂类统销补充办法六项，请核示等情，请公决案。

（决议）交邹委员审查。

四、准广东省军管区司令部函送更正本部军官总队毕业学员分派连连阳乳曲五县服务薪津预算书，列支二千九百五十二元，请查照办理等由，请公决案。

（会计处签拟）该款似可照在军管区经管国民兵团队经费节余项下

---

① 秘书处签拟略。

拨支，十一月份起，该项经费系在各该县地区编组之区乡（镇）队经费内开支，应另案办理，仍请提会核定。

（决议）照会计处签拟通过。

五、据南路振济区罗主任电报该区经费奉省振济会电准由本年九月份起月支一千元，现改自十月起支，请查明原案仍自九月份起照拨等情，请公决案。

（决议）照案通过。

六、据本府战时通讯所签呈，黄岗电话总机室修葺费一千一百七十三元，拟在本年度各县无线电台经费未支配节余项下开支等情，请公决案。

（决议）照案通过。

七、据会计处签呈，准财政厅片移海康县二十九年度地方岁入岁出追加概算，经照厅审核追加数代为更正，请核定公布施行等情，请公决案。

（决议）照案通过。

八、据会计处案呈，准财政厅片移潮阳县二十九年度地方岁入岁出追加概算，经照该厅审核追加数代为更正，请核定公布施行等情，请公决案。

（决议）照案通过。

九、据财政厅签呈，拟将宝安税务局经费提高，并将该局驻港卷烟管理课改为宝安税务局驻港办事处，计比较该局原定经费月增二千零五十元，连同驻港办事处支一千元，共增支三千零五十元，一并在本年度各税务局经费余额项下动支，自十二月一日起实行等情，请公决案。

（会计处签拟）查本府第一六三次会议议决之各税局等级经费表，列宝安税局为一等一级，月支经费一千六百元，现据拟增为月支三千零五十元，比较实月增一千四百五十元，连同该局驻港办事处月增经费一千元，合计月增二千四百五十元，拟即照此数自本年十二月份起在二十九年度各税局经费未支配余款项下开支，下年度拟饬在额定征经费内开支，仍请提会核定。

（决议）特别办公费照列，余照会计处签拟通过。

十、（略）

十一、准广东省军管区司令部函，据张参谋长签呈，关于挺进第×纵队伍司令请求补发经临各费一万二千余元一案，经张长官电示请由余长官及省政府各给六千元补还，拟请由省政府查案如数核准补发等情，转请查照办理等由，请公决案。

（会计处签拟）查此案原签第一、二两点关于该区增编自卫队两大队改订编制，扣发经费，及官兵收支国难薪，致超支经费部分，现拟准如军管区张参谋长所拟意见，一次过发给补助费六千元，款在本年度省概算增列自卫团队经费科目余额拨支。至该两大队士兵夏服费，拟仍照本处原签第三点，饬造具详细预算，呈由军管区转府核明再拨，仍请并同原案提会核定。

（决议）照会计处签拟通过。

十二、准广东各界庆祝民族复兴节大会及庆祝元旦暨慰劳荣誉军人及抗战军人家属大会筹备会函，请分担该会经费六百元等由，请公决案。

（决议）照案通过，追加预算。

广东省政府第九届委员会
第一百九十次议事录

日　　期　十二月二十四日

地　　点　曲江本府

出席者　李汉魂　郑彦棻　胡铭藻　高　信

列席者　杜之英　刘支藩　黄　雯　李仲仁　史延程　何剑甫

主　　席　李汉魂

纪　　录　（秘书）魏育怀　（参议）俞守范

报告事项

一、据省振济会呈，转缴博罗难民垦殖管理处第一期垦费支付预算书，列支三千二百五十五元，请核存转等情。饬据会计处签称，经向该会查明第一期垦殖系本年一月至七月底实施预算书，列垦殖费三千二百五十五元，由振款开支，拟准照列，款在二十九年度振款项下拨支等语，应准如拟办理。

二、据省振济会呈，转缴本会韶市义民招待所二十九年度十至十二月份员役米津预算书册。饬据会计处签称，书列月支九十元，三个月共列二百七十元，核案相符，拟准照列，款在省振济会振款项下拨支等语，应准如拟办理。

三、据本省粮食管理局呈缴驻湘办事处运输所二十九年十至十二月份员役米津预算书册。饬据会计处签称，月列一百六十三元，三个月共列四百八十九元，核尚符合，拟准照列，款饬粮管局在救济米荒基金项下拨付等语，应准如拟办理。

四、据卫生处呈报，连县药库成立日期并请追认该管理员郑瑞伦由九月十一日至三十日止二十天薪俸国币二十三元三角三分等情。饬据会计处签拟，准照发给，饬在该处二十九年度用人经费项下开支等语，应准如拟办理。

五、据第三区保安司令部电缴汉奸卢××判决书，请核明从优给奖等情。饬据秘书、会计两处签拟，依照修正本省捕杀敌伪组织官员奖励办法规定，给予奖金四百元，款在二十九年度省总概算岁出经常门临时部分追列捕杀敌伪组织官员奖金科目拨支，饬财政厅照数拨付，并筹来源等语，应准如拟办理。

六、据第四区行政督察专员呈缴该署会计主任调任旅费报告表簿等，请核示等情。饬据会计处签称，表列二百五十元八角四分，查核尚无不合，似可准在该署二十九年度会计主任视导旅费节余项下开支等情，应准如拟办理。

七、据本府秘书处报告，书记林宗尧生平努力工作，于本年十一月二十九日积劳病故，拟比照战时雇员公役因公伤亡给恤暂行标准规定，按其最后薪资给予十四个月薪资之一次过抚恤金等情。饬据会计处签称，查该员最后薪额为三十五元，十四个月共四百九十元，该款在本府经费内撙节开支，抑在二十九年度省总概算恤金项下开支，请核定前来，应准由恤金项下拨支。

八、据本府战时通讯所签呈，本所会计室拟请留用额外人员，请核示等情。饬据会计处签称，该所会计室因接办未久，工作繁剧，拟留前佐理会计员李伟銮服务至九月底止，办事员梁章甫服务至十二月底止，为因应事实需要，似可姑准办理。至留用员额俸给，拟由该室八月份节余俸薪项下开支，似亦可照准。惟留用人员似应饬仍支原薪，未便准予加薪等语，应准如拟办理。

讨论事项

一、据民政厅签呈，缴省警总队副总队长冯尚衡赴渝受训旅费预算书，列支五百五十元，请察核等情，请公决案。

（会计处签拟）查省警总队副总队长冯尚衡赴渝受训旅费列支国币五百五十元核与规定尚符，该款本拟饬在该总队经费节余动支，但因该总队本年度节余经费，前经本府核定拨充该总队警察增加饷项用途，料无余额可拨，该项旅费，现拟由省库另拨，饬财政厅筹措收入来源，照原科目追列预算，仍请提会核定。

（决议）照会计处签拟通过。

二、据本府战时通讯所呈缴技正钟自克荐委表，请核委等情，请公决案。

（决议）照案通过。

三、据建设厅签呈，缴本厅二十九年度印刷船舶牌照临时费预算书，请准在本厅二十九年度经常费节余项下流支等情，请公决案。

（决议）照案通过。

四、据教育厅签呈，缴省立肇庆中学二十九年度临时课室设备费支付预算书，列支一千八百元，该款拟在二十七、八两年度结存经费项下拨支，请核示等情，请公决案。

（会计处签拟）查预算书共列此项设备费一千八百元，既经秘书处查明尚属核实，拟准在二十九年度总概算岁出经常门临时部分项下追列省立肇庆中学设备费科目开支，以该校二十七、八年度经费结存数解库抵领，一面在二十九年度省总概算岁入经常门临时部分其他收入项下追加各机关经费节余解库款，仍请提会核定。

（决议）照会计处签拟通过。

五、据会计处案呈，准建设厅等先后片复审核徐闻县地方二十九年度岁入岁出追加概算意见，经分别将概算修改完竣，请提会核定公布施行等情，请公决案。

（决议）照案通过。

六、据会计处案呈，准财政厅片移电白县地方二十八〔九〕年度追加岁入岁出概算书表，既经财政厅核无不合。惟查余款五千二百九十五元零二分，似应并入预备费内，以资平衡。其余尚无不符，请提会核定公布施行等情，请公决案。

（决议）照案通过。

七、准广东全省保安司令部函，据前保安处吴处长呈缴二十九年各月份通讯器材费支付预算书，计共一万二千一百一十八元六角，请准在本年度各月份团队经费节余项下列支等情，请查照办理等由，请公决案。

（决议）照案通过。

八、主席提议，海丰县县长庄清沅另有任用，遗缺派李钰代理，请公决案。

（决议）照案通过。

九、主席提议，始兴县县长何康民免职，遗缺派刘尚需代理；新会县县长林仲菜另有任用，遗缺派李勉成代理，请公决案。

（决议）照案通过。

广东省政府第九届委员会
第一百九十一次议事录

日　期　十二月二十七日

地　点　曲江本府

出席者　李汉魂　黄麟书　郑彦棻　邹　琳　高　信　胡铭藻

列席者　史延程　杜之英　黄　雯　李仲仁　何剑甫

主　席　李汉魂

纪　录　（秘书）魏育怀　（参议）俞守范

报告事项

一、（略）

482

二、据财政厅签呈，转缴花县税务局稽征所搬迁费支付预算书，列支一百一十七元二角。饬据会计处签称，似尚需要，拟准援照各税务局被迫撤退成例，照数在二十九年度各税局经费未支配余额项下开支等语，应准如拟办理。

三、据财政厅签呈，转缴曲江税务局征收二十九年第四期营业税旅什费预算书，列支三百五十元。饬据会计处签称，尚属需要，惟预算备考栏内每天膳费六元，宿费四元，应改为每天膳宿什费十元，其余尚无不合，据请在该局二十九年度经费节余项下拨支，似可照准等语，应准如拟办理。

四、据本省粮食管理局签呈，拟裁撤大坑口及中厂两检查站，并拟将曲江桥站改组等情。饬据会计处签称，据呈组织简则及编制预算表既经批准照办，该站经费每月二十七元，似应自成立之日起，款准在该局业务费项下开支等语，应准如拟办理。

五、据黄岗消防队报告，该队队员马云于十二月十九日病故，借垫殓葬费三十元，尚欠医院药费十八元五角四分，共四十八元五角四分，请给恤款清偿等情。饬据秘书、会计两处签称，事属需要，似可照准，款在二十九年度省概算恤金项下开支等语，应准如拟办理。

六、据建设厅签呈，据农林局转缴东陂酒壶岭牧场本年十至十二月份员役米津预算书册。饬据会计处签称，月列七十七元，三个月共列二百三十一元，核尚符合，拟准照拨，饬财政厅在二十九年度补助各级公务员役团警米津项下开支等语，应准如拟办理。

七、据省地政局呈缴南雄始兴两县测量队地政处二十九年度五月至七月份及曲江筹征宅地税办事处二十九年度六、七月份员役米津预算书册。饬据会计处签称，核案相符，列数亦合，所需南、始两县各队处五至七月份米津二万二千零六十二元，及曲江筹征宅地税办事处六、七月份米津五百九十元七角三分，两共二万二千六百五十二元七角三分，拟准照拨，款在二十九年度补助各级公务员役团警米津项下开支等语，应准如拟办理。

八、据建设厅呈，据农林局呈缴东区林业指导区本年十至十二月份员役米津预算书册。饬据会计处签称，查该区系属米贵地区，预算书月列一百四十四元，三个月共列四百三十二元，增列部分，亦尚符合，拟准照拨，饬财政厅在二十九年度补助各级公务员役团警米津项下开支等语，应准如拟办理。

九、据财政厅签呈，据税警总团呈缴二十九年度十至十二月份应领增发米津预算书，饬据会计处签称，查该团官兵米津，前经一二七次府议核定饬拨，现呈预算月列一万三千九百五十九元，三个月共列四万一千八百七十七元，系遵照规定加发办法，按照编制人数官兵各列支三元，核尚符合，拟准照拨，饬财政厅在二十九年度补助各级公务员役团警米津项下开支等情，应准如拟办理。

十、据东莞县政府呈缴无线电第四区台东莞分台二十九年七、八月份员役米津预算书册。饬据会计处签称，查该台系于七月一日成立，应需七月份米津三十六元，八月份起实行新编制，计八、九两月份各需三十一元，七至九三个月共需九十八元，拟准并予拨发，款在二十九年度补助各级公务员役团警米津项下开支等语，应准如拟办理。

十一、据建设厅呈，据公路处呈缴该处暨所属各单位十至十二月份员役米津预算书册。饬据会计处签称，查该各书册及分配表列数尚合，所列增给米津贵地区与案亦符，所需十至十二月份公路处员役役米津共七百零五元，征收汽车养路费员役米津共七百六十二元，养路队官兵米津共一千零九十八元，合计二千五百六十五元，拟准照拨，款饬厅在二十九年度补助各级公务员役团警米津项下开支。又所需行车营业员役米津二千三百七十六元，拟准在该处营业基金项下拨支等语，应准如拟办理。

讨论事项

一、准第十二集团军总司令部函送捕杀番禺大吉墟伪墟长萧××证件，应得奖金二百元，经由本部先行垫支给领，请拨还归垫等由，请公决案。

（决议）照案通过，追加预算。

二、据财政厅签呈，拟定牛皮税改征办法，请核准施行等情，请公决案。

（决议）交郑（彦棻）、高、胡三委员审查，由郑委员召集。

三、据财政厅签呈，拟将本省煤油贩卖业营业税税率改订为每罐课征国币五元，由三十年一月十日起实行，请核示等情，请公决案。

（决议）照案通过。

四、据财政厅签呈，据税警总团呈报组设特别党部，附缴预算及编制表，请追加经费及筹备费，请核示等情，请公决案。

（会计处签拟）查税警总团依照中央规定，设立特别党部，据呈筹备费预算一次过列支国币一千五百元，所列各数，尚无不合，惟经常费预算所列之官兵薪饷，查系按标准薪支给，与本省保安团队及该总团官兵现行给与标准（系按中央颁布之战时陆军各部队暂行给与规则之规定办理）超越颇多，为求划一待遇，期免各部队援例起见，拟仍照本省保安团队现行给与核减。至原列之办公各费，亦酌按规定与实际需要情形，分别增减（其增减办法为简明计均分别在原呈预算表内标注），核实每月减为列支国币二千五百零九元。上项经常费，似可如财政厅所拟，自该党部成立日起，连同筹备费，一并在该总团经费节余项下动支。以上所拟，是否有当，仍请提会核定。

（决议）照会计处签拟通过。

五、据教育厅签呈，缴省立曲江小学经临费预算书，计本年度共追加经费一千六百三十五元，又临时费二千元，暨省立长沙师范学校附属小学经费预算书，计本年度共增加经费二千二百七十一元，又上密国民学校经临费预算书，计本年追加经费一百八十元，临时费三百四十元，合共七千一百六十一元，拟在本年度义务教育经费内应合新县制补助各乡镇保学校准备费项下拨发等情，请公决案。

（会计处签拟）查该三校经临费除前经核准拨支外，实应增加六千四百二十六元（原呈称合共增加经临费七千一百六十一元，乃并同前经核准拨支上密社教实验区开设国民学校之七百三十五元计算，系属错误），此项新增经费六千四百二十六元，既据教厅拟定在二十九年度义务教育经费预算内第七项应合新县制补助各乡镇保学校准备费科目开支在案，似可准如所拟办理，拟请提会核定后，饬转饬省立曲江小学及省立长沙师范学校附属小学改编全年度经费预算书及月份分配表，并饬曲江小学将临时费预算书详细注明用途，呈转到府核办。

（决议）照会计处签拟通过。

六、据教育厅签呈，核议关于岭南大学请褒恤该校农学院古故院长桂芬案，拟请给予恤金三千元，至褒扬方面，拟饬开列该故院长事迹，转呈行政院褒扬等情，请公决案。

（决议）照案通过，款在本年度省总概算恤金项下开支。

七、据财政厅签呈，将修正本省营业税率及烟酒牌照税并入营业税征收，均由三十年一月一日起实行等情，请公决案。

（秘书处签拟）（一）查营业税税率，依营业税征收章程第十四条规定"依附表一之规定"，本件所拟改订营业税率，似无庸订定修正营业税税率办法，可将营业税征收章程附表一修正，呈准施行。至所修正各业税率，查与营业税法第四第五条之限制尚无抵触，似可照办，本件拟即发还该应依照所修正税率，将营业税征收章程附表一修正，再呈核办。（二）所拟烟酒牌照税改征营业税办法，拟修正如附文，提会核定施行。

（决议）照秘书处签拟通过。

八、据建设厅签呈，据公路处呈缴改编养路队组织章程及十一、十二两个月经费预算书，请核示等情，请公决案。

（决议）照案通过。

九、据建设厅签呈，据农林局呈增设三水、新会两县农业指导工作站追加二十九年度经费预算书，合共追加九百四十八元，连前核定数合计为四万八千五百零八元，核数尚符，似应准予照数追加，在农业建设基金项下拨付等情，请公决案。

（决议）准照额列入三十年度概算，在农业经费项下匀支。

十、据本府南路行署呈缴警卫营第五连二十九年度制发士兵夏季服装预算书表，列支六千三百二十七元七角五分，请核示等情，请公决案。

（决议）照案通过，追加预算。

十一、据财政厅签呈，核议丰顺县拟征收全县木炭出口捐每笔收一角，每年约可收五万元一案，当此施行新制，似可准予开征，请核示等情，请公决案。

（决议）照案通过。

十二、据第五区行政督察专员呈缴建筑本署员兵防空避难室工料费支付预算书件，列支四千五百元，请核示等情，请公决案。

（会计处签拟）似可准予照列，该款拟在二十九年度省总概算岁出

486

经常门临时部分建设事业支出追列第五区专员公署建筑防空室工料费项下开支，以前汕头市防空支会结存款抵解，一面追列二十九年度省总概算岁入经常门临时部分其他收入各机关节余经费解库款科目，请提会核定后，将预算书分别存转，仍饬将汕头市防空支会结存款数目具报。

（决议）照会计处签拟通过。

十三、据本省候用公务员招待所呈缴本所二十九年十一月份候用公务员招待费支付预算书，共需三百六十三元八角四分，请拨款给领等情，请公决案。

（决议）照案通过，追加预算。

十四、（略）

十五、据秘书处签呈，缴本府二十九年度派赴重庆党政训练班第十一期受训人员旅费支付预算书，共支三千三百元，请指款拨支等情，请公决案。

（决议）照案通过，追加预算。

十六、据会计处案呈，关于佛冈县地方二十九年度岁入岁出追加经临费概算，经分别照各厅审核各点，及本处意见，修改完竣，请提会核定公布施行等情，请公决案。

（决议）照案通过。

十七、准韶关警备司令部电，为本部前捕获汉奸蒋×一名，经讯查明确，呈奉广东绥靖主任公署核准执行枪决，请依例给奖等由，请公决案。

（决议）照章给奖二百元，追加预算。

十八、据财政厅签呈，拟将屠牛税划拨为县有收入，附具划分整理办法，请核示等情，请公决案。

（决议）交郑（彦棻）、高、胡三委员审查，由郑委员召集。

十九、据秘书处拟就广东省战地各县党政军机构调整实施纲要，请提会核定等情，请公决案。

（决议）交邹、黄（麟书）、何三委员审查，由邹委员召集。

二十、（略）

二十一、据本省粮食管理局签呈，拟订仓库保管规则，请核示等情，请公决案。

（决议）照秘书处签拟通过。①

二十二、主席提议，中山县县长林卓夫辞职照准，遗缺派萧豪代理，请公决案。

（决议）照案通过。

二十三、准广东省军管区司令部函复，关于徐闻增设自卫队一中队，其经费系在该县抗战准备金项下拨支，据县称此项战费停筹，本部又无节余可拨，如仍须保留，请贵府按月照款拨部等由，请公决案。

（决议）自停筹抗战准备金日起，至十二月底止，该队经费准由增编自卫团队经费项下拨付，三十年度停支。

广东省政府第九届委员会
第一百九十二次议事录

日　期　十二月三十一日

地　点　曲江本府

出席者　李汉魂　胡铭藻　郑彦棻　高　信　邹　琳　黄麟书

列席者　李仲仁　杜之英　黄　雯　史延程　何剑甫

主　席　李汉魂

纪　录　（秘书）魏育怀　（参议）俞守范

报告事项

一、据财政厅报告，据革命老同志黎义请发给养老金，计自二十七年九月起至二十九年九月止，照毫券新率折合国币七百元，内有二十七年度养老金一百一十二元，拟改在二十九年度恤金项下开支等情。饬据会计处签拟准予备案等语，应准如拟办理。

二、据教育厅签呈，缴粤北边疆施教区调查始兴、乳源、曲江、乐昌各县特种民族旅费预算书，列支二百九十七元六角等情。饬据会计处签称，似可准在二十九年度该区事业费项下撙节开支等语，应准如拟

---

① 原签拟附后，现略。

办理。

三、据本府南路行署呈，为架设本署无线电台第一号机有线电话购买电话材料，共需国币二百六十四元二角五分，经于九月十一日架设完妥，用去材料费，请予核销等情。饬据会计处签称，预算书列，查与该署前电数目相符，既系业经支付，复查亦尚无不合，似可准照数在二十九年度该署电讯室经费节余项下开支等语，应准如拟办理。

四、据广东省驿运管理处签呈，缴本处曲岐线各段站及运夫队二十九年度经常费概算书，每月列支二万五千零九十九元，十一、十二月份共列五万零一百九十八元。饬据会计处签称，查所列数额尚未超过原核定预算数，似可准予照列，惟预算数既有变更，拟列报会议，并饬迅编呈营业预算，列入管理费项下开支。至各站运夫队经常费，每月列支六十三万零六百三十元，两个月共一百二十六万一千二百六十元，此种款项系属营业支出，拟饬迅编营业预算呈府审核等语，应准如拟办理。

五、据第二区行政督察专员呈缴无线电第二区台二十九年度十月至十二月份员役米津预算书册。饬据会计处签称，月列四十五元，三个月共列一百三十五元，核尚符合，拟准照拨，款在二十九年度补助各级公务员役团警米津科目开支等语，应准如拟办理。

六、据防城无线电分台电称，八至十月经费已奉到，惟五至十二月份米津，县府未能垫支，请先将米津二百六十三元及十一月经费汇发等情。饬据会计处签拟准予先行照拨，由财厅在二十九年度补助各级公务员役团警米津项下开支，连同该台应领经费，并予电拨等语，经准如拟办理。

七、据建设厅签呈，特缴揭阳糖厂二十九年五月至十月份员役米津预算书册。饬据会计处签称，书列月支六十二元，查内有少尉队长一员，应改给米津四元（原列三元实少列一元），计该厂每月实应列支六十三元，五至七月共列三百一十五元；又十至十二月共一百八十九元，计由五至十二月份应列米津费合共五百零四元，拟并准发给，款饬建厅在营业基金项下拨支等语，应准如拟办理。

八、据高明县政府呈缴无线电高明分台二十九年八、九月份员役米津预算书册。饬据会计处签称，查该分台五至七月份米津，前既经照发月各二十四元，现八、九月份预算月列三十一元，核与前案月增列七元，两个月共增列一十四元，经通讯所核尚相符，似可准予照数增拨，款在追列各级公务员役团警米津项下开支等语，应准如拟办理。

九、据三水县政府呈缴无线电三水分台二十九年十至十二月份员役米津预算书册。饬据会计处签称，月列三十一元，三个月共列九十三元，核尚符合，拟准照拨，饬财政厅在二十九年度补助各级公务员役团警米津项下开支等语，应准如拟办理。

十、据梅箓管理局呈缴无线电梅箓分台二十九年十至十二月份员役米津预算书册。饬据会计处签称，查梅箓系属米贵地区，现预算月列七十二元，三个月共二百一十六元，核尚符合，拟准照拨，饬财政厅在二十九年度补助各级公务员役团警米津项下开支等语，应准如拟办理。

十一、据建设厅农林局东陂酒壶岭牧场呈缴二十九年度九月份员役米津预算书册。饬据会计处签称，该场五至八月份米津每月六十七元，经饬拨在案。现呈增员一节，尚无不合，所列九月份米津数七十七元，核较七月份增加一十元，拟准增拨，款在二十九年度补助各级公务员役团警米津项下开支等语，应准如拟办理。

讨论事项

一、准广东高等法院函送本省各级法院及兼理司法各县政府二十九年十至十二月追加丁役工资预算书表，计共列支三千三百零九元，拟由本年度各院监及兼理司法各县政府未支经费项下拨支，请核准照等由，请公决案。

（会计处签拟）此项增加丁役工资，既系奉令办理，似可照所列增加数目在汕头监狱经费节余项下开支，仍提会核定。惟查经费节余数目表尚列有节余数一万零三百三十一元，应请该院扫数解库，以符法令。

（决议）照会计处签拟通过。

二、据民政厅签呈，据省警总队呈缴本年十一月底止经费节余共三千四百九十二元四角六分，不敷发给长警增加饷项，请将核定拨补之三千元发下，并设法再行拨补国币六千七百元，俾继续发给十一、十二两月份增饷等情，请公决案。

（会计处签拟）似可准予先拨三千元，以拨补省警察总队增加饷项科目开支，追列本年度省岁出概算，并饬财政厅筹措收入来源，追列岁入概算，仍请提会核定。至尚不敷之数，应饬该总队将十二月份经费节余数列报，并另编具本〔体〕年度各月份收支清表呈核后再夺。

（决议）照会计处签拟通过。

三、据建设厅签呈，据农林局呈缴更正二十九年度造林计划及东西北中各区林业促进指导区组织章程暨各预算书，请提会核定等情，请公决案。

（决议）计划章程照案通过，经费部分照会计处签拟办理。

四、据建设厅签呈，据公路处呈缴抢修兴平公路桥梁工程费预算书表，共支一千四百三十三元七角，拟请准予在建设事业费项下开支，请核定饬库拨款归垫等情，请公决案。

（决议）照案通过，追加预算。

五、（略）

六、据省地政局复，遵令修订连县地政实验区土地租约登记暂行办法草案，请鉴核施行等情，请公决案。

（决议）照秘书处签拟通过。

七、据第二区行政督察专员马耐园电报，奉派参加中央训练团受训，请发还旅费归垫等情，请公决案。

（决议）照案通过，追加预算。

八、据本府战时通讯所签呈，为装修所盖搭办公棚厂费，经先后奉核定共二千六百九十四元七角一分，该款拟在各区修理室经费未支配余款项下开支，请核示等情，请公决案。

（决议）照案通过。

九、据建设厅呈，缴农林局技正凌化育荐委表，请核准照委等情，请公决案。

（决议）照案通过。

十、据广东省驿运管理处呈缴秘书吴紫铨、营业科长何章年、运输科长程仲和荐委表，请核委等情，请公决案。

（秘书处签拟）秘书吴紫铨，拟减支荐任四级薪。营业科长何章年，拟减支荐任六级薪。运输科长程仲和，拟减支荐任六级薪。

（决议）准予派代，薪给照秘书处签拟办理。

十一、据第四、六行政督察区交通管理联合办事处电，拟将河源总站改设于老隆，同时河源、岐岭两地各设分站，合计每月经费八百七十元，请予拨发，并请加派站长等情。经电复照准，站长由该处自行遴选派兼，经费列入三十年度省概算，自一月份起支，提会补请追认案。

（决议）照案通过。

十二、高委员、胡委员、黄委员（麟书）会复，审查财政厅签呈拟将不动产买卖签证费取销，改定加征契税附加，即照正税附加半数，于三十年度开始实行。所得附加款，以四成抵补原有拨县之用途外，其余六成拨为保甲经费，并将原有契税拨县款停止拨付一案意见，请公决案。

（审查意见）本案经会同审查完竣。佥以本省不动产买卖签证费既属奉令不得抽收，自应遵照取销。至此项保甲经费之弥补，原拟加征契税附加，并照正税附加半数，核与中央修正改订契税办法尚无抵触，似可照行。惟关予此项附加税款拟以四成抵补原有拨县之用途，六成拨为保甲经费一节，查本省不动产买卖签证费系于所有权之移转，及典权之设定，或让与时，按契载产价征收百分之二．现尚以正税附加半数，照本省契税征率断卖契百分之六，典按契百分之四，计断卖契附加为三元，典按契附加为二元，以六成拨为保甲经费，则断卖契每百元得一元八角，典按契得一元二角，比之原定签证费每百元征收二元之数，已属减少。矧查国府本月十八日新颁契税暂行条例关于契税征率，规定卖契为百分之五，典契为百分之三。是本省将来断卖契税附加每百元仅得二元五角，典契税附加每百元仅得一元五角，卖典平均每百元为二元，与原定签证征收费率百分之二，大致相符。若以四成抵补原有拨县之用途，则保甲经费不敷更巨，各该地方能否从原有捐费酌增弥补，殊成疑问。际兹推行新县制，健全基层组织之时，似非所宜。且以同一契税，而附加款项两种赋征，亦感重叠，故为充实自治经费起见，拟请将前项契税附加款项全数拨充保甲经费，以抵补原日签证费之收入。其原有契税拨县部分，仍由省库照案支付，使保甲经费获有余裕，自治进行得以顺利。所见是否有当之处，理合复请公决。

（决议）照审查意见通过。

十三、准广东全省保安司令部电，为故员范肇东、洪劲夫二员在澄迈县抗战因公殒命，检送甲乙种死亡书表恤金给予表，请查照给恤等由，请公决案。

（会计处签拟）查现缴给恤表范肇东一次抚恤金四百元，年恤金每年二百元，给至十年为限。洪劲夫一次过恤金二百元，年恤金每年一百三十元，给至十年为限。既经本府秘书处签称"核与法定相符"，该一次过恤金共六百元，拟在二十九年度省概算恤金项下开支。年抚金每年共三百三十元，拟由三十年起至三十九年止，每年列入省总概算恤金科目内，请提会核定后，分别通知。

（决议）照会计处签拟通过。

十四、据许实拱电，请饬将陆大第十七期毕业学员林芳策等十七员治装费补汇国币一千七百元等情，请公决案。

（决议）照案通过，追加预算。

十五、郑委员（彦棻）、胡委员、高委员会复审查三十年度地方总概算案经已完竣，谨就经过拟具审查报告书，连同审查会议纪录，请公决案。

（决议）照审查意见修正通过。

十六、郑委员（彦棻）、邹委员、高委员会复关于本府所属各机关三十年度施政计划案，经送还各机关遵照审查意见改编完竣，交由秘书处汇编全份，请公决案。

（决议）照案通过。

十七、高委员签复审查本省各县局三十年度工作计划及进度编订计划大纲一案意见，请公决案。

（审查意见）（一）原拟计划所列纲目及提示要点，既系根据各主管厅处列送汇编而成，复经数度审查，在工作条目上大体当已完善，无须多所变更。惟应注意者，厥为核心工作之确定（即全盘计划之重点），俾专心致力，以求是效。其他各项施政，亦得认清中心目标配合辅进。（二）粤为战区，衡量时地需要，足兵足食，当为目前最急之要政。不论前方后方县份，莫由出此。足兵者何，加强自卫团队组训，推进兵役，维持后方治安是也。足食者何，增加农业生产（积极），历行粮食调节（消极）是也。故加强抗衡力量（足兵），与救济粮荒（足食）二点，似可订为施政中心。（三）依据上述对原拟计划之（一）、（二）"维持治安"与"调节粮食"两纲目，似可改为"加强抗卫力量"与"教〔救〕济粮荒"，列为中心工作。并将原拟"推进兵役"

（战地县份无之）及"发展农业"两纲目分别纳入提示要点，同时合并整理补充。（四）中心工作列大纲之首，加以说明。其他各纲目仍旧依次编列。（五）各县局拟订具体办法时，对中心工作须特别详尽，并注意其他各项施政之配合。（六）考核各县局工作时，应以中心工作为主要根据，提高百分比率。

（决议）照审查意见通过。

临时动议

十八、据秘书处签呈，本处办公购置等费数额无多，而物价激涨，以致历月支出办公购置等费均超出预算，除前经签呈核准在俸给特别费余额流用外，计至本年度十二月底止，约超支三万五千余元，拟将吴前任移交禁赌会临时费及粤侨通讯处节余款拨支，以应需要，请核示等情，请公决案。

（决议）照案通过，追加预算。

广东省政府第九届委员会
第一百九十三次议事录

日　　期　民国三十年一月三日
地　　点　曲江本府
出席者　李汉魂　胡铭藻　郑彦棻　高　信　邹　琳　黄麟书
列席者　杜之英　黄　雯　史延程　何剑甫
主　　席　李汉魂
纪　　录　（秘书）魏育怀　（参议）俞守范

报告事项

一、据财政厅呈报，定期由民国三十年一月一日起施行广东省舶来物产专税章则，请察核备案等情。饬据会计处签拟，准予备案等语，应准如拟办理。

二、据财政厅签呈，据平远税务局请核发奉裁稽征所站七月份上半月经费一百六十二元五角，拟援成案在本年度各税务局经费未支配余款项下开支等情。饬据会计处签称，该站奉令七月一日结束，因交通关系，延至十六日结束，核尚未超过期限，似可照拨，款在二十九年度各税务局经费未支配余款项下开支等语，应准如拟办理。

三、据秘书处签呈，缴二十八年度购置汽车及零件费支付预算书，计共国币五千八百七十二元。饬据会计处签称，据呈因当时港方存货缺乏，不足四辆之数，只购入二辆，余悉购零件，以资修理本府旧车，此项支出，虽与原案微有变更，但能适合实用，而价款总额尚无超过原核定等情。查款经支出，似可照准。惟事关变更原案，仍请报会后将预算书分别存转等语，应准如拟办理。

四、据省振济会呈缴妇女生产工作团托儿所棉褛费预算书册。饬据会计处签称，查所请制发棉褛为五龄以下儿童御寒之用，尚属需要，预算书所列价格，每件工料费一十一元六角，四十五件共列五百二十二元，既经该会拨发，拟准照数列支，款由该会在振款项下拨付等语，应准如拟办理。

讨论事项

一、准广东省高等法院函送本院第四分院修理汽车临时费支付预算书，计共国币三百四十八元，拟请准在二十八年度本院巡回审判经费节余项下拨支，请查照办理等由，请公决案。

（决议）照案通过。

二、据财政厅签呈，缴二十九年度本厅经管保育及救济支出追加预算书列支一百三十一元，请核示等情，请公决案。

（决议）照案通过，追加预算。

三、据财政厅签呈，缴宝安税务局追加临时岁出预算书，列支五千八百二十六元八角，拟在二十九年度各税务局经费未支配余额项下拨支，请核示等情，请公决案。

（决议）照案通过。

四、准广东省军管区司令部电，为补充本部直辖之连阳自卫队总队弹械连装运旅各费共需国币二十万元，款由本部经管国民兵团队经费节余项下拨支，请查照备案等由，请公决案。

（决议）照案通过。

五、据教育厅签呈，据省立高州农业职业学校呈缴临时费支付预算书，列支二千二百一十元，该款拟准在二十九年度留学生经费项下拨支等情，请公决案。

（决议）照案通过。

六、据建设厅签呈，缴二十九年度公路处购买汽车零件追加预算书，计追加四千六百八十一元零二分，连前饬垫四万五千八百一十三元，合共五万零四百九十四元零二分，拟请准由省库二十九年度预备金项下列支，在省库前拨付本厅经营×××钨矿未用资金国币七万元项下抵解归垫等情，请公决案。

（会计处签拟）据称当时所列预算系未将汇费及运费列入，又因物价高涨关系，超过原预算四千六百八十一元零二分，拟请追加预算，尚属实情，该款共五万零四百九十四元零二分，似可由二十九度省总概算岁出特殊门营业投资及维持支出，追列"公路处购置汽车零件价款"项下开支，准以×××钨矿未用资金七万元抵解，一面追列二十九年度省总概算岁入特殊门"收回资本收入""×××钨矿未用资金"科目。至除抵解外，结余款一万九千五百零五元九角八分，应即返纳入库，仍请提会核定。

（决议）照会计处签拟通过。

七、据前保安处吴处长呈，缴二十九年度八月份修械器材费支付预算书册，列支一万四千三百六十二元六角三分，请核准在二十九年度八月份团队节余经费项下开支等情，请公决案。

（会计处签拟）查补呈购置修械器材种类数量价目清册内第七页"黄凡士林"价款多列三角四分，前项价款，应代为改正，共支一万四千三百六十二元二角九分。该款似可照准在二十九年度该处保安团队经费节余项下开支，仍请提会核定。

（决议）照会计处签拟通过。

八、据本省战时贸易管理监察委员会呈，缴巡察员胡仲达荐委表及原任巡察员胡业伟去职报告表，请分别任免等情，请公决案。

（决议）照案通过。

九、据本省粮食管理局呈，拟具本局各运销处所在地粮食评议会组织章程，请核示等情，请公决案。①

（决议）照秘书处签拟通过。

十、据省振济会呈，缴本会二十九年度迁运回韶迁移费预算书，列支六千七百零六元八角三分，请照案在二十九年度省预备金项下如数拨还归垫等情，请公决案。

（会计处签拟）查各项目节所列数目，尚无不合，自应准予照案拨发。惟查二十九年度省预备金业经超过原列数额，嗣后各项支出，应追列原科目拨支，经本府提会核定在案。前项迁移费六千七百零六元八角三分，似应改在二十九年度省总概算岁出经常门临时部分行政支出项下追加振济会迁移费科目开支，饬财厅筹措来源，追加岁入，仍请提会核定。

（决议）照会计处签拟通过。

十一、据秘书处呈缴本府二十九年修理汽车支付预算书，列支四万元，并拟将二十八年度省库暂付本处购储汽油及汽车零件款十万元转入二十九年度账目，请核示等情，请公决案。②

（决议）照会计处签拟通过。

十二、据秘书处案呈，准中央统计局电复，前送龚元昌、黄重白、陈佩瑜等三员履历经审查合格，请饬于三十年元月有日前到渝入特种讲习班等由。查各该员旅费应依照中央训练团调训人员例办理，各给五百五十元，三员共一千六百五十元，请指款开支等情，请公决案。

（决议）照案通过。款在三十年度派赴中央受训人员旅费项下开支。

十三、据秘书处案呈，查潮阳县郑邦辅为不服陆丰县政府判处拘役等处分，提起诉愿一案，现经审查完竣，作成决定书，请提会核定等情，请公决案。

（决议）照决定书通过。

十四、奉第七战区司令长官余电，饬发动曲江、英德、乳源、阳山、清远各县团队、民众于两星期内破坏各县公道路完毕等因。经规定

---

① 秘书处签拟略。

② 会计处签拟略。

发破路工款：英德县六千元，曲江县一万元，乳源县六千元，阳山县八千元。令饬财政厅照拨，提会补请追认案。

（决议）照案追认，款在三十年度省预备金项下开支。

十五、委员兼财政厅长提议，拟定处分各县县长擅自截留及不法挪用征起地税契税款办法四项，请公决案。

（决议）交郑（彦棻）、高、胡三委员审查，由郑委员召集。

广东省政府第九届委员会
第一百九十四次议事录

日　期　一月七日

地　点　曲江本府

出席者　李汉魂　黄元彬　邹　琳　郑彦棻　胡铭藻　高　信
　　　　黄麟书

列席者　杜之英　史延程　何剑甫　黄　雯

主　席　李汉魂

纪　录　（秘书）魏育怀　（参议）俞守范

报告事项

一、据财政厅报告，南海等县游击战区税务局经电饬裁撤，嗣后各该县省税之稽征事宜，除营业税饬税捐处兼办外，其他专税随时由厅酌量办理等情。饬据会计处签称，据报办法尚无不合，似可准予备案等语，应准如拟办理。

二、据财政厅签呈，据鹤山税务局呈，请发给奉裁稽征所结束费，可否援案办理，请核示等情。饬据会计处签称，查鹤山税局所属龙古、鹤南、梧山、桃源等稽征所七月一日奉令结束，至十一月〔日〕移交，该四所七月份上半月经费一百五十元，似可照给，该款拟在二十九年度各税务局经费未支配余额项下开支等语，应准如拟办理。

三、据建设厅签呈，据公路处呈缴征收汽车养路费各站经费支付预算书表，饬据会计处签称，该处原呈称，原预算所列二十个征收站，其

498

中有因地方偏僻，收入无多，现时尚未开办，拟自二十九年十一月份起，缩为十五站，以裁余经费及特别费作为提高各站员役薪给之资，并增设人员之用，预算总数仍与奉核定之三千二百零四元之数相符等情。既经建设厅核明，复查改定后各站预算内容亦无不合，似可准予照办，且十二月份现将届满，事已过去，该预算书似可姑准存转等语，应准如拟办理。

四、据省振济会呈缴本会妇女生产工作团二十九年度学生棉衣及工人裤支付预算书册，合共八千七百零二元，饬据会计处签称，拟准照数列支，款由振济会在振款项下拨付等语，应准如拟办理。

五、据广东省驿运管理处呈缴曲岐线驿运费成本计算表，及货运成本统计表，请察核备案等情。饬据会计处签称，查该处所呈运费成本计算表及照原表所定运价七五折及加二五计算收费，既系遵照委座米世辰统驿代电指示，及因应环境拟订，似可准予照办等语，应准如拟办理。

六、据秘书处签称，查振济会增设生产组，原编制预算先经本府一七三次会议通过在案。依原编制所列技术专员十人，技术员为十六人，现查一七六次会议通过之规程第四条所定技术专员及技术员员额与原预算所列员额减少，拟将技术专员五人之"五"字改为"十"字，技术员六人之"六"字上加一"十"字，以符编制等语，应准如拟将条文修正。

七、据会计处签称，查财政厅取销厅款，系自二十九年度九月份起施行，兹拟将第一九〇次会议通过每月特拨该厅五千元之数，二十九年度自九月份起至十二月份止，四个月共二万元，在二十九年度省总概算岁出经常门临时部分财务支出款下追加财政厅临时费科目拨支，并饬由财政厅等拟来源追加岁入至三十年度全年共六万元，拟列入三十年度总概算内等语，应准如拟办理。

讨论事项

一、准广东省高等法院函送本院二十九年度岁出临时预算书，合计国币五千八百零四元一角七分，拟在二十八年度本院巡回审判经费节余项下拨支，请查照核准等由，请公决案。

（会计处签拟）该款拟在二十九年度省总概算岁出经常门临时部分追列高等法院临时费项下开支，以该院二十八年度巡回审判经费节余项下抵解，一面追列二十九年度省总概算岁入经常门临时部分其他收入各机关经费节余解库款科目，拟请提会核定后，仍请将该项结余抵解后余之款悉数解库。

（决议）照会计处签拟通过。

二、据民政厅签呈，拟就修正广东省各县区署办事通则，请通饬施行等情，请公决案。①

（决议）照秘书处签拟通过。

三、据教育厅签呈，据省立梅州中学呈请准予投变体育场得款拨为建筑学生宿舍，拟予照准。至章程所定底价国币一十三万元，衡以现在物价，应改为国币一十六万元外，其余各条大致尚妥，请察核备案等情，请公决案。

（会计处签拟）似可准予办理，请提会核定后，饬通知审计处派员会同监票开投，仍饬将开投经过情形具报，并将投得款项数目及建筑宿舍费额分别编呈收支预算核定办理。其投得款项应先扫数解缴就近省库作特种基金存贮。

（决议）照会计处签拟通过。

四、据建设厅签呈，缴本厅特务队兵冬季服装预算书，列支一千五百七十元零九角，请援案款在本厅二十九年度经常费节余项下流支等情，请公决案。

（决议）照案通过。

五、据前保安处吴处长签呈，为本处派往台、开接兵人员及新兵伙食津贴费共六千零五十元三角二分，业已发给，无法追回，恳准如前请在二十九年度八月前各月份团队节余经费项下开支等情，请公决案。

（决议）照案通过。

六、据候用公务员招待所呈缴本所二十九年十二月份上半月候用公务员招待费支付预算书表，列支七十九元三角七分，请拨款给领等情，请公决案。

（会计处签拟）查预算书列支招待费共七十五元四角九分（原呈误作七十九元三角七分），核与散数尚无不合，拟援案在二十九年度省总

---

① 秘书处签拟略。

概算岁出经常门临时部分第二款行政支出项下追列广东省候用公务员招待费科目，饬财政厅如数拨付，并筹来源具报，以便追列岁入，仍提会核定。

（决议）照会计处签拟通过。

七、据本府战时通讯所签呈，中枢台二十九年十至十二月助理员米津共五百一十元，拟在该批助理员薪俸节余项下开支等情，请公决案。

（决议）照案通过。

密八、据第二区行政督察专员呈，转缴清远县二十八年度破路支出计算书类，计支出毫券一万零六百一十七元四角九分，折合国币七千三百七十三元二角五分，请核示等情，请公决案。

（会计处签拟）该款据呈收支对照表备考称，在本府前发该县破路款二万五千元除支二十九年度加强破坏公路工资九千二百零七元七角外所余款一万五千七百九十二元三角额内拨支，似可照准。其比对尚余存八千四百一十九元零五分之款拟饬返纳省库，并饬补取驻军最高长官验证呈核，仍请提会核定。

（决议）照会计处签拟通过。

密九、据第二区行政督察专员呈，转缴从化县二十八年十一月至二十九年三月各乡破坏公道路支付预算书类，列支国币一万二千八百二十元，请核示等情，请公决案。

（会计处签拟）查从化县所呈二十八年十一月至二十九年三月破坏各乡公道路民工伙食费预算书，列支国币一万二千八百二十元，除原列第三项之参加破坏人员出差费国币六百元似未便由省库负担，拟饬在该县地方款核实开支外，其余各数计为一万二千二百二十元既经建设厅核明，似可准予照列。该县破路款前经本府第九届委员会第九十七次会议核定在二十九年度建设事业支出科目拨付一万元，比对尚差之二千二百二十元，似可准在该县林前县长移交破坏吕田至分水凹段民工伙食费结存款二千八百二十元额内拨支，余款并饬解库，仍请提会核定。

（决议）照会计处签拟通过。

密十、据阳山县政府呈，补缴构筑防御工事图式，计共支出防御工事费用国币三百五十六元一角七分，请核准饬库拨款归垫等情，请公决案。

（会计处签拟）查该县前呈民工伙食费预算书第一项所列征集民工伙食费国币一百七十七元之款似可照准拨还，追列本年度建设事业支出科目开支，并饬财政厅筹措来源追列岁入预算，仍请提会核定。至原列第二项派员出差旅什费国币一百七十九元一角七分似未便照准由省库负担，拟饬在该县地方款项下拨支。至该项工事既据称经第二区保安司令部派员巡视认为适用，其驻军验证既无法取得，似可准予免缴。

（决议）照会计处签拟通过。

密十一、据筹建三江广济桥董事莫辉勋等呈，拟在老墟建筑石桥，请在建设预备金项下提拨国币八千元作为补助等情，请公决案。

（决议）补助七千元，款在三十年度建设事业支出项下开支。

十二、据会计处案呈，三水县地方二十九年度岁入岁出第四次追加概算，计各列五千八百六十六元，经民、财两厅审核列数尚符本处复核亦无不合，拟准予追加，请提会核定公布施行等情，请公决案。

（决议）照案通过。

十三、据会计处案呈，郁南县地方二十九年度岁入岁出追加第二次概算，经各厅处审核，计只各列为五千元，其余项目尚无不合，请提会核定公布施行等情，请公决案。

（决议）照案通过。

十四、据会计处案呈，陆丰县地方二十九年度岁入岁出追加概算，经就各厅审核签注各点及本处意见分别修改完竣，请提会核定公布施行等情，请公决案。

（决议）照案通过。

十五、据会计处案呈，奉交关于军管区拟议以本府对于各县办理国民兵役初次施行壮丁调查办公费及应备书簿表册各费，尚未发给，以致各县办理年次编组困难，似应先行按照规定县等各费数额分发，限期补造预算，俾编组工作得迅速完成一案，谨拟议请核示等情，请公决案。

（财政厅签呈）遵查各县办理国民兵役初次施行壮丁调查办公费，除清远、蕉岭、澄迈、陵水、郁南、防城、信宜、赤溪、新兴、翁源、海丰、饶平、阳春等十三县，又应备书簿表册，计有蕉岭、高明、澄迈、陵水、郁南、防城、赤溪、翁源、海丰、饶平、阳春等十一县，已据呈请或造缴预算先后核拨外，其余各县多未据请及造缴预算，尚未拨付。现二十九年度省预备金溢支已巨，无款可资拨发，似应通饬各县局遵将预算造缴。再凭于三十年度预备金项下支付，并由厅查明将未发办公费各县局，一并将办公费同时核发。

（决议）照财政厅签拟通过。

十六、主席提议，茂名县县长龙思鹤另有任用，遗缺派前新会县县长林仲菜代理；廉江县县长邹武另候任用，遗缺派张逊代理，请公决案。

（决议）照案通过。

十七、据秘书处案呈，查新兴县民谭通成等，为与梁百全等因填塘筑路争执事件，不服新兴县政府之处分，提起诉愿一案，现经审查完竣，作成决定书，请提会核定等情，请公决案。

（决议）照决定书通过。

密十八、据连连阳乳建设委员会函及建设厅签呈，为连连阳乳公路改善工程费一十五万八千七百六十元及架设连连阳乳岭连坪改架双程四段话线费二十八万一千一百七十五元零五分，两共四十三万九千九百三十五元零五分实属无法筹措来源，仍请迅赐指款拨支，并将预算核定等情，请公决案。

（秘书处签拟）（一）连阳乳公路改善工程费预算原列一十五万八千七百六十元，现拟核减为概算五万五千八百元。（二）连连阳乳各段话线架设费预算原列二十八万一千一百七十五元，现拟核减为概算四万元。以上两项关于连连阳乳生存根据地公路部分及电话部分合计原列预算约四十四万元，现拟核减为概算九万五千八百元，斟酌现时财政虽减支之数为三十万元而兼顾事实尚能适应目前环境。为应付急需，迅赴事功起见，拟请核定拨款先行开工，仍饬遵照上拟分别编造预算呈核。

（会计处签拟）本案照秘书处意见连阳乳公路改善工程费（原预算列一十五万八千七百六十元）拟核减为概算五万五千八百元，连连阳乳各段话线架设费（原预算列二十八万一千一百七十五元）拟核减为概算四万元，两共核减为九万五千八百元。另为适应需要，拟同时完成连县电话网，约需工料费四万五千余元，并架设连连两县接壤各区乡镇间电话约需工料费二万五千元。以上三项电话架设费概算为十一万元，拟请连同上项公路改善工程费五万五千八百元（合计一十六万五千八百元）一并提会核定。款在三十年度建设事业支出项下拨支。

（决议）照秘书、会计两处签拟通过。款在三十年度建设事业支出项下开支。

十九、据本府战时通讯所呈缴本府无线电广播台台长黄屋筹，战时通讯所装修厂主任宋子政荐委表，请赐核委等情，请公决案。

（决议）照案通过。

二十、据建设厅呈缴本厅技士陈惟明荐委表，请赐核委等情，请公决案。

（决议）照案通过。

广东省政府第九届委员会
第一百九十五次议事录

日　期　一月十日

地　点　曲江本府

出席者　李汉魂　郑彦棻　刘佐人　邹　琳　黄麟书　高　信
　　　　黄元彬

列席者　杜之英　史延程　何剑甫　黄　雯　曾晓峰

主　席　李汉魂

纪　录　（秘书）魏育怀　（参议）俞守范

报告事项

一、准内政部咨，奉行政院训令，以国民工役代役金改为自五角起至一元五角止一案，经奉国防最高委员会准予备案等因，请查照等由。经分令各区行政督察专员遵照，并抄知各厅处。

二、据南路行署电，以该署电讯室低级职员暨工役月入不足维持生活，拟请自二十九年十二月起，该室台班五十元以下职员，月各增五元，工役七元，共需费一百四十一元，由该室本年度节余经费项下拨支等情。饬据会计处签称，查该项加发米津先后共二百二十五元，核与本府发给米津通案之规定原属不合，但既该署权予照准，且该署亦经饬令结束，该项米津系属一次过之支出，为数无多，似可姑准照办等语，经准如拟办理。

三、据广东省银行呈报，遵照拨捐国币二万元为慰劳金，送交广东各界庆祝元旦暨慰劳大会筹备会查收给据，请察核备案等情，经准予备案。

四、据财政厅签呈，缴缉私处暨所属机关二十九年十至十二月份员役米津预算书册，饬据会计处签称，查预算书有海康查缉所一处八月份米价为每元二斤半，不合米贵地区增给之规定，增列部分，应予剔除，其余尚无不合，计应每月列支三千四百七十二元，三个月共支一万零四百一十六元，拟准照拨，饬财政厅在补助各级公务员役团警米津项下开支等语，应准如拟办理。

讨论事项

一、郑委员（彦棻）、胡委员、高委员会复审查财政厅所拟改征牛皮税办法一案意见，请公决案。

（决议）照原案通过。

二、郑委员（彦棻）、胡委员、高委员会复审查财政厅所拟将屠牛税划拨为县有收入一案意见，请公决案。

（审查意见）屠牛税拟仍依财政厅签呈办法，交县整理征收，一并列入县收入。至营业税三成既已早经拨县，似未便遽予变更，惟为区分新旧县制之负担公平，并确定各县补助金制度起见，可由各县屠宰税全年税收中提百分之二十报解省库，以作弥补各县份经费不足补助之用。

（决议）照审查意见通过。

三、据卸广东省防空协会曲江县支会兼会长吴仲禧呈缴补注修复东桥工料费支付预算书，列支一千九百九十元五角，请察核案等情，请公决案。

（会计处签拟）姑准照原列一千九百九十元五角之数列支。本府前次饬厅垫付国币一千五百元，拟追列二十九年度建设事业支出开支，由财政厅筹措来源追加岁入，比对尚差四百九十元零五角之款，拟准在该会事业费项下拨支，以资了结，仍请提会核定。

（决议）照会计处签拟通过。

密四、据本府战时通讯所签呈，关于二十八年度本府驻港通讯处代驻港无线电分台购置电机价款运费二千五百五十八元三角九分一案，拟将本府二十八年度购办电讯器材及零件费结余二万八千六百五十七元九角五分内拨还归垫等情，请公决案。

（会计处签拟）关于驻港无线电台二十八年度购电机费二千五百五十八元三角九分似可在该项结余款内照数拨还归垫，请提会核定后饬秘书处补编购买驻港电台电机预计算书呈府存转，并将余款二万六千零九十九元五角六分返纳入库具报。

（决议）照会计处签拟通过。

五、据连平县政府呈缴二十九年度地方款追加岁入岁出预算书，各列一千七百八十四元一角九分，请存转备案等情，请公决案。

（决议）照案通过。

六、据本府印刷所呈缴开办费追加预算书表件，列支三万七千六百四十四元零一分，与原奉核定三万元数，计追加七千六百四十四元零一分，并将摊提二十八年度筹备费办法，请核示等情，请公决案。

（会计处签拟）查此项增支之数，事前未据呈准，似有未合，惟款经支出，似可姑准予照列，拟请提会核定，款在营业基金项下开支。至摊提筹备费部分，拟另行核办。

（决议）照会计处签拟通过。

七、据本省驿运管理处签呈，缴本处及各站警卫费二十九年度岁出概算书，月列一千七百七十四元，由十一月份起至十二月份止，两个月共三千五百四十八元，统拟在本处二十九年度营业收入管理费项下开支，请核示等情，请公决案。

（决议）照案通过，该处营业预算应赶速编报。

八、据卫生处签呈，据省立临时医院呈缴二十九年度消防用具购置费支付预算书，列支九百零七元，查属需要，请核示等情，请公决案。

（决议）照案通过，款在该院二十九年度经费节余项下开支。

九、据会计处案呈，五华县呈缴地方二十九年度岁入岁出追加概算，经照财厅签注各点及本处意见，分别修改完竣，请提会核定公布施行等情，请公决案。

（决议）照案通过。

十、据民政厅签呈，遵令拟具关于安化管理局改为设治局改进边政，以符中央法制，附缴编制预算表，每月额定一千五百五十八元，实

506

支一千二百一十八元，较之现在安化局经费月额一千二百元之数，相差无几，请核示等情，请公决案。

（决议）交郑（彦棻）、高、黄（麟书）、刘（佐人）四委员审查，由郑委员召集。

十一、据建设厅签呈，据公路处呈拟三十年度增加养路费岁入数二百零二万二千四百三十二元，及增加各项岁出经常费预算数一百五十六万六千一百二十一元八角，比对岁入增多四十五万六千三百一十元二角，拟请追列于建设事业支出科目，专备本厅所属各机关事业费之支用，请核示等情，请公决案。

（决议）交郑（彦棻）、高、黄（麟书）、刘（佐人）四委员审查，由郑委员召集。

密十二、据本省粮食管理局签呈，查筹措第二期购粮资金一千五百万元一案，除请行政院借拨七百五十万元，经奉核准由购粮监理委员会代借三百万元，饬向四行总处洽借四百五十万元外，应由省库自筹七百五十万元。此款究应如何筹拨，抑饬省银行照额垫付拨入省府购粮基金户账之处，请核夺等情，请公决案。

（决议）本府负担购粮资金总额为七百五十万元，饬省银行照额垫付拨入省府购粮基金户账。

十三、主席提议，惠阳县县长邓士采辞职照准，遗缺派黄佩伦代理，请公决案。

（决议）照案通过。

密十四、邹委员、何委员、黄委员（麟书）会复审查秘书处所拟广东省战地各县党政军机构调整实施纲要一案意见，请公决案。

（审查意见）（一）原纲要第六条第六款之后拟加入一款"县警察应依广东省战区警察处理大纲实施办法之规定编成警察队，受县长之直接指挥监督执行各项战时任务"。（二）原纲要第十一条第二、三、四各款设政治、军事，特务等股，每股设股长一人。拟将"股长"两字改为"主任"［按县各级组织纲要第三十二条乡（镇）公所设民政、警察、经济、文化四股，各股设主任一人］。同条第四款之下拟加"但丙种乡（镇）不设特务股，其事务归并军事股办理"。（三）原纲要第十五条关于补助各县动员委员会等七机关联合办公处经费。现查本年预算内对比七机关联合办公处经费科目已经删去，游击区各县补助办法仍照以前各种补助费总额予以补助。此条似可改为"省政府应就省库补助县经费总额妥为分配，另订战地各县政府经费分配标准"。（四）原纲要第十六条所称预备金额系指预算内科目之预备费数额抑指提存特别备用金数额，似应查明，确切改正。（五）原纲要第十九条地方款收入部分得于规定之税收由县体察情形办理一节。查各县税收异常复杂，关于县税捐之启征、停征与捐率之增减向交地方财务委员会审议呈厅核办，对于战区县份业已将较远之琼崖各县暂由该区专员公署先行核办后报，其余战地非远县份交通仍可联系者似应由县体察情形呈厅核办，以示限制。原条文后半段似须酌改为"由县体察情形呈厅核饬办理"。（六）原纲要第十七条拟全条删去。如不便全条删去，拟保留"战地县份地方款之支出应特别注意于省战地各县党政军机构调整后之主要工作"一段，而将"必要时得将教育建设等费之属于通常性质者酌量核减移拨"一段删去。

（决议）原纲要第十六条所称预备金额系指预算内科目之预备费。原纲要第十七条后段"必要时"以下删去。余照审查意见通过。

密十五、据本府暨有关机关驻韶职员眷属输送委员会呈，编具广东省政府暨有关机关驻韶职员眷属输送总分站经费预算表，列支国币七千三百八十二元，请饬财厅拨发等情，请公决案。

（决议）照案通过。

十六、据建设厅签呈，据公路处呈，恳转请交通部加拨改善韶兴公路路面工程费国币一百一十万元，在中央款未拨到前请饬库先垫发四十万元赶办等情，请公决案。

（决议）准由本年度建设事业支出项下照数垫拨。

广东省政府第九届委员会
第一百九十六次议事录

日　期　一月十四日

地　　点　曲江本府

出席者　李汉魂　郑彦棻　刘佐人　邹　琳　黄麟书　高　信
　　　　　黄元彬

列席者　杜之英　史延程　何剑甫　黄　雯

主　　席　李汉魂

纪　　录　（秘书）魏育怀　（参议）俞守范

报告事项

一、准广东全省保安司令部电送本部官兵因公出差旅费给与暂行规则，请查照等由。饬据会计处签称，查与军政部旅费给与暂行规则暨本府规定越南、缅甸、香港等地出差旅费暂行规则大致尚合，似可照办。至该规则第一项普通旅费中之膳宿零费及驻留日费将校尉官，核定各暂照原额增加二分之一，士兵原额一倍一节，核亦可行，拟报会后通知审计处等语，应准如拟办理。

二、据财政厅签呈，缴佛冈税务局二十九年度临时购置及搬迁费预算书，列支六十五元六角。饬据会计处签称，既据财政厅核明尚属核实，该款似可照准在二十九年度各税务局经费未支配余额项下开支等语，应准如拟办理。

三、据财政厅签呈，据连县县政府呈请核发前警卫队故兵谭成二十七年份遗族恤金。饬据会计处签称，查该故兵恤金毫券二十四元，据拟照新率伸国币六十元八角，款由二十九年度省总概算恤金项下开支，拟请照准，报会备案等语，应准如拟办理。

四、据建设厅签呈，转缴农林局东陂酒壶岭牧场建筑碉楼图则及预算书表。饬据会计处签称，书列四百七十六元三角四分，既经建设厅签称，尚属需要，复经技术室审核拟予照列，似可照准，款在该场二十九年度岁出开办临时费节余经费项下开支，仍饬将结余款返纳入库等语，应准如拟办理。

五、据建设厅签呈，转缴农林局西区林业促进指导区二十九年度追加旅费预算书。饬据会计处签称，该区二十九年度预算，原核定旅费月额八十元，现因物价高涨，交通梗塞，拟由二十九年十一月份起至十二月份止，月增一百五十元，二个月共追加三百元，既据建厅核明尚属适当，该款拟在该区二十九年度经费节余项下开支，似可照准等语，应准如拟办理。

六、据本省驿运管理处电缴二十九年度临时费支出计算书。饬据会计处签称，据呈李田站长黄志球殓葬临时费预算书列支一百零七元，既经秘书处审核该员虽未到差，在韶病故，复无亲属料理，该处代为殓葬，尚属需要等情。该款拟由该处二十九年度经费节余项下开支，似可照准等语，应准如拟办理。

七、据本省救护委员会呈缴二十九年十一月份赴连县公干出差旅费计算书类，列支六十五元三角，因办公费短少，拟在该会二十九年六月十六日至七月三十日经费节余项下开支等情。饬据会计处签称，查所派职员为委任十三级干事，所支旅费，似可照准等语，应准如拟办理。

八、据粤侨通讯处签呈，为对外宣传，请将儿教院及妇女生产团所摄影片附具特写数篇分寄国外华侨报社刊出，以为侨胞报道宣传等情。饬据会计处签称，所需邮费及影片费国币一千元，经奉核准在该处二十九年度经费节余项下开支，请报会备案后，饬补预算书呈候存转等语，应准如拟办理。

九、据本府战时通讯所呈缴二十九年八九月份及十至十二月份员役米津预算书。饬据会计处签称，查八九月份预算书共列支一百八十一元六角八分，除经拨过前电讯组米津每月五十一元，八、九两个月共一百零二元外，应增拨七十九元六角八分，又所呈十至十二月份预算书月列八十一元，三个月共二百四十三元，核尚符合，拟准照拨。饬财政厅在二十九年度追加补助各级公务员役团警米津科目项下开支等语，应准如拟办理。

讨论事项

密一、据建设厅签呈，据电池厂呈缴扩充计划书，查核大致尚合，似可准予照办。书列开办费国币六万七千零三元，内列添购工具及工场装置需款国币七千零三元拟在本厅营业基金项下拨支，其流动资金国币六万元如需要时拟在工业流动资金项下拨支，请核示等情，请公决案。

（决议）保留。

二、据建设厅签呈，缴星坪公路工程处组织规程及系统表，请察核备案等情，请公决案。

（决议）照秘书处签拟通过。①

三、据第三区行政督察专员签呈，奉准乘坐飞机赴渝受训，票价国币二千四百三十元，请发还归垫等情，请公决案。

（决议）保留。

密四、据阳春县政府呈送加工破坏公路报告表，请将经费国币六百七十七元六角二分拨还归垫等情，请公决案。

（决议）照案通过，款在三十年度建设事业支出项下开支。

密五、据会计处案呈，查驻在曲江之各机关及省立学校其经费全部由省库拨给者，公务员及职教员眷属疏散迁移准予借支旅费国币五十元一案，现经省振济会等三十六机关先后将职员请求借支眷属迁移费申请书表呈府，除书表不合规定者发还更正外，其余二十一个机关经分别核定人数共三百四十九员，应借支一万七千四百五十元。此款应否暂在三十年度省预备金科目项下开支之处，请核定等情，请公决案。

（决议）保留。

六、据会计处案呈，查曲江县地方二十九年度岁入岁出第二次追加概算收支各列为九万四千零一十元，各厅审核均无修正意见，似应准予追加，请提会核定公布施行等情，请公决案。

（决议）照案通过。

七、据会计处案呈，查合浦县地方二十九年度岁入岁出追加概算经各厅分别审核修改完竣，请提会核定公布施行等情，请公决案。

（决议）照案通过。

八、据会计处案呈，查乳源县地方二十九年度岁入岁出追加概算，经照各厅签注及本处意见修改完竣，请提会核定公布施行等情，请公决案。

（决议）照案通过。

九、据会计处案呈，查新丰县地方二十九年度岁入岁出追加概算收支各追列为二千零四十七元，经财、教两厅审核相符，似应准予追加，请提会核定公布施行等情，请公决案。

（决议）照案通过。

① 原签拟附后，现略。

十、据会计处案呈，查茂名县地方二十九年度岁入岁出追加概算收支各追列为一万七千八百四十四元，各厅审核均无意见，本处对于岁出临时门第一项第二目"出差旅费"科目，拟修改为"旅什费"，以符规定，其余尚无不当，请提会核定公布施行等情，请公决案。

（决议）照案通过。

十一、据新兴县政府呈缴二十九年度拨助兵役宣传费及旅费动员会七机关等联合办公处经费追加岁入岁出概算书，各列为一千八百二十元，请存转备案等情，请公决案。

（决议）照案通过。

十二、据本府驻渝办事处呈，为渝市物价激涨，拟自三十年度起，请求酌增本处及电台经费，暨依中央规定加给员役生活补助费，以期适应需要，请核示等情，请公决案。

（会计处签拟）查本案关于增加经费部分，经本府第一九二次委员会议，核定自三十年度起，每月增加一千元，列入省总概算在案。拟饬该处自行从新分配（经另电饬知），另编该处及电台三十年度经费预算书表呈核。至所请增给该处及电台员役生活费补助费长员月各三十元（原案每员给二十元共五十元，原案系一六一次府议核定），司机月各二十五元（原案每名月给十元共三十五元），公役月各二十五元（原案每名月给五元共三十元），查所请数额虽与本省规定不符，惟重庆物价特昂，既有中央规定可援，似可照准。据书列处台三十年度补助费合计月支一千二百七十元（年支数应为一万五千二百四十元，原书列数错误，拟代更正存转），亦尚符合，拟准照拨，款在三十年度各机关学校员役生活补助费项下开支，仍请提会核定。

（决议）照会计处签拟通过。

十三、准广东省军管区司令部函送政治部轮回训练班二十九年度经临费支付预算书，经常费由二十九年一月一日起至二月十五日止，一个半月列支一万二千一百六十二元七角五分，又延期半个月，计由二月十六日起至月底止列支三千九百五十五元五角五分，临时费一次过列支八千八百六十二元，请查照办理等由，请公决案。

（会计处签拟）现准军管区司令部转送更正该班延期一个半月（由二十九年一月一日起至二月十五日止），经常费一次过列支国币一万二

512

千一百六十二元七角五分，又延期半个月（由二十九年二月十六日起至二月底止），经常费预算一次过列支国币三千九百五十五元五角五分，所列之数，尚无不合，至临时费预算列支国币八千八百六十二元，其中第六项所列之结束费一千三百五十元，拟饬在本府前次核拨前军训处之该班结束费预算额内支用（该款仍请军管区司令部就近转饬前军训处长遵照查案移交），所列之数，拟予删去外，核实后经临两费一次过列支国币二万三千六百三十元三角，该款似可准在社训经费节余项下开支抵解，并照原科目追列预算，仍请提会核定。

（决议）照会计处签拟通过。

十四、据教育厅呈，转缴本厅中小学教师服务团二十九年搭棚及搬迁费预算书，列支六千六百零七元八角一分，拟由该团二十八年度开办费结余三千三百三十五元五角三分及经常费结存六十八元，共三千四百零三元五角三分拨支外，仍差三千二百零四元二角八分，请由二十九年度经常费结存项下拨支等情，请公决案。

（会计处签拟）此项建筑棚厂及搬迁费六千六百零七元八角一分，经教育厅查明预算单价图则等尚属核实，似可准在二十九年度省总概算岁出经常门临时部分教育及文化支出项下追列教师服务团迁建临时费三千四百零三元五角三分，以该团二十八年度开办费结余三千三百三十五元五角三分及同年度经常费结存六十八元共三千四百零三元五角三分解库抵领，并在二十九年度省总概算岁入经常门临时部分其他收入项下照数追加各机关经费节余解库款除抵领外，尚不敷之数三千二百零四元二角八分，准在该团二十九年度经常费结存项下开支，仍请提会核定。

（决议）照会计处签拟通过。

十五、据本省战时贸易管理处呈缴本处专员兼香港办事处总务股股长陈世钦履历表件，请赐核委等情，请公决案。

（决议）照案通过。

十六、据秘书处案呈，查开平县民谭寿田等因破坏车站桥梁事件，不服开平县政府责令赔偿损害之处分，提起诉讼一案，经审查完竣，作成决定书，请提会核定等情，请公决案。

（决议）照决定书通过。

十七、据财政厅签呈，拟订广东省各县征收屠宰税章程草案，请核示等情，请公决案。

（决议）照秘书处签拟通过。①

十八、委员兼教育厅长提议，省立琼崖联合中学校长蔡士亮迭请辞职，应予照准，遗缺拟以詹行烷接充；东江临时中学校长黄佩伦别有所任用，遗缺拟以张道隆接充；罗定中学校长陈伯宣拟饬另候任用，遗缺拟以谢茂澜接充。检具各该员履历表，请公决案。

（决议）照案通过。

十九、据曲江县政府呈，为奉谕加强县城警察组织，将省警调充外围，遵拟办法六项，请每月拨助国币二千元等情，请公决案。

（决议）准照额补助半年，款在三十年度省总概算实施新县制经费补助款科目内开支，所拟办法交民政厅核办。

临时动议

据会议计签称，查三十年度省地方总概算，现经依照审查意见及会议修正各点整理完竣，计岁入总额六千零五十四万零三十三元，岁出总额除预备金外，为五千八百二十五万一千五百二十五元，而预备金一项，依法定比率只可列一百七十万元，是岁入仍有盈余约六十万元，兹拟将岁入原列省贸易处盈利解库款二百五十一万八千三百九十八元一项，减去六十万元，如此整理结果，岁入岁出总额各为五千九百九十四万零三十三元，请提会决定等情，请公决案。

（决议）照案通过。

广东省政府第九届委员会
第一百九十七次议事录

日　期　一月十七日

地　点　曲江本府

出席者　李汉魂　刘佐人　郑彦棻　邹　琳　黄元彬　高　信

---

① 原签拟附后，现略。

黄麟书

列席者 杜之英　史延程　何剑甫　黄　雯

主　席 李汉魂

纪　录 （秘书）魏育怀　（参议）俞守范

报告事项

一、据财政厅签呈，转缴云浮税务局迁移修缮费支付预算书，列支四十二元。饬据会计处签称，既经财厅查核尚属需要，该款拟在该局二十九年度节余经费开支，似可照准等语，应准如拟办理。

二、据建设厅签呈，缴农林局北区林业促进指导区二十九年度十一、十二月份追加旅费预算书。饬据会计处签称，查该区经费预算书原定月支旅费八十元，近因物价飞涨，交通梗塞，拟由十一月起至十二月止，增旅费二百元，两个月共四百元，既经建厅声称尚属实情，该款拟在该区二十九年度节余经费项下开支，似可照准等语，应准如拟办理。

三、据会计处签呈，本处经常费及视察查账经费拟在同门各科目中互相流用，查与预算法规定尚无抵触，请核准，并报会等情，应准如拟办理。

四、据省振济会呈缴技工养成所二十九年度下半年学生棉衣预算书。饬据会计处签称，该所制发棉衣为学生御寒之用，尚属需要，计学生三百名，棉衣每件三元八角，预算书列支二千四百九十元，核数相符，拟准照列，款由该会在振款项下拨付等语，应准如拟办理。

五、据本府驻渝办事处呈缴本处二十九年夏季公役服装费支出计算书类，列支二百七十元。饬据会计处签称，既经自筹来源，由该处二十九年度经费节余项下开支，核亦尚无不合，似可照准等语，应准如拟办理。

密六、据本府驿运管理处呈缴本处职员请求借支眷属迁移旅费总表及申请书，计共借支眷属迁移费者二十二人，共国币一千一百元，暂在本处营业基金项下拨借等情。饬据会计处签称，经核明尚无不合，似可准予备案等语，应准如拟办理。

七、据第×战区挺进第×纵队部呈报，该部自卫第一大队击毙汉奸赵××一名，检同证据，请予给奖等情。饬据秘书、会计两处签拟，比照修正广东省捕杀敌伪组织官员奖励办法规定，酌给奖金一百元，该款拟在三十年度省总概算奖赏金项下开支等语，应准如拟办理。

八、据建设厅签呈，据公路处呈缴第一养路队架设三江队部电话工料费支付预算书表，列支八十四元四角，请准在九月份经费节存一千一百六十八元八角三分项下拨支，查核尚属需要，似可照准等情。饬据会计处签称，拟由三十年度省总概算岁出经常门临时部分经济及建设支出款下追列补拨公路处临时费，以该部二十九年度九月份经费节余项下抵解，一面追列三十年度岁入经常门临时部分其他收入各机关节余解库款科目等语，应准如拟办理。

密九、据第七区行政督察专员电报，该区茂化、茂电、茂春三电话专线通讯中继所八所分设地点于本年一月一日成立，开始工作等情。饬据会计处签称，应准备案。至本府第一五九次会议核定自二十九年九月份起支之各该所经常费自应改自三十年一月一日各该所成立之日起支。如该项经常费经已具领，应由第八区专署转饬返纳省库核收具复等语，应准如拟办理。

密十、据阳山县政府呈缴二十九年奉令构筑本县外围阵地征集民工伙食暨员兵出差旅费支付预算书类，列支三百五十九元零四分。饬据会计处签称，书列各数经建厅核无不合，本处复核原书列支之征集民工伙食费一百二十一元尚属需要，列数亦合，似可准在三十年度建设事业支出科目开支拨还归垫。至列支之员兵出差旅费二百三十八元零四分似未便由省库负担，拟饬在该县地方款项下指款拨支。至该项工事构筑计划，似可姑准免缴驻军验证等语，应准如拟办理。

密十一、据本府战时通讯所电缴无线电清远分台遭受空袭损害员役财物被毁清册。饬据秘书、会计两处签拟，依照本省公务员雇员公役遭受空袭损害暂行救济办法规定核给高汉荣、林日芝、黄令萤、高泮初救济费各六十元，何蒙、冯桂春、雷行、王然、冯壮家、冯烈、黎权救济费各三十元，该款合共四百五十元，拟在三十年度省总概算救济费项下开支等语，应准如拟办理。

讨论事项

一、邹委员函复审查广东省战时贸易管理处所拟广东省战时桂类统销补充办法六项一案意见，请公决案。①

（决议）照审查意见通过。

二、据民政厅签呈，拟订广东省禁酒暂行办法施行细则草案，请核定通行遵照等情，请公决案。

（决议）交黄委员（元彬）审查。

三、据财政厅签呈，缴二十九年度购置卡车临时费支付预算书，共列八万五千元，该款拟在本厅二十九年度各税务局所站经费未支配余额项下开支，请核示等情，请公决案。

（决议）照案通过。

四、据教育厅签呈，据省立岭东商业职业学校呈缴接收省立东江临时中学校具搬运费支付预算书，列支四百二十九元五角，查核各数尚属核实，所需费用，拟准在该校二十八年度经费节余项下拨支，请核示等情，请公决案。②

（决议）照会计处签拟通过。

密五、据建设厅签呈，据农林局呈复，遵令修订东韩两江水源林营造计划书及预算书，请核示等情，请公决案。

六、据建设厅签呈，缴公路处改善韶兴公路向商车借款章程借约式样借款利息预算书，该项借款利息费二万四千元，拟在工程费节余项下开支，请核示等情，请公决案。

（决议）准予酌借，利息在工程费节余项下开支。

七、据建设厅签呈，据合作事业管理处呈缴二十九年度手册书表印刷费概算书，列支八千九百四十四元，拟在本处二十九年度经常费节余项下开支，请核示等情，请公决案。

（决议）照案通过，余款解库，分别追列本年度预算。

密八、据建设厅呈，请迅拨南龙、官渡两河渡车船共三艘建造费八千一百六十三元二角一分，以应工程急需等情，请公决案。

（决议）准先照数拨付，款在三十年度建设事业支出项下开支，着补缴预算图则呈核。

---

① 审查意见略。

② 会计处签拟略。

密九、据本省粮食管理局呈，据北江运输所呈缴二十九年度开办费支付预算书，列支二千五百六十四元六角，查属需要，请核示等情，请公决案。

（决议）照案通过，款在该局救济米荒基金项下开支。

十、据本省战时政工总队部呈缴二十九年度各项临时费支付预算书，列支四千三百一十九元二角，款在本总队全部经常费节余项下拨支等情，请公决案。

（决议）照案通过，余款解库，分别追列本年度预算。

十一、据第五区行政督察专员呈，转缴潮阳县政府故员郑俊民请恤事实表，请核示等情，请公决案。

（会计处签拟）查郑俊民一次过恤金八十元，年抚金五十元，以给至十年为限，既经秘书处签奉核定该一次过恤金八十元，拟在三十年度省总概算恤金项下开支，年抚金每年五十元，拟由三十一年度起至四十年度止，每年列入省总概算，请提会核定。

（决议）照会计处签拟通过。

十二、据第四、六行政督察区交通管理联合办事处呈，缴二十九年度十二月份追加经费预算书，计月增三百六十五元，请核示等情，请公决案。

（会计处签拟）据呈追加预算书列十二月份三百六十五元，似尚属适当，该款拟由三十年度省预备金项下补发开支，三十年度全年四千三百八十元拟由三十年度省预备金项下开支，请提会核定。

（决议）照会计处签拟通过。

十三、据新会县政府呈，缴县属三江乡战役战地守土人民薛根求、薛国安、赵协、赵章等请恤事实表，请转呈核恤等情，请公决案。

（会计处签拟）查薛根求一次过恤金六十元，年抚金三十五元；薛国安、赵协、赵章等三名各给一次过恤金四十元，年抚金三十元，统以给至五年为限，既经秘书处签奉核定该一次过恤金一百八十元，拟由三十年度省总概算恤金项下开支，年抚金每年共一百二十五元，拟由三十一年度起至三十五年度止，每年列入省总概算，请提会核定。

（决议）照会计处签拟通过。

密十四、据连平县政府电复，遵饬征雇石工点交六十三军工兵营配用，惟石工伙食无法拨付，请先拨款三百元应支等情，请公决案。

518

（决议）照案通过，款在三十年度建设事业支出项下开支。

十五、准广东省军管区司令部电，据清远县国民兵团呈缴各役抗战伤亡自卫团团员李榕成等五十一员请恤事实表，请依照人民守土伤亡抚恤实施办法之规定办理等由，请公决案。

（秘书处签拟）（一）查抗战亡故人员李榕成、欧志恒、高洪、徐耀、陈坤、邹二九、徐星、徐全、汤楷、曾华、曾泰、曾鉴衡、曾均钊、曾坚、李明、李图基、曾信尧、曾运九、曾锡然、唐木光、张才等二十一员核与战地守土奖励条例第一条第三款及人民守土伤亡抚恤实施办法第三条第四款规定事实相符，拟依照上项抚恤实施办法第四条第一项第一款及第八条第一款规定，给与各亡故人员遗族一次恤金八十元，及年抚金五十元，其年抚金均给与十年为止，并拟先交会计处办理法案手续，再填发恤令。（二）查人民守土伤亡抚恤实施办法第四条第二项规定：伤等按照陆军平战时抚恤暂行条例第十三条之规定检定。兹查该条例第十三条所列一、二、三各等伤，均举有一定标准，惟现核原缴抗敌受伤人员李辉权等三十员请恤表内虽填有几等伤字样，但其负伤现状，未据注明上述条例所定伤等标准，定伤等是否适当，无从审核，且鉴定医生是否合法院所医生，亦未填明，拟将原表发还指饬查明分别更正，再呈核办。

（会计处签拟）查上列伤亡团员李榕成等二十员，系于二十七年十一月间抗战伤亡，唐木光一员，系于二十八年四月间抗战伤亡，是项恤金，依理似应由各该员伤亡年份起给，而年恤金则在是年起支，本案因其请恤表最近始据呈府，故办理较迟，现上项恤金拟共需一次过一千六百八十元，拟由三十年度起给，款在三十年度省岁出总概算恤金科目开支。其年抚金共年需一千五百元，自三十一年度起，按年列入预算拨支，仍请提会核定。至所报该两战役受伤人员李辉权等请恤表，似可准如本府秘书处核议意见发还补注明白，再行呈核。

（决议）照秘书、会计两处签拟通过。

密十六、据本省粮食管理局呈，补缴增建曲江县属河边厂粮仓四座建筑费支付概算书，列支一万五千六百八十一元八角，款由本省购粮基金项下开支，请察核备案等情，请公决案。

（会计处签拟）该项粮仓工程费共国币一万五千六百八十一元八

角，此项支出原系救济米荒基金运用上增置资产支出，在其基金预算未呈核前，拟姑饬列入预算再呈核定，款由本省救济米荒基金项下开支，请提会核定。

（决议）照会计处签拟通过。

十七、据教育厅签呈，缴二十九年度印发短期小学课本支出预算书及追加岁入预算书，计追加岁入及支出各列为三万一千九百三十一元八角三分，由核定停发之番禺等十县市二十八年底以前之义教补助费保留款拨支，请核示等情，请公决案。

（会计处签拟）查所编支付预算书及追加岁入预算书，各列三万一千九百三十一元八角三分，核与散数尚无不合，惟现在已届三十年度，拟准在三十年度省总概算岁出经常门临时部分教育及文化支出款下追列短期小学课本印发费，以该厅二十八年度以前补助番禺等十县市义教费保留款解库抵领，并在三十年度岁入经常门临时部分其他收入项下追加各机关经费节余解库款，仍提会核定。

（决议）照会计处签拟通过。

密十八、据财政厅报告，奉饬预拨第二区保安司令部工事、伙食费一万元，经以暂付款电饬连县分金库垫拨。究应在何款目开支，请核定饬等情，请公决案。

（决议）款在三十年度建设事业支出项下开支，着补具预算书计划图表呈核。

十九、据会计处案呈，查仁化县地方二十九年度岁入岁出第二次追加概算，经照民财两厅意见，分别改正，应各追列为八千九百零四元，请提会核定公布施行等情，请公决案。

（决议）照案通过。

密二十、据第七区行政督察专员电缴二十九年架设茂东化遂电话专线工料费预算书，列支四万七千七百一十八元六角，比前核定计增加三千六百一十元零二角，请核示等情，请公决案。

（决议）照案通过，款在三十年度建设事业支出项下开支。

二十一、据卫生处签呈，为拟在五十万元药物未到齐前，先将各项药物酌定价格，以备各机关学校备价领用等情，请公决案。

（会计处签拟）（一）原签呈第一项关于价领药物加收运费、汇费、

520

关税及消耗等附带成本之规定，拟分别二十八年度购入者，加收百分之五十，又二十九年度购入者，加收百分之二十五至三十，对于计算及稽核上，似欠妥善，现在药物尚未运到齐全，此项加收率不过系属估计数，拟从宽规定，一律加五计算，以归简便。（二）药物价款原系以港币购入者，当时汇率为港币一元折合国币三元四角三分五厘，现原签呈称拟定计算比三五，即国币一元值港币二角五分等语。所称显属前后不符，想有错误，近数月后，港汇价格约港币一元值国币四元五角左右，则参衡事实，似可改将此项药物价格照原港纸购价提至港纸一元合国币四元五角之比率计算。（三）查西药品年来日渐涨价，其照原购价增涨部分，业已不另予计算，则价领机关所得药物，已远廉于市沽上，二项所拟加收运汇费损耗及汇率计算之率，虽或非从最低限度计算，亦已不失购药贮备公用之目的，但事实上，则（一）项加收之款，或超过实际所需；（二）项汇价计算，已显有一十五万一千九百八十二元零一分之溢款（系汇价较前增涨所致），此种款项，应俟将来总清结计算时，悉数归返省库，故对于：（1）现在截至某时期止运到药物，嗣后陆续运到药物品名、数量、原价、存放地点及运费汇费等实支数各清册；（2）各机关学校价领药物品名、数量、缴价之每月报告；（3）各药库贮存拨出价领药物品名、数量、原价等，每月报告等项，应饬卫生处妥拟表报办法，切实督饬报核。

（决议）照会计处签拟通过。

二十二、郑委员（彦棻）、高委员、黄委员（麟书）、刘委员（佐人）会复审查建设厅签呈，据公路处呈，拟三十年度增加养路费岁入数二百零二万二千四百三十二元及增加各项岁出经常费预算数一百五十六万六千一百二十一元八角，比对岁入增多四十五万六千三百一十元二角，拟请追列于建设事业支出科目专备本厅所属各机关事业费之支用一案意见，请公决案。

（决议）照审查意见修正通过。

修正之点如下：审查意见第二项路工生活补助费改为每人每月发给十四元。韶兴路连平以东之路工。特另加十元，以资弥补。

二十三、据教育厅呈缴第二科科长李秋谷荐委表，请赐核委等情，请公决案。

（决议）照派代理，仍须补缴表件呈核。

广东省政府第九届委员会
第一百九十八次议事录

日　期　一月二十一日

地　点　曲江本府

出席者　李汉魂　邹　琳　郑彦棻　黄麟书　胡铭藻　刘佐人

列席者　杜之英　李仲仁　黄　雯　何剑甫

主　席　李汉魂

纪　录　（秘书）魏育怀　（参议）俞守范

报告事项

一、奉行政院令复，据送该省处理逾期未领土地权利书状暂行办法各规定，如确有订定之必要，应于该省土地登记施行细则中第二十四条后妥为增列，咨报内政部转呈核定，毋庸另订单行办法，以免纷歧。原拟逾期加收书状费额标准，亦嫌过重，应改为逾期一月者，加收百分之十，逾期一月以上二月以内者，加收百分之二十，余依此类推，仰遵照等因，应饬地政局遵办具报后转咨内政部核办。

二、准第×战区司令长官司令部编纂委员会函送二十八年十月本会陆委员由渝来韶旅费支付预算书，列支二百零四元二角，请查照办理等由。饬据会计处签称，既经长官部核准，该款拟在三十年度省总概算岁出经常门临时部分协助支出款下追列补拨×战区编纂会二十八年度临时费项下开支，以该会二十八年度节余经费抵解，一面追列三十年度省总概算岁入经常门临时部分其他收入各机关节余经费解库款科目等语，应准如拟办理。

三、准广东全省保安司令部电，送保八团通讯排上士班长张石桂因公殉命甲乙种恤金给予表。饬据秘书、会计两处签拟，依照广东全省保安人员抚恤规程规定，给与一次过恤金八十元，在三十年度省地方岁出概算恤金科目开支，并给与年抚金四十元，以给与五年为限，自三十一年起，按年列入省概算拨支等语，应准如拟办理。

四、据本府战时通讯所签呈，据本所装修厂呈缴本年十二月份临时购置费支付预算书，列支三十二元四角，拟在该所二十九年度俸薪节余项下开支等情。饬据会计处签称，既经核明尚属需要，数亦相符，该款拟在三十年度省总概算岁出经常门临时部分行政支出款下追加补拨二十九年度电讯临时费项下科目，以该所二十九年度俸薪节余抵解，一面追列三十年度省总概算岁入经常门临时部分其他收入款下各机关经费节余解库款科目等语，应准如拟办理。

五、据本府警卫营呈缴三十年度支出步号费计算书，列支一百七十二元二角，请发还归垫等情。饬据会计处签称，该款为数无多，似可准在该营三十年度经费撙节开支等语，应准如拟办理。

六、据财政厅签呈，缴新会等各税务局办理沙田员役二十九年五至九月份米津预算书。饬据会计处签称，书列月支一百一十四元，五个月共列支五百七十元，核尚符合，拟准照拨，饬财政厅在二十九年度补助各级公务员役团警米津项下开支等语，应准如拟办理。

七、据建设厅签呈，缴合作事业管理处二十九年度九月份员役米津预算书，及呈明人数不符缘由，系因该处各指导人员及办事员等初由干训团毕业，一律以委任十四级分别派充所致。饬据会计处签称，据呈不符缘由与案尚符，书列九月份米津共五百八十五元，拟准照拨，款在二十九年度补助各级公务员役团警米津项下开支等语，应准如拟办理。

八、据建设厅签呈，缴本厅二十九年度十至十二月份员役米津预算书册。饬据会计处签称，书列月支六百七十八元，三个月共支二千零三十四元，核尚符合，拟准照拨，饬财政厅在三十年度各机关学校员役生活补助费项下开支，饬据实支报等语，应准如拟办理。

密九、据本省粮食管理局呈缴南路米粮运销委员会二十九年十至十二月份员役米津支付预算书册。饬据会计处签称，月列四十七元，三个月共列一百四十一元，核数相符，拟准照列，款由该会所存购粮基金项下拨支等语，应准如拟办理。

讨论事项

一、据民政厅签呈，缴更正本厅二十九年度视察陈铁樵奉派赴渝出席国民教育会议出差旅费支付预算书，列支七百八十五元七角二分，该款并改由本厅二十九年度视察经费项下列支，请察核办理等情，请公决案。①

（决议）照会计处签拟通过。

二、据教育厅签呈，据省立汕尾水产职业学校呈缴二十九年度第一学期增加班额修缮及设备临时费支付预算书，列支三千三百一十五元，查尚核实，该款拟请准在二十九年度教育文化费国内外各地留学生经费项下拨支，请核示等情，请公决案。

（会计处签拟）查该校原有校具不敷应用，尚属实情，预算列支各数，亦尚核实，似可准在二十九年度教育及文化费内国内外各地留学生经费项下开支。惟现在已届三十年度，拟以各机关以前年度经费节余款科目追列三十年度岁入概算，以补拨省立汕尾水产职业学校临时费科目追列三十年度岁出概算，饬办理抵解手续，以清款目，仍请提会核定。

（决议）照会计处签拟通过。

三、据教育厅签呈，据省立韩山师范学校呈缴二十九年度上学期增班设备费临时支付预算书，列支二千零八十元，又建筑膳厅等临时支出预算书，列支二千五百八十元，两共四千六百六十元，拟请准予如数追加二十九年度各学校及教育机关临时费，并将该校二十六、七、八年度经费结余合计五千八百六十三元五角二分追列岁入，除抵领抵解外，所有抵领后余额，即饬连同收存学费解库，以清手续等情，请公决案。

（会计处签拟）该校原呈所称各节，尚属需要，预算列支各数，亦尚核实，拟在该校二十六年、二十七年及二十八年结余经费共五千八百六十三元五角二分内开支，似可照准。惟现在已届三十年度，拟将前项结余款五千八百六十三元五角二分，以各机关以前年度经费节余款科目追列三十年度岁入概算，以补拨省立韩山师范学校临时费科目追列三十年度岁出概算，饬办理抵解手续，抵解后尚有余额一千二百零三元五角二分，拟列入三十年度省预备金科目，仍提会核定。至该校收存学费，拟饬专案报解。

（决议）照会计处签拟通过。

四、准广东省军管区司令部电，关于各县初次壮丁调查办公费及书

---

① 会计处签拟略。

簿表册等费，倘依照贵府规定编造预算，恐多费时日，请变通办法，按照规定数目先行拨发各县应用，然后限七日内补造预算书呈核，以资迅捷等由，请公决案。

（会计处签拟）似可照予所请变通办理，关于应发各县初次壮丁调查办公费，拟饬财政厅按照规定数额先行拨发各县备用，款在三十年度省预备金项下动支，仍饬补呈预算候核。至各县办理兵役应备书册表簿费，系按各县人口比算，目前尚无确数可资依据发给，此款拟仍饬各县迅编预算呈核，再凭核发。

（决议）照会计处签拟通过。

五、据民政厅签呈，缴本厅三十年度第一、二、三期视察各县警政临时费支付预算书，列支一千七百四十元，请提会核定等情，请公决案。①

（决议）照会计处签拟通过。

六、据建设厅签呈，据公路处呈缴修理大江河渡车船三艘工程预算书表，列支二千零七十七元三角五分，查核尚属需要，似可准予照列，请指款拨给归垫等情，请公决案。

（决议）照案通过，款在本年度建设事业支出项下开支。

七、据建设厅签呈，据西江船务所呈缴二十九年度岁入岁出预算书表，计岁入列全年度船务【费】四千二百元。岁出列原核定一月至七月份经费每月一百六十三元，八月至十二月份照增加经费数额，每月二百零七元，全年度列支二千四百九十一元。查核尚无不合，与案亦符，似可准予照列，请核示等情，请公决案。

（会计处签拟）似可照准，上项岁出岁入预算，除岁出部分经列入二十九年度省总概算外，其岁入部分四千二百元，拟在二十九年度省总概算岁入经常门常时部分课税收入款下追列船税科目，仍请提会核定。

（决议）照会计处签拟通过。

密八、据省振济会呈缴本会二十九年度在连后方办公修葺费支付预算书表，列支二千三百二十九元四角，除奉发应领本会员役六十三名修葺费六百三十元外，尚不敷一千六百九十九元四角，拟在粤北振济工作

---

① 会计处签拟略。

总队移交本会结余款项下拨支归垫，请核示等情，请公决案。

（决议）照会计处签拟通过。

九、据本省战时贸易管理监察委员会呈，为二十九年十月及十一月份添购汽油计支付过汽油费五百七十九元，该款拟在职会节余经费项下开支等情，请公决案。

（决议）照案通过。

十、据本省驿运管理处签呈，缴本处招募常备运夫队二十九年度招募费概算书，列支一万四千四百元，拟在本处营业基金项下拨支等情，请公决案。

（决议）照案通过。

十一、据秘书处签呈，缴二十八年度各电讯机关临时费支付预算书，列支一万九千六百二十元七角，请核示等情，请公决案。

（会计处签拟）查该处所缴预算书，列支各电讯机关临时费国币一万九千六百二十元七角，既据呈明经将用途补注明白，核无不合，该款拟在三十年度省总概算岁出经常门临时部分经济及建设支出款下追列补拨本府各电讯机关临时费科目拨支，由该处在吴前任移交无线电交通网开办费节余款抵解，追列岁出，一面追列三十年度省总概算岁入经常门临时部分其他收入各机关经费节余解库款科目，仍请提会核定。

（决议）照会计处签拟通过。

十二、据本省战时政治工作总队部呈缴广东省战时政治工作总队部动员剧团二十九年度六月至十二月编制预算表，暨分配表，及组织大纲，请察核备案。至所有经费，则在本总队经费节余项下拨支等情，请公决案。

（会计处签拟）据呈该部动员剧团组织大纲，经由秘书处核拟意见：第三条"省府后方"改为"广东省政府驻韶通讯处"，又第十条应改为"本大纲呈奉广东省政府核准施行"，其余尚无不合等语。至二十九年度该剧团经费预算书列支三千九百五十元，拟在该总队经费节余项下拨支，事前未经呈准，本有未合，惟该款既经支出，姑准由三十年度省总概算岁出经常门临时部分普通补助及协助支出款下追列，补拨二十九年度动员剧团经费科目，以二十九年度政工队部经费节余抵解，一面追列三十年度省总概算岁入经常门临时部分其他收入款下各机关经费节余解库款科目，请一并提会核定。

（决议）照会计处签拟通过。

十三、据本府战时通讯所呈缴前电讯组二十九年一月至七月份价让各机关电讯器材价款表，共计一万四千一百二十二元四角六分，请提会追认等情，请公决案。

（会计处签拟）据呈价让各机关电讯器材价款表合计列一万四千一百二十二元四角六分，数目尚属确实，该款拟在三十年度省总概算内一面追列岁入经常门临时部分其他收入款价让各机关电讯器材收入科目，一面追列岁出经常门常时部分预备金科目，请提会核定。

（决议）照会计处签拟通过。

密十四、据阳山县政府呈缴奉令构筑县城附近金星顶至花鸡咀防御工事预算计算书类，列支一千四百六十四元，请饬库拨发归垫等情，请公决案。

（会计处签拟）据呈预算书图表既经建设厅核明尚无不合，本处复核亦符，其原列之征集民工伙食费国币一千二百三十四元八角似可准在三十年度建设事业支出科目开支拨还归垫，仍请提会核定。至所列之保甲长及员兵监督茶水费及购置器材费共国币二百二十九元二角，似未便由省库负担，拟饬在该县地方款项下指款开支。关于是项工程据称系由第二区保安司令部派员到县督办认为适合，其应缴驻军验证既无法取得，似可准予免缴。

（决议）照会计处签拟通过。

十五、据会计处案呈，查梅县地方二十九年度岁入岁出追加概算，经依照财厅签注将原概算书修改完竣，请提会核定公布施行等情，请公决案。

（决议）照案通过。

十六、据会计处案呈，查梅菉管理局二十九年度岁入岁出追加概算，经依照财厅签注各点及本处意见分别修改完竣，请提会核定公布施行等情，请公决案。

（决议）照案通过。

十七、据秘书处案呈，查新兴县民陈木庆为购运谷石事件不服新兴县政府之处分，提起诉愿一案，现经审查完竣，作成决定书，请提会核

527

定等情，请公决案。

（决议）照决定书通过。

十八、主席提议，乳源县县长陈荣魁辞职照准，遗缺派刘德闻代理，请公决案。

（决议）照案通过。

十九、委员兼教育厅长提议，拟调本厅视导员詹昭清代理省立金山中学校校长，检同该员履历，请公决案。

（决议）照案通过。

广东省政府第九届委员会
第一百九十九次议事录

日　期　一月二十四日
地　点　曲江本府
出席者　李汉魂　邹　琳　郑彦棻　胡铭藻　黄麟书　黄元彬
　　　　刘佐人　高　信
列席者　杜之英　何剑甫　伍崇厚
主　席　李汉魂
纪　录　（秘书）魏育怀　（参议）俞守范

报告事项

一、据教育厅签呈，拟在学校会计人员薪俸项下开支分发来厅服务各会计班毕业学员薪俸四百九十三元九角九分，暨拟将学校会计人员薪俸结余款作专款拨存公库等情。饬据会计处签称，既据该厅以该员等生活费不敷维持，尚属实情，似可准照分发，原案核定薪级，在该厅二十九年度所属学校会计人员薪俸项下开支，惟现已届三十年度，拟以各机关以前年度经费节余款科目追列三十年度岁入概算，以补拨各学校会计人员薪俸科目追列三十年度岁出概算，饬将原核定二十九年度该厅所属学校会计人员薪俸四千一百六十二元五角解库抵领，抵领差额，即解库

528

款三千六百六十八元五角一分，应追列入三十年度省预备金等语，应准如拟办理。

二、据建设厅签呈，据公路处转报养路队木工何振中、伙夫袁镜凤二名积劳病故，拟具抚恤办法，附呈证明书预算书，请核示等情。饬据秘书、会计两处签拟，准照战时公路员工伤亡抚恤暂行规程规定，给故木工何振中遗妻一次过国币五十一元，故伙夫袁镜凤遗妻一次过国币四十二元为丧葬费，计共九十三元，拟在三十年度恤金项下支拨。另分别发二十九年十一月全月份故工何振中工资国币十七元，故伙夫袁镜凤十四元，共计三十一元，拟饬分别在各该队原经费项下开支等语，应准如拟办理。

三、据卫生处签呈，转缴第二补助医院搬迁公物临时费预算书。饬据会计处签称，似属需要，此项迁移费列支一百六十二元拟准以各机关以前年度经费节余款科目追列三十年度岁入概算，以补拨第二补助医院搬运临时费科目追列三十年度岁入概算，饬将该院二十九年十二有〔月〕份经费节余款办理抵解手续等语，应准如拟办理。

四、据本省粮食管理局呈缴购入湘谷、熟米、齐米、机米成本计算表，计每市担成本谷一十二元四角一分三厘，熟米二十一元零五分五厘，齐米一十九元五角五分六厘，机米二十二元四角五分。饬据会计处签称，查计算表所订每市担销售价格，现经加入业务摊提折旧管理等费在内，并据饬属遵照配销，暨分呈有案，请报会后令复准予备查等语，应准如拟办理。

五、据本省粮食管理局呈，据驻湘购粮办事处呈缴追加开办费预算书表。饬据会计处签称，查书列追加开办费三百九十四元九角，经粮管局核明尚属需要，核数亦符，拟准照数追加，款在购粮基金项下开支等语，应准如拟办理。

六、据省振济会呈缴本会第一、二、三区医疗队迁运费支付预算书及第四医疗队临时费支付预算书，饬据会计处签称，本卫生第一队迁运费列一百零九元六角，第二队一百七十一元六角，第三队一百八十元二角，第四队临时费列一十五元二角，合共列支四百七十六元六角，既经振济会核明各数尚无不合，拟准照列，款由该会在振款项下拨支等语，应准如拟办理。

七、据本府驻渝办事处呈称，该处股员李若文因病，由处垫支医药费用，无力偿还，请在该处经费节余项下拨给医药费二百元等情。饬据秘书、会计两处签拟，比照战时公务员因公受伤核给医药费暂行办法规定，按其三个月俸给共一百六十元拨给，款在三十年度省总概算岁出经常门临时部分行政支出款下追列补拨本府驻渝办事处临时费科目，以该处二十九年度经费节余项下抵解，一面追列三十年度省总概算岁入经常门临时部分其他收入款下各机关节余经费解库款科目等语，应准如拟办理。

八、准第×战区司令长官司令部编纂委员会函送二十九年度十月份至十二月份员役米津预算书册。饬据会计处签称，书列月支九十六元，三个月共支二百八十八元，核尚符合，拟准照拨，惟现已届三十年度，拟饬财政厅在三十年度各机关学校员役生活补助费项下开支等语，应准如拟办理。

九、据省振济会呈，据机工养成所呈缴二十九年九至十二月份员役米津预算书册。饬据会计处签称，月列一百八十四元，四个月共列七百三十六元，核数相符，拟准照数列支，款由振济会在赈款项下拨付等语，应准如拟办理。

十、据建设厅签呈，据农林局呈缴该局暨各县农业指导工作站二十九年度十至十二月份员役米津预算书册。饬据会计处签称，该局月列米津三百六十三元，三个月共列一千零八十九元，核尚符合。又各县农业指导工作站月列七百九十五元，三个月共列二千三百八十五元，米贵区增列部分亦尚符合，两款合计三千四百七十四元，拟准照发，款在三十年度各机关学校员役生活补助费项下开支等语，应准如拟办理。

十一、据本府南路行署呈缴该署电讯室台班二十九年八至十二月份员役米津预算书册。饬据会计处签称，查八九月份每月列支九十元，核较原核定七月份数额每月减少一十五元，八、九两个月共三十元，拟饬返纳库收，原书册存转。又十至十二月份书列月支九十元，三个月共二百七十元，核尚符合，拟准照拨，款在三十年度调整机构补助公务员生活费项下开支，书册列空额，拟并饬实支实报，将余款汇案返纳等语，应准如拟办理。

十二、据第四、六行政督察区交通管理联合办事处呈缴本处二十九年十至十二月份员役米津预算书册饬据会计处签称，书列月支五十四元，三个月共列一百六十二元，核与米贵地区增给米津之规定尚符，拟准照拨，款在三十年度调整机构补助公务员生活费项下开支等语，应准如拟办理。

讨论事项

一、据财政厅、会计处会签，查省库三十年度省总概算列"补助各县款"一百二十四万元，除应补助全省各县局经费总额六十五万六千六百七十七元九角四分外，尚余五十八万三千三百二十二元零六分，似可保留为补助实施新县制后特殊贫瘠县份之用。谨将三十年省库应补助各县局补助款，开列清表，请核定。将来审核各县局三十年度概算时，关于省库补助部分，除在省预算立目补助者外，均照此数额列入。请核示等情，请公决案。

（决议）交郑（彦棻）、黄（麟书）、高三委员审查，由郑委员召集。

二、据建设厅签呈，缴广东省战时长途电话管理所话务员工服务细则草案，请核示等情，请公决案。

（决议）照秘书处签拟通过。①

密三、据秘书处签呈，拟于黄岗山阳辟一防空洞，约需国币一万九千元，应否兴筑，又如何拨款，请提会核定施行等情，请公决案。

（决议）照案通过。款在三十年度建设事业支出项下开支。

四、据建设厅签呈，据公路处呈缴修正官渡渡口码头及渡车船工程费预算书表，列支修理官渡渡口码头工程费八百二十一元二角，渡车船工程费四百三十一元二角，请拨款径发该处办理等情，请公决案。

（决议）照案通过，款在三十年度建设事业支出项下开支。

五、据教育厅签呈，据省立罗定中学呈缴二十九年度增班临时费预算书，列支二千二百一十元，所请准在该校二十九年度上学期初中学费项下开支，拟予照准。其不敷之数八百四十元，并拟准由二十九年度教育文化费岁出概算第五项国内外各地留学生经费项下拨支等情，请公

---

① 原签拟附后，现略。

决案。①

（决议）照会计处签拟通过。

密六、据卫生处签呈，缴本处二十九年度修葺费追加预算书，列支一千三百一十元，请核示等情，请公决案。

（决议）照案通过，款在三十年度省预备金项下开支。

七、据本省战时政治工作总队部呈缴二十九年度歌咏讲习会经费支付预算书表，列支五百六十二元七角八分，请核准备案等情，请公决案。

（会计处签拟）据呈歌咏讲习会经费预算书列支五百六十二元七角八分，事前并未呈准，本有未合，惟该款既经支出，似可姑予照准，由三十年度省总概算岁出经常门临时部分普通补助及协助支出款追列补拨政工总队歌咏讲习会经费科目，以该总队部二十九年度经费节余项下抵解，一面追列三十年度省总概算岁入经常门临时部分其他收入款各机关经费节余解库款科目，请提会核定。

（决议）照会计处签拟通过。

八、据本省战时贸易管理处呈缴本处二十九年度连平停车场开办费及经常费预算暨编制表，计开办费列支一百七十元，经常费由二十九年九月一日起至十二月底止计四个月共列支六百二十八元，均拟在各修理所经费节余项下列报，请核示等情，请公决案。

（决议）照案通过。

九、据本省新生活运动促进会妇女工作委员会呈缴三十年度岁出预算书，月支二千零八十五元，全年共支二万五千零二十元，比较原核月额计增七百八十五元，请核准按月在省金库项下拨发开支等情，请公决案。

（会计处签拟）现呈三十年度概算书拟列月支经费二千零八十五元，比较原核定原额（一千三百元）计增七百八十五元，每月所增之款，拟在三十年度省总概算岁出经常门常时部分普通协助及补助支出款内各县妇女运动经费科目拨支，仍请提会核定。

（决议）照会计处签拟通过。

---

① 会计处签拟略。

十、据会计处案呈，查德庆县地方二十九年度岁入岁出追加概算，经照民财两厅审核意见，代为更正，计岁入岁出各追列为一万六千五百六十二元，请提会核定公布施行等情，请公决案。

（决议）照案通过。

十一、据教育厅签呈，据省立东江临时中学呈缴二十九年度迁校设备费预算书类，列支一万二千六百七十八元九角，查核各数尚属核实，所请拨给迁校费，拟准将该校二十九年度节存经费四千三百二十三元八角八分拨支，其不敷八千三百五十五元零二分，拟准在本年度教育文化费内各机关学校临时费项下拨付，请核示等情，请公决案。①

（决议）照会计处签拟通过。

十二、据建设厅签呈，据公路处呈，缴修理南韶、韶坪、马坝支线狮马等路工程预算书表，列支一千二百三十六元七角，查表列铁料各项略嫌过昂，经核改为一千一百二十七元六角四分，该款拟请准在本年度建设事业支出项下开支，请饬库拨款办理等情，请公决案。

（决议）照案通过。

十三、据第七区行政督察专员公署电，为本区茂化、茂电、茂春电话专线通讯中继所开办费奉拨一千八百五十六元外，应增加三千六百四十八元，经遵饬请省防空司令部补助，或酌拨器材。惟奉电复以器材无余存，查该中继所奉拨二十九年九月至十二月经临费二千四百四十八元，并未开支，拟请准予拨充开办费。尚不敷一千二百元，乞准照拨发等情，请公决案。②

（决议）照会计处签拟通过。

密十四、据曲江县政府呈缴本县奉令加强破坏飞机场支出费用预计算书表，共支二千二百三十七元，请发还归垫等情，请公决案。

（决议）照案通过，款在三十年度建设事业临时费科目开支。

十五、据粮食管理局驻湘购粮办事处呈缴督察长骆均镛履历表，请赐核委等情，请公决案。

（决议）照案通过。

---

① 会计处签拟略。

② 会计处签拟略。

十六、据秘书处呈缴本府秘书处法制室编审董世芳荐委表，请赐核委等情，请公决案。

（决议）照案通过。

十七、主席提议，蕉岭县县长钟汝常另候任用，遗缺调平远县县长朱浩怀代理；递遗平远县县长缺，派东江粮运处总干事缪任仁代理，请公决案。

（决议）照案通过。

广东省政府第九届委员会
第二百次议事录

日　期　一月二十八日

地　点　曲江本府

出席者　李汉魂　郑彦棻　邹　琳　黄麟书　黄元彬　高　信
　　　　胡铭藻　罗翼群

列席者　杜之英　伍崇厚　何剑甫

主　席　李汉魂

纪　录　（秘书）魏育怀　（参议）俞守范

报告事项

密一、据财政厅报告，主席奉电召赴渝支出旅费九千七百一十一元二角九分，经先在省预备金科目支出等情。饬据会计处签称，查二十九年度省预备金已溢支，并经提会核定追加原科目。整理该项旅费，拟在二十九年度省总概算岁出经常门临时部分行政支出款下追加列本府秘书处临时费科目，饬财厅筹措来源追加岁入等语，应准予〔如〕拟办理。

二、据财政厅签呈，转缴三水税务局蒋岸稽征所二十九年度修缮所址工料费临时支出预算书，列支二百四十一元五角，拟在二十九年度各税务局经费未支配余额项下拨支归垫等情。饬据会计处签称，似可照准，该款拟在三十年度省总概算岁出经常门临时部分财务支出款下追列

534

三水税务局临时费科目，以二十九年度各税务局经费未支配余款抵解，一面追加三十年度省总概算岁入经常门临时部分其他收入款下各机关经费节余解库款科目等语，应准如拟办理。

三、据财政厅签呈，转缴三水税务局二十九年十一月份疏散川旅什费临时支出预算书，列支三百八十三元，请准在该局二十九年度经费节余项下拨支归垫等情。饬据会计处签称，似可照准，该款拟在三十年度总概算岁出经常门临时部分财务支出款下追列补拨三水税局临时费科目，以该局二十九年度经费节余项下抵解，一面追加三十年度省总概算岁入经常门临时部分其他收入款下各机关节余经费解库款科目等语，应准如拟办理。

四、据财政厅签呈，转缴遂溪税务局二十九年度迁移费支付预算书，列支一百九十七元八角，拟准在二十九年度各税务局经费未支配余额开支等情。饬据会计处签称，似可照准，该款拟在三十年度省总概算岁出经常门临时部分财务支出款下追列补拨遂溪税局临时费科目，以二十九年度各税务局经费未支配余款抵解，一面追加三十年度省总概算岁入经常门临时部分其他收入款下各机关节余经费解库款科目等语，应准如拟办理。

五、据卫生处签呈，职处员役何景联等遭受空袭损害救济费四百六十五元，拟在本处二十九年度经常及事业节余项下开支等情。饬据会计处签称，似可照准。惟查现在已届三十年度，拟以各机关以前年度经费节余款科目追列三十年度岁入概算，以补发卫生处员工遭受空袭损害救济费科目追列三十年度岁出概算，饬将二十九年度经常及事业费节余款办理抵解手续，除抵解外，如尚有节余，一并解库具报等语，应准如拟办理。

六、据本省地方行政干部训练委员会函送举办全省各县干训所实施计划纲要，查第七条内列："各县干训所经费由各县地方款拨支，如财力不足之县，其事业费得呈请省府酌予补助，但每中队（一百人）至多不能逾五百元，每独立分队（不足一百人之队）至多不能逾三百元。"饬据会计处签拟报会后，再函复等语，应准如拟办理。

七、据会计处案呈，查本府二十九年度办公及购置费超出预算四万七千四百四十九元六角，内除一万一千五百八十九元五角一分呈准在十二月份俸给及特别费节余款流用外，仍超支三万五千八百六十元零九分，拟由吴前任移交禁赌会临时费等八项余款拨支一案，经本府第一九二次会议决议照案通过追加预算在案。惟提会时未有追列科目，该款现拟在三十年度省总概算岁出经常门临时部分行政支出款下追列补拨本府临时费科目，以吴前任移交禁赌会临时费一万四千四百三十七元五角八分、财厅缴来煤油税五千五百七十五元八角三分、设计委员会结余经费五千二百七十六元零九分，香港出版股检查处经费节余四百一十二元、本府追加经费结余款八十六元二角八分、诉愿室二十七年度经费节余二百二十五元七角二分、北路工程费经费结余五千八百七十九元四角及粤侨通讯处结余经费三千九百六十七元一角九分等八项余款共三万五千八百六十元零九分抵解，一面追列三十年度省总概算岁入经常门临时部分其他收入款下各机关节余经费解库款科目等语，应准如拟办理。

密八、据会计处案呈，关于破坏曲江、英德、乳源、阳山、清远各县公道路款，经规定发英德县六千元，曲江县一万元，乳源县六千元，阳山县八【千】元，提经本府一九三次会议决议照案追认，款在三十年度省筑路金项下开支在案。查各县破路公款向均由建设事业支出科目开支，经分别通知，请补报会议更正等情，应准如拟办理。

九、据财政厅税警总团电缴全团官兵应领三十年元旦犒赏费预算书，列支一千四百八十二元。饬据会计处签称，该团官兵本年元旦犒赏费业经本府核定每名支给三角，现据编呈预算核尚符合，似可准在该团二十九年度经费节余项下列支抵解，照原科目追列三十年度省预算等语，应准如拟办理。

十、据第五区行政督察专员呈缴职署会计室三十年度设置账簿临时费支付预算书表，列支一百八十元。饬据会计处签称，尚属需要，该款拟在三十年度省总概算岁出经常门临时部分行政支出款下追列五区专署临时费科目，以该署二十九年度会计室节余经费抵解，一面追列三十年度省总概算岁入经常门临时部分其他收入款下各机关经费节余解库款科目等语，应准如拟办理。

十一、据第七区行政督察专员公署呈缴本署二十九年度临时费预算书类。饬据会计处签称，书列四百零八元，内有二百五十元系奉准在二十九年度省预备金项下开支，其余一百五十八元，系超过预算之数，该

536

款拟在三十年度省总概算岁出经常门临时部分行政支出款下追列补发七区专署临时费科目，以该署二十九年度会计室经费节余项下抵解，一面追列三十年度岁入经常门临时部分其他收入款下各机关节余经费解库款科目等语，应准如拟办理。

十二、据省振济会呈缴本会二十九年十月份起至十二月份止员役米津支付预算书册。饬据会计处签称，月列一百六十五元，三个月共列四百九十五元，核案相符，拟准照数发给，款在三十年度调整机构补助公务员生活费项下拨付等语，应准如拟办理。

密十三、据本府驻赣购粮办事处呈缴二十九年十至十二月份员役米津预算书册。饬据会计处签称，书列二十九元，三个月共列八十七元核案相符，拟准予照列，款由粮管局在救济米荒基金项下拨支等语，应准如拟办理。

密十四、据秘书处报告，本府现与资源委员会钱副主任委员曷照等会同商定：（甲）建设及振兴广东省工业合作办法大纲，内容为合作经营：（1）广东省电厂；（2）翁江水力发电厂；（3）广州钢铁厂；（4）小规模炼铁厂、小规模机器及八字岭煤矿建设及开发计划；（5）复兴战前经营之其他工厂。（乙）合作管理锡办法。内容为广东省锡业由资源委员会设立锡业管理处广东分处管理，其业务、盈余平均分摊。属于省府部分其支配用途与〔以〕经济建设为限。属于资源委员会部分支配用途以广东省重工业建设为限。至关于保护锡业产运销之一切治安及省内缉私事项由省府办理。等情。除俟该办法大纲换文后另行提会外，特报会查核。

讨论事项

一、准广东全省防空司令部函送所属防空部队三十年度经常费支付预算书，计列第二防空区指挥部暨所属经费年共六万七千八百二十四元，比原列共增加一万四千三百五十二元；第三防空区指挥部暨所属经费年共十万六千一百六十四元，比原列年共增加二万二千六百九十二元；省防空司令部直属监视队经费年共二万六千九百零四元，比原列年共增加五千九百六十四元；惠阳、高要、合浦三个防空通讯所年支九千三百元，比原列年增二千零八十八元，合共年增四万九千二百七十二元，请查照由三十年一月份起照数分别拨付等由，请公决案。

（决议）照案通过。款在三十年度省总概算团警米津科目项下拨支。

二、据本府行政效率促进委员会签呈，缴广东省政府所属各机关工作检讨办法，请察核施行等情，请公决案。

（决议）交罗、高、郑（彦棻）三委员审查，由罗委员召集。

三、据财政厅签呈，据实施新县制各县请示三十年度地税溢征留解办法，兹拟规定临时地税溢出原征正附钱粮额划拨归入县库计算办法三项，请由府通饬各县遵照等情，请公决案。

（决议）照案通过。

四、据卫生处签呈，拟修正本省中西医开业管理规则，请核示等情，请公决案。①

（决议）照秘书处签拟通过。

五、据卫生处签呈，据曲江药库呈缴二十九年五、六月份暨七、八月份先支五十万元药物处理费支付预算书表，计五六月份列支一百六十四元八角三分，七八月份支七百四十六元四角三分，请核示等情，请公决案。

（会计处签拟）查二十九年五，六月份处理费预算列支一百六十四元八角三分，核案相符，拟予存转。至二十九年七、八月份处理费列支七百四十六元四角三分，在应解库款开支，实有未合，惟既据该处解释当时开支原因，不无理由，上项七、八月份处理费七百四十六元四角三分，连同尚未办理抵解之二十九年五、六月份处理费一百六十四元八角三分，共九百一十一元二角六分，拟准以补拨曲江药库二十九年五至八月份处理费科目追列三十年度岁出概算，以各机关以前年度经费节余款科目追列三十年度岁入概算，饬将二十九年八月十六日以前经费节余款解库抵领，并饬财政厅将本府二十九年十一月六日会二普字第八九六九号岁计案通知单饬在预备金拨支该药库二十九年五六月份处理费一百六十四元八角三分停止支付，并函审计处查照，以清款目，仍提会核定。

（决议）照会计处签拟通过。

六、据卫生处签呈，本处处长奉令赴渝受训旅费五百五十元，拟请

① 秘书处签拟略。

538

在本处二十九年度经管各费节余项下开支等情，请公决案。

（会计处签拟）查该处长赴渝受训旅费五百五十元，拟由三十年度省总概算岁出经常门临时部分行政支出款下追列补拨受训人员旅费科目，以该处二十九年度经费节余项下抵解，一面追加三十年度省总概算岁入经常门临时部分其他收入款下各机关节余解库款科目，请提会核定。

（决议）照会计处签拟通过。

七、据建设厅签呈，缴修正公路处组织规程办事细则，行车站征收站组织通则及办事细则，护路队购料委员会组织章程，请核示，请公决案。

（决议）交邹、黄（麟书）、郑（丰）三委员审查，由邹委员召集。

密八、据会计处案呈，本府前奉第四战区司令长官司令部转来中央拨交本省国防补助费国币二十万元，经本府秘书处收领，该款似可以中央补助款及建设事业临时费科目分别追列三十年度省地方岁入及岁出预算。将来如有军事支出，可在该科目内指拨，以符法定手续，请提会核定等情，请公决案。

（决议）照案通过。

九、据财政厅签呈，订定查缉私货暨给奖事项补充办法，请转报第×战区司令长官部赐准备案，并予转行各联合检查所及各部队一体知照等情，请公决案。

（决议）交黄（元彬）、罗、郑（丰）三委员审查，由黄委员召集。

十、据本府南路行署呈报，本署直辖遂溪县特务大队于二十九年七月十二日组织成立，开办费一项约需六万二千二百一十二元三角，经常费月需九千五百五十五元，及自筹自给情形，请察核备案等情，请公决案。

（会计处签拟）查本府南路行署直辖遂溪县特务大队自二十九年七月十二日起至二十九年底结束日期经常费共五个月又二十日，计需五万三千九百三十九元，拟追列二十九年度省地方概算岁出经常门常时部分九款保安支出科目，开办费共六万二千二百一十二元拟追列岁出经常门临时部分九款保安支出科目，并以广州湾绅商保安经费捐助款科目如数追列岁入预算，仍请提会核定。

（决议）照会计处签拟通过。

十一、据会计处案呈，关于三区李专员赴渝受训旅费，经查实该员为节省公币起见，往程改乘汽车，回程乘坐飞机，计共旅费及乘机票价共一千五百一十元，此款拟由三十年度省总概算受训人员旅费项下开支等情，请公决案。

（决议）照案通过。

十二、据本省粮食管理局签呈，为本省人民或人民团体购运洋米入口遭受意外损失补偿暂行办法大纲施行细则，请参酌本局及饶平县签拟意见先提会审定公布施行等情，请公决案。

（决议）交邹、高二委员审查，由邹委员召集。

十三、据本省战时贸易管理处呈，为本处专员李卓波呈请辞职，拟予照准，遗缺拟以杜邦接充等情，请公决案。

（决议）照案通过。

十四、据建设厅签呈，拟代鹤山县政府筹还制茶机器押款，请饬库在本年建设事业支出项下先行拨发现款六万元，俾便办理。等情。请公决案。

（决议）照案通过。

广东省政府第九届委员会
第二百零一次议事录

日　　期　　一月三十一日

地　　点　　曲江本府

出席者　　李汉魂　黄元彬　刘佐人　黄麟书　郑彦棻　邹　琳
　　　　　　郑　丰　高　信

列席者　　杜之英　何剑甫　伍崇厚

主　　席　　李汉魂

纪　　录　　（秘书）魏育怀　（参议）俞守范

报告事项

一、据财政厅报告，遵将本省营业税征收章程及附表依照秘书处签拟意见修正，请察核备案等情，应准予备案。

二、据财政厅签呈，转缴清远税务局征收营业税出差旅费支付预算书，列支二百元，拟在该局经费节余项下开支等情。饬据会计处签称，似可照准，该款拟在三十年度省总概算岁出经常门临时部分财务支出款下追列补拨清远税务局临时费科目，以该局二十九年度节余经费抵解，一面追加三十年度省总概算岁入经常门临时部分其他收入款下各机关节余经费解库科目等语，应如拟办理。

三、据财政厅签呈，请在省款预备费项下拨发水东稽征所长罗光复遭受空袭损失救济费五十元等情。饬据会计处签称，既经秘书处核与规定尚属相符，似可照准，援案在三十年度省总概算救济费项下开支等情，应准如拟办理。

四、据建设厅签呈，据公路处转缴已故站长丁建章之妻陈爱莲受领恤金申请书件。饬据会计处签称，本案既经核准给发医药费及丧葬抚恤费一百二十元，其拨支办法，参照公路处战时公路员工伤亡抚恤暂行规程之规定，除医药费二十九元七角，丧葬费五十元，应由该处发给外，计应由省库发给一次过恤金七十元，此款拟在三十年度省总概算恤金项下开支等语，应如拟办理。

五、据建设厅签呈，遵将广东省二十九年度督导冬耕实施办法修正，拟请通令各县局遵照等情，应准如拟办理。

六、据省振济会呈，转缴韶市义民招待所二十九年度修缮费支付预算书，列支一千零五十八元。饬据会计处签称，既由振济会核明尚属需要，复经驻会审计员核签亦无不合，似可准予照列，款由该所在二十九年度经费节余项下拨支等语，应准如拟办理。

七、据省振济会呈，转缴二十九年第一期消极防空设备支付预算书，列支三千七百九十元。饬据会计处签称，既经该会查系属实，列数亦符，请准在赈款项下拨支，似可照准等语，应准如拟办理。

八、据本省粮食调节委员会呈缴西江四邑米粮运销委员会衡阳输送站二十九年九月份员役米津预算书册。饬据会计处签称，查衡阳输送站系在二十九年九月一日成立，现呈书册列支二十三元，核与编制数额相符，似可准予照列，款拟在救济米荒基金项下开支等语，应准如拟办理。

九、据建设厅签呈，据农林局呈缴西区林业促进指导区二十九年十至十二月员役米津预算书册，饬据会计处签称，月列一百零五元，三个月共列三百一十五元，拟准照拨，款在三十年度调整机构补助公务员生活费项下开支等语，应准如拟办理。

十、据赤溪县呈缴沿海岸监视哨二十九年十一月份官兵米津预算书册。饬据会计处签称，月列六十一元，二十九年度计二个月份合支一百二十二元，该款本应在二十九年度省款拨付，现二十九年度经已结束，而三十年度省概算团警米津科目复已支配完罄，现拟在三十年度省概算调整机构补助公务员生活费科目项下开支等语，应准如拟办理。

十一、据茂名县呈缴海岸监视哨二十九年十一、十二月份官兵米津预算书。饬据会计处签称，月列一十九元，两个月共三十八元，该款本应在二十九年度省概算内指款开支。但二十九年度现已结束，而三十年度省概算原列团警米津科目复已分配完罄，现拟在三十年度省地方岁出概算调整机构补助公务员生活费科目开支等语，应准如拟办理。

十二、据本府驻渝办事处电，请制发该处工友棉衣二十九套，费用四百九十五元，拟请准在本处二十八年度经费节余项下开支等情。饬据会计处签称，现在已届三十年度，前项棉衣费，拟在三十年度省总概算岁出经常门临时部分行政支出款下追列补拨驻渝办事处冬季服装费拨支，并在岁入经常门临时部分其他收入款下追列各机关节余解库款科目，饬办理抵解手续等语，应准如拟办理。

十三、据本府消防景华舰呈，为奉准补发经费十天，拟请按照钧府核定原额，发足一百六十七元二角，并请专案拨发此款，俾免亏累等情。饬据会计处签称，查本府第一八二次会议核定在该舰二十九年度经费节余项下拨支之该舰二十八年十二月二十二日至三十一日止十天经费一百一十二元九角，现据呈称无节余可支，请准拨发，似可照数发还，款在三十年度省预备金项下开支。至请按照核定额计算发足一节，似未便照准等语，应准如拟办理。

十四、据第一区行政督察专员公署呈缴本署会计室开办费暨十月份经费实支数目表。饬据会计处签称，该署会计室开办费共四百三十五元五角，内除二百五十元系由本府核准，在二十九年度省预备金拨支外，尚不敷一百八十五元五角，拟在三十年度省总概算岁出经常门临时部分行政支出款下追列补拨一区专署临时费科目，以该署二十九年度会计室节余经费抵解，一面追加岁入经常门临时部分其他收入款下各机关节余经费解库款科目等语，应准如拟办理。

密十五、据第八区行政督察专员【呈】，转缴防城县奉令征工构筑工事垫支民工伙食预算书。据饬据会计处签称，该县垫付构筑茅岭滑石、平旺等处工事民工伙食毫券三百五十五元，折合国币二百三十二元六角四分，似可准在三十年度省地方岁出总概算经济及建设支出款内建设事业费科目开支拨还归垫等语，应准如拟办理。

讨论事项

一、准广东省军管区司令部函电，据本区政治部签呈，缴二十九年度各级国民兵团政训室经常费支付预算书，月共列支二万四千五百一十三元五角，该项经费系由军管区按月在国民兵团经费额内提拨一万七千九百一十八元五角暨各县在县款提解社训经费月共六千五百九十五元移支，其钦防两县应解县款月各二百一十元，请准另案补助等由，请公决案。

（会计处签拟）查军管区政治部二十九年度经费预算书，月共列支二万四千五百一十三元五角，据称该项经费系由军管区按月在国民兵团经费额内提拨一万七千九百一十八元五角暨各县在县款提解社训经费月共六千五百九十五元移支，所送预算分配数额，核与上项提拨数额尚属符合，似可准予提会追认。至钦防两县前项应免提解国民兵团社训经费月各二百一十元，由二十九年六月一日起至十二月底止，各共一千四百七十元，似可准在军区政治部各县国民兵团政训室二十九年度经费节余项下拨补，仍请提会议核定。

（决议）照会计处签拟通过。

二、准广东高等法院电，关于海南全岛及中山、顺德、钦县、东莞、三水、增城、南海、番禺、澄海、南澳等兼理司法县政府及其监狱之经费，又博罗、开建、高明、连山、乳源等监狱经费，请列入三十年度省地方概算，并饬财政厅自一月起先将各该县政府及监狱经费照上年度预算数目发款等由，请公决案。

（决议）函复仍由院呈请司法行政部追加预算。

三、据教育厅签呈，据省立高州中学呈缴二十九年度修建费，预算书列支九百四十元，查核尚无不合，该项修建费拟请准由二十八年度中小学教师服务团经费结余项下拨支等情，请公决案。①

（决议）照会计处签拟通过。

四、据建设厅签呈，缴本厅二十九年补助陈参议测量当州特侣塘水利旅费临时预算书，列支五百元，拟在本厅二十九年度经费节余项下列支等情，请公决案。

（会计处签拟）据呈该员旅费预算书列支五百元，该款拟在三十年度省总概算岁出经常门临时部分经济及建设支出款下追列补拨建设厅临时费科目，以该厅二十九年度经费节余款下抵解，一面追列三十年度省总概算岁入经常门临时部分其他收入款下各机关节余解库款科目，请提会核定。

（决议）照会计处签拟通过。

五、据建设厅先后呈转工业试验所、稻作改进所、乐昌蚕桑改良场二十八年十二月至二十九年一月迁运回韶搬迁费预算书，计工业试验所列支八百五十三元四角五分，稻作改进所列支八百五十六元六角，乐昌蚕桑改良场列支二百三十元一角九分，请核示等情，请公决案。

（会计处签拟）兹拟照审计处列送数目发给工业试验所四百零七元，稻作改进所三百五十六元六角，乐昌蚕桑改良场二百三十元一角九分，三款合计九百九十三元七角九分，由三十年度省预备金项下分别补拨，仍请提会核定。

（决议）照会计处签拟通过。

六、据建设厅签呈，缴修正三十年度营业概算表计划书，计列：（一）工业类全年收入估计为二百六十八万二千九百五十四元，开支估计为二百五十一万四千六百九十四元八角六分，预计盈利为一十六万八千二百五十九元一角四分。（二）公路运输业全年收入估计为一百一十二万八千二百二十元零八角，同年开支为一百一十二万八千元，预计盈利为二百二十元零八角。（三）矿业类全年收入估计为七十二万六千元，同年支出估计为五十二万零六百七十六元，预计利益二十万零五千

---

① 会计处签拟略。

三百二十四元；官方红利列一十二万六千七百八十七元五角七分。

（四）电信业全年收入估计为一十七万零五百零八元，同年开支为一十七万零五百零八元，请核示等情，请公决案。

（决议）照会计处签拟通过。①

七、准经济部珠江水利局电，请迅拨工款十五万元径汇第三区专署征工修筑西北江决口围基，及据第三区专署经济部珠江水利局肇庆测量队会呈缴二十九年度修理西北两江及高明河各围决口患基计划说明书件，请拨款补助等情，请公决案。

（秘书处签拟）（一）西北两江及高明河决口干围基之岁修，依照比例由省政府拨款十五万元，径汇三区李专员慎为支配，由水利局派员督导征工赶速兴修。（二）次要围基及围董会调查报告之患围岁修所需款项，着依照中中交农四行农贷及广东省银行水利贷款办法，由专员公署及水利局指导协助办理贷款兴修，而以各该县政府为循环保证人。（三）军队防守作战挖掘围基，拟请呈请×战区司令长官司令部转饬部队非必要时，暂不挖掘前基，最好能在后基设防，以免洪潦冲击，易生危险。（四）中央应拨助之二十万元，请电催拨，并请将全案呈报司令长官部并代电敦促。（五）关于岁修技术问题，请将建厅及职处技术室意见并交水利局转饬肇庆测量队按照当地情形参酌办理，务臻妥善。

（会计处签拟）修筑西北江决口围基经费，拟由三十年度经济及建设支出款内建设事业临时费项下开支，请提会核定后，饬三区专署将此项修围基金全部工程费编具预算书六份呈府存转。至此项工程费中央负担之二十万元及民众负担之四成（即其余部分）数，应编收入预算书三份，连同向民众征收费用办法，一并呈府核办。

（决议）准补助十万元，余照秘书、会计两处签拟办理。

八、据会计处签呈，补缴本处派员赴渝受训乘航机票价预算书及动支经临费节余款数目表，请提会核定等情，请公决案。

（决议）照案通过。

九、据本府印刷所呈缴三十年度营业计划书及岁入岁出概算书，请

---

① 原签拟附后，现略。

核示等情，请公决案。①

（决议）照会计处签拟通过。

十、据本府警卫营呈缴三十年度支付预算书，月列一万七千六百六十二元六角，全年共列二十一万一千九百五十一元二角，请核示等情，请公决案。

（决议）照案通过。款在调整机构补助公务员生活费项下拨付。

十一、据会计处案呈，查电白县地方二十九年度岁入岁出第一次追加概算均各列一千二百元，似可准予追加，请提会核定公布施行等情，请公决案。

（决议）照案通过。

十二、据会计处案呈，查高明县地方二十九年度岁入岁出追加概算，经照各厅处签注各点及本处意见，分别修改完竣，请提会核定公布施行等情，请公决案。

（决议）照案通过。

十三、据会计处案呈，查开建县地方二十九年度岁入岁出第三次追加概算均各列为一千七百零一元六角八分，拟如教厅所拟准予追加，请提会核定公布施行等情，请公决案。

（决议）照案通过。

十四、据会计处案呈，查始兴县地方二十九年度岁入岁出第二次追加概算均各列为六百八十四元，经财厅核无不合，拟准予追加，请提会核定公布施行等情，请公决案。

（决议）照案通过。

十五、据会计处案呈，查阳山县地方二十九年度岁入岁出追加概算，经照教厅签注分别修改完竣，均仍各列为六千二百六十四元，请提会核定公布施行等情，请公决案。

（决议）照案通过。

十六、据秘书处案呈，查梅县县民杨君辅等因不服本府建设厅核准国华公司承采梅屏内乡高墩岌、大坪顶等处煤矿区之处分，提起诉愿一案，经审查完竣，作成决定书，请提会核定等情，请公决案。

---

① 会计处签拟略。

（决议）照决定书通过。

十七、据秘书处案呈，查阳春县民杨高琳等因水利争执事件不服阳春县政府之处分，提起诉愿一案，经审查完竣，作成决定书，请提会核定等情，请公决案。

（决议）照决定书通过。

十八、郑委员（彦棻）、高委员、黄委员（麟书）、刘委员（佐人）会复审查民政厅签呈拟将安化管理局改为设治局一案意见，请公决案。

（审查意见）（一）安化管理局似可改为五等县，由局改县后之施政计划，得斟酌特殊情形，另行拟订。其暂行不能适用于该县之法令，得呈请中央暂缓适用之。（二）粤北边疆施教区，拟改组为广东边区施教委员会，由主席兼任该会主任委员，并聘请委员若干人专负边疆施教研究指导之责，其组织章程另行拟订之。（三）由局改县后之县政府经费，拟将原安化局教育厅社教实验区及粤北边疆施教区原有经费合并统筹运用。

（决议）照审查意见通过。

广东省政府第九届委员会
第二百零二次议事录

日　期　二月四日

地　点　曲江本府

出席者　李汉魂　黄麟书　黄元彬　郑　丰　高　信　邹　琳　　　　　郑彦棻　胡铭藻

列席者　杜之英　何剑甫　伍崇厚

主　席　李汉魂

纪　录　（秘书）魏育怀　（参议）俞守范

报告事项

密一、据财政厅签呈，南雄县政府垫支军政部驻南雄第二十三补充兵训练处代架直达机场电话专线工料费国币二百二十五元，此项用费有关国防，应否由省款拨还或应如何处理，请核明饬遵等情。饬据会计处签称，似可准在三十年度省概算建设事业临时费项下拨支等语，应准如拟办理。

二、建设厅签呈，转缴钨矿专员办事处二十九年十至十二月份员役米律预算书册，月列各二百一十元，三个月共六百三十元。饬据会计处签称，核尚符合，似可照拨。惟查该处经费前系由承商拨给，故米津饬由其经费支，现另据报二十九年十二月中已收回矿山自办，该处米津似可暂仍照旧在经费项下拨支至十二月止，以归简便等语，应准如拟办理。

三、据建设厅签呈，转缴公路处改编发给养路队员工夫二十九年四月至九月份发米津费及补助生活费支付预算书册计米津列支四万一千五百一十九元，生活费列支五万六千六百一十三元五角，并称生活费一项除在各项剩余款拨支外，仍不敷一万三千零二十六元七角三分，请准饬库并拨等情。饬据会计处签称，关于米津部分，核数尚符，该款经在该处经收养路费项下垫支，拟准照数抵解抵拨，在三十年度省总概算岁出经常门临时部分行政支出款下追列补拨公路处养路队米津科目拨支，并在岁入经常门常时部分规费收入款下追列公路处经收养路费解库款，饬办理抵解手续。至补助生活部分，核数与案亦符，惟所呈工程费七剩余表内列从翁新公路工程处解缴让售承商鱼炮价款一百五十二元一角一项，前经令饬专案返纳追列预算有案，该款应予剔出。又原表未将二十九年度解款列入，拟饬查明另列，并饬将截至二十九年十二月底止各项余款一并分别详细列入呈核等语，应准如拟办理。

四、据省振济会呈缴该会义民收容所二十九年十至十二月份员役米津预算书册，共列支九十九元。饬据会计处签称，既经该会核无不合，并经在振款项下发给，似可准予照列等语，应准如拟办理。

五、据省振济会呈缴本会第一、四医疗队二十九年九至十二月份员役米津预算书册，共列一百九十六元。饬据会计处签称，既经该会核无不合，似可准在该会振款项下拨支等语，应准如拟办理。

六、据本省粮食管理局呈缴二十九年度十一月六日至十二月底止员役米津预算书册。饬据会计处签称，书列共支四百七十五元九角四分，尚属符合，拟准照列，款在三十年度省总概算调整机构补助公务员生活费项下拨付等语，应准如拟办理。

七、据第五区行政督察专员电，为本署承审员张旭之因公被炸殒命，请援法给恤等情。饬据秘书、会计两处签拟照广东省公务员雇员公役遭受空袭损害暂行救济办法规定给予殓埋费二百元，该款在三十年度省总概算恤金项下开支等语，应准如拟办理。

八、据恩平县呈报，该县第三区均和乡副乡长唐联方因送壮丁入营回乡途次被雷殛毙，请予给恤等情。饬据秘书、会计两处签拟，准照战时乡镇保甲长暨联保主任因公伤亡给恤暂行标准之规定，酌给该故副乡长遗族一次过恤金一百元，款由三十年度省总概算恤金项下开支等语，应准如拟办理。

讨论事项

一、准广东省军管区司令部咨，据龙门县呈缴办理国民兵役初次施行壮丁调查办公费预算书，列支五百元；又办理十七个年次应备书簿表册等费七百八十六元二角五分，合计共一千二百八十六元二角五分。核与规定均尚相符，请查照办理等由，请公决案。

（决议）照案通过。款在三十年度省预备金项下拨支。

二、据教育厅签呈，据省立战时艺术馆呈缴艺术馆舍建筑及公物迁移费预算书，列支九千八百九十元零三角，查尚需要，拟请由奉核准在追加民校补助费内拨支之省立韩山师范学校增班临时费项下拨支三千三百三十六元，又在教师服务团二十九年度经费项下拨支六千五百五十四元三角，请核示等情，请公决案。

（会计处签拟）查预算书列支建筑及迁移各费共九千八百九十元三角，核与散数尚属相符，此款拟准以各机关以前年度经费节余款科目追列三十年度岁入概算，以补拨省立战时艺术馆建筑迁移临时费科目追列三十年度岁出概算，饬教厅将前奉核准在追加民校补助费内拨支之省立韩山师范学校增班临时费结余款三千三百三十六元及教师服务团二十九年度节余经费六千五百五十四元三角共九千八百九十元三角办理抵解手续，仍请提会核定。

（决议）照会计处签拟通过。

三、据民政厅签呈，据省警总队呈缴二十九年度各月份收支清表，请准续发六千五百二十三元二角七分，俾发给十一、十二两月之加饷，请核示等情，请公决案。

（会计处签拟）据省警察总队二十九年度经费收支清表，计收入数为二十八万六千一百八十七元，支出数为二十八万零一百二十八元三角七分，比对全年度即〔节〕余数为六千零五十八元六角三分，除米津节余款共三十五元七角已返纳曲江省分金库，暨经本府先后核定在该节余项下拨支数为二千三百六十八元二角。又本府九届一百八十八次会议核定拨支该总队二十九年度员役遭受空袭损害救济费一千一百六十一元外，实共节余未动支数为二千四百九十三元七角三分，查该总队二十九年度增加长警薪饷总共一万三千一百七十八元，除上开节余款二千四百九十三元七角三分全数拨支，计尚不敷一万零六百八十四元二角七分，除本府第九届委员会第一百九十二次会议核发三千元外，现计须再增拨（一次过）七千六百八十四元二角七分，该款似可准予拨还。现二十九年度业已结束，拟在三十年度省预备金项下动支，请鉴核后提会核定。

（决议）照会计处签拟通过。

四、据财政厅签呈，遵照行政院令，拟具县救灾准备金施行细则及保管委员会组织条例，请核示等情，请公决案。

（决议）照秘书处签拟通过。①

五、据财政厅签呈，关于省立梅州中学请将城内体育场投变得款建筑学生宿舍一案，拟议四点，请核示等情，请公决案。

（决议）照案通过。

密六、据第二区行政督察专员电，补呈二十九年度奉令派员查报区属国防设备出差旅费支付预算书表，列支九百二十九元二角，请核示等情，请公决案。

（会计处签拟）似可准在三十年度省总概算经济及建设支出款内建设事业临时费科目开支拨还。仍饬依照修正国内出差旅费规定办理、核定报销，请提会核定。

（决议）照会计处签拟通过。

七、据从化县政府电，为属县税收短绌，应由地方款拨支之各乡经费无法筹拨，请准予将存县未返纳之款援照潮安县办法，留县混合支配

---

① 原签议附后，现略。

等情，请公决案。

（决议）照案通过。

八、据东江护侨事务所呈，为奉令搬迁惠阳，编造搬迁修缮购置费预算书，共需七百元，请核准发给等情，请公决案。

（会计处签拟）据呈预算书列支七百元，核尚需要。复查该项搬迁等费前经粤侨通讯处呈拟以该处经费节余拨支，兹拟照数在三十年度省总概算岁出经常门临时部分行政支出款下追列补拨东江护侨所临时费科目，以粤侨通讯处二十九年节余经费抵解，一面追列三十年度省总概算岁入经常门临时部分其他收入款下各机关节余经费解库款科目，请提会核定。

（决议）照会计处签拟通过。

九、准广东省军管区司令部电，转送第×战区挺进第×纵队直属自卫队第一、第二大队二十九年度士兵夏服及冬服支付预算书，计列夏服费三千五百二十八元，冬服费六千一百九十二元，合共九千七百二十元，请查照核办等由，请公决案。

（会计处签拟）该款本应在二十九年度省预算增列自卫团队经费科目余额内拨支，现二十九年度业已结束，可否在三十年度省预备金项下开支，三十年度该两大队服装费应请军区统筹办理，款在本府月拨国民兵团队经费额内匀支之处，仍请提会核定。

（决议）照会计处签拟通过。

十、据建设厅签呈，拟筹设纺纱厂，计需资本国币二十二万零三百元，内分固定资产一十三万一千八百元，流动资金八万八千五百元，该项资本额，拟向广东省银行息借，请核示等情，请公决案。

（决议）资本准向省行协商贷借，仍须拟具营业计划预算呈核。

十一、黄委员（元彬）签复审查民政厅拟订广东省禁酒暂行办法施行细则草案意见，请公决案。

（决议）照审查意见修正通过。①

十二、郑委员（彦棻）、黄委员（麟书）、高委员会复，审查财政厅会计处签关于省库三十年度总概算补助各县补助费一案意见，请公决案。

---

① 原审查意见及修正案附后，现略。

（决议）除防城、增城两县照差额补助外，余照审查意见通过。①

十三、据财政厅呈缴宝安税务局长陈孟坚荐委表，请赐核委等情，请公决案。

（决议）照案通过。

十四、郑委员、高委员会复审查胡委员提议为本省人民或人民团体购运洋米入口遭受意外损失补偿暂行办法大纲施行细则，可先予再行提会审定明令公布施行一案意见，请公决案。

（决议）照审查意见修正通过。

修正之点如下：省府补偿改为十分之五，购运人自己损失改为十分之四。

十五、罗委员、高委员、郑委员（彦棻）会复审查行政效率促进委员会所拟广东省政府所属各机关工作检讨办法一案意见，请公决案。

（审查意见）本案业经召集审查并请各厅派员列席，佥以事务之考核，委员长在建设基本工作行政三联制大纲内多有提示，原案秘书处签拟各节，亦多可取，当即决定改拟原则两项：（一）应遵照行政三联制大纲关于考核部分提示各点重新改拟，并着重第二十四段之考核方法；（二）参照秘书处签拟各节，酌量增删以上所拟，如奉采纳，拟请发回效率会改拟。

（决议）照审查意见通过。

广东省政府第九届委员会
第二百零三次议事录

日　期　二月七日

地　点　曲江本府

出席者　李汉魂　黄麟书　黄元彬　郑　丰　高　信　邹　琳　郑彦棻　胡铭藻　刘佐人

---

① 原审查意见附后，现略。

列席者 杜之英　何剑甫　伍崇厚　李仲仁
主　席 李汉魂
纪　录 （秘书）魏育怀　（参议）俞守范

报告事项

一、据建设厅签呈，关于农林局呈请将二十八年度冬办表证农家贷出款项豁免偿还一案，当查二十八年度厉行冬耕督种杂粮计划大纲规定表证农家须以冬耕收获十分之一缴存乡仓，此种缴存十分之一是否还本抑付息，饬据该局呈复以原案预算定为"一次过表证农家专款"至缴存乡仓十分之一系备不时之需，非还本或付息等情。饬据会计处签称，查前缴预算书确有"补助"字样，所请豁免偿还，似可照准等语，应准如拟办理。

二、据建设厅签呈，缴本厅二十九年度视察张赓扬前赴茂名等县会办二十九年晚稻收购及推广优良种临时旅费预算书，列支四百七十六元七角三分，请准在该厅二十九年度经常费节余项下流支等情。饬据会计处签称，查二十九年度业经终结，该款拟准在三十年度省概算经常门临时部分经济及建设支出款下追列建设厅临时科目拨支，由该厅二十九年度经常费节余款照数抵解，并在三十年度省概算经常门临时部分其他收入款下照数追列各机关节余解库科目等语，应准如拟办理。

三、准广西省政府电，拟将两粤政府投资举办存港西南民航公司织女、天蝎两机及各项器材暨存贵州安顺第一航空器材库发动机一并贡献航空委员会接收办理等由。经拟稿会衔致航空委员会，并分别电香港曾副行长饬转张经理暨转知该公司。

四、据会计处签呈，拟将本府第一百七十次以后会议核定由预备金项下开支各数改由原科目开支，追列预算等情，应准如拟办理。

五、据省振济会呈复，关于建设厅拟筹设文具厂一案，查本会三十年度施政计划已有印刷厂之增设，关于文具印刷各项制造，均经列入办理，正在进行筹划中，建厅所拟核与本会印刷厂计划大致相同，拟存备参考等情，经准如拟办理。

六、据广东省救灾准备金保管委员会呈报，本会奉饬由财政厅派员兼办，请准发经费至一月份及发给遣散费一个月等情。饬据会计处签称，查遣散费一节，核尚需要，似可饬将遣散员役列册呈候核发。至请发一月份经费一节，为因应该会环境需要起见，拟发给一月份经费半个月计十五天共二百九十元三角二分，款在本年度省预备金项下拨发等语，应准如拟办理。

七、据本府广播电台呈缴二十九年度载运燃科关税及旅运费支付预算书，列支二百二十元四角四分，据称系由惠阳至龙川运费及缴纳九龙关税之支出，饬据会计处签称，既经秘书处核明数目相符，似可准予照发，在三十年度省预备金项下开支等语，应准如拟办理。

密八、据第八区行政督察专员呈，转缴防城县破坏碉堡预计算书类。饬据会计处签称，书列毫券一百九十七元八角折合国币一百三十七元三角六分核与预算数尚属减少，该项工程现经建厅核明尚不为多，又经该县财委员会签证及该县主办会计员付签，手续尚合。该款拟准在三十年度省总概算经济及建设支出款内建设事业临时科目开支拨还归垫等语，应准如拟办理。

九、据始兴县呈，拟请将省款补助自治经费节余款四千五百七十元四角三分项下陆续拨发各区乡镇协助员八月份经费共二千九百六十三元，尚余之款一千六百一十六元四角三分，拨为调整后各新并乡镇购置设备费用等情。饬据会计处签称：既经民政厅查核尚属实情，本处复核亦无不合，似可照准，至尚余之款一千六百一十六元四角三分，据拟拨为调整后各新并乡镇购置设备费用，拟毋庸议，仍返还省库入收等情，应准如拟办理。

讨论事项

一、准广东省军管区司令部电送连阳自卫总队平时使用长夫名额及应支经费数目表，计八十三名共一千零七十九元，请由三十年一月份起按月拨发等由，请公决案。

（决议）照案通过。款在该总队经费节余项下开支。

密二、准广东省军管区司令部电，为本部及特务排上年八月被敌机轰炸损失公物暨士兵服装等共价值国币一千七百四十八元零六分，现该项服装急待补充发用，拟先由部如数制发，款在本部自卫队节余经费项下支付，请查照等由，请公决案。

（决议）照案通过。

三、奉第七战区司令长官电，据第×纵队司令电，为职部无线电班本月成立，经常费二百七十三元二角三分，请饬省府按月增拨等情，仰遵办等因，请公决案。

（决议）照案通过，款在该队二月份经费内开支。

四、准审计部广东省审计处通知书，以审核民政厅二十八年度支过电油款一万一千七百八十七元六角，拟在二十八、二十九年度经费及视察经费节余项下暨第四科禁戒经费项下开支一案，查手续均有未合，原书应予退还，请妥办追加预算手续，再行送审等由，请公决案。

（会计处签拟）岁出经常门临时部分行政支出款下追列补发民政厅二十八年临时费科目，以该厅二十八年度经费及视察经费暨二十九年度经费及视察经费节余款及二十九年第四科禁戒经费节余款项抵解，一面追加三十年度省总概算岁入经常门临时部分其他收入款下各机关节余经费解库款科目八千九百二十六元二角，禁戒经赏〔费〕解库款科目二千八百六十一元四角，请提会核定。

（决议）照会计处签拟通过。

五、准广东高等法院电，为本院二十九年度十二月份办公费什费不敷一千九百五十三元，拟在本院二十九年度巡回审判经费节余项下拨支，请核准照办等由，请公决案。

（会计处签拟）似可准照追加一千九百五十三元，款在二十九年度该院巡回审判经费节余项下拨支。惟现在已届三十年度，拟以各机关以前年度经费节余款科目追加三十年度岁入概算，以补拨广东高等法院二十九年十二月份经费科目追加三十年度岁出概算，请以该院二十九年度巡回审判经费节余款办理抵解手续，以清款目，仍请提会核定。

（决议）照会计处签拟通过。

六、据教育厅签呈，据省立琼崖联合中学呈缴二十九年度八月临时迁移及修缮支出预算书类，列支一千二百七十二元七角，查核各数尚属核实，拟准在二十九年度教育文化费留学生经费项下拨付请核示等情，请公决案。

（会计处签拟）拟准以各机关以前年度经费节余款科目追列三十年度岁入概算，以补拨省立琼崖联合中学迁移修缮临时费科目追列三十年度岁出概算，饬教厅将二十九年度教育及文化支出国内外各地留学生经费节余款办理解库抵领手续，仍请提会核定。

（决议）照会计处签拟通过。

七、据秘书处签呈，缴本府二十九年度由龙川运送各县市小型无线电机至韶关运费支付预算书，列支五千九百五十一元二角，拟在二十八年度领入购办电讯器材及零件费结余款二万八千六百五十七元九角五分项下拨付，请核示等情，请公决案。

（会计处签拟）似可在三十年度省总概算岁出经常门临时部分经济及建设支出款下照数追列补拨电讯临时费科目。至本府二十八年度购办电讯器材及零件费结余款二万八千六百五十七元九角五分，应追列岁入经常门临时部分其他收入款下什项收入，饬将上项运费抵解后，余款悉数解库具报，并追列作预备金，请提会核定。

（决议）照会计处签拟通过。

密八、据本府战时通讯所签呈，缴二十九年度驻港电台改装机件工料费支付预算书，列支九百四十三元九角五分，款由二十九年各县电台未支配节余经费项下拨支等情，请追认案。

（决议）照案追认。

九、据会计处案呈，查两阳游击队经费月支一万六千三百八十五元，三十年度已编入省地方岁出总概算列支，现该队经费奉发核定发至三十年二月底止，其自三月份起至十二月底止，计十个月所余经费共十六万三千八百五十元，拟拨为三十年度省地方岁出总概算保安支出款内保安经费项下保安团队调整费科目流用等情，请公决案。

（决议）照案通过。

十、据财政厅签呈，缴本厅二十九年度追加印刷票照及旅运费支付预算书，计共六万五千五百二十一元，拟在二十九年度预算财务费内整理沙田经费未支余额项下开支，请核示等情，请公决案。

（会计处签拟）似可照准。惟因二十九年度业经终结，该款拟在三十年度省总概算岁出经常门临时部分财务支出款下追列补拨财政厅与所属票照印刷及旅运科目，以二十九年度财务费内整理沙田未支余款抵解，一面追加三十年度省总概算岁出经常门临时部分其他收入款下上年度整理沙田余款科目，请提会核定。

（决议）照会计处签拟通过。

十一、据教育厅签呈，缴本厅二十九年度各项特别支出临时费支付预算书，列支七千九百九十八元，请准由二十九年度电影片购置结存四千五百九十二元一角五分及督学出发旅费结存项下移拨三千四百零五元八角五分拨还归垫等情，请公决案。

（会计处签拟）似应照准。此项临时费七千九百九十八元拟以各机关以前年度经费节余款科目追列三十年度岁入概算，以补拨教育厅二十九年度临时费科目追列三十年度岁出概算，饬该厅将二十九年度电影片购置费结存款四千五百九十二元一角五分及督学出发旅费结存款三千四百零五元八角五分共七千九百九十八元办理抵解手续，仍请提会核定。

（决议）照会计处签拟通过。

十二、据建设厅签呈，缴本厅三十年度第一次调派合作人员受训旅费预算书，共列支一千六百五十元，请准在三十年度省预备金项下拨给应支等情，请公决案。

（会计处签拟）据呈预算书列支旅费共国币一千六百五十元，核案相符，拟准照数在三十年度省概算行政训练临时费项下赴中央干训团受训人员旅费科目开支，并请提会核定。

（决议）照会计处签拟通过。

十三、据财政厅签呈，奉行政院令知，契税暂行条例案奉国民政府明令公布施行，所有现行契税条例并予废止等因。兹拟以省令将本省单行划一契税章程废止，并通饬所属由本年三月一日起，本省契税事宜悉照中央现颁契税暂行条例办理等情，请公决案。

（决议）照案通过。

十四、据财政厅签呈，为地税核定加倍课征，对于整理地籍县份应分别办理，拟定原则三点，请核夺等情，请公决案。

（决议）交高、郑（丰）、刘三委员审查，由高委员召集。

十五、据本府统计委员会签呈，缴本府调查队各员役二十九年八月二十九日被炸毁被服用具及价目清表，计共需一千六百一十九元，请分别给发救济等情，请公决案。

（秘书处签拟）查统委会员役遭受空袭损害一案，经查明未有确据具复，无从核定救济费。惟就原报数目，依照本省公务员雇员公役遭受空袭损害暂行救济办法第七、八两条之规定，分别核拟救济费数目，签列于原缴被炸被服用具价目表备考栏，如奉核准，拟交会计处指款拨发。

（会计处签拟）查统委会员役遭受空袭损害救济费既经秘书处核减为翟良璧七十四元，罗定邦六十五元，欧阳森四十二元，李匡中、陈雪华各三十元，陈际熙二十四元，李余庆、黄宜均各三十八元，邝国英四十五元，吴汝彬、钟可鸣各二十八元，梁荣达四十一元，赵杰卿三十五元，何英五十二元，倪鸿阶、李绍钧各十五元，胡朝辉十四元，徐旭之四十元，符福诰二十三元，苏民芝五元，宋文甫十八元，梁志才十一元，共计七百一十一元，复奉批交本处核签，该款拟由三十年度省总概算救济费项下开支，请提会核定。

（决议）照秘书、会计两处签拟通过。

密十六、据财政厅先后签呈，关于前番禺县长严博球呈报任内报销手续已清办，请予解除责任撤销通缉一案。现本府顾问伍庸伯签呈，甘愿负责保证该前县长在籍清理任内交代等情，可否准予取销该前县长严博球通缉令，请核示等情。

（决议）准予取销通缉令。

十七、据会计处案呈，查保安司令部电送三十年度保安经费追加预算一案，现准交送追加预算表所列应增加之官兵薪饷副食费草鞋医药教育各费及官兵主食补助费等共追加一十八万九千四百九十元，除原拟在军政部长官部补助米津并由三十年度保安团队经费额内匀拨外，其余一十二万二千九百三十九元，似可准自三十年一月份起支，另由省库增拨，该款现拟出四万八千六百四十三元，在三十年度省概算团警米津科目余额拨付，余七万四千二百九十六元，拟在调整机构补助公务员生活费科目开支等情，请公决案。

（决议）照案通过。

十八、主席提议，花县县长黄×措施乖方，紊乱财政，着即撤职，遗缺派邓飞鹏代理，请公决案。

（决议）照案通过。

广东省政府第九届委员会
第二百零四次议事录

日　　期　二月十一日

地　　点　曲江本府

出席者　李汉魂　郑彦棻　邹　琳　黄麟书　郑　丰　高　信　刘佐人

列席者　杜之英　何剑甫　伍崇厚　李仲仁

主　　席　李汉魂

纪　　录　（秘书）魏育怀　（参议）俞守范

报告事项

一、准内政部电，关于国民工役罚锾应暂准比照代役金增加数额，自一元起至三元为止，请查照参酌办理等由。饬据民政厅签称，本省物价较之战前高出数倍，部定国民工役罚金比照代役金一节，似尚需要，拟咨复并通饬所属遵行等语，应准如拟办理。

二、据财政厅签呈，转缴连平税务局安装电话预算书，列支三十七元七角，查核尚属需要，拟予照准，请核示等情。饬据会计处签称，该款拟在三十年度省总概算岁出经常门临时部分财务支出款下追列补拨连平税务局临时费科目，以该局二十九年度经费节余项下抵拨，一面追加三十年度省总概算岁入经常门临时部分其他收入款下各机关节余经费解库款科目等语，应准如拟办理。

三、据财政厅签呈，转缴海康税务局二十九年十月敌人在乌石港登陆时搬运费支付预算书列支一百一十四元，查核尚属实在，拟请照各税局因战事影响搬退前例准予照支等情。饬据会计处签称，该款拟在三十年度省总概算岁出经常门临时部分财务支出款下追列补拨海康税务局临【时】费，以该局二十九年度经费节余项下抵解，一面追加三十年度省总概算岁入经常门临时部分其他收入款下各机关节余经费解库款科目等语，应准如拟办理。

四、据财政厅签呈，公路处拆运南路及西江车辆运韶费九千零六十元四角，经奉准由建设厅在应解库款项下开支抵解，请核定开支科目等情。饬据会计处签拟以什项收入补拨公路处拆运车辆旅运费科目分别追列三十年度岁入岁出概算，饬建厅将二十九年度应解库款办理抵解手续等语，应准如拟办理。

五、据教育厅签呈，缴省立油尾水产职业学校二十九年度由海丰搬运实习船机件至校搬运临时费支付预算书，列支二百一十元，查尚核实，请核示等情。饬据会计处签称，此款似可准以各机关以前年度经费节余款科目追列三十年度岁入概算，以补拨省立汕尾水产职业学校二十九年度搬运临时费科目追列三十年度岁出概算，饬该校将二十九年度经费节余款办理抵解手续等语，应准如拟办理。

六、据教育厅签呈，转缴本厅上窑社教实施区追加二十九年度八至十二月份卫生事业费预算书，及改造上窑卫生环境计划书，据称该区所办之卫生事业系有示范作用，且属社会教育之一，与普通卫生行政不同，请准将该项事业费二百五十元在二十九年度省校增班经费科目开支等情。饬据会计处签称，似可姑予照准，饬嗣后不得为例，惟现在已届三十年度，应以各机关以前年度经费节余款科目追列三十年度岁入概算，以补拨上瑶社会教育实施区卫生事业费科目追列三十年度岁出概算，饬将二十九年度省校增班经费余款办理抵解手续等语，应准如拟办理。

七、据建设厅签呈，据合作事业管理处呈缴二十九年度准备迁运临时购置费预算书，列支三百八十二元，查核属实，似可准予追加，仍在该处二十九年度经费节余开支等情。饬据会计处签称，似可照准。惟现已届三十年度，拟以各机关以前年度经费节余款科目追列三十年度岁入概算，以补拨合作事业管理处二十九年度准备迁运购置临时费科目追列三十年度岁出概算，饬将该处二十九年度经费节余款办理抵解手续等语，应准如拟办理。

八、据卫生处签呈，缴二十九年度处址迁移营造及修缮费预算书，列支四千七百五十元，拟在二十九年度本处事业费节余项下开支。等情。饬据会计处签称，似可照准，惟现在已届三十年度，上项迁移修建费，拟以各机关以前年度经费节余款科目追列三十年度岁入概算，以补拨卫生处二十九年迁移修建临时费科目追列三十年度岁出概算，并饬将该处二十九年度事业费节余款办理抵解手续等语，应准如拟办理。

九、据省振济会呈缴本会第一四〇医疗队二十九年度服装费支付预算书册。饬据会计处签称，既据该会核明需要，每队各需三百五十七元，款在赈款项下拨支，复核书列数目尚符，似可照准等语，应准如拟办理。

密十、据建设厅签呈，据省营麻织厂呈缴修复高岭分仓棚厂费预算书类，列支六百元。饬据会计处签称，既经建厅核明尚属核实，复核亦符，拟准照列，款在营业资金该厂二十九年度预算节余项下拨付等语，应准如拟办理。

十一、据会计处案呈，为适应环境需要，以免各县垫发增加人员职级及经费过巨无款因应起见，拟变通办理，如各县已将增员日期呈报而未将各预算呈缴核定以前，该项增员经费似可准先行拨发，以资适应等情，应准如拟办理。

十二、广东各界举行新生活运动七周年纪念大会筹备处函请负担大会经费三百元等情。饬据秘书、会计两处签称，该款拟由三十年度省库预备费项下拨支等语，应准【如】拟办理。

十三、据建设厅签呈，转缴揭阳糖厂二十九年十至十二月份员工夫米津预算书册，月列一百四十四元，三个月共列四百三十二元，饬据会计处签称，核案相符，拟准照列，款在该厂预算节余项下开支等语，应准如拟办理。

十四、据南路行署呈缴二十九年十至十二月份员役米津预算书册。饬据会计处签称，核数与案尚符，所需米津费共一千一百五十五元，拟准照拨，款在三十年度调整机构补助公务员生活费项下开支等语，应准如拟办理。

十五、据省振济会呈缴第一振济区二十九年十至十二月份员役米津预算书册。饬据会计处签称，查该区设在开平县，系属米贵地区，依照本府核定十二项办法，公务员每员每月应发米津十元，公役六元，现据呈预算书月各列三十六元，三个月共一百零八元，核案尚属相符，拟请准予照列，款在三十年度省总概算调整机构及公务员生活补助费科目项下拨支等语，应准如拟办理。

十六、据本省军民合作总站呈缴二十九年十至十二月份米津预算书表。饬据会计处签称，与案尚符，列数亦合，书列十月份及十一月份员役米津月各三十九元，又十二月份员役暨各所副站长米津费共八百三十六元，合计三个月共列支九百一十四元，拟准照拨，款在三十年度调整机构补助公务员生活费科目项下开支，饬实支实报。等语。应准如拟办理。

十七、据本省粮食管理局呈缴西江四邑米粮运销委员会二十九年度九至十二月肇庆粮仓员役米津预算书册。饬据会计处签称，月列二十三元，四个月共九十二元，核案相符，拟准照列款在三十年度省概算内拨充救济米荒基金项下拨付等语，应准如拟办理。

讨论事项

一、据本省战时贸易管理处呈，拟定购运桂类各处所站组织章程组织通则编制表等情，【请】察核备案等情，请公决案。

（决议）照秘书、会计两处签拟通过。①

二、据省振济会呈缴本会妇女生产工作团二十九年度增建各部棚广支付预算书件，列支七千五百三十元，款由本会振款项下拨支，请核示等情，请公决案。

（决议）照案通过。

三、据省振济会呈缴本会韶市义民招待所附设犁市分所二十九年度十月至十二月份追加经常费支付预算书，月支一千二百七十四元，三个月共支三千八百二十二元，款由振款项下拨支，请核示等情，请公决案。

（决议）照案通过。

四、据本省各界征募慰劳委员会呈，请准将广东省人民团体登记审查委员会每月补助经费四十元移拨本会等情，请公决案。

（决议）照案通过。

五、准广东省军管区司令部电，送本省国民兵身份证实施办法草案，及国民兵役证改用国民兵身份证办法，盘查哨流动清查队各设置办法暨守则，请会衔分别咨呈内政部长官部，并饬属遵照等由。经召集各

---

① 原签拟附后，现略。

有关机关代表开座谈会，分别将原办法守则修正，请公决案。

（决议）保留。

六、准广东全省保安司令部电，据前保安处呈缴二十九年度八月份调训学员旅费支付预算书，列支七千零二十八元九角，请准在该处二十九年度八月份团队经费节余项下列支等情。查核尚符，请查照办理等由，请公决案。

（会计处签拟）似可照数以拨补保安团队调训学员旅费科目追列本年度岁出开支，其原拟在前保安处二十九年八月份团队经费节余拨付之款，照数以各机关经费节余解库款科目追列本年度岁入预算，办理抵解抵领，仍请提会核定。

（决议）照会计处签拟通过。

七、准广东省临时参议会函送本会历次大会参议员出席旅费节余款及拨支数目比较表，计列节余费三万二千八百一十六元七角一分，经先后拨支各项临时费二万七千八百一十六元三角五分，实存国币五千元零三角六分，查本会前请追加第四次大会参议员出席旅费一万八千四百元，除将上项存款拨支外，仍不敷一万三千三百九十九元六角四分，请拨还归垫等由，请公决案。

（会计处签拟）查表列援支数有二十九年度修建费，第三次大会汇编及补助同寅录印刷费，第四次大会汇编印刷费三款共列支七千三百六十二元八角，虽准函府，但尚未核定，兹拟姑先照抵支，如各该款预算核定后仍有节余，再请返纳抵支后仍节存五千元三角六分之款，拟请扫数返纳省库（三十年度省概算经列有各机关节余解库款科目，此项节余款似可不追列概算）。关于第四次大会增加旅费一万八千四百元，拟饬财厅俟准将前项节余款解库后，即在三十年度省预备金项下照数补拨该追加旅费，仍请提会核定。

（决议）照会计处签拟通过。

八、据教育厅签呈，据省立连县社教区呈缴二十九年度搬迁修葺添置等临时费支付预算书，列支一千零八十三元八角，请准由二十八年度中小学教师服务团经费节余项下拨还归垫，请核示等情，请公决案。

（会计处签拟）似可准以各机关以前年度经费节余款科目追列三十年度岁入概算，以补拨省立连县社会教育实验区二十九年搬迁修缮添置临时费科目追列三十年度岁出概算，饬该厅将二十八年度中小学教师服务团经费节余款办理抵解手续，仍请提会核定。

（决议）照会计处签拟通过。

九、据建设厅签呈，据公路处呈缴修理河西木桥预算书表，经分别将各项材料工值核减后应为一千六百六十五元，又修理渡车船工程费核减后应为二千二百七十五元二角，两项合计共为三千九百四十元零三角，请指款拨给等情，请公决案。①

（决议）照会计处签拟通过。

十、据建设厅签呈，拟三十年度筹设织造厂，织造各种布匹，计需资本金国币八万元，另流动资金约一十五万元，该项资本款拟同广东省银行息借，俟有收入，再行偿还，请核示等情，请公决案。

（决议）资金准向省行协商贷借，仍须拟具详细计划预算呈核。

十一、据建设厅签呈，据公路处呈缴抢修梅兴路路面工程费预决算书，表列支一千三百零五元五角，请核示等情，请公决案。

（决议）照案通过，款在本年度建设事业临时费项下开支。

十二、据教育厅签呈，据潮安县政府呈缴县立中学二十九年八月至十二月补助经费预算书，计共列支一千零四十八元，拟准在本年度收容由战区退出员生经费项下省校增班经费内如数拨支，请核示等情，请公决案。

（会计处签拟）查预算书列二十九年度八月至十二月份补助费一千零四十八元，此款教厅拟由二十九年度收容由战区退出员生经费项下省校增班经费内拨付，似可照准。惟现已届三十年度，上项补助费一千零四十八元，拟以各机关以前年度经费节余款科目追列三十年度岁入概算，以补拨潮安县立初级中学二十九年度补助费科目追列三十年度岁出概算，饬将二十九年度省校增班经费节余款办理抵解手续，以清款目，仍请提会核定。

（决议）照会计处签拟通过。

十三、准广东省动员委员会函，送本会干部讲习班追加经费支付预算书，列支二千四百九十六元二角二分，请照数拨付归垫等由，请公

---

① 会计处签拟略。

决案。

（会计处签拟）查该项追加经费既奉批已准在该会结束费项下拨支，自当遵办，惟查该会结束费系由省库拨发，该会本年度一、二两月份原核定经费预算数额每月四千元，两个月合共八千元，以为办理结束之用，经拨出一千元移交新任郑兼书记长为一、二月份动委会办公费，是项追加经费自可指定在动员会本年一、二月份经费项下支拨，仍请提会核定后，再行分别通知。

（决议）照会计处签拟通过。

十四、据本府战时通讯所签呈，本所暨所属电讯机构有调整必要，兹将调整编制意见，签请提会核定等情，请公决案。

（秘书处签拟）查关于战时通讯所签复调整三十年度该所及所属机关员额编制一案，大致尚无不合，至拟将原有技士（委任一级至荐任十一级）改称为主任技士（荐任十级至八级），不再设秘书一节，似属可行。又原拟组长官阶由委任二级至荐任十一级，拟改为委任三级至一级。请提会核定。

（决议）照案通过。主任技士及组长薪，仍照秘书处签拟办理。

十五、据本省粮食管理局呈，缴秘书吴景超、王爱常，科长巫琦、黎学显、肖祖强、冼家锐、胡业伟，视察姚之荣、何尔瑛、吴云鹤荐委表，请核赐给委等情，请公决案。

（决议）准予派代，薪仍照秘书处签拟办理。①

十六、黄委员（元彬）、罗委员、郑委员（丰）会复审查财政厅所缴查缉私货暨给奖事项补充办法一案意见，请公决案。

（决议）照审查意见修正通过。②

十七、据卫生处签呈，拟招收公共卫生人员训练班学员，编具招考费用预算书及简章，计列支三千三百元，请核准办理等情，请公决案。

（决议）照案通过。所需招考费用在本年度卫生事业临时费项下开支。

十八、据本省战时贸易管理处呈，缴运输组组长廖恩锡荐委表，请

---

① 原签拟附后，现略。

② 原审查意见附后，现略。

赐核委等情，请公决案。

（决议）照派代理，支荐任九级薪。

十九、据秘书处案呈，查清远县商民汤国金为不服清远税务局查定营业税之处分，提起诉愿一案，现经审查完竣，作成决定书，请提会核定等情，请公决案。

（决议）照案通过。

二十、高委员、刘委员（佐人）、郑委员（丰）会复审查财政厅签呈，为地税核定加倍课征，对于整理地籍县份应分别办理，拟定原则三点，请核夺一案意见，请公决案。[①]

（决议）照审查意见通过。

临时动议

密、据教育厅签呈，据省立勤勤商学院及该学院学生自治会先后呈称，该地物价奇昂，不能维持生活，且位置偏僻，交通梗阻又无机关银行以供学生实习，拟请迁校至韶关附近等情，查属实情。似应照准，并请拨给迁移及建筑费三万元，俾便筹划进行等情，请公决案。

（决议）照案通过，款在本年度省预备金项下拨支。

广东省政府第九届委员会
第二百零五次议事录

日　期　二月十四日

地　点　曲江本府

出席者　李汉魂　郑彦棻　邹　琳　黄麟书　郑　丰　刘佐人

列席者　杜之英　张宗良　何剑甫　伍崇厚　李仲仁

主　席　李汉魂

纪　录　（秘书）魏育怀　（参议）俞守范

---

① 审查意见略。

报告事项

一、奉广东绥靖主任电，据陆军五五八师捕获花县平山市伪维持会会员江××一名解署，经讯明依法判决，仰依法给奖等因。饬据秘书、会计两处签拟酌给五十元，该款拟由三十年度省总概算奖赏金项下开支等语，应准如拟办理。

二、准广东省动员委员会电，为规定：（一）前规定省库拨发之动员会经费多领二个月为结束经费，除请省政府转饬财政厅即行汇拨外，在未汇到前，准先由县垫发。（二）受训职员旅费可在该项结束费余款拨支，不足则由地方款拨付。两项办法，分饬各县局动员委员会遵照，请查明办理等由，经电饬财政厅将上项结束费分别查明即行汇发具报。

三、据财政厅签呈，请援案在省救济费项下拨给花县税务稽征所员役被敌焚毁衣物损失救济费共国币二百九十元等情，应准予照发，款在三十年度省总概算救济费项下开支。

四、据建设厅签呈，据公路处呈缴修理兴梅公路木桥涵预决算书表，列支一百九十五元二角。饬据会计处签称，查核尚无不合，似可准予在本年度建设事业临时费项下开支等语，应准如拟办理。

五、据建设厅签呈，据本省战时长途电话管理所呈缴移架韶市杆线预算书图，列支四百七十八元四角，饬据会计处签称，似可姑准照列，款拟在该所三十年度业务费项下开支等语，应准如拟办理。

六、据省振济会呈缴本会第四医疗队二十九年度建搭棚厂支付预算书，列支三百五十八元。饬据会计处签称，既据该会核明需要，似可准在该会赈款项下拨支等语，应准如拟办理。

七、据省振济会呈缴韶关空袭紧急联合办事处加强韶关消极防空设备费支付预算书及办法，需款一万七千六百元。饬据会计处签称，既据该会核明尚属需要，该款由赈款项下开支，似可照准等语，应准如拟办理。

八、据省振济会呈缴博罗难民垦殖管理处遣散难民及运送返韶安置临时费支出预算书，列支二千八百六十元。饬据会计处签称，核尚需要，除照原拟办法将所有耕牛四只及各项农具拍卖可得一千五百元，暨由节余垦殖费拨支五百元外，其不敷部分八百六十元，拟饬由振款拨足，所请该处经费在各难民未返抵安置地点期内，仍予照拨一节，自毋庸议，以清款目等语，应准如拟办理。

九、据本省粮管理局补呈建筑曲江县属河边厂新仓六座工程费预算书合约。饬据会计处签称，查手续尚称完备，所需工程费国币二万三千五百二十二元七角，较前本府核定预算实减支二百一十二元四角四分，此项支出数目既经变更，拟请报会备案后予以存转等语，应准如拟办理。

十、据本省战时贸易管理监察委员会呈缴三十年度由一月份至三月份员役生活补助费预算书册，共支六百九十元，款在本省战时贸易管理处营业基金项下开支。饬据会计处签称，核数相符，似可照准等语，应准如拟办理。

十一、据会计处签呈，查本处派员赴渝受训乘民航机票价费，业奉核定在二十九年度各款节余经费开支，惟现在已届三十年度，该款拟在三十年度省概算行政支出款下追列补拨会计处二十九年度派员赴渝受训乘民航机票价科目拨支，由本处以二十九年度补助计政系第二期学员来韶受训旅费节余项下抵解，并照数在三十年度省概算其他收入款下追列各机关节余解库款科目等语，应准如拟办理。

十二、据会计处签呈，查本省二十八年度省地方普通岁入岁出总决算编制办法暨各种决算书表格式及说明关于办法由第三、四、五、六各条所规定之送达期限，现均已过去，为适应事实起见，拟分别酌予修改等情。经准如拟办理，分饬所属遵照。

十三、据会计处签呈，为本省三十年度省总概算内列文化事业费数目三十万元，笔误为三万元，由政工总队数目二十六万五千七百五十二元，笔误为二十五万六千七百五十二元，兹经校正后数目共增二十七万九千元，应在岁出经常门常时部分第十五款预备金科目照数冲正（即预备金原列一百六十八万八千五百零八元应改正为一百四十万九千五百零八元），俾对预算总额五千九百九十四万零三十三元数目仍无变更等情，应准如拟办理。

十四、据会计处签呈，准秘书处函送本府二十九年十至十二月份支出特别经费基金数目表，查列支各数核与本府特别经费基金处理办法第五条规定尚无不合，拟请准予报会等情，应准如拟办理。

十五、据韶关新住宅区建设委员会呈，为本会员役恳请准予同一待遇领支生活补助费等情。饬据会计处签称，查所请尚具理由，似可照准，惟查该会生活补助费本应在该会建筑基金项下拨给，但该会基金事前经已分配用途，兹为变通处理，拟准在该会经费节余部分开支，其员役生活补助费并拟照前颁办法第二项发给等语，应准如拟办理。

十六、据开建县政府呈，为物价腾贵，开怀、南大两电话线同时架设，筹措困难，拟先架设开怀线，编具更正架设开怀电话线路工料费预算书，列支二千一百八十四元。饬据会计处签称，似可照准，除本府第一七三次会议核定拨助国币一千元，应饬财厅查案速拨应支外，余一千一百八十四元，应由该县筹支，将来源报核等语，应准如拟办理。

十七、据从化县政府呈缴故民温三九、黄和德、赖宏周、黄社满等四名请恤事实表，饬据秘书、会计两处签拟依人民守土伤亡抚恤实施办法之规定，各给一次过恤金八十元，共三百二十元，拟在三十年度省总概算恤金项下开支，年抚金各五十元，每年共二百元，由三十一年起至四十年止每年列入省总概算内等语，应准如拟办理。

十八、据财政厅、会计处签呈，拟对于二十八、二十九年度省款收支延期至本年三月底结束，附缴办法，请核示等情，应准如拟办理。

讨论事项

一、据财政厅签呈，拟将前核准由公路处征存汽车养路费收入项下拨还卸琼崖公路专员李月恒等借欠琼崖守备司令部及九区专署款九百五十八元，在二十九年度建设事业支出项下开支，由公路处将在征存汽车养路费收入项下汇还之数，以二十九年度其他收入科目抵解，请核示等情，请公决案。

（会计处签拟）似可照准，惟现在已届三十年度，上项拨还之款九百五十八元，拟以什项收入科目追列三十年度岁入概算，以补拨琼崖公路专员二十八年度临时费科目追列三十年度岁出概算，饬公路处将二十九年度征存汽车养路费办理抵解手续，以清款目，仍请提会核定。

（决议）照会计处签拟通过。

二、据建设厅签呈，拟于三十年度筹设省营面粉厂。利用本省及湖南小麦制造面粉。预计资金国币一十八万五千零七十五元，向广东省银行借款办理。拟具计划及资本支出预算，请核示等情，请公决案。

（秘书处签拟）查设置省营面粉厂，系属需要，惟现拟计划：

（一）系利用本省及湘南小麦制造，究竟现在本省有小麦数量多少，倘大部仍靠湘南接济，则其成本与运销湘面粉比较孰为经济，应予注意。（二）开办费十八万余元，系拟向省行借款开办，惟每月经常费十二万余元，及流动资金未据列明，究竟如何筹措，及如何周转。（三）配件设备中之皮带婆司筛绢及白钢丝布等项损耗甚速，折旧时间不及四年，应酌列入经常预算。（四）成本计算未列入借款付息及投资利息两项，应照改正编列营业预算。

（会计处签拟）本案经本府秘书处核复意见四点，似可饬建厅参照改正另编合式营业概算书呈核。至面粉厂如属需要，为迅速将事计，拟请先提会核定，并请一并决定息借资金数额（原呈拟资金十八万余元）。

（决议）照秘书、会计两处签拟通过。

三、据建设厅签呈，据公路处呈缴抢修杉木坳一带崩泻斜坡工程费支付预算书表，列支一千六百八十八元，查核尚属需要，似可准予照列，请指款拨发归垫等情，请公决案。

（决议）保留。

四、据建设厅签呈，据公路处呈缴抢修忠信桥及其附近路基路面工程费预算书件，列支一万二千八百四十一元四角八分，查核尚属需要，似可准予照列，请指款拨给归垫等情，请公决案。

（决议）保留。

五、据建设厅签呈，据公路处呈缴抢修杉木坳路面工程费支付预算书表，列支二千五百二十九元六角，查核尚属需要，似可准予照列，请指款拨给归垫等情，请公决案。

（决议）保留。

六、准广东省军管区司令部函，送三十年度本省国民兵团队暨附属经费支付预算书，每月共列支五十七万九千一百七十九元三角二分，请查照迅予核定等由，请公决案。

（决议）照会计处签拟通过。（签拟附后）

密七、据会计处案呈，查本府暨有关机关驻韶职员眷属输送委员会编呈广东省政府暨有关机关驻韶职员眷属输送总分站经费预算，列支七千三百八十二元，请饬财政厅拨发一案，经第一九五次会议照案通过在案。此项经费无从在迁移临时费项下分摊，应否核定在省预备金项下垫付抑俟各机关迁移临时费预算核定后饬各机关分摊之处，请核示等情，请公决案。

（决议）照案通过。款在本年度省预备金项下开支。

八、据会计处案呈，查始兴县三十年度概算经参酌各厅及卫生处意见分别整理核编完竣，计岁入为二十三万五千二百零五元，岁出为二十六万四千零五元，不敷二万八千八百元，该项不敷数似应由三十年度省概算实施新县制经费补助款科目照数拨补，俾资平衡，请提会核定公布施行等情，请公决案。

（决议）照案通过。

九、据会计处案呈，查阳山县三十年度县地方岁入岁出总概算经参照各厅处审核意见分别整理核编完竣，计岁出为二十八万七千零二十元，岁入为二十七万七千四百二十元，比对不敷九千六百元，该项不敷数似应由本年度省总概算实施新县制经费补助款科目核给补助，俾资平衡，请提会核定公布施行等情，请公决案。

（决议）照案通过。

十、据会计处案呈，查连县三十年度地方岁入岁出总概算经参酌各厅及卫生处意见分别整理核编完竣，计岁入岁出改列各为六十万零八千八百八十八元，请提会核定公布施行等情，请公决案。

（决议）交刘、邹、黄（麟书）三委员审查，由刘委员召集。

十一、据会计处案呈，查连山县三十年度地方总概算，经参酌各厅及卫生处意见分别整理核编完竣，计岁入为一十四万六千四百四十六元，岁出为一十六万四千四百四十六元，比对不敷一万八千元，该项不敷数似应由本年度省概算实施新县制县份补助款科目照数核拨，俾资平衡，请提会核定公布施行等情，请公决案。

（决议）照案通过。

十二、据会计处案呈，查曲江县地方二十九年度岁入岁出第三次追加概算，计岁入岁出各追列为一万一千三百九十五元，经民财两厅审核签注拟准照列，似应如各该厅拟准予追加，请提会核定公布施行等情，请公决案。

（决议）照案通过。

十三、据建设厅签呈，据公路处呈缴杨河湾周背陂等桥梁工程预决算书表，列支建筑韶兴路凉桥第二号桥及杨河湾桥工程费八千三百七十二元二角三分，又抢修韶兴线马坝至三华各项工程费六千八百四十元零五角，两共列支一万五千二百一十二元七角三分，请指款拨发归垫等情，请公决案。

（决议）保留。

十四、据卫生处签呈，据卫生试验所呈缴三十年度购置手术衣图书油印机预算书，列支二千零五十元，款由该所二十九年九月至十二月份经费节余项下开支，查尚需要，核数相符，请核示等情，请公决案。①

（决议）照会计处签拟通过。

十五、据会计处签呈，编具本省二十九年度追加减省地方普通总概算书，计岁出部分共为一千四百四十一万九千三百一十六元零一分，岁入部分共为一千三百九十三万二千五百三十三元七角二分，收支比对不敷四十八万六千七百八十二元二角九分，此项不敷数，拟暂以"其他借款"收入列抵，以求平衡，请提会核定分别通知办理等情，请公决案。

（决议）照案通过。

十六、据卫生处签呈，为本处招收公共卫生人员训练班，关于招考学员旅费奖学金，拟酌予津贴。编具旅费奖学金补助费预算书，列支一万二千九百二十元，拟在本处本年度事业费项下开支，请核示等情，请公决案。

（决议）交刘委员审查。

十七、据省立临时医院呈，为增加建筑病室及添置家私用具共需款一万四千四百一十六元七角，拟在属院二十九年度经常费节余项下拨支，请核示等情，请公决案。

（会计处签拟）似可照准，惟现在已届三十年度，拟以各机关以前年度经费节余款科目追列三十年度岁入概算，以补拨省立临时医院二十九年度建筑设备临时费科目追列三十年度岁出概算，饬该院将二十九年度经费节余款办理抵解手续，仍请提会核定。本案如经核定后，并拟饬

---

① 会计处签拟略。

依照审计法施行细则第三十八条至四十条规定手续办理，及补编预算书三份呈府核转。又该院二十九年度经费节余款，除抵解上项建筑添置费外，如尚有余额，应即扫数解库具报。

（决议）照会计处签拟通过。

十八、据高要县政府呈缴二十九年十月至十二月份行政费支付预算书，请准依照广东省实施县各级组织纲要财政划分补助办法规定，拨助两个月经费，请核示等情，请公决案。[①]

十九、据本省驿运管理处呈缴总务科科长冯炳基荐委表，请核赐给委等情，请公决案。

（决议）照派代理。

二十、据会计处签呈，查本省地方部队依照三十年陆军暂行给与规则所规定，支给追加经费一案，除保安部队等各单位已列送预算核定增拨外，其余未据列送预算，及应增拨经费各单位，现拟根据原定编制预算，代为估算，列具清表，请核示等情，请公决案。

（决议）照案通过。

二十一、据会计处签呈，查各县国民兵团队待遇改照中央现颁给与支给，应需增加经费如何筹措，及粮饷划分食粮公〔供〕给应如何实施案，经遵饬召集军管区司令部及财政厅会同商议拟定办法，请鉴核。自本年三月份起，由省库每月增拨军管区司令部国民兵团队追加经费一万五千元，拟在三十年度省岁出概算调整机构补助公务员生活费科目开支等情，请公决案。

（决议）照案修正通过。[②]

二十二、据建设厅签呈，查建筑递牛公路一案，业奉第七战区司令长官司令部核准照办，该路关系运输，亟应兴筑，拟请先在三十年度建设事业支出项下拨付五万元施工，请核示等情，请公决案。

（决议）交郑委员（彦棻）审查。

二十三、据建设厅签呈，查韶兴公路连平山及忠信山路段须加建涵洞一百个，约需工程费十万元。又建造大江桥渡车船两艘，每艘七千三

百元，共一万四千六百元，该款拟在三十年度建设事业支出项下照给应支，请核示等情，请公决案。

（决议）照案通过，仍将计划预算详拟呈核。

二十四、准广东省军管区司令部电送本省国民兵身份证实施办法草案，及国民兵役证改用国民兵身份证办法，盘查哨流动清查队各设置办法暨守则，请会衔分别咨呈内政部长官部并饬属遵照等由，经召集各有关机关代表开座谈会，分别将原办法守则修正，请公决案。

（决议）原则通过。交有关机关准备另行定期实施，经费呈请中央补助。

广东省政府第九届委员会
第二百零六次议事录

日　期　二月十八日

地　点　曲江本府

出席者　李汉魂　郑彦棻　邹　琳　高　信　郑　丰　刘佐人
　　　　黄麟书

列席者　杜之英　何剑甫　李仲仁　伍崇厚

主　席　李汉魂

纪　录　（秘书）魏育怀　（参议）俞守范

报告事项

一、据陆军暂编第二军司令部电，准广东省保安司令部电，前保安第六团缉获纠众抢劫银物匪徒陈木荣一名，经讯明呈奉绥署核准执行枪决，应给赏毫券一百元，请查照发给等情。饬据秘书、会计两处签称，该项赏金毫券一百元，拟照新率七成伸合国币七十元，在三十年度省概算奖赏金项下开支等语，应准如拟办理。

二、据民政厅签呈，据省警总队呈缴第三大队移驻东江淡水行军费预算书，列支二百五十二元八角，请核示等情。饬据会计处签称，尚无不合，惟查该总队二十九年度节余经费，据报共二千四百九十三元七角

574

三分，案经本府第二〇二次核定拨支该总队二十九年度增加长警薪饷用途，前项行军费似可准由省库拨还，款在三十年度省预备金项下开支等语，应准如拟办理。

三、据省振济会呈，据韶市义民招待所呈请电话材料费价款一百一十一元四角，拟在二十九年度经常费节余项下开支等情。饬据会计处签称，既据该会核明属实，似可照准等语，应准如拟办理。

四、据省振济会呈，据本会救济总队呈缴增设坪石药库二十九年十月至十二月份经费支付预算书，月列八十五元，十至十二月止三个月共二百五十五元，饬据会计处签称，核尚需要，该款拟在三十年度省总概算岁出经常门临时部分保育及救济支出款下追列补拨救济总队临时费科目，以该队二十九年度节余经费抵拨，一面追加三十年度省总概算岁入经常门临时部分其他收入款下各机关节余解库款科目等语，应准如拟办理。

五、据南路行署呈，据无线电台送电台领班王润荣等奉派合浦分台协助工作旅费预算书，列支二百九十四元，饬据会计处签称，核尚需要，该款拟在三十年度省总概算岁出经常门临时部分行政支出款下追列补拨南路行署临时费科目，以该署电讯室二十九年度节余经费抵拨，一面追加三十年度省总概算岁入经常门临时部分其他收入款下各机关节余经费解库款科目等语，应准如拟办理。

六、准中国国民党广东省执行委员会函，以本会经费月增二万五千元，除特别费三千元外，经本会决定各县市党部占一万四千八百元，省党部占七千二百元，又各县市党部一月份增加经费一万四千元，划入特别费，请查照分配等由。饬据会计处签称，拟照所请更正数目作为预算科目流用办理，计即在三十年度省总概算岁出经常门常时部分政权行使支出款下各县市党部经费科目划出一万三千二百元，暨党务特别费科目划出一千二百元流用，为省党部经费（省党部经费原二十六万四千元，流用后实际共为二十七万八千四百元；各县市党部经费原六十五万一千二百元，流用后实为六十三万八千元；党务特别费原五万二千元，流用后实为五万零八百元）事关省预算科目流用，请报会备案办理等语，应准如拟办理。

七、据会计处案呈，关于广东各界春节劳军运动筹备会由本府担负经费四百元一案，是项经费拟在三十年度省预备金项下开支等情，应准如拟办理。

密八、据第四区行政督察专员呈缴增城县府加强破坏公路预计算书类，列支九千二百二十一元四角。饬据会计处签称，所列工程部分经建设厅核明尚无不合，原列各数似可准照列支，在本府八十六次会议核定由二十八年度建设事业支出项下拨付一万元额内开支，比对尚余七百七十八元六角之款，拟饬返纳入库等语，应准如拟办理。

九、据本府警卫营报告，第二连故兵杨雄埋葬费二十元零五角，请发还归垫等情。饬据会计处签称，核与规定超越五元五角，惟目前物价昂贵，若按规定支给，似感困难，拟请姑准照数列支，该款为数无多，拟饬在该营三十年二月份经费节余项下开支等语，应准如拟办理。

十、据民政厅签呈，缴本厅三十年度一至三月份员役领支生活补助费预算书册。饬据会计处签称，查书列月支三千一百三十元，三个月共列支九千三百九十元，查核尚合，拟准照拨，款在三十年度调整机构补助公务员生活费项下开支等语，应准如拟办理。

十一、据本府行政效率促进委员会呈缴三十年度一至三月份员役生活补助费预算书册。饬据会计处签称，查一月份列支九百三十元，二、三两月份每月列支七百八十元，三个月共二千四百九十元，查核尚合，拟准照拨，款在三十年度调整机构补助公务员生活费项下开支等语，应准如拟办理。

十二、据教育厅签呈，缴三十年度一至三月份员役生活补助费预算书册。饬据会计处签称，月列三千二百九十元，三个月共列支九千八百七十元，查核尚合，拟准照拨，款在三十年度调整机构补助公务员生活费项下开支等语，应准如拟办理。

十三、据本省粮食管理局呈缴二十九年度由五月份起至九月份止梅菉转输站及米仓职员米津预算书册，计五个月共列支六十七元五角。饬据会计处签称，似可准予存转，款在救济米荒基金项下开支等语，应准如拟办理。

十四、据本省粮食管理局呈缴本局东路行车辆粮食销售处二十九年度十二月份员役米津预算书册，列支三十二元。饬据会计处签称，似可准予存转，款在救济米荒基金项下开支等语，应准如拟办理。

十五、据省振济会呈，据本会儿童教养院呈缴二十九年八月份各院队员役米津预算书册。饬据会计处签称，共列支一千四百九十八元五角四分，既据该会核明相符，款在赈款项下开支，复核数目亦合，似可照准等语，应准如拟办理。

十六、据本省连连阳乳建设委员会电缴本会三十年度由一月至三月份员役生活补助费预算书册，月列八十元，三个月共二百四十元。饬据会计处签称，查核尚合，拟准照拨，款在三十年度调整机构补助公务员生活费项下开支等语，应准如拟办理。

十七、据会计处电缴三十年度一月至三月份员役生活补助费支付预算书册，月列二千七百元，三个月共列支八千一百元，查核尚合，应准照拨，款在三十年度"调整机构补助公务员生活费"项下开支。

十八、据海丰县政府呈缴该县防空监视哨二十九年十一月份至十二月份止官兵夫米津预算书册，月列二十六元，两个月共五十二元。饬据会计处签称，现二十九年度业已结束，该款拟在三十年度省预备金项下开支，拨还归垫等语，应准如拟办理。

十九、据潮阳县政府呈缴无线电潮阳分台二十九年十至十二月份员役米津预算书册。饬据会计处签称，该县系米贵地区，书列月支七十二元，三个月共列支二百一十六元，查核尚合，拟准照拨，款在三十年度省总概算内调整机构补助公务员生活费科目项下开支等语，应准如拟办理。

二十、据第六区行政督察专员呈缴该署及情报组三十年度一至三月份员役生活补助费支付预算书册，月列一千一百九十元，三个月共列三千五百七十元。饬据会计处签称，查核尚合，拟准照拨，款在三十年度调整机构补助公务员生活费项下开支等语，应准如拟办理。

讨论事项

一、据建设厅签呈，据本省战时长途电话管理所呈缴二十九年度复写收据等印刷费预算书，列支一千八百三十六元，核尚需要，似可准予在本年度预备金项下拨支，由该所话费收入抵解，请核示等情，请公决案。

（会计处签拟）似可饬在该所三十年度营业基金项下拨支（该所三十年度经费已由营业基金内划拨上项印刷费，似亦应在营业基金项下开支），仍请提会核定。

（决议）照会计处签拟通过。

二、据建设厅签呈，据合作事业管理处呈缴三十年度修建茅棚及设备费概算书，列支四千四百四十一元，拟于二十九年度经费剩余项下拨支，查尚需要，似可准予列支，所需经费，拟请在三十年度省预备金项下拨支，请核示等情，请公决案。①

（决议）照会计处签拟通过。

三、据建设厅签呈，审核仁化县地方二十九年度追加概算书表与案相符，似应准予照案在省预备金项下拨支等情，请公决案。

（决议）准予照案追加。

四、据建设厅签呈，据阳江船务管理所呈缴印刷二十九年及三十年度船照临时费支付预算书，列支九百一十元，查属核实，拟准予在船税收入项下开支抵解，请核示等情，请公决案。②

（决议）照会计处签拟通过。

五、据第一区行政督察专员呈，转缴恩平县阳春县双线式长途电话里程材料约数表，请核准援照阳春段成案一律拨款构筑等情，请公决案。

（会计处签拟）查该段路线关系南路四邑联络至为重要，似宜从速兴工完成交通线网。惟恩平县既无的款，且乏此等器材，该项工料费，似可准在三十年度建设事业临时费项下开支，并准先酌拨三千元，饬即施工，拟请提会核定。

（决议）照会计处签拟通过。

六、据兴宁县政府电，缴二十九年度十月一日起实施新县制省库补助县府及区署增加经费两个月预算书，计共一万一千五百二十二元，请按月补拨等情，请公决案。

（决议）照案通过，款在本年度实施新县制经费补助款项下拨支。

密七、据惠来县政府呈，据海岸监视哨所呈，请转呈加薪，以维生

---

① 会计处签拟略。

② 会计处签拟略。

活，请核示等情，请公决案。①

（决议）照会计处签拟通过。

八、据会计处案呈，查陆丰县地方二十九年度岁入岁出第二次追加概算，计收支各追列为五千五百三十一元，既经财厅核无不合，复核亦属洽当，拟准予追加，请提会核定公布施行等情，请公决案。

（决议）照案通过。

九、据会计处案呈，查普宁县地方二十九年度第二次追加概算，计岁入岁出各追列为一万元，岁入营业税留县款经财厅审核似可照列，其他收支追列各数，亦属洽当，拟准予追加，请提会核定公布施行等情，请公决案。

（决议）照案通过。

十、据会计处案呈，查乳源县三十年度地方岁入岁出总概算，经参照各厅处审核意见，分别整理核编完竣，计岁出为一十八万八千二百三十五元，岁入为一十七万八千三百九十五元，比对不敷九千八百四十元，前项不敷数，似应由本年度省总概算实施新县制经费补助款科目核给补助，俾资平衡，请提会核定公布施行等情，请公决案。

（决议）照案通过。

十一、据会计处案呈，查开建县地方二十九年度岁入岁出第二次追加概算，经分别各厅及本处意见核减后，均各应列为九千三百零三元，请提会核定公布施行等情，请公决案。

（决议）照案通过。

十二、据建设厅签呈，关于派员遵令详查本省长途电话管理所二十九年度上半年实支数五万零一十二元三角二分，比对原核定二万六千八百五十元实超支二万三千一百六十二元三角二分经过情形，请迅核定，以利报销等情，请公决案。

（会计处签拟）此项超出原核定预算之数，既据该厅查明增支原因，复核预算内所列各项数目，除员工薪饷额数与该所前缴实支薪饷明细表尚无不合，暨办公费购置费修养费等项系属必需支出外，关于特别办公费一项，据列支六百元，查与本府核定该所二十九年下半年度预算

---

① 会计处签拟略。

列支特别办公费六百元之数亦尚无超过，似亦可准照列。惟现在已届三十年度，此项增加经费二万三千一百六十二元三角二分，拟准在三十年度省总概算建设事业临时费项下开支，以该电话管委会二十九年度话费收入抵解，饬办理抵解手续，仍请提会核定。

（决议）照会计处签拟通过。

十三、据省振济会呈复，关于救济总队二十九年度由四月份起至十二月份止追加经常费每月一千四百二十九元八角，拟在本会接收前粤北战地各县振济工作队总队部移交余存项下拨支，请核示等情，请公决案。

（会计处签拟）似可照准，该款由二十九年四月起至十二月止，共九个月，合计一万二千八百六十八元二角，拟在三十年度省总概算岁出经常门常时部分保育及救济支出款下追列补拨救济总队经费科目，以该会接收前粤北战地各县振济工作总队部移交余存款项下抵拨，一面追加三十年度省总概算岁入经常门临时部分其他收入款下各机关经费节余解库款科目。请提会核定。

（决议）照会计处签拟通过。

十四、据本府印刷所呈缴三十年度一至三月份员工生活补助费预算书册，月列二千三百三十元，三个月共列六千九百九十元，请核示等情，请公决案。

（会计处签拟）查现呈补助生活费预算书册计列职员三十八人，工人一百五十七人，核与前呈编制名册数额相符，依照前项办法之规定，公务员每员每月应发生活补助费二十元，工役应发十元，惟查该所员工原定一律由所供膳，核与普通公务员役待遇不同，其生活补助费似未便悉【照】前项办法办理。兹拟职员每月酌给十元，工人月给五元，一至三月份月应支一千一百六十五元，三个月共三千四百九十五元，此款据称在该所业务费项下开支，列入营业支出，似可准予照列，仍请先提会核定后，将原书表发还改正，再行呈转。

（决议）照会计处签拟通过。

十五、据建设厅签呈，缴工业试验所仪器仓租二十七年十月至二十九年十二月份止支付预算书表，计共五千八百八十四元三角，款请在本年度预备金基项下列支，即由前任移交钨砂应解库款抵解，请核示等情，请公决案。

（决议）照会计处签拟通过。

十六、邹委员函复审查建设厅农林局各县农业指导工作站经临费一案意见，请公决案。

（审查意见）查农林局各县农业指导工作站经临费，既据建设厅呈复无从筹补，似可如会计处所拟，将该厅三十年度岁入概算所列造林经费余款剔出移拨还为本年度农业工作站经常费，仍饬编列各项书表呈核。

（决议）照审查意见通过。

十七、据建设厅呈缴合作事业管理处视导组组长杨溯溥去职报告表，及新任视导组组长欧阳汇荐委表，请分别任免等情，请公决案。

（决议）照案通过。

十八、据本府行政效率委员会案呈，查本府三十年度施政计划业经印发颁行，现教育厅拟请增删战时通讯所，拟请补编前来，请另案核准，分别饬遵等情，请公决案。

（决议）交刘、高、郑（彦棻）三委员审查，由刘委员召集。

十九、据本府行政效率促进委员会呈缴修正本会组织章程办事细则，会议规则，请提会议决施行等情，请公决案。

（决议）交黄（麟书）、邹、郑（丰）三委员审查，由黄委员召集。

二十、郑委员（彦棻）函复审查建设厅签请拨款五万元兴筑递牛公路一案意见，请公决案。

（决议）着建设厅尽于本月内将计划预算详拟呈核后，再拨款兴工。

广东省政府第九届委员会
第二百零七次议事录

日　期　二月二十一日

地　点　曲江本府

出席者 李汉魂　刘佐人　邹　琳　黄元彬　郑彦棻
列席者 杜之英　伍崇厚　何剑甫
主　席 李汉魂
纪　录 （秘书）魏育怀（科长谢乐文代）　（参议）　俞守范

报告事项

一、准军管区司令部电送二十九年粤北十四县国民兵团后备基干队开办费集训平时经费米津支付预算书，共列支一十三万四千三百七十九元，请查照核转等由。饬据会计处签称，该款似可照案在军管区司令部经管二十九年度国民兵团队经费节余项下开支等语，应准如拟办理。

二、准广东全省保安司令部电送保安第一团第三营第七连故兵欧阳增抗战阵亡各种书表。饬据秘书、会计两处签拟按照陆军平战时抚恤暂行条例规定，发给一次过恤金一百二十元，在三十年度省岁出概算保育及救济支出款内恤金科目开支，并给遗族年抚金六十元，给予二十年为止，自三十一年度起，递年编入省概算拨支等语，应准如拟办理。

三、据财政厅签呈，转缴徐闻税务局二十九年催征营业税旅费预算书，列支一百二十元，款在该局二十九年度经费节余项下开支等情。饬据会计处签称，核属需要，该款拟在三十年度省总概算岁出经常门临时部分财务支出款下追加补拨徐闻税务局临时费科目，以该局二十九年度经费节余项下抵拨，一面追加三十年度省总概算岁入经常门临时部分其他收入款下各机关节余经费解库款科目等语，应准如拟办理。

密四、据建设厅签呈，据农林局请迅核定二十九年度连县后方办公地点修葺临时费预算，请核示等情。饬据会计处签称，查预算列支一千五百七十元，除前经准拨一千二百元外，计应追加三百七十元，拟准照发，款在三十年度省预备金项下补拨等语，应准如拟办理。

五、据建设厅签呈，据北江船务管理所呈缴员工遣散费预算书册，列支二百八十一元，似可准予在船税收入项下垫支抵解等情。饬据会计处签称，查核尚无不合，该款拟准在三十年度省预备金项下开支，并准由该所将船税收入款抵解等语，应准如拟办理。

六、据建设厅签呈，据公路处呈缴第五养路队装设电话工料费支付预算书，列支二百一十九元八角。饬据会计处签称，既经建设厅查明尚属需要，拟准以各机关以前年度经费节余款科目追列三十年度岁入概算，以补拨公路处第五养路队装设电话临时费科目追列三十年度岁出概算，饬该队将二十九年度经费节余款办理抵解手续等语，应准如拟办理。

七、据省振济会呈，转缴乐昌县振济会义民收容所设备费预算书，及二十九年八月至十二月份经常费预算书表。饬据会计处签称：查书列设置干事一员，月支三十五元，八至十二月共列一百七十一元，又查设备费预算书列支设备费三百元，均经振济会核准在前拨乐昌县抚济费二千元内酌量拨用，似可照准等语，应准如拟办理。

八、准第七战区战时粮食管理处函送本处二十九年度临时修缮费支付预算书，列支一百九十四元五角，拟在陈前任节余经费及前广东省粮食委员会节余经费两项拨支，请查照等由。饬据会计处签称，核属需要，该款拟在三十年度省总概算岁出经常门临时部分普通协助及补助支出款下追列补拨七战区粮管处临时费科目，以该处陈前任节余经费暨省粮委会节余经费项下抵拨，一面追加三十年度省总概算岁入经常门临时部〈部〉分其他收入款下各机关节余经费解库款科目等语，应准如拟办理。

九、据第七区行政督察专员电，拟将原拟设立"谢鸡""大路坡""石骨""三甲"通讯中继所四所裁撤，其余"速界""振文""大坡""大八"四所经费，酌定为二百七十元，材料费二百零九元二角，什费五十二元八角，临时费八十元，合共六百一十二元，以期适合核定数额等情。饬据会计处签称，似可照准。至开办费原定八所，现既裁撤四所，本府前后拨付之开办费，自有余额，拟饬查明扫数返纳等语，应准如拟办理。

十、据本省战时贸易管理处呈缴本处与省行签订透借国币五十万元合约，请察核备案等情。饬据会计处签拟准予备案等语，应准如拟办理。

十一、据本省战时贸易管理处呈缴三十年度经常费岁出预算书表，每月列支二千零四十一元，由三十年一月至十二月共列支二万四千四百九十二元，饬据会计处签称，核尚符合，拟准照列，该项经费饬由省战时贸易管理处列入该处业务费项下按月拨支等语，应准如拟办理。

十二、据本府警卫营呈，缴三十年度一月份支付士兵埋葬临时费预算书，列支三十元。饬据会计处签称，查警卫营现呈第一连中士班长杨秀英及二等列兵李振兴病故埋葬费预算一次过列支国币三十元，核与规定尚合，该款为数不多，似可准在该营本年一月份经费节余项下开支等语，应准如拟办理。

十三、据建设厅签呈，据北江船务管理所呈缴三十年一月份员役应领生活补助费预算书册，列支二百四十元，所请在船税收入项下坐支抵解，似可照准。饬据会计处签称，该所奉令于本年一月底结束，书列生活费核尚符合，拟准照拨，款在三十年度调整机构补助公务员生活费项下开支，并准在该所船税收入项下坐支抵解等语，应准如拟办理。

十四、据省振济会呈，转缴第六振济区三十年一至三月份员役生活补助费支付预算书册，月支七十元，三个月共支二百一十元，饬据会计处签称，查核尚合，拟准照拨，款在三十年度调整机构补助公务员生活费项下开支等语，应准如拟办理。

十五、据本省粮食管理局呈缴三十年一月至三月份员役生活补助费预算书册。饬据会计处签称，查书列月支二千四百一十元，三个月共七千二百三十元，查核尚合，拟准照拨，款在三十年度调整机构补助公务员生活费项下开支等语，应准如拟办理。

十六、据本府桂林通讯处呈缴三十年度一至三月份员役生活补助费预算书册，月支一百三十元，三个月共支三百九十元。饬据会计处签称，查核尚合，拟准照拨，款在三十年度调整机构补助公务员生活费项下开支等语，应准如拟办理。

十七、据本省救护委员会呈缴三十年度一至三月份员役生活补助费预算书册，月支一百六十元，三个月共支四百八十元。饬据会计处签称，查核尚合，拟准照拨，款在三十年度调整机构补助公务员生活费项下开支等语，应准如拟办理。

十八、据本省战时贸易管理处呈缴省会公务员供应社追加二十九年度十一十二月份员役米津预算书册。饬据会计处签称，查该社既于二十九年十一月份增雇售货员及服务生共六名，现呈预算书两个月米津共列三十二元，似可准予增拨，款在该社二十九年营业基金项下开支等语，应准如拟办理。

584

讨论事项

一、准广东省临时参议会函送二十九年下半年度特别临时费支付预算书单据，列支五千二百二十八元七角四分，请查照办理等由，请公决案。

（会计处签拟）据送临时费预算书列支五千二百二十八元七角四分，核属需要，该款拟在三十年度省总概算岁出经常门临时部分立法支出款下追列参议会临时费科目，以该会历次大会参议员出席旅费节余项下抵拨，一面追加三十年度省总概算岁入经常门临时部分其他收入款下各机关节余解库款科目，请提会核定。

（决议）照会计处签拟通过。

二、据本府南路行署呈缴三十年一月份结束费预算书，列支八千三百零一元，请核示等情，请公决案。

（决议）照案通过，款在本年度省预备金项下开支。

三、据秘书处签呈，缴二十八年度宣慰海外侨胞临时费支付预算书，共支二万七千五百四十九元零八分，除将教育厅拨交之二万元支付外，计仍垫支七千五百四十九元零八分，可否仍准在补助侨教费节余项下拨付归垫，抑另行指款开支，请核示等情，请公决案。

（决议）准在二十八年度补助侨教费节余项下拨付。

密四、据公路处呈，缴修复南雄县城至机场公路桥涵预算书图载，列支四千六百四十四元四角二分，请由库将款拨还归垫等情，请公决案。

（决议）照案通过。款在本年度建设事业临时费项下开支。

五、准广东省临时参议会函，为本会第四次大会李参议员浴日提议，请省政府拨定专款设置学术奖金，以发扬文化一案。经决议，照原案修正通过。送请省政府办理在案，录案请查照办理等由，请公决案。

（决议）原则通过，送文化运动委员会统筹办理。

六、准广东高等法院电，转送灵山地方法院二十八年度建筑钟秀岩监狱临时费预算书，列支一千一百九十六元七角三分，除由灵山县拨款六百元外，不敷之款五百九十六元七角三分，拟在二十八年度本院巡回审判推事节余经费项下拨支，请查照办理等由，请公决案。

（会计处签拟）似可照办，惟现在已届三十年度，上项垫款五百九十六元七角三分，拟以各机关以前年度经费节余款科目追列三十年度岁入概算，以补发灵山地方法院二十八年度建筑临时费科目追列三十年度岁出概算，请该院将二十八年度本院巡回审判推事节余经费办理抵解手续，仍请提会核定。

（决议）照会计处签拟通过。

七、准军管区司令部电，为本部派员视察东江团队整训及调查当地粮食情形，计支出旅费一千三百一十七元七角，款在本部经管二十九年度团队经费节余项下拨支，请查照等由，请公决案。

（决议）照案通过。

八、据教育厅签呈，拟在二十九年度省校增班经费项下拨付私立世德农业职业学校二十九年八月至十二月增班经费七百八十五元，请核示等情，请公决案。

（会计处签拟）拟准以各机关以前年度经费节余款科目追列三十年度岁入概算，以补拨私立世德农业职业学校二十九年度补助费科目追列三十年度岁出概算，饬该厅将二十九年度省校增班经费节余款办理抵解手续，仍请提会核定。

（决议）照会计处签拟通过。

九、据教育厅签呈，据省立韩山师范学校呈缴接管省立金山中学校务临时支付预算书，列支五百三十元，查核列支各数尚无不合，所拟在金山中学校租项下开支，拟予照准，请核示等情，请公决案。

（会计处签拟）拟准以杂项收入科目追列三十年度岁入概算，以补拨省立韩山师范学校二十九年度接管省立金山中学接收临时费科目追列三十年度岁出概算，饬韩山师范学校将所接管金山中学校租办理抵解手续，仍请提会核定。

（决议）照会计处签拟通过。

密十、据本省粮食管理局呈缴二十九年度连县后方办公地点修葺费支付预算书，列支一千四百元，除前粮食调节会移交四百二十元外，尚应补领九百八十元，请准饬库补拨等情，请公决案。

（决议）照案通过。款在本年度省预备金项下开支。

密十一、据本府战时通讯所签呈，缴二十九年由龙川运送三十九部电机暨电池至韶关运费支付预算书，列支三千一百三十元零六角，请在二十八年度购储器材费节余项下拨支等情，请公决案。

（会计处签拟）该款拟在三十年度省总概算岁出经常门临时部分经济及建设支出款下追列补拨电讯器材运费科目，以二十八年度本府购置器材及零件费结余款抵拨，一面追列三十年度省总概算岁入经常门临时部分其他收入款下各机关节余经费解库款科目。请挺会核定。

（决议）照会计处签拟通过。

十二、据本府广播电台呈缴二十八年度购置器材临时汇费支付预算书，列支八百五十元零七分，请准在本台迁移新台北〔址〕装设搬运费一千三百九十元项下拨支等情，请公决案。

（会计处签拟）该款拟在三十年度省总概算岁出经常门临时部分经济及建设支出款下追列补拨电讯器材运费科目，以二十九年度广播台迁移费一千三百九十元抵解，余款追列预备金科目，一面追加三十年度省总概算岁入经常门临对部分其他收入款下各机关节余经费解库款科目，请提会核定。

（决议）照会计处签拟通过。

密十三、据第三区行政督察专员呈，转缴高明县政府二十八年度协助防军构筑秀丽乡基围工事民工伙食及材料预算书，列支一千零三十二元三角九分，请核示等情，请公决案。

（决议）照案通过，款在本年度建设事业临时费项下开支。

十四、据会计处案呈，查翁源县三十年度县地方岁入岁出总概算，经参照各厅处审核意见，分别整理核编完竣，计核编后，岁出经临总数为二十九万八千七百九十元，岁入经临总数为二十九万一千五百九十元，比对不敷七千二百元，该项不敷数，似应由本年度省总概算实施新县制经费补助款科目核给补助，俾资平衡，请提会核定公布施行等情，请公决案。

（决议）照案通过。

十五、据会计处签呈，查曲江县三十年度概算，经参照各厅处意见，核编完竣，计核编后岁入岁出总额应改列为各八十八万九千三百四十元，请提会核定公布施行等情，请公决案。

（决议）照案通过。

十六、据财政厅签呈，缴本厅二十九年度各税务局所站外勤人员制服费支付预算书，列支九千四百一十四元，又代理金库经费追加预算书计追加四万四千元，两款均拟在二十九年度整理沙田经费未支余额项下开支，请核示等情，请公决案。

（决议）代理金库追加经费准在二十九年度整理沙田经费未支余额项下开支。

十七、据卫生处呈缴广东省立临时医院医师廖磐基荐委表，请赐核委等情，请公决案。

（决议）照派代理。

十八、据公路处呈缴技士张琳荐委表，请赐核委等情，请公决案。

（决议）照派代理。

十九、据会计处签呈，拟定省警察总队官佐长警生活补助费发给标准及开支办法，列具比较表，请核示等情，请公决案。

（决议）照案通过。

密二十、据会计处签呈，查各机关及省立学校职员搬迁亲属费案，既经输送委员会将已疏散家属表送核前来，此项迁移眷属费应如何发给，请核示等情，请公决案。

（决议）照各机关原申请数目核实发给。款在本年度省预备金项下开支。其营业机关依照规定办理。

二十一、刘委员（佐人）函复审查卫生处招收公共卫生人员训练班关于招考学员旅费奖学金拟酌予津贴一案意见，请公决案。

（审查意见）（一）查卫生处考送干训团公共卫生人员训练班学员来韶旅费，应依照干训团每名每天补助国币四元之规定办理，并改定梅县为十三天，高要八天，香港因目前交通困难，暂定二十五天，至桂林、衡阳两处，因有火车直达韶城，交通较便，卫生处所拟给发数目，尚觉切合，似可照其原拟办理。（二）据卫生处所拟，在训练期间，护士组招考学员每名每月发给奖学金国币二十元，助产组及卫生稽查组招考学员每名每月发给奖学金十五元，查干训团向无此例，似不便破格办理，影响其他学员之训练。惟本省关于公共卫生之专科学校，素无设置，以致人才缺乏，罗致困难，该卫生处此次考选训练之护士及助产士两组学员，投考资格以护产职业学校毕业，领有中央执照证书者为限，现据该处陈称具有此项资历人员多已服务社会，月薪优厚，如训练期间不予以相当津贴，胥必不愿舍弃其固有生活前来受训，则将来必致无人应试，使考选发生问题，此种情形，尚属事实。兹为鼓励有志公共卫生工作之专门技术人员踊跃投考，期能拨选真才，培育良好干部，以担负战时卫生工作起见，似宜由卫生处将该两组考选学员一律以实习员任用，调团受训，并径由该处按月照所拟津贴数目给予生活费。此固不背干训团之规定，复可解决卫生处考选学员之困难。至卫生稽查组学员投考资格，仅系高中程度，且非技术人员，招致较易，似不宜与前两组同一待遇。兹拟变通办理，于考选该组学员时，按成绩优劣，分别给予一次过奖金，并拟列五名以前者每名国币一百元，十名以前者每名国币六十元，十五名以前者每名国币四十元，四十名以前者每名国币二十元，于津贴之中，寓奖勉之意。（三）该卫生处所拟招考学员旅费及奖学金预算数目，拟照上拟各点分别予以核减修正。

（决议）照审查意见通过。

二十二、据建设厅签呈，查公路处技正兼工务课课长蔡杰林因案扣留，业经权予暂行停职，遗缺拟请派现任公路处星坪公路工程监理伍泽元代理，附缴履历表，请察核给委等情，请公决案。

（决议）照案通过。

二十三、主席提议，查挺进第三纵队袁司令带在中山境击落敌巨型机一架，内有敌海军大将大角等重要人员毙命，拟犒赏该部国币一万元，饬据会计处签称，该款似可在三十年度省岁出概算其他支出款内奖赏金项下开支等情，请公决案。

（决议）照案通过。

密二十四、据本省粮食管理局胡局长由港电呈，为港米出口数量早受限制，现红十字会外侨协会等请准港政府特予协助减低运费仓租向仰光购米运港转销内地，并经商得银行团同意借垫基金港币二百万元，中国银行负担一半，余请省行负担二十万元，其余各行负担八十万元，月息三厘并入米价，即照成本配给各属领运。如因滞销亏本则请省府负责赔偿，以二十万元为限，请迅赐核定等情，请公决案。

（决议）原则通过，如有亏折准在救济米荒基金项下于规定限度内补偿，其详细办法仍由粮管局洽商呈核。

广东省政府第九届委员会
第二百零八次议事录

日　期　二月二十五日

地　点　曲江本府

出席者　李汉魂　刘佐人　邹　琳　高　信　黄麟书　郑彦棻

列席者　杜之英　袁晴晖　何剑甫　李仲仁

主　席　李汉魂

纪　录　（秘书）魏育怀　（参议）俞守范

报告事项

一、准中国国民党广东省执行委员会函，准广州特别市党部电报，梁鸣皋同志等击毙汉奸招×一名，转请依照枪杀汉奸奖励条例办理等由。饬据秘书、会计两处签拟酌奖国币五十元，款由三十年度省总概算其他支出奖赏金项下开支等语，应准如拟办理。

密二、准广东省军管区函送连阳自卫总队及各级队编成日期暨经费起支日期表。饬据会计处签称，查该总队之第一、二、三大队均予二十九年十月一日成立，总队部及直属通讯分队于二十九年十月十六日成立，其经费自应改由各该部队成立日起支。现计预发第一、二、三大队经费各半个月各共四千四百四十七元四角，总队部及直属通讯分队担架分队等单位经费各一个月合共三千八百一十三元二角四分，总共预发一万七千三百三十九元四角四分，其未发经费由九月下半月至十月上半月之数拟请军管区司令部照数返纳入库等语，应准如拟办理。

三、据财政厅签呈，转缴新会税务局装设电话预算书，列支三百五十元。饬据会计处签称，核属需要，该款拟在三十年度省总概算岁出经常门临时部分财务支出款下各税务局设备费科目开支，以该局二十九年节余经费抵解抵拨等语，应准如拟办理。

四、据财政厅签呈，转缴曲江税务局三十年度临时修缮费预算书，列支一百四十四元。饬据会计处签称，既据查核尚属实在，所请三十年

590

度省总概算岁出经常门临时部分财务支出款下各税务局设备费科目开支，拟予照准等语，应准如拟办理。

五、据教育厅签呈，拟在二十九年度督学旅费结余项下拨支省立两阳中学装设电话线费四百一十六元五角等情。饬据会计处签称，拟准以各机关以前年度经费节余款科目追列三十年度岁入概算，以补拨省立两阳中学装设电话临时费科目追列三十年度岁出概算，饬教厅将二十九年度督学旅费结余款办理抵解手续等语，应准如拟办理。

六、据建设厅签呈，据公路处呈缴第三养路队盖搭职员住房及厨房工程预算图则，列支二百三十五元，拟请姑准在该队九月份经费节余项下开支等情。饬据会计处签称，此款拟准以各机关以前年度经费节余款科目追列三十年度岁入概算，以补拨公路处第三养路队建搭临时费科目追列三十年度岁出概算，饬该队将二十九年度九月份经费节余款办理抵解手续等语，应准如拟办理。

七、据会计处案呈，据财政厅、会计室呈请示二十九年九至十二月由库拨发本厅临时费五千元，计共二万元，是否照三十年度总概算列入财政机密费科目等情。查三十年度省总概算草案原列财政厅临时费年额六万元，嗣经三十年度省地方总概算审查委员审核改列为财政机密费在案，关于二十九年度九至十二月份四个月财政厅临时费二万元科目名称上似亦有修改之必要，惟既改称财政机密费科目，事关变更原案科目名称，拟请报会备案等语，应准如拟办理。

八、据输送眷属疏散会呈，以站员周林文因公病故，请恩发殓葬费并通饬直属各机关依照本府公务员扶助办法办理。等情。经准特给葬费三百元，并准照扶助办法办理。饬据会计处签拟，此项殓葬费三百元，拟由三十年度省总概算恤金项下开支等语，应准如拟办理。

九、据四会县政府呈，转报无线电分台工役服装预算及债价单，列支一百四十元。饬据会计处、财政厅签拟，缓〔援〕照战时通讯所成例，在该台二十九年度节余经费项下制发等语，应准如拟办理。

十、据潮阳县长电报，该县西北镇灾象已深，请将前发该镇救灾款一千元拨县振济会汇案办振等情。查所请尚属可行，经电复准如所拟办理。

十一、据卫生处签呈，缴本处暨所属二十九年度十至十二月份员役

591

米津预算书册，共列支三千二百四十六元八角三分。饬据会计处签称，核尚符合，似准照拨，惟二十九年度收支既应结束，该款并拟在三十年度调整机构补助公务员生活费项下开支等语，应准如拟办理。

十二、据本省粮食管理局呈，缴西江四邑米粮运销委员会四邑办事处二十九年度七至九及十至十二月份员役米津预算书册。饬据会计处签称，查预算书二十九年七至九月三个月列支米津四十八元，十至十二月三个月列支一百一十一元，计由七至十二月六个月共列支一百五十九元，核尚符合，似准照列，款在该局二十九年度救济米荒基金项下拨支等语，应准如拟力理。

十三、据本省粮食管理局电，缴驻赣办事处运输所二十九年九月份员役米津预算书册，列支三十一元三角七分。饬据会计处签称，核尚符合，拟准照列，款在该局二十九年度救济米荒基金项下拨付等语，应准如拟办理。

十四、据阳山县政府电缴无线电分台二十九年七、八月份及九至十二月份员役米津预算书册。饬据会计处签称，该分台系于二十九年七月十八日成立，其员役米津应于是日起支，计七月份应支一十四元，八至十二月份五个月各列支三十一元，合共一百六十九元，拟准照拨。惟二十九年度收支应行结束，该款并拟在三十年度调整机构补助公务员生活费项下开支等语，应准如拟办理。

讨论事项

一、据教育厅签呈，据省立南雄中学呈缴二十九年建筑工人宿舍等预算书，列支八百三十四元三角九分，查核尚属切要，所拟在该校二十九年度节余项下开支，拟予照准等情，请公决案。[①]

（决议）照会计处签拟通过。

二、据教育厅签呈，据省立长沙师范学校呈缴二十八年九月至十二月及二十九年一至七月补发初中一年级经费支付预算书，共列支一千二百六十五元，查核列支各数尚无不合，请核示等情，请公决案。

（会计处签拟）似可准在附中所收初中二十八、九年度学费开支，为现在已届三十年度，拟以什项收入科目追列三十年度岁入概算，以补

---

① 会计处签拟略。

拨省立长沙师范学校二十八、九年度初中一年级经费科目追列三十年度岁出概算，饬该校将所收附中初中二十八、九年度学费办理抵解手续，以清款目。仍请提会核定。

（决议）照会计处签拟通过。

三、据教育厅签呈，据省立韶州师范学校呈缴三十年一月份设备劳作工场建筑购置费临时支付预算书，列支二千八百二十一元九角二分，查核尚无不合，拟予照拨，款在领存该校二十七年十月份经费移拨南雄中学购置图书费余款一千四百六十五元暨二十七年十一月以后保管费一千五百七十三元拨付，尚余二百一十六元零八分返纳库收等情，请公决案。

（会计处签拟）此款拟准以各机关以前年度经费节余款科目追列三十年度岁入概算，以省立韶州师范学校建购临时费科目追列三十年度岁出概算，饬将停发省立江村师范学校二十七年十月份经费之一部一千四百六十五元，暨二十七年十一至二十九年六月份保管费共一千五百七十三元共三千零三十八元办理抵解手续，抵解后尚余二千零十六元零八分，以预备金科目追列本年度预算饬解库具报，仍请提会核定。

（决议）照会计处签拟通过。

四、据省振济会呈复，本会驻港办事处开办费一千五百元，及二十九年五月份起至十二月份止经常费每月二千元，经由本会在振款项下垫付，请准由本会接收前粤北战地各县振济工作总队部移交省拨振济基金余款项下拨支归垫。至三十年度经常费，请在省救济费或预备费项下拨支等情，请公决案。

（会计处签拟）二十九年度五月份下半月至十二月份七个半月经常费共计一万五千元，开办费一千五百元，合共一万六千五百元，拟在三十年度省总概算岁出经常门临时部分保育及救济拟支出款下追列补拨省振济会驻港办事处开办及经常费科目，以该会接收前项余款抵拨，一面追加三十年度省总概算岁入经常门临时部分其他收入款下各机关节余经费解库款科目，至三十年度该项经费如确要继续开支，似仍应由该会自筹来源，请提会核定。

（决议）照会计处签拟通过。

五、据前保安处吴处长签呈，查保安第二团上尉服务员黄鸿英、通讯排排长李文、特务长黄嘉璋等，先后挟逃公款共二千零四十七元六角二分，请准发还一案，遵经饬据该团检同团连长等证明书，缴请核示等情，请公决案。

（决议）准予发还，款在二十九年八月份以前保安经费节余项下拨支。

六、据本府南路行署呈缴奉令结束遣散费预算书册，列支一万四千四百五十三元，请察核办理等情，请公决案。

（决议）照案通过，款在本年度省预备金项下开支。

七、据会计处案呈，查清远县三十年度概算，业经参酌各厅处意见核编完竣，核编后计岁入岁出各改列为七十八万五千零九十四元，请提会核定公布施行等情，请公决案。

（决议）照案通过。

八、据会计处案呈，查乐昌县三十年度地方总概算，经参酌各厅处意见，分别整理核编完竣，核编后计岁入岁出各改列为三十万二千二百一十三元，请提会核定公布施行等情，请公决案。

（决议）照案通过。

九、据会计处案呈，查新兴县三十年度地方总概算，经参酌各厅意处【处意】见，分别整理核编完竣，核编后计岁入岁出各改列为四十一万七千七百七十八元，请提会核定公布施行等情，请公决案。

（决议）照案通过。

十、据会计处案呈，查兴宁县三十年度县地方岁入岁出概算经参照各厅处审查意见，分别整理核编完竣，核编后计岁入岁出各改列为七十五万三千一百零一元，请提会核定公布施行等情，请公决案。

（决议）照案通过。

密十一、准广东省动员委员会函送广东省军民合作总站在连办事处修葺费支付预算书，列支七百八十元，请查照办理等由，请公决案。

（决议）照案通过，款在本年度省预备金项下开支。

十二、据教育厅签呈，拟在省立江村师范学校二十七年十月份经费内拨支南雄中学图书购置费一千元等情，请公决案。

（会计处签拟）似可照准。惟现已届三十年度，此项购置费一千元，拟以各机关以前年度经费节余款科目追列三十年度岁入概算，以补拨省立南雄中学校添置图书临时费科目追列三十年度岁出概算，饬该厅将领存省立江村师范学校二十七年度十月份经费照数办理抵解手续，抵解后余款，据称另案呈请拨作别校设备费，仍请提会核定。

（决议）照会计处签拟通过。

十三、据教育厅签呈，拟在二十九年度教育及文化支出概算国内外各地留学生经费项下拨付省立肇庆师范学校迁播植后建设临时费二千二百一十元等情，请公决案。①

（决议）照会计处签拟通过。

十四、据教育厅签呈，拟在二十九年度山排奖学金结余项下拨付省立老隆师范学校二十九年度第一学期添置校具教具临时费一千一百五十元等情，请公决案。

（会计处签拟）拟准以各机关以前年度经费节余款科目追列三十年度岁入概算，以补拨省立老隆师范学校二十九年度设备临时费科目追列三十年度岁出概算，饬该厅将二十九年度山排奖学金结余款办理抵解手续，仍请提会核定。

（决议）照会计处签拟通过。

十五、据教育厅签呈，拟在二十九年度教育文化费支出省校增班经费及建教合作会经费项下拨支揭阳县立简易师范学校购置仪器费二千元等情，请公决案。

（会计处签拟）拟准以各机关以前年度经费节余款科目追列三十年度岁入概算，以补拨揭阳县立简易师范学校购置仪器临时费科目追列三十年度岁出概算，饬该厅将二十九年度省校增班经费节余款三百二十五元及建教合作委员会经费节余一千六百七十五元共二千元办理抵解手续，仍请提会核定。

（决议）照会计处签拟通过。

十六、据会计处案呈，准教育厅片送省立梅州中学二十九年度招生报名费收入支出预算书，各列一千零七十五元，此款似应以什项收入追列三十年度岁入概算，以补拨省立梅州中学二十九年度招生临时费科目追列三十年度岁出概算。饬该校将上项报名费办理抵解手续等情，请公

---

① 会计处签拟略。

决案。

（决议）照案通过。

十七、据建设厅签呈，据公路处呈缴疏浚大江河渡口砂碛费用支付预算书表，列支七百一十五元四角七分，请指款拨还归垫等情，请公决案。

（决议）保留。

十八、据建设厅电呈，查连平忠信龙川洞步乡及秦岭附近五华青溪附近各地路面颇坏，经饬各该县抢修完竣，计连平支七百四十四元，龙川支二百七十四元四角，五华支二百四十九元六角，业由各县垫支，在建设厅领存抢修费项下分别拨还，请提会追认等情，请公决案。

（决议）照案追认。

十九、奉第七战区司令长官司令部电，据挺进第八纵队司令部造缴第一大队驻防南路行军临时夫什等费册，计国币一万零五百二十四元八角，请转省府发还归垫等情，仰径行核发等因。又准军管区司令部电，关于第七战区挺进第八纵队伍司令驹所属自卫大队前次由阳江移防高州行军费请在前拨壮常队经费节余款返纳入库数内核拨归垫等由，并案请公决案。

（会计处签拟）（一）查本府秘书处经管之二十八年十一月份以前本省各县壮常队经费节余款共三万一千八百九十一元六角三分已经军管区司令部代为返纳入库，该款现拟以各机关经费节余解库款科目追列本年度岁入，除拨支本签拟第二项之行军费一万八千四百四十四元一角四分追列原科目开支外，余款一万三千四百四十七元四角九分拟以预备金科目追列本年度岁出。（二）查第七战区挺进第八纵队第一大队暨阳江国民兵团自卫第二大队前次出防南路系本府奉余长官电饬办理，该纵队司令伍驹呈缴垫支该队第一大队额外士兵伙食津贴及行军夫什费表册计列支二十九年七、八、九、十各月份额外士兵伙食津贴共九千一百九十六元三角二分；行军夫费共一千一百二十五元；行军什费共二百零三元四角八分，合共一万零五百二十四元八角，该款现奉长官部饬由本府径行核发。（三）阳江国民兵团自卫第二大队二十九年七、八、九各月份额外士兵伙食津贴共六千四百二十七元二角四分；行军夫费共九百五十四元九角；行军什费共四百二十元；出差旅费共一百一十七元二角，合共七千九百一十九元一角四分。前两款行军费前经军管区司令部核复，以该两队前次出防南路系特殊情形，支出浩大，自不能照规定之自卫队行军费支报办法办理尚属实情。该款总共一次过一万八千四百四十四元一角四分，拟分别照原科目追列本年度岁出开支，仍请提会核定。

（决议）照会计处签拟通过。

二十、准广东省军管区司令部电送连阳自卫总队二十九年十月份起至十二月底止加发官兵米津预算书，每月六千六百一十二元，三个月共支一万九千八百三十六元，请如数拨还归垫等由，请公决案。

（会计处签拟）前项连阳自卫总队二十九年度米津款一万九千八百三十六元，拟在该总队饷项应返纳预领未成立前之经费一万七千二百三十九元四角四分拨支，办理抵解抵领手续，并以各机关经费节余解库款及补拨连阳自卫总队二十九年度米津科目追列本年岁入岁出概算，余二千五百九十六元五角六分，拟在三十年度调整机构补助公务员生活费科目拨支，仍请提会核定。

（决议）照会计处签拟通过。

二十一、准本省地方行政干部训练团函送本团驿运管理人员训练班全期经常费追加预算书，计追加九百元零四角，款拟在干训团二十九年度经费节余项下开支等由，请公决案。

（会计处签拟）拟在三十年度省总概算岁出经常门常时部分教育及文化支出款下追列补拨地方行政干部训练团驿运班经费科目，由该团将二十九年度节余经费抵领，一面追加三十年度岁入经常门临时部分其他收入款下各机关节余经费解库款科目，请提会核定。

（决议）照会计处签拟通过。

二十二、据卫生处呈缴广东省立临时医院爱克光镜兼电疗室主任陆学燮荐委表，请赐核委等情，请公决案。

（决议）照派代理。

二十三、据卫生处签呈，缴本省三十年度改良环境卫生计划及预算书，列支三万七千八百元，请核示等情，请公决案。

（决议）交高、何、黄（麟书）三委员审查，由高委员召集。

二十四、据会计处签呈，为本年度省总概算建设事业临时费科目经已溢支，拟将本府第一九五次会议核定由建设事业临时费项下垫拨公路处改善韶兴公路工程费四十万元之款改由预备金项下拨支，以资救济等情，请公决案。

（决议）照案通过。

二十五、准韶关警备司令部电，请自本年二月份起，每月拨助本市谍查费国币二千元等由，请公决案。

（决议）自三月份起每月补助五百元，款在本年度省预备金项下开支。

二十六、准广东省动员委员会函复，战地各县组设战时政治工作队，事属切要，惟非战地方面核与动员会动员工作团工作范围目的无二，似应统一名称，拟请酌改为动员工作团，并照原政工队经费筹拨办法，将款转拨该团等由。饬据秘书处召集会计处及政工总队会商后，拟具组织纲要，及编制预算表，请核示前来，请公决案。

（决议）交刘、高、郑（丰）三委员审查，由刘委员召集。

二十七、刘委员、高委员、郑委员（彦棻）会复审查教育厅及战时通讯所拟请增删及补编各该机关三十年度施政计划一案意见。请公决案。

（审查意见）（一）查教育厅拟请增删该厅三十年度施政计划各点，尚属切当，惟本府三十年度施政计划业已印发颁行，无从将印本更正，其增订“改进中等以上教育”一项之第四目“资助专科以上学校学生”，第九目“恢复省立金山中学”，及“发展社会教育”一项之第六目“创设省立图书馆”、第七目“创设国民革命博物馆”，拟予核定后，另以“广东省政府三十年施政计划补编”印发。其余错漏之字句，拟另列一“广东省政府三十年度施政计划勘误表”印发。（二）战时通讯所拟请补编之计划，除第一目“改进无线电技术人员人事管理”因系例行正〔工〕作，拟全目删去外，其余拟与教育厅增订之各目同列成上述之计划补编付印颁行。

（决议）照审查意见通过。

二十八、刘委员、邹委员、黄委员（麟书）会复审查关于连县三十年度地方岁入岁出总概算一案意见，请公决案。

（审查意见）（一）地税留县款照十六万五千零七十四元数额列入。（二）营业税留县款改列三万九千元。（三）屠宰税改列八万元。（四）

烟酒牌照费留县款取销。（五）学校设备费照原编数额保留。（六）以上减少收入及补列支出之款，由预备金项下调整。（七）关于各县教育文化支出部分，如原列国省库补助收入有核减时，在可能范围内，则原列教育文化支出之核减以国省库补助收入之核减数为限。

（决议）照审查意见通过。

二十九、主席提议，建设厅公路处处长周醒南辞职照准，遗缺派陈文代理，请公决案。

（决议）照案通过。

广东省政府第九届委员会
第二百零九次议事录

日　　期　二月二十八日

地　　点　曲江本府

出席者　　李汉魂　郑　丰　高　信　黄麟书　郑彦棻

列席者　　杜之英　伍崇厚　何剑甫　李仲仁

主　　席　李汉魂

纪　　录　（秘书）魏育怀　（参议）俞守范

报告事项

一、准广东省军管区司令部函，送三十年度国民兵团队官兵主食补助费预算书，列支六万零八百二十九元。饬据会计处签称，核与本府核定数每月计减少共七十六元，该项主食补助费，兹拟仍照军管区现送预算所列六万零八百二十九元之数，按月照案在本年度团警米津科目拨支等语，应准如拟办理。

二、据财政厅签呈，据连平税务局电缴新丰稽征所迁移所址运什费临时支出预算书，列支二百一十三元三角五分，查核尚属切合实际，经准在前新丰税务局节余经费项下开支，请核示等情。饬据会计处签称，该款拟在三十年度省总概算岁出经常门临时部分财务支出款下追列补拨连平税局迁移费科目，以新丰税局二十九年度节余经费抵拨，一面追加三十年度省总概算岁出经常门临时部分其他收入款下各机关节余经费解库款科目等语，应准如拟办理。

三、据财政厅签呈，转缴罗定税务局二十九年催征营业税旅费预算书，列支一百七十四元。饬据会计处签称，既据财政厅称，核尚需要，该款拟在三十年度省总概算岁出经常门临时部分财务支出款下追列补拨罗定税务局临时费科目，以该局二十九年度节余经费抵拨，一面追加三十年度省总概算岁入经常门临时部分其他收入款下各机关节余经费解库款科目等语，应准如拟办理。

四、据财政厅签呈，据税警总团呈缴二十九年度追加经费预算表，列支二百七十元，查所称与案相符，拟准在该团二十九年度经费节余项下开支等情。饬据会计处签称，核尚需要，拟准予照数列支，以各机关经费节余解库款及拨补税警总团经费科目分别追列三十年度省岁入岁出概算，饬将该团二十九年度经费节余款办理抵解抵领手续等语，应准如拟办理。

五、据财政厅签呈，据税警总团特别党部电缴该部三十年度月份经常费预算书，及筹备费预算书。饬据会计处签称，财厅呈报税警总团特别党部于本年一月一日正式开始工作一节，似可准予备案。至该党部经常费月支二千零九元，拟照案自本年一月一日起，连同一次过筹备费一千五百元，并在该总团本年度经费节余项下开支等语，应准如拟办理。

六、据会计处案呈，准教育厅片，据文理学院请将原预算内学生公费调节开支等由。查该院二十九年度原预算每月列支学生公费一千五百二十元，定公费生名额一百九十名，每名月给公费八元，现以物价高涨，此数不足以供膳食，经该呈奉教厅院后核准增加九元，以至十元，查此项增加，系将原定公费生名额缩减，与原预算数并未增大，拟准予由二十九年五月起增至九元，九月以后增至十元等语，应准如拟办理。

密七、据东江护侨事务所主任张国基电报，此次奉令撤退雇用船夫费合共支出四百二十元，款由四区专署垫借，请汇还归垫等情。饬据会计处签称，该项迁运费共四百二十元似属需要，拟由三十年度省预备金项下拨付等语，应准如拟办理。

八、据本省救护委员会呈，为组设直辖救护队一小队，编具该队开办费预算书，列支九百九十八元一角八角，暨视导出差旅费预算书列支一千七百元，拟在香港分会募来国币三千元项下分别开支等情。饬据卫生、会计两处签称，该队开办费及该会旅费既已自筹来源，经卫生处核属需要，而书列数目亦合，拟予照准等语，应准如拟办理。

九、据博罗县政府呈，缴该县响市乡故民陈亚来请恤事实表。饬据秘书、会计两处签拟依照人民守土伤亡抚恤实施办法之规定，给其遗族一次过恤金八十元，在三十年度省总概算恤金项下开支；年抚金每年五十元，由三十一年度起至四十年度止，每年列入省总概算内等语，应准如拟办理。

十、据化县县政府呈，缴该县大田垴乡故乡长危天南请恤事实表。饬据秘书、会计两处签拟依照人民守土伤亡抚恤实施办法之规定，给其遗族一次过恤金八十元，在三十年度省总概算恤金项下开支；年抚金每年五十元，由三十一年度起至四十年度止，每年列入省总概算内等语，应准如拟办理。

十一、据第二区行政督察事〔专〕员呈，缴三十年度一至三月份员役生活补助费支付预算书册，每月列支一千三百九十元，三个月共支四千一百七十元。饬据会计处签称，查核尚合，拟准照拨，款在三十年度调整机构补助公务员生活费项下开支等语，应准如拟办理。

讨论事项

一、据教育厅签呈，据省立连州中学呈缴二十九年度增班临时费预算书类，查列支各数，尚属核实，该项临时费二千二百一十元，拟请准将二十九年度上学期该校所收照案留校拨用之初中学费一千四百二十五元尽数拨支外，仍不敷七百八十五元，拟请准予在二十九年度教育文化支出国内外各地留学生经费项下开支，请核示等情，请公决案。

（决议）照案通过。抵解手续照会计处签拟办理。

二、据省振济会呈，据本会儿童教养院呈请核发迁建费一万元，查属需要，款由本会振款项下拨支，请核示等情，请公决案。

（决议）照案通过。

三、据会计处案呈，查本府拨交军事委员会伤兵慰问组第三办事处代为分发芦苞抗敌将士慰劳金一千元，及第三区李专员代本府发给三水县地方团队协助国军克复芦苞之犒赏费一千元，共二千元，该款拟在三十年度省地方岁出概算其他支出款内奖赏金科目开支，分别拨还归垫等情，请公决案。

（决议）照案通过。

四、据会计处案呈，查封川县三十年度县地方总概算，业经参酌各厅处意见，核编完竣，核编后，计拟改列岁入岁出各为一十八万七千六百一十四元，请提会核定公布施行等情，请公决案。

（决议）照案通过。

五、据会计处案呈，查河源县三十年度县地方总概算，经参酌各厅处意见，分别整理核编完竣，核编后，计拟改列岁入岁出各为四十五万五千三百一十八元，请提会核定公布施行等情，请公决案。

（决议）照案通过。

六、据会计处案呈，查南雄县三十年度县地方总概算，业经参酌各厅处意见，核编完竣，核编后，计拟改列岁入岁出各为六十四万七千一百六十六元，请提会核定公布施行等情，请公决案。

（决议）照案通过。

七、据会计处案呈，查普宁县三十年度县地方总概算，业经参照各厅处审核意见，分别整理核编完竣，核编后，计拟改列岁入岁出各为六十四万五千三百四十元，请提会核定公布施行等情，请公决案。

（决议）照案通过。

八、据会计处案呈，查英德县三十年度县地方总概算，经参酌各厅处意见，分别整理核编完竣，核编后，计拟改列岁入岁出各为八十五万三千九百二十二元，请提会核定公布施行等情，请公决案。

（决议）照案通过。

九、据会计处案呈，查云浮县三十年度县地方总概算，业经参酌各厅处意见，核编完竣，核编后，计拟改列岁入岁出各为三十五万七千五百一十六元，请提会核定公布施行等情，请公决案。

（决议）照案通过。

十、据会计处案呈，查梅县三十年度县地方总概算，业经参照各厅处审核意见，分别整理核编完竣，核编后，计拟改为岁入岁出各为八十八万三千七百四十四元，请提会核定公布施行等情，请公决案。

（决议）照案通过。

十一、据教育厅签呈，据省立文理学院呈缴附属中学二十九年度增高中三年级初中二、三年级开办设备费预算书，列支二千五百九十元零五角六分，及附中二十九年九至十二月份经费追加预算书，共列支五千五百八十八元，又高中一、二年级两班开办设备费支付预算书，列支二千二百一十元，请核示等情，请公决案。

（决议）照案通过。抵解手续照会计处签拟办理。

十二、据建设厅签呈，据农林局呈缴本年度春耕垦植杂粮实施计划纲要，各县春耕垦植杂粮推进办法，及春耕垦植杂粮分配表，查核尚属切要，请核示等情，请公决案。

（决议）交郑（丰）、高两委员审查，由郑委员召集。

十三、准军管区司令部电，据政治部呈各师管区补充团指导员室十六个单位经费预算，月共列一万二千三百九十二元，自二十九年二月份成立日起至五月底止，共四万九千五百六十八元，除将前军训处移交集训结余款项三万七千六百九十九元六角三分拨充外，其余不敷数，另向总部（政治部）请领等情，拟请准予照办等由，请公决案。

（决议）照案通过。抵解手续照会计处签拟办理。

十四、准广东省军管区司令部电复，关于第七战区挺进第×纵队直属自卫队大队二十九年冬服费五千四百元，在本部经管二十九年度国民兵团队经费节余项下拨支，自可照办，请查照等由，请公决案。

（决议）照案通过。抵解手续照会计处签拟办理。

十五、据建设厅呈缴技正黄维敬辞职报告表，请予照准等情，请公决案。

（决议）照案通过。

十六、据秘书处签呈，拟将本府驻韶通讯处地址加以修葺，估计约需款五千元，请由本府三十年度建设事业临时费项下拨支，请核示等情，请公决案。

（决议）照案通过。

密十七、据省振济会呈，据第三振济区呈缴三十年度经常费支付预算书表，月列四百四十元，全年列支五千二百八十元，查增加数目过巨，酌减为每月经常费共三百元，所增经费仍由省库项下拨支，请核示等情，请公决案。

（决议）照案通过。所增经费在本年度省救济费项下开支。

十八、准中国国民党广东省执行委员会函送广东省文化运动委员会三十年度岁出经常费预算书列支三十万元，请照数饬拨等由，请公决案。

（决议）照案通过，经常费先拨十万元，图书馆、博物馆、自然科学馆部分，照教育厅签拟办理。

十九、据本省粮食管理局呈，拟具广东省散振美麦委员会组织简章，及散振美麦方案，连同各行政区应得美麦数量分配表，请核定施行等情，请公决案。

（决议）照案修正通过。

修正之点如下：散振美麦方案：（丁）散振稽核项修正为"除由查核组负责查核外，并由省散振会函请美国红十字会派员分赴各地查察。其有外籍教士县份，应于散振时，请其会同散放"。（戊）运输项末段接近各该专员公署之口岸句下修正为"由专署派员接收转发各县局领发"。（己）运费项第一节附注末句修正为"查明函报省库核办"。第二节末段"如不足时"句下修正为"由各该县局设法筹足。呈请省府查核"。

二十、据本府行政效率委员会签呈，关于本会所拟广东省政府所属各机关工作检讨办法一案，经参照秘书处签拟修正，及罗、高、郑三委员拟增删各点，再行修正，请提会决定等情，请公决案。

（决议）保留。

二十一、据秘书处案呈，查云浮县人江镜如、谢鲁升等因开圳引水纠纷不服云浮县政府之处分，各别提起诉愿一案，现经审查完竣，作成决定书，请提会核定等情，请公决案。

（决议）照决定书通过。

二十二、主席提议，三水县县长李敏另有任用，遗缺以云浮县县长陈子和调充；递遗云浮县县长缺，派沈铣代理，请公决案。

（决议）照案通过。

二十三、据财政厅签呈，拟具本省征收民营汽车营业税补充办法及岁入岁出概算书件，请核示等情，请公决案。

（决议）交郑（丰）、高、黄（元彬）三委员审查，由郑委员召集。

广东省政府第九届委员会
第二百一十次议事录

日　期　三月四日

地　点　曲江本府

出席者　郑彦棻　郑　丰　刘佐人　高　信

列席者　杜之英　何剑甫　李仲仁　伍崇厚　黄希声

主　席　李汉魂（公出）　郑彦棻（代）

纪　录　（秘书）魏育怀　（参议）俞守范

报告事项

一、据会计处案呈，列具各非省辖机关员役生活补助费给与数额表，各费均在三十年度调整机构补助公务员生活费项下开支，请核定饬拨等情，应准如拟办理。（附表一件）

二、据财政厅签呈，转缴紫金税务局三十年度修葺费支付预算书，列支一百零九元四角四分，请核示等情。饬据会计处签称，既据查核尚属需要，该款拟饬在该局三十年度经常费项下搏节拨支等语，应准如拟办理。

三、据建设厅签呈，据公路处呈缴抢修池田尾崩泻路基工程预算书表，列支四百二十六元三角，请指款归垫等情。饬据秘书、会计两处签称，既据建厅核属需要，拟姑准在三十年度建设事业临时费项下开支等语，应准如拟办理。

四、据本府驻渝办事处呈缴无线电台材料费支付预算书表，〈据〉列支七十六元，请准在经费节余项下拨给归垫等情。饬据会计处签拟将此款追列三十年度省概算岁出经常门临时部分行政支出款下补拨驻渝办事处临时科目拨支，由该处二十九年度节余经费抵解，并照数追列三十年度省概算岁入各机关节余解库款科目等语，应准如拟办理。

五、据建设厅签呈，据公路处转缴修正改善兴平公路工程队组织暂行规则及办事细则暨职工薪饷旅费数额表，请察核备案等情。饬据会计、秘书两处称，查改善兴平公路工程队预算所列兴宁、平远两县府协助征料委员每员月支固定旅费四十元一项，经签奉核准姑准照列，至该队组织暂行规则暨办事细则，业经本府修正饬遵等语，应准予备案。

六、据本省驿运管理处签呈，缴曲岐线老隆至曲江货运每百市斤运费成本计算表，请察核备案等情，经准予备案。

密七、据本省战时贸易管理监察委员会呈缴二十九年度在连建设后方办公地点修葺费支付预算书，列支一百四十元，款在战时贸易管理处业务费项下开支。饬据会计处签称，核数尚符，拟予照准等语，应准如拟办理。

八、准广东省军管区司令部电送连阳自卫总队三十年度各月份经费预算书。饬据会计处签称，每月列支三万九千五百八十七元八角，系依照三十年陆军暂行给与规则之规定列支，尚无不合，至原列增备金一目每月一千九百七十九元三角九分，据原书注明系按前项经费总额百分之五计列，惟为使本府前经核定该总队经费追加数目适合起见，此目拟依照二十九年度原定数酌减为月列一千八百五十二元六角。核减后之该总队三十年度经常费，每月列支四万一千四百四十元，该款应在三十年度省地方岁出概算原列该总队经费每月三万二千九百零八元抵支，余八千五百三十二元，另在本府第二〇三次会议核定自一月份起追加该总队经费一万五千一百四十四元额内拨支等语，应准如拟办理。

九、据财政厅签呈，据税警总团呈，拟自本年一月份起，参谋人员待遇依照中央规定办理，应否照准，请核示等情。饬据会计处签称，该团参谋人员加薪每月所需经费三百元，既系依照中央规定办理，拟予照准，自三十年一月份起，仍照规定在该总团三十年度经费节余项下拨支等语，应准如拟办理。

十、据会计处案呈，查财政厅呈缴二十九年度各税务局所站外勤人员制服费及代理金库经费追加案，经本府第二〇七次会议决议："代理金库追加经费准在二十九年度整理沙田经费未支余款项下开支"在案。该项追加代理金库经费四万四千元，拟在三十年度省总概算岁出经常门临时部分财务支出款下追列补拨代理金库经费科目，以二十九年度整理沙田经费未支余额项下抵拨，一面追列三十年度省总概算岁入经常门临时部分其他收入款下各机关节余经费解库款科目等情，应准如拟办理。

十一、据财政厅呈缴缉私处所属查缉专员办事处组织规程。饬据秘书处签拟，酌予修正报会备案等语，应准如拟办理。

十二、据第六区行政督察专员呈缴无线电第六区台三十年度一至三月份员役生活补助费预算书。饬【据】会计处签称，月支二百二十元，三个月共支六百六十元，查核尚合，拟准照拨，款在三十年度调整机构补助公务员生活费项下开支等语，应准如拟办理。

十三、据第七区行政督察专员呈缴本署三十年度一至三月份员役生活费预算书册。饬据会计处签称，查一月份列支九百七十元，二、三月份各列支九百九十元，三个月共列支二千九百五十元，查核尚合，拟准照拨，款在三十年度调整机构补助公务员生活费项下开支等语，应准如拟办理。

讨论事项

一、据财政厅签呈，据缉私处呈缴该处所属各机关迁移费及购置通讯器材费预算书，计迁移费列支二千二百一十七元七角八分，购器材费列支一万七千四百六十元八角九分，两项共一万九千六百七十八元六角七分，请核示等情，请公决案。

（决议）照案通过。款在本年度省预备金项下开支。

二、据教育厅签呈，据省立韩山师范学校呈缴二十九年度辅导地方教育支出预算书，列支七百三十元，查属需要，所请在该校二十八年度校款节余项下开支，拟予照准，请察核等情，请公决案。

（决议）照案通过，抵解手续照会计处签拟办理。

三、据教育厅签呈，拟在三十年度教育临时费项下继续月拨始兴县立中学、大埔县立第一中学各五百元，潮安县立中学三百元，年共一万五千六百元，另一次过拨志锐中学二千元，请饬财厅如数拨支等情，请公决案。

（决议）照案通过。

四、据建设厅签呈，转缴农林局二十九年度购置汽车胎岁出临时费支付预算书，及代中山大学征收肥田料附加费补助办公费数目表，列支购置费二千一百元，查核尚属需要，似可准予照数在中大肥田料附加费补助该局办公费项下拨支等情，请公决案。

（决议）照案通过，抵解手续照会计处签拟办理。

五、据本府南路行署电，缴警卫营第五连奉调返韶行军补助费预算书，列支一千一百八十九元二角，请核示等情，请公决案。

（决议）照案通过，抵解手续照会计处签拟办理。

六、据会计处案呈，查大埔县三十年度县地方岁入岁出总概算，业经参照各厅处审核意见分别整理核编完竣，核编后，计拟改岁入岁出经临总数各为三十六万九千三百九十四元，请提会核定施行等情，请公决案。

（决议）照案通过。

七、据会计处案呈，查平远县三十年度县地方岁入岁出总概算，业经参照各厅处审核意见，分别整理核编完竣，核编后，计拟改列岁入岁出经临总数各为一十四万二千零一十元，请提会核定公布施行等情，请公决案。

（决议）照案通过。

八、据会计处案呈，查仁化县三十年度县地方岁入岁出总概算，经参酌各厅处意见，分别整理核编完竣，核编后，计改列岁入经临门总额一十九万四千六百元，岁出经临总额二十万零三千四百一十六元，比对不敷八千八百二十元，该项不敷经费，拟由本年度省总概算实施新县制补助款项下拨助，请提会核定公布施行等情，请公决案。

（决议）照案通过。

九、据会计处案呈，查郁南县三十年度县地方岁入岁出总概算，业经参酌各厅处意见，核编完竣，核编后，计拟改列岁入岁出各为三十八万三千九百四十七元，请提会核定公布施行等情，请公决案。

（决议）照案通过。

十、据会计处案呈，查佛冈县三十年度县地方岁入岁出总慨〔概〕算，业经参酌各厅处意见，核编完竣，核编后，计拟改列岁入岁出各为一十一万一千一百九十二元，请提会核定施行等情，请公决案。

（决议）照案通过。

十一、据会计处案呈，查饶平县三十年度县地方岁入岁出总概算，业经参照各厅处审核意见，分别整理核编完竣，核编后，计拟改列岁入岁出经临总数各为五十九万七千九百七十七元，请提会核定公布施行等情，请公决案。

（决议）照案通过。

十二、据会计处案呈，查三水县三十年度县地方岁入岁出总概算，业经参酌各厅处意见，核编完竣，核竣后，计拟改列岁入岁出各为四十二万六千一百二十一元，请提会核定公布施行等情，请公决案。

（决议）照案通过。

密十三、据会计处签呈，查三十年度省总概算内所列调整机构补助公务员生活费科目预计将开支净尽，如非省属机关将来随意增员，势必无从支应。兹拟规定对于各机关学校领支生活补助费之补充办法四项，请提会核定，分别通饬办理等情，请公决案。

（决议）照案通过。

十四、据会计【处】案呈，查建设厅公路处养路费，现已饬办抵解手续，关于该处疏浚大江河渡口砂碛费七百一十五元四角七分，抢修杨河湾周背陂等桥及韶兴线马坝至三华各项工程费共一万五千二百一十二元七角三分，抢修忠信桥及其附近路基路面工程费一万二千八百四十一元四角八分，抢修杉木坳一带崩塌斜增工程费一千六百八十八元，抢修杉木坳路面工程费二千五百二十九元六角，修建兴梅公路第五十六号木桥工程费八百九十六元四角共六案，合计共三万三千八百八十三元六角八分，均拟在三十年建设事业临时费项下开支等情，请公决案。

（决议）照案通过。

十五、据会计处签呈，在此抗战时期，交通不便，物源缺乏，物价涨跌无常之际，为使各县局之长警生活安定计，拟参照第二〇七次会议核定本省各县国民兵团队粮饷划分食粮公给办法，酌定各县局警长警士主副食标准，仍先由各县政府拟具详细实施办法呈转本府核定后施行等情，请公决案。

（决议）照案通过。

十六、据教育厅签呈，拟令饬省立梅州师范学校独立设置，并调本厅义务教育视导员廖英华充任该校校长，请核示等情，请公决案。

（决议）照案通过。

十七、高委员、何委员、黄委员（麟书）会复审查卫生处所拟本省三十年度改良环境卫生计划及预算一案意见，请公决案。①

（决议）照审查意见通过。

十八、据会计处案呈，据财政厅会计室呈称，查三十年度概算财务经费，原列各税务局所站经费，依同审查会表列应为十三万五千元，税警总团经费拟为七十三万三千七百七十元，顷奉发省概算九款一项三目，列税务局所站经费连同四至七目并计为一百二十九万九千六百二十九元，税警总团经费则列为七十九万一千一百四十一元，虽前后二者合计总数仍属相符，惟各该目之数，则适相差五万七千三百七十一元，应否照准流用，请提会核定等情，请公决案。

（决议）保留。

广东省政府第九届委员会
第二百一十一次议事录

日　期　三月七日

地　点　曲江本府

出席者　李汉魂　黄麟书　郑彦棻　刘佐人　郑　丰　高　信

列席者　杜之英　何剑甫　李仲仁　伍崇厚

主　席　李汉魂

纪　录　（秘书）魏育怀　（参议）俞守范

报告事项

一、据本府南路行署呈送电讯室无线电台购置台椅机箱及搭棚等费支付预算书，饬据会计处签称，据呈预算书列支三百九十八元五角，内有一百八十一元五角经报会核定在该署电讯室节余经费项下开支，惟未追列科目，其余二百一十七元，既经本府核准，各款均拟在三十年度省总概算岁出经常门临时部分经济及建设支出款下追列补拨南路行署电台临时费科目，以二十九年度该署电讯室节余经费抵拨，一面追加三十年

---

① 审查意见略。

度省总概算岁入经常门临时部分其他收入款下各机关节余解库款科目等语，应准如拟办理。

二、据本府南路行署呈转电讯室电话总机班棚址修缮费支付预算书。饬据会计处签称，该班修缮费预算书列支一百七十元，既奉府电核准，该款拟在三十年度省总概算岁出经常门临时部分行政支出款下追列补拨南路行署临时费科目，以该署电讯室二十九年节余经费项下抵拨，一面追加三十年度省总概算岁入经常门临时部分其他收入各机关节余解库款科目等语，应准如拟办理。

三、据本省振济会呈，据驻港办事处呈缴深圳难民搭棚棉衣及保育会捐款支出预算书，共列支三千零二十三元六角，款在振款项下开支等情。饬据会计处签称，既据该会核明尚无不合，拟予照准等语，应准如拟办理。

四、据本省粮食管理局呈复，曲江桥车辆检查站员役遭受空袭损失属实，请准分别核给救济费等情。饬据秘书、会计两处签拟修正本省公务员雇员公役遭受空袭损害暂行办法第七条规定，酌给站长戴振镛国币九十元，雇员伍德国币五十元，公役李锦国币三十五元，合共一百七十五元，拟饬在该站经费预算内匀支，如经费不敷支时，再在救济米荒基金项下拨足等语，应准如拟办理。

五、据第三防空区指挥部呈缴曲江县防空支会修理浮桥费用预计算书，共计二千六百九十八元六角。饬据秘书、会计两处签称，核明尚属核实，所需修理费，除该指挥部商由曲江防空支会在二十九年会员费收入项下拨付二千二百五十七元三角四分之款，似应照案饬令拨正开支，其余不敷四百四十一元二角六分之款，似可准由本府补助，在三十年度省地方岁出概算经济及建设支出款内建设事业临时费科目拨支等语，应准如拟办理。

六、据财政厅签呈，缴本厅三十年一至三月员役生活补助费预算书册，日〔月〕列八千四百九十元，三个月共列支二万五千四百七十元。饬据会计处签称，查核尚合，拟准照拨，款在三十年度调整机构补助公务员生活费项下开支等语，应准如拟办理。

七、据建设厅签呈，转缴合作事业管理处三十年度一至三月份员役生活补助费预算书册，月列三千九百二十元，三个月共列支一万一千七百六十元。饬据会计处签称，查核尚合，拟准照拨，款在三十年度调整机构补助公务员生活费项下开支等语，应准如拟办理。

八、据会计处案呈，准教育厅片送广东省立民众教育馆三十年一至三月份员役生活补助费预算书册，月列四百一十元，三个月共列支一千二百三十元，查核尚合，拟准照拨，款在三十年度调整机构补助公务员生活费项下开支等语，应准如拟办理。

九、据中国童子军广东省理事会筹备处函送本处职员公役姓名表，请参照规定各机关学校员役生活补助费办法拨给生活费等情。饬据会计处签称，查表列职员四人，公役一人，依照规定，计每月共给八十六元，三个月合给二百五十八元，拟准照拨，款在三十年度调整机构补助公务员生活费项下开支等语，应准如拟办理。

十、据本府黄岗消防队呈缴三十年一至三月份长员夫役生活补助费预算书册，月列二百四十九元一角二分，三个月共七百四十七元三角六分。饬据会计处签称，查核尚合，拟准照拨，款在三十年度调整机构补助公务员生活费项下开支等语，应准如拟办理。

十一、据会计处案呈，准教育厅片送省立艺术院十三〔三十〕年度一至三月份员役生活补助费预算书册，月列九百二十元，三个月共列支二千七百六十元，查核尚合，拟准照拨，款在三十年度调整机构补助公务员生活费项下开支等语，应准如拟办理。

密十二、据会计处签呈，查各机关在连后方办公地点修葺费前经核准每人发修葺费十元，款在二十九年度省预备金项下开支。惟核准后各机关因增加人数请求追加，长此不加限制此费究应负担若干亦难预计。兹拟除已核准追加者外，自通令之日起，各机关纵有增加人员亦不再增拨修葺费。至新设机关仍候事势确有必要时始予酌发，以节公帑等情，应准如拟办理。

讨论事项

密一、准广东省军管区司令部电送政治部二十九年八月二十九日被敌机轰炸损失公物清册，计共三千五百七十一元八角，请将是项购置费仍准在前军训处移交节余项下开支等由，请公决案。

（决议）照案通过，抵解手续照会计处签拟办理。

二、据财政厅拟具民国三十年广东省整理地方财政公债条例草案及

612

还本付息表，请转咨财政部核办等情，请公决案。

（决议）交高、郑（丰）、刘三委员审查，由高委员召集。

三、据财政厅、民政厅会呈，关于各县县仓积谷经费，拟自三十年度起，规定一律在地税留县款项下提扣百分之三拨充，请核示等情，请公决案。

（会计处签拟）民、财两厅所拟按月在地税留县项下提拨百分之三为积谷专款，诚恐贫瘠县份财力不能负担收支，或有不能平衡之虞，为兼顾事实计，拟规定自三十年度起，一、二等县按月在地税留县款项下提拨百分之三，又三、四等县提拨百分之二为积谷专款，存县金库特种基金户内，仍应体察各该县谷量产销情形，由县长呈准办理积谷，不得挪为别用。至经核定本年度概算之县份，未经列入该项经费或经列入而数额不足者，应饬分别补办追加预算，或请由县预备金项下照数拨足，余由本处汇核各县概算时办理，仍请提会核定。

（决议）照会计处签拟通过。

四、据教育厅签呈，据省立韶州师范学校呈请将该校迁校长江临时费二千二百二十二元二角发还归垫，请核示等情，请公决案。

（决议）照案通过，抵解手续照会计处签拟办理。

五、据建设厅签呈，据本省战时长途电话管理所呈缴改编增加各所巡房经临费预算书表，计追加增设各分派所开办费一百五十元，经常费一千九百三十八元，追加增设各巡房经费三百二十九元，合共二千四百一十七元，又追加各分派出所经费收入一千三百九十八元，请核示等情，请公决案。

（决议）照案通过，抵解后不敷之数，准在本年度建厅事业支出项下补拨。

六、据本省地政局呈，为本局重建职员宿舍费一千八百元，准财厅函嘱仍在本局二十九年度节余拨支，查二十九年度本局节余不敷拨用，拟请准予由库拨发等情，请公决案。

（决议）照案通过，款在本年度省预备金项下开支。

七、据广东省战时长途电话管理所呈缴工务课长梁仲谋荐委表，请赐核委等情，请公决案。

（决议）照派代理。

八、据会计处案呈，查恩平县三十年度地方总概算，经参酌各厅处意见，分别整理核编完竣，核编后，计份〔拟〕改列岁入岁出经临总额各为四十一万七千六百零三元，请提会核定公布施行等情，请公决案。

（决议）照案通过。

九、据会计处案呈，查德庆县三十年度地方总概算，经参酌各厅处意见，分别整理核编完竣，核编后，计拟改列岁入岁出各为二十六万二千六百六十二元，请提会核定公布施行等情，请公决案。

（决议）照案通过。

十、据会计处签呈，编具本处三十年度岁计会计事业费支付预算书表列支二万四千元，请核定在本年度省总概算岁出经常门临时部分行政支出本处岁计会计事业费项下开支，并饬财厅照数按月拨付等情，请公决案。

（决议）照案通过。

十一、奉第七战区司令长官司令部电，发第七战区战时粮食管理处三十年度岁出经常门常时部分预算书，月列四千六百一十一元，全年共列五万五千三百三十二元，在未奉中央明令裁撤以前，该处经费，仰遵照按月核发等因，请公决案。

（会计处签拟）查本年度省地方概算，列第七战区粮食管理处经费一、二月份两个月每月三千零八十四元，现该处既仍未裁撤，一、二两月份经费，拟照省概算原列数额拨付，不另增加，自三月份起，暂仍按月继续照前项数额发给，款在三十年度省预备费项下开支，仍请提会核定。

（决议）照会计处签拟通过。

密十二、据会计处案呈，查本府第二〇五次会议曾核定自三十年三月份起在保安团队调整费科目拨支保安部队士兵加给主食补助费每月四万三千七百四十元。现奉谕该科目暂勿动支，备作整理之用，自应遵办。兹拟将是项补助费改在三十年度省地方岁出概算调整机构补助公务员生活费科目拨支，请提会核定等情，请公决案。

（决议）照案通过。

密十三、据民政厅签呈，关于实施广东省战地各县党政军机构调整实施纲要之县份问题，兹经邀请本府行政效率促进委员会、本府秘书处，会计处及本省保安司令部会商结果，分别拟议三点，请核示等情，请公决案。

（决议）照案通过。

十四、据民政厅签呈，缴本厅三十年度追加会计室职员俸给费预算书，及该室新旧编制比较表，计每月共增加二百六十九元，请准由省预备金项下按月拨发等情，请公决案。

（决议）照案通过，自三月份起支拨。

十五、据教育厅签呈，缴省立战时艺术馆增设短期戏剧舞蹈班全期临时费预算书，每月列支五百一十五元，全期计两个月共支一千零三十元，拟将二十九年度核准追加民校补助费项下拨支韩山师范之增班经临费移拨一千零三十元为该馆增设短期戏剧舞蹈班经费等情，请公决案。

（决议）照案通过。抵解手续照会计处签拟办理。

十六、据本省救护委员会呈缴更正三十年度救护队预算书，列支六千六百八十四元，款在本会香港分会募捐款内拨支，请核示等情，请公决案。

（决议）照案通过，抵解手续照会计处签拟办理。

密十七、据英德县政府呈，缴下步墟军桥被洪水冲坏材料损失数量表，请核准注销，并将二十九年九、十、十一、十二月份垫支护桥队经费国币五百八十二元四角如数拨给归垫等情，请公决案。

（会计处签拟）查英德县下步墟军桥护桥队经费拟由省库发至三十年二月底止该队经费预算月支一百五十六元，自二十九年九月九日成立日起至三十年二月底止计五个月又二十二日共需国币八百九十四元四角，该款拟在三十年度建设事业临时费科目拨支，仍请提会核定。至三月份起该队经费饬由该县自行筹支。如限于该县地方财力，可由该县长酌察情形或将该队长兵裁减。

（决议）损失材料准予注销。护桥队经费照会计处签拟办理。

十八、据会计处案呈，据财政厅会计室签呈，查三十年度概算财务经费，原列各税务局所站经费，依据审查会表列应为一百三十五万元，税警总团经费应为七十三万三千七百七十元，顷奉发省概算九款一项三目，列税务局所站经费连同四至七目并计，共为一百二十九万九千六百二十九元，税警总团经费则列为七十九万二千一百四十一元，虽前后二者合计总数仍属相符，惟各该目之数，则适相差五万七千三百七十一元，应否照准流用，请提会核定等情，请公决案。

（决议）仍照原核定概算办理。

十九、刘委员（佐人）、高委员、郑委员（丰）会复审查广东省各县（局）战时政治工作队组织纲要及编制预算一案意见，请公决案。

（决议）照审查意见通过。[①]

二十、据本府行政效率促进委员会签呈，拟具广东省县长检定暂行办法、广东省县长检定委员会组织暂行规程，请核示等情，请公决案。

（决议）交郑（丰）、高、何三委员审查，由郑委员召集。

二十一、据秘书处签呈，奉谕召集各机关代表会商讨论公路处拟充实养路队追加经费案，谨将会议结果，签请核示等情，请公决案。

（决议）照案通过。暂以六个月为期，自三月份起支，款在本年度建设事业支出项下开支。余照会计处签拟办理。

广东省政府第九届委员会
第二百一十二次议事录

日　期　三月十一日

地　点　曲江本府

出席者　李汉魂　郑彦棻　黄元彬　高　信　郑　丰　黄麟书
　　　　刘佐人

列席者　杜之英　黄　雯　何剑甫

主　席　李汉魂

纪　录　（秘书）魏育怀　（参议）俞守范

报告事项

一、据会计处签呈，查军管区所属之国民兵团队改照中央现颁三十

---

① 原审查意见附后，现略。

年陆军暂行给与规则支给及粮饷划分食粮公给一案,经本处召集军管区、财政厅会商拟订办法,提会核定,并由府会同军管区通电各区专员转各县长兼国民兵团长,各师团管区司令部遵照,拟具详细实施办法,呈报核定施行在案。关于本府第一百六十五次会议核之救济各县团队伙食办法,似应于各县国民兵团队实行粮饷划分食粮公给办法日起废止,通饬遵照等情,应准如拟办理。

二、据会计处案呈,准教育厅片送雷州师范学校二十八年度上学期修建临时费预算书,列支四百九十五元九角,系在该校二十八年度八、九两月份增加简师一班经费结余项下拨支等由。此款拟以各机关以前年度经费节余款科目追列三十年度岁入既算,以补拨省立雷州师范学校二十八年度临时费科目追列三十年度岁出概算,饬该校将二十八年度八、九两月份增加简师一班经费节余款办理抵解手续等情,应准如拟办理。

三、据卫生处签呈,缴第四诊疗所购置费预算书。饬据会计处签称,查该所被火殃及既据卫生处查属实情,该项购置费预算列支三百二十元,此款拟请在三十年度卫生事业费项下拨支,核尚可行,拟予照准等语,应准如拟办理。

四、据建设厅签呈,转缴西江船务管理所三十年度一月底结束遣散费暨一月份员役生活补助费预算书册。饬据会计处签称,查遣散费列支二百一十七元,核尚无不合,拟准在三十年度省预备金项下拨支。又生活补助费列支一百七十元,查内有巡兵一名,亦列支十元,原属不合,但该所已结束,且仅支一月份生活补助费,拟姑准照公役发给,款在三十年度调整机构补助公务员生活费项下开支。以上两款,共计三百八十七元,并拟准在船税收入项下坐支抵解等语,应准如拟办理。

五、据第三区行政督察专员呈缴三十年度一至三月份员役生活补助费预算书册。饬据会计处签称,月列一千三百一十元,三个月共列支三千九百三十元,查核尚合,拟准照拨,款在三十年度调整机构补助公务员生活费项下开支等语,应准如拟办理。

六、据会计处签呈,查本府暨有关机关及省立学校职员亲属疏散迁移费案,关于学校方面者,只限于"省立"学校其经费全部由省库拨给者始能领支职员亲属疏散费。现黄岗小学系非省立学校,该校经费二十九年度系省库义务教育费项下拨助,依照原案,似不能照发职员亲属疏散费，惟该校设在本府所在地其迁移亲属费共一百五十元仍应特准在本年度省预备金项下拨支，请报会核定等情，应准如拟办理。

讨论事项

一、据教育厅签呈，据省立琼崖联合中学呈缴增班购置费支出预算书，列支八百六十二元，此费拟准在二十九年度留学生经费项下拨支等情，请公决案。

（决议）照案通过，抵解手续照会计处签拟办理。

二、据第三区行政督察专员电，为此次各团队协同国军克复芦苞，经先代钧座犒赏团队一千元外，嗣巡视芦苞抚慰负伤官兵，再代钧座犒赏一千元，请汇还归垫等情，请公决案。

（决议）准予续赏一千元，款在本年度奖赏金项下开支。

三、据会计处案呈，查开建县三十年度地方总概算，业经参照各厅处意见，核编完竣，核编后，计拟改列岁入岁出各为一十七万一千五百七十四元，请提会核定公布施行等情，请公决案。

（决议）照案通过。

四、据卫生处呈缴第三科科长王乃健荐委表，请核赐给委等情，请公决案。

（决议）照派代理。

五、郑委员（丰）、高委员会复审查农林局呈缴本年度春耕垦植杂粮实旋〔施〕计划纲要各县春耕垦植杂粮推进办法及春耕垦植杂粮分配表一案意见，请公决案。

（审查意见）（一）原纲要第一条目的两字之下拟改为："在开发本省荒地增加杂粮生产，充裕军民粮食，增强抗战力量。"（二）原纲要第三条时期及作物种类之下拟改为："由本年三月至七月为完成春耕垦殖期限，并适应本省各地风土所宜，选种木薯、甘薯、玉蜀黍、粟、高粱、豆类等为春耕之主要作物。"（三）余照秘书处签拟。

（决议）照审查意见通过。

临时动议

一、主席提议，此次四邑及南路沿海各地被敌蹂躏，我军民英勇抗战情形壮烈，本府现会同第七战区长官部与各界民众组织抚慰团，前往抚慰，拟拨出二万元为抚慰费，请公决案。

（决议）照案通过。款在本年度奖赏金项下开支。

二、主席提议，本府公祭陈故军长烈，拟拨三千元为捐建纪念亭及公祭费用，请公决案。

（决议）照案通过。款在本年度省预备金项下开支。

广东省政府第九届委员会
第二百一十三次议事录

日　期　三月十四日

地　点　曲江本府

出席者　郑彦棻　黄元彬　郑　丰　高　信

列席者　杜之英　黄　雯　何剑甫　黄希声

主　席　李汉魂（假）　郑彦棻（代）

纪　录　（秘书）魏育怀　（参议）俞守范

报告事项

一、据财政厅签呈，拟将派员会县督征中顺沙田税案办法于直接征收税款内提扣百分之一为督征员薪旅费改为提扣百分之三，请核示等情。饬据会计处签称，查此项征收费用变通分配办法，与原拟合计提扣经费百分之十并无增减，系将原定分给征收队及协助区乡保甲等款酌为减少，增拨该厅专员旅费，又据拟在原办法第六条第二项一款附加但书亦无不合，拟准予照办等语，应准如拟办理。

二、据教育厅签呈，省立韩山师范学校保管之金山中学图书特别保管费四百元，拟请准在二十九年度收容战区退出员生经费内登记站经费结余项下拨付，请核示等情。饬据会计处签称，现呈所称之特别保管费是何用途，未见说明，拟饬补注，惟为划一办理起见，似可并由该校自收款开支，俾拨还该厅长当时所垫付款，至请挪用之二十九年度收容战区退出员生经费内登记站经费结余款，应饬本月内赶即解库，以清款目等语，应准如拟办理。

三、据会计处案呈，准粮食管理局函送东江米粮运销委员会会计室人员姓名薪级预算简表，请核复等由。查该会请求自该会七月二十日成立日起，至十月止，照前省调节会令颁预算月定五百二十七元数目开支，至新派人员十月份俸薪，则在追加预算二百一十二元数目内开支一点，姑准照办，总计共增加七百六十七元，该项增加经费，在该会二十九年度业务费开支，列入营业概算，十一月份起，照本处一人字第二八八三号函办理等语，应准如拟办理。

四、据财政厅签呈，前奉核准在农林局前血清制造所二十八年度经费节余项下开支血清制造所仪【器】移运费，及恢复血清制造所驻东南西北区家畜防疫区开办费，暨追加血清制造所开办费内各种仪器材料购置费外，尚余二千七百八十八元，经农林局返纳入库，惟原案未奉指定科目开支，无从办理等情。饬据会计处签称，上列三款，共一万零一百三十二元，均拟由三十年度省总概算岁出经常门临时部分经济及建设支出款下追列补拨农林局血清制造所临时费科目，以该所二十八年度节余经费项下同额抵拨，一面照支出同额追加三十年度省总概算岁入经常门临时部分其他收入款下各机关节余经费解库款科目等语，应准如拟办理。

讨论事项

一、准广东高等法院电送二十九年六至十二月份追加巡查司法旅费临时支付预算书，列支一千八百六十元，请查核照准等由，请公决案。

（决议）照案通过，抵解手续照会计处签拟办理。

二、据曲江区公耕视导团呈报督导曲江区二十九年度各机关公耕成绩，以本府警卫营、建设厅、及妇女生产工作团成绩优异，拟请奖予警卫营国币二百元，建设厅、妇女生产工作团各奖国币一百五十元，请核示等情，请公决案。

（决议）照案通过，款在本年度奖赏金项下开支。

三、据会计处案呈，查揭阳县三十年度县地方总概算，业经参照各厅处审核意见，分别整理核编完竣，核编后，计拟改列岁入岁出经临总数各为一百六十三万七千九百四十一元，请提会核定公布施行等情，请公决案。

（决议）照案通过。

四、据地政局呈缴修正增订广东省土地登记施行细则，请察核转咨内政部核准施行等情，请公决案。

（决议）照案通过。

五、据本府行政效率促进委员会签呈，关于本会所拟广东省政府所属各机关工作检讨办法一案，经参照秘书处签拟及罗、高、郑三委员拟增删各点，再行修正，请提会决定等情，请公决案。

（决议）照案通过。

六、据卫生处签呈，补缴修正广东省政府卫生处组织规程，请察核等情，请公决案。

（秘书处签拟）谨查该处组织规程核与前由本处会同修订案相同，拟请提会核定施行，并呈报行政院备案。

（会计处签拟）查原规定字句间有略欠妥适，故参照中央颁定之各省市政府所属各机关会计室组织及办事通则规定，拟修正第十五条为"本处设会计主任一人，荐任，受广东省政府会计处会计长之监督指挥，并依法受本处处长之指挥，主办岁计会计事务，会计室所需助理人员，及雇员员额等级，由本处与广东省政府会计处商定，就本规程第十条及第十四条所定之委任职与雇员中指定之"。

（决议）照秘书、会计两处签拟通过。

广东省政府第九届委员会
第二百一十四次议事录

日　　期　三月十八日

地　　点　曲江本府

出席者　郑彦棻　高　信　郑　丰　何　彤　胡铭藻

列席者　杜之英　黄　雯　李仲仁　黄希声

主　　席　李汉魏（假）　郑彦棻（代）

纪　　录　（秘书）魏育怀　（参议）俞守范

报告事项

密一、奉军事委员会行政院令，发战地壮丁动员方案反对敌伪强征壮丁大同盟组织办法盟约誓词及各游击区根据地义民收容所设置办法，仰遵照办理并密饬所属一体遵办等因。应报会后公别电函军管区、省动员委员会饬财政厅、省振济会及所属遵照办理。

二、准广东全省保安司令部电送故员张贵义甲乙种遗族调查表件，请查照办理等由。饬据秘书、会计两处签拟依照广东全省保安人员抚恤规程规定给与一次过抚恤金一百四十元，在三十年度省地方岁出概算保育及救济支出款内恤金科目拨支，每年年抚金八十元，拟自三十一年起，递年编入省岁出概算列支等语，应准如拟办理。

三、据财政厅报告，清收临时地税契税实施办法，经通饬各县政府暨各县税捐征收处及督促委员会遵照展限一个月，至本年三月底止旧欠地税加倍征收，亦随清收期间展迟一个月等情，应准予备案。

四、据教育厅签呈，转缴省立钦州师范学校二十九年度津贴战区退出学生服装费预算书，列支四百五十元，此款拟准在该校二十九年度五月以前经费节余项下开支等情。饬据会计处签称，拟准以各机关以前年度经费节余款科目追列三十年度岁入概算，以补拨省立钦州师范学校二十九年度补助战区退出学生服装临时费科目追列三十年度岁出概算（原预算书所列款项目名称代改为服装补助费），饬该校将二十九年度五月份以前节余经费办理抵解手续等语，应准如拟办理。

五、据建设厅签呈，关于公路处技士梁慧中遭受空袭损失，经派员查明属实，请察核办理等情。饬据秘书、会计两处签称，所拟依照本省公务员雇员工役遭受空袭损害暂行救济办法第七条第二款之规定，给予救济费国币一百五十元，尚无不合，拟予照准，该款饬在该处三十年度经费内匀支等语，应准如拟办理。

六、据建设厅签呈，关于本厅请在员工福利基金项下拨借员工消费合作社一万元一案，查该项福利基金原系历任移交之领矿呈请公费留厅部分等款，并无编入预算等情。饬据会计处签称：查该项基金一万三千元，既无编入预算，似可姑准借拨一万元，并饬将该项基金拟定期限悉数归还入库等语，应准如拟办理。

七、据省振济会呈缴本会儿童教养院实验小学二十九年九至十二月

622

份经常费支付预算书表，月列三千二百元，九至十二月份共列支一万二千八百元，款由本会振款项下拨支等情。饬据会计处签称，查核尚合，拟予照准等语，应准如拟办理。

八、据省振济会呈，据韶关空袭紧急救济联合办事处呈缴二十九年度九、十月份茶水站补助费支付预算书，月列一千二百元，九、十两月共列支二千四百元，查核尚属需要，经准照发，款由振款项下开支。等情。饬据会计处签称，复核尚符，拟予照准等语，应准如拟办理。

九、据本府南路行署先后电称，新委电讯室主任陈铮郎系二十九年十一月十五日离原职，十二月二十日到差，前主任同日离差，月薪一百二十元，请将该员在途薪俸一百四十元准在该室电讯经费节余项下开支等情，经电复，该员在途薪俸，由离原职到现职日计应支一百三十七元五角五分，准并入该室经费项下报销。

十、据本省战时贸易监察委员会电缴本会职员请求借支眷属迁移旅费申请书表。饬据会计处签称，该会职员搬迁亲属费共列国币一百五十元，核与规定相符，拟予准照规定，饬由省战时贸易管理处在营业基金项下照数发给等语，应准如拟办理。

十一、查本省战时政治工作总队全年经费二十六万五千七百五十二元，业经照数列入三十年度省概算，现因战时调查处经费亟待开支，为适应需要起见，特核定由该总队额定经常费内自本年一月份起，按月补助战时调查处经费每月一千五百八十三元三角三分，全年共补助一万九千元，此项补助费，经饬在该总队预算内列为补助"战时调查队经费"。

十二、据第二区行政督察专员公署呈缴无线电第二区台三十年购置家具支付预算书件，列支九十六元一角。饬据会计处签称，既据称核尚需要，拟在三十年度省总概算岁出经常门临时部分经济及建设支出款下追列补拨无线电第二区台临时费科目，以该区二十九年度经费节余项下抵拨，一面追加三十年度省总概算岁入经常门临时部分其他收入款下各机关节余经费解库款科目，余款解库等语，应准如拟办理。

十三、据广东省新生活运动促进会妇女工作委员会呈缴该会及所属妇女生产工作团三十年度一至三月份生活补助费预算书册。饬据会计处签称，新运妇女会部分每月列支二千三百三十元，三个月共列支六千九百九十元，核尚符合，拟准照拨，款在三十年度调整机构补助公务员生活费项下开支。生产团部分核有未合，拟发还饬分别另编再呈核拨等语，应准如拟办理。

十四、据卫生处签呈缴本处三十年度一至三月份员役生活补助费预算书册。饬据会计处签称，月列一千五百五十元，三个月共列支四千六百五十元，查核尚合，拟准照拨，款在三十年度调整机构补助公务员生活费项下按实开支等语，应准如拟办理。

十五、据省振济会呈缴本会第一、四医疗队三十年度一至三月份员役生活补助费预算书册。饬据会计处签称，月列各一百五十八元，三个月各列四百七十四元，既据该会核无不合，款在振款项下拨支，复核与本府前颁办法第二项尚符，拟予照准等语，应准如拟办理。

十六、据省振会呈，转缴救济总队三十年度一至三月份员役生活补助费预算书册。饬据会计处签称，月列三千一百三十元，三个月共列支九千三百九十元，查核尚合，拟准照拨款在三十年度调整机构补助公务员生活费项下开支等语，应准如拟办理。

十七、据省振济会呈缴本会技工养成所三十年度一至三月份员役生活补助费预算书册。饬据会计处签称，月列一千一百八十元，三个月共列支三千五百四十元，既据该会核明尚符，款在振款项下开支，复核尚合，拟予照准等语，应准如拟办理。

讨论事项

一、据秘书处案呈，关于建设厅呈缴公路处组织规程办事细则，行车站征收站组织通则，及办事细则，护路队与购料委员会组织章程等件，经依照邹、黄、郑三委员审查意见，及建设厅参酌意见，整理完竣，请提会核定等情，请公决案。

（决议）照案修正通过。①

二、据会计处案呈，查广东省南路特务大队经费预算一案，经向保安司令部查明，谨参照保安大队新编制酌以一大队下辖四中队制计算全大队月需经常费七千九百一七元四角，又主食补助费二千三百九十二元，两共月需一万零三百零九元四角，拟自三十年二月十六日该队成立

----

① 修正之点略。

624

日起拨，该款应否在三十年度省岁出概算保安团队调整费科目开支，请提会核定等情，请公决案。

（决议）照案修正通过。款在保安团队调整费内开支。

修正之点如下：（一）减少一中队。（二）增加训育人员薪饷公费追列。（三）米粮补助照国民兵团队办法办理。

三、据本省驿运管理处签呈，依照行政院令颁各省驿运管理处组织通则，将本处组织暂行规程暨办事细则修正，请分别呈咨等情，请公决案。

（秘书处签拟）查原修正规程第一条"直隶省府"四字，拟改为"直隶省政府"字样，第八条"承省府之命"以下一段，拟修正为"承省政府之命，综理处务，副处长二人，其中一人由省政府派充，一人由交通部派充，襄理处务"等字。其余各条，暨办事细则条文，大致尚合，请提会核定后，分别呈报行政院暨交通部备案。

（决议）照秘书处签拟通过。

四、据会计处案呈，查高明县政府三十年度地方总概算，业经参酌各厅处意见，核编完竣，核编后，计拟改列岁入岁出各为二十四万九千零九十四元，请提会核定公布施行等情，请公决案。

（决议）照案通过。

五、据会计处案呈，查台山县政府三十年度地方总概算，经参酌各厅处意见，核编完竣，核编后，计拟改列岁入岁出各为二百零六万三千一百四十三元，请提会核定公布施行等情，请公决案。

（决议）照案通过。

六、据会计处案呈，查合浦县政府三十年度地方总概算，经参酌各厅处意见，核编完竣，核编后，计拟改列岁入岁出各为七十九万七千四百三十八元，请提会核定公布施行等情，请公决案。

（决议）照案通过。

七、据会计处案呈，查开平县政府三十年度地方总概算，经参酌各厅处意见，核编完竣，核编后，计拟改列岁入岁出各为九十一万七千一百二十九元，请提会核定公布施行等情，请公决案。

（决议）照案通过。

八、据卫生处呈缴防疫医院院长李辑五荐委表，请核赐给委等情，请公决案。

（决议）照派代理。

九、准广东省军管区司令部电复，以关于第三区行政督察专员公署垫拨三水地方团队协助防军抗战得力奖金一千元，准电拟在本部二十九年度国民兵团队经费节余项下拨支，自应照办等由，请公决案。

（决议）照案通过。抵解手续，照会计处签拟办理。

十、据会计处签呈，查养路队追加经费案，经本府第二一一次会计，决议：在本年度建设事业费开支，计需增支七十万零五千六百三十元，现建设事业费开支余额不过二十八万九千五百六十四元三角一分，如照案办理，本科目即不敷四十一万六千零六十五元六角九分，请提会再议等情，请公决案。

（决议）照原案办理，追加本年度省总概算建设事业临时费七十万零五千六百三十元，交财政厅筹措来源。

十一、主席提议，增城县县长周天禄辞职照准，遗缺派陈殿杰代理，请公决案。

（决议）照案通过。

临时动议

一、据建设厅签呈，公路处现增设副处长一员，拟以该处技正兼工务课课长伍泽元升充，请核赐委等情，请公决案。

（决议）照派代理。

广东省政府第九届委员会
第二百一十五次议事录

日　期　三月二十一日

地　点　曲江本府

出席者　李汉魂　黄元彬　郑　丰　胡铭藻　刘佐人　郑彦棻
　　　　何　彤

列席者　杜之英　刘支藩　黄希声　伍崇厚

主　席　李汉魂

纪　录　（秘书）魏育怀　（参议）俞守范

报告事项

密一、准广东省军管区司令部电，查连阳自卫总队接收大龙山匪邦杜日照等十四名编为谍查队，前据该队呈报前来，经令准备案。现据奉保安司令部电，饬交还保安第二团垫过杜日照等恩饷共四百九十五元，拟准由该总队经费节余项下付还，请查照等由。饬据会计处签称，拟照军管区所拟在该总队三十年度经费节余项下拨支等语，应准如拟办理。

二、准广东省各界出钱劳军运动筹备委员会函，请负担该会经费四百元等由。饬据秘书、会计两处签称，查与春礼劳军大会经费案系属二事，该款拟请准在三十年度省预备金项下开支等语，应准如拟办理。

三、据民政厅签呈，缴本厅二十八年度调派南路行署人员支给旅费预算书，列支二百五十四元，饬据会计处签称，既经依照本府核定办法支给，拟予照准，该款拟在三十年度省总概算岁出经常门临时部分行政支出款下追列补拨民政厅临时费科目，以该厅二十八年度经费剩余项下抵拨，一面追加三十年度省总概算岁入经常门临时部分其他收入各机关节余经费解库款科目等语，应准如拟亦理。

四、据财政厅签呈，税警总团特别党部经费改照新规定给与，每月共支二千七百八十一元，比较核定数二千五百零九元，计增加二百七十二元，请准另指款拨支等情。饬据会计处签称，核尚符合，拟可照准，该款拟照案自三十年一月一日起支，并在该总团三十年度经费节余项下开支。又原预算第七项临时费科目，拟改为特别费，俾免经临合并与规定抵触等语，应准如拟办理。

五、据教育厅签呈，缴二十九年度追加岁入预算书，列收二十二万五千元，饬据会计处签称，核与原案相合，惟二十九年度追加省地方岁入岁出概算，已经办理完竣，此款拟以补列二十九年度中央补助国民教育师资短期训练经费科目追加三十年度省概算岁入经常门临时部分补助及收入款下，并照数在三十年度省概算岁出经常门临时部分教育及文化支出款下追加补拨二十九年度国民教育师资短期训练经费科目等语，应准如拟办理。

六、据建设厅签呈，转缴公路处已故木工赖军朋之兄赖广朋受领申请书件，请察核办理等情。饬据秘书、会计两处签称，查核尚无不合，除丧葬费五十元，依公路处战时公路员工伤亡抚恤规程规定，由该处发给外，其一次过恤金二百零四元，拟在三十年度省总概算内恤金科目项下开支等语，应准如拟办理。

七、据省振济会呈，据本会第一四医疗队呈，为规定办公费四十元不敷支，应请由本年度一月份起酌予增加，经准由本年一月份起，每月增加二十元，照案由本会振款项下拨支，并饬第二三医疗队照案办理，请察核备案等情。饬据会计处签称：核尚可行，拟予照准等语，应准如拟办理。

八、据财政厅呈，转缴徐闻税务局二十九年度迁移文卷票照公物临时费支付预算书，列支一百元。饬据会计处签称，既系被敌威迫迁移，该项支出，拟在三十年度省总概算岁出经常门临时部分财务支出款下追列补拨徐闻税务局临时费科目，以该局二十九年度节余经费抵拨，一面追加三十年度岁入经常门临时部分其他收入款下各机关节余经费解库款科目等语，应准如拟办理。

九、据财政厅呈，转缴普宁税务局搬运费预算书，列支一百一十二元四角。饬据会计处签称，查搬运起讫地点及搬运方法，均未据注明，惟既据该厅查核尚属需要，拟姑准照列，该款拟在三十年度省总概算岁出经常门临时部分财务支出款下追列补拨普宁税务局临时费科目，以该局二十九年度经费节余项下抵拨，一面追加三十年度省总概算岁入经常门临时部分其他收入款下各机关节余经费解库款科目等语，应准如拟办理。

十、据省振济会呈复，奉饬韶关空袭紧急救济联合办事处准予赓续办理，月支经费二百元，在振款项下拨付等因。查此案奉文在后该处经费已照案月发五百元，至本年二月份止，现经饬该处由本年三月份起改为月支二百元，请准备案等情。饬据会计处签称，查属实情，拟予照准等语，应准如拟办理。

十一、据本府消防景华舰呈缴三十年度经常费支付预算书，月列五百二十三元二角五分，又三十年度增加经费预算书月列五十八元。饬据会计处签称，经常费列数原无不合，惟为适合省概算原定月额，俾便支拨计，拟代照月额五百二十二元之数改正，其差额一元二角五分，即在

628

预算书所列临时费项下修理机件费科目减除（减除后月列二十八元七角五分），并将"临时费"科目改为"特别费"，以免经临合并，与规定抵触，至该舰系消防舰，似属于警察机构，拟依照本省警察总队官管生活补助费办法，发给生活补助费，月计需一百二十元，除已编入三十年度省概算该舰经费额内该舰官兵主副食费月共五十八元之数，经合并经费列编，拟予扣出移支外，余六十二元，拟自三十年一月份起增拨，款在三十年度省概算调整机构补助公务员生活费科目拨支等语，应准如拟办理。

十二、据卫生处签呈，缴本处第一防疫队本年一月至三月份员役生活补助费预算书册，月列二百元，三个月共列六百元。饬据会计处签称，查核尚合，拟准照拨，款在三十年度调整机构补助公务员生活费项下开支等语，应准如拟办理。

十三、据卫生处签呈，转缴广东省立救济医院三十年度一至三月份员役生活补助费预算书册，月列八百八十元，三个月共列二千六百四十元。饬据会计处签称，查核尚合，惟查该处原呈抵附一月份员役名册一份，核与规定不符，本应发还补送，为免繁渎起见，似可姑准照发，款在三十年度省概算调整机构补助公务员生活费项下开支等语，应准如拟办理。

十四、据省振济会呈缴本会四会义民收容所三十年一至三月份员役生活补助费预算书册，月列一百四十元，三个月共列四百二十元。饬据会计处签称，既据该会核明相符，款在振款项下开支，复核尚合，拟予照准等语，应准如拟办理。

十五、据本府广播电台呈缴三十年一至三月份员役生活补助费预算书册，一月份列支三百九十元，二、三两月各列支四百三十元，三个月共列支一千二百五十元。饬据会计处签称，查核尚合，惟查原书册并未照规定项目编列，本应发还更正，为免繁渎起见，姑准照拨，款在三十年度调整机构补助公务员生活费项下开支等语，应准如拟办理。

十六、准内政部咨复，关于本省所拟各县等级依据之标准一案，应准备查等由。兹就核定原案修正广东省各县等次一览表分发各县知照，并分别抄知军管区、保安司令部、省党部暨各厅、处、会、局、各区专署。

讨论事项

一、据秘书处案呈，本省各县市中医考试章程，经本处划一草拟，参酌卫生、会计两处意见，分别整理完竣，请提会核定通饬施行等情，请公决案。

（决议）照案通过，考试费用，支销手续，照会计处签拟办理。

二、准广东全省保安司令部电，为便利指挥联络预防匪类窜扰起见，特组设广东省第四、六两区联防指挥部，订定该部组织暂行条例，暨编制预算书表，月支二千元，请查照办理等由，请公决案。

（决议）照案每月补助二千元。除预算原列一千元外，余一千元，在保安团队调整费内开支。

三、准广东全省防空司令部函，送所属各单位三十年度官兵主食补助费支付预算书，月列二千三百五十八元，又由三月份起至十二月份止，士兵再加主食补助费支付预算书，月列一千三百四十六元，及米贵地区官兵加发主食补助费支付预算书，月列七百八十六元，请饬财政厅照书列数目分别照案汇拨等由，请公决案。①

（决议）照会计处签拟通过。

四、据教育厅签呈，据本厅中小学教师服务团呈缴三十年度增建及改造棚厂预算书，查核尚属需要，所列改建费七百三十四元，拟准在该团二十九年度经费节余项下拨支，请核示等情，请公决案。

（决议）照案通过，抵解手续照会计处签拟办理。

密五、据粮食管理局签呈，关于本局敦请省参议会议长及参议员等赴港鼓吹侨商购办洋米系有特殊情形，所有费用之支销拟准予用定额旅费名义用收据报销，免予编制旅费报告表，请核示等情，请公决案。

（决议）照案通过。

六、据会计处案呈，查新丰县政府三十年度地方总概算，经参酌各厅处意见，核编完竣，核编后，计拟改列岁入岁出各为一十八万零七百七十元，请提会核定公布施行等情，请公决案。

（决议）照案通过。

七、据会计处签呈，查关于发给本年度本省各机关学校员役生活补

---

① 会计处签拟略。

助费一案，原定发至三月底止。现查期限行将届满，省内一般物价，仍未平复，拟请仍照原案自本年四月份起至六月底止继续延长发给三个月，以资救济等情，请公决案。

（决议）照案通过。

八、据秘书处签呈，拟订广东省战时公路征购养路材料暂行办法，广东省战时来往货车协助养路暂行办法，广东省战时征集民工抢修公路暂行办法，请提会核定公布施行等情，请公决案。

（决议）交黄（元彬）、何、郑（丰）三委员审查，由黄委员召集。

密九、据本府南路行署呈，据灵山县政府呈缴修复县城至竹沙坪、新墟、檀墟各线电话杆线工料费支付预算书，列支一万零二百一十二元三角，请察核饬遵等情，请公决案。①

（决议）工程预算照建设厅签拟办理，款在本年度建设事业临时费内开支。

十、据中山日报社函，请将拨助梅县版补助费每月一千元之数，由本社支领统筹支配，并特别拨助，将每月二千八百元之数，酌增改列至四千元等情，请公决案。

（决议）准予统筹支配，关于请求增加部分，运〔由〕文化运动委员会酌予补助。

十一、据建设厅呈，缴技正何泽荐委表，请赐核委等情，请公决案。

（决议）照派代理。

十二、据卫生处呈，缴广东省卫生处战时卫生防疫区第一区署主任袁毓万荐委表，请赐核委等情，请公决案。

（决议）照派代理。

十三、据建设厅公路处呈，缴改善兴平公路工程处队长朱颂南荐委表，请赐核委等情，请公决案。

（决议）照派代理。

十四、高委员、郑委员（丰）、刘委员（佐人）会复审查财政厅拟具民国三十年广东省整理地方财政公债条例草案及还本付息表，请转咨

---

① 建设厅签拟略。

财政部核示一案意见，请公决案。

（决议）照审查意见通过，并由三十一年起开始付息，三十二年起开始还本。

十五、主席提议，五华县县长张际清辞职照准，遗缺调和平县县长李则谋代理，递遗和平县长缺，派曾枢代理，请公决案。

（决议）照案通过。

临时动议

据花县县长来电，为敌寇侵扰，税收断绝，县库毫无存款，请饬财厅准借三、四月份行政经费，以济眉急等情，请公决案。

（决议）准予照借，在本年度省总概算新县制补助经费项下垫付。

广东省政府第九届委员会
第二百一十六次议事录

日　期　三月二十五日

地　点　曲江本府

出席者　李汉魂　郑　丰　刘佐人　郑彦棻　胡铭藻　何　彤
　　　　高　信

列席者　杜之英　黄希声　李仲仁　刘支藩　伍崇厚

主　席　李汉魂

纪　录　（秘书）魏育怀　（参议）俞守范

报告事项

一、奉广东绥靖主任电复，查汉奸周××一名，业经饬处讯明，依法判决，希照章给奖，径发番禺县政府给领等因。饬据秘书、会计两处签拟，依照修正本省捕杀敌伪组织官员奖励办法第三条第五款之规定，给予奖金五十元，行番禺县政府转发，款在三十年度省总概算其他支出奖赏金项下开支等语，应准如拟办理。

二、据民政厅签呈，据省警总队呈，为本队二十九年度经费节余已奉饬拨作援照实行新县制县份警察待遇增加本队长警饷项之用，关于该队汽车司机黄伦遭受空袭损失，拟准予所请由省款预备费项下拨支等情，据饬会计处签称，本案救济费三百元，拟改在三十年度公务人员退休及抚恤支出项下开支等语，应准如拟办理。

三、准广东全省防空司令部函送广东省会防护团二十九年十月至十二月经费支付预算书表，每月列支二千一百五十五元五角六分，请查照办理等由。饬据会计处签称，该款系由二十九年度省库补助曲江县政府转拨曲江防空支会五百元及防空义捐收入六百元曲江县政府拨助五十五元五角六分，各数移支原拟预算所列之数尚无不合，似可照准列支等语，应准如拟办理。

四、据财政厅签称，关于本府广播电台请预发本年全年度燃料费一案，为适应环境需要起见，自可预先发给，俾资购储，计本年度尚应发四至十二月份燃料费四千九百五十元，请补办法案等情。饬据会计处签称，该款可由财厅预发，嗣后在该台经费项下按月扣还等语，应准如拟办理。

五、据省振济会呈缴本会第一、四两医疗队三十年一月份员役出差膳费支付预算书。饬据会计处签称，查该会第一、四两医疗队派员参加本省振济业务展览会，支出差旅费，计第一队五十元四角，第四队五十八元八角，共计一百零九元二角，既据省振济会核明属实，款在振款项下拨支，拟予照准等语，应准如拟办理。

六、据秘书处签呈，本府驻港通讯处代垫印寄南北洋华侨广东省政及粤北战况报告书等费共国币四百零四元五角，请由省库拨还归垫等情。饬据会计处签称，既系属于宣慰华侨性质，该款拟在三十年度省预备金项下开支等语，应准如拟办理。

七、据省警总队呈，为派驻淡水站警士李思贤被敌机炸毙，请依照警察人员遭受空袭损害暂行救济办法之规定，发给殓埋费二百元，款在救济费核给等情。饬据秘书、会计两处签称，核明尚属相符，似可照准，在三十年度省地方岁出概算公务人员退休及抚恤支出项下拨支等语，应准如拟办理。

八、据建设厅签呈，缴农林局稻作改进所三十年度一至三月份员役生活补助费预算书册，月列二千一百六十元，三个月共列支六千四百八十元。饬据会计处签称，查该所共有职员九十四人，雇用公役二十八人，核与本府近颁补充办法第四项"职员四人，雇用公役一人"之比例不合，应照规定核减公役五人，每月生活补助费五十元，三个月共核减一百五十元，照此核减后，每月实支二千一百一十元，三个月共应支六千三百三十元，此款在三十年度调整机构补助公务员生活费项下开支等语，应准如拟办理。

九、据卫生处签呈，缴本处卫生试验所三十年度一至三月份员役生活补助费预算书册，月列六百一十元，三个月共列支一千八百三十元。饬据会计处签称，查核尚合，拟准照拨，款在三十年度调整机构补助公务员生活费项下按实开支等语，应准如拟办理。

十、据卫生处签呈，缴本处曲江药库三十年度一至三月份员役生活补助费预算书册，月列一百五十元，三个月共列支四百五十元。饬据会计处签称，查该库仅有职员六人，雇用公役三人，核与本府近颁补充办法"职员四人，雇用公役一人"之比例不合，应照规定核减公役二名，每月生活补助费二十元，三个月共核减六十元，核减后，每月应实支一百三十元，三个月共应支三百九十元，此款在三十年度调整机构补助公务员生活费项下开支等语，应准如拟办理。

十一、据卫生处签呈，缴第一卫生诊疗所三十年度一至三月份员役生活补助费预算书册，月列二百六十元，三个月共列支七百八十元。饬据会计处签称，查该所共有职员十一人，公役四人，核与本所〔府〕近颁补充办法"职员四人，雇用公役一人"之比例不合，应照规定核减公役一名，每月生活补助费十元，三个月共核减三十元，核减后，每月实应支二百五十元，三个月共应支七百五十元，此款在三十年度调整机构补助公务员生活费项下按实开支等语，应准如拟办理。

十二、据卫生处签呈，缴本处第一防疫区署三十年度一至三月份员役生活补助费预算书册，月列二百二十元，三个月共列支六百六十元。饬据会计处签称，查核尚合，拟准照拨，款在三十年度调整机构补助公务员生活费项下按实开支等语，应准如拟办理。

十三、据建设厅签呈，转缴公路处征收汽车养路费站三十年一月份员工生活补助费预算书。饬据会计处签称，查核尚合，惟夫役部分应核减为十一名，计剔除四名，共四十元，实应共列支一千零一十元，拟准照拨，款在三十年度调整机构补助公务员生活费项下开支等语，应准如拟办理。

十四、据建设厅农林局连县天蚕试验场呈缴三十年度一至三月份员役生活补助费预算书册，月列九十元，三个月共列支二百七十元。饬据会计处签称，原书列文公役三名，本应核减，惟其中二名系属技工，拟姑准照拨，款在三十年度调整机构补助公务员生活费项下开支等语，应准如拟办理。

十五、据本省军民合作总站呈缴该总站暨所属各县乡镇副站长三十年度一至三月份员役生活补助费预算书册，月列二千八百四十八元，三个月共列支八千五百四十四元。饬据会计处签称，查核尚合，拟准照拨，款在三十年度调整机构补助公务员生活费项下开支等语，应准如拟办理。

十六、据第四区行政督察专员公署呈缴该署情报组员役生活补助费预算书册，饬据会计处签称，查该署月列九百三十元，三个月共列支二千七百九十元，情报组月列二百六十元，三个月共列七百八十元，核数尚合，惟查该署员役名册共列职员三十九员，公役十五名，核与本府近颁补充办法"职员四人，雇用公役一人"之比例不合，本应核减公役五名生活补助费，现照该署编制表连同情报组组员十三人计算，仍应核减公役二名，生活补助费每月二十元，三个月共核减六十元，照此核减后，该署员役生活补助费每月应实支九百一十元，三个月共应支二千七百三十元，又情报组照例，此款在三十年度调整机构补助公务员生活费项下开支等语，应准如拟办理。

十七、据第八区行政督察专员呈缴本署三十年度一至三月份员役生活补助费预算书册，月列一千一百三十元，三个月共列支三千三百九十元。饬据会计处签称，查核尚合，拟准照拨，款在三十年度调整机构补助公务员生活费项下开支等语，应准如拟办理。

十八、据建设厅农林局阳山天蚕试验场呈缴三十年度一至三月份员役生活补助费预算书册，月列一百三十元，三个月共列支三百九十元。饬据会计处签称，查核尚合，拟准照拨，款在三十年度调整机构补助公务员生活费项下开支等语，应准如拟办理。

十九、据会计处案呈，准教育厅片送省立广州女子师范学校三十年一至三月份员役生活补助费预算书册，一月份列支六百二十元，二、三月份各列六百六十元，三个月合计共列支一千九百四十元，查核尚合，拟准照拨，款在三十年度调整机构补助公务员生活费项下开支等情，应准如拟办理。

二十、据会计处案呈，准教育厅片送上窑社会教育实施区三十年一至三月份员役生活补助费预算书册，应予核减公役一名，计共三十元，余按实支数额编列，查核尚合，计三个月共应列支四百四十元，拟准照拨，款在三十年度调整机构补助公务员生活费项下开支等情，应准如拟办理。

二十一、据本府行政效率促进委员会签呈，据地政局再将乐昌、仁化两县土地测量计划编呈，请补入三十年度施政计划到府，查核大致尚合，似应准予补入。惟该项计划正在付印中，为迅速办理，以免印妥后补入困难起见，经先行付印，请报会编备查等情，应准如拟办理。

二十二、据会计处签呈，拟具广东省二十九年度地方各级机关决算编送办法及第一级机关单位决算主管机关一览表，请报会备案，分别通知办理等情，应准如拟办理。

讨论事项

一、据本省粮食管理局签呈，缴运输站组织简则编制表及新田、信丰、龙南各站二十九年度十二月二十一日起至三十一日止经常费支付预算书，各列支二百二十元九角九分及三十年度岁出经常费概算书，月各支六百二十三元，年各支七千四百七十六元，请核示等情，请公决案。

（决议）照案通过，款在救济米荒基金项下开支。

二、据省振济会呈缴本会第三、四、五、七各儿童教养院三十年度经常费支付预算书表，月各列支一万六千元，年各列支一十九万二千元，款由本会振款项下拨支，请核示等情，请公决案。

（决议）照案通过。

三、据教育厅签呈，缴建复〔筑〕驻厅审计员办公室及改建卷房厨房等预算书，共列支八千零六十元八角一分，拟请准将二十九年度战区退出员生登记站经费结余一千七百八十八元，教师服务团经费结余一千八百九十五元七角，暨民校课本印刷费结余四千三百七十七元一角一分，三款合计八千零六十元八角一分拨支等情，请公决案。

（决议）照案通过，抵解手续照会计处签拟办理。

四、据民政厅签呈，缴本厅二十九年度经常费不敷办公等费数目追加岁出预算书，暨移项流用数额表，计追加不敷数一万三千七百四十四元一角五分，移项流用数四千一百六十六元八角，请核示等情，请公决案。

（决议）照案通过，抵解手续照会计处签拟办理。

五、据会计处案呈，查鹤山县政府三十年度地方总概算，经参酌各厅处意见，分别整理核编完竣，核编后，计拟改列岁入岁出各为四十万六千一百八十四元，请提会核定公布施行等情，请公决案。

（决议）照案通过。

六、据会计处案呈，查化县县政府三十年度地方总概算，经参酌各厅处意见，分别整理核编完竣，核编后，计拟改列岁入岁出各为五十六万三千六百一十一元，请提会核定公布施行等情，请公决案。

（决议）照案通过。

七、据会计处案呈，查龙川县政府三十年度地方总概算，经参照各厅处意见，分别整理核编完竣，核编后，计拟改列岁入岁出各为七十一万四千六百四十九元，请提会核定公布施行等情，请公决案。

（决议）照案通过。

八、据会计处案呈，查龙门县政府三十年度地方总概算，经参照各厅处意见，分别整理核编完竣，核编后，计拟改列岁入岁出各为二十四万三千五百九十九元，请提会核定公布施行等情，请公决案。

（决议）照案通过。

九、据会计处案呈，查从化县政府三十年度地方总概算，经参照各厅处意见，分别整理核编完竣，核编后，计拟改列岁入岁出各为一十七万五千二百八十九元，请提会核定公布施行等情，请公决案。

（决议）照案通过。

十、据会计处案呈，查罗定县政府三十年度地方总概算，经参酌各厅处意见，分别整理核编完竣，核编后，计拟改列岁入岁出各为三十八万五千一百二十三元，请提会核定公布施行等情，请公决案。

（决议）照案通过。

十一、据会计处案呈，查五华县政府三十年度地方总概算，经参酌各厅处意见，分别整理核编完竣，核编后，计拟改列岁入岁出各为三十七万三千六百零八元，请提会核定公布施行等情，请公决案。

（决议）照案通过。

十二、据会计处案呈，查海丰县政府三十年度地方总概算，经参酌各厅处意见，分别整理核编完竣，核编后，计拟改列岁入岁出各为六十二万三千三百四十八元，请提会核定公布施行等情，请公决案。

（决议）照案通过。

十三、据会计处案呈，查阳江县政府呈缴二十九年度县地方岁入岁出第二次追加预算书表，收支各列四千八百八十七元一角八分，请核定公布施行等情，请公决案。

（决议）照案通过。

十四、据秘书处案呈，关于南海县长电请将停发沦陷区自治费变通办理一案，经由本处派员会商民财厅会计处拟定补助办法四项前来，查所拟尚属允当，该项补助概数，估计约共年支六十九万九千八百四十元，惟该款未列入三十年省总预算书内，究应如何筹抵，拟请提会核定等情，请公决案。

（决议）交何、邹、刘三委员审查，由何委员召集。

十五、据本府行效率促进委员会签呈，拟具广东省徒犯垦殖生产团计划大纲，广东省徒犯第一垦殖生产团组织章程，暨经常开办费预算表，请核示等情，请公决案。

（决议）交何、邹、黄（麟书）三委员审查，由何委员召集。

十六、据第八区兼保安司令电复，第八区自卫队第一大队经依期成立，请准照保安队给与月发经费四千七百五十八元等情，请公决案。

（会计处签拟）关于本府核准拨付之第八区邓兼司令于三月一日编成之广东第八区自卫队第一大队经费，每月四千七百五十八元，保留三个月共需一万四千二百七十四元之款，拟请在三十年度省岁出概算保安团队调整费科目拨支，并同米粮补助，照国民兵团队办法办理，提会核定。

（决议）照会计处签拟通过。

十七、据财政厅签呈，据税警总团呈，拟增设副总团长一员，拟先将编制修改及每月增加经费五百八十四元，请指款开支等情，请公决案。

（决议）在该总团编制附记栏加"必要时得设少将（上校）副总团长一员"十五字，并将参谋长原阶级上校或少将之或少将三字删去，经费照上校给与增列。

十八、据教育厅签呈，拟派李金发为国民革命博物馆馆长，任国荣为自然科学馆馆长等情，请公决案。

（决议）照派。